本书由
中央高校建设世界一流大学（学科）
和特色发展引导专项资金
资助

中南财经政法大学“双一流”建设文库

全｜球｜治｜理｜系｜列｜

企业国际竞争力与自主品牌战略研究

汤湘希　闫明杰　陈金勇　著

中国财经出版传媒集团
中国财政经济出版社

图书在版编目（CIP）数据

企业国际竞争力与自主品牌战略研究 / 汤湘希，闫明杰，陈金勇著．--北京：中国财政经济出版社，2019.12

（中南财经政法大学“双一流”建设文库．全球治理系列）

ISBN 978-7-5095-9338-7

Ⅰ.①企…　Ⅱ.①汤…　②闫…　③陈…　Ⅲ.①企业管理－国际市场－市场竞争－研究－中国　②品牌战略－研究－中国　Ⅳ.①F279.23

中国版本图书馆 CIP 数据核字（2019）第 239053 号

责任编辑：温彦君　　　　责任校对：李　丽

封面设计：陈宇琰

企业国际竞争力与自主品牌战略研究

QIYE GUOJI JINGZHENGLI YU ZIZHU PINPAI ZHANLUE YANJIU

中国财政经济出版社 出版

URL：http：//www.cfeph.cn

E-mail：cfeph@cfemg.cn

社址：北京市海淀区阜成路甲 28 号　邮政编码：100142

营销中心电话：010-88191537

北京财经印刷厂印装　各地新华书店经销

787×1092 毫米　16 开　30.5 印张　500 000 字

2019 年 12 月第 1 版　2019 年 12 月北京第 1 次印刷

定价：99.00 元

ISBN 978-7-5095-9338-7

（图书出现印装问题，本社负责调换）

本社质量投诉电话：010-88190744

打击盗版举报热线：010-88191661　QQ：2242791300

总　序

“中南财经政法大学‘双一流’建设文库”是中南财经政法大学组织出版的系列学术丛书，是学校“双一流”建设的特色项目和重要学术成果的展现。

中南财经政法大学源起于1948年以邓小平为第一书记的中共中央中原局在挺进中原、解放全中国的革命烽烟中创建的中原大学。1953年，以中原大学财经学院、政法学院为基础，荟萃中南地区多所高等院校的财经、政法系科与学术精英，成立中南财经学院和中南政法学院。之后学校历经湖北大学、湖北财经专科学校、湖北财经学院、复建中南政法学院、中南财经大学的发展时期。2000年5月26日，同根同源的中南财经大学与中南政法学院合并组建“中南财经政法大学”，成为一所财经、政法“强强联合”的人文社科类高校。2005年，学校入选国家“211工程”重点建设高校；2011年，学校入选国家“985工程优势学科创新平台”项目重点建设高校；2017年，学校入选世界一流大学和一流学科（简称“双一流”）建设高校。70年来，中南财经政法大学与新中国同呼吸、共命运，奋勇投身于中华民族从自强独立走向民主富强的复兴征程，参与缔造了新中国高等财经、政法教育从创立到繁荣的学科历史。

“板凳要坐十年冷，文章不写一句空”，作为一所传承红色基因的人文社科大学，中南财经政法大学将范文澜和潘梓年等前贤们坚守的马克思主义革命学风和严谨务实的学术品格内化为学术文化基因。学校继承优良学术传统，深入推进师德师风建设，改革完善人才引育机制，营造风清气正的学术氛围，为人才辈出提供良好的学术环境。入选“双一流”建设高校，是党和国家对学校70年办学历史、办学成就和办学特色的充分认可。“中南大”人不忘初心，牢记使命，以立德树人为根本，以“中国特色、世界一流”为核心，坚持内涵发展，“双一流”建设取得显著进步：学科体系不断健全，人才体系初步成型，师资队伍不断壮大，研究水平和创新能力不断提高，现代大学治理体系不断完善，国际交流合作优化升级，综合实力和核心竞争力显著提升，为在2048年建校百年时，实现主干学科跻身世界一流学科行列的发展愿景打下了坚实根基。

“当代中国正经历着我国历史上最为广泛而深刻的社会变革，也正在进行着人类历史上最为宏大而独特的实践创新”，“这是一个需要理论而且一定能够产生理论的时代，这是一个需要思想而且一定能够产生思想的时代”①。坚持和发展中国特色社会主义，统筹推进“五位一体”总体布局和协调推进“四个全面”战略布局，实现“两个一百年”奋斗目标、实现中华民族伟大复兴的中国梦，需要构建中国特色哲学社会科学体系。市场经济就是法治经济，法学和经济学是哲学社会科学的重要支撑学科，是新时代构建中国特色哲学社会科学体系的着力点、着重点。法学与经济学交叉融合成为哲学社会科学创新发展的重要动力，也为塑造中国学术自主性提供了重大机遇。学校坚持财经政法融通的办学定位和学科学术发展战略，“双一流”建设以来，以“法与经济学科群”为引领，以构建中国特色法学和经济学学科、学术、话语体系为己任，立足新时代中国特色社会主义伟大实践，发掘中国传统经济思想、法律文化智慧，提炼中国经济发展与法治实践经验，推动马克思主义法学和经济学中国化、现代化、国际化，产出了一批高质量的研究成果，“中南财经政法大学‘双一流’建设文库”即为其中部分学术成果的展现。

文库首批遴选、出版二百余册专著，以区域发展、长江经济带、“一带一路”、创新治理、中国经济发展、贸易冲突、全球治理、数字经济、文化传承、生态文明等十个主题系列呈现，通过问题导向、概念共享，探寻中华文明生生不息的内在复杂性与合理性，阐释新时代中国经济、法治成就与自信，展望人类命运共同体构建过程中所呈现的新生态体系，为解决全球经济、法治问题提供创新性思路和方案，进一步促进财经政法融合发展、范式更新。本文库的著者有德高望重的学科开拓者、奠基人，有风华正茂的学术带头人和领军人物，亦有崭露头角的青年一代，老中青学者秉持家国情怀，述学立论、建言献策，彰显“中南大”经世济民的学术底蕴和薪火相传的人才体系。放眼未来、走向世界，我们以习近平新时代中国特色社会主义思想为指导，砥砺前行，凝心聚

① 习近平：《在哲学社会科学工作座谈会上的讲话》，2016年5月17日。

力推进“双一流”加快建设、特色建设、高质量建设，开创“中南学派”，以中国理论、中国实践引领法学和经济学研究的国际前沿，为世界经济发展、法治建设做出卓越贡献。为此，我们将积极回应社会发展出现的新问题、新趋势，不断推出新的主题系列，以增强文库的开放性和丰富性。

“中南财经政法大学‘双一流’建设文库”的出版工作是一个系统工程，它的推进得到相关学院和出版单位的鼎力支持，学者们精益求精、数易其稿，付出极大辛劳。在此，我们向所有作者以及参与编纂工作的同志们致以诚挚的谢意！

因时间所囿，不妥之处还恳请广大读者和同行包涵、指正！

中南财经政法大学校长

前　言

2013年6月，本人有幸获得教育部人文社科重点研究基地重大项目“企业国际竞争力与自主品牌战略研究”（13JJD630012）后，即着手组建研究团队，对该项目展开研究，探讨在创新驱动发展战略的引领下，如何适应经济新常态、引领新常态，并从会计学的视角研究企业国际竞争力与自主品牌战略，以及企业国际竞争力对经济发展的推动作用。

研究团队组建后，首先进行文献收集整理等理论准备和实地调研。2014年8月，将已有的研究成果汇聚成《企业知识资产价值论》由知识产权出版社出版。2015年，主要研究成果在《软科学》《山西财经大学学报》等学术刊物上发表并初步形成了本项目的最终研究报告，但在修改研究报告的过程中，总觉得对有些问题的研究还有缺陷，尤其是对自主创新、知识产权、品牌建设与企业价值、与国家战略等的分析不够深入，于是，并未急着结题。2016年，受广东省知识产权局的委托，希望课题组深入研究知识产权与经济增长和经济高质量发展的关系，将微观的企业国际竞争力、自主品牌战略问题与地区经济发展联系起来。因此，课题组以“向知识产权要生产力——自主创新、知识产权与经济增长”为主线进行更深入的研究，2016年年底，上述研究成果以《知识产权与经济增长统计指标设定与赋值问题研究》由经济科学出版社出版，同时，还在《税务研究》《会计与经济研究》等杂志上发表了多篇论文，本书也将这些成果体现其中。在研究本项目的过程中，我们发现：

首先，企业国际竞争力与自主品牌战略应放在经济发展这一大背景下，尤其是2014年后“经济新常态”的环境中，要研究自主创新、知识产权、品牌建设与经济发展、产业创新的关系。在这方面，欧盟和美国的研究值得我们借鉴。例如：2012年（2016年又有修正），美国商务部下属经济和统计管理局及美国专利商标局共同发布了一份名为《知识产权与美国经济：产业聚焦》的报告。该报告确认了美国75个广泛使用专利、版权或商标保护的知识产权密集型产业，并明确指出，知识产权密集型产业对美国经济和创造就业的重大影响，明确提出了为赢得未来，美国需要增强知识产权的保护，以进一步鼓励创新。美国从313个产业中确定了75个知识产权密集型产业，即24%的产业为知识产权密集型产业；2010年，知识产权密集型行业直接或间接产生的就业机会约占美国经济工作机会总数的27.7%；2010年，知识产权密集型产业商品出口额为7750亿美元，占美国当年商品总出口额的60.7%。①

其次，真正的竞争力抑或国际竞争力最主要的来源是“创新”（技术创新、管理创新、制度创新）。即如何评价企业的创新能力是本研究的重要内容。这方面的问题可关注汤森路透（现为科睿唯安）发布的“全球百强创新机构榜单”，2014年该榜单显示，亚洲地区上榜创新机构数量首次跃居世界前列，共有46家机构上榜。其中，日本39家，韩国4家，中国台湾地区2家，中国大陆1家（华为技术有限公司）。北美地区上榜机构数量从2013年的46家下降为36家，排名落到第二，欧洲共有18家机构上榜，排在前面的欧洲国家依次是法国（7家）、瑞士（5家）和德国（4家）②。

最后，如何展现企业的国际竞争力与自主品牌战略。课题组认为，通过会计特有的方法，即确认、计量、记录和报告，将企业国际竞争力形成的路径和自主品牌战略的构建和实施过程通过会计语言展现出来，以便信息使用者使用。当然，这也是本研究的重点和难点问题之一。

本书的初稿（研究报告）由汤湘希、闫明杰、陈金勇、孙艺铭、孙建波、

---

① 姜南、单晓光：《知识产权密集型产业对经济发展的推动作用——〈知识产权与美国经济：产业聚焦〉报告简评》，《科技与法律》，2012年第5期。

② 汤森路透，现为科睿唯安（Clarivate Analytics）。2017年1月11日，Clarivate Analytics发布了2016年的全球创新企业百强榜单，我国的华为技术有限公司再次上榜。该公司首席执行官Jay Nadler表示：我们相信，创新的力量是推动经济实力、竞争优势和成功的基石。同时，该公司发布的《2016年全球创新报告中文版》显示我国在多个领域具备创新优势。报告依据2015年的发明专利数量分别列出了12个技术领域中位居全球前十位的创新机构，中国大陆共有23家企业、8所大学及科研机构占据榜单中的40席位，数量居各国之首，日本（22席）、美国（20席）、韩国（17席）分列二至四位。从上榜情况看，中国在食品饮料与烟草（占据十强榜单9席）、制药（占据十强榜单5席）、家用电器（占据十强榜单前三位）、石油和天然气（占据十强榜单前两位）等领域创新优势明显。在上榜的企业中，国家电网公司（7479件）、美的集团（5427件）、中国石化（1991件）、湖北中烟工业公司（1122件）分别位居信息技术、家用电器、石油和天然气、食品饮料与烟草4个领域专利数量排行榜首位。在上榜的大学及科研机构中，江南大学在生物技术和制药领域均位居排行榜次席、在食品饮料与烟草领域居第6位，另有浙江大学（生物技术、制药）、广西大学（石油和天然气、制药）、中国农业科学院（生物技术、食品饮料与烟草）在两个领域上榜。2018年的榜单显示：美国和日本在百强中的比重超过了70%。中国的比亚迪、华为和小米进入了百强榜单。

刘李、田野、华雯等执笔，最后由项目主持人汤湘希修改和总纂。课题组其他主要成员参与了本项目的研究，并对研究报告提出了很多好的建议。在研究过程中，得到了教育部人文社科重点研究基地——中南财经政法大学知识产权研究中心的吴汉东教授、曹新民教授、赵家仪教授、汪海粟教授、黄玉烨教授、胡开忠教授等的大力相助，尤其是在课题开题时上述专家提出了很多非常有价值的建议，在此表示衷心的感谢。另外，在资料的收集、整理、文字校订等方面得到了张玉娟、田正佳、游宇、袁蒙菡等博士和硕士的支持，在此表示感谢。同时，还要感谢课题组其他成员的辛苦工作。当然，本书的不足之处甚至错误由本人负责。另外，在研究过程中参阅了大量已有的研究成果，虽然主要的参考文献在书后予以列示，但可能还有遗漏，在此对原作者表示由衷的感谢。当然，本书得以问世，还要特别感谢教育部人文社科重点研究基地重大项目（13JJD630012）、国家自然科学基金项目（71072166），以及中南财经政法大学“双一流”建设文库项目的资助和中国财政经济出版社的大力支持。

虽然本项目的研究我们花了很大力气，但无论是研究结论抑或研究方法，还可能存在诸多不足，在此，敬请各位批评指正，以便我们今后作进一步的修改与完善。

汤湘希

2015 年 11 月 20 日初稿

2017 年 9 月 30 日修改

2019 年 6 月 30 日定稿

目　录

第二篇　中国式品牌建设路径解析与国际经验路径比较

第三篇　企业国际竞争力与自主品牌战略的实证研究

第四篇　品牌价值的会计报告

绪　论

一、研究定位、研究背景与研究意义

（一）打造企业国际竞争力是维护国家经济安全的重要举措

随着经济全球化和信息化的加剧以及可持续发展压力的加大，国家经济安全越来越像传统的军事安全一样受到各主权国家和社会的广泛关注。面对日益复杂的国际环境，我国的经济安全面临着越来越多的国际挑战。

首先，我国与外部世界的经济关系越来越复杂，各种矛盾与冲突在所难免。当经济问题上升为政治问题的时候，经济摩擦也会上升为政治争端，经济安全问题就会演变为政治安全问题。随着中国融入世界的步伐加快、程度加深，这种矛盾和分歧出现的频率也会越来越高①。

其次，国外跨国公司对我国经济安全的影响越来越明显。随着我国国际经济地位的提高，我国的经济主权将面临越来越多的国际干扰。一些西方国家已经不满足于对我国的经济、金融政策指手画脚，而是开始对我国的相关政策施加压力，经济外交是集中体现。

最后，我国经济在融入世界的进程中面临的风险越来越突出。尤其是在技术和品牌领域，我国的整体技术实力和强势品牌还落后于发达国家，缺少竞争优势。由于贸易壁垒的逐步取消（当然，自美国特朗普政府上台后，奉行单边主义、实施贸易霸凌政策、破坏 WTO 规则，则另当别论），发达国家将更多地利用技术壁垒、品牌战略抑制我国的经济发展。

---

① 自 2018 年 3 月肇始的中美贸易摩擦（或者贸易战）其实质是“中、美两个国家在制度、意识形态等方面的对决。”（柷保良，2019，360 问答）。当然，无论外部风云如何变幻，对中国来说，最重要的就是做好自己的事情，不断深化改革，扩大开放，实现经济高质量发展。美国下一步是要谈，还是要打，抑或是采取别的动作，中国都已备足了政策工具箱，做好了全面应对的准备。这正如习近平总书记指出，中国经济是一片大海，而不是一个小池塘；狂风骤雨可以掀翻小池塘，但不能掀翻大海；经历了无数次狂风骤雨，大海依旧在那儿！（2019 年 5 月 13 日，央视国际锐评）

简言之，经济安全已经成为我们的国家意志。就国家层面而言，经济安全受到威胁的直接后果就是会大大削减国家的国力，我们改革开放四十年多的成果，可能会因为忽视经济安全问题而毁于一旦（刘海林，2009）①。维护和提升国家经济安全的重要举措就是提升企业、产业、地区和国家的竞争力，并通过自主品牌战略得以实现。

（二）提升企业国际竞争力与实施自主品牌战略：落实“十九大”精神的具体体现

2012 年 3 月 20 日，在中国发展高层论坛上，时任商务部部长陈德铭表示：“为什么中国已经是出口第一大国，却没有很著名的品牌呢？我为此感到惭愧！”中国品牌“不给力”的状况，与我国庞大的经济规模极不相称。2010 年，中国的 GDP 就已经超过日本成为全球第二大经济体，同时，中国的制造业产值也超过美国，位居世界第一。但在全球品牌顾问公司 Interbrand 评出的 2010 全球最具价值品牌 100 强中，中国企业无一上榜。2015 年，联想总算跻身 100 强。2018 年 10 月，Interbrand 发布了“2018 全球最佳品牌榜单”，美国苹果品牌连续六年蝉联冠军，紧紧跟随的是谷歌、亚马逊及微软等硅谷明星企业。在 2018 年度的榜单中，美国品牌有 50 个，占据了半壁江山，涵盖消费电子、移动互联网、汽车、服装、餐饮等主流消费领域，其次是分别有 9 个品牌入选的法国和德国，主要以大家熟知的奢侈品和汽车品牌为主。然而，略感遗憾的是中国品牌的缺失，华为凭借 75. 78 亿美元的品牌价值排名相比 2017 年提升 2 位，位列第 68 位，这也是华为第五年进入该榜单②。

日本前首相中曾根康弘曾指出，“在国际交往中，索尼是我的左脸，丰田是我的右脸”。③ 强势品牌的高溢价带来的是实实在在的经济利益。世界著名的麦肯锡咨询公司（Mckinsey & Company）对 130 家消费品公司的品牌实力与业绩的关系研究后发现，强势品牌产生的股东总回报率（TRS）高于同行业平均水平 1. 9%，而弱势品牌的回报率则低于同行业平均水平 3. 1%（百度文库，2012）。再从品牌强度与企业核心竞争力的关系上看，只有世界品牌才能为企业的核心

---

① 此处是从 1978 年开始至 2019 年为 40 余年，按照当时作者（刘海林）的成果计算，只能是 30 余年，特此说明。

② 从 Interbrand 2018 全球品牌榜看中国品牌的缺失，搜狐（http：//www. sohu. com/a/258192556_100271067/2018 - 10 - 08）。

③ 唐晓芬：《品牌提升应成为国家战略——〈贯彻实施质量发展纲要 2016 年行动计划〉解读之一》，中国经济网（http：//www. ce. cn/cysc/zljd/qwfb/201605/04/t20160504_11189123. shtml/2016 - 5 - 4）。

竞争力做出价值贡献（汤湘希，2004）。

在党的第十七届五中全通过的《中共中央关于制定国民经济第十二个五年规划的纲要和建议》中四次提到了品牌建设。在全国人大通过的“十二五”规划纲要里面，有10个地方提到品牌建设，2012年，党的十八大报告再次明确提出：2020年，要全面建成小康社会。为此，国民经济的持续、健康、平稳运行是我国长期面临的政治、社会、经济重大理论和现实问题。“以经济建设为中心是兴国之要，发展仍是解决我国所有问题的关键。加快经济发展方式的转变，大力推进经济结构战略性调整，提高大中型企业核心竞争力，坚持出口和进口并重，强化贸易政策和产业政策协调，形成以技术、品牌、质量、服务为核心的出口竞争新优势。”

2017年，党的十九大报告再次强调，我国经济已由高速增长阶段转向高质量发展阶段，必须坚持质量第一、效益优先，以供给侧结构性改革为主线，推动经济发展质量变革、效率变革、动力变革，提高全要素生产率。这意味着，经过40年的快速发展，我国资源和环境约束不断强化，劳动力等生产要素成本不断上升，主要依靠资源要素投入、规模扩张的粗放式发展模式难以为继。中国经济要迈上新台阶，需要提质增效、转型升级，提供优质供给，形成经济发展新模式，推动供给总量和结构更好地适应需求总量和结构的发展变化。

当前全球人均财富量排名靠前的国家与地区，依靠的并不是自然资源等有形资产，而是以品牌为代表的无形资产。李稻葵（2018）认为，不同于技术、资本、劳动力等因素对于经济发展的影响与贡献，品牌建设是一国经济发展综合实力的体现，代表着供给结构和需求结构的升级方向，其发展壮大可以为国家与企业组织释放可持续的生产动力。“新时期发展品牌经济既是推进供给侧结构性改革，释放消费潜能的重要抓手，也是我国经济转型升级，实现高质量发展的关键。”①

因此，提升企业国际竞争力与实施自主品牌战略是进一步落实十九大提出的重要战略决策的具体体现。

（三）企业国际竞争力与自主品牌战略：构建国家创新体系和建设创新型国家的重要战略部署

着力提高自主创新能力，构建国家创新体系和建设创新型国家，是转变经

① 中国品牌支撑质量强国，新华网（http：//www. xinhuanet. com/tech/2018 – 05/09）。

济增长方式，实现科学发展的必然要求。我国许多产业创新能力较为薄弱、核心技术受制于人的局面，使我们在发展中难以掌握战略主动权。第二次世界大战之后，许多国家都在各自不同的起点上探索实现工业化、现代化的路径。美国、日本等发达国家更是把科技创新、制度创新、管理创新作为基本发展战略，在世界市场上获得了强劲的竞争优势。美、日等国家研究和开发（R&D）投入占 GDP 的比重一般都在 2% 以上，科技进步对经济的贡献率也高达 70% 以上，对外技术的依存度则大多保持在 30% 以下。而我国，核心技术的对外依存度仍然在 50% 以上①。

改革开放以来，我国经济连续保持年均 9% 以上的快速增长，经济总量也位居世界第二位，但同时却消耗着大量的资源和能源。从总体上看，我国经济增长主要依赖资金高投入、资源高消耗而发展和增长，部分核心技术、关键技术受制于人的状况也没有根本改变。继续保持经济的高速增长，如果不改变单位 GDP 的投入，我们的资源、能源将难以支撑。这就要求我们进一步加大研究开发投入，努力掌握拥有自主知识产权的核心技术和关键技术，推动经济增长由资源驱动、资本驱动向创新驱动的战略性转变。要实现经济增长方式从要素增长向创新增长的转变，实现科学发展，只能依靠科技创新、制度创新和管理创新，提升整个国家的自主创新能力。

（四）构建企业、产业、地区和国家竞争力体系，维护和提升国家经济安全

为了适应开放型经济的需要，我国企业亦实施了“走出去”的发展战略，虽然我国也有“中国移动”“中国工商银行”“华为”“海尔”“同仁堂”等具有一定国际竞争力的品牌和“百年老字号”企业，在国际市场拥有较高的声誉。但总体来看，“请进来”与“走出去”呈不均衡状态，也与我国的经济大国形象不相符合。究其原因，问题的关键就在于我国自主品牌的国际竞争力不足。因此，研究我国企业的国际竞争力与自主品牌战略，具有重大的理论意义和现实意义。主要体现在如下四个方面：

1. 经济安全：国家综合安全的核心内容。经济安全核心地位的确立，源于以下方面：一是在和平与发展时代，经济利益是国家利益的核心；二是综合国力竞争中经济与科技的基础作用；三是因经济全球化所带来的经济安全问题不断增加。经济全球化在促进各国与世界经济发展的同时，也增大了各国经济运

① 何亚非：从数据社会到智能社会（2015，大连：夏季达沃斯论坛发言）：核心技术对外依存度超 50%，而先进国家只有 30%（2015 年 9 月 30 日，中国新闻周刊，新浪财经）。

行的风险，使得各个国家所面临的由世界经济波动、跨国贸易冲击和国际金融风险所造成的经济不安全性增强，各种经济安全问题不断出现。因此，以美国为代表的西方发达国家纷纷调整国家安全战略，把维护本国经济利益放在国家安全的首位。为此，习近平总书记（2012）告诫我们："落后就要挨打，发展才能自强。"①

关注经济安全、维护经济安全和实现经济安全，对处于伟大复兴中的我国来说尤为重要。可以说，维护和实现经济安全，是当代中国人所面临的一个迫切而重大的任务，是促进我国经济又好又快发展、实现中国和平崛起的关键，也是一个事关国家安全的重大的战略性问题（唐之享，2009）。

2. 开放的经济安全观：提振企业国际竞争力和国家经济竞争力。面对国家经济安全的威胁，闭关锁国早已不是我国的政策选项。我国的改革开放日益深化，从农村到城市，从经济领域到政治、文化、社会领域。它的每一步深入，说到底，都是为了放手让一切劳动、知识、技术、管理和资本的活力竞相迸发，让一切创造社会财富的源泉充分涌流（温家宝，2009）。为此，在"大开放""大安全"的经济安全观下，衡量经济安全程度的重要指标之一就是国家的经济竞争力和企业的竞争力。对外开放向我国企业施加生存压力的同时，也激发其迅速提高国际竞争力的积极性。我国很多企业就是在跨国公司合作的过程中发展起来的，这些经验表明：哪个行业开放得最早，开放度最高，哪个行业的竞争力就最强。

3. 跨国公司的经验迫使我们思考我国部分企业为什么"长不大""活不长"。虽然我国也有像六必居、同仁堂等绵延几百年、至今仍充满活力和竞争力的"老字号"，但总体来看，"长不大""活不长"仍然是我国企业的通病。有资料显示，我国企业的平均寿命不到8年，民营企业更只有短命的3.5年。② 然而，据国际权威机构测算，世界企业平均寿命则为35年。国外，虽然也有像雷曼兄弟等百年老店的破产，但美国仍有"长寿公司联盟"，英国也有"三百年公司俱乐部"，更有甚者，公元578年成立的日本大阪寺庙建筑企业金刚组已经存活了1440余年。即使受全球金融危机和欧债危机的严重影响，2009年全球500强企业中，美国还是占据了148家；2012年，美国仍然有132家（我国为79

① 中国梦的本质是国家富强、民族振兴、人民幸福，人民网（http://cpc.people.com.cn/n1/2018/0827/c223633－30253433.html－2018－8－27）。

② 齐亚芬、刘桂素：《无形资产与现代企业核心竞争力的研究》，《环渤海经济瞭望》，2014年第10期。

家）。当然，2015 年，我国创纪录地有 106 家企业成为世界 500 强，而且中石油、中石化跻身前四强[①]。近年来，我国企业的规模和国际影响力日渐提升，2018 年《财富》世界 500 强中，我国上榜企业数量达到 120 家，比 2017 年增加了 5 家，国家电网、中石化和中石油相继进入榜单前四。2018 年《财富》世界 500 强中，上升最快的是我国的国家能源投资集团，跃升 175 位，排名跃升最快的前十家公司中有八家都来自中国大陆。[②] 是哪些因素决定着企业的寿命？又是哪些病毒侵蚀着企业的肌体？政界、商界和学界的有识之士一直都试图回答这一关乎企业生存与发展的重大问题。

4. 自主品牌战略是培育企业国际竞争力的基本路径依赖。在经济全球化、国际竞争日趋激烈化的时代，品牌输出已成为企业国际扩张的重要手段。跨国公司通过输出品牌就能赢得国际市场、赚取利润中的最大份额。有资料显示，我国虽然为制造大国，但处于产业链的最低端。如每年我国生产智能手机超过 10 亿部，但每部手机只能赚取 3～5 元的加工费，再比如，曾经一台售价 79 美元的国产 MP3，跨国公司的专利及品牌费用为 45 美元、制造成本 32.5 美元，中国企业获得的利润仅为 1.5 美元（赵大庆、强燕平，2006）。不仅如此，许多跨国公司运用强势品牌的优势，不仅抢占世界市场份额，而且对别国的本土品牌及本土企业采取“垄断、收买、排斥、挤压”等策略，不断扩大其市场占有率，打压别国经济和社会发展。

就我国而言，转变经济发展方式，构建国家创新体系、建设创新型国家，就是通过实施自主品牌战略，大力培育和发展自主品牌，提升我国企业的国际竞争力，将“中国制造”彻底转变为“中国创造”和“中国设计”。发达国家之一的美国和我国周边国家——日本、韩国、俄罗斯、印度、越南等国家的经验和教训告诉我们，只有实施自主品牌战略，提升企业的国际竞争力，我们的企业才能立于不败之地，尤其是韩国的经验更值得我们借鉴。

简而言之，通过自主品牌战略，建设一批强势品牌，提高品牌竞争力，进而增强企业的国际竞争力，从而实现增强国家实力、建设经济强国的目标。自主品牌越强大，国家经济安全就越高。

---

① 2015 年 7 月 22 日，全球同步发布了新的《财富》世界 500 强企业名单。中国上榜公司数量继续增长，2015 年达到了 106 家。中石化在榜上排名上升至第二位。5 家中国内地公司首次上榜，分别是：陕西煤业化工集团、中国光大集团、中国航天科技集团公司、中国保利集团、海航集团。

② 财富世界 500 强：2018 世界 500 强中国企业名单，买购网（https://www.maigoo.com/news/505907.html）。

二、文献综述与研究动态

（一）已有研究成果扫描

本研究主要涉及三个领域：国家经济安全、企业国际竞争力和自主品牌战略。其逻辑关系如下：企业国际竞争力与自主品牌战略是本研究的重点和需要解决的核心问题；国家经济安全已经成为我们的国家意志，从这一视角研究企业国际竞争力，是将微观的企业行为放大到国家宏观管理的层面，培育和提升企业国际竞争力的目的就是维护国家经济安全，其实现路径是实施自主品牌战略。因此，研究现状评述也从如下三个方面六个问题展开，但重点是企业国际竞争力和自主品牌战略的已有研究基础对本研究的启示。

1. 国家经济安全理论：以国家经济利益为核心。在我国，国家经济安全问题在20世纪90年代中期由中国社会科学院学者正式提出。赵英（1994）《中国经济面临的危险——国家经济安全论》较为全面地阐述了国家经济安全的含义、国家经济安全的地位与作用、产生经济安全问题的根源、国家经济安全的特点等。1999年，中国社会科学院和国家统计局已完成了对我国经济安全进行量化监测、预警的指标体系与方法的研究。其后，学者们以此为基础，对国家经济安全问题进行了深入研究，诸如国家产业安全、利用外资与国家经济安全、中国经济发展与国家经济安全等。我国学者对国家经济安全比较一致的看法是：国家经济安全是指一个国家的整体经济竞争能力；一个国家经济整体抵御外部各种侵袭、干扰、危机，稳定发展的能力；一个国家经济得以存在，并且不断发展的国内、国际环境。因此，就我国内部政治、经济体制的变化而言，经济安全问题也将持续增加。在对外开放与经济虚拟化条件下，国家经济安全显得尤为重要。目前，外资品牌实力依然强大，要从品牌角度提高我国的经济安全水平，需要侧重于提升我国品牌在国际市场上的价值（顾海兵、陈芳芳、孙挺，2012）。

2. 企业国际竞争力理论：内涵界定与分层结构。企业国际竞争力，顾名思义，即一个企业在世界经济和全球市场的大环境下，创造价值和财富的持续增长能力，美国学者在20世纪70年代末率先开始研究这一问题，并从微观和宏观两个层面对其内涵予以界定。综合已有的研究成果，主要形成了如下六种（3+3，即微观层面的3种和宏观层面的3种）代表性观点。

微观层面的 3 种观点有企业能力论、效率论和过程论。

宏观层面的 3 种观点有创造论、收入增长论和管理文化论。

此外，学者们按照不同的标准还对国际竞争力的类别进行了划分。

（1）按照参与竞争的主体进行划分。国际竞争力可分为国家竞争力、产业竞争力、企业竞争力和产品竞争力。

（2）按照竞争力的维度特征进行划分。国际竞争力可划分为宏观竞争力、微观竞争力和结构竞争力。宏观竞争力是指国家法规、教育、技术层次的竞争力；微观竞争力是指与企业取得市场和增加利润相关的竞争力；结构竞争力是指与技术基础设施、投资结构、生产类型、外部性等相关的竞争力（OECD，2002）。

（3）按照竞争力的成长阶段进行划分。国际竞争力大致分为四个递进的阶段：要素驱动阶段、投资驱动阶段、创新驱动阶段和财富驱动阶段。其中，前三个阶段属于产业国际竞争力的上升时期，后一个阶段属于衰落时期（迈克尔·波特，1990）。

（4）从内容层级角度进行划分。第一层次是环境，其实质是国际竞争力的来源；第二层次是生产率，其实质是国际竞争力的核心；第三层次是市场份额，其实质是国际竞争力的表现；第四层次是利润，其实质是国际竞争力的结果（陈立敏、谭力文，2004）。

3. 品牌与自主品牌的内涵界定。品牌一词最早由大卫·奥格威（David Ogilvy，1948）提出[①]。随着品牌实践的初步兴起，与品牌相关的研究主题逐渐展开。1995 年，伯利·B. 加德纳和西德尼·J. 利维（Gardner and Levy）在《哈佛商业评论》发表了第一篇有关品牌的专业性论文《产品与品牌》，该文提出了情感性品牌和品牌个性思想，随后，又通过品牌内涵和外延的规范性研究对品牌进行了规范性定义（Light and King，1960），甚至深入追溯了品牌历史渊源（Keller，1993）、探寻品牌的发展阶段（George and Ronald，1994）。迄今，人们对品牌的认识逐渐趋同于美国营销协会（AMA）提出的概念：品牌是一个名称、术语、标记、符号或设计，或是这些元素的组合，用于识别一个销售商或销售商群体的商品与服务，并且使它们与其竞争对手的商品与服务区分开来。

---

① 品牌一词，也有学者认为，是奥美公司（Ogilvy & Mather）于 1950 年首次提出。

自主品牌（Self－owned Brand）是指由企业自主开发，拥有自主知识产权的品牌。自主品牌关键在于自主，强调知识产权自我拥有、控制和决策。

4. 国际竞争力的评价与测度。管理大师彼得·德鲁克（Peter F. Drucker，1999）明确指出，我们无法管理我们不能衡量的事物。企业国际竞争力作为企业价值创造的关键性因素，如果不能很好地管理则不利于企业价值的创造和发展，因而对其进行有效的评价与测度是关键。近年来，学者们创造和设计了如下的评价与测度方法。

（1）评价方法研究（挖掘事实存在）。现有研究成果表明：国际竞争力评价方法可分为单项指标评价法和综合指标评价法。代表性的评价方法有：因素分析法、对比差距法、内涵解析法、模糊综合评价法、灰色多层次评价法、综合指数评级法。一些学者还总结了针对国际竞争力各内容层次的评价方法。对第一层次环境，典型的评价方法是多因素法；第二层次生产率，典型的评价方法是 ICOP（International Comparison of Output and Productivity）法；第三层次市场份额，典型的评价方法是进出口数据法；第四层次利润，典型的评价方法是产业利润法（陈立敏、谭力文，2004）。

（2）测度方法研究（确定价值大小）。国际竞争力的测度方法研究，国外学者和机构主要集中在评价指标体系设计和具体测度方法上。从评价指标体系上看，主要的评价指标有：

一是"四大"指标体系：即经济运行竞争力、政府效率竞争力、企业效率竞争力和基础设施竞争力四大要素（瑞士洛桑国际管理开发学院、IMD，2001）。

二是"两大"指数体系：即增长竞争力指数和企业竞争力指数两大指数系统。前者主要衡量一国经济增长的潜在前景，后者主要衡量一国当前的生产潜力（世界经济论坛、WEF，2003）。

三是工业竞争力指数（CIP）体系：即人均制造业增加值、人均制成品出口额、制造业增加值占 GDP 的比重、制成品占总出口的比重、制造业增加值中高技术产品的比重、制成品出口中高技术产品的比重六个指标（联合国工业发展组织、UNIDO，2004）。

四是因素分析法，以解释性的主观指标为核心进行竞争环境分析；以显示性的客观指标为对象，应用进出口数据分析市场份额（迈克尔·波特，2002）。

五是内容分析法。陈立敏、谭力文（2004）以制造业为例，在回顾与综述现有中国制造业国际竞争力评价重要文献的基础上，发现现有实证研究中存在的问题及可取之处，在此基础上形成自己的实证方法。研究表明：应采用相当于 ISIC 二分位的制造业部门进行产业分类；将产业利润率、全球市场份额和劳动生产率/平均工资率三者作为评价指标评价国际竞争力。

六是多边比较法。郑海涛、任若恩（2005）利用多边比较法，以 1997 年购买力平价为基础，从相对价格水平、劳动生产率、单位劳动成本和国际价格等方面对我国制造业 1980—2004 年的国际竞争力进行研究。

5. 企业国际竞争力与品牌战略的关系研究。从本质上看，在国际层面，知识产权是世界贸易体制的基本规则（吴汉东，2006）。自主知识产权支撑下的自主品牌更具价值，也更易得到国际保护，进而更具有国际竞争力。企业国际竞争力与自主品牌战略具有典型的正相关关系，这已经是不争的事实。问题是这两者之间的路径依赖有哪些？品牌战略、品牌强度如何提升企业的国际竞争力等，学者们也进行了一些思考。

按照保罗・罗默（Paul M. Romer，1986）的内生增长理论，知识和资本一样，也是一生产要素。创新是建立一种新的生产函数，即实现生产要素的一种全新组合（熊彼特，1912）。因此，作为知识载体和创新结果的品牌，也是一种生产力，是企业国际竞争力的推动因素。大卫・艾克（David A. Aaker，1991）认为，品牌价值就是一项非常重要的竞争优势。对一个企业而言，用于提升竞争力的最有效的方式是加强消费者对其品牌的认识（凯文・莱恩・凯勒，1993）。顾客对品牌的认识代表了该企业产品的附加值。企业可以从一个强势品牌中获取以下收益：更高的顾客忠诚度（Keller，1998）、更不易被竞争对手击败（Aaker，1991；Kamakura & Russell，1991）、产品差异化（Bharadwajet et al.，1993）以及更大的边际利润（Keller，1998；Yoo & Douthu，2001）。此外，鉴于品牌资产的重要性，许多企业致力于采取形成或者维持强势品牌的战略，以维持或增强企业的国际竞争力。从某种意义上讲，现代市场竞争的焦点就是以品牌为核心的企业形象的竞争（王核成，2001）。品牌战略是企业竞争取胜之本，是创造持久优势的有效手段（谢弦，2005）。由于在企业无形资产经营管理中，应综合考虑各种知识产权的特点，制定一体化战略，才能确保知识形态资产总体效用的最大化（吴汉东，2011）。因此，为了最大限度地提升企业国际竞争力，必须实施品牌战略。在知识经济时代已经到来的背景下，无形资产成为经济发展的主要“驱动力”，亦成为企业核心竞争力的基本载体与核心要素（汤湘希，2010），提升企业核心竞争力的资产主要是无形资产（汤湘希，2006）。作为重要无形资产的品牌，对企业核心竞争力的提升，乃至企业国际竞争力的提升起到核心作用。

6. 实施品牌战略与提升国际竞争力的路径研究。通过知名品牌提升国家影响力，是一个可持续发展、具有战略性意义的方略（吴汉东，2011）。实施品牌战略无疑会提升企业的国际竞争力。那么，实施品牌战略时，采取何种依赖路径去实现国际竞争力的提升呢？诺贝尔经济学奖获得者道格拉斯·诺斯（Douglass C. North，1981）认为，事物一旦进入某一路径（无论是“好”还是“坏”）就可能对这种路径产生依赖。这种机制使人们一旦选择某一路径，就会在以后的发展中得到不断的自我强化。鉴于此，品牌战略对国际竞争力的作用路径成为国内外关注的焦点，并试图探寻最优路径。纵观现有文献，主要有如下几种路径可供选择或组合实施：

（1）基于品牌特性视角路径。一是增加独特的品牌特征（Blattberg and Neslin，1990）。二是提高品牌相关性，并形成竞争壁垒（David A. Aaker，2012）。

（2）基于品牌延伸的视角路径。品牌延伸已成为很多企业实现战略性成长的源泉（D. Aaker，1991）。品牌延伸策略受市场的竞争强度以及企业的财务水平、市场集中度和市场增长率的影响（Yana Damoiseau. William C. Black and Randle D. Raggio，2011），因此，应从上述几个要素着手提升品牌延伸度，从而最终提升企业国际竞争力。

（3）基于品牌资产视角路径。品牌资产的价值提升受产品的市场占有率、利润率、存货水平和企业声誉的影响（Lumpkin and Dess，1996），而品牌战略影响品牌资产（Cheng - Yingguang etc，2009），通过品牌战略提升品牌权益，进而提升企业市场占有率、利润率、企业声誉，增强企业的国际竞争力。

（4）基于品牌联盟视角路径。企业在进行战略选择时，通常会考虑自身的品牌与其他企业品牌之间的关系（Keller，1998；Rao & Ruekert，1994），这主要是因为若创建品牌联盟，合作者的品牌将会对自身的品牌产生正面的影响（Keller，1998）。企业通过品牌联盟可借用所需要的专长、能够利用本不具有的品牌资产的杠杆效应。

（5）基于品牌管理视角路径。品牌管理在保护品牌权益中应起到重要作用，企业应构建一个三阶段概念模型用于创建和维护品牌权益：一是树立以品牌为导向的理念；二是发展内部品牌推广能力；三是持续的品牌提供（Simon

D. M. M'zungu etc，2010）。

（6）基于核心价值视角路径。核心价值的本质、作用和功能是一个企业品牌价值基础的中心部分，是判断企业品牌价值的首要理念以及创建品牌的重要动力（Mats urde，2001）。另一方面，品牌战略可以促使核心价值的提升，而核心价值是企业国际竞争力的主要体现。

（7）基于消费者视角路径。品牌的本质是企业与消费者之间的无形契约（菲利普·科特勒，2002），品牌忠诚是品牌竞争力和品牌竞争力评估的基础（Keller，1993），品牌战略可以使消费者被该品牌所吸引，并信任和愿意使用该品牌（Berna H. Schimitt and Patrice Geus，2006）。而消费者对某一品牌的信任，取决于该品牌的声誉、竞争力和可预测性，某一品牌声誉越好，则该品牌越能满足消费者的预期需求，品牌的竞争力也就越强，消费者对该品牌也就越信任（Hasan Afzal etc，2010）。

（二）对已有研究成果的评论

在经济全球化和贸易自由化程度日益深化的今天，国际竞争力已经成为世界各国不容回避的问题。与此同时，对品牌的研究也有丰富的成果问世。但是，已有的研究成果在如下方面还显得不足或亟待强化。

1. 企业国际竞争力的内涵界定与逻辑结构。前已述及，国际竞争力可以从宏观和微观两个层面理解，但企业国际竞争力的内涵到底该如何界定，迄今尚无统一的认识。不仅如此，企业国际竞争力与竞争力、核心竞争力、品牌竞争力等相关概念的关系也尚未厘清。

除此之外，企业国际竞争力与产业竞争力、地区竞争力、国家竞争力之间到底是何逻辑关系，也还需要进一步明确。虽然已有研究表明：一国的国际竞争力最终是由该国产业和企业的国际竞争力决定，一国产业的国际竞争力也是由该国企业的国际竞争力决定。国际竞争力的核心是企业国际竞争力。但这一逻辑关系还需要有更多的案例、经验实证和逻辑实证予以证明。

2. 品牌价值对企业国际竞争力的价值贡献评价与测度。前已述及，管理大师彼得·德鲁克曾明确指出：我们无法管理我们不能衡量的事物。世界品牌价值测度机构——Interbrand 认为，品牌价值其实就是一套以财务语言为表征，融合了资金运用效率、业务模式思考以及企业核心竞争力的综合性关键绩效管理仪表盘。在品牌强度测度模型中，聚焦了 10 个关键指标：真实性（Authenticity）、品牌清晰度（Clarity）、内部重视度（Commitment）、反应力（Responsive-

ness）、保护力（Protection）、一致性（Consistency）、相关性（Relevance）、差异性（Differentiation）、存在性（Presence）、理解力（Understanding）。这些指标围绕品牌承诺的各个方面，而品牌承诺对于成熟的企业而言，也就等同于自身核心竞争力的外在认知与表现。但这一外在的表现只是证明了企业核心竞争力抑或国际竞争力的“事实存在”，但现有的评价和测度方法未能根本上解决其“价值存在”的问题。使企业国际竞争力既“看不见”，又“摸不着”，“只可意会不可言传”。

3. 企业国际竞争力与自主品牌战略的关系。已有的研究表明，品牌强度与企业核心竞争力呈正相关关系（汤湘希，2004）。企业国际竞争力的内核是核心竞争力，而核心竞争力的重要表征是品牌竞争力。因此，提升企业国际竞争力的重要路径依赖是自主品牌战略，提升品牌竞争力，构建强势品牌和世界品牌。但现有的研究成果还未能从理论上梳理清楚企业国际竞争力与自主品牌战略的关系，也鲜有成功的经验可资借鉴。

4. 企业国际竞争力与自主品牌战略的经验研究。在强化品牌国际化战略、提升企业国际竞争力方面，美国、日本、韩国、俄罗斯、印度、越南等国家有哪些成功的经验值得我们借鉴，又有哪些失败的教训值得我们吸取。上述这些国家，有的感叹“廉颇老矣”（如美国、日本）、有的“奋起直追”（如韩国、印度），有的“卧薪尝胆”（如俄罗斯、越南）。但不管怎样，这些国家的自主创新战略、自主品牌战略值得我们研究。遗憾的是，现有研究成果未能进行很好的梳理与总结。在实践中甚至出现了不应有的政策失误，比如“以市场换技术”“中国品牌＋国外品牌”“为人做嫁衣裳”的奇怪事件发生。

5. 企业国际竞争力与自主品牌战略的实证研究。限于数据收集的难度和企业国际竞争力本身的“隐性”特征，其替代变量很难体现出企业国际竞争力的本质，以致现有的研究大多采用规范的逻辑推理，较少采用大样本的归纳推理研究企业国际竞争力与自主品牌战略的关系。

6. 企业国际竞争力、自主品牌战略与相关政策设计。前已述及，现有的研究成果主要从管理学的视角开展研究，而且大多是从企业微观层面，即策略研究的成果居多。如何从跨学科的视角在宏观层面进行政策设计（尤其是相关的产业政策、税收政策等），相关研究还很不足。尤其是将自主品牌的价值通过会计特有的语言表达出来，并通过会计报表展现出来的成果则更为鲜见。

三、研究目标、总体框架与主要内容

（一）研究目标

1. 总体目标。本研究的总体目标是：以解决品牌战略对企业国际竞争力“是何影响”“如何影响”和“影响程度”三大问题为主线，在转变经济发展方式和我国企业加快“走出去”步伐的背景下，以中国和其他国家的企业和产业经验数据为依托，研究自主品牌战略实施对企业国际竞争力的作用路径与贡献机理，以期为我国企业国际竞争力的形成与提升提供理论支持与实务依据，促进企业国际竞争力的提升，并建立品牌价值报告体系，实现对企业、产业、地区和国家国际竞争力的恰当评价，为国家和地方政府制定相关经济政策提供理论支持和政策建议。

2. 具体目标。为实现总体目标，根据研究内容，有四项具体研究目标：

一是分析自主品牌战略对企业国际竞争力的促进机理，对自主品牌战略对企业国际竞争力的作用路径进行理论推演。

自主品牌战略的直接目标是创立和发展拥有自主知识产权的自主品牌。自主品牌战略的实施，能够促使企业作为品牌建设的主体，通过一系列的品牌建设经营活动，激发出企业的创新能力，提升全体员工的工作热情与积极性，能促进各种新要素、新技术的有机结合，使企业能够打造出具有高新技术的国际知名大品牌，从而增强企业的国际竞争力，形成现实的经济效益与生产力，最终将我国从制造大国转变成为制造强国和创新大国。自改革开放以来，我国的自主品牌建设取得了一些成就，创立了诸如联想、海尔等世界著名品牌，但由于管理水平、技术水平等相对有限，导致品牌特点不突出，品牌效益较低。就目前情况而言，我国大多数企业的品牌意识仍较为缺乏，不敢进行技术创新，缺乏创建世界著名品牌的勇气和信心。因此，深入分析自主品牌战略对企业国际竞争力的作用机理与演化路径，对企业加大品牌建设投入，大胆实施自主品牌战略，具有重要的理论指导意义。

二是比较中国和其他国家企业国际竞争力和自主品牌战略的现状，对自主品牌战略对企业国际竞争力的作用路径进行实务梳理。

企业国际竞争力是客观存在的，这是毋庸置疑的事实。但是，就全球视野而言，无论是微观还是宏观视角，我国企业/产业/区域/国家的国际竞争力究竟状况如何，则不得而知。同时，我国自主品牌到底有多少、知名品牌又有多少，这些品牌都是如何形成的，分布于哪些产业和地区等问题，至今依然也是模糊不清。虽然当前已有城市竞争力排行榜、产业竞争力排序，还有诸如世界著名品牌排名等多种展现企业国际竞争力和品牌价值的指标或标志，但迄今为止，我国企业国际竞争力和自主品牌的状况仍然是家底不清、情况不明。尤其是在转变经济发展方式，加快“走出去”步伐的政策背景下，摸清企业/产业/区域/国家国际竞争力和自主品牌的家底更显得必要和重要。与此同时，通过对我国典型产业经验与国际经验的梳理，比较我国与其他国家企业国际竞争力和自主品牌的优势和差距，对二者作用路径差异进行分析，将有助于借鉴国内与国际经验，探索我国以自主品牌战略培育企业国际竞争力的路径，促进创新型国家的建设和国际竞争力的提升。

三是测度自主品牌对企业国际竞争力的贡献程度，构建企业国际竞争力评价报告体系。

企业国际竞争力的形成是众多因素协同作用的结果，研究自主品牌对其贡献程度，将有助于明确自主品牌战略的重要性，对企业国际竞争力进行综合评价，因此，这一问题亦是目前需要解决的重要问题之一。为此，应当从分析国际竞争力的形成路径入手，构建相关的逻辑模型，通过大样本经验分析，构建自主品牌对企业国际竞争力贡献的测度模型，测度自主品牌对企业国际竞争力的贡献程度与贡献额度，并以此为基础设计企业国际竞争力评价报告进行披露，进而形成产业、地区乃至国家的国际竞争力评价报告体系。

四是根据研究结论提出相应的政策建议。

科学研究的目的是要站在已知和未知的前沿边界上，积极探索未知世界，将其转化为已知的知识并为政府决策所用，这也是研究的目的所在，发挥智库和战略科学家的作用。从宏观层面而言，通过研究，要为政府决策提供理论支持；从微观层面而言，要为企业进行国际竞争力的建设提供经验借鉴。

（二）基本结构

本研究的基本结构主要由三个紧密联系的部分构成，三个部分之间的逻辑关系是：

第一部分：对自主品牌与企业国际竞争力之间的演化路径推演，从理论上推演它们之间的作用机理问题，构建理论路径。

第二部分：对自主品牌与企业国际竞争力关系的经验路径分析，从实务上梳理它们之间的作用机理问题，形成经验借鉴。

第三部分：对自主品牌对国际竞争力的贡献程度进行测评并予以报告反映，解决它们之间的作用程度问题，并构建国际竞争力报告体系。

（三）总体框架

前已述及，本研究以自主品牌战略对企业国际竞争力“是何影响——如何影响——影响程度”问题为主线，循着“企业自主品牌战略——品牌竞争力——核心竞争力——企业竞争力——企业国际竞争力——国家竞争力”的路径，以我国不同产业（行业）的经典案例为依托，以国际经验比较为借鉴，着力从理论与实务两方面探寻企业国际竞争力与自主品牌战略之间的关系，研究如何在我国通过自主品牌战略进行品牌建设，强化品牌强度，提升企业国际竞争力和产业国际竞争力，进而促进创新型国家的建设，增强国家竞争力。总体研究框架体系如图1所示。

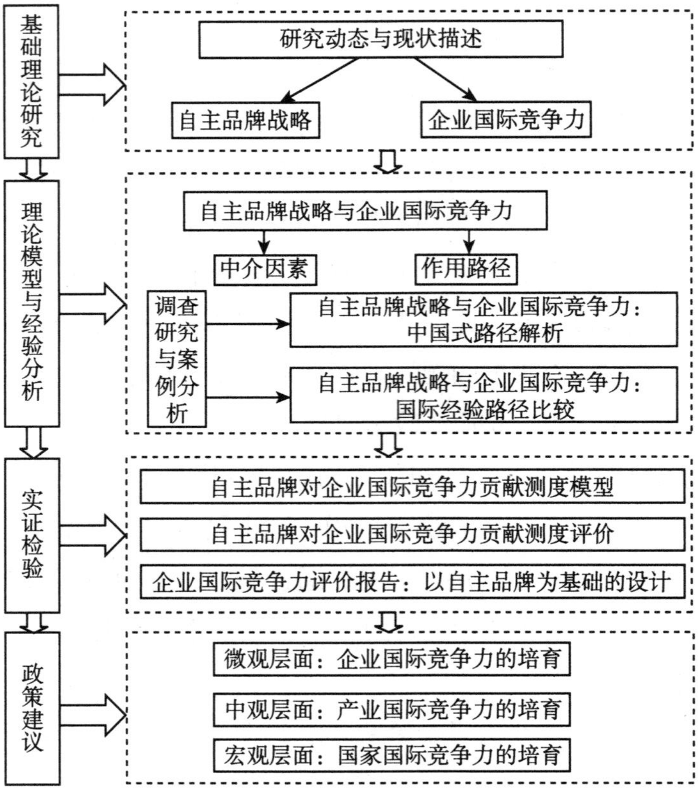

图1　研究框架图

（四）研究内容

本研究在梳理企业国际竞争力与自主品牌战略理论研究的基础上，首先从理论上对企业自主品牌战略与企业国际竞争力的演化路径与机理进行逻辑推理，然后，结合实务选取中国不同产业的经典案例进行田野研究与实地考察，并对发达国家及中国周边不同国家的经验路径进行比较分析，在此基础上，对企业自主品牌对企业国际竞争力的贡献程度进行测评，并从企业、产业、地区和国家层次构建国际竞争力评价报告体系。基于作用路径、贡献测度与报告评价，以期探寻中国企业自主品牌建设与国际竞争力的培育之路。具体研究内容除绪论和结语外由如下四篇构成：

绪论 主要阐明研究缘起、研究意义、研究目标、研究方法、研究重点和难点问题等。

第一篇 企业国际竞争力与自主品牌战略的理论基础。本篇主要阐述经济新常态与新增长理论对本研究的理论支持。

第二篇 中国式品牌建设路径解析与国际经验路径比较。本篇主要剖析我国典型产业自主品牌战略的路径选择与国际经验的比较，从中得到启发。

第三篇 企业国际竞争力与自主品牌战略的实证研究。本篇主要采用实证研究的方法，分别从实际控制人、两权分离程度对品牌建设的投入，管理层能力、技术创新与企业价值两个层面，从微观视角研究企业国家级竞争力与自主品牌战略的关系。

第四篇 品牌价值的会计报告。本篇主要从会计的视角，将品牌价值这种看似“只可意会不可言传”的价值凸显出来，将这种“隐性资产”显性化。

结语 对本研究进行总结和归纳。阐明其研究结论、主要创新之处等。

四、研究方法、技术路线与重点难点

（一）研究方法

本书以“问题导向”引入，针对具体问题分别采用调查研究、案例研究、描述性统计、经验性实证、数理性实证等多种研究方法。

1. 统计研究方法。本书采用描述性统计方法尽可能对国内外跨国公司企业国际竞争力的现状、跨国公司的品牌战略实施状况等进行扫描。在此基础上，利用结构方程建立基于品牌战略的企业国际竞争力各维度的因子模型，并对企业国际竞争力的各影响变量采用多元统计分析方法进行变量确定与排序。此外，还采用聚类分析方法，对企业国际竞争力按照行业或区域进行比较，对我国企业进行重新分类和定位，并以此提出相应的产业调整政策建议。

2. 调查研究与案例研究方法。本书的第二、三、四部分通过大量的田野调查研究、实地实验与典型案例，分析企业国际竞争力与企业自主品牌战略的关系及品牌战略对企业国际竞争力的贡献机理等，构建理论分析框架。

3. 数理分析方法。本书第二、三部分还将借助测度学等数理分析方法，在理论研究的基础上，构建通用的企业国际竞争力测度模型。

（二）技术路线

本书从梳理已有的研究成果入手，从中得到启示，并明确研究的主题和重、难点问题，以国家经济安全为研究视角，以新经济增长理论等为理论基础对企业国际竞争力与自主品牌战略之间的关系进行论证，再总结发达国家和我国周边国家的经验以资借鉴，然后，再根据我国上市公司的数据进行实证检验，最后得出研究结论和政策建议。

本书的技术路线如图 2 所示。

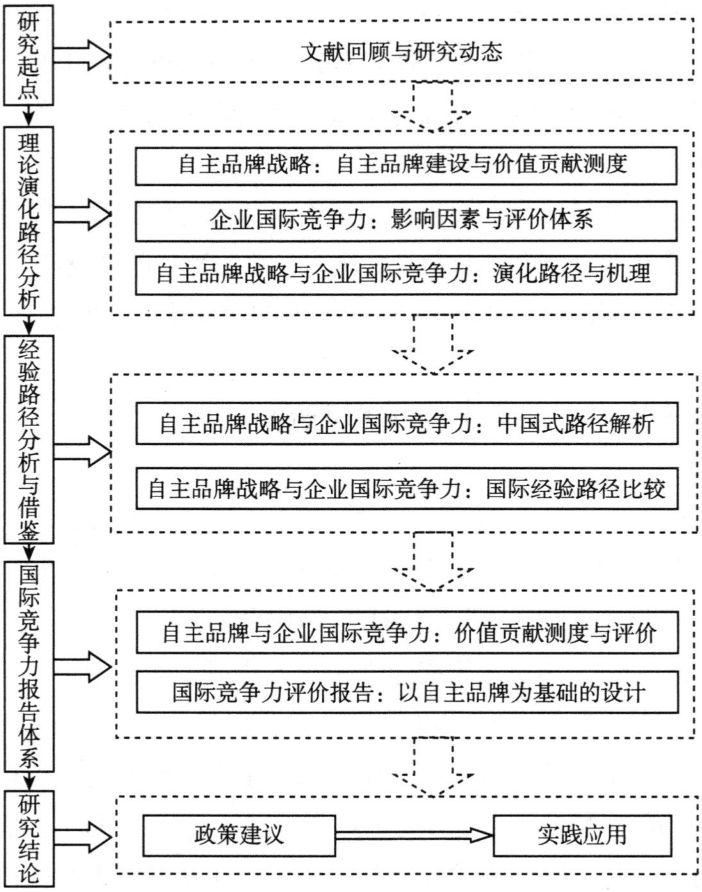

图 2　技术路线图

（三）研究重点与难点

本书研究的重点和难点问题包括以下十个问题：（1）剖析品牌、商标、商誉等相关概念及其与创新之间的逻辑关系；（2）以经济学、管理学、知识产权等为基础，探寻经济发展与品牌战略的互动规律；（3）分析品牌竞争力的影响因素与价值贡献测度；（4）测度品牌强度对企业国际竞争力的贡献额度；（5）分析企业国际竞争力与自主品牌战略的路径依赖；（6）构建企业品牌战略、地区品牌战略与国家品牌战略之间的联动机制；（7）构建品牌价值会计的信息披露机制及其报告内容；（8）提出构建品牌会计学的基本思路与方法；（9）提出建设国家品牌战略的基本构想；（10）提出企业国际竞争力与自主品牌战略的具体路径。

五、研究约定、主要结论与创新之处

本研究的主题是企业国际竞争力与自主品牌战略，因此，主要以新经济增长理论（内生增长理论）为基础从理论上阐明企业国际竞争力与自主品牌的关系，但在实证过程中则主要侧重于微观层面分析，其主要结论就是论证企业国际竞争力与自主品牌战略具有直接的相关性，研究的创新之处主要体现在如下四个方面：

一是从国家经济安全的视角，构建竞争力的“塔形”结构。

企业国际竞争力与自主品牌战略，本是一个微观层面的话题，现有的研究基本上都局限于企业微观层面。但本书从国家经济安全的视角来研究，并将此问题与国家创新体系建设、构建创新性国家等宏观政策问题结合起来，力图构建品牌竞争力——核心竞争力——企业竞争力——企业国际竞争力——产业国际竞争力——国家竞争力的“塔形”结构体系，将微观层面的问题提升至中观（产业、地区）和宏观层面，使其研究的结论更具重大的现实指导意义。

二是借鉴发达国家和我国周边国家的经验，提出更具可操作性的政策建议。

企业国际竞争力和自主品牌在一定程度上是一个国家的“脸面”，已有研究对个别国家（如美国、韩国）的经验（教训）已有一定的总结。本书将以美国为代表的发达国家和我国周边国家日本、韩国、俄罗斯、印度、越南等更具参考价值的国家的经验（教训）综合起来予以总结和比较，为国家制定相关政策和企业进行类似的活动提供更有力的经验借鉴。

三是以测度自主品牌对企业国际竞争力的价值贡献，体现其学术前沿性。

企业国际竞争力是多种要素协同作用产生的合力。品牌，尤其是强势品牌无疑是重要的要素。已有研究只推理了品牌强度与企业国际竞争力的关系，但如何测度品牌对企业国际竞争力的价值贡献，则显得乏力与不足。本书采用经济学、测度学、资产评估学等多学科的知识，通过案例分析、实地调研、大样本实证分析等方法，构建相应的数学模型测度品牌对企业国际竞争力的价值贡献，从而实现将企业国际竞争力的“事实存在”凸显其“价值存在”。

四是以品牌价值会计的价值报告为载体，显现本研究的实用性。

企业国际竞争力的大小、企业实施品牌战略的过程及其结果，最好有其相应的披露方法向决策披露，以便于对决策者有用。会计学作为提供决策有用信息的学科，正好契合了这种需求。已有的研究无论是采用“排行榜”抑或“排序”等方法，都很难将品牌抑或自主品牌这一“抽象”的概念用会计“语言”（常用的格式和数字）展现出来。本书将借助项目负责人汤湘希（2003）的“企业核心竞争力会计”、主要作者闫明杰的“品牌会计研究”等所构建的理论模型与方法，将品牌价值通过价值报告的形式展现出来，简单而明了地显现一个企业的品牌价值，最终展现出国际竞争力、产业竞争力，最终体现为国家竞争力。

第一篇
企业国际竞争力与自主品牌战略的理论基础
——经济新常态与新增长理论

研究企业国际竞争力与自主品牌战略，目的还是讨论经济增长问题，亦即经济增长的驱动因素问题。增长问题是经济学永恒的主题①。有形资本和无形资本（无形资产）② 投资将导致人均产出累积性增长（Hayami & Ruttan，1998），两者的投资结构及比例关系是经济增长问题关注的焦点。因而，经济增长理论围绕无形资产经营问题而展开。现代经济增长理论诞生于20世纪40年代，迄今经历了三大变革：由哈罗德（Harrod，1939）和多玛（Domar，1946）创立的第一代经济增长理论，强调资本积累的作用，由于“刀刃上均衡”问题很快被遗弃；由索罗（Solow，1956）和斯旺（Swan，1956）创立并由拉姆齐－卡斯－库普曼斯（Ramsey－Cass－Koopmans）及戴蒙德（Diamond）所完成的第二代经济增长理论，专注于外生技术进步所决定的长期增长历经了30年而沉寂；20世纪80年代中期以罗默（Romer，1986）和卢卡斯（Lucas，1988）为代表的第三代经济增长理论，更加关注研究与开发（R&D）、创新、内生技术进步和人力资本等无形资产（无形资本）投资所带来的规模报酬递增问题，迄今仍然为人们所重点关注。

一、创新：经济新常态下发展模式的主要驱动力

2015年10月29日，党的十八届五中全会明确指出：坚持创新发展，必须把创新摆在国家发展全局的核心位置，不断推进理论创新、制度创新、科技创新、文化创新等各方面创新，让创新贯穿党和国家的一切工作，让创新在全社会蔚然成风。必须把发展基点放在创新上，形成促进创新的体制架构，塑造更多依靠创新驱动、更多发挥先发优势的引领型发展。培育发展新动力，优化劳动力、资本、土地、技术、管理等要素配置，激发创新创业活力，推动大众创业、万众创新，释放新需求、创造新供给，推动新技术、新产业、新业态蓬勃发展。同时，《“十三五”规划》更是提出了要坚持创新、协调、绿色、开放、共享的发展理念，并将创新放在首位。习近平总书记更是明确指出：创新发展注重的是解决发展动力问题，创新是引领发展的第一动力。我国创新能力不强，科技发展水平总体不高，科技对经济社会发展的支撑能力不足，科技对经济增

① 谭崇台：《西方经济发展思想史》，武汉大学出版社1993年版，第18页，本报告有修改。
② 在外文文献中，无形资产和无形资本使用相同的词，在此不作区分。

长的贡献率远低于发达国家水平，这是我国这个经济大个头的“阿喀琉斯之踵”①。新一轮科技革命带来的是更加激烈的竞争，如果科技创新搞不上去，发展动力就不可能实现转换，我们在全球经济竞争中就会处于下风。② 因此，经济新常态在创新驱动发展战略的引领下，如何对知识产权为核心的创新能力、创新成果以及创新对经济贡献的统计就日益显得必要和紧迫。

（一）何谓经济新常态以及传统经济发展模式的主要问题

2014 年 5 月，习近平总书记在河南考察时指出：“中国发展仍处于重要战略机遇期，我们要增强信心，从当前中国经济发展的阶段性特征出发，适应新常态，保持战略上的平常心态。”所谓经济的“常态”是一个经济体运行的“经常性状态”或“稳定性状态”的简称。“经济新常态”突出一个“新”字！人类社会的经济发展受到诸多因素的影响，这些因素不仅在维度上难以穷尽，而且在内涵或形式上也无法完全控制或重复，即人类社会经济发展的历史不可能简单重复。从这个意义上说，有别于“上个时期或阶段”的经济运行状态，一旦趋于稳定，并可以维持一段时间，那就是经济运行的“新常态”。从整体上而言，过去的经济发展模式主要面临如下五大亟待解决的问题：

一是资源消耗大，资源约束趋紧。2013 年，中国 GDP 占世界的比重为 12.3%，但能源消耗总量占 20%，粗钢占 44%，水泥占 57%。淡水、耕地、森林、煤炭、石油、铁矿石等重要资源的人均占有量均大大低于世界平均水平。中国人均可再生淡水资源拥有量仅为世界平均水平的 1/3；人均石油可开采储量、人均天然气可开采储量均不到世界平均水平的 1/10。原油、铁矿石等主要能源、矿产资源的对外依存度持续上升，石油的对外依存度已逼近 60%。③

二是环境污染严重。中国现有近 3 亿农村人口喝不上安全饮用水，近 6000 万城镇人口饮用水水源水质不合格。土壤污染面积大，重金属、持久性有机物

① 阿喀琉斯之踵（Achilles' Heel），是指致命的弱点，要害。古希腊神话中的阿喀琉斯是海神之子，荷马史诗中的英雄，传说他的母亲曾把他浸在冥河里使其能刀枪不入。但因冥河水流湍急，母亲捏着他的脚后跟不敢松手，所以脚踵是最脆弱的地方，一个致命之处。阿喀琉斯长大后，作战英勇无比，但最终被人发现了弱点，在特洛伊战争中，阿喀琉斯杀死了特洛伊王子赫克托耳，因而惹怒了赫克托耳的保护神阿波罗，于是太阳神用箭射中了阿喀琉斯的脚后跟，送了这位勇士的命。参见 2015 年 10 月 29 日，习近平总书记在党的十八届五中全会第二次全体会议上的讲话。

② 习近平：《以新的发展理念引领发展》《中国共产党第十八届中央委员会第五次全体会议公报》《中共中央关于制定国民经济和社会发展第十三个五年规划的建议》《中共中央办公厅通讯》（学习贯彻党的十八届五中全会精神专刊），2015 年第 11 期。

③ 参见百度知道（https：//zhidao. baidu. com/question）。

污染较重。据2013年第二次中国土地调查资料显示，中重度污染耕地已达到5000万亩左右。京津冀、长三角、珠三角地区及部分大中城市大气污染严重，雾霾等极端天气增多，已成百姓的切肤之痛。

三是生态系统退化。有资料显示，目前我国近80%以上的草原出现退化，水土流失面积占国土总面积的37%，生物多样性锐减，濒危动物达250多种，濒危植物达350多种，生态系统缓解各种自然灾害的能力减弱。

四是温室气体排放总量大、增速快，我国已成为世界第一大排放大国。中国每年向大气中排放的二氧化碳超过60亿吨，位居世界各国之首。据李俊峰（2014）介绍，1992年，全球温室气体排放总量大体是200亿吨左右，2013年年底接近400亿吨，1992年全球大气浓度为280多个PPM，2013年接近400个PPM。①

五是社会保障体系建设滞后。虽然社会保障体系的覆盖面已经普及城乡，但保障水平偏低且不平衡，保障体系分割较严重，距“兜住底、易流动”等要求还有较大差距。

（二）经济新常态的主要特征

经济新常态的最大特点是速度“下台阶”、效益“上台阶”；经济新常态下的明显特征是“增长动力实现转换”“经济结构实现再平衡”。其基本特征体现在如下9个方面：②

（1）模仿型排浪式消费阶段基本结束，个性化、多样化消费渐成主流；

（2）基础设施互联互通和一些新技术、新产品、新业态、新商业模式的投资机会大量涌现；

（3）中国低成本比较优势发生了转化，高水平引进来、大规模走出去正在同步发生；

（4）新兴产业、服务业、小微企业作用更凸显，生产小型化、智能化、专业化将成产业组织新特征；

（5）人口老龄化日趋发展，农业富余人口减少，要素规模驱动力减弱，经济增长将更多依靠人力资本质量和技术进步；

（6）市场竞争逐步转向质量型、差异化为主的竞争；

① 国家发展与改革委员会国家气候战略中心主任李俊峰2014年6月30日在“2014生态文明·美丽家园：关注气候中国峰会”上的发言。参见新华网（http：//news. xinhuanet. com/energy/2014－06/30/c_1111369759. htm/2014－6－30）。

② 经济发展新常态，首次明确九大特征，《新京报》2014年12月12日。

（7）环境承载能力已达到或接近上限，必须推动形成绿色低碳循环发展新方式；

（8）经济风险总体可控，但化解以高杠杆和泡沫化为主要特征的各类风险将持续一段时间；

（9）既要全面化解产能过剩，也要通过发挥市场机制作用探索未来产业发展方向。

（三）经济新常态发展模式下的速度、结构与动力①

1. 速度——从高速增长转为中高速增长和高质量增长。年均经济增长速度有所放缓，但仍将保持在7% ~8%的中高速。与中国改革开放前30多年年均增长9.9%的高速增长阶段相比较，年均增长速度大概回落2 ~3个百分点。但与世界其他国家或全球经济增长速度相比，这一增长速度仍处于领跑状态，尤其是将经济增长转为高质量增长。

根据国际货币基金组织（IMF）2014年10月的预测，2014—2019年世界经济年均增长速度将为3.9%，其中发达国家为2.3%，新兴经济体为5%。

2. 动力——从要素驱动、投资驱动转向服务驱动、创新驱动。过去破坏性的粗放型发展、吃资源饭、环境饭、子孙饭的发展模式正在让位于以转型升级、生产率提高、创新驱动为主要内容的科学、可持续、包容性发展。在中国经济新常态下，经济发展方式的转变已经被迫展开，告别不顾资源短缺、竭泽而渔、破坏性开采的粗放型发展，忽视环境保护的污染性发展，透支人口红利、社会保障体系建设滞后的透支性发展，正在逐步转入遵循经济规律的科学发展，遵循自然规律的可持续发展，遵循社会规律的包容性发展。发展的主要动力正在逐步转向依靠转型升级、生产率提升和开拓创新。

3. 结构——经济结构不断优化升级。经济增长结构发生变化。生产结构中的农业和制造业比重明显下降，服务业比重明显上升，服务业取代工业成为经济增长的主要动力。有关数据表明：2012年，消费对经济增长贡献率自2006年以来首次超过投资，2013年，中国第三产业（服务业）增加值占GDP比重达46.1%，首次超过第二产业；2014年，这一比例继续上升到46.7%。需求结构中的投资率明显下降，消费率明显上升，消费成为需求增长的主体；内需与外需结构发生变化。

① 郭克莎：《准确把握速度、结构与动力转换的关系》，《求是》，2015年第1期。

2014年，全年最终消费对GDP增长的贡献率达到51.2%，比上年提高3个百分点，成为拉动经济增长的主引擎。

二、创新发展：创新型国家建设的必然选择

实施创新驱动发展战略，是我们党在关键时期、攻坚阶段作出的重大抉择。2006年1月26日，中共中央、国务院做出《关于实施科技规划纲要、增强自主创新能力的决定》，提出全面提升国家竞争力，创新体制机制，走中国特色自主创新道路，为建设创新型国家而奋斗。总体目标是：到2020年，使我国的自主创新能力显著增强，科技促进经济社会发展和保障国家安全的能力显著增强，基础科学和前沿技术研究综合实力显著增强，取得一批在世界上具有重大影响的科学技术成果，进入创新型国家行列，为全面建设小康社会提供强有力的支撑。

三、国际经验：创新发展是强国之路的战略选择

纵观世界发达国家，之所以发达，是因为在新时代其发展的基本路径主要就是依靠创新驱动。因此，此处主要介绍美国、欧盟等发达国家或地区的创新发展之路，希望对我们转型发展有所启示。

1. 美国。美国从20世纪80年代开始实行知识产权发展战略。主要包括两个方面的内容：一是产业结构的调整；二是相应的知识产权改革，制定法律，重新界定知识产权的权利归属和利益分配，包括知识产权的实施者和推动者及管理者的权益。在对外方面，谋求美国知识产权权利人在全球利益的最大化，推动《与贸易有关的知识产权协议》（Trips）的签署等。该项战略实施30多年来，取得了巨大的成就。着眼于制度创新，为20世纪90年代开始的“新经济”奠定了良好的制度环境。而依托信息技术产业高速发展的“新经济”，创造了连续110多个月经济高速增长的神话，直到互联网泡沫的破灭，终止了美国历史上经济增长的最长周期。也有研究成果以中、美两国统计局发布的1978—2011年度统计数据为基础，实证分析了科技投入与经济增长之间的因果关系。

实证结果表明：（1）科技投入与经济增长之间存在着十分明显的因果关系，科技投入是引领经济增长的重要原因；（2）2000—2010年，美国科技投入每增

加1%对美国经济增长的贡献率约为1.003%；（3）美国经济的长期增长取决于以知识、信息、研究开发或创新所引致的规模收益递增、技术进步、人力资本增长等核心内生变量。技术进步的内生化，促进了劳动力要素合理流动、提高了劳动生产率。① 不仅如此，美国还以专利、商标、版权等知识产权为基本因子构建了知识产权密集型企业，这类企业在就业、附加值、平均周薪、教育程度、外贸等方面具有明显的优势。②

2. 欧盟。欧盟一直将知识产权策略作为一种重要的国际话语权。欧盟委员会认为，知识产权不仅维护着自身的权益，同时还涉及相关领域里的制度、机构的生产与再生产。从这个意义上讲，与知识产权有关的制度、机构、人员组成都是至关重要的。正因为有了这种认识，欧盟的知识产权战略才能在国际范围内获得非同寻常的地位。

纵观欧盟的发展之路，所有与知识产权相关策略及举措的实施，无一例外是为了市场利益及自身发展。欧盟现有27个成员国，拥有5亿人口③。2010年欧盟国内生产总值（GDP）为16.106万亿美元，人均国民生产总值达3.2283万美元，而同期的美国国内生产总值（GDP）为14.660万亿美元，人均国民生产总值为1.4624万美元。显然，欧盟的经济实力已经超过美国居世界第一，成为当之无愧的头号贸易共同体。而随着欧盟的扩大，欧盟的经济实力将进一步加强。尤其重要的是，欧盟不仅因为新加入的国家正处于经济起飞阶段而拥有更大的市场规模与市场容量，而且欧盟作为世界上最大的资本输出的国家集团和商品与服务出口的国家集团，再加上欧盟相对宽容的对外技术交流与发展合作政策，对世界其他地区的知识产权政策、经济发展会带来一定影响。

作为知识产权制度的诞生地之一，欧盟国家对知识产权保护十分重视，其知识产权法律和制度以及相配套法律和制度都较为完善。

在知识产权国际规则的形成和发展方面，欧盟国家与美国具有较多的共同利益，其基本立场一致。但是，欧美之间也存在分歧。例如，美国从维持其计算机软件方面的巨大优势出发，极力主张其他国家也将与计算机程序有关的商

① 宋耀、章玉贵：《中美科技投入对于经济增长贡献的比较研究》，《中国市场》，2013年第15期。

② 美国经济和统计管理局及美国专利商标局：《知识产权与美国经济：产业聚焦》（报告），转引自《国家知识产权战略网》（http：//www. nipso. cn/onews. asp？ id＝16309/2016－01－06）。

③ 2016年6月24日，英国就是否留在欧盟举行全民公投，投票结果显示支持“脱欧”的票数以微弱优势战胜“留欧”票数，英国将不再属于欧盟成员国。如果英国在2019年如期脱离欧盟，则欧盟的成员国为26个。特此说明。

业方法纳入可以受专利保护的范围；而欧盟则以授予专利权的方案必须具有技术属性为由予以抵制。这些分歧的产生主要并不是由于在法学理论方面的不同观点，而是出于维护各自经济利益的考虑。

而正是在这样的背景下，一方面为了保护自己在贸易中的利益、优势和权益；另一方面对低水平的产品或技术形成制约，通过合法的手段构筑贸易壁垒，成为欧盟在全球市场发展中的迫切需要。

由欧盟委员会提出的新的知识产权保护计划涉及专利权、商标权和著作权等多个方面，其中强调了要加强对假冒、盗版的打击行动，以及主张设立一个统一的专门的专利法庭，解决专利权纠纷。

欧盟认为，之所以提出知识产权新战略，是因为随着时代的发展，与互联网相关的技术变革给知识产权保护带来了新的要求和新的挑战，因此欧盟和成员国有关知识产权保护的规定必须适应这种新变化，才能与时俱进。为此，欧盟在如下两个方面的动向值得关注：①

（1）调整战略力推创新。“在欧盟统一市场上对知识产权进行合理保护，对欧洲的经济发展至关重要。”负责内部市场与服务的欧盟委员会委员表示，知识产权是欧盟经济中的一大基石，而且是其增长的主要推动力，保护知识产权对于欧洲的发明创造及创意产业的发展至关重要。

在欧盟制定的“2020 战略”中，创新被视为实现可持续发展和创造就业的重要支柱，欧盟计划创建高达 1430 亿欧元的创新基金。在专利体系方面，欧盟委员会在知识产权新战略中提出了建立统一专利体系的立法建议。该建议提出，今后任何企业或个人在欧盟申请专利保护，申请费用将减少 80%。

目前，欧盟 27 个成员国共有 23 种官方语言文字。遵循“国家不分大小语言文字一律平等”的基本原则，欧盟所有法规和几乎所有正式文件都必须翻译成各国官方文字版本。因此，欧盟申请一件专利大约需要 3. 2 万欧元，其中仅翻译费就高达 2. 3 万欧元。相比之下，在美国平均每件专利申请费用为 1850 欧元。因此，现行欧盟专利制度成本高且手续繁杂，被认为是创新的主要障碍。

欧盟知识产权新战略所提出的新专利体系降低了申请专利保护的门槛，大幅降低了专利翻译成本。新专利体系实施后，将适用于欧洲专利局覆盖的欧盟内外的 38 个成员国。欧盟境内的申请者可用任何语言申请专利，欧洲专利局

① 赵建国：《欧盟知识产权新战略引全球关注》，《知识产权报》，2011 年 6 月 24 日。

将基于英语、法语和德语3种官方语言审核申请，翻译费用将得到欧盟的补偿。

对于全球关注的专利权保护问题，一些欧洲企业认为，没有独立的专利法院，实施统一专利体系没有意义，犹如“没有子弹的枪”，因此强烈建议欧盟要建立独立的专利法院，解决各国判决各异的情况。针对上述建议，此前欧盟最高司法机构欧盟法院裁定，欧盟成员国就设立专利法院所达成的协议不符合欧盟条约的规定，因其将改变欧盟机构和成员国的权力属性。这次欧盟委员会在知识产权新战略中提出了关于该议题的新方案，就相关协议做出调整。其中提出，在专利权的保护方面，欧盟将继续推动建立一个统一的专门的专利法庭，解决专利权纠纷。业界认为，这将有助于大大减少专利诉讼的成本和时间。

根据知识产权新战略的建议，欧盟将正式加入《慕尼黑协定》，由欧洲专利局按照该协定规定的条件颁发“共同体专利”。该专利将得到欧盟各成员国普遍承认。专利只能以欧盟的名义颁发证书、转让或注销。当专利所有者身为国家或公司职员时，由其雇主或单位所在国的法律确定其专利权的归属。禁止一切不经发明者同意的出版、开发、制造和向市场销售、出口行为以及非直接使用等。

新的欧盟专利权有效期为20年。对专利权的保护不涉及私下完成的和出于非商业目的发明创造，也不包括在各成员国注册后经发明者同意在欧盟内部市场上市的产品。欧盟有权在“特殊时期”限制某专利的生产，或在认为其妨碍市场公平竞争时禁止推广和使用。专利权所有者每年要交纳维持专利生效的费用。对知识产权纠纷，特别是发明者和欧盟权益遭假冒伪劣仿造侵害时，“共同体专利法庭”将依据《慕尼黑协定》审理和决定处罚。新专利制度将有效保护欧盟的知识产权，更严厉地打击侵犯欧盟专利的行为。

同时，欧盟知识产权新战略对商标权、著作权、植物新品种、地理标志等多个涉及知识产权方面的问题都提出了较为成熟的建议。如针对正在进行的欧洲数字化图书馆的建设，欧盟委员会就在知识产权新战略中提出立法建议，推动一些虽然受著作权保护但著作权所有者却已经无法认定的“孤儿作品”进入数字图书馆，便于广大读者进行数字化和网上阅读。

欧盟委员会表示，新战略将努力促进改革创新，保护创作者的权益，同时让消费者更好地享受到受知识产权保护的商品和服务。

（2）意义深远值得借鉴。数据显示，目前欧盟有140万家中小企业从事创意产业[①]，就业人口有670万人。从这个角度来看，知识产权几乎与每个从业者的命运息息相关，而且对于社会发展举足轻重。

业界有关专家认为，欧盟知识产权新战略所提出的专利制度改革的最大特点，是简化申请手续，减轻申请人的经济负担，把知识产权保护的权力集中，实现专利制度一体化，使“共同体专利”同《慕尼黑协定》的现行专利制度相结合。随着欧盟政策力度的加大，不排除欧盟今后会学习美国，针对违反知识产权的贸易行为统一出台制裁措施。

专家建议欧盟之外的各国有关企业，在从事与欧盟有关的贸易中，首先要了解欧盟的知识产权政策，其次便是在接单过程中对买家的相关专利、商标、著作权等知识产权的合法性进行有效审核后再进行生产，如果无法审核，则需在合同中先期注明知识产权免责条款或责任界定，以免给自身造成不必要的损失。

近年来，尽管知识产权面临着全球化的趋势，但主权观念、文化认同等都在一定程度上决定着知识产权的地域特征。事实上，知识产权与全球化的关系在一定程度上再现了自身权利与其实现经济发展之间的关系。如何在自身能力的基础上充分保护知识产权是每个国家面临的挑战。

近年来，欧盟通过不断加大知识产权保护力度，有效地保持了自身市场的优势地位，同时也在一定程度上维护了市场竞争秩序，营造了良好的经济发展环境，自身是最大的获益者。随着世界经济的发展，欧盟的做法和不断适应新变化的知识产权竞争思路，值得其他国家借鉴和思考。[②]

欧盟官方网站2013年9月30日发布消息称，欧洲专利局和欧洲内部市场协调局共同发布了《关于知识产权密集型行业对欧洲经济和就业贡献的研究报告》。该报告显示，欧盟的所有行业中约50%属于知识产权密集型行业，其创造产值约4.7万亿欧元，对欧洲国内生产总值的贡献率达39%；欧洲出口产品和服务的90%都属于知识产权密集型行业；知识产权密集型行业直接提供的就业岗位约5650万个，占全部就业岗位的26%，间接提供就业岗位2000万个，占比

---

① 创意产业，亦称创造性产业。指那些从个人的创造力、技能和天分中获取发展动力的企业，以及那些通过对知识产权的开发可创造潜在财富和就业机会的活动。它通常包括广告、建筑艺术、艺术和古董市场、手工艺品、时尚设计、电影与录像、交互式互动软件、音乐、表演艺术、出版业、软件及计算机服务、电视和广播等。此外，还包括旅游、博物馆和美术馆、遗产和体育等。参见《互动百科》（http://www.baike.com/wiki/2016-12-28）。

② 赵建国：《欧盟知识产权新战略引全球关注》，《知识产权报》，2011年6月28日。

约9%；知识产权密集型行业的工资水平较其他行业平均高出40%。欧盟内部市场委员巴尼耶表示，报告证实知识产权可促进发展和就业，为欧盟制定推动知识产权开发和利用的政策提供了良好基础。①

3. 日本。随着国家间和企业间的竞争日趋激烈，知识产权已成为国际竞争的制高点。日本政府与企业界都意识到，自进入21世纪后，日本由于知识产权相关制度运用不当导致创新和科学技术停滞不前，其产业竞争力也逐渐下降。在这一背景下，日本启动了比美国落后20年的知识产权政策，由首相亲自主持知识产权战略会议，并制定了“知识产权战略大纲”，将“知识产权立国”列为国家战略。颁布了《知识产权基本法》，为“知识产权立国”提供法律保障，编制“知识产权推进计划”，有力地推动从“技术立国”到“知识产权立国”的战略转移。

2002年是日本具有重大战略意义的一年，这一年，日本将知识产权的管理上升为国家战略层面管理，对知识产权的重视程度可见一斑。具体的过程如下：2002年2月，首先强调要把知识产权保护作为国家层面的目标，从知识产权的研究到创造等各个阶段，都必须进行严格的保护和充分的利用。7月，日本颁布《知识产权战略大纲》，11月，通过《知识产权基本法》，整个2002年也称为知识产权立国元年。

2003年2月，日本政府决定在内阁设立知识产权战略本部，由时任首相小泉纯一郎任部长。2003年7月，日本知识产权战略本部发布了《知识产权推进计划2003》，提出了270项需要落实的具体措施。2004年5月制定了《知识产权推进计划2004》，提出了需要落实的400项具体措施。

《由“技术立国”到“科学技术创新立国”——日本科技发展战略的转变及其启示》一文介绍了日本实施知识产权战略、推动创新的具体过程②。2007年6月，*WIPO Magazine* 发表一篇名为“Country Focus：IP Revolution——How Japan Formulated a National IP Strategy”的报道，叙述了“日本成为领先知识产权国”国家战略的实现过程。

现如今，国家竞争在很大程度上依赖于无形资产的竞争，而知识产权是无形资产的重要组成部分，日本对其过去知识产权管理所获得的成效并不满意，

---

① 欧盟报告：知识产权密集型行业对欧洲经济和就业贡献大，新民网（http：//tech. xinmin. cn/2013/10/02/22124225. html/2016 - 01 - 06）。

② 周程：《由“技术立国”到“科学技术创新立国”——日本科技发展战略的转变及其启示》，《自然辩证法研究》，2001年第12期。

与日本所面临的因美国知识产权战略带来的知识产权领域的竞争有关，也与日本产业向外转移、知识产权转让增多有关，因此日本进一步完善了知识产权法律法规及强国战略。以期通过创新促进其经济新生，通过使用新的知识产权系统增强对创新成果的保护。

为了便于日本增强国际竞争力，更好地融入包括发展中国家在内的国际社会，日本知识产权促进计划最初包括五项优先领域：（1）知识产权创造；（2）知识产权保护；（3）知识产权商业开发；（4）促进创造性内容，特别是电影作品和以类似摄制电影的方法创作的作品；（5）人力资源开发。

知识产权创造领域。特别考虑了对大学和研发机构的鼓励措施，通过政府基金资助、法律和政策变革、予以奖励等手段，促使其在研究成果商业化过程中扮演重要角色。例如，成立了100个技术许可办公室，帮助大学和研发机构应用知识产权策略，确定知识产权所有者，促进技术许可。

知识产权保护领域。招聘了约500名审查员，减少专利审查的沉积现象。这项措施的最终目的是，到2013年，将专利审查期从26个月降低到11个月。2005年4月，知识产权高级法院确定，将通过技术专家的帮助加快案件的判决速度，从而增强知识产权保护的力度。

知识产权商业开发领域的改革始于2004年，为了使具有知识产权的中小微型企业依托其知识产权获得更多利益，使知识产权拥有者可以凭借知识产权募集资金，2004年12月日本修改了《商业信托法》。

内容促进领域。2004年3月，引入新的内容促进法，加强日本电影产业、动漫产业和软件游戏产业三者之中创造者和公司之间的协同。

人力资源开发领域。在70多所大学中增加了知识产权法律课程，并开设了知识产权研究生专业。知识产权教育的中期目标是，专业人员的数量应该在十年内由当前的60000人增加到120000人。

在每一届知识产权战略会议中，都会总结过去一段时期知识产权策略的实施情况，对未来一段时期知识产权计划的制定进行预测。迄今为止，已经在《知识产权基本法》的基础上，通过了40多部法律。日本最大的工业社团Keidanren，也在其会长Mitarai（佳能CEO、知识产权战略司令部成员）的大力支持下，成立了社团知识产权委员会。

所有这些行动，帮助“日本成为领先知识产权国”这一目标创建了强壮的机制。

2003—2006年，日本打好了牢固的知识产权根基。2007年为完善知识产权相关内容，还采取了一些积极的行动，如创新；在大学中增设技术许可部门；积极响应全球知识产权强国战略；建立健全专利审查制度；鼓励高等院校及科研院所和制造型企业的大力合作；提高知识产权人的素质等，基于此，未来日本将继续向和谐的、平衡的创新型社会环境发展①。

从日本的经验可知，从技术立国到科学技术立国，不是简单的文字游戏，而是一项国家战略的转变，即必须推动创新、实现创新。只有发明创造才是真正的创新。因此，在知识产权统计中，发明创造应是重要的指标②。

4. 韩国。韩国是一个依托知识产权由贫穷落后的发展中国家迅速崛起的典型。2005年，韩国的发明专利和实用新型的申请量达到近20万件。专利权的授予量从1981年的1808件上升到2005年的73509件，增长了41倍。韩国发明专利和实用新型申请量的增长与其人均GDP的增长相吻合。这表明，知识产权与经济实力的增长之间存在紧密关联。③

从20世纪后期开始，韩国的产业结构不断发生变化。从20世纪60年代至80年代初期，韩国工业主要集中在纺织品、胶合板、鞋子等轻工业家用产品方面；从20世纪80年代初期到1996年，韩国实现了向钢铁、造船、汽车、化学等领域的拓展；从1996年至今，韩国又在移动电话、半导体器件、存储器、液晶显示器、计算机软件等高技术领域取得长足进步。韩国近年来在生命科学和生物技术的研究与应用方面做了巨大投入，在不久的将来会形成新的产业亮点。韩国十分重视学习、收集和研究中国传统知识（特别是中医药）方面的优秀成果，并将其产业化、迅速投入国际市场。值得注意的是，韩国使用中药方制成的药品，从来不标注“汉药”或“中药”，而是标注“韩药”。

韩国像许多发达国家那样，制定自己的知识产权战略。重视自己的知识产权在国外获得保护，它在发达国家申请专利的数量远远高于我国。韩国也十分注重在我国申请获得专利，从1999年起进入在我国申请专利最多的10个国家之列，到2005年已经位居第三。目前，随着我国成为韩国最大的贸易伙伴，韩国企业投诉我国企业侵犯其知识产权的案件正在增加。可以预计，涉外知识产权

---

① 殷媛媛：国家聚焦：知识产权革命——日本如何实施国家知识产权战略（2007），上海情报服务平台（http：//www. istis. sh. cn/list/list. asp？ id =4401/2016 -01 -06）。

② 对于自主创新、知识产权与经济增长的关系，可以参阅汤湘希、陈金勇等：《知识产权与经济增长统计指标设定与赋值问题研究》，经济科学出版社2016年版有关内容。

③ 韩国知识产权战略，360百科（https：//baike. so. com/doc/9718997 -10065433. htm）。

纠纷的压力不仅来自发达国家，也将会来自韩国这样的发展较快的发展中国家，必须开始重视。

韩国40年经济的快速发展主要依靠的是科技创新。有数据表明，技术进步对韩国经济增长的贡献：1970—1979年为12.84%；1979—1990年为18.70%；1990—2000年为39.54%，并推动了三次产业结构的调整和升级。韩国的经济发展经历了“贸易立国”“重化工业立国”向“科技立国”战略的转变。1963年至1969年，科技投资额占国民生产总值（GNP）的比重翻了一番，研究人员增长了2倍。产业结构也发生了明显的变化，第一、二、三产业在GNP中所占的比重分别由43.3%、11.1%、45.6%变为28.9%、22.8%、48.3%；GNP年均增长9.1%，人均GNP年均增长12.7%，出口额年均增长34.5%。①

从韩国的经验可知，知识产权与经济实力的增长之间存在着紧密关联，科技进步对经济增长的贡献突出。

四、历史承载：创新驱动发展的现实选择

前已述及，我国传统的经济发展模式已经难以为继，欲可持续发展，实现两个“百年梦想”，必须走创新驱动发展之路。有数据表明：前几年，我们出口一台DVD售价32美元，专利费18美元、制造成本13美元，中国企业赚1美元；出口一台MP3售价79美元，专利费45美元、制造成本32.5美元，中国企业赚1.5美元。iPod从中国出口到美国，售价为300美元，中国只从中获得2美元的组装费用。苹果、三星智能手机瓜分手机市场95%利润。2014年苹果公司利润为370亿美元，尽管比上年减少了11%，但在世界500强中依然可以排第五。② 2012年中国手机出口总量超过10亿部，中国手机出口量占全球市场近八成，却换不来1%的利润？我国手机巨头——中兴通讯2012年亏损17亿元人民币。当然，在2013年后，中兴通讯业绩有显著提高，2014年集团实现归属于上

① 韩国发展科技经济的经验，教育部科技发展中心网站（http：//www.cutech.edu.cn/cn/cxyhz/sc/webinfo/2007/06/1221210129817115.htm）。

② 在校订本书书稿时，搜狐网（http：//www.sohu.com/a/328523175_143187）2019年7月22日报道：2019世界500强榜单公布，中国数量第一！财富杂志公布了2019年世界五百强榜单，其中沃尔玛位列第一，中石化第二，壳牌第三。科技公司方面，苹果排名第11，亚马逊排名第13，三星电子第15。榜单显示，中国大公司数量首次与美国并驾齐驱。其中新上榜的中国公司有13家，占总数的一半以上。从数量上看，世界最大的500家企业中，有129家来自中国，历史上首次超过美国（121家）。

市公司股东的净利润为26.3亿元人民币。但2019年3月，中兴通讯被美国“长臂管辖”，罚款8.92亿美元，折合人民币62亿元；另外，还要给美国商务部工业与安全局3亿美元（折合人民币20亿元）的罚金（暂缓交纳）。总计罚款金额高达11.92亿美元，合计人民币约82.2亿元。让这家我国重要的通信企业“雪上加霜”。另外，有报道：中国至少15%企业商标在境外被抢注①；老字号们衰落：从16000家缩减至1129家②，南京每年无形资产流失1000多亿元人民币③。中国上市公司至少有2万亿元无形资产游离于会计账外，没有进入经营程序④等，不一而足。

再看科技对经济的贡献，虽然我们也拥有强大的自主创新能力，高速铁路、华龙一号、天眼、悟空、墨子等重大科研成果，但中国科技创新贡献率只及德国、美国的一半⑤，创新型国家科技创新对GDP的贡献率高达70%以上，美国和德国甚至高达80%，而中国现在科技创新对GDP的贡献率只有40%左右⑥。包括美国、日本、韩国、德国、瑞士、瑞典在内的二十个国家已经率先进入创新型国家的行列。中国也明确提出到2020年要建设成为创新型国家。目前的中国距离这个目标究竟有多远？看看数据就知道我们的差距。⑦

1. 单位增加值：美国是中国的10倍。2000年中国的制造业就已经位居全球之首，占全球制造业的19.8%，领先于美国500亿美元。但由于劳动生产率不高及创新能力不强，中国并不被认为是制造业强国。中国的制造业，每一个劳动力所创造的增加值为1790美元，而日本是中国的6.5倍，美国是中国的10.2倍。至于创新能力，则差距更大。中国在2011年专利申请量已经从2005年的全球第10位跃升为全球首位，2018年中国发明专利申请量达154.2万件，商标注册申请量为737.1万件，商标注册量为500.7万件⑧。美国《2018年美国国防战略报告》指出，中国在下述领域已处于世界领先水平：超级计算（supercomputing）；大数据（big data）；数字经济（digital economy）；人工智能（artificial in-

① 新浪财经（http：//finance. sina. com. cn/leadership/mroll/20120426/104311930336. shtml/2012年4月26日/2016-01-06）。

② 新浪财经（http：//finance. sina. com. cn/leadership/mroll/20120426/104311930336. shtml/2015年8月14日/2016-01-06）。

③ 叶征潮：新浪博客（http：//blog. sina. com. cn/s/blog_471f72e20100b289. html）。

④ 佚名：无形资产流失的原因分析，捷迅论文网（http：//www. jiexunlunwen. com/ 2014-07-24/2016-01-06）。

⑤ 2011南湖知识产权论坛透露数字令人汗颜，《法制日报》，2011年4月26日。

⑥ 推动科技创新离不开科学家精神，云科动漫众创空间网（https：//mp. weixin. qq. com/）。

⑦ 2011南湖知识产权论坛透露数字令人汗颜，《法制日报》，2011年4月26日。

⑧ 网易财经：国家知识产权局：2018年中国发明专利申请量154.2万件，2019-01-10。

telligence)；军事机器人（military robotics)；能源武器（energy weapons)，包括激光、轨道炮（railguns)；高能微波武器（high – power microwave weapons)；极超音速战斗机（hypersonic flight vehicles)；超音速燃烧冲压喷气发动机（scram-jet engines)；生物科技（biotechnology)；基因组学（genomics)；量子科技（quantum science and quantum technologies)。同时，美国国家科学基金会和国家科学委员会《2018 科学与工程指标》也认为：中国已经成为或接近成为一个科技超级大国。《华盛顿邮报》2018 年 1 月21 日据此发表“中国迈向科技超级大国的惊人转型”的文章，指出“想想吧，仅仅 25 年前，中国的经济规模还很小，高科技产业几乎不存在。如今，中国正以令人窒息的速度向科技超级大国迈进。”但是，我们作为世界制造工厂，大部分仍然处于国际制造业生产链的中低端甚至末端，如大型客机全部依赖进口①，光纤制造设备、高端医疗设备依赖进口，集成电路设备 80% 依赖进口②，轿车制造设备、数控机床 70% 依靠进口。另外，还有一些现象值得我们关注：③

一是在前沿基础研究方面仍远远不敌美国。虽然中国论文发表数量不断上升，质量也非常高，在世界的影响力也逐渐扩大，但在前沿研究方面明显不如美国。2015 年，在全世界 100 个热点科学研究前沿和 49 个新兴研究前沿领域中，美国在 143 个前沿领域都有核心论文入选，且在 108 个前沿的核心论文数都排名第一；相比之下，我国仅在 16 个前沿的核心论文数为第一名；除了在化学与材料科学领域，中国的贡献度超过美国之外，世界科学研究的前沿突破基本上有 8 成来自美国。

二是虽然中国大学经费日益充足，但最好的大学和研究机构仍在美国。在世界 500 强科学研究机构 2015 年度排名中，美国共有 198 家大学和研究机构进入，其中前十名的研究机构中有 9 所来自美国。

三是虽然中国技术进步很快，但全球最尖端的技术多数仍在美国。以哈勃太空望远镜为例，众所周知，日本以高品质数码相机技术著称，但实际上世界高端光学强国第一名一直都是美国，而不是日本。

四是虽然中国科技创新转化能力加强，但美国目前仍是无可争议的全球科

---

① 当然，我国具有完全自主知识产权的大飞机 C919 已经下线，运 20 也已列装部队，取得了有目共睹的优异成绩，但总体来看，原始创新能力不足的局面还未根本改变。

② 据海关总署统计：截至 2016 年 10 月底，中国集成电路（俗称芯片）的进口金额高达 11908 亿元人民币，与上年同期相比增长了 9.6%。而同期中国的原油进口仅为 6078 亿元。

③ 全球科技进入中美两强时代：两国科技实力差距到底有多大？搜狐网（http：//www.sohu.com/ 2017 – 07 – 07)。

技创新中心最集中的地区。《2017全球科技创新中心评估报告》（上海市信息中心，2017）指出，创新主体是科技创新中心的核心价值所在，排名前10的全球科技创新中心，无一不是学术大师云集、顶尖企业汇聚、一流高校支撑的城市。北京、上海作为金融中心城市，创业投资的活跃程度与金融发展水平及体量仍不相匹配。综合上海25项指标的全球排名，其中有超过一半（13项）指标未进入全球20强，即存在明显短板。主要包括：缺乏世界一流大学和重量级科技奖项①，超算能力偏弱；缺乏电子信息、生物医药龙头企业，企业研发投入不足；创投、众筹等创新活动与金融中心地位不匹配，企业创新成长性有待进一步提升；创新人才有待进一步集聚；中心城区与郊区发展依然不均衡，整体繁荣度有待进一步提升；人均GDP和宜居环境较发达国家城市差距较大。

五是虽然中国的科技人力资源总量稳居世界第一，但是人均产出效率远落后于发达国家，高端创新型人才仍非常稀缺，科技进步明显依赖于“人海战术”。2012年，我国每万名劳动力拥有研发人员数量为38人，远低于日本（133人/万名）、韩国（135人/万名）、德国（132人/万名）、俄罗斯（111人/万名）等国家。在世界经济论坛（WEF）发布的《2013年全球竞争力报告》中，中国劳动力效率排在第34名，高等教育的质量仅排在第70名。麦肯锡《新兴市场人才报告》的数据表明，中国工程和金融方面的毕业生只有10%左右具备全球化企业所要求的能力，本土的MBA毕业生能够胜任管理工作的不到20%。以IT服务行业为例，由于缺乏创新型人才支撑，我国IT跨国服务总收入中有65%来源于附加值较低的日本市场，高附加值的跨国服务收入只占总收入的10%，而印度的这一比例为75%。高端的创新型人才不足是制约中国创新的瓶颈。当然，我国的腾讯、阿里巴巴互联网公司在世界位居前列，其微信、支付宝等让其他国家望其项背。②

2. 研发投入比：韩国是中国的2倍。创新型国家的综合实力可以分为三部分：一是国家科技竞争力；二是国家文化软实力；三是国家品牌影响力。这三个方面的实力都集中表现为自主知识产权的数量和质量。

2000年中国的研发投入占GDP的总量达到1.7%，略超出世界1.6%的平均水平。而创新型国家的研发投入已经占到GDP总量的2%。韩国高达3.1%，接

① 当前，我国大学的“双一流”建设正在如火如荼地进行，我们有理由充分相信，在不久的将来，一批具有世界一流水平的大学和学科将屹立在世界的东方——中国。

② 腾讯网（http：//New. qq. com/omn/20180810/20180810AOHM9D. html）：中国的科技与创新：成就与不足、短板与突破。

近中国的2倍。根据科技部统计，2013年我国国内生产总值为56.89万亿元，全社会R&D经费支出11906亿元，占国内生产总值的2.09%，2014年，我国全社会研发投入（R&D）达到13400亿元，其中，企业支出占76%以上；R&D占GDP比重可达2.1%，达到世界平均水平，2018年，我国R&D支出占GDP比重为2.15%，研发人员总量预计达到418万人/年，再次居世界第一。根据经济合作与发展组织（OECD）的最新研究，根据中国研发支出的发展趋势，2019年，中国的研发支出或将超美国①。

另外，有资料显示，中国科技成果的转化率平均只有25%，距离发达国家60%甚至80%的水平还有相当大的差距。

3. 对GDP贡献率：日本版权业是中国的3倍。中国的版权贸易现状是进口大于出口。据中国文化软实力研究报告统计，文化产品在国际市场的占有率：美国为43%、欧洲国家为34%、亚洲国家和南太平洋国家占到其中的19%，而其中日本占了10%、韩国拥有3.5%。可见，中国在亚洲乃至在全球文化市场里所占的份额是非常有限的。

有资料显示，世界版权业的发展非常迅速，每天所创造的产值达到220亿美元，并且以5%的速度在不断增长。在创新型国家文化创意产业发展的速度更快，英国达到12%、美国高达14%，而中国在改革开放的40多年，GDP增速平均为9%，文化创业产业的发展速度则只有5%～6%。

版权业对GDP的贡献率：美国达到25%，日本达到20%，欧盟达到15%，我国目前是6.7%。

4. 世界知名品牌：我国还没有一个进入50强。我们暂且不论世界品牌实验室和品牌咨询公司采用何种方式评估品牌的价值，但毋庸置疑的事实是，已是商标大国的我国还远远不是品牌强国，没有一个品牌能进入前十或前五十。2015年12月15日，世界品牌实验室（World Brand Lab）揭晓了2015年度（第十二届）“世界品牌500强”排行榜，谷歌重返榜首，苹果和亚马逊位居第2和第3。榜单前十名中，第四到第十分别为通用电气、三星、沃尔玛、耐克、梅赛德斯奔驰、脸书和雀巢。2016年新上榜的品牌有20个。其中，表现突出的是互联网及软件行业，有3个新品牌入选，即：全球及时用车软件优步（Uber）、美

---

① 龚蕾译：中国研发支出或将超美国？《英国卫报》2014年11月13日。我国的研发投入呈逐年递增的态势，其研发投入强度（R&D支出/GDP）已经达到世界平均水平，但由于其科技成果转化率较低，加之相关的体制、机制构建还存在一些亟待解决的问题。因此，其整体创新能力仍然显得不足。2018年，我国R&D经费为19677.91亿元，研发经费投入强度为2.19%。

国最大点评网站 Yelp 以及软件服务提供商 Salesforce。新兴行业的迅猛发展与传统老牌行业的衰退有着鲜明的对比。老牌电子、计算机、手机制造行业继续下滑，戴尔（Dell）、摩托罗拉（Motorola）、阿尔卡特—朗讯（Alcatel - Lucent）、奥林巴斯（Olympus）直接跌出了榜单。2017 年入选品牌涉及 27 个国家。其中，美国占据 228 席，继续保持品牌大国地位；英国以 44 席位居第二，中国内地入选 31 个品牌，位居第五。其中入围百强的品牌有工商银行、国家电网、CCTV、联想、海尔、中国移动和腾讯。

2015 年 10 月6 日，品牌咨询公司 Inter brand 也公布了 2015 年的“全球最佳品牌榜”百强名单，该排行榜主要从品牌业绩表现、影响力及品牌保障公司持续收入的能力三个方面进行衡量。Inter brand 始创于 1974 年，自 2000 年发布全球 100 大品牌榜至今，采用“经济增加值”法（Economic Value Added），评估各个品牌对企业经济利润的贡献，品牌的竞争优势和风险。候选品牌的经营范围必须覆盖至少全球三大洲，必须广泛涉足新兴的发展中国家和地区，必须有足够的公开财务信息，必须长期盈利，30% 以上的收入必须来源于本国以外的地区。此次榜单中科技巨头苹果继续蝉联榜首位置，Google 紧随其后位列第二，两者的排名情况与 2014 年相同。Apple（苹果）自 2013 年击败可口可乐后，连续第三年蝉联该榜单冠军，紧随其后的依然是 Google 和可口可乐。值得注意的是，电商巨头 Amazon（亚马逊）品牌价值快速上升（ +29% ），取代德国豪车品牌 Mercedes - Benz 首度跻身前十。微软则从 2014 年的第 5 名升到了第 4 名的位置，而索尼则排在第 58 位。丰田排名小幅攀升，三星依旧位列第 7①，IBM、通用电气和麦当劳都略微下滑。排行榜第 23 位的 Facebook 是 2015 年品牌价值增长最快的品牌。

2014 年首次入榜的中国品牌华为（Huawei）品牌的价值大幅上升（ +15% ），攀升至总榜第 88 位（2014 年 97 位）；此外，联想（Lenovo）成为第二个闯入 Inter brand 全球百强品牌榜的中国品牌。

根据联合国经发组织的统计，国际知名商品已经高达 8.5 万种，其中 90% 为先进的工业化国家和创新型国家所拥有。品牌预示着企业的市场份额，展示着国家的外在形象。

---

① 据搜狐科技（http：//it. sohu. com/20160918/n468609921. shtml/2016 - 12 - 28）报道，由于 Note 7 爆炸事件，三星证券公司研究员估计三星为用户置换新产品和退货，将耗资 1200 亿韩元。导致三星 2016 年半年营业利润减少 8200 亿韩元（约合人民币 49 亿元）。三星的市值也因此蒸发了 220 亿美元。

因此，在进行知识产权统计时，其品牌强度或者知名品牌应是一项重要指标。

5. 还有一组非常好的数据。2008 年 6 月 5 日，国务院颁布了《国家知识产权战略纲要》（以下简称《纲要》）。基于一系列强有力措施的推动，《纲要》的贯彻实施显得“顺风顺水”。其成效非常明显。①

2010 年中国发明专利申请量超过了 39. 1 万件，居世界第二位，其中发明专利授权量为 13. 5 万件。同时，中国通过专利合作条约（PCT）的途径提交的国际专利申请达到了 12377 件，排名世界第四，比 2009 年增长了 56. 2%。

2018 年，我国主要知识产权指标稳中有进，知识产权综合实力再上新台阶。在专利方面：2018 年，我国发明专利申请量为 154. 2 万件。共授权发明专利 43. 2 万件，其中，国内发明专利授权 34. 6 万件。在国内发明专利授权中，职务发明为 32. 3 万件，占 93. 3%；非职务发明 2. 3 万件，占 6. 7%。2018 年，我国发明专利授权量排名前 3 位的国内（不含港澳台）企业依次为：华为技术有限公司（3369 件）、中国石油化工股份有限公司（2849 件）、广东欧珀移动通信有限公司（2345 件）。

在商标方面：2018 年，我国商标注册申请量为 737. 1 万件，商标注册量为 500. 7 万件，其中，国内商标注册 479. 7 万件。截至 2018 年年底，我国国内有效商标注册量（不含国外在华注册和马德里注册）达到 1804. 9 万件，每万户市场主体商标拥有量达到 1724 件。2018 年，马德里商标国际注册申请量为 6594 件。截至 2018 年年底，我国申请人马德里商标国际注册有效量为 3. 1 万件，同比增长 23. 5%。

2018 年，共审结商标注册申请 804. 3 万件，商标注册平均审查周期缩短至 6 个月以内，提前 52 天完成国务院“放管服”改革年度目标任务。共收到各类商标评审案件申请 32. 2 万件，结案 26. 5 万件。商标驳回复审案件审理时间压缩到 7 个月以内。

在地理标志方面：2018 年，批准保护地理标志产品 67 个，注册地理标志商标 961 件，核准使用地理标志产品专用标志企业 223 家。截至 2018 年年底，累计批准地理标志产品 2380 个，累计注册地理标志商标 4867 件，核准专用标志使用企业 8179 家。

① 可参阅汤湘希、张玉娟、彭丹：创新：对经济增长的贡献有多大（以 1996—2015 年经验数据为证）？载《财会月刊》2019 年第 8 期。此处不再赘述。

在集成电路布图设计方面：2018 年，共收到集成电路布图设计登记申请 4431 件，同比增长 37.3%，集成电路布图设计发证 3815 件，同比增长 42.9%。

在知识产权保护和运用方面：2018 年，全国专利行政执法办案总量 7.7 万件，同比增长 15.9%。其中，专利纠纷办案 3.5 万件，同比增长 22.8%；查处假冒专利案件 4.3 万件，同比增长 10.9%。查处商标违法案件 3.1 万件，案值 5.5 亿元。查办首起集成电路布图设计侵权纠纷案件。

2018 年，知识产权使用费进出口总额超过 350 亿美元。专利、商标质押融资总额达到 1224 亿元，同比增长 12.3%。其中，专利质押融资金额达 885 亿元，同比增长 23%，质押项目 5408 项，同比增长 29%。

截至 2018 年年底，我国国内（不含港澳台）发明专利拥有量共计 160.2 万件，每万人口发明专利拥有量达到 11.5 件。我国每万人口发明专利拥有量排名前 3 位的省（区、市）依次为：北京（111.2 件）、上海（47.5 件）、江苏（26.5 件）。2018 年，共受理 PCT 国际专利申请 5.5 万件，同比增长 9.0%。其中，5.2 万件来自国内，同比增长 9.3%。PCT 国际专利申请超过 1000 件排名前 3 位的省（区、市）依次为：广东（2.53 万件）、北京（0.65 万件）、江苏（0.55 万件）。[①]

在发明专家、数量、质量逐年提高的同时，中国企业的国际竞争能力也得到了进一步的提升，出现了像华为这样有代表性的企业，这再次印证知识产权助推经济的作用正在日益凸现。差距之外，我们看到了中国的奋起直追。有了知识产权才有核心竞争力！正是在这个意义而言，鼓励创新，保护知识产权，是中国向创新型国家迈进的内在需求。[②]

五、知识产权：创新、创造的价值显示与品牌

知识产权与品牌是目前企业中常提及的两个话题，而且这两者是经常被同时提及。专家和学者分别从不同的角度深入研究过这两个问题，但是，现有的研究均是单独就知识产权或品牌进行研究，鲜有学者就知识产权与品牌之间的

① 国知局发布 2018 统计数据，发明申请 154.2 万件，授权 43.2 万件，思博网（https://bbs.mysipo.com/article-8520-1.html）。

② 对于知识产权（专利为替代变量）对我国经济增长的贡献，可参阅汤湘希、张玉娟、彭丹：创新：对经济增长的贡献有多大——以 1996—2015 年经验数据为证，载《财会月刊》，2019 年第 8 期。

关系进行研究。

（一）何谓知识产权

知识产权（Intellectual Property）是指智力创造成果：发明、文学和艺术作品，以及商业中使用的符号、名称、图像和外观设计。知识产权可以分为工业产权与版权两类，工业产权包括发明（专利）、商标、工业品外观设计和地理标志，版权则包括文学和艺术作品。①

知识产权被概括为一切来自知识活动领域的权利，始于17世纪中叶法国学者卡普佐夫（Capzov）的著作，后由比利时法学家皮尔第所发展；到1967年《建立世界知识产权组织公约》签订后，知识产权的概念得到世界上大多数国家所认可②。

换言之，知识产权是指人们对其从事智力活动而产生的成果所依法享有的专有权利。知识成果不等于知识产权，知识成果要变为知识产权往往需要一定的表现方式或依法确认才能称其为知识产权。如，见解应当写成文章；发明创造必须申请专利；技术秘密必须采取必要保密措施；商标、标记名称等必须依法注册或登记；市场竞争必须遵守正当公平原则等。这样，知识劳动成果才能成为有价值的知识产权。目前已立法保护的知识产权主要有：专利权、著作权、商标权、商业秘密、原产地域产品、植物新品种、集成电路布图设计、域名及其他邻接权利等。

1. 知识产权的起源③。知识产权到底源于何时、何地，目前尚未定论。其中的一种说法是起源于意大利的威尼斯，中世纪（约公元476—1453年）的威尼斯商业允许买卖技术与纺织的图样，可以登记买卖，并且于取得专利权之后独家贩售。其后推广艺术作品也可以买卖，视为代表作者人格权之一的权利。艺术品因为作者而有不同的价值，例如法国收藏艺术作品时特别强调艺术家身份，以强调艺术品的价值。我国在13世纪前期，南宋已有比较成熟的著作权和版权保护法规，那就是两浙转运司于嘉熙二年（1238年）为祝穆《方舆胜览》所发布的《榜文》，以及淳佑八年（1248年）在国子监发给段昌武开雕《丛桂毛诗

① 知识产权，360百科（https://baike.so.com/doc/5366160-5601865.html），以及快讯网（http://www.360kuai.com/）等。

② 知识产权（Intellectual Property），也有学者认为，其翻译欠妥，按照其英文的本来含义，最好译为智慧财产权。因为知识并一定等于智慧。真正具有价值创造能力的，不一定是知识而是智慧。当然，本研究不对概念上的细节做过多的追究。

③ 知识产权最本质特征是什么？学习啦网（http://www.xuexila.com/baikezhishi/84001.html）。

集解》的《执照》。不管知识产权阐述于何时、何地，但就已有的资料来看，是一个源远流长的基本概念，它强调了专有性和保护性。

2. 知识产权主要类别。工业产权，它包括发明（专利）、商标、工业品外观设计以及原产地地理标志等。专利保护期一般 20 年，工业设计保护至少 10 年，而商标则可无限期保护。

著作权，它包括文学和艺术作品，诸如小说、诗歌和戏剧、电影、音乐作品；艺术作品诸如绘图、绘画、摄影和雕塑以及建筑设计。与著作权相关的权利包括表演艺术家对其表演的权利、录音制品制作者对其录音制品的权利以及广播电视组织对其广播和电视节目的权利。著作权持续到作者逝世后至少 50 年。

此外，还有一种特殊的知识产权：商业秘密。企业可以认定任何信息为“商业秘密”，禁止能够接触这些机密的人把秘密透露出去，一般是通过合约的形式来达到这种目的。只要接触到这些秘密的人在获取这些机密前签署合约或同意保密，他们就必须守约。商业秘密的好处是没有时限，而且任何东西都可被认定为商业秘密。例如可口可乐的配方就属于商业秘密，100 多年来外界都无法获知可口可乐的全部成分。

（1）狭义的知识产权分类。一类属于“文学产权”（Literature Property），包括著作权和邻接权。另一类则是“工业产权”（Industrial Property），主要包括专利权和商标权。

（2）广义的知识产权分类。著作权（Copyright），邻接权（Neighboring Rights），商标权（Trade Mark），商号权（Trade Name），商业秘密权（Trade Secret），地理标记权（Geographic Indications，GIs），专利权（Patent）、集成电路布图设计权（Layout Design），植物新品种权（Plant Variety），反不正当竞争权（Anti – unfair competition）。

（3）世界知识产权组织（WIPO，1967）的界定。文学艺术和科学作品，知识产权表演艺术家、录音和广播的演出，在人类一切活动领域内的发明，科学发现，外型设计，商标服务标记、商号名称和牌号，制止不正当竞争，以及在工业、科学、文学或艺术领域内其他一切来自知识活动的权利。

（4）世界贸易组织（WTO）的界定。《与贸易有关的知识产权协议》（Trade Related Aspects of Intellectual Property Rights，TRIPs，1994）认为，知识产权包括：版权与邻接权，商标权，地理标志权，工业品外观设计权，专利权，集成电路布图设计权，未披露过的信息的保护。

3. 知识产权的主要特点①。

（1）专有性。专有性是指除权利人同意或法律规定外，权利人以外的任何人不得享有或使用该项权利。这表明除非通过“强制许可”“合理使用”或者“征用”等法律程序，否则，权利人独占或垄断的专有权利受到严格保护，他人不得侵犯。

（2）地域性。地域性是除非国家间签有国际公约或双边互惠协定外，经一国法律所保护的某项权利只在该国范围内发生法律效力。在特定地区依特定之法或程序产生，也只在该地区生效。

（3）时间性。时间性即法律对各项权利的保护，都规定有一定的有效期，各国法律对保护期限的长短可能一致，也可能不完全相同，只有参加国际协定或进行国际申请时，才对某项权利有统一的保护期限。

4. 知识产权的价值创造。澳大利亚 Flinders 技术产权公司执行总裁 Dr. John Turner（2002）在第二次世界知识产权组织创造力与发明国际论坛上就明确指出：现代商业市场价值的 50% ~80% 来自其知识产权②。随着经济的新常态与转型发展，企业价值的增长在很大程度上取决于无形资产抑或知识产权的增长。在工业经济时代，企业价值主要由占主导地位的有形资产和金融资产决定。但在经济全球化的今天，人类已经步入知识经济时代，全球经济已从以工业为基础的经济转入以知识为基础的经济，此时企业的价值不仅由有形资产、金融资产决定，更多地取决于企业的无形资产或者知识产权。无形资产还具有规模报酬递增性的特点，并且随着时间的推移，由于知识的可累积性和无形资产的可升级性（Lev，2001），无形资产的价值可能会随之增加，而不是发生减损。

知识产权作为重要的无形资产，正日渐成为衡量公司生存能力和未来业绩的尺度，以及价值创造的源泉。根据巴鲁·列弗（Lev，2001）的研究，标准普尔 500（S&P 500）企业的市场价值相当于其账面价值的六倍多。中村（Nakamura，2001）研究发现，企业对知识产权等无形资产的投资已超过 1 万亿美元。

---

① 知识产权最本质的特征是什么？知识产权的内容介绍（2），学习啦网（http：//www. xuexila. com/baikezhishi/），以及约翰·霍金斯（John Howkins）的《创意经济》一书中阐述的知识产权七大特征。包括：财产性、无形性、政府、国际公约、正当性、产权合约、选择放弃。参见：知识产权的 7 大特征，搜狐网（http：//www. sohu. com/a/243136356_816027）。

② 佚名：知识产权创造商业价值（原载经济日报），转引自《中国新技术新产品》，2002 年第 10 期。

据美国著名的知识产权资本化综合性服务集团 Ocean Tomo 公司统计，S&P 500 企业无形资产价值占企业总市场价值的比例已从 1975 年的 17%提高到 2010 年的 80%，欧盟企业无形资产价值占企业市场价值的比例 2003 年为 70.3%，2005 年为 71.4%，2007 年为 74.3%，2009 年为 70%，日本的这一比例在 2003 年、2005 年、2007 年与2009 年分别为65.7%，61.6%，69.1%和35.8%，我国的比例分别为 53.5%，32.2%，79.5%和 73.5%。①

从总体发展趋势看，企业的无形资产价值占企业市场价值的比重呈上升趋势，这足以说明知识产权对当今经济发展的重要性。很多企业的主要市场价值都体现于知识产权，如沃特·迪士尼公司、微软公司和宝洁公司，它们约 80%的价值都与知识产权等无形资产相关。知识产权已经成为企业竞争优势的关键驱动因素，企业逐渐从以有形资产投资为主转向以知识产权等无形资产投资领域。

知识产权等无形资产的价值信息对资本市场优化资源配置的作用日益增强。在当今经济发展趋势下，对知识产权等无形资产的价值确定显得尤为重要。由于无形资产本身具有价值不确定性，以及无形资产的数据可获得性较低即相关信息数据缺乏，许多企业都明确无形资产具有价值，能为企业创造价值，但是却不能清楚地确定无形资产的价值动因及价值创造机理。根据信号传递理论，如果企业不能向投资者等利益相关者传递相关和可靠的信息，则市场就不能做出正确的反应。

知识产权的价值创造，简言之就是指知识产权人为使其智力成果创造最大的经济效益和社会效益的经营活动。诸如专利的利用、技术的转移、产权的交易、版权的授权等。实现知识产权从“权利”向“价值”的转化进而为企业带来现实价值的关键过程。

（二）何谓品牌

品牌，俗称牌子。美国学者菲利普·科特勒认为，品牌是一种名称、术语、标记、符号或图案，或是它们的相互组合，用以识别某个消费者或某群消费者的产品或服务，并使之与竞争对手的产品或服务相区别。品牌是一个复合概念，它由品牌外部标记（包括名称、术语、图案等），品牌识别、品牌联想、品牌形象等内容构成②。

---

① 数据来源：Ocean Tomo 公司网站（http：//www.oceantomo.com/）。

② 因本书后面会专门讨论品牌问题，此处不赘述，特此说明。

（三）知识产权与品牌的关系

知识产权与品牌到底关系如何，两者有何区别和联系，需要从理论上厘清①。

1. 知识产权与品牌的联系。

（1）具有无形性。知识产权与品牌都是无形资产，它们都具有无形资产的如下特点：一是不作为物质实体存在并能为权利人长期拥有；二是作为权利人拥有的一种权利，能使权利人在较长时期内取得超过同行业一般收益水平的盈利能力，是权利人的合法资产。当遇到公司收购或资产评估的时候，知识产权与品牌都可以像机器设备这些固定资产一样计入资产负债表，成为权利人的资产。

（2）具有对主体的依附性。知识产权与品牌本身都不是独立的资产，必须依附于国家、法人或个人而存在，知识产权与品牌都有其权利人，也一定能找到其权属对象，不存在不具有权利人的知识产权与品牌。

（3）具有专有的收益对象。知识产权与品牌具有专有的受益对象。法律规定知识产权为权利人所专有，即除非权利人同意或法律强制规定外，权利人以外的第三人不得享有或使用该项权利，否则即视为对他人权利之侵犯。商标权的核心权利是商标专用权；专利权最基本的权利主要是专有利用其发明的权利；著作权包括发表权、署名权和修改权等各种人身权和财产权。品牌的拥有者拥有对品牌的独家使用的权利。

（4）具有地域性。知识产权作为一种专有权在空间上的效力并不是无限的，而要受到地域的限制，即具有严格的领土性，其效力只限于本国境内。按照一国法律获得承认和保护的知识产权，只能在该国发生法律效力。除签有国际公约或双边互惠协定的以外，知识产权没有域外效力，其他国家对这种权利没有保护的义务。由于本国无义务保护外国的知识产权，任何人均可在自己的国家内自由使用它国的知识产品，既无须取得权利人的同意，也不必向权利人支付报酬。品牌更是如此。

2. 知识产权与品牌的区别。

（1）本质不同。知识产权是一种财产权，是通过国家规定的法律程序申报

① 本问题主要参阅管建祥：知识产权与品牌之异同。老管的博客（http：//blog. sina. com. cn/s/blog_8f77b6d80100w4cs. html/2016－12－28）以及段瑞春：知识产权与品牌战略，百度文库（https：//wenku. baidu. com/）等，特此致谢！

并经核查批准才能获得。而品牌是企业或产品的名称、标志及牌子，这两者之间没有直接的关系。但知识产权与品牌都共属于权利人这一个主体，因而有一定的联系。凡是提到知识产权时，就必然涉及品牌概念；凡是讲到品牌话题，就会关注到知识产权，它们是现代企业中备受关注的密切联系的两个话题。

（2）法律保护的程度不同。知识产权具有法定性，知识产权必须经专门法律直接确认才能产生。智力成果本身不直接产生知识产权，必须经过著作权法、专利法、商标法等专门立法确认之后才能受到法律保护。而品牌的法律保护问题较弱。企业的名称在工商局登记注册后具有独家使用的权利，但品牌企业的产品或企业的品牌产品，均需要通过申报并获批准的知识产权来保护。一般商品商标的保护范围是严格限制在其核准使用商品范围的，尤其是在我国和其他核准注册原则的国家里，商标未经注册或注册后超范围使用，是不受法律保护的。驰名品牌的商标有其特殊性，是个例外。《保护工业产权巴黎公约》和中华人民共和国《驰名商标认定和管理暂行规定》中，对驰名商标的保护有专门的规定。

（3）内容范围上不完全相同。知识产权与品牌的内容范围有交叉，但不完全相同。知识产权有很多内容，其专利项中的外观设计部分；商标项中的文字、图形、字母、数字，三维标志和颜色组合，上述要素的组合部分；标记名称项中的厂商名称、服务标记、货源标记（原产地域）部分等属于品牌内容。而知识产权的其他部分，如著作权（版权）项中文学、艺术作品、杂技，自然科学、社会科学作品，工程技术等作品、建筑，计算机软件部分；专利项中的发明、实用新型部分；制止不正当竞争项中的对竞争者商品产生混淆、损害对方信誉的虚假宣传、使公众产生误解部分；商业秘密项中的营业秘密、技术秘密、管理秘密及植物新品种项与集成电路布图设计项部分，均不属于品牌范畴。同样，作为品牌重要内容的商誉部分不属于知识产权范畴。有关品牌外部标记（包括名称、术语、图案等），品牌识别、品牌联想、品牌形象部分等方面的内容，凡未在有关知识产权管理部门进行知识产权申报并获得批准的，均不属于知识产权范畴。

（4）保护时间上的长短不同。各国法律对知识产权的保护都有严格的时间限制。知识产权仅在法律规定的期限内受到保护，一旦超过法律规定的有效期限，这一权利就自行消失。有效期届满，其智力成果便进入公有领域，成为全人类共有的财富，为全人类所共同使用。权利人以外的任何人皆可自由地加以无偿使用，且不再发生侵权问题。如我国规定，专利权的期限自申请之日起计算，发明专利权的期限20年，实用新型专利权的期限10年，外观设计专利权期限10年，集成电路布图设计10年。版权保护期限依《伯尔尼公约》不少于50年。但品牌（含具有知识产权的品牌）的期限则是长期的，甚至是终身的，哪怕企业破产、倒闭，其品牌（含未过期的知识产权）均可作价转让或入股。

（5）定义的规范性不同。国际上《保护工业产权巴黎公约》、世界知识产权组织的《建立世界知识产权组织公约》、世界贸易组织的《与贸易有关的知识产权协议》以及我国的《商标法》《专利法》《著作权法》《植物新品种保护条例》《反不正当竞争法》《集成电路布图设计保护条例》和《海关知识产权保护条例》等有关知识产权的法律法规及《公司法》中有关专利权、非专利技术等工业产权入股的规定，《技术合同法》中有关专利许可贸易合同的规定等方面，对知识产权均有严格的定义。同时，在国际上知识产权的申报与保护也有通行的模式。相比之下，品牌除了属于知识产权部分的内容外，没有严格的定义，不同的人对品牌有不同的理解，可以说，保护的规范性是较差的。

（6）历史长短不同。知识产权是商品经济发展到一定程度的产物，其发展历史较短。知识产权制度发源于欧洲，专利法最先问世，英国1623年的《垄断法规》是近代专利保护制度的起点。继英国之后，美国于1790年、法国于1791年、荷兰于1817年、德国于1877年、日本于1885年先后颁布了本国的专利法。1910年清政府颁布了我国第一部著作权法《大清著作权律》。可见，知识产权制度的出现在世界上也就400余年的历史。而品牌的历史是悠久的。世界品牌起源尚未查考，但我国品牌起源至少可以追溯到春秋战国时代。在有关印章的起源的文章中，可以了解到印章起初作为商业上交流货物时的凭证，后来范围扩大为表征当权者权益的法物，还专门被用来烙在马身上作为印记的和作为大件物品发送的封用印记。由此可以认为，印章当属较早的品牌标志。①

（7）出发点不同。知识产权基本思想是承认智力成果的商品价值与使用价值；其方式是用法律手段调整智力成果所有者、智力成果完成者、智力成果使用者三者的关系；其解决的问题是智力成果的归属与利用问题；其实质是要通过承认、强化智力成果在社会发展中的作用，鼓励创新，最终目的是促进科学技术及文化的高速发展。而品牌的出现，其当初的目的就是用于区分不同生产

① 还可参阅于玉林：《现代无形资产学》，经济科学出版社2001年版有关著述。

者的产品或劳务。后来，随着品牌的发展，人们发现品牌能让品牌拥有者取得更大的溢价和更多的利润；更有效率地进行市场营销活动，节省市场推广费用，形成竞争优势。品牌成为合法资产，已经成为经济生活中一个非常重要的方面。

（8）形成与发展的路径不同。知识产权是在智力成果的基础上向国家相关部门审批获得，而品牌的获得关键是市场认可，社会承认。广告在品牌的获取过程中具有举足轻重的作用。比如驰名商标的获得，一方面可以通过一些管理部门或行业协会的认定；另一方面也可以通过市场与社会的途径获得。企业的商品或服务，如果有良好的质量、知名度高、美誉度高且信任度或忠诚度也较高，那么，其使用的商标由国家的主管机构经过一定的法律程序认定，即可成为驰名商标。当然，驰名商标是以客观存在的大众认可为前提的，“在市场上享有较高声誉并为相关公众熟知的注册商标”。只要某一商标声誉卓著，在相当广的范围内为广大消费者所熟知，它也就是驰名商标。

（9）落脚点不同。知识产权的落脚点一定在产品上，我们常说某某产品具有几项知识产权，即使我们说某某企业有几项知识产权，那也一定把它落实到产品上，即使是技术，也是生产某项产品的技术，没有产品，就无所谓知识产权。但品牌就不同，品牌落脚点可以是在产品上，也可以在企业本身。

由此可见，知识产权与品牌是紧密联系的两个概念，都是无形资产，是合法资产，拥有着合法的收益主体，它们依附于同一主体，有着很强的地域限制。但同时，知识产权与品牌也表现出在本质、法律地位、内容范围、保护时间长短、定义的规范性程度、历史长短、出发点、形成与发展的路径以及依附的落脚点不同。所有这些，对于了解知识产权与品牌之间的关系是非常重要的。

六、新经济增长理论的发展与无形资产（知识产权）

任何经济新增长模型所进行的内生化努力，不过是改变了原有的模型外生给定的前提和变量的边界，一方面将原来的模型中外生给定的前提和变量转变为内生变量；另一方面又提出新的外生给定的前提和变量。内生化历程的过程只能改变而不能消除外生给定的变量（高鸿业，2006）。

新经济增长理论的发展经历了古典经济增长理论、现代经济增长理论模型化开始阶段、现代经济增长理论模型基准化阶段、新增长理论等不同的阶段。

不同的阶段对其生产要素的决定是不完全相同的。①

（一）古典经济增长理论与经济驱动因素

对经济增长过程的分析是亚当·斯密（Adam Smith，1776）、托马斯·马尔萨斯（Malthus，1820）、大卫·李嘉图（David Ricardo，1817）等古典经济学家研究的核心问题。虽然在此之前也有其他学者试图对此进行研究，但上述学者仍然被认为是现代经济增长理论的杰出先驱（Donald J. Harris，1986）②。他们对经济增长的主要贡献是：识别影响经济增长的因素，阐释决定经济增长过程的某些机制；其思维逻辑一直影响着现代经济学家对经济增长问题的思考。

亚当·斯密（Adam Smith，1776）认为，影响国民财富增加的因素有劳动、资本、社会经济制度等③；重视资本对经济增长的重要性，这也是哈德罗—多马模型的重要特征，因而斯密是现代经济增长理论的集大成者。他强调分工与劳动生产率的提高对于经济增长具有重要作用。他认为技术进步来源于分工和专业化的深化。

大卫·李嘉图（David Ricardo，1817）认为，要避免经济陷入“静止状态”，不仅需要资本的不断积累和劳动投入的持续增加，而且技术革新和实行自由贸易也是必不可少的。

约翰·穆勒（John Stuart Mill，1848）十分重视人力资本和人力投资对于经济发展的重要意义，并认为“工人的智力是劳动生产力的一个最重要的因素”④。

马尔萨斯（Malthus，1820）指出，增长的人口是一国幸福和繁荣的表现和结果，持续增长的人口是经济发展的重大约束条件⑤。

Bentham. J（1818，1843）、Hodgskin. T（1825）、Rae. J（1834）指出，知识积累是经济增长的发动机，知识积累和有形资本积累同时进行。Bentham. J（1818，1843）更强调企业家的个人特质⑥。

费里德里希·李斯特（Friedrich List，1844）依照生产力理论的逻辑，提出

① 这部分内容可参阅汤湘希、周江燕、李经路：《企业知识资产价值论》（第二章有关内容，主要执笔人李经路），知识产权出版社 2014 年版。

② 约翰·伊特韦尔、默里·米尔盖特、彼特·纽曼编，陈岱孙译：《新帕尔格雷夫经济学大辞典》，经济科学出版社 1992 年版，第 1 卷，第 484—488 页，有改动。

③ 方齐云、王皓、李卫兵等：《增长经济学》，湖北人民出版社 2002 年第 1 版，第 31—35 页。

④ 约翰·穆勒：《政治经济学原理》，1926 年英文版第 187 页。

⑤ 当然，马尔萨斯的人口理论一直为人们所诟病，但强调人力资源（人口）的数量对经济的促进作用仍然具有一定的现实意义。

⑥ Renee Prendergast Accumulation of knowledge and accumulation of capital in early “theories” of growth and development［J］. *Cambridge Journal of Economics*，2010，34，3，pp. 413－431.

要重视科学技术的远见卓识；首次运用近似于“人力资本”概念——“精神资本”概念；纠正了亚当·斯密（Adam Smith，1776）分工是不同商业操作程序的分工理论，认为分工是各种动作、智力和力量为了共同的生产目的而进行的联合或协作①。

威廉·罗雪尔（Wilhelm Roscher，1854）指出，技术进步是“增大一国财富的真实源泉及其实力”②。并提出了涵盖劳动能力、信心、灵巧、厂商名声等的无形资本概念。

马歇尔（Alfred Marshall，1890）认为，由于技术进步和资本积累而促成生产中报酬渐增趋势，这种趋势将因外在经济的出现而加强。重视人力资源的开发，指出“优良的教育，即使对于普通工人也予以很大的间接利益……它是物质财富生产上的一个重要手段，不比物质财富的生产所能助成的任何事情为低劣”③。其经济增长思想可表示为：

$$g = f_1(n, e, w, F, A, S) \text{ ④} \qquad (1-1)$$

式（1－1）中：g 代表一国的实际总收入，n 代表该国劳动力数量，e 代表劳动力的效率，w 代表积累的财富数量，F 代表自然资源的丰欠程度，A 代表生产技术水平，S 代表公共安全状况。

熊彼特（Joseph A. Schumpeter，1912，1939，1942）将经济增长看成是对现存经济关系格局的突破，突破力来自企业家的创新。内生的研发和创新是推动技术进步和经济增长的决定性因素⑤。沿其思路，赛格斯特罗姆（Paul S. Segerstorm，1990）、阿格亨和豪伊特（Philippe Aghion & Peter Howitt，1992）分别建立了具有创造性的内生增长模型。

阿林·杨（Young，Allyn，1928）认为，收益递增取决于劳动分工的演进，技术进步是劳动分工不断深化的结果，是经济系统的内生变量。新增长理论中的罗默模型（1986，1987，1990）、卢卡斯模型（1988）、杨小凯－博兰德模型（1991）等都是对杨经典思想的阐释与模型化。

（二）现代经济增长模型与经济驱动因素

哈罗德（Roy Forbes Harrod，1939）和多玛（Evsey D. Domar，1946）在凯

---

① 葛扬、李晓蓉：《西方经济学说史》，南京大学出版社 2003 年 8 月第 1 版，第 208 页。
② 罗雪尔：《国民经济学原理》第 1 册，1878 年英文版，第 322 页。
③ 马歇尔：《经济学原理》，商务印书馆 1983 年版，上卷，第 229 页，有改动。
④ 惠塔克：《马歇尔早年著作》，1975 年英文版，第 1 卷，第 309—316 页。
⑤ 约瑟夫·熊彼特被人们称为创新理论的鼻祖。其《经济发展理论》很好地诠释了创新对经济发展的作用。

恩斯的“有效需求”的基础上，提出了动态均衡的“哈罗德—多玛”模型，将凯恩斯的短期分析长期化。在严格的假设下，他们认为持续增长条件是：一国的储蓄率等于资本—产出率与有效劳动增长率的乘积。

$$g = \frac{\dot{Y}}{Y} = \frac{s}{v} \Rightarrow s = g \cdot v \tag{1-2}$$

式（1－2）强调了资本积累在经济增长中的决定作用，资本的投入是经济增长的原动力。

该结论在短期中有一定的现实性，但没有考虑供给方面的生产函数，均衡增长不被模型独立决定。其稳定状态的增长很难实现，“经济体系充其量也只能平衡在均衡增长的刀锋上”[①]。由于“累积性”的扩张或收缩问题，被称为哈罗德“不稳定原理”（Harrod，1939）。但是，哈罗德—多玛模型标志着经济学界运用数理经济方法研究经济增长的开始，是经济增长理论模型化的起点。

Kaldor（1957）借助于可变的储蓄率对哈罗德—多玛模型进行修正，从收入分配角度为解决模型的不稳定性提供了一种方法。但是，其储蓄理论建立在凯恩斯的理论基础之上，也存在着诸如用短期分析工具来研究长期经济增长问题的局限。

（三）现代经济增长理论与经济驱动因素

现代经济增长理论虽然以哈罗德—多玛模型为开端。但是，自索洛在1956年提供了“哈罗德—多玛增长模型的第一个‘新古典’版本”以后[②]，现代经济增长理论的演进都以索洛模型为出发点。索洛（Solow，R.，1956）和斯旺（Swan，T.，1956）各自独立地提出了一个经济增长模型，克服了哈罗德—多玛模型的“刀锋均衡”问题。其实，米德（J. E. Meade）和萨缪尔森（P. A. Samuelson）相继提出了与索洛论点基本一致的模型。丹尼森（Denison，E.）、肯德里克（Kendrick，J.）、卡斯（Cass，D.）以及库普曼斯（Koopmans，T.）从理论和实证方面，不断地修正并扩展索洛—斯旺模型，并日益使之精细化。

索洛—斯旺模型在新古典生产函数和固定折旧比例的假设条件下，得出均衡增长的条件：

---

① Solow，R. “A Contribution to the Theory of Economic Growth，” *Quarterly Journal of Economics*，1956，p. 65.

② 马克·布劳格：《凯恩斯以后的100位著名经济学家》，商务印书馆2003年版，第345页。

$$\dot{k}(t)=sf[k(t)]-(n+g+\delta)k(t) \tag{1-3}$$

在式（1-3）模型中，经济增长不仅取决于资本和劳动要素的投入，还取决于技术变化。该模型强调技术进步的重要作用，纠正了“资本决定论”的错误论断，具有里程碑式的意义。其经济增长模型完全从供给方面研究长期经济增长的根源，在索洛—斯旺模型的带领下，主流经济增长理论都以自己的长期增长稳态来解释形成“卡尔多稳态”的原因。

但是，在该模型中，长期人均增长率完全依赖于外生的技术进步率，技术进步本身被假定为外生决定的、偶然的、不费成本的资源；而对技术进步及其源泉一无所知，缺乏一个明晰的动力源泉。该新古典经济增长模型未能揭示经济增长的原因，是通过“假定增长来解释增长的”（Romer，David，1996）。从政策角度来看，因其假定增长是外生的，没有为经济增长提供任何政策余地。

哈罗德—多玛模型、索罗—斯旺模型，都假定储蓄率 s、人口增长率 n 和资本折旧率 δ 是外生常数。资本折旧率为外生常数容易理解，因为资本折旧速度不易人为控制。排除经济增长对储蓄率和人口增长率的反作用，使模型无法解释经济增长的真正的内在规律和机制。

为了充分考虑到消费者、厂商的个体最优决策行为，为宏观经济增长奠定坚实的微观分析基础，拉姆齐（Ramsey，1928）、卡斯（Cass，David，1965）、库普曼斯（Koopmans，1965）将储蓄率作为内生变量建立家庭最优消费选择模型（简称 RCK 模型），并设定效用函数：

$$u(c)=\frac{c^{1-\theta}}{1-\theta} \tag{1-4}$$

RCK 模型利用庞特里亚金（Pontryagin）的最大值原理，进行动态效用最大化分析，长期家庭消费选择须满足的基本条件：

$$r=\rho-\left(\frac{du'/dt}{u'}\right)=\rho-\left[\frac{u''(c)\cdot c}{u''(c)}\right](\dot{c}/c)^{①} \tag{1-5}$$

在式（1-5）中，以代表家庭和厂商的最优化行为为基础，使经济增长理论第一次拥有了坚实的微观基础，可以深入探讨经济增长的内在机制。

阿莱（Allais，1947）、萨缪尔森（Samuelson，1958）和戴蒙德（Diamond，

① 舒原、谢识予、孔爱国、李翔：《现代经济增长模型》，复旦大学出版社 1998 年第 1 版，第 82 页。

1965）以离散的方法研究消费者和厂商最优行为，用世代交替代替 RCK 模型的无限生命假设。布兰查（Blanchard，1985）发展了一个连续时间的世代交替模型，使其进一步接近现实。他们从微观经济的角度考察长期内宏观经济总量运行，不仅完善了新古典经济增长模型，而且为以后的经济增长模型确定了准则。

（四）新经济增长理论与经济驱动因素

20 世纪 70 年代，在阿罗—德布鲁的一般均衡理论建立以后，新经济增长理论追求其理论的微观基础，力图将经济增长的宏观问题建立在“可靠的微观基础”之上。从个体、部分出发解释整体的思想，已被视为其科学研究的必要条件。

阿罗（Arrow，1962）、宇泽（Uzawa，1964、1965）、Sheshinski，1967、罗默（Romer. D. 1986）、Jones 和 Manuelli（1990）、King 和 Rebelo（1990）、Barro（1990）、Rebelo（1991）、Jones、Manuelli 和 Rossi（1993），Rebelo 和 Stokey（1995）等用凸性生产函数来替代新古典生产函数，使用 AK 模型、具有收敛性的内生增长模型、CES 模型，以此揭示内生经济增长。

1986 年，罗默的研究掀起了“新”或者“内生”经济增长理论的热潮，该理论通过经济增长中的外部性解释经济长期增长的持续性。外部性思想来源于阿罗（Arrow，1962）“干中学”（learning by doing）和“知识溢出效应”（knowledge spill - over）。卢卡斯（Lucas，1988）内生增长模型的思想可以追溯到宇泽（Uzawa，1965）的观点，其观点强调人力资本对经济增长的作用。新经济增长理论从以下几个方面分析经济增长的驱动因素，进行内生化处理。

（1）以资本投资的外部性作为经济驱动因素，内生化经济增长。将技术进步和生产率的提高当作物质资本和技术投资的副产品，进行内生化处理。阿罗（Arrow，1962）认为知识与生产率的增益来自投资和生产并进行内生化初步尝试。知识水平本身作为一个生产要素参与生产过程，由于其公共品性质，作为一个整体，经济具有收益递增的特点。谢辛斯基（Sheshinski，1967）对阿罗模型的结构进行了简化和扩展。由于阿罗（1962）模型存在的两个问题：存在外部性时竞争性均衡的存在性；动态最优过程中，社会最优与目标函数的有限性。罗默（1986）对阿罗模型进行了扩展，确保竞争均衡的存在，罗默（1986）认为私人边际产品与社会边际产品的比例为：

$$\frac{D_1f(k,Nk)}{D_1f(k,Nk)+ND_2f(k,Nk)}=\frac{v}{\gamma+v}①\tag{1-6}$$

式（1-6）显示，由于竞争均衡导致私人投资知识低于社会最优水平，罗默（1990）修正了该模型。Brezis、Krugman 和 Tsiddon（1993）提出了一个贸易和增长的两国模型，解释了作为偶然技术变迁的“蛙跳”现象。

（2）以产品创新作为经济驱动因素，内生化经济增长。罗默（Romer，Paul M.，1990）认为技术变化为持续的资本积累提供激励，而资本积累和技术进步又解释了产出的绝大部分。技术进步来源于有意识的行动，这种有意识的行动是因对市场刺激做出反应的人们所采取的。罗默（1990）假定经济中存在最终产品部门、研究与开发部门、中间产品生产部门三个部门，建立创新的内生化模型；得到经济增长率为：

$$g=\frac{\delta H-\Lambda\rho}{\delta\Lambda+1}②\tag{1-7}$$

式（1-7）表明，经济增长率与 H 相关，即存在规模效应（增长率与人力资本成正比）；而这一结论成了后来学者实证检验的焦点。

Grossman 和 Helpman（1991a，ch4，1991b）认为，生产率的提高表现为同种产品质量的提高，而提高其质量的技术来源于专门的研发，不像罗默（1990）不考虑新知识产生以后对于原有知识的负的外部性，认为优质产品的出现会使旧产品不断淘汰，创新表现为创造破坏性过程；从而建立一个产品质量阶梯不断提高的内生增长模型。但他们忽视了厂商从事有成本的模仿活动的刺激，假设行业领先者不从事研究创新，与事实不符。阿格奥和豪伊特（Philippe Aghion & Peter Howitt，1992）在 Segerstrom、Anant 和 Dinonpoulos（1991）的研究基础上，解释了熊彼特的“创造性破坏”假说，建立了一个创造性破坏的内生增长模型（AH 模型）。AH 模型表明经济增长不是线性而是存在起伏的过程，知识成为经济增长的双刃剑。新知识对于知识的生产有正的外部性，新知识对原有知识的替代降低了收益，又具有负的外部性。

（3）以人力资本积累作为经济驱动因素，内生化经济增长。Lucas（1988），Becker、Murphy 和 Tamura（1990），Tamura（1991），Lucas（1993），Goodfriend 和 Mcderott（1995）等强调人力资本是经济增长的重要源泉。他们为人力资本的

① 左大培、杨春学：《经济增长理论模型的内生化历程》，中国经济出版社 2007 年第 1 版，第 172 页。
② 谭崇台、邹薇、庄子银：《发展经济学的新发展》，武汉大学出版社 1999 年第 1 版，第 448 页。

产生和积累设立“生产函数”来内生化人力资本的存量变动，解释经济增长。

卢卡斯（Lucas，1988）引入 Schultz 和 Becker 的人力资本概念，借鉴罗默（Romer，1986）的处理技术，修改宇泽的技术方程，建立了以人力资本外部效应为核心的“两时期模型”“两商品模型”。得到其最优均衡增长率：

$$g^{*}=\delta^{-1}\left[\delta-\frac{(1-\beta)(\rho-\lambda)}{1-\beta+\lambda}\right] \quad (1-8)$$ ①

式（1－8）避免了“没有人口增长就没有经济增长的不愉快的结果”；但是，没有考虑两部门内生增长的动态性质，Mulligan 和萨拉－伊－马丁（Sala－i－Martin）、谢丹阳（1991）对其进行修正，（Mankiw，Romer and Weil，1992）建立了一个标准的 4 变量最终产品总量生产函数：

$$Y(t)=K(t)^{\alpha}H(t)^{\beta}[A(t)L(t)]^{1-\alpha-\beta} \quad (1-9)$$

得到有效劳动人力资本增长速度：

$$\dot{h}(t)=s_{h}\cdot y(t)-(n+g+\delta)\cdot h(t) \quad (1-10)$$

在新古典增长理论的经济学家看来，知识是完全外在于经济体系增长过程的，不存在扩散过程。其实，知识是公共产品（Alfred Marshall，1890）；知识是以企业间不付费用方式转移而扩散的。其扩散表现在：消费者剩余、生产者剩余以及研发的溢出效应等（Griliches，1991）。而研发溢出效应是经济增增长所关注的重点。由于对逻辑斯蒂方程的不满，巴罗和萨拉－伊－马丁（Sala－i－Martin 1995）引入了国际技术扩散模型，Shekhar Aiyar 和 Cal－Johan Dalgaard（2002）建立了一个知识不完全代际转移模型，来说明知识在扩散过程中的失真问题。虽然约翰森（L. Johansen，1959）、索洛（Solow R.，1960）、费尔普斯（Phelps，1962）、马修斯（Matthews，1964）、布雷斯（Bliss，1968）以及巴尔德汉（Bardhan，1973）等都提出了技术传导模型。但是，令人遗憾的是：到目前为止，知识扩散模型片面强调知识在国际间的扩散，其实知识在国内的产业内（企业间）、产业间、在新知识生产部门的扩散更为重要，更具现实意义（左大培、杨春学，2007）。

除此之外，一些经济学家从其他方面内生化经济。巴罗和贝克尔（1989）；Becker、Murphy 和 Tamura（1990）把生育内生化与经济增长联系起来建立模型。杨小凯和博兰德（Yang and Borland，1991）采用“超边际分析”将最终产品生

① 谭崇台、邹薇、庄子银：《发展经济学的新发展》，武汉大学出版社 1999 年第 1 版，第 410 页。

产上的劳动分工内生化建立模型，为经济增长提供了一个微观机制。

七、新经济增长理论的创新发展与经济驱动因素

萨拉-伊-马丁（Sala-i-Martin，1997）认为截面数据是无法信服的。琼斯（Jones，1995a，b，1997）转向了时间序列来检验规模效应。Gang Gong、Alfred Greiner和Willi Semmler（2004）利用时间序列，引入非线性知识生产函数$\left(\frac{\dot{A}}{A}=\mu H_A^{\gamma}A^{\phi-1}-\delta_A\right)$以此修改罗默（1990）模型，验证了修改后的模型并不存在规模效应；政府可以通过财政政策短期影响人均增长率而非长期。虽然长期增长率不受影响，但是还会影响变量水平的（Turnovsky，2000）。

Narayana R. Kocherlakota和Kei-Mu Yi（1997）对美国100年时间序列数据和英国160年的时间序列数据回归时发现，政府经济政策的变化对内生经济增长模型有影响，对外生经济增长模型没有影响。

Aghion和Howitt（1998）指出Jones（1995）的结论忽略了技术复杂性程度的提高，忽视了社会总产品数的增多，同时他们建立了一个更加完善的模型。

Dajin Li（2002）基于宇泽（Uzawa，1965）和卢卡斯（Lucas，1988）两部门模型利用24个经合组织（OECD）国家（1950—1992年）和5个主要发达国家（1870—1987年）的数据，通过定义投资和改进验证方法，发现从长远来看不能拒绝AK模型具有的对经济增长正的效应。Dinopoulos和Thompson（2000）研究发现，改进罗默模型（1990）表明长期经济增长与实物资本投资呈正相关关系。

Accinelli和Brida（2007）假定人口增长以对数增长率而非指数增长率对拉姆齐（Ramsey，1928）模型扩展，Luca Guerrini（2010）利用Guerrini（2006）模型，假定人口不是持续增长，引入二维动态系统，扩展了拉姆齐Ramsey（1928）的经典模型。

Timothy Kam和Yi-Chia Wang（2008）扩展了Glomn和Ravilumar（1994）的内生增长模型，研究表明政府的公共投资具有溢出效应。

熊俊（2005）在放松“希克斯中性”“规模报酬不变”“完全竞争的市场结构”条件，并对总生产函数自变量进行调整后，得到一个扩展的索洛模型。贺俊、陈华平、毕功兵（2006）认为垂直型和水平型模型虽然把技术创新内生化，

但忽略了人力资本积累对净增长的作用，应该把这两个因素纳入同一个分析模型之中。他们借鉴卢卡斯的思想增加一个人力资本生产部门构建新模型：

$$\max\int_0^{\infty}\frac{c^{1-\delta}-1}{1-\delta}e^{-\rho_t}dt$$

$$\text{s.t. } Y=\eta^{\gamma}A^{\alpha+\beta}H_Y^{\alpha}L^{\beta}K^{\gamma}$$

$$\dot{K}=Y-C \tag{1-11}$$

$$\dot{A}=\delta H_A A$$

$$H_Y+H_A\leqslant H$$

通过求解，得到均衡增长率：$g=\dfrac{\delta_2-\rho}{\sigma}$（注释：$\sigma$ 是跨期替代弹性的倒数；ρ 为时间贴现率；δ_2 为人力资本生产部门的生产率）。

说明经济均衡增长率与人力资本部门生产率成正比，与时间贴现率成反比。

张延港、戎晓霞、王峰（2008），在罗默内生经济增长模型中引入了人力资本因素，将技术进步和人力资本同时内生化，克服了琼斯（Jones，1995）曾经指出的技术进步为常数这一假设的缺陷。他们将社会计划者的动态最优化问题表示为：

$$\max_{C\cdot u_a\cdot u_Y}\int_0^{\infty}e^{-\rho}U(t)dt$$

$$\text{s.t. } Y=A^{\alpha}(u_YH)^{\alpha}K^{1-\alpha}$$

$$K=Y-C \tag{1-12}$$

$$\dot{A}=\delta(u_AH)^{\beta_H}A^{\beta_A}$$

$$H=B(1-u_A-u_Y)H$$

利用庞特利亚金极大值方法处理，并经过替代、转换后得到：

$$g_Y=K=\frac{B+(B-\rho)\left|\beta_H\dfrac{u_Y}{u_A}+\beta_H-1\right|}{\delta\beta_H\dfrac{u_Y}{u_A}+(\beta_H-1)(\delta-1)}$$

$$v_1=\frac{B\delta+(B-\rho)(\beta_H-1)}{\rho\beta_H\dfrac{u_Y}{u_A}+(\beta_H-1)(\delta-1)} \tag{1-13}$$

$$v_2=B(1-u_A-u_Y)$$

式（1－13）说明在平衡路径上，产出、技术的增长都与人力资本的最大积累率 B 有关，而非简单地仅由人口增长率决定。另外，经济平衡增长率与技术水平的外部性无关。

鉴于内生经济增长理论的实证研究经常忽视转形动态（Transitional Dynamics）（Kremer，1993；Jones，1995a，b；Todo and Miyamoto，2002；Ha and Howitt，2007；Madeson，2008）。Ha 和 Howitt（2007）以及 Madeson（2008）通过协整分析来区分琼斯（1995a，b）模型和熊彼特模型。Norman Sedgly 和 Bruce Elmsile（2010）利用 Eicher 和 Turnovsky（1999）建立的新古典和内生增长杂交模型，验证第一代内生增长模型、半内生增长模型及熊彼特增长模型；文章支持创新模型[①]。

B. Bedgly haskara Rao（2010）认为索洛（1956）外生模型能够解释长期经济增长现象，对外贸易和人力资本对其有重要影响。

Man－Seop Park（2010）指出保罗和萨拉－伊－马汀模型（2004，ch，6）以及产品水平创新模型存在的问题是内部不一致[②]。

从梳理经济增长模型的发展历程可知，知识、技术、人力资源逐渐成为经济增长的重要驱动因素。同时，也修正了英国古典经济学家威廉·配第的“劳动是财富之父，土地是财富之母”这一重要论断。

八、新经济增长理论对经济增长的贡献测度

第一，把技术进步内生化，进一步完善了新古典经济增长模型。鉴于索洛模型无法解释长期经济增长的技术进步机制；新经济增长理论把技术进步内生化研究作为自己研究的核心，着重分析经济增长过程和技术进步产生的原因。通过内生技术进步机制，专业化知识和人力资本的积累，实现了收益递增；突破了传统增长理论中关于要素收益递减或者不变的假定。

第二，把资本积累与创新统一于内生增长模型之中。新古典经济增长理论假定技术进步是非体现型的——独立于资本积累；事实上，技术创新物化于物

① Norman Sedgly，Bruce Elmsle，Reinterpreting the Jones critique：Atime series apprpach to testing and understanding idea driven growth models with transitional dynamics [J]. *Journal of Macroeconomics*，2010，32，1，pp. 103－117.

② Man－Seop Park，Capital and interest in horizontal innovation models [J]. *Cambridge Journal of Economics*，2010，34，4，pp. 755－772.

质资本或人力资本中。罗默（Romer，1990、1994）认为知识的增长是通过投资取得的，知识可以产生经济回报，人们对经济激励做出反应而积累知识。

第三，强调经济政策对经济增长有重要作用。新经济增长理论在经济模型中引进了“当事人行为”来分析技术进步的内生化，为经济政策奠定了坚实的理论基础。

九、经济发展对新经济增长理论提出的新挑战

新增长理论对经济增长、发展问题提出了许多深刻独到的见解，在理论和实践两方面都产生了深远的影响，但是随着经济发展，新增长理论将面临新的挑战。

第一，在生产理论方面新经济增长理论没有取得突破。生产理论基本假设的变化是经济增长理论取得突破的关键，新经济增长理论仍然以固定要素替代弹性生产函数和柯布—道格拉斯函数为基础，柯布—道格拉斯函数不能解释技术进步的意义。从某种意义上说，新经济增长理论与索洛模型的假设没有本质区别。

第二，新经济增长理论虽然追求经济增长的微观基础，但是忽视技术进步的微观机制，只探寻到 R&D 这一层面，未做深入分析。技术进步的微观基础是厂商的内部组织、技术进步效率、厂商知识产权对技术进步的影响等。

第三，新经济增长理论开启了索洛“余值”的“黑箱”，给出了技术变化的一个内生解释，但不顾及历史、社会、制度等非经济因素对经济增长的影响而进行超越时空的纯经济分析①，无法解释经济发展的动态变化。

近年来，制度的计量研究已经成为制度经济学实证研究的热点和重点（Acemoglu，2001；Person & Jabellini，2005）。经济增长及经济现实都与其制度、文化、政府的经济政策和发展战略相关，不能简单地从经济系统本身进行解释（Chang、Eans，2005）。诺斯（North，1981、1990、1994），Delong 和 Shleifer（1993）验证了制度安排和制度结构对经济产出和个体行为优化的重要性。Knack 和 Keefe（1995）、Hall 和 Jones（1999）、Acemoglu（2004，2006）、Levine（2003）、Rodrik et al.（2004）等认为，一国经济需通过政治制度制定游戏规则并共同约束政府行为、提高技术进步和可累积性要素投入，才能最终实现经济

① Weitzman，M. L.，Recombination Growth，*Quarterly Journal of Economics*，1998，Vol. cxii，no2，pp. 331 – 361.

增长。要素的积累和技术的创新不是增长的原因，而是增长（North and Thomas，1973）。制度主要用于激励与约束个体或组织从事生产及政治、经济、社会和其他活动，对保持持续合作、减少不确定性和交易成本以及提高经济产出具有重要作用（North，1981、1990）。就经济增长的贡献而言，产权制度的作用往往表现得更为显著。

第四，新经济增长理论忽视了技术变化过程的不确定性，假定技术一开始就能实现其生产能力。新经济增长理论认为“最大化行为、市场均衡和稳定偏好假定的结合，并始终如一地贯彻到底”（Becker，1976a）。在分析方法上，新经济增长理论以库恩—塔克定理为核心，瓦尔拉斯一般均衡为基础，动态一般均衡分析为基本分析方法（Koopmans，1965），这是一种经济学牛顿力学的机械决定论范式。经济理论并非经济力学而是经济生物学；经济增长或发展是经济运动中的过程，不是力学上机械的位置移动，而是生物学上的有机运动（Alfred Marshall）。一般均衡分析只是着手研究主要问题之前的一种有益准备工作而已①。技术创新过程中存在着大量的不确定性使经济增长表现为非均衡的进化过程，技术进步具有累进性和路径依赖的特性，实际上是一个马尔科夫过程。

第五，新经济增长理论需要根据时代的要求进行改进。用既有的理论解释现实，无论是对经济科学的发展还是对现实的解释都是不够的，需要在现实考察的基础上进行理论上的创新。许多发达国家的“后工业”经济的上升中，知识和技能等无形资本取代实物资本而成为主要的投入；土地（或者更一般的自然资源）作为一种生产要素，其重要性下降只是一种暂时现象（Deane and Cole，1969；Revell，1967）。工业经济时代或者后工业经济时代，影响经济发展的制约因素是资本、劳动和技术，而自然资源相对宽裕，经济发展与环境资源的冲突还未引起足够重视。随着经济的发展，21 世纪环境和资源成为经济发展的重要的内生变量和刚性约束条件。在新古典经济学中，只重视经济系统，忽视了支持经济系统的生态系统；内生增长理论有必要考虑内生增长理论理念的循环经济模型（杨永华、诸大建、胡冬洁，2007）。

简言之，以新经济增长理论等为基础，探索自主创新、知识产权、企业国际竞争力与自主品牌战略具有十分重要的理论和现实意义。

---

① Hayek，F. A.，Economics and Knowledge，1937，Economica，Vol4，no. 13，pp. 33 - 54.

第二篇
中国式品牌建设路径解析与国际经验路径比较

他山之石，可以攻玉。2013 年 6 月 19 日，在获得教育部人文社科重点研究基地重大项目“企业国际竞争力与自主品牌战略”的立项后，研究团队即按照研究计划和要求，分赴武汉、北京、上海、深圳、重庆、杭州、金华等地进行实际调研，通过收集资料、召开小型座谈会等方式，我们分行业和国别（主要是发达国家、地区和我国周边国家）对品牌建设的路径进行解析，希望从中得到启发和借鉴。

第一章　中国式品牌建设路径解析

根据本研究的目的，本书选取了我国在国际上具有一定竞争力的光电子、通信技术、汽车等产业进行相关的品牌建设路径分析，希望为我国具有自主知识产权的企业能凭借其国际竞争力走出国门，尤其是共建“一带一路”做出贡献。[①]

一、光电产业的路径解析与经验研究

光电产业是随着光电技术的兴起而形成的一类高新技术产业。[②] 21 世纪以来，世界光电产业飞速发展，全球光电产业的市场规模在 2009 年就突破了 1 万亿美元，未来更是具有巨大的发展潜力。美国、西欧和日本目前在光电子产业发展中居于领先地位，而中国光电技术产品市场向“领头羊”学习的同时，也在不断地发展自身的优势品牌，并在十几年来始终保持着两位数的高速增长速度。随着信息技术、激光加工技术、激光医疗与光子生物学、激光全息、光电传感、显示技术等光电技术的快速发展以及光电技术与数字技术、多媒体技术、机电技术等领域的结合与渗透，我国已经形成市场可观、潜力巨大的光电产业。随着市场的不断成熟，实力派企业开始崭露头脚，通过产学研的结合不断提升自身业务水平的同时，也开始积极推行自主品牌战略，力争让“中国智造”的光电产品走向世界，进一步提升企业自身国际竞争力，为国家综合竞争力的提升打下坚实的基础。

（一）光电产业发展现状

2013 年 11 月，第 10 届“中国光谷”国际光电子博览会暨论坛在武汉隆重

---

① 具体内容可参阅：推进“一带一路”建设工作领导小组办公室 2017 年 5 月 10 日发布《共建“一带一路”：理念实践与中国的贡献》，360 百科（https：//baike. so. com/doc/25898508－27051790. html）。

② 光电产业及其发展前景概述，百科文库（https：//wenku. baidu. com/），胡阿芹、孟祺：我国太阳能光伏发电产业发展研究，《湖北社会科学》，2011 年第 4 期，以及工信部联电子〔2018〕68 号：关于印发《智能光伏产业发展行动计划（2018—2020 年）》的通知等著述。

举行，时任工业与信息化部杨学山副部长在开幕式致辞时表示："以光谷为载体，光博会已发展到第10年，以光博会为平台，湖北武汉的光电子与电子信息产业也取得了长足进步。本届光博会亮点很多，把科技送到老百姓的生活当中，提升了百姓的生活质量。光博会的创新成果一定会为产业发展注入更多新活力。"由此可见，高速发展中的光电产业，正带着它的惊人成果，改变着我们的生活质量和国家的综合竞争力。

1. 光电产业的战略地位。2010年10月，国务院正式发布《国务院关于加快培育发展战略性新兴产业的决定》，力争到2020年，战略性新兴产业增加值占国内生产总值的比重达到15%左右，节能环保、新一代信息技术、生物、高端装备制造产业将成为国民经济的支柱产业，新能源、新材料、新能源汽车产业将成为国民经济的先导产业。光电产业作为战略性新兴产业的重要组成部分，更是成为各种产业调整和规划布局的重点关注对象。

根据国内外科技和产业界的一般看法，光电产业可划分为九类行业，即光电元器件、光电显示、光输入/输出、光存储、光通信、激光、光伏发电、半导体照明、光电周边产品（主要是光电产品专用制造设备等）。总体来说，在国家创新驱动战略的引导下，伴随着大力发展战略性新兴产业的历史机遇，整个光电产业市场规模持续壮大，产业层次不断提高。其中，光伏发电、光电显示、半导体照明（即常见的LED照明）、新型显示器件等细分产业近几年的发展更是取得了骄人的成绩。

2. 光伏细分产业的稳步发展。光伏产业作为新能源发展的重点项目，一直是市场上追捧的热点，虽然在发展进程中一度出现产业无序发展的状况，但是受到政策引导和市场调整的影响，2013年以来我国光伏产业的发展形势较之前已有明显好转，盲目扩张的势头得到减缓，行业集中度稳步提高。

具体来看，2013年全国多晶硅产量8.4万吨，同比增长18.3%，进口量8万吨；电池组件产量约26GW，占全球份额超过60%，同比增长13%，出口量16GW，出口额127亿美元；国内市场快速增长，新增装机量超12GW，累计装机量超20GW，电池组件内销比例从2010年的15%增至43%；全行业销售收入3230亿元（制造业2090亿元，系统集成1140亿元）。在创新驱动效应的引导下，技术水平持续提升，我国骨干企业已掌握万吨级多晶硅及晶硅电池全套工艺，光伏设备本土化率不断提高。由工业和信息化部统计的数据可以看出，2010年至今，每千吨多晶硅投资下降47%，每千克多晶硅综合能耗下降35%，多晶硅企业人均年产量上升 165%，骨干企业副产物综合利用率达 99% 以上。①

在国际市场上，欧盟对我国光伏“双反”案达成初步解决方案，我国对美、韩多晶硅“双反”做出终裁，外部环境进一步改善。由于整体环境的影响，我国光伏产业的发展得以逐步回暖，国内企业经营状况不断趋好，截至 2013 年年底，在产多晶硅企业由年初的 7 家增至 15 家，多数电池骨干企业扭亏为盈，主要企业第四季度毛利率超过 15%，部分企业全年净利转正。与此同时，由于众多企业加大内部整改力度，出现多起重大并购重组案，市场资源得到进一步整合，产业发展逐步向东部苏、浙，中部皖、赣及西北部内蒙古、青、冀等区域集中。

3. 平板显示市场的逐步扩大。随着全球平板显示产业重心向我国转移，我国平板显示产业发展形势也开始受到更多的关注。2013 年，我国以液晶面板（即 LCD 面板）为代表的平板显示产业规模达 1070 亿元，同比增长 44.6%，在全球市场占有率提升至 11.4%。液晶面板产量 2088 万平方米，同比增加 27%，销售量 2085 万平方米，全行业实现满产满销。为了适应行业的发展，新技术的导入和应用驱动的研究也必不可少，在 2013 年，厦门 5.5 代低温多晶硅生产线、鄂尔多斯 5.5 代 AMOLED 生产线相继投产；骨干企业开发出高分辨率、低功耗和窄边框等新产品并实现量产。作为行业的代表性企业，京东方、华星光电、天马等骨干企业累计实现销售收入 623 亿元，同比增长 41.6%，利润总额达到 43.8 亿元。与此同时，这些国内骨干面板企业采购本地材料、设备超 150 亿元，带动近百家上游厂商，本地化配套能力逐渐形成。②

在国际市场上，中国企业的表现也值得肯定，液晶面板进口 495.8 亿美元，出口 358.6 亿美元，贸易逆差 137.2 亿美元；在 2012 年已大幅下降 20.6% 的基础上，同比下降 2.4%。值得一提的是，在 2014 年举世瞩目的世界杯赛场上，中国品牌的 LED 显示屏也出现在了“显眼”的位置，多家电子公司提供的高清大屏为比赛的转播加油助力，仅奥拓电子就与德国、荷兰两家公司签订了关于 LED 全彩显示项目总价 5819.96 万元人民币的销售合同，湖南新胜科技制造的 LED 显示屏亮相巴西世界杯决赛现场。

4. 半导体照明产业的做大做强。美国能源部表示，中国是亚洲 LED 产业的

① 工信部发布 2013 年光伏业运行情况：四问题不容忽视，豆丁网（http：//www.docin.com/p-823338683.html）。

② 我国平板显示产业现状及未来趋势分析（http：//www.eepw.com.cn/article/263915.htm/2014-10-15）。

核心支柱，通过中国国家半导体照明工程研发及产业联盟（CSA）对中国相关半导体照明产业数据的分析，可以看出LED照明应用在中国增速迅猛。

种种迹象表明，LED照明将成为电子市场的新宠儿。为此，科技部早在2011年就发布了《半导体照明科技发展“十二五”专项规划》（简称《规划》），并指出“十二五”期间产业规模将翻数倍，到2015年，国内产业规模达到5000亿元，2011年这个数字还只有1560亿元。《规划》明确要求重点扶持有实力的企业做大做强，并提出“十二五”期间将培育20～30家掌握核心技术、拥有较多知识产权、自主品牌的龙头企业，扶持40～50家创新型高技术企业，优化产业结构，显著提升半导体照明产业的国际竞争力。业内人士认为，在上市公司中有望诞生可以与国际巨头相抗衡的龙头企业，将为中国企业走上国际化的道路写下浓墨重彩的一笔。

光伏产业、平板显示产业和LED照明应用等细分行业只是光电行业中颇具代表性的部分，其良好的发展势头也为我国电子领域乃至整个战略性新兴产业的蓬勃发展提供了十足的动力。随着“十二五”规划的开始，发展战略性新兴产业是“十二五”乃至未来数十年我国调整产业结构、转变经济发展方式的重要战略性任务，战略性新型产业将在2011—2015年间实现24%的年均增长速度，2016—2020年实现21%的年均增长速度；科技创新将作为中心环节；节能环保、高精密仪器设备、高端装备制造业将成为国民经济的支柱产业；不断提升产业核心竞争力，提高制造业核心竞争力，促进产业结构的优化升级将成为发展的方向。这一切必将带动各行各业的产业升级换代，激光红外等光电领域的用途将进一步得到拓展，精密加工机床制造等应用领域将进一步扩大，这必将带给光电企业巨大的市场和发展空间。

（二）光电产业发展动因

中国光电产业近年来所取得的各项成绩是惊人的，未来一段时期内也将继续向国内外市场展现其强大的生命力，那么在这种高速发展的背后，到底是哪些因素成功助推了这些局面呢？我们认为，在创造性地吸取了美国、西欧和日本等经济体成功经验的同时，战略性的政策指引、区域规划、市场引导以及科技发展的支撑帮助光电产业顺利抓住了发展的机遇，获得了历史性的进步，同时，大型企业对于自主品牌战略的坚决施行，也成为其进一步发展的保障。具体来看，以下五个方面的内容可以被概括为我国光电产业竞争力不断提高的发展动因：

1. 积极的政策指引。新兴产业的顺利起步，离不开政府的有力支撑。我国相关部门并没有错失光电产业发展的良机，频频施以援手，在政策上给予指引和帮助，尤其是近几年来，各项规划和规章的出台，在保证市场有序发展的同时，也提供了产业发展的“有机土壤”。

以 LED 照明行业为例，除了前文提到的《半导体照明科技发展“十二五”专项规划》以外，早在 2011 年，国家发改委就提出要建立半导体照明的“领跑者”制度，并于 2014 年开始实施，以规范市场、促进行业技术进步，2014 年 10 月公布首批名单。2013 年六部委联合发布了《半导体照明节能产业规划》，该规划明确了促进 LED 照明节能产业产值年均增长 30% 左右；逐步加大财政补贴，在商业照明、工业照明等领域重点开展 LED 照明产品的示范应用和推广。与此同时，中国国家半导体照明工程研发及产业联盟还发起文化科技创新服务联盟，希望通过跨界创新，为 LED 拓展应用空间。

美国能源部的研究也表明，LED 照明应用在中国增速迅猛，与中国政府的政策辅助和财政支持息息相关。随着中国对于 LED 照明的相关政策陆续出台，很多以出口为主的企业开始转战中国本土市场，传统照明企业也纷纷转型 LED 照明，进而引发海内外的强烈关注，持续扩大的中国照明企业也将借此在国际市场上与各位“前辈”展开竞争。

2. 及时的科技支撑。创新驱动发展战略的正确性在国际范围内众多领域的发展进程中都得到了印证，科技是第一生产力的概念同样存在于光电产业这一类新兴产业中，甚至可以说，先进的技术水平在其发展过程中占有主导地位。因此，技术创新成为了光电产业的关注重点，科技的支撑才能提供其健康发展的原始动力。

在半导体照明领域，《规划》介绍说，近年来，许多发达国家（地区）政府均安排了专项资金，设立了专项计划，制订严格的白炽灯淘汰计划，大力扶持本国或本地区半导体照明技术创新与产业发展。这意味着国际大型消费类电子企业瞄准新兴应用市场，开始从产业链后端向前端发展，加快了在半导体照明领域的布局，专利、标准、人才的竞争达到了白热化，产业发展呈现出爆发式增长的态势，已经到了抢占产业制高点的关键时期。

技术创新已成为各国市场关注的重点，所以，在我国，《规划》明确要求重点扶持有实力的企业做大做强，科技部也进一步加大了对半导体照明技术创新的支持力度，并已经批复了“十城万盏”试点示范城市。在国家政策的辅助下，借助于我国多年来建立起的专业人才基础，我国半导体照明技术创新能力也得到了迅速提升，部分产业化技术已经接近国际先进水平，产业已经具备了跨越式发展的机会。

3. 健康的市场引导。经过多年的完善，中国的资本市场已经日趋成熟，在保障金融机构健康发展的同时，也为这类高科技新型企业的跨越式发展提供了良好的契机。如何利用好资本市场的有利因素，将成为企业实现自我突破的关键。

众多现代化的国际竞争案例表明，在经济全球化的背景下，行业竞争已不仅仅是技术、产品和市场的竞争，资本也将在很大程度上改变产业格局。通过证券市场的公开发行和交易来扩充融资渠道，在越来越激烈的行业竞争中占据主动地位已经成为众多企业进一步发展的追求。数据显示，目前 LED 行业的上市公司总数已多达数十家。其中包括长方照明、鸿利光电、瑞丰光电、万润科技、勤上光电等。业内人士认为，在上市公司中有望诞生可以与国际巨头相抗衡的龙头企业。

在健康的资本市场引导下，企业能在资金上获得更大限度的支持，从而放开手脚进行技术创新和商业运作，提升自身的竞争力水平，并通过对资本市场的帮助进行适时回馈，形成整个市场环境的良性循环，带动国家经济的健康发展。

4. 合理的产业布局。中国幅员辽阔，地大物博，不同的区域有不同的竞争优势，如何建立合适的区域分布格局，将直接影响到我国光电产业的发展效率。因此，这一方面的内容也在近年来成为国家战略部署的重点所在。

总体来说，目前中国光电产业已初步形成了以环渤海、长三角、珠三角、中西部等四大区域集聚发展的总体产业空间格局，并辅之以“一东一中”两带的产业布局，即西起成都、东至合肥的光电产业“中部产业带”，北起大连、南至珠海的光电产业“东部产业带”。

在光电产业中，由于所依托的技术创新程度、原材料供需程度等方面的不同要求，不同的细分行业所呈现出的产业分布特征也不同。如光通信产业已经比较成熟，产业转移特征并不明显，主要分布在湖北的武汉、珠三角的深圳等地区；激光产业的产业化水平不高，产业规模相对较小，除湖北武汉等地区外，尚未形成明显的产业集聚；光伏产业规模较大，中国已经成为全球最大的太阳能电池制造国，主要分布在江苏省、四川省、河北省以及广东省等地区。

通过对产业布局的合理规划，各地区的区位优势得以展现，通过对自身和周边资源的有效整合，对全行业的有序发展提供了有力的支撑。

5. 坚决的品牌战略。或许在很多企业的成长期，品牌意识的薄弱并未给其发展进程带来太大的影响，但是我们必须看到，在知识经济时代，对大部分企业来说，要想获得进一步的发展，仅仅依靠产品的实际效用是无法帮助企业获得更大的成功的，对品牌战略，尤其是自主品牌战略的坚决实施，为企业的行业竞争力乃至整个光电产业的国际竞争力的提高是至关重要的。

《规划》提出，“十二五”将培育 20～30 家掌握核心技术、拥有较多知识产权、自主品牌的龙头企业。国家政策的直接引导不仅体现出对于光电产业的扶助力度，也可以从中认识到自主品牌战略的重要性。通过产学研用的结合，不但可以通过技术水平的创新在技术密集型的光电产业树立标杆，更可以在此过程中将品牌培育作为行业标准战略的一环，最终达到标准、品牌和产品的互动双赢。

在自主品牌战略的指引下，人才、专利等知识资本的影响力能得到进一步的提升，最终形成企业的核心竞争力。众多优秀企业和产业园区的成功为各行业的发展提供了宝贵的经验，而这方面的内容也是本研究关注的重点。

二、通信产业的路径解析与经验研究

通信行业的兴起取决于数据通信，而数据通信是通信技术和计算机技术相结合而产生的一种新的通信方式。这种方式超越了人们传统思维中的便利，通过互联网技术，在短时间内蓬勃发展。现阶段，数据通信已成为当今通信发展的一种主导性力量，实现数字化、综合化以及宽带化、智能化的连接，各种大量信息源的信息高速公路将是通信网络发展的重要方向。尤其是随着数据、图像、语音等各种类型的数据通信在各个层次以及各个领域中的综合性利用，数据通信未来发展前景美好。展望未来数据通信技术的发展，很多的因素将会使数据业务保持持续的高需求以及高增长。通信产业逐渐渗透到我们每个人生活的方方面面。

通信业由通信服务业和通信制造业组成，其中通信服务业包括提供信息内容服务的信息提供业和提供通信网络服务的运营业。目前，在我国通信服务业中，信息提供业的主要企业是互联网信息内容提供商 ICP，这部分产业刚刚兴起，就受到网络经济泡沫破灭的影响陷入低潮，产业还未形成完善的营业创收机制。因此，以下通信服务业主要讨论通信运营业。通信网络运营业可分为三大类：固定通信网络运营、移动通信网络运营和数据通信网络运营。通信制造业按制造产品的不同，分为通信设备制造和通信产品制造。其中，通信设备有交换设备、接入设备、传输设备、移动通信设备、数据通信设备、微波通信设备、卫星通信设备七大类；通信产品主要有固定通信终端和移动通信终端。

（一）通信产业发展现状①

1. 全业务时代三大运营商竞争发展。电信业重组之后，中国电信也从以往的固网、宽带发展为包括移动在内的全业务运营商，但是基于以往长期的印象，大众对电信的移动业务并没有认知，因此“天翼”就成为电信移动业务的品牌，并投入重金打造，意在补缺。同时，电信借天翼提出“互联网手机”的概念，突出自己宽带与移动融合的优势，而且也希望借此改变以往公众对C网的不良印象。因此，天翼品牌就将宣传重点放在宽带、移动互联网的融合和应用之上，并没有特别强调3G，走差异化之路，当然，这事实上就是3G所提供的服务②。

中国联通与网通合并，在原有的移动业务之后也具有了固网业务，这两者的整合成为联通的核心竞争力，而“沃”就成为这种整合的外在统一标志。对于联通的3G业务而言，“沃”品牌的发布是一个铺垫，是一个大的基础。当然，联通虽然慢了一步，但其3G业务所采用的WCDMA技术是国际上最为成熟的技术，全球超过70%的3G网络都是WCDMA网络，同时，WCDMA产业链最为成熟，WCDMA手机、数据卡乃至上网本在全球都有成熟的商用经验。因此，联通有后来居上的可能。

2. 光通信的增量价值不断上升。在光通信方面，光纤、光传输设备、DWDM、光时分复用、光CDMA、光ATM交换机、光孤子传输等研究都有较大进展。如国际上现有的光纤类型我国都有重要的研究成果涌现，其中非零色散位移光纤已经开始实际应用，色散补偿光纤、偏振保持光纤、掺铒光纤、数据光纤、塑料光纤等的技术都达到了生产水平。光传输设备和系统继STM系列

① 2016年通信行业发展现状及趋势分析，中国产业信息网（http：//www. chyxx. com/industry/201608/）以及各年度该产业的分析等著述。

② 4G技术已经成熟并得以广泛应用，我国的华为公司还自主研发了5G技术。通信产业将于2020年全面进入5G时代，华为持续加强5G技术的研究与创新。早在2009年，华为就启动了5G技术的研发工作。华为投入5G研发的专家工程师有1000多位，并在全球范围建立了11个5G研创中心。截至2016年3月，华为5G在业界发布250余篇技术论文，全球授权专利达1173件。2019年6月6日，我国工信部正式向中国移动、中国联通、中国电信和中国广电颁发了5G牌照，标志着我国正式启动5G的营运。

SDH 产品研制成功后，8×2.5Gbit/sSDH 小组分复用系统和波分复用网络管理系统也研制成功。

2013 年，可以说是中国 100G 光通信市场化元年，三大运营商都开启了 100G 规模集采。得益于需求的旺盛，以及产业研发力量的集中，100G 技术快速成熟，且成本日渐下降，生态体系也进一步成熟完善，诸如华为、锐捷都展开了 100G 的现网部署。

光纤通信产品是通信制造业的发展重点之一。光通信设备由光纤光缆、光传输设备和光终端器件及设备组成。我国光通信产品制造业已经比较完整，国内市场 80% 以上的光通信产品在国内生产，几种主要产品的工业总产值从 1995 年的 60 亿元增长到 1999 年的 150 亿元，年增长速度达 30%。光纤光缆方面，以武汉长飞为首的光纤企业仅 10 家左右，总体制棒能力较弱，国内光棒主要依靠进口；光缆厂商则超过 150 家，生产能力过剩。光传输设备中，自行研制的 155Mb/s、622Mb/s、2.5Gb/s 系统已批量投入使用，8×2.5Gb/sSDH 波分复用系统已经投入使用，10Gb/sSDH 时分复用系统已经研制成功。

3. 产品结构向高技术调整。2013 年，众多智能家居产品的面世，意味着物联网技术广泛渗透到人们的日常生活，在物流、医疗、制造业等领域，物联网技术正逐渐推进，相关产品不断落地，应用渐成气候。2013 年我国物联网市场规模就达到 4896 亿元，未来我国物联网市场增长率将保持在 30% 以上。物联网是新一代信息技术的重要组成部分，其英文名称是："The Internet of things"。顾名思义，物联网就是物物相连的互联网。其一，物联网的核心和基础仍然是互联网，是在互联网基础上延伸和扩展的网络；其二，其用户端延伸和扩展到了任何物品与物品之间，进行信息交换和通信也就是物物相息。物联网就是"物物相连的互联网"。物联网通过智能感知、识别技术与普适计算、广泛应用于网络的融合中，也因此被称为继计算机、互联网之后世界信息产业发展的第三次浪潮。物联网是互联网的应用拓展，与其说物联网是网络，不如说物联网是业务和应用。因此，应用创新是物联网发展的核心，以用户体验为核心的创新 2.0 是物联网发展的灵魂。

随着蓝牙、NFC、RFID、传感器等技术的日趋成熟，在用户需求的推动下，各项智能化应用落地步伐将提速，诸如智能胶囊、智能手环、智能仓储配送等产品将不断推陈出新。随着 4G 的商用，物联网将加快普及。尤其是 2013 年的可穿戴技术的兴起，让我们看到了其在医疗、增进交流等方面的巨大潜力，但由于种种原因，可穿戴设备的规模产业化还有待时日。预测在未来，一些可穿戴计算设备，会借用物联网的理念，和家庭设备进行通信连接，如智能眼镜、腕表、手镯等产品，将作为物联网中传感器数据采集的终端，而智能手机则可以成为家中各种联网设备的控制台。

另外，云计算是近年来最热门的词汇之一，现在亦称“大智移云”的时代①，要实现真正的云计算需要强大的网络提供支撑。数据通信产品作为网络承载的重要设备，将会在未来云计算的网络架构建设中起到极其重要的作用。在未来几年中，随着云计算技术的进一步发展，也会推动网络产品向低功耗、高速、智能化、绿色环保的方向发展，跟民生相关的政务云、医疗云、教育云将成为重点关注的建设对象。

种种新兴产品表明，新时代、新技术背景之下，产品结构的调整不断走向更加高端的技术。

（二）通信产业发展动因

1. 政府支持是强大的推动力。经过改革开放40年的高速发展，2010年我国就已经成为全球第二大经济体②。我国政府为了国家的长远发展和经济腾飞，积极鼓励产业创新与结构的升级和改造，适时地实施了国家信息化战略。温家宝同志早在2012年的政府工作报告中，就特别强调了发展新一代信息技术，加强网络基础设施建设，推动三网融合取得实质性进展。在落实中央加快转变经济发展方式的方针中，中央政府的“电子政务”及“十二金工程”持续开展，地方政府中，一些发达城市率先开始了以数字化、网络化、智能化为主要特征的“智慧城市”建设，③ 包括“智慧上海”“智慧浙江”“智慧江苏”，等等。国家的这一系列举措为我国信息产业和创新型企业的发展，创造了前所未有的发展机遇和良好的宏观政策环境。

2. 经济建设的不断发展。2012年，世界经济在欧洲债务危机的阴影下蹒跚前行，希腊债务危机仍未彻底解除，欧盟各国及美国经济仍然处于疲软与萎靡不振之中。就连近40年一直维持经济高速增长的中国，受欧美经济衰退和欧美大众消费市场萎缩的拖累，2011年外贸出口增幅和外贸出口顺差值两项指标均呈现下滑趋势。据我国政府公布的数据，2012年2月我国进出口外贸逆差达到

① 大、智、移、云，是大数据、智能制造、移动互联网和云计算的简称。
② 日本公布2010年GDP数据 被中国赶超退居世界第三，新浪财经，新浪网（http：//finance. sina. com. cn/j/2011 -02 -14）。
③ 关于建设智慧城市的思考，（http：//www. 360doc. com/content/2014 -2 -24）。

惊人的314.9亿美元，是近10年来最差的数据。中国经济开始逐渐进入“新常态”。

经济形势的持续低迷对IT企业的发展也造成很大的影响。信息化投入紧缩，信息技术产业悲歌四起，世界IT百强企业亦不能幸免，昔日威名赫赫的爱立信、北电和朗讯已经轰然倒塌，诺基亚和摩托罗拉也辉煌不再，剩下的IT企业大都止步不前，不是裁员就是亏损。2012年上半年，思科公司在全球宣布裁员1300人，市场份额数据下降2.2%，Juniper二季度的营业收入同比下降4.4%。在此背景之下，国务院出台了我国“十二五经济社会发展规划”，制定了经济社会协调可持续发展的最新国策。为配合新国策的推行，国家发改委、国资委、工业和信息化产业部、科技部、国土资源部、环境保护部等国务院有关部委陆续出台了一系列鼓励和支持我国相关产业进行经济结构调整，向空间探测、海洋开发、太阳能开发、低能耗新材料、生物工程等高新科技产业升级的法规和优惠政策，为我国经济社会较好较快及可持续发展提供了坚强有力的保障。

3. 社会文化物质文明的需求逐步提高。我国人口众多，得益于40多年来的经济高速发展及城镇化进程，国民的生活水平日益提高，社会日益呈现出繁荣富强的景象。同时，在持续推进的九年制义务教育的政策下，国民的素质普遍提高，国民对于新事物的接受能力不断提升，人们的观念也不再保守，包容性增强，导致社会的开放度也越来越高。中国社会的这种现代化和开放性进程，使我国庞大的、拥有较高素质的公民人口对银行、证券、保险、电信、教育等行业产生了巨大的商业需求，这些商业需求正是数据通信产业的潜在商机。

进入21世纪，随着互联网的普及，人类文明已迈入知识经济时代的网络社会。借助虚拟的网络和地球的“变小”，人们的行为方式和交往模式也产生了莫大的改变，社会观念更加开放、时尚，文明程度日渐提升，塑造了相对理性、文明的文化氛围。

4. 技术环境变革。随着电子信息技术的飞速发展和用户对多种业务需求的与日俱增，使原来独立设计运营的传统的电信网、互联网和有线电视网正在走向融合，“三网融合”已成为必然。同时，随着数据中心的普及以及云计算的兴起，对于原来的数据通信产业提出了新的要求。尤其是云计算，将是未来信息化发展的重点。其中，“云”是由服务器、网络设备、虚拟化软件、存储、终端设备五大系统构成。因此，信息化未来的发展趋势决定了数据通信设备制造商必须拥有融合这五大系统的能力。

（三）通信产业未来发展动向——基于品牌和竞争力的视角

1. 通信产业为我国转变经济发展方式提供了重要支撑。电信网络设施以其广泛的覆盖和提供基础能力的特性，成为现代信息社会的基础设施，通信信息能力也深刻地影响到社会的各个层面。新型工业化道路是指把工业化和信息化融合起来，以信息化促进工业化。信息通信技术是两化融合的重要手段，运用信息通信网络，可以减少消耗，建立资源节约型社会，传统工业经过改造后可以促进再循环。信息化在工业化发展过程中贡献卓越。同时，发展新一代信息技术产业不仅可以优化产业结构，还可以推动形成继汽车、房地产后的重大投资消费领域。

由于我国对自主品牌发展的大力支持，在通信产业方面也给予了极大的支持，通信产业将我国的经济发展提升到一个绝对技术的层面，以便利、快捷为核心，通信技术的全面覆盖为国家的经济推进创造了极大的优势。

2. 未来会将通信技术产业发展提升为国家自主品牌战略。20 世纪 90 年代以来，以通信、计算机及软件产业为主的信息产业凭借其惊人的增长速度一举成为当今世界上最重要的战略性产业之一。随着全球经济联系越来越紧密，人们在政治、文化、科技、教育、体育等各个领域的交流日益活跃，地区之间、国家之间的相互依存度不断提高，世界日益成为“地球村”，对信息通信的需求持续增长，国民经济和社会信息化的浪潮风起云涌。

以移动互联网、大数据、云计算和物联网等新技术为代表的新一代信息技术的迅猛发展与广泛使用，使信息通信业进入一个以融合创新为特征的新时代，通信、互联网、IT 相互融合，跨平台、跨终端、跨网络成为重要的行业发展趋势。通信网络的 IP 交换、宽带化和 3G 移动通信网的技术发展推进了通信的网络融合，使通信网络可承载的应用相比传统的通信网络大大拓宽，公用通信网络架构的转型，网络的应用集成服务能力也得到大幅提升，网络正朝着移动性、融合性的趋势发展，对通信的需求转变为更智能化的通信信息的综合服务需求。而世界许多国家对于全球信息化浪潮带来的信息产业也出台了相关的政策，在培育发展信息技术产业上和相关的信息消费上以信息资源共享作为突破口，在信息技术产业布局上着眼于全社会长远福利，用信息通信技术促进产业升级，并且对经济社会发展模式进行创新，可以塑造国家综合竞争优势，对经济社会的可持续发展益处多多。欧盟的《欧洲 2020 战略》，把信息技术产业和应用作为欧洲 2020 年发展战略最重要的 7 个计划之一，日本的重振产业的 6 项计划之一就是“实现世界最高水平的 IT 社会”。这一切都为通信业向信息通信业转变提供了大好的机会。信息产业在激烈竞争和产业结构升级中高速发展，增长速度基本保持在 8% ~10% 之间，为全球经济增速的 1.5 倍左右。未来，我国将会用自主品牌的通信产业去实现技术进步、经济繁荣等多方面的增长。

3. 未来信息网络技术自主品牌的发展趋势。首先，未来的网络结构将趋于开放。互联网的发展使得 IP 技术日趋完善，已成为交换的主流技术，而 IP 技术本身就是一种开放的互连技术，电信承载向 IP 网络的演进使得通信网络由传统电信网络封闭架构面向业务的开放架构方向发展，下一代互联网 IPV6 等技术的引入，将使得网络结构进一步开放化。在开发的过程中加大自主品牌的宣传力度将有利于提升国民信息，创造属于中国人自己的价值。

其次，电信网络功能趋于智能、突出个性，突显品牌特色。电信网络从完成单一信息传递功能向智能化演进。软件技术和终端智能化的发展使得各种信息在通信网络中可以得到整合，电信网络不仅可以传递信息，更可以筛选和控制信息，尤其是物联网传感器、信息家电设备、控制设备、通信终端的一体化信息服务，能提高通信网络应用的智能化水平。随着信息技术的发展，电信服务由封闭的电信通信网络提供传统电话业务为主向以互联网和终端为中心的多媒体创新业务转变。这些新型多媒体业务打破了电信业务和互联网服务，实现了业务的跨界融合。届时电信行业会有更多多元化的服务提供给消费者、客户，这种多元化的服务既包括了以媒体内容、以娱乐为标志的产品，也包括了以信息沟通促进工业制造，服务业发展的信息产品。电信也会更多地进入新媒体、新娱乐、信息化等新领域中。产业融合的趋势较为明显，如信息技术与汽车、家电、交通、机械制造、建筑等技术互相融合，形成了新的技术领域和更广阔的产品门类。如 2013 年，移动投资仍是投资的重点，完成投资 1346.4 亿元，同比下降 1.5%，占全部投资的 35.9%。数据通信和传输投资比重逐步加大，其中，互联网及数据通信投资完成 511.7 亿元，同比增长 23.0%，占全部投资的比重由上年的 11.6% 提升到 13.6%；传输投资完成 951.9 亿元，同比增长 14.9%，占比提升到 25.4%。[①] 电信业务需求的融合化：在个人领域，电信业务需求从语音和固话通话拓展为丰富多样的业务，并有融合和可替代的趋势，数字家庭、数字娱乐、社交媒体等新型个性化的需求也越来越复杂。融合业务以

① 2013 年通信运营业统计公报，中国产业竞争情报网（http：//www. chinacir. com. cn/2014_sjkx/2014 - 03 - 12）。

及开放的、统一的智能平台技术，已大规模渗透我国电信应用与服务市场。对不同类型信息需求存在不同的需求；有的需要某一方面的原始数据，而有的则可能需要数据经过加工后形成的信息，更有高层次的可能需要某一方面的分析或预测报告。人们的使用目的不同，对信息的需求层次也不相同。在公共领域，面对大数据的应用和融合应用的浪潮，政府公共信息资源有进一步开放的趋势。智慧城市的建设，行业信息化的更新换代都将刺激通信需求进一步增长，电子商务、电子政务、远程教育、远程医疗、智能交通等行业将得到极大的发展。

（四）通信产业发展的现存问题和改进对策

1. 鼓励技术创新在自主品牌战略中的重要性。通信产业是知识密集型和投资密集型产业。在信息通信及其产业的国际竞争中，技术创新成为产业发展的第一生产力，核心信息技术专利的拥有成为竞争力的关键所在。谁拥有信息技术的顶尖专利技术，谁就拥有在该领域称雄的资本。信息技术产品的研发往往属于跨学科、跨行业的系统工程，需要较高的投资，一般的信息技术企业研究开发投资占销售额比重都在5%以上，处于发展前沿的信息技术企业投资占销售额的比重甚至高达15%～20%。信息产品的创新性高，更新率也高，因此对企业的规模要求也非常高，企业规模大，并且已有技术积累和资源积累，就容易承担研发风险和市场风险。

技术创新是自主品牌战略中的核心，只有领先的技术、雄厚的实力才能创造出具有跨时代意义的通信产品，也才有资本将自主品牌战略推向世界。

2. 适当的营销策略对自主品牌有着巨大的影响。国际营销涉及整个市场营销过程与企业的发展战略，从市场环境分析与营销机会的寻求、营销目标的确定到营销计划的制订、实施与控制，都要根据营销理念和企业的营销目标加以统筹安排，拟订产品、生产、定价分销和促销的组合战略，这些策略的实施决定着企业的技术和产品能否顺利为客户所了解、能否直接地为客户创造价值增值。在市场营销和客户服务方面，推行自主品牌战略的公司同样应当力求更精细地为客户服务，这样的营销理念深入贯彻才能更好地了解需求。企业要活下去，永远只有一条途径，那就是“关注客户需求”，不仅要考虑到客户未来的需求变化，也要关注客户现在的需求；不仅要关注已经实现的客户需求，还要分析了解客户潜在的需求。因此，适当的营销策略能够进一步推动自主品牌的向前发展。

3. 国际市场对中国品牌的阻碍。在欧盟市场，中国每年向欧盟的电信服务商提供价值超过 10 亿欧元的网络设备、网络基站和线路等产品，在欧盟相关市场上占有将近四分之一的份额。而在 2013 年 5 月欧盟也决定对产自中国的无线通信网络与关键设备展开反倾销和反补贴调查。过去五年，无线网络的关键组件——基站价格大跌，中国对欧盟基站出口额却飙升。中、欧已经就这个问题举行了几轮谈判，而欧盟委员会官员一度设法寻求中国的承诺，让中方在对欧洲出售产品时高于一个设定的最低价格，但过去大多会谈无果而终。直至 2014 年 3 月 27 日欧盟委员会宣布，将停止对从中国进口的移动电信通信产品与关键设备展开反倾销调查。欧盟贸易委员会认为，进一步分析显示，影响中国产品在欧盟市场上竞争力的关键因素在于中国政府是否给予企业补贴。同时欧盟表示，该解决方案基于欧盟贸易防御工具机制下“两步走”规则，即在宣布调查和发起实际调查间有一段间隔时间，为谈判留有余地。

对于此类国际上的阻碍和冲击，我国一直在努力寻求解决方案，进行多方谈判和协调。随着中国通信业的繁荣，国家对自主品牌的通信产品大量出口更加支持，同时也伴随着越来越多的国际阻碍。但只要企业拥有具备国际竞争力的通信产品，拥有全世界认可的品牌，势必会促进整个行业的发展和顺利成长。

三、汽车产业的路径解析与经验研究

衡量一个国家是否足够强大，工业是至关重要的部分，而汽车工业代表着一个国家的工业实力水平。纵观全球，世界各发达国家都把汽车工业作为支柱产业来发展。中国自改革开放以来，经过 40 多年的飞速发展，在很多领域都取得了足以让世界为之瞠目的巨大成就。但是，我国的工业水平特别是民族汽车工业水平还处于相对低端的阶段，这就注定了中国还并没有成为真正意义上的制造强国。

自从 1956 年 7 月 14 日中国第一辆载货汽车诞生于长春第一汽车制造厂开始，中国自主品牌汽车发展史就此拉开了序幕。半个多世纪，经历了技术引进→自主开发→依靠合资模式（以市场换技术）→自主研发 + 合资并行模式等多个发展阶段，中国自主品牌汽车获得了一定程度的发展。但随着经济全球化、一体化的不断深入，特别是中国加入世贸组织后（事实上实施的“以市场换技术”战略），国外汽车品牌纷纷登陆中国，强势瓜分中国汽车市场这块“大蛋糕”。时至今日，中国国内汽车市场的竞争已经非常激烈，国外品牌汽车以合资的方式几乎垄断了中国汽车的技术与市场；中国自主品牌汽车企业的发展，甚至生存都面临着巨大的压力。而汽车产业对中国和中华民族来讲，其重要性与日俱增。在当今的时代大潮下，群英争霸，以智胜之，探索一条自主品牌汽车可持续发展之路，显得尤其紧要。

（一）汽车产业发展现状

自 1978 年改革开放以来，尤其是我国加入世界贸易组织（WTO）至今，我国的汽车产业发展速度不断加快，汽车的产品结构得到了进一步改善，产品品种越来越多，产品性价比越来越高。2013 年，中国汽车的年产量和年销售量分别达到 2211.68 万辆和 2198.41 万辆，同比增长 14.76% 和 13.87%，连续五年蝉联世界第一①。与此同时，中国汽车企业的自主创新意识和自主创新能力都在不断提高，汽车产业的整体自主研发能力也在不断增强。

2013 年，中国乘用车和商用车的年产销量分别达到 1799.98 万辆和 1792.96 万辆、403.16 万辆和 405.52 万辆，汽车年生产总量高达 2211.68 万辆。2018 年全年我国汽车产销 2780.92 万辆和 2808.06 万辆，同比分别下降 4.16% 和 2.76%。受购置税优惠完全退出、宏观经济增速回落、中美贸易摩擦等负面因素的综合影响，2018 年下半年开始汽车单月产销增速连续下滑，全年汽车产销量低于中汽协年初预期（销量增长 3%），自 1990 年以来首次出现年度销量负增长。② 但仍然是全世界无可争议的最大的汽车产销国。然而，由于自主品牌相对乏力（自主品牌中长城、吉利、奇瑞、比亚迪虽然实力较为强劲，但与国外品牌或者合资品牌相比，其竞争力仍显得不足），我国很多大规模的汽车制造厂实际上是国外品牌汽车的加工厂，因此，我国要成为真正的汽车产业强国依然有很漫长的道路要走。近年来，国家一直在推动创新型国家建设，所以中国汽车产业的自主创新也在逐渐提升，并开始出现一些民族自主品牌的汽车，比如吉利、奇瑞、比亚迪等国内汽车企业通过自主创新逐渐打造了自己的品牌，并且它们在国内汽车市场的影响力也在不断增强。

2013 年中国汽车工业协会网站公布的统计数据显示，中国汽车企业依靠自主创新发展的民族自主品牌汽车的规模进一步壮大。就乘用车（包括轿车）销量而言，2013 年，日系、德系、美系、韩系和法系乘用车的销量分别为 293.06

---

① 电动汽车产业面临的问题及对策解析，搜狐网（http：//www.sohu.com/2016-04-22）。

② 2018 年中国汽车产销量分析及 2019 年汽车销量预测，中国产业信息网（http：//www.chyxx.com/industry/201903/）。

万辆、337.26万辆、222.13万辆、157.35万辆和55.26万辆，占乘用车销售总量的比例分别为16.37%、18.81%、12.39%、8.8%和3.08%；而我国自主品牌乘用车的销售量为722.22万辆，占乘用车销售总量的比例为40.28%。就轿车销量而言，2013年，日系、德系、美系、韩系和法系轿车的销量分别为217.8万辆、291.77万辆、189.55万辆、116.02万辆和50.02万辆，占轿车销售总量的比例分别为18.13%、24.29%、15.78%、9.66%和4.17%；而我国自主品牌轿车的销量为330.61万辆，占轿车销售总量的比例为27.53%，占有率比上年同期下降了0.85个百分点。此外，随着中国汽车产业自主创新能力的不断提高，中国汽车产品的出口数量也进一步增加。中国汽车工业协会统计的汽车整车企业出口数据显示，2012年中国汽车整车出口比2011年同期增长29.70%，出口量达到105.61万辆，其中轿车出口比例高达45.30%。国内排名前五的汽车出口企业分别是奇瑞汽车、浙江吉利、长城汽车、上海汽车和力帆汽车，且奇瑞汽车和浙江吉利的出口量均在十万辆以上。

尽管“中国一汽集团”“东风汽车集团”“上海汽车集团”等国内大型汽车企业在自主创新方面具有很多优势，然而，由于它们长期主要跟国外汽车企业进行合资生产汽车，所以诸多汽车产品的核心技术依然长期被外资方所控制和垄断，从而导致我国出现汽车产业的产量和生产规模大幅度增加，而汽车产业自主创新能力发展缓慢的问题。与此同时，我们也必须看到，同国外汽车企业合资发展中国汽车产业，对促进我国社会经济的发展和学习国外的先进生产管理经验发挥了重要的作用。随着我国政府在“十二五”“十三五”规划中对坚持自主创新的方针、建设国家创新体系和提高企业创新能力的进一步明确，中国汽车产品技术的自主创新能力将会进一步提高。

众所周知，汽车产品技术的研发周期通常比较长，研发风险和研发投资也都比较高，所以对于国内中小型汽车企业而言，自主研发的道路是比较艰难的。但是，事实表明，随着中国汽车市场和产业的不断发展，我国很多中小型汽车企业充分利用国内外资源，不断克服各种现实中的困难，凭借其独特的发展模式和灵活的管理体制进行自主研发和自主创新，并通过打造自己的自主品牌赢得了社会各界和广大汽车消费者的认可和关注。以奇瑞汽车为例，奇瑞汽车股份有限公司原本是一个在资金、技术、人才等方面都没有太大优势的汽车企业，在短短十几年的时间里，奇瑞汽车通过自主创新和自主研发，现在已经逐步成长为国内自主品牌轿车出口量最多的企业。

另外，为了充分满足不同层次汽车消费者的多元化消费需求，中国汽车企业最近几年几乎每年都会有新的车型推出。随着中国汽车企业自主创新意识和能力的不断提高，汽车产品的技术升级和更新换代也开始逐渐呈现自主研发、联合研发以及委托研发等多元化的发展模式。整体来看，当前中国汽车企业产品技术升级的模式主要有独立开发、模仿创新、委托设计、联合开发和购买品牌五种。所谓独立开发，是指汽车企业凭借自身力量，通过独立研发攻克技术难关，从而实现技术商业化和市场化。模仿创新是指汽车企业在吸收国外汽车先进技术的基础上，对国外的技术进行一定的改善和创新。委托设计是指中国汽车企业根据自身需要提出产品的设计要求，然后将产品委托给国外或国内汽车专业开发设计机构进行开发设计。联合开发是指中国汽车企业与国内或者国外企业进行合作，共同研发某一汽车产品或技术。购买品牌是指中国汽车企业以资产并购等方式取得国外汽车企业的研发能力。

就当前国内汽车企业自主创新的几种模式而言，中国汽车企业在国家自主创新的大背景下，对国外汽车产业和市场资源的利用能力正在逐步提高，汽车产业的整体自主创新能力也将进一步增强。同时，我们也可以发现国内的汽车企业基本都是根据企业自身的资源禀赋来选择最适合自己的自主创新模式。正是由于这种多元化的自主创新模式，中国汽车产业的生产能力和管理水平都得到了大幅度的提高和改善，各种新的先进技术和产品设计理念都逐渐被应用到中国汽车产品的生产开发过程中。此外，国家近年来通过各种重大科技攻关项目和产学研相结合的策略，大力推动了中国汽车发动机等一系列核心技术的发展，从而提升了中国汽车产业的整体自主研发水平和能力。

（二）汽车产业发展动因①

1. 宏观经济及居民收入保持持续快速增长。长期以来，中国宏观经济始终保持健康、高速增长。虽然在2008年全球金融危机的影响下，当年第四季度出现了一定幅度的回落，但在2009年一系列宏观调控政策的作用下，中国经济率先回暖，全年GDP同比增长8.7%。2010年后中国经济继续向好，城镇及农村居民人均可支配收入稳步提升，居民购买力不断提高，消费逐渐从解决衣食问题向改善生活质量和生活便利性等问题转变，这为汽车行业的快速发展提供了良好的外部环境和巨大的市场空间。

---

① 请参阅李晓洲：世界汽车产业转移与我国汽车产业的发展，《上海汽车》，2006年第7期，以及马晓河：入世以来中国汽车产业发展特点及政策取向，《中国经贸导刊》，2004年第7期等著述。

2. 国家相关政策的支持。2009年，工业和信息化部就《汽车产业发展政策（修订稿）》征求意见，支持中国自主品牌乘用车市场份额的进一步提升，鼓励以自主品牌轿车为首的汽车出口、鼓励新能汽车发展等。

随着2009年年初国务院通过《汽车产业调整和振兴规划》，各相关部门相继发布了《关于减征1.6升及以下排量乘用车车辆购置税的通知》《汽车摩托车下乡实施方案》《汽车以旧换新实施办法》等一系列政策，2009年1月开始实施的成品油税费改革，2010年以来各相关部门对2009年的鼓励政策实行延期。这些政策很大程度上刺激了小排量汽车产品的消费，有效促进了行业发展。2009年4月，商务部、工信部等八部委联合发布《关于促进汽车消费的意见》，要求从积极促进汽车销售、大力培育和规范二手车市场、加快老旧汽车报废更新、努力开拓农村汽车市场、加大信贷支持力度五个方面促进汽车消费。

3. 我国汽车行业处于快速发展期，成长空间较大。我国汽车行业历经近10年的快速发展，至2009年已位居世界汽车产销第一大国，但人均汽车保有量水平远低于全球平均水平，更低于美国、德国、日本等发达国家，甚至不及巴西和俄罗斯。我国汽车行业尚处于发展期，未来成长空间较大。

4. 产业结构调整将推动汽车行业竞争力提高。未来十年将是中国汽车工业转型升级实现从制造大国迈向产业强国目标的十年。国务院发布《关于促进企业兼并重组的意见》（国发〔2010〕27号），旨在推动汽车等重点行业提高产业集中度，加快发展具有自主知识产权和知名品牌的骨干企业，推动产业结构优化升级。

随着政策更多倾向新能源、节能减排等方面，经过一轮的结构调整后，中国汽车产业将真正能够进入世界汽车制造的先进行列，能够掌握足够的自主知识产权的核心技术，实现竞争力的大幅提升。

5. 汽车金融的发展将进一步促进汽车消费。金融支持对促进汽车消费有着较大的推动作用。从世界范围看，美国通过消费信贷方式购车的比例最高，约占85%，印度约占65%，而我国尚不及10%。随着消费群体的年轻化所带来的汽车消费观念的不断发展，以及汽车金融行业自身的不断完善，我国贷款购车的比例将逐年升高，从而进一步促进汽车消费。

6. 公路建设的逐步完善将有效带动汽车的消费。截至2008年年底，全国公路总里程已达373万公里，其中高速公路里程6万公里，一级公路5.4万公里，二级公路28.5万公里。此外，国家“十一五”规划指出，国家安排1000亿元用于加快农村公路建设，加快推进“通达”工程和“通畅”工程建设，5 年内县乡公路增加 30 多万公里，新改建农村公路 120 万公里，基本实现全国所有具备条件的乡镇、建制村通公路。日趋完善的公路网络为汽车产业的发展奠定了良好的基础①。2018 年，我国高速公路里程达 14.26 万公里，公路总里程达 405 万公里。②

7. 新兴市场日益增长为我国汽车行业的海外拓展提供了广阔空间。亚洲、非洲、拉丁美洲等地区的新兴市场国家对汽车的消费需求较为旺盛，而其相对落后的本国汽车工业难以满足市场日益增长的消费需求，这就为我国汽车行业的海外拓展提供了广阔空间。近年来，汽车出口增长迅速，但总体规模仍较小，提升空间依然很大。

（三）自主品牌汽车困境——基于品牌和竞争力的视角

尽管近年来随着科技的进步与发展，中国汽车产业的整体自主创新能力有了大幅度的提高。但是，同西方发达国家的汽车产业相比，中国汽车产业的自主创新能力依然比较滞后，有待进一步提高。具体而言，主要表现在自主研发资金投入不足、高层次研究人才缺乏、专利成果比较少、自主品牌比较少、自主创新政策缺乏等几个方面。

1. 研发资金投入不足，研发人才比较短缺。近年来，尽管中国汽车产业研究与发展资金投入的绝对数量是在快速增长。但是，中国汽车研究与发展投入的资金占汽车产业营业收入的比例却一直比较低，《中国汽车工业年鉴》的统计数据显示，近十年来中国汽车产业研发支出占营业收入比例的平均水平一直处于 2% 以下，而福特、通用、丰田等国外汽车企业的研究与发展经费支出一般都占到销售收入的 4% 左右，并且近十年以来，我国汽车行业的研发经费占营业收入的比例进一步呈现下降的趋势。由此可见，要提高中国汽车产业的自主创新能力，汽车企业必须进一步加大科研投入力度。华泰汽车就是一典型案例。③

在汽车产业研发人才建设方面，虽然《中国汽车工业年鉴》的统计数据表明，近十多年以来汽车产业的科研人员占职工总数的比例呈现逐步增长的趋势，从 2003 年到 2012 年，中国汽车产业工程技术人员的比例占行业职工总人数的比例由 10.8% 上升到 14.9%，年均增长率仅有 0.46%，而跨国公司目前的研发人

---

① 数据来源：交通部统计数据。
② 交通部：2018 年全国农村公路总里程已达 405 万公里，搜狐网（http://www.sohu.com/2019-02-22）。
③ 华泰汽车三大基地全面停产：销量锐减，欠薪已超 700 万元。观察者网（https://www.guancha.cn/qiche/2019-06_25_506932.shtl）。

才比例大约在30%，可见，跟国外汽车企业工程技术人员占职工比例相比，中国汽车产业的工程技术人员队伍的建设依然有待进一步加强。另外，中国汽车产业工程技术人员的知识结构也相对比较单一，整体研发能力还不是很高。当前，中国汽车科研人员的主要专业是车辆工程、电气工程、机械动力工程等，由于专业相似度比较高，协作研发能力相对较弱，从而在一定程度上限制了研发范围，也制约了整体研发能力的提高。而国外汽车企业研发人员的专业跨度一般都比较大，甚至包括生物学、数学、物理学、医学以及社会科学等相关学科。由于它们普遍比较重视相关基础理论和关键技术的研究，因此，现在基本形成了基础研究、应用技术研究和成品开发三个层次，并且各个研发层次都集中了大量的高层次研发人才。

另外，近年来随着中国汽车产业国际化发展步伐的加快，中国汽车产业国际化人才体系建设和国际化人才管理问题越来越突出。人才的国际化是中国汽车企业国际化的核心标志。截止到2012年10月，中国汽车企业在海外建立的生产基地已经多达60余个，并且这些生产基地主要集中在东欧、东南亚、北美等地区。在海外研发中心的建设方面，"上汽"建立英国长桥欧洲设计中心；长安汽车在横滨、诺丁汉和底特律等地建立海外研发基地；北汽集团在都灵和斯图加特建立海外研发中心；吉利在哥德堡设立欧洲研发中心。随着中国汽车企业海外生产基地和研发中心的建立，中国汽车企业必须通过引进国际性研发人才以及聘用当地劳动力、管理和研发人才等方法，尽快解决汽车企业国际化过程中的人才体系建设和管理工作，从而充分利用海外人才资源和市场资源等更大程度提高中国汽车企业的自主创新能力和国际竞争力。

2. 自主品牌质量不高，市场占有率较低。近年来，虽然我国自主品牌汽车的市场认可度和市场占有率都有所提升，但是，由于中国汽车企业自主创新水平和能力依然不是很高，在核心技术方面依然比较缺乏，与国外品牌和合资品牌相比差距依然比较大。我国自主品牌汽车的销售量和市场占有率在增长的同时，依然存在着市场份额较低、中高端市场竞争力不足和出口量偏少等问题。

（1）就整体而言，《中国汽车市场年鉴》（2012）的数据显示，2012年我国自主品牌轿车在国内的销售量仅占轿车销售总量的28.38%，而德系轿车和日系轿车的中国市场占有份额分别为23.31%和18.28%。与德系轿车相比，我国自主品牌汽车的国内市场占有份额仅仅高于德系轿车市场份额5.07%，由此可见，无论是我国自主品牌轿车的整体国内市场占有份额还是国内市场优势都不是很高。此外，近几年我国自主品牌轿车在国内市场占有份额之所以提高，还与我国政府颁布的1.6L以下排量汽车车辆购置税减半等刺激政策密切相关。总之，我国自主品牌汽车的市场优势还不是很明显，需要进一步提高。正如北汽集团党委书记、董事长徐和谊所言：十八大以来，是整个中国汽车行业发展最快、取得成绩最大、效益也最好的五年。

徐和谊介绍，在这黄金的五年中取得了几方面成绩：一是连续八年成为世界最大的汽车产销国；二是中国自主品牌市场占有率已经突破50%以上；三是引领新能源汽车的发展方向，我国连续两年成为全球新能源汽车最大的市场，整个新能源汽车的水平目前也处在国际先进水平；四是围绕汽车行业综合实力、产业结构转型、零部件产业配套能力诸多方面，都取得了长足的进步。

徐和谊指出，要始终重视强化自主创新能力和发展自主品牌；从战略和行动上，高度重视发展新能源汽车；大力推进汽车产业的国际化，让中国品牌的汽车走向世界。①

（2）我国自主品牌轿车的竞争力主要集中在低端市场，而在中高端市场明显缺乏竞争力。近几年来，我国民族汽车企业发展相对比较迅速，如奇瑞、吉利、比亚迪、江淮、力帆等民族汽车企业发展势头非常迅猛。但是，就目前来看，我国国内市场销售的大量自主品牌轿车主要集中在1.6L以下排量的低档轿车领域，而中高档轿车市场销售的汽车基本都是德系轿车、日系轿车、美系轿车和韩系轿车等国外品牌或者合资品牌。因此，在当前我国明确规定政府采购汽车应向自主品牌汽车倾斜的大政策背景下，中国汽车企业应该抓住这个大好机遇，提高企业的自主创新能力和研发能力，大力发展中高档轿车产品，从而逐步提高我国轿车在中高端市场的竞争力。

（3）整体而言，当前我国自主品牌汽车的出口量依然相对比较低。《中国汽车市场年鉴》的统计数据显示，2012年中国汽车出口总量为101.57万辆，而与国内汽车1930.64万辆的销售量相比，我国自主品牌汽车的出口情况依然不是很理想。尤其是受2008年金融危机的影响，2009年，我国乘用车出口14.96万辆，同比下降57%，其中轿车出口10.81万辆，同比下降59%。虽然近两年来无论是乘用车还是轿车的出口量都有所增加，但整体而言，我国自主品牌汽车出口的数量依然比较低。就国外的丰田、大众等知名品牌汽车发展成功的经验

① 北汽集团徐和谊：中国自主品牌市场占有率已突破50%，大风号网（http：//wemedia.ifeng.com/2017-10-1）。

来看，我国自主品牌汽车在发展的道路上，既要稳固在国内市场的地位和知名度，也要提高国际市场的占有份额，进而提升自主品牌的国际知名度。

3. 汽车企业规模偏小，市场集中度较低。我国已经是世界上最大的汽车生产和销售国，但却不是世界汽车强国。在中国汽车产业面临的诸多问题中，汽车企业生产规模偏小和市场集中度较低的问题依然非常突出，并且相关研究表明，与发达国家汽车产业的市场集中度相比，中国汽车产业的市场集中度与其差距甚大，这严重影响了中国汽车产业自主创新能力的提高。

汽车产业是规模成本递减、规模效益递增的典型产业，并且生产规模是汽车企业市场竞争力的重要基础之一。汽车产业生产线的长期平均费用曲线“马克西—西尔伯斯通曲线”的分析结果表明，当汽车产量由 1 万辆增加到 5 万辆，成本可降低 40%；由 5 万辆增加到 10 万辆，成本可降低 15%；由 10 万辆增加到 20 万辆，成本可降低 10%[①]。当前，国际公认的汽车经济规模大约在 200 万辆，2012 年我国三大汽车集团“上海汽车”“东风集团”和“一汽集团”的产量分别为 447. 94 万辆、307. 93 万辆和 265. 75 万辆，而“长安汽车”“北京汽车”和“广州汽车”等其他汽车企业的产量均在 200 万辆以下。正是由于我国大多数汽车企业的生产规模偏小，导致中国汽车产业的市场集中度比较低，从而提高了中国汽车企业的成产成本，降低了汽车企业的市场竞争力。

市场集中度是测量整个行业市场结构集中程度的重要指标，它主要用来衡量企业的数目和相对规模的差异，是度量市场实力的主要量化指标。市场集中度在某种程度上集中反映了市场的竞争程度和垄断程度，其最常用的度量指标有行业集中率、赫尔芬达尔—赫希曼指数、洛仑兹曲线、基尼系数等，其中行业集中率（CRn）与赫尔芬达尔—赫希曼指数（HHI）两个指标经常被运用到反垄断经济分析中。熊建萍（2013）通过对中国汽车产业市场集中度的数据进行分析后发现，CR4 在 2004—2011 年呈现正反 V 形曲线趋势，并且在 2007 年以前，中国汽车产业市场集中度不仅偏低而且还呈现下降的趋势，CR4 基本都在 30% 以下，根据贝恩对行业垄断与竞争类型的划分标准，这一时期中国汽车产业属于低度集中的市场；然而，自 2007 年以来，CR4 逐渐呈现上升的趋势，并且在 2008 年时达到最高点，这一时期中国汽车产业处于中度集中的市场。但是，从 2008 年以后，CR4 又开始呈现下降的趋势。《中国汽车市场年鉴》的统计数

---

① 国内汽车产业市场结构分析。(百度一下)

据显示，2012 年我国前三名汽车企业集团的市场集中度为 53. 01% ，前四名汽车企业集团的市场集中度为 63. 03% ，前五名汽车企业集团的市场集中度为 71. 71% ，而美国、德国、日本等发达国家的汽车产业集中度早已达到 90% 以上。由此可见，与发达国家汽车产业相比，中国汽车产业市场集中度有待进一步提高。

4. 核心技术缺乏，自主研发能力较弱。近年来，虽然中国汽车产业的自主创新能力有了较大幅度的提升，但是依然面临诸多的挑战。自 2008 年金融危机以来，中国汽车产业在产品技术创新方面出现了如下三点变化：第一，汽车产业的创新渐渐由工艺创新向产品创新转变；第二，汽车产业的创新逐渐由整车创新向关键核心技术创新转变；第三，汽车产业的创新逐渐由企业单独创新向产业联盟形式的创新转变。但是，我们要认识到当前我国生产的汽车的核心零部件与核心技术多数都缺乏自主知识产权，很多汽车的关键零部件基本都需要从国外进口。以汽车发动机为例，随着汽车排放标准的不断提高，国 V 标准已经成为中国汽车企业必须达到的硬性指标，我国的多数载货车和客车在执行国 III 排放标准时基本都要采用共轨电喷与电控单体泵技术，但是，当前这些产品技术主要被德国 BOSCH、日本电装及美国德尔福等公司垄断和控制，而我国在这些核心技术的研发方面还处于起步阶段，技术能力整体比较薄弱。此外，我国在开发国 III、IV 标准发动机方面的技术依然需要国外的技术支撑，如锡柴、奇瑞请奥地利李斯特内燃机及测试设备公司帮助开发。另外，在汽车的自动变速器技术方面，当前依然由少数跨国公司主导和控制，我国生产轿车用的自动变速器主要依赖国外进口，或者购买国外企业在我国的独资或合资企业生产的自动变速器。汽车产品核心零部件的创新能力在很大程度上决定了汽车产业的整体创新能力，就国外汽车企业技术创新的经验来看，它们在研发时采用汽车整车研发与零部件研发的专业化分工模式，并且通常情况下零部件研发与整车研发同步或者是超前。但是，当前我国的汽车产业政策对整车企业关注较多，而对零部件研发企业的重视则不够，从而在一定程度上阻碍了中国汽车产业中汽车零部件技术的发展。

自 1953 年“长春一汽”开启中国汽车产业的历史至今，中国汽车产业一直都比较重视产品和技术的引进，但对核心技术的吸收和消化却不够重视。直到 2012 年，我国自主品牌轿车的国内市场占有份额依然只有 28. 38% ，其他轿车市场份额主要被德系轿车、日系轿车、美系轿车等占据。据相关调查显示，在我国满意度排名前十的汽车品牌大部分还是合资品牌汽车，由此可见，我国自主品牌汽车的市场竞争优势依然不是很明显。此外，由于我国民族汽车企业的技术水平和研发能力依然相对比较落后，所以我国自主品牌轿车主要集中在低档小排量汽车领域，而在中高档轿车领域，则很难与合资及外资品牌进行竞争。长期以来，我国自主品牌轿车的竞争优势在于其较低的价格优势，但是随着原材料以及劳动力价格的不断提高，其价格优势已经开始逐渐消失，因此我国自主品牌轿车将面临更加艰难的挑战。

（四）汽车自主品牌产业发展的现存问题和改进对策

近年来，中国汽车产业飞速发展，中国已经多年占居全球产销量排名第一的汽车大国的位置。随着中国经济发展由过去单一重视发展速度向质量和速度并重转变，以人为中心的新型城镇化建设解决“三农”问题开始启动，公务用车改革的大面积推开，可以预计今后相当长的一段时期里，中国汽车尤其是私人轿车的年需求量仍将保持强劲增长。倘若中国汽车产业不迅速增强自主创新的能力，国产自主品牌核心竞争能力得不到提高，那么中国就只能成为一个汽车的制造大国，而绝不可能成为汽车生产强国，错失中国汽车产业自主品牌发展的黄金期。中国汽车产业进入“后合资时代”，像日本、韩国等国家那样依靠政府强有力的保护和支持，在相对封闭和客观物资条件相对短缺的环境下，通过技术引进模仿创新发展自己独立完整的汽车工业体系的发展之路已无法复制。中国政府、企业、舆论、民众能否启动中国汽车产业自主创新的新思维，既考验我们的智慧，也关系中国汽车产业发展的成败，所以必须实现科学发展。

1. 政府的产业规划引导、战略指导、政策保护和激励措施等是国家汽车产业发展不可缺少的。中国的汽车市场在 2008 年全球金融危机的阴影笼罩下，国家出台了振兴汽车产业和汽车下乡的政策，各种汽车销售逆势强劲增长，2009 年全国汽车产销量突破 1300 万辆，一举超过美国成为全球第一大汽车市场，领先态势延续至今。中国市场的巨大规模和快速增长，为本地的汽车制造厂商带来了绝好的发展机遇，但是自主品牌表现差强人意。经过近十多年的国家自主品牌战略努力，中国自主品牌在中国汽车市场仅仅占据了 30% 左右的市场份额。政府运用政策和法律保护扶持自己的民族汽车产业既不是日本人的发明，也不是韩国的专利，是世界各国通行的做法。中国政府应在 WTO 的框架内，像日本和韩国一样，制定并实施有利于保护中国民族汽车产业中长期发展免遭国外大型跨国汽车公司强势挤压的政策保护措施，为中国汽车产业自主品牌腾出市场空间和时间。

2. 政府通过项目投资、税收、贷款等手段强力推动产业基础的形成。日本和韩国汽车发展的历程中，政府扮演了一个相当强势的主导角色。它们在汽车产业创新初期不仅没有放任企业自由竞争，而是积极制定和实施有利于汽车产业自主创新的政策环境。日本政府直接投资修建高速公路公共工程大大推动了日本汽车的普及，韩国奖励和直接补贴汽车产品出口，以及通过税收、低息贷款等手段促进汽车产业规模化进程。我国政府应该扮演更加积极的角色，制定合理的投资、税收、贷款等方面的优惠政策，促进中国汽车产业链上下游企业转型升级，通过内需杠杆引导消费者的消费倾向，为我国自主品牌的发展创造机遇。

3. 政府加大对汽车产业自主创新的财政资金投入。国家财政应加大对汽车产业技术研发的资金投入。政府应该鼓励企业自主技术研发，像韩国一样每年在政府财政预算投资支出中安排一定比例的资金投资汽车产业，对于汽车企业研发的项目投入不分国有企业还是民营企业，都按照研发项目的资金投入规模给予一定比例的配套资金注入给汽车企业，配套资金可分比例分阶段逐渐降低。按照“加大财政科技投入力度，确保财政科技投入增幅明显高于财政经常性收入增幅”①，在财政科技投入中提高落实到汽车板块的投资比例。

4. 国家打造汽车产业集群。中国政府应该围绕汽车产业中长期发展规划和既有的产业分布格局，运用政府掌控的土地、资金等关键生产资源要素，集中力量打造几个有代表性的日本“丰田汽车城模式”、韩国“釜山模式”的汽车产业集群。目前以上海汽车集团为中心的长三角区域、一汽集团的长春汽车生产基地、东风集团武汉汉阳至十堰的汽车生产走廊、广汽集团的珠三角区域等最有能力率先形成大规模的产业集群。

5. 政府推动企业兼并重组，提高产业集中度。目前，中国有100多家企业拥有汽车整车生产资质，按照现在的经营环境和企业经营情况生存都不是最紧迫的问题，都不会甘愿被重组，仅靠市场手段优胜劣汰还不够，中国政府应该效仿韩国“主动重组”，将整车生产许可资质集中于少数大型集团，迫使中小型汽车企业转型，提高产业集中度。

6. 政府汽车采购一律购买国产自主品牌。《中华人民共和国政府采购法》自2003年1月1日起开始施行以来，围绕政府的汽车采购争议不断，屡屡见诸报端。政府采购行为关系到维护国家利益和社会公共利益，应该效仿日本政府20

---

① 2006年1月26日，中共中央、国务院《关于实施科技规划纲要增强自主创新能力的决定》。

世纪60年代的先例，不用遮遮掩掩直接规定政府采购只能购买国产自主品牌，抓好“实施扶持自主创新的政府采购政策，建立财政性资金采购自主创新产品制度，制定将国家重大建设项目纳入政府采购主体范围的办法，对具有自主知识产权的重要高新技术装备与产品实施政府首购政策和订购制度”① 的落实。

中国政府应该制定明确的政府汽车采购国货的办法：一是政府汽车采购车辆在制定采购方案时一律强制采购国产品牌的硬性规定；二是设立汽车国产品牌认定中心，认定标准必须明确：汽车商标自主；汽车国产化率达到100%；汽车核心部件动力总成、发动机、变速箱、车身等是自主生产。

7. 加大力度投资公共基础设施建设。中国政府应该选择有条件的特大城市、省份大力投资电动车用充电桩等重大基础设施项目投资建设，撬动自主品牌新能源汽车等的内需消费杠杆，给中国汽车产业与国外技术差距最小的电动汽车自主品牌的发展创造内需空间。

8. 政府强制汽车产业实施自主创新战略，尽快实现赶超欧美的目标。

（1）技术上要自主创新，缩小与发达国家的技术差距逐步实现赶超。中国汽车产业20世纪80年代开始迎来一波合资热潮，虽比韩国晚20年，但我们经过30年的努力已经获得来自外部大规模的投资、先进的技术、科学的管理经验和方法。通过引进学习，已经积累了丰富的技术和管理经验，是转入自主创新的时候了。

（2）大力实施出口战略。日、韩的出口战略一方面通过出口谋求了产量规模，实现了经济目标；另一方面出口战略也促进了日、韩汽车产业技术的提升、成本的降低和管理方法的进步。我国自主品牌尤其是商用车已经有了一定规模的出口，奇瑞、长城等汽车企业已经到俄罗斯、伊朗、缅甸等国家进行资本、技术输出，还应该有更多的企业走出去参与国际竞争。

（3）布局新能源技术的研发。日本和韩国抓住两次世界石油危机化“危”为“机”，成功实现小型、节油、价廉的汽车产品出口战略。进入21世纪，日本又陷入出口缩量的挑战时，加上丰田召回事件的影响，又是日本提前介入的混合动力、插电式混合动力挽救了颓势，近年来日本汽车的全球产量又重新步入增长。中国汽车产业只有在纯电车领域与国外汽车诸位强手的差距相对小一些，如果像日本一样在该领域奋力一搏，绕过传统化石能源汽车领域的正面较量抢占电动汽车领域的制高点，希望无限。

① 2006年1月26日，中共中央、国务院《关于实施科技规划纲要　增强自主创新能力的决定》。

（4）塑造国产自主汽车品牌。国产自主汽车品牌是建立在自主汽车产品的质量基础之上的，并非仅仅是“中国梦”。因此，借鉴韩国的经验，实施自主品牌战略对中国汽车产业的发展具有深远意义。

9. 汽车企业必须“走出去”实现国际化发展。日本和韩国汽车企业发展的经验证明，企业“走出去”一方面可以获得更加广阔的市场；另一方面“走出去”是汽车产业本身竞争性特点的需要，汽车企业需要在竞争中不断吸取成功与失败的经验和教训、不断提高在产业链中的位置分工，从而做大做强。目前，中国汽车企业“走出去”的地区主要分布在新兴市场及发展中国家，主要产品集中在具有比较成本优势的低端产品。中国汽车企业必须抓住新兴市场和发展中国家汽车市场刚刚启动的机遇，把低端市场做扎实，顺应新兴市场和发展中国家经济的发展步伐，提升产品的档次和结构，把“走出去”当作中国汽车企业长期的战略选择。

四、家电产业的路径解析与经验研究

家电产业一直以来都与人们的基本生活相关联，因此备受关注。家用电器使人们从繁重、琐碎、费时的家务劳动中解放出来，为人类创造了更为舒适优美、更有利于身心健康的生活和工作环境，提供了丰富多彩的文化娱乐条件，已成为现代家庭生活的必需品。随着近年来人们对于家用电器的消费升级和消费模式的转变，消费者越来越青睐于品质优越、时尚美观、节能环保的中高端产品。由此应运而生的变频空调、滚筒洗衣机、对开门和多门的高端冰箱、大尺寸平板电视、精品厨电产品等占据市场比越来越高。家电行业的个性化和特色产品将会逐渐凸显，为发展自主品牌提供了契机，通过对人们生活需求的挖掘以及对家电制造技术的进一步创新，力求为人们提供更加便利、舒适的生活环境。

（一）家电产业发展现状

1. 二元化市场结构造成供给相对过剩。我国农村地区的经济发展水平远远落后于城市，而且城乡收入差距还有日益扩大的趋势，这在客观上造成了中国市场特有的二元化市场结构。一方面城市市场主要家电产品容量普遍接近饱和；另一方面广大农村地区却始终保持着较低的家电保有水平，家电产品的边际需求也长期得不到提高。在农民购买力严重不足的条件制约下，家电生产企业只能将精力集中于竞争已非常激烈的城市市场，结果便造成了城市市场供给相对过剩的现象，价格大战、概念炒作、囤积居奇等现象成了家电行业特有的风景。

从家电产品的保有水平来看，我国家电行业未来的主战场毫无疑问在农村地区，农村市场蕴含的巨大潜力足以使家电行业再获得一次高速成长的机会。但基于农民收入在短期内仍无法迅速提升的现实，预计今后相当长的一段时间内我国家电市场仍将维持已有的二元化市场格局，品牌竞争也有进一步加剧的趋势。

2. 家电生产企业经营状况出现明显分化。在家电业蓬勃发展的20世纪80年代中后期和20世纪90年代前期，家电企业几乎都在巨额利润的推动下迅速实现了规模扩张。但从20世纪90年代中后期开始，由于城市市场趋于饱和，家电产品供大于求的矛盾日益突出，特别是最近几年，随着家电市场竞争日趋白热化，多数企业的产品价格都有较大幅度的下降，企业利润水平也逐年降低，最终导致家电生产企业利润持续下滑，有的甚至已经出现了巨额亏损。

事实上，家电业从1998年开始就出现了行业萎缩的现象。而到了2000年，则更有厦华、厦新等一大批亏损企业浮出水面。在行业整体不景气的同时，我们也注意到还有一批企业仍在实现着发展，海尔、美的便是其中的代表。海尔依靠其多元化产品组合、国际化营销思路和完善的售后服务体系在激烈的市场竞争中赢得了主动，实现了业绩稳步增长、规模不断扩大的目标，在不太景气的家电行业中成为了一个醒目的亮点。美的则凭借其先进的管理模式和卓越的管理团队以及不断丰富的产品组合，一举在白色家电和小家电领域取得了巨大的成功，成为了家电行业内最具发展潜力的企业之一。

3. 家电销售渠道和价格决定机制发生了根本变化。伴随着生产厂家间的激烈竞争，家电销售网络也在迅速发生着变化，家电销售网络中传统的百货商场数量逐渐减少，家电专卖和超级市场则异军突起。

调查数据表明，目前家电专卖店在全部家电销售网点中所占比例高达65%，在数量上已经成为了家电经销网点的绝对主体。家电专卖店发展如此迅速，许多业内人士也颇感震惊。在家电专卖店迅速扩张的同时，企业的销售分公司和超级市场也获得了较快的发展，而作为传统家电经销主力的百货商场数量比例却在不断缩减，有的百货商场甚至已经放弃了家电经营。调研数据还表明，目前多数家电经销网点经营状况平平，能维持正常经营的网点只占到总数的七成左右，原因是近几年来家电销售的利润率不断降低，特别是经营彩电等价格竞争较激烈的品种的销售网点，基本上处在薄利经营的境况中。另一方面，随着国美、苏宁等为代表的家电零售巨头的崛起，家电产品的价格决定机制也随之发生了深刻的变化。在家电零售商销货能力日益增强并具备了一定垄断实力的情况下，产品价格已不再由制造商自己说了算，在零售商规模普遍较大的中心城市，家电产品的价格决定机制已经开始由制造商单独制定向制造商和销售商协议制定转变。而且可以预见，随着网上销售、会员直销等先进销售方式的逐步开展，家电产品的价格决定机制仍将不断改变。

4. 来自国际品牌的压力不断增大。在家电行业大举扩张的时期，国产品牌以价格和营销为武器，曾经一度把洋品牌逼到了市场一隅，彩电、冰箱、洗衣机等主要家电产品国产品牌市场份额长期保持在 85% 以上的较高水平，国内家电企业一度几乎可以不用考虑来自国际品牌的威胁。然而从 1999 年年末开始，这一趋势发生了实质性变化。伴随着家电产品升级换代步伐的加快，洋品牌凭借其技术优势，悄无声息地展开了对国内市场的反扑。2000 年，在价格战此起彼伏的彩电市场上，平均零售价格几乎是国产同型彩电一倍的索尼彩电其零售额份额连续数月位居国内市场首位，其中索尼纯平彩电在最初上市的几个月中市场份额一度占了纯平彩电全部市场份额的 80% 以上，难怪业内人士急呼狼来了。

彩电市场如此，其他家电产品市场也如此。2000 年，伊莱克斯在冰箱市场的月度零售份额一度位居三甲，惠而浦在洗衣机市场的排名也迅速提升，LG、三星在微波炉市场也逐渐崛起，这些事实都向我们明确无误地表明了国际品牌已经开始大举反扑的严峻现实，我国家电行业所面临的来自国际品牌的压力正在不断增大。

5. 行业变革。2013 年 12 月 30 日，中国家用电器协会对外发布了一系列年度运行分析和预测：2013 年中国家电业消费升级态势明显；产业升级成行业发展主旋律；销售业态变革，网络销售异军突起，成为线下销售重要的补充力量；刺激政策告别家电行业。中国家电协会秘书长徐东生也曾指出，鉴于近期中国宏观经济发展比较平稳，加上国际经济环境的改善，2014 年中国家电业发展将延续 2013 年的稳健走势，表现更为积极。

中国家电行业是近年来经济刺激政策中的明星行业，2013 年大规模消费刺激政策陆续收尾，在充分竞争中成长起来的中国家电行业敏锐地把握了消费升级的历史机遇，致力于产业的转型升级，已初见成效，产业竞争力和盈利能力显著改善。

随着年轻一代消费者逐渐成为家电消费的主要力量，他们的消费习惯和消费模式的转变也促使家电业酝酿渠道变革。事实上，近两年网络销售异军突起，电商已成为改变家电渠道格局的重要力量。主流家电企业通过前两年的试水，目前也主动顺应这一潮流并开始对线上、线下的产品统筹安排。据统计，2013年上半年大家电零售线上比重上升到6%～9%，厨房电器、小家电线上销售的比重更高。

家电行业的转型升级已经跨过空谈理念的时期，跨入了脚踏实地的开拓进取阶段。大部分企业尤其是龙头企业已经由过去重规模、重市场份额，转到重技术创新、重管理提升、重设计、重质量、重效率、重增长质量的发展之路。例如家电企业普遍比较重视科技的投入，建立了比较好的激励机制，科技工作者在企业的地位不断提升。

中国家用电器协会主持制定的《中国家用电器产业技术路线图》自2011年正式发布后就得到了产业界的一致支持和认可，2013年，中国家用电器协会启动了冰箱、洗衣机、空调三个产品技术路线图的修订，更是得到了主流企业的全力配合。经过大半年的努力，2013年10月31日，在中国家用电器技术大会上正式发布了2013年版《中国家用电冰箱产业技术路线图》《中国家用电动洗衣机产业技术路线图》和《中国房间空气调节器产业技术路线图》。本次修订版强化了家用电冰箱、洗衣机、房间空调器三个产品的内容，特别是对影响我国这三类产品的产业目标实现，需要优先解决、突破的关键技术问题和技术瓶颈进行了详细的分析与阐述，提出了与国外的差距及研发方向，2013版路线图细化了产业发展目标和研发需求内容，增加了2013年现状，对2015年、2020年的目标进行了修改与完善。可以说，本版的技术路线图内容更加丰富，目标更加明确，必将成为指导家电行业技术创新的纲领性技术文件。

又如，主要家电企业非常重视管理水平的提升，许多企业成功实施了IE工业工程和精益生产，实现了管理水平提高、生产效率提高、生产成本降低的良好效果。当前已经有20%～30%的企业在实施IE工业工程，通过实施IE工业工程后普遍改善了工序物流管理，消除了不必要的厂内物流与动力能耗，通过合理组织配送而降低了搬运成本；通过实施生产线的自动化改造带来了制造工艺水平与生产效率的大幅度提升，实现了减员增效的目的。

（二）家电产业未来发展动向——基于品牌和竞争力的视角

随着新技术的不断发展，家电产业的未来发展主要基于产品的创新之上，以此来提升品牌价值，增强国际竞争力。

1. 以技术创新促进成本下降。家电产品创新方式上呈现两种趋势：一是使用新技术对原有产品进行完善和发展。二是对原有产品进行局部改造，使产品的成本降低。从以往创新的实例可知，创新能够从三个方面带来产品成本降低：打破技术垄断带来的产品价格下降，主要表现在针对外国征收的高额专利费进行的技术开发；对产品进行技术改造，节省资源，降低成本；对工艺流程进行改造，提高生产效率，带来成本下降。就家电产品的需求特点看，通过技术创新促进成本下降是一种必然的发展趋势。成本的下降同样意味着自主品牌战略在创新产品领域跨出了重要的一步。

2. 产品的创新方向。家电行业产品创新路径多种多样，最重要的是满足人们对于生活便利的需求。

首先，基本性能方面安全性是家电创新产品的主要特性。这一点在热水器、空调、电冰箱等产品中表现明显。主要体现在防漏电、消毒杀菌等方面。但在家电产品的电源接口保护和旧家电的安全处理等方面还有待进一步完善。企业还应加大防辐射技术的开发，减少对健康有害的生物效应。彩电业的液晶屏使用，在一定程度上消减了辐射的危害，但是其他家电产品的安全特性研发却进展缓慢。此外，还有加强家电产品对意外事件的抵抗力，比如电压不稳、意外撞击等，这些都会影响家电产品的安全性。

其次，环保及资源耗用方面，家电产品在环保性上有所进步，但对家电产品报废后处理问题，却没有很好的措施。电冰箱的制冷剂以及空调器的制冷剂都是破坏臭氧层的物质，电视机的显像管属于具有爆炸性的危险物品，对这些废弃家电处理不当会造成严重的大气、土壤和水体污染。企业应注重开发低污染，可以循环利用的材料，对产品进行改进。在降低成本方面，企业应尽量降低制造成本，有助于产品普及化。电视机、冰箱、微波炉等资源耗费较高的产品，也应注重节能技术的应用。

最后，辅助功能方面，增加产品的辅助功能可以提高产品的竞争力。面对众多的产品，消费者更倾向于购买一种具有综合功能的产品，既方便又实用。对于家电产品来说，功能的融合相对比较容易实现，有利于提高这些产品的市场竞争力，提高产品市场占有率。技术创新给企业带来的不仅是利润的提升，还可以强化产品品牌，提升企业的形象，增加企业的核心竞争力，这些为企业的长期发展提供了保障，为提升国际竞争力贡献了巨大的力量。

（三）家电产业发展的现存问题和改进对策

1. 个性化的产品设计和创新至关重要。产品创新是企业生存发展之本。在科技高速发展，市场竞争激烈的今天，企业必须根据市场的需要坚持研究开发，不断推出满足用户要求的产品。例如，海尔文化的核心是创新。它是在海尔20多年发展历程中产生和逐渐形成特色的文化体系。海尔文化以观念创新为先导、以战略创新为方向、以组织创新为保障、以技术创新为手段、以市场创新为目标，伴随着海尔从无到有、从小到大、从大到强、从中国走向世界，海尔文化本身也在不断创新、发展。员工的普遍认同、主动参与是海尔文化的最大特色。当前，海尔的目标是创中国的世界名牌，为民族争光。这个目标把海尔的发展与海尔员工个人的价值追求完美地结合在一起，每一位海尔员工将在实现海尔世界名牌大目标的过程中，充分实现企业的价值与追求。

同样，对于家电产业所有的品牌，坚持创新，坚持自主品牌战略，设计个性化的产品走出属于自己的品牌之路，是对自身竞争力最大的提升也是企业站稳脚跟最大的保障。

2. 售后服务是家电产业未来发展的关键领域。目前家电行业正在迅猛发展，随着消费者消费观念的转变和消费意识的提高，人们在购买价值高耐用的家电产品时不再仅仅关注产品的质量而是更关注产品的售后服务，产品的售后服务已经成为影响消费者购买产品的主要因素之一。

随着科学技术和经济的飞速发展，我国家电行业的竞争激烈程度越来越强而且竞争无处不在，包括产品质量、产品价格、产品技术到产品服务等的竞争。其中，技术质量等硬件不是短期内可以改变的，其受到行业的发展水平等因素的制约。价格战是家电行业进入新世纪以来一直使用的竞争策略，但损人不利己的后果已是行业的共识。售后服务却能够在相对较小的投入下提高公司及产品品牌形象，获得竞争优势。因此真正优秀的公司都应该提升自己售后服务的战略意识，应该将售后服务作为公司获取竞争优势，提升公司和产品品牌形象的一个重要的发展战略，真正意识到售后服务的重要性，售后服务是企业的另一可观利润点。中国家电协会陈刚副秘书长在接受记者采访时指出，未来中国家用电器市场将呈现产品差异缩小服务差异扩大的趋势，家电服务将成为市场盈利的亮点。售后服务也与品牌的建设密不可分，服务的价值增量同样影响着品牌价值和企业价值。在家电这样一个特殊的行业，完善售后服务制度和加强人员管理无疑能够极大程度地增强国际竞争力。

3. 注重企业品牌文化的广泛影响。品牌文化的核心是文化内涵，是品牌所凝练的价值观念、生活态度、审美情趣、个性修养、时尚品位、情感诉求等精神象征，它代表了企业和消费者的利益认知和情感归属，是品牌与传统文化以及企业个性形象的总和。在文化大发展大繁荣的新形势下，企业在提升品牌文化内涵的过程中。只有根据消费者群体的变化，不断丰富发展，提炼出企业品牌文化的核心价值观，只有通过赋予品牌深刻而丰富的文化内涵，建立鲜明的品牌定位，才能使得消费者对品牌在精神上形成高度的认同。

其次，加强品牌文化的营销、传播品牌。品牌文化的形成和传播对于一个企业来说是至关重要的，它是企业参与市场竞争，建立品牌忠诚度，树立企业形象的重要保证。文化营销正在成为市场新宠，企业必须充分利用各种有效的内外部传播途径形成消费者对品牌在精神上的高度认同，创造品牌信仰，最终提高消费者的品牌忠诚度。在营销的过程中，企业可以构筑一个主题鲜明的活动，这类活动不是单纯地把某一件商品推销给消费者，而是为了努力与消费者达成默契，从内心去影响和引导消费者的行为。这些产品无论在设计还是宣传包装上都传递着一种情感，文化品味价值观念一览无遗。人们在购买该品牌产品的时候，除了改善生活环境追求幸福生活的目的外，还在无意间流露出购买者的文化或者价值取向。

创建良好的企业文化环境，提升品牌文化凝聚力同样不可忽视。企业品牌文化与企业文化有着密切的联系，只有良好的企业文化作为基础，才能催生出优秀的品牌文化。因此企业必须创建良好的企业文化环境，这就要求企业对其文化的发展具备科学的管理措施。先进的管理有助于企业品牌文化的建设，而优秀的企业品牌文化也能够有效推进现代企业的科学管理。除了良好的企业文化环境，企业品牌文化的建设还必须以人为本。员工是企业的财富，能够拥有无限潜力，为企业创造出自主品牌价值。

五、重型机械产业的路径解析与经验研究

机械制造业是国民经济赖以发展的基础，是其他经济部门的生产手段。作为关系着国家和民族长远利益的基础性和战略性产业，它的发展水平是衡量一个国家和地区工业化水平与经济总体实力的标志，既决定着国家经济实力、国防实力、综合国力和在全球经济中的竞争与合作能力，也决定着一个国家实现

工业化、现代化和民族复兴的进程。探讨我国机械制造业的发展对策，对我国制定区域经济发展政策和实施产业扶持政策具有深远意义。重型机械装备制造业是我国装备工业的重要组成部分，是为我国矿山、冶金、石油、化工、建材、水利、电力、交通、环保、国防等工业领域提供专用设备和重大装备的行业，存在很高的资金、技术和行业准入条件，重型机械装备制造业肩负着国家重大工程建设和重点产业调整振兴的使命。

经过七十多年的努力，重型机械装备制造业形成了自己的产品、技术体系和企业群体。为我国的钢铁、能源、汽车、船舶、港口、矿山、有色金属、石油化工、交通运输、建材、水利、环保、航空航天等行业以及国防军工提供了大量成套的技术装备和高新技术产品，为国民经济发展提供了坚实的基础保障。

（一）重型机械产业发展现状

进入21世纪以来，我国重机行业逐步进入了一个快速发展的时期，其工业总产值、销售收入、利润增长显著，进出口贸易发展迅速。全行业连续8年经济运行呈现高速稳定增长态势，工业总产值和销售收入同比增长平均达到32%以上，利润同比增长平均达到69%，产品出口额同比增长平均达到42%。

在此背景下，工程机械中徐工、厦工、柳工依靠国有企业几十年企业文化厚积，丰富的产品群，主导产品市场占有率高等优势，不断地改革创新，在竞争中脱颖而出。产品品种、规模、主导产品市场占有率以及销售收入取得了较大的发展。以三一、龙岩为代表的民营企业凭借灵活的经营机制、灵敏的市场反应能力迅速占领市场，获得超常规发展，而且国际工程机械巨头把目光更多地投向这片热土，随着国内市场的不断开放，进出口关税的进一步调整，国外高品质工程机械产品的市场准入门槛不断降低，国内工程机械市场竞争将进一步趋于白热化。市场竞争格局已发生变化，由过去国有企业一统天下，到目前国有企业、民营企业和外商投资企业三分天下，市场竞争日益激烈。徐工机械、三一集团、中联重科都是我国知名的工程机械制造商，三家企业在各自领域都占有较高的市场份额，这几家企业在继续巩固自身主营业务的同时，通过加大对新领域的投资，来实现自身做大做强的战略目标。

截至2010年11月，我国重型机械制造业规模以上企业数量达4663家，其中大型企业42家、中型企业351家、小型企业4270家；行业从业平均人数87.4757万人。2010年11月份行业工业总产值（当年价）达6466.49亿元、工业销售产值（当年价）达6243.23亿元。出口交货额480.54亿元，利润总额超过420亿元，机器产量约1200万吨。重型机械的产品范围，通常分为冶金机械、矿山机械、起重运输机械、重型锻压机械、大型铸锻件五个专业，共21大类产品，4200多个品种。目前，重型机械企业有能力提供年产1000万吨级钢铁联合企业用常规流程的成套设备（包括4350m^3高炉、6m焦炉、450m^2烧结机、方坯、圆坯、板坯连铸机、大型热连轧板机、冷连轧板机、无缝钢管热连轧机、高速线材轧机、大型中厚板轧机及大型螺旋焊管机组等成套设备），提供年产2000万吨级露天矿、年产60万～70万吨级以下金属矿、年产500万吨级井下煤矿、年处理300万～400万吨级选煤厂、单系列年处理能力300万吨级选矿厂、日产3000～10000吨级熟料干法工艺水泥厂成套装备；物料搬运（起重运输）机械行业已能提供大型、特大型起重机及三箱集装箱装卸桥；大型散料装卸与输送系统成套设备；大型立体仓库成套设备；各种工业车辆及电梯与自动扶梯；机械式立体停车设备；能装备15万～30万辆轿车零件锻造生产线和冲压生产线；50000m^3刨花板生产线成套设备和30000m^3中密度纤维板生产线；万吨级以上金属挤压机等大型装备与重大成套设备。

在《国务院关于加快振兴装备制造业的若干意见》《国家大型冶金装备自主化实施方案》《装备制造业振兴规划》等一系列政策措施促进下，我国国民经济持续稳定高速发展，促进了国内重型机械市场需求旺盛，促使重机行业继续保持快速发展状态。其工业总产值、销售收入、利润增长显著，出口贸易发展突出。重型机械行业经济运行呈现高速、稳定增长态势。在国家拉动内需的政策支持下，大多数企业采取结构调整，加强优势特色产业的竞争能力，积极开拓国内外市场，重型机械行业2009年就实现工业总产值5746亿元、销售收入5580亿元、利润360亿元，经济运行增长率仍然保持两位数增长。在国家实施积极财政政策、拉动内需，启动西部大开发和南水北调等工程，国民经济持续快速发展的大环境下，在大好市场面前，重型机械行业多数企业抓住有利时机，纷纷扩大产能规模，重机行业技术改造和产业升级不断改善和发展。在党的十六大提出振兴我国装备制造业目标指引下，一些省市重视了装备制造业的发展与投资，开始建立重型装备制造基地，大大推动了我国重型机械装备制造业的发展。

在引进技术、消化吸收的基础上，重型机械行业自主开发了具有自主知识产权的重大装备和新产品，使我国许多冶金、矿山、起重运输、重型锻压等新装备的技术水平接近或达到了国际先进技术水平，自主化能力得到了极大提高。

许多优秀科研项目获得国内科学技术进步奖。

为适应越来越激烈的国际竞争形势，在重机行业形成几个具有国际竞争力的大型企业集团十分必要，各骨干企业都采取了积极行动。

1. 太原重型机械集团有限公司整体兼并太原矿山机器集团有限公司和榆次液压件厂，又通过整合太原矿山机器集团有限公司、山西煤矿机械制造有限责任公司的国有产权，联合7家省属煤炭企业共同组建了股权多元化煤机制造企业——太原重型机械集团煤机有限公司。

2. 沈阳重型机械集团有限责任公司和沈阳矿山机械（集团）有限责任公司联合组建为北方重工集团有限公司并成功收购德国维尔特控股公司/法国NFM公司，实现了世界领先的隧道掘进设备设计制造技术与国内强大的制造能力的有机结合。

3. 中钢集团收购西安冶金机械厂、衡阳有色冶金机械总厂、邢台机械轧辊厂的优良资产，将其重组为中钢集团西安重机有限公司、中钢集团衡阳重机有限公司、中钢集团邢台机械轧辊有限公司。

4. 中国第一重型机械集团公司联合中国华融资产管理公司、宝钢集团有限公司、中国长城资产管理公司作为发起人，设立中国第一重型机械股份公司。

5. 中国重型机械研究院整体兼并陕西冶金设计研究院，并由中国机械工业集团公司和宝钢集团有限公司共同出资组建，改制为中国重型机械研究院有限公司。

（二）重型机械产业发展动因

1. 国家政策支持。随着改革开放不断深入，国家经济建设持续、高速、稳定发展，对重机产品需求迅猛增长，保障了重机行业持续稳定高速增长。国家高度重视振兴装备制造业，出台了一系列有利的产业振兴政策，营造了良好的发展环境。民营企业的快速发展壮大，给重机行业企业提供了良好的发展空间。对外开放政策不断完善和国际市场出现的产业转移，助推了重型机械行业快速发展和提高。把推进企业兼并重组作为结构调整的主攻方向、支持企业以资产为纽带，通过并购、联合、控股参股等多种形式实施兼并重组，积极推进企业实施跨区域、跨所有制、跨行业的兼并重组，提高产业集中度，培育形成具有设备成套、工程总承包、国际贸易、投融资能力的大型企业集团，培育发展具有国际竞争力的龙头骨干企业、把技术改造和推进“两化融合”作为提升产业整体素质的长期任务、围绕结构调整和发展方式转变，加快运用高新技术改造提升传统装备制造业，引导企业加大技改投入，推进信息化和工业化融合，企业要围绕工业产品研发设计、生产过程控制、企业管理、市场营销、人力资源开发、新型产业培育、企业技术改造七个环节，加大信息技术应用力度，提升自动化、智能化和管理现代化水平，提高企业产品质量和附加值。

2. 行业发展坚持原则。

（1）装备自主化与重点建设工程相结合。加强政府政策引导，充分利用产业调整振兴时机，重点建设工程所形成的市场需求，加快推进装备自主化，保障工程需要，带动产业发展。以重点建设工程带动和加快装备自主化，促进产业发展。

（2）自主开发与引进消化吸收相结合。支持企业引进消化吸收再创新，逐步改变依赖引进的企业行为；通过加大技术改造投入，增强企业自主创新能力，提高开发水平，着力培育自主品牌，加快产品升级换代。培育企业原始创新能力、集成创新和引进消化吸收再创新能力，着力突破制约产业转型升级的关键技术，提高重型机械装备开发、设计、系统集成与加工制造水平。

（3）提高成套设备的工艺与自动控制技术相结合。坚持提高成套设备工艺与自动控制技术水平，努力实现重大成套技术装备自主化，大幅度提高基础配套件技术水平和基础工艺水平及自动控制，扭转工艺技术、自动控制技术和关键基础配套件主要依赖进口的局面。

（4）内需为主与全球配置相结合。坚持充分利用两个市场，以满足国内市场需求为主，鼓励直接出口，扩大间接出口，抓住机遇，积极实施“走出去”战略。

（5）发展企业集团与扶持专业化企业相结合。支持装备制造骨干企业通过兼并重组发展大型综合性企业集团，通过行业间“兼并重组”增强集中度，合理配置资源、完善产品结构，增强市场竞争力。鼓励大型重点主机生产企业由单机制造为主向系统集成为主转变。引导民营资本和外资投向煤炭综采设备、人造板设备、大型装卸输送机械、自动化立体仓储设备、机械式立体停车设备、专用起重机械设备等特色产品生产基地。发展一批高起点、大规模、专业化企业。

（6）立足现有与拓展服务领域相结合。立足重机，跨越重机，实现重机企业产品结构和产业结构重大调整，加快产业结构优化升级。不断拓展服务领域，在巩固提高施工机械、风力发电设备的基础上，向海洋工程、海水淡化、地热利用、环保等领域开拓，实现产品和服务多元化。

（三）重型机械产业未来发展动向——基于品牌和竞争力的视角

我国重型机械行业经过多年的高速发展，无论是生产能力还是产品技术水平都取得了长足进步。但是，从行业总体上来看，我国重型机械装备水平距国际先进水平还有很大差距，还处于国际分工和产业链的中低端。近年来，国内外经济形势复杂多变，世界经济复苏进度缓慢，仍存在大量不确定因素；中国经济进入转型调整时期，经济增速放缓，经济运行存在下行压力。在国内外需求疲软和自身转型升级步伐缓慢的双重影响下，我国重型机械行业的生存发展环境更为艰难，长期存在的问题更加突出，给行业的持续发展和结构调整带来较大挑战。

1. 市场需求萎缩。重型机械行业面临严峻的市场形势。国内市场方面，随着整个基础工业领域产能过剩和所带来的投资效益不断下降，重机行业传统服务对象如钢铁、有色、建材、煤炭等行业生产能力过剩，装备需求严重萎缩，行业内投资热情大为下降，新建和技改项目同步减少。新能源等新兴产业的应用在国内尚处于发育阶段，还无法支撑起重机行业的发展。国际市场方面，全球经济复苏进程缓慢，市场需求大幅下降，能源、原材料、人工工资快速上涨，企业成本加大，造成我国重型机械产品出口竞争力下降。

2. 行业产能过剩，低端市场竞争激烈。随着我国经济的快速发展，重型机械行业也连续多年高速发展，生产能力迅速扩张。我国几大重机企业虽然由于历史原因各有专业侧重，但经过几十年市场洗礼后，在很多专业领域高度重合，关键重大设备重复建设现象严重，导致产品同质化竞争。尤其在国际金融危机爆发后政府采取的一系列扩大内需政策的推动下，重型机械企业大量投资扩大产能、推动技术改造，进一步加剧了低端领域的产能过剩。此外，除重型机械设备大用户自造产品外，一些非本行业企业也都新建低端重型装备制造企业，盲目扩建严重。

3. 企业资金短缺。由于大量固定资产投资建设周期和回报周期较长，产能相对过剩导致固定成本上升，重型机械企业资产负债率升高、总资产贡献率下降、投资效益降低等问题突出。受市场需求疲弱的影响，重型机械行业下游市场增长乏力，导致重型机械企业货款回收愈发困难，应收账款增幅较大，现金流动持续紧张。

4. 自主创新能力不足。我国重型机械企业的自主创新能力不强，新产品的开发能力较弱，在关键工艺技术装备、高端机械产品的研发、制造和应用方面技术水平偏低，导致我国在高端重型机械成套设备，关键、核心技术产品等领域与国外企业存在较大差距。一方面，企业对科技研发投入资金不足。国外重型机械企业的技术开发经费一般占年销售总额的3%～5%，而我国大多数重型机械企业的科研经费不到年销售总额的1%①，严重影响了新产品的开发，也使企业发展后劲不足。另一方面，重型机械行业的创新人才队伍建设有待加强。部分重型机械企业在扩大生产规模的同时，忽视了技术创新和人才队伍建设；规模较大的几家重机企业所处区位条件不佳，能够提供的薪酬待遇水平偏低，降低了它们对高水平创新人才的吸引力。

5. 产业结构调整和转型升级步伐缓慢。世界一流的重型机械企业不仅能生产高品质的重型设备，而且具备很强的工艺、标准、设计及技术服务等能力，并能为客户提供全面解决方案。而我国重型机械企业由于高端制造领域前期研发投入不足和技术储备不足，加之行业严重不景气，导致产业结构调整难度很大，转型升级步伐缓慢，多数重机企业仅仅具备制造能力，欠缺技术服务能力乃至提供全面系统解决方案的能力，处于产业链的中低端。

6. 管理水平有待提升。我国重型机械企业管理水平总体偏低。部分企业生产管理能力不足，合同延期、推迟交货造成制品成本上升；部分企业生产质量管理体系不完善，生产工艺缺乏固定严格的标准，大型冶金轧制装备的技术水平和大型铸锻件质量一致性有待提高；部分企业设计产品时注重实现产品功能，忽视对产品构成成本的研究，部分企业对采购管理重视不够，导致生产成本偏高，降低了市场竞争力。

（四）重型机械产业发展的现存问题和改进对策

当前，虽然我国经济发展速度有所放缓，但长期向好的基本面没有改变，提质增效升级的倒逼机制已经形成，进入了从数量、规模扩张转向注重质量、效率的发展新阶段，对各行业提出了转变增长方式、提高发展质量的新要求。处于发展低谷的重型机械行业应该主动适应环境变化，切实转变观念，加强统筹谋划，早日实现行业振兴，有力推动我国从制造大国向制造强国的转变。

1. 缩小产能规模，提高市场运营能力。面对疲软的市场需求，主要重型机械企业应结合实际，主动缩小产能规模，加快退出能耗大、污染大、劳动密集型制造领域；充分利用社会资源，逐步把普通加工制造、组装调试产能转移到相应专业企业，避免形成新的“大而全”的产能；市场开拓方面扩大销售队伍，

① 当前形势下我国重型机械行业发展的思考。豆丁网（https：//www. docin. com/p－1959883282. html）

广泛收集市场需求信息，形成较强的市场运作能力和营销能力。

2. 加快重型机械企业转型升级步伐。重型机械行业应抓住国家经济转型这一重要战略机遇，以传统产业的升级换代为着力点，推进企业转型升级。一是从生产销售型逐步向现代制造服务型转化；二是由单体产品转向机电一体化产品，由提供单机产品转向成套设备，由单一卖产品转向提供全套解决方案；三是由以往单纯靠扩大规模获得效益的粗放生产转向适度规模，以精益生产、品牌获得效益；四是向差异化、特性化方向发展。结合自身特点，开发精益、特色产品，形成差异化发展能力。

3. 推进兼并重组，优化产业结构。针对重型机械行业大而不强，企业集中在产业链低端恶性竞争的问题，应加快区域兼并重组与产业集聚地建设，由分散型制造向集中型制造转变；支持行业中具有经济和技术优势的企业兼并重组其他企业，鼓励优势企业强强联合以及关联企业、上下游企业联合重组和一体化经营，积极稳妥地推进优势企业境外并购；鼓励以装备产品外贸为主的大型央企发展装备制造业，逐步形成具有工程总承包、系统集成、国际贸易、融资能力的大型企业集团；进一步加大中央企业的重组调整力度，推进中央企业与地方企业的兼并重组。

4. 加强企业自主创新能力建设。重型机械行业应把自主创新作为未来发展的战略基点，大力提高科技自主创新能力。充分发挥企业作为创新主体的作用，以有利于整合各方资源、调动科研人员积极性、推进产业转型升级为出发点，尽快建立起适合我国国情的重型机械技术创新体系。加快企业研发中心的建设，加大新产品开发的资金和人才投入，大幅度提高基础配套件工艺和国产化水平，力争在关键工艺技术装备、节能减排技术装备以及高端智能机械产品研发、制造和应用方面取得突破，推动产业技术升级，提高产品质量，优化品种结构。加强共性技术研发体系建设和公共平台建设，解决共性技术研究缺位的问题，保障重型机械行业持续健康发展。大力实施自主品牌战略，开展品牌活动，以创新为重点，努力培育一批拥有自主知识产权和知名品牌、国际竞争力较强的优势企业。加强对知识产权的保护，保障企业创新成果。

5. 提高成本管理水平。重型机械企业应革新成本管理的理念，充分认识降本增效的巨大潜力，通过优化产品设计、推进集中采购、提高质量降低废品率等方式，建立科学合理的成本管理体系；加强成本核算，收集各项成本基础数据，为成本管理提供真实可信的成本资料；强化成本过程管理，认真分析研究影响企业成本的各个要素，对产品投资立项、研究开发与设计、生产和销售、售后环节进行全方位监控；开展全员成本控制，加强对员工成本意识的培养；健全成本考核机制，充分考虑本企业发展实际，遵循成本效益原则，加强对成本发生重点领域的考核，并在员工中引入降低成本的激励约束机制。

6. 增强企业抵御风险的能力。重型机械企业应增强抵御风险的能力，做好风险防控工作。各企业应加强对当前经营环境和行业特点的分析、研究和判断，审慎评审合同，不为追求数量而承接高风险订单。认清行业产能过剩的现状，努力化解产能，谨慎开展固定资产投资，加强投资项目前期可行性分析研究，抓好项目的后评价管理。加强对应收款项的清理，按照应收款项的性质、账龄和债务人情况，分类管理、强化催收，加快资金回笼，防止财务费用的增加，保证企业安全运行。保持与金融机构的密切沟通合作，拓宽融资渠道，提高资金周转率。

第二章　中国式品牌建设路径的评价与启示

近年来，品牌建设得到各个领域的广泛关注。“十二五”规划纲要提出“加强品牌建设，提升品牌价值和效应”，全文共有多达 10 处提到品牌建设。2014 年 5 月，习近平总书记在视察河南时明确指出：“中国制造向中国创造转变、中国速度向中国质量转变、中国产品向中国品牌转变”。三个转变在指出中国制造业未来发展方向的同时，也肯定了自主品牌战略在经济发展中的重要地位，是对“十八大”关于“将推动经济发展的立足点转到提高质量和效益上来”的深入阐释。在当今企业的价值增值过程中，最高的层次就是产品向品牌的转变，而这一转变的基础就是自主创新和质量保证。随后，在 2014 年的政府工作报告中，李克强总理也特别指出，将支持企业打造自主品牌。

作为世界上最大的发展中国家，在改革开放的 40 多年里，中国经济保持了高速增长，经济总量已居世界第二，货物进出口总额位居世界第一，“中国制造”遍布全球，2010 年，中国的制造业产值就已经超过美国成为世界第一。但与此同时，我们也应该认识到，中国品牌在国际竞争中并未体现出应有的竞争力，仍处于弱势地位，某种程度上可以说是“制造大国、品牌弱国”，成为了很多国际知名品牌的“中国工厂”。为了提升中国自主品牌的内在价值，从 20 世纪 80 年代开始，我国政府和企业先后培育和认定了 7000 多个优质产品、2000 多个名牌产品、3000 多个驰名商标和 1100 多个中华老字号，虽然也培育了一定数量的知名品牌，但具有国际竞争力和世界影响力的中国自主品牌仍寥寥无几。面对世界经济未来的发展趋势，中国企业必须更加重视品牌建设，加强品牌管理，注重品牌推广，借助中国的产业实践和发达国家的成功经验，实施适应各自特点和实力的自主品牌战略，努力打造一批竞争力强、附加值高的拳头品牌，推动经济持续繁荣发展。通过对中国式产业路径的分析与评价，我们可以结合当前经济形势的变化，从自身发展进程中得到一些启示，探索我国以自主品牌战略培育企业国际竞争力的路径。

一、中国自主品牌战略总体发展概要

在经济全球化时代，品牌已经成为全球经济和科技竞争的制高点。我国政府也认识到关注企业发展，采取措施创造条件推动更多的中国品牌国际化，是实现中华民族伟大复兴的重要一环，因此，近几年来，一些单位和部门对品牌建设也高度重视，试图解决我国“制造大国、品牌弱国”的发展困境。国资委2014年1月发布《关于加强中央企业品牌建设的指导意见》，要求中央企业提高品牌建设水平；质检部门开展培育知名品牌和品牌示范区建设，已有21个区域或园区获得了命名；工信部开展工业企业品牌培育试点和工业质量品牌建设工作，计划2014年培育100家品牌示范企业；商务部开展“品牌万里行”、保护中华老字号等活动，使一些处于困境中的百年老品牌重现生机；工商部门开展商标战略促进活动，计划到2020年，使我国商标注册、运用、保护和管理水平达到国际先进水平；农业部门开展优质农产品推进和农业品牌化建设等活动，努力打造农产品质量安全、绿色；中华全国供销合作总社开展“名企”“名社”“名店”等培育活动；绝大多数省、市、区制定了关于加强品牌建设的若干意见，出现了一批获得省长、市长、区主席质量奖的品牌。这些都进一步推动了我国的品牌建设，对打造具有国际影响力的自主品牌发挥了合力。

1. 中国企业在世界品牌价值榜中的地位稳步提升。在经济和政治的助力下，中国的品牌建设近年来取得了长足进步，使得中国企业在世界范围内的竞争力有所提升，虽然与我国庞大的经济体量仍不相称，但从中国企业在世界品牌价值榜中的地位上来看，中国自主品牌的国际影响力是在不断增强的。

一项新调查发现，停滞不前的欧洲品牌正被蓬勃发展的中美科技公司抛在身后。数据显示，在2014年度“Brandz全球最具价值品牌百强榜”中，中国（上榜）品牌的总价值相比于10年前已暴增1004%，美国公司增长137%。相比之下，同期欧洲品牌仅增长31%①。在该百强榜中，中国的科技媒体提供商腾讯排名第11，另一个引领中国品牌迅速崛起的是电商阿里巴巴，排名第13。其中阿里巴巴在中国的网上销售中占据约80%份额，以664亿美元的品牌价值成为

---

① 全球品牌百强，14中企入围。《环球时报》2015年6月4日。

世界上最具价值的零售品牌，紧随其后的是美国电商亚马逊。如今已有 14 家中国企业跻身这个百强排行榜，而 10 年前仅有 1 家，中国正式开始在全球最具价值品牌名单中“攻城略地”。作为该排行榜中最具价值的中国企业，腾讯的品牌价值高达 766 亿美元，几乎为英国电信企业沃达丰的两倍，后者品牌价值位列欧洲企业之首。同样位于榜单之列的华为是继 2014 年进入 Interbrand“最佳全球品牌”百强榜之后，再一次进入世界级的企业品牌百强榜，并成为唯一同时进入两大全球品牌榜的中国企业。这也体现出了中国企业的竞争力正在世界范围内逐步得到广泛认可。

而从另一份范围更广的由 Brand Finance 国际品牌公司评估的结果来看，在 2014 年国家品牌的价值含金量国际排行榜 500 强中，中国企业成功占据了 40 个席位，仅次于美国的 186 个，在 2012 年，中国的上榜企业还只有 29 个。这也表明中国品牌不仅仅只依靠几家“巨无霸”来代表，在很多行业中国目前都具有较强的品牌影响力和国际竞争力。同时在该公司发布的国家品牌排行中，中国也以 6. 35 万亿美元的价值总量稳居世界第二的位置，整体实力不容小觑。

2. “中国制造 2025”方案将助力中国品牌崛起。如果说品牌是企业和经济转型升级的重要抓手，那么“中国制造 2025”无疑是推动中国自主品牌崛起的重要助力。“中国制造 2025”这一方案由李克强总理在 2015 年 3 月的政府工作报告中首次提出，该总体方案为中国制造业设计了顶层规划和路线图，力争用 30 年时间通过三步走的战略实现制造强国战略目标。加强质量品牌建设，正是实现这一宏大目标的重点战略任务之一。

“中国制造 2025”是在新一轮科技革命与产业变革历史性交汇给世界范围的制造业带来颠覆性变革，全球制造业分工版图重构，发达国家和发展中国家争相介入新一轮国际分工，再加上我国制造业大而不强、亟待转型升级等背景下应运而生的。面对我国世界知名品牌的缺失和品牌附加值偏低甚至匮乏这一限制中国制造业升级变强的瓶颈，《中国制造 2025》谋划出了科学可行的路径①。通过不断提升质量管理、科技创新和改善结构调整、制度环境等制约因素，并以品牌为制高点和载体全面统筹中国制造的强身健体，营造一个“从山寨走向创新”“从简单粗略走向精细精致”的良好环境氛围。加上社会中介组织的倡导和宣贯、消费者逐渐理性的消费意识、媒体舆论的积极监督和正面引导，中国企业

① “中国制造 2025”助力中国品牌崛起。李视曦，新浪博客。该文刊载于《中国品牌》2015 年第 5 期。

自主品牌意识和行动力日益强烈，中国自主品牌发展环境和氛围将日渐良好。

3. “中国智造”为中国品牌建设指引方向。随着中国制造2025战略规划的提出，政府对于中国制造的重视达到了前所未有的程度。而在当前的科技环境下，互联网为世界经济的发展提供了平等的机会。虽然中国错过了前两次工业革命，却抓住了以信息技术为核心的第三次工业革命，并可能在未来互联网和制造相融合的第四次工业革命中，与发达国家一决高下。对中国来说，这是几个世纪以来难得的机遇。

“中国智造”的发展，正是要破解“中国制造”所面临的困难与挑战，一改过去以资源环境过度消耗为代价、依赖低廉劳动力成本、缺乏核心技术和自主品牌的状况，为我国经济发展注入新动力，向全世界亮出“中国智造”新形象。“互联网＋制造业”为“中国制造”转向“中国智造”插上了腾飞的翅膀，主要表现在为中国制造转型注入了新的血液和为中国成为世界制造强国提供了发展契机。

为深入挖掘中国企业走向世界的成功案例，寻找中国企业全球化进程的真实路径，新华网联合多家媒体特别推出“中国智造 世界影响”——寻找具有世界影响力的中国品牌评选活动，中国银行、天士力、海尔、青岛啤酒、北汽集团、联想、华为、清华科技园启迪控股、匹克、吉利汽车、格兰仕、惠而浦（中国）等12家企业获得2014年“最具世界影响力的中国品牌”大奖。这一主题是在媒体融合和讲好中国故事双重历史背景下提出来的。当前的新形势给创新提供了最好的“生态”环境，在中国经济转型升级的今天，创新受到中央和国家多项政策支持，这有利于企业追求创新，企业家也能在企业创新过程中做出更多的实际成绩。

国务院国资委研究局侯洁认为，“中国智造”的“智”不仅是技术创新、商业模式的创新，也是管理理念的创新、社会责任管理理念的创新，核心就是将企业理念和生产运营深度融合，提高企业可持续发展。通过这种“中国智造”的模式，中国企业将更关注自主创新，中高端品牌得以兴起。我国也将努力发挥制造大国的优势，大步迈向世界制造强国。

4. 中华老字号的品牌价值挖潜成为品牌建设的重要内容。中华老字号是中国商业对品牌特有的称谓。根据中华老字号工作委员会的定义，中华老字号是指具有展示中华民族文化创造力的价值，具有鲜明的中华民族传统文化背景，拥有世代相承的独特工艺或经营特色，且技术出众，取得了社会广泛认同和良好商业信誉的企业和（或）产品品牌。老字号从形成到发展大都经历了几十年甚至数百年的时间，因此被人们称为“活文物”。

由于经历了20世纪50年代的公私合营、70年代的“文革”对生产经营的破坏以及西方先进经营理念和多种业态的冲击，1990年由原商业部评定的中华老字号只剩下1600多家，仅占建国初期的10%，现在更是只剩1100多家。

老字号品牌是一项重要的无形资产，它蕴藏着巨大的商业价值，但如果不善于针对老字号这一品牌特征进行相应的品牌运作、品牌维护、品牌延伸、品牌文化创新和品牌传播，在面对新的市场竞争时，老字号的品牌价值提升相对于一般品牌将会更为困难。而这一部分品牌价值的提升，恰恰应该是我国自主品牌建设过程中的一项重要内容。

当人们喝可口可乐的时候没有人会觉得它有一百多岁，那种“随时随地让你为之精神一振”的品牌承诺，让你永远感到充满激情，永远年轻。这就是中外老字号的根本区别。因此，对中华老字号的品牌价值进行挖潜应该是我们需要持续关注的重要内容。而且，在国内市场帮助中华老字号“重焕活力”的同时，我们也应在国际市场上发掘老字号的潜力，提升老字号企业的国际竞争力，丰富我国民族品牌的内涵，为此，2006年，我国商务部推行了《中华老字号认定规范（试行）》，准备将中华老字号系列具有中国历史和文化传统的产品、技艺或服务远销海外。

5. 建立中国特色的品牌价值评价机制。在品牌评价方面，世界许多国家都在积极探索建立符合本国利益的品牌评价方法和标准。在国外咨询公司的主导下，有的品牌评价侧重财务指标、有的侧重市场表现、有的以消费者评价为主，对于同一个企业，不同评价机构评出的品牌价值有时相去甚远。这些品牌价值的评价机制不仅是对现有品牌的一个清楚认识，评价过程本身也是对上榜品牌价值的进一步提升。因此，建立中国特色的品牌价值评价机制对中国自主品牌战略的实施将是一个很好的补充，更有助于中国企业品牌价值的提升。

一直以来，由于缺少全球统一的品牌评价标准，导致包括中国在内的一些发展中国家的企业品牌在国际上很少得到公平、公正的认识和对待。国际标准化组织（ISO）2010年发布了ISO 10668《品牌评价　品牌价值评价要求》，主要基于资产评估的视角，尚无法全面反映品牌的综合价值。因此，我国建议ISO进一步补充和完善品牌评价的国际标准体系，并率先在国际上提出品牌还应包含质量、服务等要素。这个建议获得美国、德国的支持，同时，两国建议增加技术创新和无形资产两个要素。中国赞成美国、德国的建议，中国会同美国、德国共同创新了品牌评价由一个要素增加为五个要素，即有形资产、质量、技术创新、服务和无形资产，全面反映了品牌的价值。

二、中国典型产业自主品牌战略的分析与评价

近年来，中国的多个行业都在良好的经济环境下获得了迅猛发展，品牌价值得到了进一步的提升，我们也在前文对几个典型产业中自主品牌战略的实施经验进行了研究，从不同的角度探索如何提升企业的国际竞争力，主要包括以下几个方面的内容：

1. 光电产业。虽然光电产业目前增速已经放缓，各细分产业也面临着不同程度的困难，因此一些战略改变是不可避免的。但是由于其新兴产业自身的发展特点，技术和市场的持续变化，社会经济的不断变迁，未来光电产业的发展仍然面临很多机遇。从品牌和竞争力的角度来看，主要有以下几点：

其一，中国的城镇化进程带来了巨大的新能源市场。国家已经制定了城镇化的规划目标，我国在 2020 年要将城镇化率从现在的 50% 提高到 70%，这意味着有三亿人要进入城镇化的生活①。巨大的人口数量变动，必然会引起能源需求的增加，光电产业的能源特征得以显现。

其二，中国政府将对更多的光电细分产业进行扶持。随着对半导体照明细分市场的扶持政策初见成效，政府应该会在更多细分领域对企业的发展提供指引和帮助。比如《关于促进光伏产业健康发展的若干意见》这类指导性纲领的出现，就为今后具体扶持方案的出台提供了前提，也为系统的扶持体系的建设打下了基础。

其三，大胆进行技术创新和商业模式创新，建立光电产业的品牌优势。由于光电产业是个新型产业，中国的技术水平与国际本来差距就不大，只要我们坚持大胆创新，不要妄自菲薄，着力打造有中国特色的光电发展体系，就一定能够逐渐摆脱对欧美市场与技术的依赖，很快处于国际领先地位，显著提升企业的国际竞争力，这对于品牌优势的构建具有举足轻重的地位。

其四，未来中国光电产业的空间演变将呈现新的趋势。以《中国光电产业地图白皮书（2011）》为依据，我们需要进一步改善产业布局，将更加重视资源的整合与重组。

2. 通信产业。电信网络设施以其广泛的覆盖和提供基础能力的特性，成为

① 《2013 中国中小城市绿皮书》预测，2020 中国城镇化率将达到 60.34%。载《证券时报》2013 年 10 月 22 日。作者：丁鑫。

现代信息社会的基础设施，通信信息能力也深刻影响到社会的各个层面。从品牌和竞争力的角度来看，通信产业的未来发展趋势主要有以下两点：

其一，未来的网络结构将趋于开放。互联网的发展使得IP技术日趋完善，已成为交换的主流技术，而IP技术本身就是一种开放的互连技术，电信承载向IP网络的演进使得通信网络由传统电信网络封闭架构面向业务的开放架构方向发展，下一代互联网IPV6等技术的引入，将使得网络结构进一步开放化。在开发的过程中加大自主品牌的宣传力度将有利于提升国民信息，创造属于中国人自己的价值。

其二，电信网络功能趋于智能、突出个性，突显品牌特色。电信网络从完成单一信息传递功能向智能化演进。软件技术和终端智能化的发展使得各种信息在通信网络中可以得到整合，电信网络不仅可以传递信息，更可以筛选和控制信息，尤其是物联网传感器、信息家电设备、控制设备、通信终端的一体化信息服务，能提高通信网络应用的智能化水平。

3. 汽车产业。尽管近年来随着科技的进步与发展，中国汽车产业的整体自主创新能力有了大幅度的提高。但是，同西方发达国家的汽车产业相比，中国汽车产业的自主创新能力依然比较滞后，有待进一步提高。从品牌和竞争力的角度来看，主要有以下几点：

其一，研发资金投入不足，研发人才比较短缺。近年来，尽管中国汽车产业研究与发展资金投入的绝对数量是在快速增长。但是，中国汽车研究与发展投入的资金占汽车产业营业收入的比例却一直比较低。在汽车产业研发人才建设方面，虽然《中国汽车工业年鉴》的统计数据表明，近十多年以来汽车产业的科研人员占职工总数的比例呈现逐步增长的趋势，但中国汽车产业工程技术人员的知识结构相对比较单一，整体研发能力还不是很高。

其二，自主品牌质量不高，市场占有率较低。近年来，虽然我国自主品牌汽车的市场认可度和市场占有率都有所提升，但是，由于中国汽车企业自主创新水平和能力依然不是很高，在核心技术方面依然比较缺乏，与国外品牌和合资品牌相比差距依然比较大。我国自主品牌汽车的销售量和市场占有率在增长的同时，依然存在着市场份额较低、中高端市场竞争力不足和出口量偏少等问题。

其三，汽车企业规模偏小，市场集中度较低。当前，我国已经是世界上最大的汽车生产和销售国，但我国却不是世界汽车强国。在中国汽车产业面临的诸多问题中，汽车企业生产规模偏小和市场集中度较低的问题依然非常突出，并且相关研究表明，与发达国家汽车产业的市场集中度相比，中国汽车产业的市场集中度与其差距甚大，这严重影响了中国汽车产业自主创新能力的提高。

其四，核心技术缺乏，自主研发能力较弱。近年来，虽然中国汽车产业的自主创新能力有了较大幅度的提升，但是依然面临诸多的挑战。我们要认识到当前我国生产的汽车核心零部件与核心技术多数都缺乏自主知识产权，很多汽车的关键零部件基本都需要从国外进口。

4. 家电产业。随着新技术的不断发展，家电产业的未来发展主要基于产品的创新之上，以此来提升品牌价值，增强国际竞争力。从品牌和竞争力的角度来看，家电产业的未来发展趋势主要有以下两点：

其一，以技术创新促进成本下降。就家电产品的需求特点看，通过技术创新促进成本下降是一种必然的发展趋势。成本的下降同样意味着自主品牌战略在创新产品领域上跨出了重要的一步。

其二，产品的创新方向。家电行业产品创新路径多种多样，最重要的是满足人们对于生活便利的需求。首先，基本性能方面安全性是家电创新产品的主要特性。其次，环保及资源耗用方面，家电产品在环保性上有所进步，但对家电产品报废后处理问题，却没有很好的措施。最后，辅助功能方面，增加产品的辅助功能可以提高产品的竞争力。面对众多的产品，消费者更倾向于购买一种具有综合功能的产品，既方便又实用。

5. 重型机械产业。我国重型机械行业经过多年的高速发展，无论是生产能力还是产品技术水平都取得了长足进步。但是，从行业总体上来看，我国重型机械装备水平距离国际先进水平还有很大差距，还处于国际分工和产业链的中低端。近年来，国内外经济形势复杂多变。世界经济复苏进度缓慢，仍存在大量不确定因素；中国经济进入转型调整时期，经济增速放缓，经济运行存在下行压力。在国内外需求疲软和自身转型升级步伐缓慢的双重影响下，我国重型机械行业的生存发展环境更为艰难，从品牌和竞争力的角度来看，主要有以下几点：

其一，市场需求萎缩。重型机械行业面临严峻的市场形势。国内市场方面，随着整个基础工业领域产能过剩和所带来的投资效益不断下降。国际市场方面，全球经济复苏进程缓慢，市场需求大幅下降，能源、原材料、人工工资快速上涨，企业成本加大，造成我国重型机械产品出口竞争力下降。

其二，行业产能过剩，低端市场竞争激烈。随着我国经济的快速发展，重型机械行业也连续多年高速发展，生产能力迅速扩张。我国几大重机企业虽然由于历史原因各有专业侧重，但经过几十年市场洗礼后，在很多专业领域高度重合，关键重大设备重复建设现象严重，导致产品同质化竞争。

其三，企业资金短缺。由于大量固定资产投资建设周期和回报周期较长，产能相对过剩导致固定成本上升，重型机械企业资产负债率升高、总资产贡献率下降、投资效益降低等问题突出。

其四，自主创新能力不足。我国重型机械企业的自主创新能力不强，新产品的开发能力薄弱，在关键工艺技术装备、高端机械产品的研发、制造和应用方面技术水平偏低，导致我国在高端重型机械成套设备，关键、核心技术产品等领域与国外企业存在较大差距。

其五，产业结构调整和转型升级步伐缓慢。我国重型机械企业由于高端制造领域前期研发投入不足和技术储备不足，加之行业严重不景气，导致产业结构调整难度很大，转型升级步伐缓慢，多数重机企业仅仅具备制造能力，欠缺技术服务能力乃至提供全面系统解决方案的能力，处于产业链的中低端。

其六，管理水平有待提升。我国重型机械企业管理水平总体偏低。部分企业生产管理能力不足；部分企业设计产品时注重实现产品功能，忽视对产品构成成本的研究，部分企业对采购管理重视不够，导致生产成本偏高，降低了市场竞争力。

三、产业层面上提升中国企业国际竞争力的启示

通过对我国自主品牌战略总体发展情况的分析，结合在典型产业中自主品牌战略的实施情况、未来动向、现存问题，我们可以从产业层面上得到一些以自主品牌战略培育企业国际竞争力的启示：

1. 明确品牌测度与评价机制的重要性。我国是一个出口总量世界第一的制造大国和品牌弱国，品牌建设较弱的一个原因是缺少自主创新的核心技术。长期缺少品牌评价的国际话语权，不能参与对评价方法的制订、评价过程，不能提出适合包括中国在内的发展中国家品牌的合理诉求。目前的品牌评价方式不分产业、不分行业的比较，在500强或者100强里面不能够客观地体现中国和其他发展中国家的真实水平。在这样的环境下，中国企业很难找到正确的路径来进行自主品牌战略的调整，国际竞争力的提升势必要走很多弯路，因此中国政府和相关机构从未停止对于品牌价值测度和评价机制的研究。

2014 年 1 月，国际标准化组织正式批准成立由中、美、德三国发起申请的品牌价值国际标准组织，并由中国担任秘书国，秘书处设在中国品牌建设促进会。这一评价机制考虑到中国自主品牌发展的诸多细节，共有四个方面的创新点：一是将品牌评价增加为有形资产、质量、技术创新、服务和无形资产五个要素；二是按产品、行业分类进行品牌评价；三是以发明专利为切入点进行自主创新技术的品牌评价；四是对地理标志区域品牌进行试评价。这些创新点对于中国企业认清自己的品牌价值，制定并实施相应的自主品牌战略，发现并提升企业核心竞争力具有重要意义。

2. 加强对中华老字号的品牌保护和品牌推广。曾经有此说法："头顶马聚源，脚踩内联升，身穿瑞蚨祥，腰缠四大恒"，讲的是旧时有地位的人最推崇的一套"行头"，即：头戴马聚源的帽子，脚穿内联升的鞋子，身披瑞蚨祥的衣裳，腰缠四大恒的银票①。这就是当年的名牌，也是今天老字号的前身。纵观老字号，它们或是拥有祖传秘方、独门绝招，靠着卓越的品质、独特的风味立于不败之地；或是恪守诚实守信的经营思想，依靠良好的信誉口碑得到顾客们长久的支持。它们代表的不仅仅是顶尖的技艺，更是品牌的传承与传统商业文化的精髓。这些特点表明老字号独特的竞争优势仍然存在，我们要认识到目前的老字号的渐渐"消亡"是当前国家品牌建设的一大损失，我们应该对这些自主品牌加以保护，但是要获取更高的超额收益还需要实施相应的自主品牌战略，在品牌运作、品牌维护、品牌延伸、品牌文化创新和品牌传播上多下工夫，这也是进一步提升其国际竞争力的关键所在。

要更好地对这些老字号进行品牌推广，还需要在品牌理念上进行创新，一个致力于品牌运营的中华老字号企业，必须努力消除品牌理念缺失的情况，需要进一步了解自己悠久的历史及其沉淀下的文化特征，深入地挖掘自身的文化底蕴，将这种文化与品牌观念相结合，并将这种品牌理念有效地融入企业理念中去，通过理念不断提升企业品牌。另一方面，老字号应该忘掉自己的年龄，时刻保持年轻的心态，这是向现代品牌转换的关键。因此，要积极推广"老字号年轻化"工程，到达老字号理念年轻化、体制年轻化、经营方式和服务方式年轻化。

3. 注重国际化程度。对一个自主品牌而言，要想发展成为世界知名品牌，

---

① 转自《食品资讯——第一食品网》，原载《云南经济日报》，2013 年 8 月 23 日。

拥有很强的国际竞争力，仅仅在国内市场上占据领先地位是远远不够的，企业在建立国内竞争优势时，还应通过海外并购、跨国合作、境外推广等手段在国际市场上获取更高的超额收益，因此注重自主品牌的国际化程度是提升企业国际竞争力的重要途径。

从前文中对各产业现状的描述来看，华为、三一重工等企业很早就开始了对国际化道路的规划，并将其纳入到了企业自主品牌战略的内容之中，这也是促成这些品牌成长为世界知名品牌的关键因素。国内的后起之秀也在向着国际化这个目标稳步向前发展，比如重机行业的潍柴动力，通过并购德国林德液压，打破了国外在液压领域的技术垄断，坚持创新驱动，提升了企业的核心技术竞争力。根据国家“一带一路”倡议，潍柴也在不断调整发展战略，在海外市场开始通过在当地建立生产工厂（印度）、对当地企业实现技术输出经营许可（缅甸、埃塞俄比亚等地）等方式开拓市场，改变了单纯产品出口的发展模式，国际化程度不断加深。相信不久的将来，在国际市场上将会看到越来越多像这样的中国品牌的身影，我国中小企业的品牌价值也将进入新的迅速发展阶段。

4. 关注价值链附加值的提升。品牌不是凭空产生的。品牌包含三个创新：第一，技术创新，一定要有新的技术，品牌才能站稳。第二，管理创新，只有技术创新，没有很好的管理，不能成为品牌。第三，营销和服务创新，要有营销的新途径、新方式，要有服务的新水平①。这些创新所关注的，正是如何将价值链的附加值最大化。企业需要通过这些手段，促使自身品牌创新力得到提升，从价值链的各个环节，加强消费者对品牌的新认识。

改变以往的成本导向竞争和价格竞争的模式，转向更多地靠服务、靠产品质量的提高、靠品牌附加值的提升增强核心竞争力，赢得发展新优势，是传统产业转型升级的必由之路。

5. 把握新常态下品牌建设的契机。2014 年 11 月，国家主席习近平在 APEC 工商领导人峰会上阐述了“中国经济新常态”的基本内涵。这其中主要包括三个方面：速度——“从高速增长转为中高速增长”，结构——“经济结构不断优化升级”，动力——“从要素驱动、投资驱动转向创新驱动”。“新常态”的一个重要特征就是将信息、技术创新融入实体经济之中，抓住移动互联网带来的机会，以信息经济、智慧经济引领企业转型发展，引导企业与互联网接轨。它

① 厉以宁：发展品牌经济 促进产业升级，中国质量新闻网（www.cqn.com.cn/2019－6－18）。

不单让创业者提供颠覆和改造传统行业的机会，也让各行业的品牌进行跨界合作，汇聚成更强大的力量，共同推动社会转型和生活进步。参与其中的自主品牌都具有广阔的发展空间，品牌价值提升幅度更大。

市场在变化，消费者的消费习惯也在转变，网购已成为年轻消费群体的购物习惯，电商的巨大发展空间也是企业需要权衡的。未来市场，企业要想获得消费者的青睐，就要打造出自己的品牌符号，这样才能吸引相应的粉丝群体。“新常态”改变了企业的经营环境，企业谋发展、做决策，不再是凭感觉。这对很多企业来说，是创造新的竞争优势的绝佳时机，在前一波科技浪潮中，光电、通信等产业中就有很多企业抓住了这样的发展机遇，通过与经济环境相适应的创新成功获取了超额收益，促进了企业核心竞争力的提升，这也是当前传统行业面对新的经济政策时所需要学习的内容。

6. 坚持创新驱动发展。胡锦涛同志 2006 年 1 月 9 日在全国科技大会上宣布中国未来 15 年科技发展的目标：2020 年建成创新型国家，使科技发展成为经济社会发展的有力支撑。中国科技创新的基本指标是，到 2020 年，经济增长的科技进步贡献率要从 39% 提高到 60% 以上，全社会的研发投入占 GDP 比重要从 1. 35% 提高到 2. 5% 。目前看来，在产业调整的背景下，高科技企业得到了长足发展，正在向创新型国家稳步迈进，这也使中国企业在国际市场的竞争力，已经不只是成本价格的优势，而是设计和功能的创新。中国作为一个高附加值、技术先进的产品的可靠和稳定的生产国，它正在改写世界制造业的许多领域。

从 2015 年第 48 届国际消费类电子产品展览会（CES）上来看，中国厂商正逐渐成为这一全球消费电子盛会的主角，这是一个好的信号，表明中国自主品牌可以通过自己的技术创新获得世界的关注，而不再只是作为低端、劣质、山寨的代名词，如今的中国电子产品越来越懂得创新的重要性，也更懂得如何去创新，更懂得如何在自己擅长的领域去创造自己的优势，提升自己的核心竞争力。

当然，我们也不能盲目乐观，对比国际领先的苹果、谷歌、三星等科技品牌，我们仍有很长的路要走，除了一些中国企业中的“领头羊”如华为通过世界领先的研发投入和专利数量已经开始迈入“中国创造”的阶段以外，诸多中国电子企业还处在“中国制造”向“中国创造”转型的过渡期，如海尔、格力、美的、中兴等，更不用说其他对技术创新程度关注还不够的传统行业中的大多数品牌。因此，坚持创新驱动发展，将是未来很长一段时间内中国自主品牌战略的主题，只有创新才是中国企业进军全球市场和塑造世界知名品牌的根本动力。

7. 重视人才在自主品牌战略中的作用。经济学家厉以宁（2015）认为，人才是品牌提升的重中之重。他表示，现在中国品牌企业最缺的是各方面的专家、人才。在知识经济时代，人力资源是企业发展的基本要素，也是品牌培育过程中不可忽视的环节①。

对我国大量企业，尤其是中小企业而言，仅仅拥有好的研发、营销人员是不够的，应该对企业人才进行品牌建设领域的教育和培训，从战略的角度树立员工的自主品牌意识，强调自主品牌战略和企业核心竞争力的相互促进作用。有些企业虽然设立了品牌部，但在品牌战略和发展上没有太多发言权，这种现象应该逐步改善。

所以，正视中国自主品牌和国际知名品牌的差距，明确人才在品牌建设中的重要性，是当前推行自主品牌战略的重要内容。我们可以鼓励高等院校成立品牌研究机构、设立品牌学科和专业，完善品牌从业人员教育培训体系，多与国外优秀品牌进行交流，建设品牌专业人才队伍。

8. 获取国家政策和法律的支持。制约品牌发展的最严重的阻力还是国家对于品牌保护方面缺乏完备的相关法律、法规，在国外，同行恶意竞争，可以通过法律保护来解决。我国目前更多的状况是，有一些企业家说发现了假货，只能自己亲自打，而由于地方保护主义，相关部门互相推诿等。因此，只有通过法律切实落实制裁方案，才有希望防止或者杜绝制假售假行为。

营造有利于品牌成长的良好环境。完善品牌保护的法律法规，强化品牌维权机制，打击假冒伪劣和侵犯知识产权行为。健全质量激励机制，搞好“中国质量奖”评选，开展知名品牌示范区建设，宣传推广优秀企业品牌建设经验。

广泛获取国家政策和法律的支持，净化品牌培育的土壤，才能确保企业能真正在自主品牌战略的实施中受益，保障自主品牌所创立的竞争优势得以体现，为自主品牌的发展提供一个公平的平台，对企业的恶性竞争行为进行约束和遏制，实现自主品牌战略与企业国际竞争力的良性互动。

---

① 厉以宁：《发展品牌经济　促进产业升级》，《中国品牌》，2015 年第 1 期。

第三章 国别品牌建设经验启示与借鉴

一、美国品牌建设的路径解析与经验①

美国是世界上最发达的资本主义国家，在经济、文化、工业等领域都处于世界领先地位。美国最大的贸易伙伴是毗邻的加拿大（19%），中国（12%）、墨西哥（11%）、日本（8%）紧随其后，每天大约有价值高达 11 亿美元的产品流经美加的国界②。美国经济被认为是世界上最大也是最重要的经济体。美国经济高度发达，全球多个国家的货币与美元挂钩，而美国的证券市场和债券被认为是世界经济的晴雨表。近年来，虽然中国 GDP 增长速度高达 7% 以上，但是国际货币基金组织 IMF 的数据显示，2013 年美国的 GDP 总量为 16.8 万亿美元，居世界第一位。占世界经济的比重为 22.7%，远远超过中国的 GDP 总量 59.3 万亿元（约 9.5 万亿美元）③。从数据上看，虽然中国 GDP 增速远超美国，但是 GDP 总量远低于美国，人均 GDP 总量的差距会更加巨大。通过研究美国经济发展，尤其是自主品牌战略在其经济发展中的作用，对于促进中国经济的持续、健康、高质量发展具有重要的借鉴和指导意义。

（一）美国近年来的经济发展状况④

国家经济发展模式是指一种经济发展理念、发展战略、发展体制等层面的内容，具体来说，它是国家各种经济成分的构成形式和调节经济运行机制的一定式样。中国的国家经济发展模式大体上经历了计划经济时期、经济体制转型

① 这部分内容可参阅上海质量管理科学研究院课题组，郭政、李敏珩：中国制造业品牌现状、问题及成因——“制造业质量与品牌发展战略”系列研究（一）、（二）、（三）、（四）、（五），载《上海质量》，2016 年第 8 ~ 10 期等著述。该系列研究尤其对我国品牌建设提出了很多具有重要参考价值的建议。

② 美国第一大贸易伙伴是哪个国家？百度知道（2015 年 11 月 18 日）。

③ 2018 年美国 GDP 为 20.5 万亿美元；我国 GDP 突破 90 万亿元，折合美元为 13.6 万亿美元。参见搜狐新闻（2019 年 3 月 2 日）。

④ 部分内容可参阅：H. N. 沙伊贝、H. G. 瓦特、H. U. 福克纳：《近百年美国经济史》，中国社会科学出版社 1983 年版，乔纳森 · 休斯、路易斯 · P. 凯恩：《美国经济史》，北京大学出版社 2011 年出版，以及美国经济，360 百科（https://baike.so.com/doc/5682548 - 5895225.html）等著述。

初期、市场经济体制初期、中国经济发展模式时期四个阶段。美国经济发展模式是针对凯恩斯主义国家干预理论提出的，它是美国经济发展方式、经济体制、经济运行机制的整体概括，是一种自由市场资本主义的经济模式。经历了曼彻斯特模式、罗斯福模式、新自由主义模式三个阶段。通过研究美国国家经济发展模式，进而对比中美国家经济发展模式的不同，来探究如何更快促进中国经济发展。①

1. 曼彻斯特模式（19 世纪末至 20 世纪 20 年代）。美国模式经历了三个阶段：第一阶段是曼彻斯特模式，它是历史上第一个资本主义社会经济发展模式。它是“美国模式”形成和初步发展阶段，这个阶段是伴随着美国独立而来的自由主义经济发展模式。之所以美国能成为此种发展模式的代表，主要是因为美国在经济发展上取得的巨大成就和其综合国力的体现。美国的霸主地位使国家长期以来推行的政治、经济、社会体制能成为一种规模，影响其他国家的发展。曼彻斯特模式是以古典经济自由主义为指导思想的，经济学鼻祖亚当·斯密认为市场是双不需要人控制和干预的“看不见的手”，会自动调节。正是市场发挥自动调节的作用，才能促进社会经济效益的增长。在自由主义市场理论的指导下，美国经济有了新的生命迹象，经济增长不断攀升。19 世纪 20 年代，曼彻斯特模式达到了顶峰。美国经济在 1920—1929 年，GDP 的增幅竟一度高达 40%。曼彻斯特模式的自由市场经济逐步走向成熟，最终凭借着自身强大的实力向海外寻求发展空间，美国以武力拓展殖民地的对外扩张开始上演，迎来了暂时的稳定时期。

2. 罗斯福模式（20 世纪 30 年代至 40 年代）。美国模式经历的第二阶段是以凯恩斯主义为指导思想的国家干预政策的资本主义市场经济发展阶段。为了使美国经济摆脱经济危机的影响，1933 年富兰克林·罗斯福上台后实行新政。新政的主要内容是以凯恩斯主义作为指导的，《就业利息和货币通论》作为向美国社会展示国家干预政策的理论依据，开辟了资本主义世界的新方向，成为当时美国经济思想的原动力。此模式是针对古典自由主义模式提出的，是对自由市场加以政府干预和调节。凯恩斯认为：资本主义市场没有自动调节供需的机制，唯一的办法就是政府参与进来，采取适当的干预行为。当商品供给大于需求时，政府采取办法以刺激消费和投资；当商品小于供给时，政府应减少政府

---

① 参阅李潇潇：中美经济发展模式比较研究，河北工业大学［D］，2012。

支出，减少纸币发行，提高利率，以限制投资和消费。在新政和国家干预理论共同发挥效果后，美国经济逐渐摆脱了经济危机的束缚，并解决了一些社会就业等问题，至此美国迎来了罗斯福模式。

1929—1933 年美国资本主义世界经济大萧条时期，引发了大危机，危机爆发后，政府仍然坚持推行自由放任的市场化政策，导致各种危机和社会问题的全面爆发。1933 年，民主党人罗斯福就任新一任美国总统，他上台之后的首要任务就是尽快让美国从经济危机的阴影中走出去，同时强调拥护资产阶级民主政治制度。新政抛弃自由放任政策，采取大规模国家干预。还采取了一些措施帮助工人和小生产者的生产活动，为的是缓和国内阶级矛盾。罗斯福通过整顿银行、统制货币、改革银行体系、降低税率等措施整顿金融市场，恢复银行的正常工作。其次，调整工业生产。通过《全国工业复兴法》以及其他相关立法，力图复兴工业。再次，调整农业生产。采取措施减少耕地面积和农产品产量，进一步控制农产品的价格。最后，社会救济和以工代赈。通过立法给失业人员提供大量的就业机会。新政几乎涵盖到社会生活的方方面面，在很大程度上起到了积极作用，成功地使美国经济走出经济危机的阴霾，减轻了危机对经济的破坏程度；社会生产力的恢复在一定程度上缓和了阶级矛盾；开创了国家干预经济的先河。但从本质上来看，新政只针对生产关系做出了局部的调整，并没有改变其资本主义社会的本质，所以资本主义私有制不变的情况下，经济危机就不能根除。这种经济的恢复在很大程度上缓和了美国的社会矛盾，缓解了社会危机，避免了走向极权政治的道路。这种经济模式的成功，是垄断组织与国家相结合的体制，是国家垄断资本主义的开端，对于资本主义经济的发展具有深远影响。罗斯福实行的新政措施使资本主义经济空前高涨，成为资本主义发展的“黄金时代”，经济迅速增长的同时，社会各阶层的矛盾也相对和谐，暂时维持着稳定局面。不久后，新政遭到来自美国最高法院一些官员的反对，他们认为新政违宪。随即罗斯福提出“法院改组计划”，招致大范围的反对呼声，对罗斯福的反对意见也逐渐增多，认为国家干预过度。不久，资本主义滞胀危机发生，至此新政宣告失败，凯恩斯主义破产。一时间反对凯恩斯主义、反对国家干预的自由主义思潮又重新在美国抬头，美国模式开始转入下一个时代：新自由主义时代。

3. 新自由主义模式（20 世纪 80 年代初）。美国经济发展迎来了一个新阶段就是新自由主义模式，这一时期是从里根—撒切尔时期开始的，故又称里根—

撒切尔模式，是自由主义兴起和迅速扩张的阶段。20 世纪 70 年代初，发达资本主义国家在经历了较长时期的迅速发展之后，生产社会化、国际化的程度大大提高，世界市场越来越难以承受迅速增长的生产能力的压力，各种矛盾急剧激化。1973 年年底，美、英、法、意、德几乎同时爆发了经济危机，日本和加拿大在 1974 年年初也出现了危机现象。这是战后最严重的周期性生产过剩危机，打断了世界资本生产进程的链条，使整个资本主义世界经济呈现出十分混乱的状况。这次危机几乎波及了各个经济领域，不仅生产大幅下降，而且持续时间长，成为战后许多资本主义国家经济发展的转折点，它标志着资本主义世界“黄金时代”的结束和“滞胀”局面的形成。为了摆脱“滞胀”，各派经济学家激烈争论、献计献策，其中最有声势和影响，并取得权势集团支持的是保守主义经济学派。这是一种新保守主义，与美国传统的保守主义有本质的不同。他们主要以攻击大政府、高税收、高福利为目标，主张捍卫小人物的利益。20 世纪 70 年代末，英国首相撒切尔夫人上台后实施了以货币为指导的改革。20 世纪 80 年代初，美国总统里根上台，随后掀起了一场以国家最小化、市场最大化的新自由主义革命。

新自由主义经济体系的主要内容是搞私有化，里根—撒切尔政府推行的私有化在一定程度上遏制了经济继续恶化的同时也带来了严重的社会问题，如贫富差距增大、失业率不断上升，20 世纪 90 年代撒切尔被迫下台，为“私有化”付出了沉重的代价。有国外学者认为新自由主义对于古典自由主义来说无疑是“新瓶装旧酒”。他们大力宣扬私有化、市场自发调节、全球化的基本主张。强调国企私有化、削减税收和社会福利开支、削弱工会力量等。另外，他们还反对一切形式的干预政策，反对新旧凯恩斯主义。在此基础上以新自由主义为导向的里根—撒切尔模式产生。这种极端的资本主义模式在后来的布什政府被进一步巩固。直到克林顿上台后，推出了“第三条道路”的政策才稍稍缓解了一下这种模式下的矛盾冲突。

1993 年 1 月，美国民主党总统克林顿入主白宫，克林顿上任时期美国经济发展形势正面临着衰退期，克林顿政府面临着巨大的挑战和严峻的经济发展形势。克林顿上台以后对整体的经济政策做出了调整，他尝试着对新自由主义政策进行调整和修改。与共和党政策路线不同，他显然更偏爱凯恩斯主义的政府干预政策主张。但是，因为美国两党之间激烈的政治斗争，使得克林顿政府的经济调整方案不可能完全回到凯恩斯主义的理论上来。因此，在克林顿执政期间，他努力找寻介于新自由主义和凯恩斯主义之间的“第三条道路”，其执政理念主要包含以下几个方面：

（1）在财政政策上实行大力削减财政赤字，同时，削减国防经费；取消非生产性开支，鼓励私人投资；削减联邦行政开支等。

（2）在货币政策上松紧适度。它强调采取“预防性”的措施，在通货膨胀还没有明显苗头的情况下就实行紧缩政策，把通货膨胀消灭在萌芽状态，从而保持经济的持续稳定增长。

（3）在竞争策略上，全力打造“高新技术”产业。对一些战略性的高科技产业加以保护，保持美国的领先地位，加强国际竞争力。

（4）重视医疗保险等民生工程建设。克林顿政府致力于推进医疗保健制度改革，尽管由于共和党的阻挠，改革方案未获通过，但为2010年奥巴马政府在这一问题上获得成功奠定了基础。

（5）克林顿政府还提倡尊重工作与家庭，重视就业和民生。克林顿政府对美国新自由主义模式的调整，使美国经济在20世纪90年代出现了历史上最长的一次经济高涨期，美国经济进入了“高增长、高就业、低通胀”的黄金时期，一些人甚至惊呼美国已经进入了“新经济时代”。事实表明，美国经济这一时期的繁荣，一方面与克林顿政府对新自由主义政策的局部调整有关；另一方面，在金融市场和虚拟经济领域放松管制导致的“非理性繁荣”也起到了很大支撑作用。实际上，这一时期，美国金融领域的自由主义势头并没有得到遏制，相反，华尔街的大亨们一直试图利用各种机会来摆脱政府监管，从社会捞取财富。这就为2007年美国金融危机的爆发埋下了祸根。随着美国股市的疯狂增长，在严重的泡沫因素的作用下，股票市场一路狂跌，美国“新经济”和高科技的神话破灭了。共和党人小布什入主白宫后，标志着克林顿的“第三条道路”政策的终止。小布什代表着共和党人的利益，重新走上了新自由主义的道路。小布什上台后两度减税，提出将社会保障部分私有化并削减社会福利。小布什的新自由主义政策加强了金融资本对社会财富的掠夺，加剧了美国社会矛盾的激化。次贷危机的爆发使美国新自由主义暴露出无法隐藏的弊端。这种资本主义下的自由主义模式虽然在克林顿政府时期有所调整，但总体上并没有发生根本性的变化，而到了小布什时期则被推行得淋漓尽致。

（二）美国经济模式转变动因分析

1. 较为完善的创新机制。美国一开始就是个移民国家，这种特殊的国情使得美国的政治、经济、文化、社会等因素都带有自身独特的意义。许多外来的人成为美国国土的开拓者，他们为了共同的目标带着探索的精神来到这里，寻找一个自由、平等的国度。他们勤劳、勇于开拓，具有很强的反束缚、反控制的精神品质。经历了长期的战乱后，他们慢慢地培养出了一种顽强拼搏、适者生存的精神理念。强调竞争意识，创新意识，提倡个人应该充分发挥自己的创造力的西部牛仔式的个人自由主义精神。美国模式中这种长期形成的价值观已经深入每个人的骨髓，他们以个人主义为中心，绝不会因为顾全集体利益而“盲目”地失去“理智”，牺牲自身利益。在这种民族精神的基础上，政府对社会各个层面的干预和调节必须保证个人利益和个人财产不受侵害。在这一美国模式的特征下，人们积极地进行基础理论研究和专利创新，更充分体现个人价值，发挥出充分的竞争力和创造力。而长此以往则形成了个人主义和自由主义的观点。

近几十年来美国经济的转变充分证明，美国经济发展和社会繁荣是与其内部的创新机制分不开的。美国目前是世界上科技最发达、科学设备和科研手段最先进的国家，其庞大的科研队伍掌握着人类最先进的科研成果。相关资料表明，在 20 世纪 90 年代，美国已有 35 位科学家获得自然科学的诺贝尔奖，也是世界上拥有专利最多的国家。美国的创新机制体现在科技、金融、文化、制度等各个方面。就科技创新而言，“二战”以来，除了重点的国防、航空等领域外，美国政府非常重视科技对促进经济的作用，科技创新对美国经济增长的贡献已高达 80%。其次，美国还十分重视制度创新，美国创造了一整套的经济法律制度，几乎涵盖经济领域的方方面面。其中反垄断法有效地遏制了寡头企业对市场的垄断，促进了市场的竞争。

2. 自由主义的市场机制。美国经济的发展无论选择哪种模式的经济体制，“自由主义”是它们永不放弃的抉择。自由主义是西方制度建立的原则和价值观，更是美国占主导地位的政治观念和传统观念。不同历史时期，美国的自由主义也存在着一定的区别，但大多是根据实际需要而适时调整和改变。古典自由主义、新保守主义、新自由主义，也可能认为它们之间是对立的，但事实并非如此。不管什么时期，什么样的版本，它们的共同点就是政治自由、经济自由、个人自由。古典自由主义是给经济松绑，使经济免于贵族或者君权的控制。而新自由主义也并非和新保守主义是对立的，新保守主义是力图扭转联邦政府权力不断扩大，纠正社会福利制度中存在的诸多问题。新自由主义反对凯恩斯主义的国家干预政策，这些无非都是向古典自由主义的回归。

美国自由主义认为，只要是经过市场自由竞争出来的企业都是有实力的。在激烈的市场竞争中，政府并不过多参与，人们认为自由放任才能使市场充分地起到调节和刺激的作用。自由主义市场下建立的一整套经济运行制度以及美国联邦政府过松的监管机制培育出各种经济危机、金融危机生存的土壤。20世纪30年代凯恩斯主张由政府直接干预市场的做法堪称危机的“救世主”。罗斯福的新政正是以凯恩斯主义为指导下的国家干预政策。但是改革的力度太小，其中大部分是以维护资本主义自由市场秩序为目的的调整。而政府本身也是被限定在一定程度和一定范围之内的干预，这种力度的改革不能从根本上改善自由市场经济的地位。当经济有些许回升，进入正常发展轨道以后，他们又重新选择了自由市场经济。由此出现了自由市场经济—国家干预—再放任自流的轮回。从这个角度来看，美国的危机也将周而复始，永不停歇。这已经成为美国经济发展的一大特色。

除此之外，美国拥有自然资源丰富的广阔国内市场，先进的科学技术支撑，充足的人才储备，这些都使美国本土对世界市场的依存度变小，再加上本身经济霸主的地位，让拥有物质雄厚优势的美国有了推行“自由”的理由和基础。

3. 典型的股票资本主义。在现代社会中，企业融资的主要渠道不是银行，而是股票和金融市场，在企业里企业股东的利益是至高无上的，而劳动者本身的权益不会被关注。美国模式也恰恰是通过社会的金融市场来融资，以满足对资金的大量需求。这种以追求短期利润为最终目标的私人公司不能保证企业发展所必需的资源进行最合理的配置。在现代的新自由主义者看来，必须是企业完全开放的面向竞争激烈的金融市场，通过金融市场来积累资本，尽量减少银行的信贷，才能提高企业的效率以及资源的合理配置。在“美国模式”下的企业里，80%企业的投资来源是金融市场，剩余的20%来源于银行。所以，股票也就理所当然地在资本主义历史上扮演了它举足轻重的角色。在美国，企业里的股东为了从劳动者身上榨取更多的剩余价值，他们把劳动者和生产资料、生产工具同等看待，根本不去过多考虑劳动者的生存状态，也不会去过多考虑劳动者的权益，只能在法律规定的范围内得到有限的报酬和社会权利，甚至可以随意解聘员工，企业内部的劳资关系也就不融洽。所以这是“美国模式”下企业的弊端，它不能有效地调动劳动者的积极性，不能从根本上有效提高企业的竞争力。然而，股东可以根据自己的想法随意支配私有财产，这就造成了企业的自由管理制度缺乏必要管理模式。在企业之间注重短期合作利益，强调企业之间的竞争，在企业合作方面严重匮乏，一定程度上阻碍了企业的发展。这种情况在英国的企业里也经常存在，尤其是在新自由主义期间表现更加明显。撒切尔政府主张减少政府开支，减少福利开支。他们认为优厚的社会服务使人变得不思进取，产生惰性。另外，股票资本发挥着资本配置的有效性能，于是很大一部分存在银行里获取固定收益的资本开始慢慢向证券市场转移。所以英国的一位学者罗纳德多尔把这种股东价值和企业财产占据主导地位，财产权优先于任何其他权利的企业发展模式定义为股票资本主义模式。①

（三）美国经济建设的经验与启示

1. 美国经济建设的经验。

主要体现在以下三个方面：

一是以信息技术为主导的高新技术产业在美国经济中占据主要地位。近年来，以信息技术为主导的高新技术产业带动美国经济的发展是美国经济结构优势的突出特点。信息产业的迅速发展带动了微电子、半导体、超导、新能源、生物工程、航空航天等相关产业快速发展。同时，在一些新兴的工业区，工业部门与科研机构更加紧密地结合，使产品生命周期明显缩短、更新换代加速。在美国工业企业用于设备、技术开发的投资中，有2/3以上直接与信息服务工业有关。美国成为了世界上无可争议的信息产业超级大国，一系列信息产业史上的重大事件都与美国紧密相连。

二是发展起来的高新技术对传统产业改造起到了推动作用。高新技术，尤其是信息技术在传统产业中的广泛应用，使趋于衰退的传统产业发生逆向回归，新旧产业的界限趋于模糊，劳动生产率明显提高。用高新技术改造传统产业，不仅使已经失去竞争优势的劳动密集型产业转变为资本和技术密集型产业，而且使资本密集型产业转变为技术密集型产业。新技术的引进在一定程度上减缓了传统产业的衰落速度，甚至使部分传统产业焕发新的生命力。

三是知识型服务业成为拉动经济增长的重要力量。美国的知识型服务业在国民经济中的比重越来越大，对经济社会的发展贡献也越来越大，其发展增强了经济增长机制的稳定性。目前，美国第三产业在国民生产总值中占的比重已经超过80%，而其中有83%以上集中于金融与保险，信息与通信和企业服务等

---

①　佚名：美国的股票资本主义体制，《银行家》，2002年第9期。

行业。[①]

2. 美国经济发展模式对中国的借鉴。针对我国的国情，我们可以从以下两个方面进行借鉴：

（1）大力发展信息产业，加快产业结构调整。信息产业是知识经济的重要支柱产业之一，在21世纪，信息产业将成为我国最大的产业，以信息科学技术为核心的高技术的产业化，成为推动经济发展的战略制高点。当前及今后一段时期，我国最紧迫的任务是集中力量，加快信息技术产业的发展，如大力加强信息基础设施建设，促进传统产业与信息产业的接轨，发展电子商务，改变传统的结算与运输方式等。我国高新技术的发展必须从具体的国情出发，坚持“有所为，有所不为”的发展战略，建设现代化的支撑服务体系和高效运作的信息网络，培植一批在国内外有影响的现代化信息服务机构，建设一批具有广阔市场前景和强大牵引效应的高新技术产业群，使之逐步成为经济高速增长的“驱动器”。

我国传统产业技术装备相对落后，产品单一；而高新技术具有很强的扩散渗透能力，我们要积极用高新技术对传统产业进行科技化、信息化改造，使传统产业得到更新，提高其信息化、知识化和技术化水平，从而使产业技术层次在整体上上一个新台阶，传统产业重新获得生命和发展，提高产业的国际竞争力，促进产业结构升级。

（2）产业结构调整要求有与之相适应的体制。变革发生在美国不同领域、不同层次的创新或新的制度安排带来广泛的社会影响，形成一种有利于技术创新和经济增长的社会机制。产业结构调整要求有与之相适应的体制变革，包括生产体制、流通体制、分配体制、企业管理体制等，这就需要制度创新。在生产领域，小型创业公司的兴起，大公司与小公司在创新上的协作关系；在流通领域，各种金融创新，如二板市场、风险投资的出现；在分配领域，股票期权的盛行；在企业管理领域，层级制被水平型管理和对基层授权所取代等。在产业结构的调整过程中，主要借助于市场力量和一些间接手段，促使产业结构向合理化、高级化方向演变。市场竞争的有序进行，既是促使各类企业优胜劣汰的关键，也是推动企业不断创新的重要力量。

---

① 袁奇、刘崇仪：美国产业结构变动与服务业的发展，《世界经济研究》，2007年第2期。

二、俄罗斯品牌建设的路径解析与经验

俄罗斯，是俄罗斯联邦的简称，位于亚欧大陆北部，地跨欧亚两大洲，是目前世界上国土面积最大的国家。俄罗斯具有相当大的全球影响力，并在联合国安理会担任常任理事国。20 世纪 90 年代的苏联解体，给俄罗斯政治、经济、文化等各方面的发展带来了巨大挑战，也给俄罗斯提供了新的发展机遇①。虽然在苏联解体之后俄罗斯经济出现一段时期的负增长，但在经过短期的调整之后，最近十几年（2001—2012 年）俄罗斯经济的年均增长率达到 4.88%，并于 2012 年 8 月加入 WTO 的行列，与中国一样，俄罗斯也被列入金砖国家之列，未来的经济发展将更值得期待。据世行评估，2012 年，俄罗斯以 3.4 万亿美元的经济总量在世界十大经济体中位居第五；与此同时，2013 年 7 月世界银行发布的人均 GDP 国家排行榜显示，俄罗斯以人均 12700 美元迈入高收入国家行列，这也是近年来俄罗斯经济迅速发展的见证。②

2014 年，俄罗斯的经济并未延续前几年的良好上升势头，卢布持续贬值、通货极度膨胀是该年俄罗斯经济的写照，全年 GDP 总量为 2.092 万亿美元，增速明显放缓。这一次俄罗斯面临的经济困境是多重因素共同作用的结果。鉴于西方制裁、卢布紧跟国际油价下跌步伐快速贬值等因素，很多国际机构对 2015 年俄罗斯经济发展持悲观态度。但随着卢布的价值合理反弹，俄罗斯宏观经济指标运行相对平稳，显示出俄政府的积极应对在一定程度上缓解了俄经济出现的困难。与此同时，中俄在航空航天、核能、高铁等领域的战略大项目上展开合作，也为俄罗斯经济回暖创造了有利的条件。

由于 2014 年经济状况不甚理想，俄罗斯国家品牌深受影响，根据 Brand Finance 国际品牌公司评估的结果，在 2014 年国家品牌的价值含金量国际排行榜中，俄罗斯被此前深陷欧债危机的意大利所超越，由 2013 年的第 11 位下降到 2014 年的第 12 位，品牌总价值约为 1.17 万亿美元。虽然部分企业品牌价值的增长受到了一定的阻碍，但是在 Brand Finance 的全球品牌价值 500 强榜单中，俄罗斯马格尼特零售公司（Magnit）及通信业的两大巨头 MTS 公司和 MegaFon

① 俄罗斯（俄罗斯联邦），百度百科（https://baike.baidu.com/），参见常喆：俄罗斯资源价值惊人，《招商周刊》，2005 年第 27 期，以及陆南泉：俄罗斯经济现状与前景，《党政干部参考》，2003 年第 3 期等著述。

② 俄罗斯经济发展优劣势及对我国启示，道客巴巴（http://www.doc88.com/p-3505619190196.html）。

公司的品牌价值还是出现了不同程度的上升，为俄罗斯经济走出困境并获得新一轮的发展增强了信心。

俄罗斯继承了苏联丰富的物质资源，在世界文明舞台上占有重要一席，但由于近几十年国家政局动荡、社会问题层出不穷，俄罗斯国家形象塑造和企业品牌建设的进程十分坎坷。通过梳理近年来俄罗斯经济的发展特点，我们期望在其独特的政治经济背景下分析自主品牌战略在企业国际竞争力提升中的作用，从而为研究中国的经济发展和品牌建设提供经验。

（一）俄罗斯近年来的经济发展状况

准确客观地认识一个国家所处的经济发展阶段，对研究该国代表性企业自主品牌战略的实施背景和作用路径具有重要意义。苏联时期工业化的特殊性以及苏联解体后的经济危机决定了俄罗斯工业化道路的反复性，在此环境下也缔造出了俄罗斯企业独特的国际竞争力。①

1. 苏联模式时期（20 世纪 20 年代末 30 年代初至 20 世纪中叶）。1917 年 11 月 7 日，俄国人民在以列宁为首的布尔什维克党的领导下，推翻了资产阶级临时政府，取得了社会主义革命的胜利，使俄国进入了由资本主义向社会主义过渡的新纪元。斯大林根据马克思关于社会主义制度的解释摸索出并逐渐完善了社会计划经济体制。经过“二战”的考验这套体制被推广到了所有的社会主义国家。俄国，虽然工业已有相当基础并形成了垄断资本，但远远落后于美、英、法等国家，并且是个小农经济占统治地位的国家。随后，从 1917 年年底，政府所推行的是经济上国家垄断化，交易上实物化，分配上平均化，生活上供给化，实行义务劳动制，政治上集权化的战时共产主义政策，这种以共产主义为旗帜的军事体制，从应付战争的角度来说，有效地集中、调动和使用了全国的人力、物力，对保证国内战争的胜利起了巨大作用。

2. 传统经济管理体制的改革时期（1957 年至苏联解体前）。1957 年对工业和建筑业的管理体制改革，是赫鲁晓夫对传统的苏联政治经济体制进行改革的一次大胆探索和尝试，虽然这次改革由于没有重视理论的指导作用，也没有进行改革总体设计和改革措施的试验，而是采取盲动的反复无常的政策和措施，最终导致改革失败，但赫鲁晓夫开创的在社会主义国家进行改革之风却是应该

---

① 这部分请参阅李中海：俄罗斯经济发展阶段及宏观经济政策调整前景，《俄罗斯学刊》，2013 年第 6 期，陆南泉：《苏联经济体制改革史论》，人民出版社 2007 年版，苏联和俄罗斯的经济发展（ppt），道客巴巴（http：//www. doc88. com/p－1456575259906. html），以及陆南泉：《曲折的历程：俄罗斯经济卷》，东方出版社 2015 年版等著述。

肯定的。

随后，勃涅日列夫 1965 年实行计划工作和经济刺激新体制，由于没有触及所有制问题的改革，没能动摇高度集中的经济管理体制，也没有改变以优先发展军事工业为核心的重工业路线，这次改革并未取得实质性的进展，反而使苏联陷入了粗放型增长、军费开支太大等困境。

最终，前人建立的经济管理体制在戈尔巴乔夫的改革中被打破，新体制具有以下特征：在计划与市场的关系上，取消指令性计划；在国家与企业的关系上，将企业的地位从单纯的计划执行者变为独立的、自负盈亏的经济实体；在国家对经济的管理上，由行政干预改为经济杠杆调节。然而，这种新体制并不能有效建立，经济严重失控，重要产品减产、商品奇缺，市场供求严重失调，在苏联历史上首次出现了经济负增长。

3. 苏联解体后即第一阶段的危机（1991—1999 年）。1991 年年底，苏联解体之后俄罗斯正式成为独立国家，刚独立出来的俄罗斯国内呈现出极为混乱的政治和经济格局。普京上台时曾说："（20 世纪）90 年代俄罗斯的国内生产总值几乎下降了 50%，这大概是俄罗斯在近两三百年来的历史里首次真正面临将沦为世界二流国家，抑或三流国家的危险。"[①] 在俄罗斯独立的初期，俄罗斯联邦首任总统叶利钦任命自由改革派人物盖达尔为政府首脑，进行激进的"休克式"经济改革。这种"休克式"疗法产生了严重的后果，苏联各国多年来形成的经济贸易联系被中断、俄罗斯大量企业的传统协作关系被完全破坏。1992 年至 1996 年，俄罗斯因此一直处于严重的经济危机之中。1998 年 8 月 17 日，俄联邦政府和中央银行宣布卢布贬值，无力偿还国债。在这段时期内，出于政治考虑，俄罗斯多次更换政府总理，仅在 1997—1999 年两年内，就四次更换总理，从基里延科、普里马科夫、斯捷帕申，直到最后的普京被任命才使得国内政局稳定下来。这段时间国内的混乱局面导致俄罗斯缺乏完整的和战略性的经济振兴计划，也为俄罗斯留下了共计 1 万亿卢布内债和近 1000 亿美元外债。

4. 普京执政后即第二阶段的机会（2000—2007 年）。2000 年 3 月，普京成功当选为俄罗斯联邦总统，[②] 新的领导人所带来的新的执政理念也为俄罗斯摆脱

---

① 国玉奇：苏联解体后的俄罗斯政治经济概况（转载），关天茶舍_论坛_天涯社区（http://bbs.tianya.cn/post-no01-70564-1.shtml）。

② 弗拉基米尔·弗拉基米罗维奇·普京（Vladimir Vladimirovich Putin，1952 年 10 月 7 日出生），圣彼得堡人，毕业于列宁格勒大学，2000 年当选为俄罗斯总统，2004 年再度当选俄罗斯总统，2012 年继续就任，2018 年赢得第四个任期。

困境获得发展创造了新的机会。1999—2006 年，俄罗斯 GDP 年均增长速度约 6%，经济总量增加了 70%。之所以会有这样的经济发展速度，首要原因是宏观经济稳定和进行了市场经济改革，另一个原因是国家保持了对一些行业的控制。2003 年，高盛集团首次提出了“俄罗斯重新崛起”这一说法，此后，越来越多的媒体都分析称俄罗斯将重新跻身世界强国的行列。2007 年，俄罗斯《专家》杂志发表评论，称俄罗斯的总产出水平已经恢复到苏联时期水平的 70%，多年来第一次感到“松了一口气”。另外，同样在该年，根据全俄民意调查中心统计，与 1998 年相比，感觉“难以生活”的人由 45% 降至 21%，觉得生活质量“还算不错”的人由 5% 增加到 25%，对生活能够“泰然处之”的人由 24% 上升至 44%。①

当然，我们需要认识到，为了摆脱苏联解体后的长期颓势，俄罗斯利用自身的能源优势，呈现出经济依赖出口、出口依赖能源的局面，所以俄罗斯经济是能源依赖型的经济增长方式，其他经济部门始终没有形成竞争实力。整个经济运行机制已经产生了严重的资源依赖。虽然这一阶段的经济增长是符合人民利益的，但从长远来看也是不可持续的。

5. 经济转型期即第三阶段的发展（2008 年至今）。2008 年，梅德韦杰夫在普京的支持下成功赢得总统大选，就任之后，俄罗斯政府在普京与梅德韦杰夫的领导下进一步调整并明确了俄罗斯经济转型的基本思路，并着手解决当时最主要的任务即国家制度的全面完善。但是，新的危机再次出现在俄罗斯人民面前，2008 年下半年到 2009 年，由于全球金融危机的发展和深化，外部资本来源短缺甚至出现本国资本大量外流，国际能源和原材料价格持续大幅下跌，俄罗斯经济遭受重创，陷入深度衰退，2009 年 GDP 降幅达 7.9%，这与前面的高增长形成鲜明对比。由于俄罗斯经济是能源依赖型的经济增长方式，2009 年下半年随着国际经济形势的和缓，主要是油价提升，俄经济显示走出谷底，2010 年总体上呈现复苏的态势。

2012 年 8 月 22 日，俄罗斯正式加入世界贸易组织（WTO），结束了其长达 19 年的入世进程，成为世贸组织第 156 个成员。加入世贸组织对俄罗斯会有短期阵痛，一方面表现在部分企业如棉纺企业将面临破产、失业加剧等不利局面；另一方面是对其传统的能源行业和军事工业的发展意义不大；但长远来看

① 岑川：20 世纪 90 年代至今俄罗斯经济发展的回顾及展望，财经界（https：//www.xueshu.com/cjj/201212/6600316.html）。

是利大于弊，俄入世后，将在国际贸易规则下开展对外经贸合作，不仅将吸引外资和先进技术，扩大俄罗斯优势商品的出口，还将理顺与贸易伙伴的关系，提升双边和多边贸易合作水平和规范化程度，贸易纠纷的解决渠道也将更加通畅，同时，基于开放市场基础上的进步和变革，也为俄罗斯创新型经济的发展提供了条件。总体来看，入世有助于俄推动经济结构调整，转变经济增长方式，摆脱对能源原材料的过度依赖，建设公平透明的竞争环境，提高俄企业和产品乃至俄经济的整体竞争力，是其建设创新经济、实现经济现代化的必由之路。

和中国一样，俄罗斯也居于金砖国家之列，得益于良好的外部环境和独特的资源优势，金砖国家展示出了强劲的发展势头，向全世界交出了亮丽的“经济答卷”。由于资源优势和劳动力成本优势，俄罗斯的出口占 GDP 的比例在近二十年的均值都在 25% 以上，超过同期的世界平均水平（23%），表现为贸易盈余；俄罗斯的储蓄率也几乎一直远高于全球平均储蓄水平和 OECD 国家均值，较高的国民储蓄水平，不仅为经济的高速增长提供了比较充足的资金来源，而且为债务负担带来的压力提供了必要的缓冲，减轻了经济发展过度依赖负债的可能性；从经济结构的变迁来看，农业、工业和服务业等产值占 GDP 的比重在 2009 年发展到 5∶33∶62，并逐步趋于稳定，呈现出第三产业主导的结构形态，与发达国家的产业结构更为接近。①

（二）俄罗斯经济模式转变动因分析

俄罗斯的经济经过艰难的发展历程，迎来了经济快速发展的时期，尽管在 2014 年又一次遭遇到了巨大的危机，但从其在由能源依赖型经济向创新型经济转型的道路上所做的努力我们可以看出，俄罗斯未来的经济增长仍是可以期待，值得我们研究的。从近年来尤其是苏联解体后俄罗斯的经济发展阶段来看，俄罗斯企业的品牌建设所处的经济环境发生了较大的变化，对其竞争力的塑造也产生了较大的影响，这些经济发展模式转变的动因将成为我们关注的内容。

1. 相对平稳的政治格局和国际局势。众所周知，在一个稳定的社会局面里，人民才能安居乐业，经济才能快速发展。苏联解体后，俄罗斯社会在很长一段时间内曾经动荡不安，普京执政后，对此采取了一系列整治措施：首先，明确

---

① 赵福昌：金砖国家经济发展特点与优势，《中国金融》，2011 年第 5 期。

了私有化不仅是指把国有资产变为私有，而包括所有制结构的多元化以及所有制形式的多样化，这实际上确立了俄罗斯产权改革的目标是要建立一个混合所有制结构，并在2001年颁布了新的私有化法；其次，对政治转型进行了调整。这些举措进一步削弱了地方领导人的权力，使俄罗斯政治重新走向了稳定。相对平稳的政治格局稳定了宏观经济环境，为经济的良性增长提供了前提。

国际局势相对平稳将对俄罗斯的发展产生巨大的影响。首先，从总体上看，当前国际形势对俄罗斯仍是机遇大于挑战，有利于俄罗斯继续推行“强国富民，恢复大国”的国家发展战略。而以和平与发展为主题的时代特征、经济全球化以及科技革命新浪潮也给俄罗斯发展提供了巨大动力和机遇；其次，在世界战略格局的调整方向、国际地缘政治的变化趋势以及经济全球化进程中出现的各种问题，不仅没有弱化，反而在一定程度上强化了俄罗斯在国际关系中的基石地位。要在复杂多变的国际矛盾和日趋激烈的国际竞争中争取主动，恢复大国地位，推动建立更加公正合理的国际秩序，必须把发展经济作为前提。相对平稳的国际局势也使得俄罗斯能够积极寻求同其他国家在求同存异、共赢基础上的合作，为俄罗斯企业的跨国合作提供了保障。

2. 逐步增长的内需。俄罗斯进行政治改革后，依靠各项体制改革和转型，解决了过去长期存在的制度供给不足问题，营商环境日趋好转，投资与消费积极性大大增加，政府对经济的直接干预和参与大为减少，居民投资创业精神和积极消费动力显著增强。价格体制的改革解决了资源配置扭曲，提高了社会资源配置合理性和效率，改善了供求关系，繁荣了市场，困扰苏联多年的短缺问题在俄罗斯价格自由化之后很短的时期内就迎刃而解。

2007年，俄罗斯政府调整了经济发展方向，通过扩大内需带动经济增长，内需增长取代对外贸易成为经济发展的主要动力。在此基础上政府进一步增加投资，改善投资环境，调整产业结构，提高本国企业竞争力和国民经济整体运行的效率。由此可见，内需的增长实际上是俄罗斯经济迅速增长的动力所在。

3. 对垄断行业的打破。俄罗斯的行业垄断问题一直很严重，寡头经济更是被世界所熟识。俄罗斯富豪大部分集中在原料、资源开采领域，尤其是石油、天然气等行业造就的富豪最多，他们的财富数量也最为可观。2013年《福布斯》杂志评出的100名俄罗斯富豪中，就有40人与石油、天然气等资源行业有关①。

---

① 张锐：俄罗斯经济转型中的贫富分化，百度文库（https：//wenku. baidu. com/）。

行业垄断在一定程度上阻挠了改革，这些改革的“孤岛”与完善市场经济的目标不相符，阻碍了公平竞争和市场经济机制的完善，成为了阻扰俄罗斯继续进行改革与发展的困境所在。普京在上任初期曾发出警告说，寡头政治将成为历史，俄罗斯企业应向社会做出更多回报。其实，俄罗斯从 2002 年就开始统一对天然气、电力公司和交通部三大天然垄断部门进行改革。虽然依靠投入大量资金以更新生产设备等措施难以在短期内见效，但俄罗斯政府破除行业垄断的行为无疑为国内更多的企业提供了发展自身品牌特色的机会，为创新型经济的建设提供了更广阔的空间。

4. “先天”优势提供的保障。俄罗斯作为世界能源大国，能源产业是俄罗斯出口所倚重的基本行业。俄罗斯每年大量依靠能源出口，既为国家财政换取了大笔的外汇收入，又保证了转型时期国家经济的正常运转。由上一部分的分析可见，2000—2005 年，俄罗斯宏观经济的强劲增长态势主要得益于国际石油市场价格。石油、天然气等自然资源的出口日益成为俄罗斯经济增长和财政收入的最主要来源，成为俄罗斯经济复兴的动力源泉。如今，在普京的领导下，俄罗斯政府将能源战略置于国家安全的核心地位，它也是俄罗斯恢复大国地位、融入全球化的一张王牌，通过大打能源外交牌，确保其对外经济与地缘政治利益。作为俄罗斯盈利最多的部门之一，油气工业不仅为国民经济各部门和军事工业提供了大量高效能源，而且其出口保证了一定的外汇资金。正是依靠能源产业强有力的支撑，俄罗斯才能在数次政治和经济的动荡中保持根基。而一些企业较高的品牌价值也使其成为俄罗斯国家品牌战略中的重要组成部分，比如俄罗斯天然气工业股份公司（Gasprom）和卢克石油公司（Lukoil）等，已连续数年在世界品牌价值榜 500 强中占有一席之地。①

虽然苏联的解体使俄罗斯作为一个地缘政治实体在世界版图中的地位明显下降，但是不可否认的是俄罗斯仍然是世界上地跨欧亚大陆地域最广阔的国家。近年来，俄罗斯作为一个能源大国能够重新崛起，并积极开展全方位的能源外交，也与其独特的地缘优势有着必然联系：一是俄罗斯地跨欧亚两大洲，这种独特的地理优势，使俄罗斯对外政策的辐射性较强，能够发挥东西平衡的作用；二是世界主要的油气消费区如北美、西欧、日本以及亚太地区，包括中国、印度、印度尼西亚等国家，它们对油气的需求有增无减，俄罗斯其有利的地理位

① 俄罗斯新战略：三分欧亚大陆，已经迈出第一步，360 个人图书馆（http：//www.360doc.com/content/18/0426/18/16534268_748972593.shtml）。

置和控制着欧亚大陆两大能源基地的优势，成为世界上主要的油气供应国家之一；三是俄罗斯所处的国际环境较为稳定，其周边地区基本上没有重大的国际冲突和地区危机，这保证了俄罗斯国际石油运输的安全性和石油供应的稳定性，对稳定国际能源市场起到了积极的作用。

5. 对科技创新的重视。虽然俄罗斯继承了大部分苏联时期的科技资源，但在苏联解体之初，俄罗斯经济增长速度缓慢，研发经费紧缺，大量人才流失海外。随后，俄罗斯政府实施了科技创新政策旨在拯救和保护国家科技潜力，依靠科技创新振兴俄罗斯经济。

俄罗斯政府已经认识到，一国的经济强盛并不能仅仅依靠自然资源就能获得，而要靠本国具有国际竞争力的产业体系，尤其是靠本国的科技创新能力。能源依赖型的经济只能解燃眉之急，科技创新引领的经济转型才是长久之计。因此，俄罗斯积极寻求经济发展的增长点，其中主要一条是发挥自己的优势，走依靠高技术振兴经济之路。

由于俄罗斯现有的科技潜力，尤其是国防工业系统历经多年积累下来的具有世界领先水平的军民两用技术，在国际市场上具有很强的竞争力，因此，俄罗斯的军品及军事技术出口成了经济增长的重要因素。在俄罗斯原有的经济结构中，军事工业在国民经济中所占比例一度达到70%，所以俄罗斯政府特别重视军工产品及军事技术出口所带来的潜力。同时，在科技创新政策的指引下，俄罗斯的通信行业也获得了长足发展，通信业的两大巨头MTS公司和MegaFon公司也在世界移动通信领域拥有一定的地位，品牌建设工作也是卓有成效。

（三）俄罗斯品牌发展的经验与教训

作为金砖国家之一，俄罗斯虽然在短期内遭遇到一定的经济困境，但其未来的经济增长态势仍是值得我们期待的。通过对俄罗斯近年来的经济发展状况及转变动因的分析，并结合该国代表性企业自主品牌战略的实施特点，我们可以看出制约俄罗斯品牌发展的一些问题，以及一些成功品牌在培育过程中的经验，从而为我们进一步研究通过怎样的品牌建设才能提升企业的国际竞争力提供一些启示，大致有以下几点内容：

1. 俄罗斯企业普遍缺乏创新动力是制约品牌价值提升的关键因素。在俄罗斯经济现代化的推进过程中，不仅需要国家的政策调整和资金扶持，更离不开企业的积极参与。企业是从事生产和经营的基本单位，是重要的市场竞争主体，也是创新动力和创新成果的重要来源，创新和变革应该是企业持续发展的永恒主题，是实现经济现代化的关键因素。

经过二十多年的经济转轨，以非国有制为主导的多元化所有制体系为基础的市场经济框架逐步形成，但俄罗斯迄今并没有培育出真正的市场竞争主体，没有形成具有创新精神的企业家阶层，这已严重制约俄经济的健康可持续发展。从大型企业来看，俄多数大型企业目前还缺少变革力量和创新动力；从中小型企业来看，由于在市场准入、获取资源和资金等方面存在严重障碍，俄中小型企业始终处于市场竞争的弱势地位，主要表现为管理水平落后和创新能力不足。

创新，是企业品牌价值持续提升的核心力量，从发达国家的实践看，20 世纪以来，西方发达国家的大量企业在技术创新上占有越来越大的份额，发挥着越来越重要的作用，这也是发达国家一些品牌中的领军企业得以永葆活力、后起之秀得以扬名世界的根本所在。然而在俄罗斯企业的品牌价值榜单上，除了少量通信类企业以外，很少能发现借助技术创新得到价值提升的品牌，更多地是来自金融、资源领域的垄断行业的企业。因此，俄罗斯企业中普遍缺乏的创新动力是制约大量品牌价值提升的关键因素。

2. 低水平的制度质量将成为品牌建设的主要障碍。从本质上看，从计划经济向市场经济的转轨是一个渐进的过程，经过 20 多年的经济转轨，俄罗斯市场经济的基本框架已经确立，相关的法律法规也已基本完善，但市场经济的运行能力还没有培育起来，即市场经济的“制度质量”处于较低的水平，根据世界经济论坛（World Economic Forum，WEF）的研究，“制度质量”主要包括商品市场效率、政府行政管理效率、司法独立性和财产权与金融市场效率四个方面。WEF《2009—2010 年全球竞争力报告》对 133 个国家的“制度质量”进行了评估，俄罗斯在上述四个方面均排在 100 名之后。可以说，低水平的“制度质量”反映出俄罗斯缺乏公平竞争的发展环境，而国有企业垄断和政府官员腐败是造成这种状况的重要原因。

在这样的背景下，企业的品牌建设将无法正常开展，竞争力也无法通过自由竞争市场中的产品和服务来体现。这种国有企业的垄断与市场竞争原则不相容，与经济开放原则不协调的状态，不但损害中小企业和外国投资者的利益，也损害俄消费者的利益。由于俄国有企业的垄断性、封闭性和缺乏创新动力，已出现企业效率日益下降的情况，这将成为品牌建设根本环节的主要障碍。

3. 塑造国家品牌的重要性需要引起重视。一个国家塑造品牌的过程也是国家本身发展的过程。安霍尔特（2003）认为，国家形象如同品牌，一个国家树立并传播鲜明的品牌形象能够吸引外国投资者和旅游者，从而加速经济发展；反之，经济的发展又能增强一个国家的政治影响力并且促进该国企业的发展，一个正面而强大的国家形象在全球化时代意味着强大的竞争力，负面的国家形象则会严重阻碍政府的行为能力[①]。

在全球化时代，一个国家的企业形象、知名产品与国家形象存在着密切关系，产品品牌在国际市场上的优秀表现可以促进国家品牌的建设，而良好的国家形象可以为企业创造良好的国际市场环境，提升品牌的信誉和企业的竞争力。

从各大品牌价值的榜单上我们可以看出，相比于西方发达国家成熟的品牌经营和管理，俄罗斯在品牌文化和品牌管理方面尚有不小的差距。苏联解体20多年过去了，新俄罗斯的品牌塑造和国家形象建设仍困难重重，俄罗斯塑造品牌之路，应该先从国家和政府开始，这是近期俄罗斯有识之士达成的一项共识。他们提出，俄罗斯应该拥有一个国家品牌，即作为在商品和服务生产领域内拥有巨大潜力的国家品牌，商品和服务依靠的是科学、教育、文化、传统自然休闲资源，诸如“俄罗斯制造”“俄罗斯质量”这样的品牌。这些也是中国政府在国家形象创建中需要注意的问题所在。

三、韩国品牌建设的路径解析与经验

自20世纪60年代以来，韩国政府实行了“出口主导型”开发经济战略，推动了本国经济的飞速发展，在短短几十年里，由世界上最贫穷落后的国家之一，一跃成为中等发达国家，缔造了令世界瞩目的“汉江奇迹”。韩国是20国集团成员之一的世界主要经济体，是拥有完善市场经济制度的经合组织发达国家。其国内生产总值按国际汇率计算在世界排名第15，按相对购买力指标计算世界排名第12。韩国是亚洲四小龙之一，是世界上经济发展最快的国家之一[②]。

（一）韩国近年来的经济发展状况[③]

韩国经济被称为奇迹。1963年，韩国人均GNP只有100美元，到2006年达

① 英国品牌大师西蒙．安霍尔特为国家设计形象。《国际先驱导报》2003年12月2日。转引自新浪新闻中心。

② 韩国，360百科（https：//baike. so. com/doc/3414916－3594286. html）等著述。

③ 主要内容可参阅浙江越秀外国语学院韩国文化研究所：《韩国经济》，延边大学出版社2011年版。

到 17600 美元，成为发达国家，增长高达 176 倍。[①] 韩国在经济发展上所取得的成就在当初朝鲜战争结束时是不可想象的。韩国的基础建设在朝鲜战争中已被摧毁，百万计的韩国人当时在贫困和失业之中挣扎。1963 年，朴正熙掌权后将发展经济列为头等大事，按照韩国国情开展了新乡村运动和韩国五年计划。朴正熙在当时提出的“对待工人要像对待家人一样，做工厂的工作要像做自己的事一样”的口号，成为当时韩国人的精神力量，使得韩国工人以当时美国工人 1/10 的成本创造出美国工人 2. 5 倍生产率。

在韩国经济振兴的过程中，韩国政府大力扶植和利用财阀。财阀成为了韩国政府经济振兴蓝图的实际执行者。20 世纪 60 年代韩国财阀主要发展纺织业；70 年代中期到 80 年代则是发展重工业、军工和化学工业；到 20 世纪 90 年代初，财阀在电子和高科技方面的发展更是为韩国经济锦上添花。1986 年，财阀成功使得韩国国际贸易从赤字转为盈余。到 20 世纪 80 年代末，韩国财阀在资金上已经不需要韩国政府的支持。

1998 年亚洲金融风暴袭击韩国。韩国外汇储备锐减到 60 亿美元。汉江奇迹创造的财富缩水一半。韩国财阀外向型发展模式的弊端也凸显出来。大多数人将 1997 年认为是汉江奇迹的结束。金大中续金泳三执掌韩国政坛后，公开反对韩国的财阀和金融与财政制度，并开始对韩国经济进行改革和结构调整。在金大中的领导下，通过韩国国民的努力以及国际货币基金组织的 580 亿美元的援助，韩国在相对较短的时间内走出了金融危机，使世界再次为之惊叹。

2008 年 9 月发生金融风暴后，韩国一度被认为可能步上冰岛之后尘，成为第二个破产的国家。但不到一年，局势就翻转，韩国竟成为 OECD 30 个成员国中复苏最快的国家。代表先进国家俱乐部的 OECD，第二季平均成长率正好是 0，而韩国 2009 年首季经济成长率 0. 1%，第二季达到 2. 6%，第三季达到 2. 9%。2010 年，韩国人均国民所得突破 21640 美元（汇率法）。截至 2012 年 2 月底，韩国外汇存底为 3158 亿美元。[②]

韩国是世界第 7 大出口国和第 9 大进口国。《韩欧自由贸易协定》与《韩美自由贸易协定》（KORUS FTA）的正式生效，使韩国成为全球第一个与欧盟和美国两大经济体都签署自贸协定的国家。

---

① 韩国的资本市场及并购交易，投中网（https：//mp. weixin. qq. com/s）。
② 参见：韩国介绍。豆丁网以及百度百科等。

（二）韩国经济模式转变动因分析

1. 政府高度的经济干预。韩国经济发展模式的核心就是政府通过一系列的发展政策来引导民间经济部门。韩国政府的经济发展意图体现在其经济政策之中，其内容大致分为两个方面，一是旨在完善经济发展的基础条件的基础性政策，二是旨在按政府的意图来影响经济发展过程的介入性政策。基础性政策中最重要的是宏观经济的稳定政策、鼓励民间投资的高投资政策、安全稳订的金融政策、竞争规则的建立和运作以及先进技术的引进政策等。介入性政策中最重要的是包括低利率政策在内的稳健的金融控制政策、政府的直接融资、各种工业化促进措施以及促进工业品出口的贸易政策等。韩国政府希望通过上述政策实现国民经济的稳定发展以及出口快速增长，优化产业结构、增加储蓄和扩充社会资本。为此，政府采取伸缩性的实用主义哲学，对各种政策进行了适当的混合和调整，形成了韩国特有的经济发展模式。总体上看，这一政策体系就是从经济学基本原理出发，实施各种政策手段，把民间部门作为经济增长的主导力量，全力提升其自身实力。同时，政府通过充分发挥其协调与保障职能，形成高效健全的经济增长机制。

积极干预型政府的强力主导，正确的产业政策选择，尽管没有依靠国有化来强制实施政府的产业发展策略，韩国政府在本国经济发展过程中的主导地位也是毋庸置疑的，这一点导致韩国经济增长过程中不可避免地出现了腐败和寻租现象。尽管如此，韩国政府通过一套垂直的组织体系，以经济企划院下辖各经济部门的决策体制仍然高效。其制订的五年计划已连续实施数十年，在连续性、一致性和灵活性方面都堪称典范。总体而言，韩国政府以实用性为原则，灵活地根据世界经济形势变化适时调整经济发展策略，同时对教育和技术研发给予特别的重视，保证了韩国经济的持久竞争力。

2. 向技术型产业的转变。20 世纪 60 年代，在这一时期韩国政府开始将国内中心转向经济增长、一切为了增长，同时转变发展策略，大力发展出口导向型产业，相继提出了“出口第一”“输出立国”“经济至上”等政策主张，不断强化出口导向型经济。这样的政策背景下，韩国国内市场狭小，资源短缺、劳动力相对丰富的比较优势得到充分利用。是时恰逢世界第一次产业转移，韩国的纤维、轻纺、塑胶、服装、鞋帽、日用品、玩具等劳动密集型产业迅速发展，从而完成了原始的资本积累。进入 20 世纪 70 年代后，世界分工体系进一步深化，西方发达国家开始将产业重心转移到技术密集型行业，钢铁、机械、电子、金属、化学、水泥等资本密集型产业再次向海外转移，韩国适时承接这类产业，产业梯度再创新高，到20世纪80年代末90年代初，随着新兴民族国家的崛起，韩国也逐渐淘汰本国落后产业至其他国家，一方面通过研发投入提高本国传统优势产业的竞争力；另一方面开始将产业重点放在精密电子、精细化工、新材料和新能源等技术密集型产业。1998年东南亚金融危机进一步加快了这一进程，危机过后韩国经济依然保持了强劲增长和较强的国际竞争力。

（三）韩国品牌发展的经验与教训

1. 维持宏观经济的稳定是经济发展的必要前提。韩国在20世纪60年代和70年代，几乎每年都会出现两位数的物价上涨，这对追求经济稳定增长的政策路线无疑是个威胁。尤其是旨在降低工业部门的生产成本的低利率政策和旨在保障金融资产的实际价值，扩大民间储蓄的政策之间产生了矛盾。为此，政府一方面增加财政盈余，督促公营企业改善经营；另一方面把利率水平维持在物价上涨率之上。为实现经济稳定，政府确定的政策基调是中长期经济发展计划必须是充分可行的，并且民间部门的中长期投资必须要扩大。特别是随着国民经济的稳定运行，60年代初实行的进口替代政策很快就转向了出口扩大政策，在不扭曲国内价格体系的同时，为了保护和培育国内产业而确立出口指向性的柔性经济结构。为此，政府致力于物价的稳定、汇率的稳定以及扩大公共储蓄以维持良好的财政状况。

2. 明确产业政策，加强品牌建设。韩国在经济发展的不同阶段，为促进工业生产的增长制定了一系列产业政策措施。在发展初期，根据国内资源和技术状况，主要是培育和鼓励以消费品生产为主的轻工业，因而在产业政策上主要实行了对进口机械设备的关税减免、对出口原料的耗损率的认可以及对最终消费品的进口限制等政策。韩国自20世纪70年代后期以来，在国内外的一片反对声中推行了重化工工业培育政策。当时韩国与发达国家之间存在巨大的技术差距，国内原材料供应严重不足。尽管如此，韩国对几乎没有比较优势的汽车、电子、钢铁、炼油、造船和化工产业领域进行了重点政策扶持，制定了包括大规模集中投资、融资、技术引进、出口补贴等综合性扶持政策。韩国政府之所以特别选择这些产业予以扶持，是希望由此对国内产业的发展产生强大的“连贯效果”，提升韩国品牌的竞争力和影响力。在这种产业政策中，政府将出口业绩这一国际竞争力标准或市场标准作为扶持的依据，因而直到今天，这些产业仍是韩国出口产品的主导产业。

3. 促进出口，扩大品牌影响力。韩国政府为确立以工业为中心的产业结构，实施了促进出口、抑制进口的二元贸易政策。过去30余年间一直实行的工业产品出口促进政策为工业结构的升级提供了必要的外汇保障，也使国内产业的技术水平达到了世界先进水平。因而，长期以来培育起来的出口产业具备了可以抵御风险的国际竞争力。为了促进出口，韩国政府动用了包括基本性政策和介入性政策在内的竞争手段，即根据需要而灵活采取减免税收、金融支持、降低汇率、退税、技术支持、促进海外市场开发等各种政策。进口政策基本上是作为扩大出口政策的辅助手段，实际上为保护出口一直对进口采取抑制政策，但这种进口抑制政策自20世纪80年代中期以来受到了来自国际上要求韩国开放国内市场的强大压力。尤其是韩国加入WTO以后，旨在保护国内产业的进口限制政策开始松动了。

四、日本品牌建设的路径解析与经验

（一）日本近年来的经济发展状况

第二次世界大战（以下简称“二战”）后，日本经济的发展大致分成四个阶段：战后复兴期、高速成长期、过渡期和稳步成长期。[①]

1. 战后复兴期。“二战”结束后的日本经济处于极度混乱和疲乏状态，工矿业生产水平只相当于1941年时的1/7，还出现了严重的粮食危机和通货膨胀。当时支配日本的联合国军，以经济的民主化和非军事化为目标，重点实施了解散财阀、分散少数企业对经济的控制权和确立劳动权等三项政策。在经济环境有所改善后，美国开始将重点转向帮助日本重建经济。朝鲜战争爆发后，在日美军的特需大大激发了日本企业的生产和投资活动，日本工业的潜在力量得到恢复和发展。到20世纪50年代中期，日本经济已基本恢复到战前水平。

2. 高速成长期（1955—1973年）。从1955年开始，日本经济由战后复兴期进入高速成长期。日本在20世纪50年代至60年代末约20年的高速成长期中，保持了年均增长10%以上的经济发展速度。在外部经济环境方面，进入60年代以后，日本按照国际货币基金组织（IMF）和关贸总协定的要求，逐步放宽了贸易和外汇管制。1964年，日本成为国际货币基金第八位条约国，即对贸易活动

① 张召堂：日本泡沫经济后的发展轨迹，《四川政报》，2003年第1期。

原则上不实行外汇管制。随后，日本又开始着手资本流动的自由化，企业开始相互兼并。在经济飞速发展的同时，消费品物价持续上涨和环境污染等问题开始困扰日本经济和日本国民生活。在20世纪70年代初，日本经济的国际环境也出现了较大的变化。

3. 过渡期（1973—1985年）。1971年年末，日元在维持了约20年的固定汇率之后第一次上调了16.8%，从1美元兑360日元升至1美元兑308日元。1973年2月，美元贬值又使日元升值到1美元兑260日元。同年年末，第一次石油危机爆发，原油价格爆涨了4倍，各种初级产品的价格也随之上扬。日元升值和国际商品价格上涨二重因素对原材料严重依赖进口的日本经济予以沉重打击。1978年秋，日本经济出现了复苏的征兆。虽然在1979年又发生了第二次石油危机，经济滑坡、物价上涨的情况又有所发生，但由于较好地总结了第一次石油危机时的教训，不到一年就基本消除了石油危机带来的不良影响，经济没有出现大的滑坡。20世纪80年代前半期，在经济低速增长的前提下，日本开始建立健全财政制度、扩充社会资本和健全社会保障体系。经济政策的导向也由追求高速发展转向追求经济活动质量的提高。到1985年年底，日本的经常项目收支达492亿美元。

4. 稳步成长期（1985年至今）。在日本经济实力稳步增长的同时，美国和欧洲的经济实力则在相对下降。西方其他工业国要求日本分担其国际义务的呼声越来越强烈。1985年9月，西方七国财长做出了协调外汇市场的决定，日元因此而急速上升；1986年4月，前川报告（前川为当时的日本银行总裁，又任产业结构审议会委员长，该委员会向内阁提交的关于日本产业结构调整的报告一般称为前川报告）出台，指出：为了适应全球经济和发展的需要，日本自身必须调整结构，以缩小贸易顺差。前川报告的要点有：①扩大内需；②改变经济结构，扩大对外直接投资；③进一步开放国内市场；④推进日元的稳定化和国际化；⑤促进对外技术和经济合作。前川报告对20世纪80年代后半期的日本经济产生了巨大影响。

基于对日本战后发展史的了解，各国诸多致力于企业经营管理研究的学者在考察研究了许多成功企业的经验后一致认为：战后日本经济的高速发展和企业经营的成功无不与它们建设了强有力的企业文化息息相关，它推动日本企业实现了以人为中心的经营，使企业具有巨大的凝聚力、旺盛的技术消化能力、局部的改善和调整生产关系的能力以及适应市场的能力，激励着企业全体成员同心协力地为实现企业目标而努力奋斗。①

另外，日本在第二次世界大战之后，由于美国首先提出了针对日本的政治活动禁止法，实际上就是解散了日本在第二次世界大战期间为日本军队提供武器和补给的财团与消除日本人心中皇国神民与军国主义思想，但是它们又以企业集团的形式重新复活起来，所以日本战后在经济上得到迅速的发展，1980 年，日经指数首次突破一万点大关，但是在 1989 年时，泡沫经济出现，裕仁天皇去世，平成天皇继位，史称平成萧条，20 世纪 90 年代，美国又在经济市场上率先推出了抵制日本的政策，限制日本经济的发展，经过亚洲金融危机与石油危机之后，日本的经济似乎没有受到多大的动摇，但是现在亚洲邻国的产品已经在国际市场上追赶上了日本，世界已经进入了信息化、小批量生产优质产品的时代，所以现在日本的经济受到很大的威胁。②

（二）日本经济模式转变动因分析

1. 战后借助美国的扶持，创造高速的经济发展。第二次世界大战以后，为根除法西斯主义和军国主义残余，美国对日本进行民主改革，同时逮捕和审判日本战犯，释放了一批政治犯，并一度想把日本变成一个非军事化的中立国。③但不久，随着国际形势的变化，为适应美国独霸世界全球战略的需要，美国对日采取了先打后扶政策。即由过去打击瓦解日本军国主义基础，变为有意帮助、扶植日本，使日本成为其对苏发动冷战的工具和在亚洲遏制共产主义思想的基地。据统计，至 1951 年 6 月朝鲜战争爆发一周年止，美国政府以各种名义向日本提供了 21 亿美元的援助，并免去了日本对美国的战争赔款，阻止日本对亚太地区其他受害国的赔偿。④

与此同时，朝鲜战争爆发后，美国将日本变成它的侵朝物资供应地，对日本提供了大量军需订货，仅此一项累计额达 22 亿美元。1964 年北部湾事件爆发后，美国为扩大侵越战争规模，又向日本提出了 40 亿美元的特需订货。因此，到 1973 年越南战争结束时，日本外贸出口额比 1964 年增加了近 4 倍，这在很大程度上得益于朝鲜战争和越南战争。外贸的发展，促进和带动了日本其他各个行业的发展。这是日本经济之所以高速发展不可忽视的外在原因。

2. 重塑国家定位——制造业是重振经济、重夺国际竞争优势的强力支点。

---

① 雷应逸：日本企业文化与经济崛起的启示，《咸宁学院学报》，2009 年第 1 期。

② 日本战后最严重两次衰退（1997—2005）搜狐（http：//www. sohu. com/a/236202190_460385）。

③④ 战后日本经济高速发展的历史轨迹，百度文库（https：//wenku. baidu. com/）。

由上述认识可知，在经济转型、时代变换和产业变革面前，要使一国的经济能够克服不利局面，实现根本复苏和平稳增长，能够适时地认识产业和经济发展的时代潮流是关键。虽然日本与美国因国情不同不能一概而论，但是，日本经济的长期低迷状况，不能不说与它对上述的变化缺乏适时而深刻的认识有着高度的相关性。

日本未能在这次经济转型中及时地感知新的科技革命推动下制造业已经发生的深刻变化，长时期沉浸在以往成功的喜悦中，固守以往的硬件制造优势与制造模式，正是一种表现。可见，日本经济长期低迷、复苏乏力，不在于它在完成了工业化进程之后，依然把发展制造业置于重要的位置，而在于它未能恰当地认识和理解新的历史时期制造业所发生的产业变革以及它所承担的新的历史角色，因而也就未能主动地去进行适应这种新角色的变革。而且，就日本经济的实际情况来看，要实现强劲的复苏就需要解决经济发展中的结构性问题，这在事实上恰恰是和日本制造业的变革紧紧联系在一起的。

（三）日本品牌发展的经验与教训

1. 制造业带动整体经济增长。制造业的劳动生产率曾是日本打败旧体制、成就工业经济社会的有力武器。新世纪以来，尽管日本经济在转型之中处于曲折的发展境地，但其制造业的劳动生产率与其他产业相比，仍然保持着较明显的优势。根据日本经济产业省的统计数据，在 21 世纪初，日本制造业的劳动生产率为 4.1%，高出了整个产业的平均值（1.1%）3 个百分点。① 时至今日，日本的制造业，相对于其国内的其他产业如建筑业、批发零售业和服务业等，劳动生产率的优势依然存在，并且其劳动生产率的增长速度也是最快的。这正是日本得以保持世界经济大国领先地位的重要原因。

与占比最高的研发投入相联系，作为基础产业的制造业拥有最强大的技术开发能力和产品制造能力。据日本总务省统计局《2014 年科学技术研究调查》的数据，2013 年日本的研发经费占 GDP 的比重达 3.75%（居 G8 国家之首），而在其 181336 亿日元的科学技术研究费总额中，企业的占比为 70%，其中制造业的投资为 112615 亿日元，占企业研究费总额的 88.7%。同时，与这种强大的研发能力相对应，生产现场的灵活应对能力也是日本制造业在竞争中克敌制胜的法宝。

① 李毅：制造业在日本经济复苏中的角色探讨，新闻频道_中国青年网（http：//news. youth. cn/gj/201507/t20150707_6834262. htm）。

事实表明，在日本经济发展中发挥作用的诸多产业里，经济实力和国际竞争力最强的依然是制造业，它是日本实现经济复苏所需的质量、效率和创新力的基础，是起决定性作用的影响因素，或者也可以说制造业是日本经济复苏的根本动力。

2. 善于学习、积极借鉴。第二次世界大战以后，由于日本被美国独占，其安全与防务实际由美国负责，日本政府便专心致力于国内的经济建设，排除各种干扰，抓住时要，大力发展其经济、科技、文教等各项事业。在政治上，学习美国，先做经济、科技大国，后做政治、军事大国；在外交上，它以日美同盟为基轴，在不妨碍美国利益、不刺激美国的前提下，努力保持中立，与各种不同制度和意识形态的国家建立和发展经济贸易关系；在文教上，它在战后初期经济十分困难，人民群体极其贫困、甚至有时还填不饱肚子的情况下，将国家的6年义务教育延长至9年，几十年如一日地把国民收入的5%以上（相当长时期是8%以上）投入到公共教育事业，极大地提高了日本国民整体素质，为日后的经济发展积蓄了后劲；在军事上，日本根据美国要求，将防务开支一直控制在国民收入的1%以内（当时西欧各国为3%～5%，美国则为7%），保留24万人左右的自卫队。这些都对日本经济的恢复和发展具有重要作用。①

日本充分利用被美国独占和美国将大量加工制造业搬进日本之机，大力吸收美国的资金，学习、借鉴美国的先进工艺、科技和管理经验，并加强仿制、模仿和创新工作，使日本成为世界上对外国技术、工艺消化、吸收力最强的国家之一。因此，战后日本仅用了20多年时间，就先后赶上并超过法国、英国和德国（指国民生产总值，1966年超过法国、1967年超过英国、1968年超过联邦德国），成为仅次于美国的第二大经济体②。据统计，战后日本的科学技术90%是从外国引进的（其中又有90%是从美国引进的）。因为引进比研制费用低、见效快。美国研制一项成果的成功率为1%，而日本的成功率为70%以上。原因是日本不是独创而是改进。就这样，日本从1950—1975年共引进了25000多项技术，用不到30年时间、花了仅60亿美元左右，就把美国等西方国家用了半个多世纪、花了2000多亿美元的研究成果学到手。③

---

① 但近年来，日本的防务预算逐年增加，值得我们警惕。日本2019年度防务预算出台，金额创下历史新高，日本2019年度防务相关开支增加1.3%，达到创新高的5.2574万亿日元（约合人民币3213亿元），连续7年增加。新浪军事_新浪网（http://mil.news.sina.com.cn/2018-12-21/doc-ihmutuee1469297.shtml）。

② 当然，我国现已超过日本成为全球第二大经济体。

③ 战后日本经济高速发展的历史轨迹，百度文库（https://wenku.baidu.com/）。

五、印度品牌建设的路径解析与经验

印度，是印度共和国的简称，位于亚州南部，是南亚次大陆最大的国家，是世界上历史最悠久的文明古国之一，国土面积约298万平方公里，列世界第七位。根据IMF公布的数据显示，2014年印度的GDP总量为2.04万亿美元，居世界第十位。虽然印度的经济增速在近两年有所放缓，但作为金砖国家的重要成员国，印度也正以新的姿态在国际政治和经济舞台上向人们展示其南亚大国的魅力①。此外，根据中、印两国官方的数据显示，中国在“十二五”期间的GDP增速将达到7%，印度将达到9%；并且，在2010年的IMF数据中，印度GDP增速达到10.4%，略超过中国的10.3%，这是中国改革开放以来，印度经济增速首次超过中国。从数据中我们可以看出，印度经济发展的巨大潜力，这位近邻究竟是如何快速发展的，引起了我们的关注。

（一）印度近年来的经济发展状况

我们选择20世纪80年代以来印度的经济发展状况作为主要研究对象，因为在这段时间，印度和中国在经济建设中同样选择了改革开放，经济增速显著提升，典型产业的自主品牌战略的实施获得了更好的环境，更契合我们的研究主题。②

1. 半管制混合经济的衰落（20世纪70年代末）。印度经济在一开始就是混合经济形式，即公有和私有的混合。但随着20世纪70年代末世界政治经济格局的变化，印度半管制混合经济的弊端日益明显。公有经济在印度也是计划管理，这种计划在不断开放的外部市场条件下开始逐渐束缚公有经济的发展，而私有经济成分的组织更是受到诸多限制。因此，到20世纪70年代末，印度经济日渐不景气。

2. 以工业为中心的渐进式经济改革（20世纪80年代）。1980年，英·甘地政府认为工业化是经济进步的必需条件，开启了以工业为中心的渐进式的经济改革：一边提高公有经济的活动，一边缩小对私有经济的限制。③ 为达到这一目

---

① 印度，360百科（ttps：//baike.so.com/doc/1889706－1999391.html）。

② 以下内容可参阅：中国、印度制造业发展的制度环境及竞争力比较，豆丁网（http：//www.docin.com/p－1958909276.html），邱永辉、陈继东、李德昌：《南亚国家的经济改革与民主化浪潮——印度和巴基斯坦研究》，四川大学出版社1998年出版，以及印度国家经济安全的经验与借鉴，道客巴巴（http：//www.doc88.com/p－1456570155533.html），贾海涛：印度经济发展的现状及潜力，《江苏商论》，2004年第11期等著述。

③ 江勇、王磊：中国印度经济发展比较，《山西财经大学学报》2005年第2期。以及康祖恩：论中印经济之比较，豆丁网（http：//www.docin.com/p－1359411389.html）。

标，英·甘地政府决定发起一场恢复公营企业效率的活动，对因主观原因造成的病态企业予以严厉处理，将有希望恢复活力的病态企业与优质企业进行合并；就私营企业政策而言，政府则放宽了小企业的投资限额，对企业的生产扩张放宽限制。但由于措施较为平缓，公营企业的改革未见成效。

3. 拉·甘地政府改革（1985 年）。1985 年，拉·甘地执政后，加快了改革的步伐，总的改革方向是减少或削弱政府对经济及企业经营的控制。拉·甘地政府允许实现规模经济的企业自动增长，对投资落后地区的受限公司的投资项目取消许可证限制。在公有经济方面，拉·甘地政府开始对公营企业实行整顿和改革，精简公营企业的决策机构人员，扩大公营企业自主权，与部分公营企业签订承包合同。但是，公营企业的经营状况并未因这些措施的颁布而好转。①

4. 拉奥政府宣布新的工业政策（1991 年）。1991 年，拉奥政府宣布了新的工业政策，明确了经济“自由化”的目标，开启了 20 世纪 80 年代以来印度政府真正的带有根本性的改革，使整个工业体系发生了深刻的变化。② 在许可证的限制、吸引外国投资、引进外国技术、对病态企业的处置、反垄断、公营部门向私营部门的选择性转移等方面，拉奥政府都针对印度经济的状态实施了相应的有力措施，使得印度的经济发展获得了新的动力，被束缚已久的经济能量开始得到释放。

5. 为适应世贸组织的要求而进行经济改革（20 世纪末）。1995 年开始，印度为了适应世贸组织的要求，陆续开展了各项经济改革。首先，印度政府进一步减少对经济的干预；其次，印度政府要求金融业尤其是公营银行深化财政金融体制改革；再次，印度政府进一步扩大开放，进一步放宽对商品进口的限制，进一步取消公营企业拥有的商品进口专营权，进一步调低关税税率；然后，瓦杰帕伊政府进一步加速公营经济改革的步伐，实行加强战略企业、出让非战略性企业的政策，对非战略性企业，国有资产大量撤出，并辅之以激进的私有化计划；最后，印度政府将农业改革放到了预算战略的首位，于 2000 年在新的国家农业政策中规定了未来 20 年的农业发展方向，并允许粮食的全国自由流动，允许农产品的自由贸易，发展农产品期货市场，这就从根本上改变了印度农业

---

① 杨飞：拉吉夫·甘地时期印度政府的改革，《沧桑》，2009 年第 5 期。

② 江勇、王磊：中国印度经济发展比较，《山西财经大学学报》2005 年第 2 期。以及康祖恩：论中印经济之比较，豆丁网（http：//www. docin. com/p－1359411389. html）等著述。

的原有格局。

6. 21 世纪以来印度经济发展的新特点。21 世纪以来，印度经济的发展没有了大刀阔斧的改革，开始进入了发展的平稳期，印度政府也在这一时期抓住印度经济发展的机会，塑造了自身鲜明的发展特点，为印度经济的高速成长打下了坚实的基础。其发展特点主要有以下三个方面：

第一，以服务业为主的第三产业成为拉动印度经济增长的主要动力，弥补了其制造业不够发达的缺陷。一方面，得益于印度政府在 19 世纪 80 年代中后期就开始重视信息产业的发展，并通过积极的信息产业政策给予扶持，印度的信息技术服务业持续高增长，不但直接对 GDP 的增长做出了突出贡献，同时其出口也已成为外汇收入的重要来源。2010 年印度软件和信息服务行业的产值就已经高达 600 亿美元，出口到全球 105 个国家和地区，出口额已经占全国出口总额的 20% 以上，在整个 GDP 中的占有额已经超过 3%，在整个欧美市场，几乎是印度软件一统天下①。另一方面，印度的服务外包市场也较为成熟，对服务业的持续增长提供了强有力的保障，其服务业外包产业在全球服务外包市场中的占比已达 15% 左右。

第二，发展以内需为主导的消费型经济。印度内需主导型消费经济的特征在亚洲乃至整个世界都非常突出，其对内需的依赖大于对出口依赖的现状甚至与其他亚洲邻国形成鲜明的对比，在印度 GDP 构成中，居民消费支出占 GDP 的比重一直在 50% 以上。这种现象的形成，很大程度在于印度一直采取“进口替代”的外贸政策，这也是从尼赫鲁时代开始，出于政治独立和经济独立的考虑，印度就一直致力于建立完整独立的工业体系所带来的改变；同时，印度 60% 以上的人口年龄在 30 岁以下，是一个朝气蓬勃的社会，年轻群体更倾向于消费，对内需的拉动作用不可小视。② 总的来说，印度走的是一条消费大于投资、服务业多于制造业、国内市场多于出口、在制造业中高技术多于低技能的发展道路。这种经济特点，也使得印度在遭遇 2008 年金融危机时能够泰然处之，率先走出阴影。

第三，对世界经济的依赖度较低。独立后，印度在经济发展过程中注意发展与世界各国的经济贸易联系，但却长期严格限制进出口贸易，严格限制外国投资。具体来看，印度对出口贸易的依存度不高，从 2002 年开始，印度对外贸

① 田玉娟、赵国栋：中国发展 ITO 面临的机遇与挑战，百度文库（https：//wenku. baidu. com/）。
② 据 360 搜索，截至 2017 年年底，印度人口已达 13. 39 亿。

易快速增长，进口贸易额长期大于出口贸易额，外贸逆差逐年扩大，这种现象进一步说明了印度国内旺盛的消费能力；印度对外资金依存度较低，长期以来，印度一直坚持自力更生的发展方针，虽然也使用外资，但始终把外资比例控制在一定幅度内，在一定程度上对自主品牌的培育提供了较大的帮助；长期以来，印度注意充分利用国内各种自然资源，促进民族经济发展，因此对外资源依存度也较低。

（二）印度经济模式转变动因分析

作为亚洲新兴经济体，印度在经济发展的道路上也进行了很多探索，在经济发展的不同阶段，印度政府都采用了相应的经济发展战略，对其政治、经济、文化等领域的发展在不同程度上产生了深远的影响。目前来看，以下四个方面的内容成为推动印度经济模式转变的关键动因：

1. 对要素投入的调整。从经济增长理论的角度看，要素投入的变化是经济增长的源泉，一国的经济增长源自其最基本的要素投入。Bosworth 和 Collins 在 2003 年通过劳动力投入、全要素生产率、资本存量和资本份额等因子对经济产出水平的变动进行分析，结果表明，1980 年以前印度的经济年均增长率约为 3.5%，而这个时期的经济增长主要依靠要素投入，包括效率等在内的技术进步因素对经济增长的贡献并不大；而在 1980 年到 2004 年期间，印度经济增长年均为 5.8%，增长的主要因素也由原来的主要依靠要素投入转变为技术进步和要素投入并重，其中，技术进步贡献为 2.0，高于其他因子①。从相关数据中我们可以发现，在 1999 年之前，即印度的代表性产业软件业的黄金发展时期，投资和技术进步对经济的贡献持续增长达到了顶峰，表现出印度国内对于自主品牌成长期的培育不遗余力；而最近几年经济增长数据也表明，劳动力投入因素在成熟期中对经济增长的贡献变大。

2. 对产业结构的变动。从一国经济的长期发展趋势看，经济总量的增长依赖于产业结构的升级和转化；同时经济总量增长又带动产业结构的变动。产业结构转变的一般规律是随着经济总产值和人均产值的不断增长，第一产业实现的生产总值在整个国民生产总值中的比重呈不断下降的趋势。第二产业即工业部门实现的国民生产总值在整个国民生产总值中所占的比重上升，第三产业即服务业所占比重的变化也有不同程度的上升。印度的经济增长在遵循总体规律

① 李好、陆善勇：印度对外贸易政策改革促进经济增长剖析，《广西社会科学》，2012 年第 5 期。

的同时又具有自身鲜明的特点，如前文所述，以服务业为主的第三产业成为拉动印度国民经济增长的主力，也是其国民经济的支柱。

在第二产业没有得到充分发展的前提下，印度通过基于特色行业的服务业的发展，成功地带领国民经济实现了质的跨越，历史数据证明，这一次产业结构的变动对印度经济的发展是极为有利的，这种跨越同时可以使发展中国家在一个较高的技术平台上，提升传统服务业的水平、改造传统工业、实现工业的集约化发展，从而带动农业、国防等领域取得大量科技成果，这正是印度现在正在经历的。这些积极的成果已经或正在转化为新的生产力，再配合引进的外国资金和技术，印度将逐步改变目前不合理但颇具实用性的产业结构，或许新的产业结构的变动能为印度经济的发展带来新的机遇。

3. 对经济体制的改变。20 世纪 80 年代末 90 年代初，印度经济已经走入了死胡同，不进行战略性的调整和改革就没有出路。此时，印度也根据国际国内环境，审时度势，积极融入全球化进程中，学习世界上许多成功推行市场经济战略发展中国家的做法进行经济体制改革，逐步由混合经济向自由市场经济体制转变。这一变化从根本上改变了印度的经济发展模式，为很多企业的发展提供了新的机会，为整个国家的发展注入了新的活力，实现了有印度特色的经济增长，使印度的经济逐渐走出困境。

4. 对知识经济的重视。在印度，政府虽也在积极改善投资条件，但外资对出口的促进作用并不明显。这一方面缘于印度吸收的外国直接投资规模太小，另一个原因是其政策限制。印度相对独立的经济增长方式在很大程度上主要是依靠以知识为基础的制造部门的扩张来驱动。有调查指出，在印度的 GDP 增长率中，"知识经济"提供了 51% 的巨大贡献①。鉴于印度对于知识经济的重视，并依此推行内需驱动型战略，其近年来的经济发展模式也被称为"知识型经济"增长模式。不可否认，这种独具特色的增长模式成为其经济发展的强劲动力。而印度在此环境下所培育的一系列自主品牌，也为其国际竞争力的提升做出了突出贡献。

（三）印度品牌发展的经验与教训

20 世纪 90 年代以来，印度经济改革开放所取得的成就令世界瞩目，尤其是软件产业的发展更是令其他国家羡慕不已，被冠以"印度虎"的称号。我们在

① 印度经济增长模式对我国的启示。原创力文档（https：//max. book118. com/html/2018/0531）。

分析其近年来的经济发展历程和典型企业的品牌培育之路后，可以得到以下几点启示：

1. 更加注重经济发展的可持续性，培育自主品牌的独立性。对比现阶段印度发展的三大特点，可以发现我国经济发展模式还存在一些可以完善的地方。首先，我国服务业发展相对滞后，服务业增加值占 GDP 比重偏低，被发达国家甩在了身后，甚至远远落后发展中国家水平，且大部分行业是劳动密集型产业，以知识为基础的现代服务业发展更加滞后，印度的经验告诉我们，以第三产业为突破口培育一些有潜力的自主品牌，收效远大于工业企业的简单模仿。其次，内需不足是中国经济面临的较大难题，在中国人口老龄化阶段显得更为严重，虽然政府为刺激内需相继出台了多种政策，但中国居民重储蓄、慎消费的生活态度仍难以改变，或许政府部门可以通过对一些自主品牌进行合理的政府补助以提高其在市场上的竞争力，虽然这将是一个长期的过程，但我们都应具备充足的信心。最后，在内需不足和进口、外资依存度高的协同影响下，中国经济对世界经济形成了高度的依赖，这也导致了中国企业在世界政治经济环境的变动情况下会受到严重的影响，为此，可以向经济相对独立的印度吸取经验，保障一些弱势的自主品牌和潜力产业，在不打乱市场经济秩序的前提下，减少其受外界的影响程度。

2. 重视高等教育人才培养的同时兼顾市场需求。经济增长的决定因素正在由资本资源向知识资源，由制造业向服务业转变。以信息技术为代表的现代科技迅猛发展，使得以知识为基础的产业成为经济增长的主要动力。尽管我国高校毕业生的人数年年攀升，但与市场需求的不匹配也同时造成了大量的人才浪费。市场需求为导向的人才战略才是经济发展的根基，目前这个问题正是国家教育改革的重点所在，或许可以从印度软件行业的人才培养模式中获得经验。

3. 技术导向和知识积累的集约型经济发展模式具有特殊意义。印度以高科技产业作为经济的驱动力，选择了一条集约型的经济发展道路。发展中国家可以发展建立在知识密集型基础上的内涵式发展模式。它主要靠技术上的自主创新，新技术的应用，大量的研发来提高产业和产品的竞争力。在这个过程中，我们应该认识到知识经济的重要性，并将其作为自主品牌战略实施的一个基础性力量，更多地靠人力资本的投入和知识的积累来实现经济的增长。

4. 不能忽视经济发展中的两极化问题。尽管印度具有非常好的高等教育体系，能够给现代经济的运行提供工程师、化学家、统计师和其他专业人士，但从目前教育所取得的学术成就来看，印度远远落后于中国、韩国和其他东盟国家。基础教育的薄弱对国家竞争力的培育打击巨大，只有更多的人才参与到国家的建设之中，核心竞争力才能得以保证。

印度存在的另外一个问题是，农业劳动生产率增长缓慢，只有中国的一半。由于印度有2/3 的劳动力在农业部门，这个问题从两个方面阻碍了经济的整体发展：一方面，它减缓了劳动力从农业向工业和服务业转移的速度；另一方面，与城市相比，农村地区的文化传统不利于教育水平的提高。印度的国情告诉我们，为了一个产业的高速发展而极大程度地削弱另一产业的政策是不可取的，一些有潜力的企业可能就此失去了发展的机会，应该维持在一个适当的分配比例，并及时地用优势产业的成果来对弱势产业进行反哺，确保整个市场平稳发展。

六、越南品牌建设的路径解析与经验

（一）越南近年来的经济发展状况

越南虽然也受到 1998 年亚洲金融危机和 2008 年全球金融危机的影响，但是越南经济还是取得较快的增速。2009 年，越南 GDP 增速仅低于中国和印度，为 5.3%。2010 年和 2011 年 GDP 增速分别是 6.8% 和 5.9%。随着 GDP 稳定增长，越南人均 GDP 也不断增长。到 2008 年，越南已经从低收入国家群走出来，加入了中低收入国家群。越南经济是如何从一个落后的国家走入现代化经济发展进程的，主要从以下七个方面①分析：

1. 越南现代化经济启动的历史背景（1858—1945 年）。越南现代化经济启动的背景可以从国际和国内两个方面来分析。国际背景是：西方世界正处于被 18 世纪末到 19 世纪中叶在英国拉开序幕的第一次现代化浪潮的席卷之下，对越南几乎没有影响。但随后到来的世界第二次现代化浪潮则催生了越南的初步改革，并把越南拉入其中。国内背景是：在世界第一、二次现代化浪潮在 18 世纪末到 20 世纪初席卷全球时，越南处于法国的殖民统治下，“封建专制制度逐渐

① 齐欢：越南的社会现代化：现状、问题及发展趋势，《东亚南亚研究》，2011 年第 3 期，以及李兵：“二战”后越南国家现代化道路探索，万方智搜（http://www.wanfangdata.com.cn/details/detail.do?_type=degree&id=Y232164）。

解体；与西方的国际发展和技术差距越来越大；西方文化对本土文化的影响和渗透日益强劲；内部资本主义微弱，外来挑战造成民族危机和社会危机，自我转型困难等。”①

2. 两种社会制度影响下的越南现代化经济发展进程（1945—1975年）②。20世纪的大部分时间越南用于争取民族解放的斗争，1945年9月在北方建立了东南亚第一个社会主义国家，在胡志明思想的指导下，社会主义现代化建设取得一定成就。但法、美殖民者的入侵打断了越南的现代化进程。在南方则是美国在进行了一系列移植美式资本主义现代化思想和模式的实践，由于脱离实际，使南越走上了畸形的现代化之路。30年抗战使越南错过了世界经济的景气阶段，成为世界第三次现代化浪潮的落伍者。

3. 统一后，越南对现代化经济发展道路的初步探索和严重挫折（1975—1986年）。民族统一主义和社会主义的结合使越南在1975年4月获得了统一，结束了国家分裂和社会动乱的局面，并在1976年改国名为越南社会主义共和国，建立了能确保国家主权和具有强大社会动员和整合能力的高度集权的政府，提供了自主型现代化发展的制度保证。世界进入第三次大浪潮时期，欠发达国家纷纷卷入工业化。日本、亚洲四小龙和东盟国家先后进入工业化阶段，越南由于长期战争而错过发展的机会。统一后，越南在错误的现代化指导思想下制定出了违背时代要求的内外政策，期望高涨的革命变成了失望高涨的革命，现代化遭受重大挫折，迫使越共对发展的理论和模式进行新的探索。

4. 革新后，现代化经济走上正轨并进入第一个加速期（1986—1995年）。1986年12月越共召开第六次全国代表大会，本着“正视事实，正确估价事实，认清事实”的原则，回顾了执行五大决议和社会主义建设的情况，认为导致错误的原因在于领导层“违反客观规律”，根源在于“主观主义”和“唯意志论”。③ 承认了在国内外战略和政策上的严重失误，得出只有革新才有出路的结论。六大确立全面革新的路线，强调要以经济革新为重心，大力发展生产力，建设社会主义的物质技术基础，提高人民的生活水平。六大指出需要从头建设一个包括生产力、生产关系和上层建筑在内的新制度。越南进入了从计划经济

① 罗荣渠：《现代化新论——世界与中国的现代化进程》，北京大学出版社1993年版，172页。

② 可参阅：吴宇晖、杜氏秋恒、张嘉昕：论越南社会主义定向市场经济体制——中越社会主义市场经济体制改革之比较，《经济社会体制比较》，2008年第3期等著述。

③ 参阅：新时期越南外交，豆丁网（http：//www.docin.com/）等著述。

向市场经济全面转化的阶段。①

5. 金融危机冲击下越南对现代化经济发展战略的调整（1996—2001 年）。20 世纪 90 年代特别是东南亚金融危机发生后，越南现代化面临多重危机：在苏、东解体的影响下出现政治危机；东南亚金融危机影响下的经济危机和腐败影响下的社会危机。鉴于此，越南对政治体制和领导层、现代化的指导思想、经济战略、政策进行了总体来讲趋向于保持政治和社会稳定、强调经济平稳发展的调整。

6. 越南现代化经济发展进程的第二次加速期（2001—2006 年）。2001 年 4 月，越共召开了第九次全国代表大会，对越南社会经济的发展具有深远的影响。大会确定了 21 世纪初的发展方向和目标。强调到 2010 年摆脱不发达状况，完善了在 2020 年建设工业化的发展战略。"九大"认为，革新使越南强大起来。国家物质技术得到加强，政治社会形势基本稳定。文化、社会事业不断进步，人民生活和发展的基本需求得到满足；全党进行建党整党运动，使党的战斗力、领导力得到加强，行政改革得到推进，基层民主得到落实。以上成就为社会主义的发展提供了坚实的社会和政治基础。②

7. 迈出改革新步伐（2006—2010 年）。2006 年 4 月，越共"十大"召开，提出了一些现代化理论的新观点。如在生产力、生产关系和上层建筑三个领域深入地进行社会主义革命，首要任务是大力发展生产力，以便为社会主义生产方式的诞生准备经济前提。在这些理论的指导下，在加入 WTO 后，继续保持"九大"的全面发展态势，现代化发展迈出了新步伐，经济增长率高居东南亚各国榜首，政治现代化和社会现代化进程在不断加快。据预测，2020 年，越南人均 GDP 有可能超过泰国，进入中等发达国家行列。

（二）越南经济模式转变动因分析

作为亚洲新兴经济体，越南在经济发展的道路上也进行了很多探索，在经济发展的不同阶段，越南政府都采用了相应的经济发展战略，对其政治、经济、文化等领域的发展在不同程度上产生了深远的影响。以下几个方面的内容成为推动越南经济模式转变的关键动因：

1. 继续调整农业和农村经济结构。越南调整农业农村经济结构的原则是按照农业农村工业化、现代化的方向转换农业农村经济结构，逐步提高农村工业、

---

① 刘稚：《越南发展市场经济的理论与实践》，《东南亚》，1999 年第 2 期。

② ［越］阮安宁：《21 世纪头加年社会主义发展展望》（越文），国家政治出版社 2006 年版，第 136 页。

服务业的比重，降低农产值在国内生产总值中的比例。越共《2011 年至 2020 年经济和社会发展战略》（以下简称《战略》）规划指出，保持国内生产总值平均增长率为7% ~8%，2020 年国内生产总值比 2010 年增加一倍左右。[①]《战略》也指出，越南要继续做好下面关于农业改革的几条：有效地全面地发展农业，向可持续发展方向转变，充分利用热带农业特点以形成商品农业体系，提高效率和竞争力……保证国家粮食安全，继续改革完善制度和模式以便建设一个符合市场经济的农业体系……把农业生产者加工者和销售者的利益协调好，同时在农业发展和新农村建设的过程当中有效地运用新科技的成就，对一些农业高科技地区提供有力的支持，从而推动农村的工业化事业的发展。大力促进林业、畜牧业、水产业的可持续发展，同时对盐业有充分的规划。

2. 注重把乡镇企业、农村工业的发展与城镇发展、恰当安排农业剩余劳动力相结合。越南的城镇建设和农村工业比起中国来起步较晚，因此，不论是在城镇建设还是农村工业上，规模都比中国小得多。但是越南跟中国一样都认识到了只有发展城镇建设和农村工业才能尽快地安排众多的农村剩余劳动力。越南政府颁布了一系列鼓励中小企业在农村地区发展的优惠政策，同时也为农村剩余劳动力的职业培训提供了有利条件。如 2002 年关于推动农村农业工业化现代化的 15/NQ – TW 决议、2005 年关于培训农村劳动力的 81/2005/QD – TTg 号总理决议、2006 年关于为发展农村地区的中小型企业、生产单位、合作社、个体户提供优惠政策的 66/2006/ND – CP 议定书等。根据上述的决议和议定书，越南城镇建设必须遵循客观规律，逐步形成合理的城镇体系，鼓励创办在农村地区的中小型企业，从而吸纳更多的农村劳动力就业，同时注重对农村劳动力进行行业培训，为农村剩余劳动力创造更多的就业机会。

3. 注重发展农村基础设施建设。越南《2011 年至 2020 年经济和社会发展战略》指出，发展基础设施建设是一项重要政策，其中突出的问题是要大力发展农村基础设施建设："逐步形成同步的基础设施系统，这是推动发展经济社会的重要因素。要集中检查和完善国家的基础设施建设规划，特别是交通、水电、水利等领域的基础设施建设，保证经济社会的各种资源的有效使用"，关于农业农村地区的基础建设："要同步发展和逐步实现现代化水利系统，注重建设和加固海堤、河堤、防海水侵蚀和防洪等建筑。快速发展电线网和电源，为发展的

① 越南共产党：2011 年至 2020 年经济和社会发展战略［Z］，国家政治出版社 2011 年版。

需求提供有效的电力保障。现代化通信系统和通信设备基础设备。在都市、工业区和农村地区大力发展供水系统，发展新农村的规划要与都市发展的安排相结合，大力推动农村基础设施的建设。”

4. 积极吸引 FDI 促进本国经济发展。

（1）弥补资金不足，促进 GDP 增长。FDI 占越南投资的比重大。按实际价格计算，外商直接投资在 2000 年到 2010 年的时期，占越南投资的比重都在 14% 以上。2008 年的外商直接投资比重为 30.9%，是外商直接投资占越南投资的比重最大的一年。FDI 促进越南工业产业发展，2000—2011 年，外商直接投资经济领域的工业生产总值占越南工业生产总值的比重都在 41% 以上，比重最大的是 2007 年的 44.7%。外商直接投资不仅弥补越南的资金不足，还为越南社会做出一定的贡献，表现为越方分红、工资、补贴、税收、场地费等。

（2）引进先进技术，促进产业结构的升级。外商直接投资的进入给越南带来了一批较为先进的技术，为越南经济结构优化和产业升级创造了条件。随着外商直接投资的进入，越南三次产业的结构日益优化。在外商直接投资的影响下，越南工业生产结构也不断地优化发展。越南采矿工业在工业生产总值的比重逐年下降，加工、制造工业的比重逐年上升。2000 年，采矿工业占越南工业生产总值的比重为是 15.8%，到 2010 年下降到 8.45%。2000 年，加工、制造工业占越南工业生产总值的比重为 78.7%，到 2010 年上升到 86.49%。

（3）增加社会就业机会，并促进劳动力资源的开发。具有先进的技术和管理经验上的优势，外商直接投资企业为越南直接和间接培训了一批适应现代市场经济需要的技术人才和企业家人才。在这方面跨国公司的贡献尤为突出。跨国公司在越南投资的一个重要目标是实现产品的当地化，就是生产当地化、技术开发当地化、零部件当地化等。而当地化最关键是人才当地化，推动越南经济体制管理改革。

据《纽约时报》2014 年 10 月 25 日报道，近 30 年的发展，目前，越南已经跃居亚洲第二高速发展的国家，2013 年的经济增长率为 8.4%，仅次于中国。而它对美国的出口增长率甚至已经高于中国了。作为亚洲新生经济势力，越南的水泥需求量甚至超过了它的前殖民统治者法国。另外，胡志明市股票和债券市场的主要指数都上涨了近一倍，越南已经成为全亚洲银行家和投资人的焦点话题。截至 2013 年年底，越南的经济增长率已经超过泰国、马来西亚、中国台湾、韩国等，包括它的强劲对手印度。①

2010年，面对全球金融危机持续影响和经济复苏及其缓慢的现实，越南遏止了经济衰退之势，GDP同比增长6.78%，高于原定计划的6.5%，经济增长呈现逐步上升态势（一季度至四季度GDP分别增长5.84%、6.44%、7.18%、7.34%）。另外，对外贸易增长迅速，财政收入明显好转，面对这样的趋势，大好的机会及挑战均摆在前面，越南企业在致力于跟国内竞争对手进行比较的同时又要保证本企业在国际商场上的融合，在这样的情况下，各个企业便越来越看重品牌之间的竞争。

（三）越南品牌发展的经验与教训

1. 市场经济体制的建立和完善为经济的发展提供了先决条件。随着革新的不断深入，越南的市场经济体制逐步取代了计划经济体制。这些年的发展使越南的市场经济体制转轨初步完成，实现了由传统的计划经济向现代市场经济的转变，以市场运行为基础的市场机制和市场体系已初步形成，作为市场要素的价格、利率、汇率、竞争和分配机制已全面市场化，劳动力、金融、证券、技术和信息等市场体系正在积极培育和发展之中，政府对经济的宏观调控能力增强并与市场机制逐步适应和匹配。在微观基础领域，越南已由单一的公有制体系发展到多种所有制并存，各种经济成分一律面向市场，自主经营，平等竞争，共同发展。市场经济体制的确立不仅提高了经济效率，还以各种方式为经济的增长提供了刺激，使经济焕发出前所未有的活力。

2. 选择正确的经济发展战略，充分利用两种资源、两个市场、两个推动力推动经济发展。

第一，进口替代与出口导向相结合。越南在经济发展过程中，充分利用国内市场，积极引进机械设备、原料等发展本国工业，减少国外工业品的进口；同时，积极参与国际竞争，加大引资力度，加强国家的经济宏观调控能力，集中发展基础设施和能源建设。这种进口替代与出口导向相结合的战略使越南经济取得了显著的成绩。出口方面，基本形成了原油、大米、水产品、咖啡、煤炭五大类创汇拳头产品，同时食品、服装、电器、鞋类的出口也有较大增长，成为出口创汇的“第二梯队”。进口方面，贸易逆差大幅增加，但进口产品主要为生产所需的机械设备、原材料、燃料及零配件等，对消费品进口的控制仍十

① 美报：越南经济发展迅速 演绎中国式奇迹. 中国广播网（http://www.cnr.cn/caijing/gjcj/200610/t20061026_504314439.html）。

分严格。

第二，国内资本与国外资本并重，不单纯依靠国外资本。亚洲金融危机后，在东南亚其他国家国内生产总值都大幅度下降的情况下，越南经济仍有所增长，这与越南实施的两种资本并重、不单纯依赖外资的战略是密不可分的。2003 年社会总投资额达 217.6 万亿盾，其中国内资金占 83.2%。2004 年社会投资总额计划 255 万亿盾，其中国内资金占 68%，国外资金占 32%。由此可见，越南经济发展显然是以国内资金为主。这样就减少了国际资本市场对越南经济的影响，从而保证了国民经济的稳定发展。

第三，两种市场相结合为经济发展拓宽了道路。国内国外两种市场的结合为越南经济发展提供了更为广阔的空间。2003 年，随着世界经济的恢复，越南出口额大幅增长，出口总额近 200 亿美元，创历年新高。世界经济的恢复刺激了越南的出口，一些主要出口商品像原油、纺织品等的价格明显上涨，出口量大幅增加，使得越南的出口增长加快。

第四，经济发展与产业结构升级相结合。越南的经济发展和产业结构升级在一个平台上进行，主要表现在以下三个方面：[①] 首先是投资的变化。越南市场经济体制的建立和完善迫使企业加快技术改造，更新设备，降低成本，提高产品质量，为此企业不断加大设备、技术等方面的投资，提高市场竞争力。2003 年越南将 80% 的投资用于工业领域，大力更新设备，引进先进工艺，降低生产成本。在 2004 年的越南全国计划工作会议上，计划投资部长武洪福指出，今后的主要投资领域是电子、油气开采、水泥、机械制造、冶金、石化、交通设施、水利工程。他还表示要加大对教育培训、科学技术、文化新闻、医疗卫生和扶贫方面的投资，以推进产业结构的升级。其次是大规模引进外资和技术。通过引进外资，建立起一批外商投资企业，与国有企业形成竞争，迫使国有企业逐步走上技术改造的道路。大量外资的引进也带来了技术和管理的引进，因而提高了产业的现代化程度，促进了产业结构的升级。最后是扩大对外开放。扩大对外开放，产品必须具有较强的竞争力。产品竞争力的提高，必须通过改进设备、创新技术、降低成本等途径实现，即通过产业结构的升级实现。

3. 私人投资踊跃，非国有经济迅速发展，为经济发展提供了新的活力。在 21 世纪初世界经济不景气、外资投资缩减的情况下，越南的投资仍以超过 30%

---

① 越南经济现状及发展趋势，国际贸易—中国教育文摘，（http：//www.eduzhai.net/lunwen/72/137/lunwen_309802_3.html）。

的贡献率推动经济增长，其中增长最快的是国内私人投资。2003 年社会发展投资总额中，私人投资 58 万亿盾，投资额最高，增长幅度最大为 24. 7%，外商直接投资增长率 5. 8%。目前越南已有 12 万家私人企业，成为国民经济中最活跃的成分。2003 年工业总产值为 302. 99 万亿盾（约占国内生产总值的 40%），比上年增长 16%，其中私营企业工业产值比上年增长 18. 7%。

第四章　国际品牌建设经验路径的比较与评价

品牌是企业乃至国家核心竞争力的综合体现和外在表现，也是经济全球化过程中重要的要素资源。[①] 一个国家或地区经济崛起的背后，往往是一批自主品牌的强势崛起，韩国经济成功转型主要就是依赖现代、三星等一批优势品牌。中国品牌建设促进会理事长刘平均认为，“世界经济已经进入品牌经济的大格局，品牌已成为国际竞争的制高点”。[②]

对于一个企业而言，品牌意味着市场份额甚至生存发展。品牌是市场竞争的核心要素。作为企业战略性资产，品牌正成为商品和服务价值的重要组成部分。据联合国统计，全球市场50%的份额由3%的优势品牌所占据[③]。当今国际市场已从“商品消费”进入“品牌消费”阶段，提升品牌价值和影响力已经成为全球市场竞争必须争夺的制高点。

提起一个国家，人们往往联想到该国著名的自主品牌，比如中国的高铁、华龙一号，美国的苹果、可口可乐，德国的奔驰、宝马，日本的丰田、三菱，韩国的三星，瑞士的雀巢，等等。这些自主品牌不仅是企业的无形资产，也是国家的重要资产，像奔驰、丰田、三星这样的品牌无疑已成为国家形象的代表。在全球化时代，一个国家的企业形象、知名产品与国家形象存在着密切关系，产品品牌在国际市场上的优秀表现可以促进国家品牌的建设，而良好的国家形象可以为企业创造良好的国际市场环境，提升品牌的信誉和企业的竞争力。例如，质量精良的德国产品是国家最好的名片，帮助德国在全世界范围内塑造出以“踏实”“严谨”和“精工细作”著称的国际形象。同样，良好的国际形象又使得“德国制造”整体具备了一种公信力，让人们充分信任与德国有关的各

① 时任国家质检总局副局长陈钢在2016年中国品牌价值评价信息发布会上的致辞，中国经济网，2016年12月13日，中国经济网，（http：//www. ce. cn/xwzx/gnsz/gdxw/201612/13/）。

② 刘平均：以品牌战略助力强国梦想，中国质量网，2015年3月11日。

③ 定位：争夺用户心智的战争，（https：//site. douban. com/108844/widget/notes/223460/note/520702100/）。

种品牌。

对于一个国家和地区而言，品牌反映了综合实力和发展潜力。综观全球产业经济发展，一个强盛发达的经济体都拥有一批国际知名品牌。它们通过品牌的强大国际影响力，处在产业链的高附加值环节，在全球产业分工中占据优势地位，获取最大利润。我国要借鉴国际经验，在国家层面大力实施自主品牌战略，加快培育具有自主知识产权的自主品牌产品、自主品牌企业和具有自己特色的区域品牌，甚至国家品牌，力争经过若干年努力早日实现中国品牌强国梦。本书拟通过对其他国家在强化品牌国际化战略、提升企业国际竞争力方面的成功经验和失败教训进行分析，研究企业国际竞争力与自主品牌战略的关系。

一、国际自主品牌战略总体发展情况概述

从各国优势自主品牌培育过程中可以看出，自主品牌战略为企业竞争优势的创造奠定了基础，企业通过这种竞争优势可以获取超额收益，这种超额收益的实质就是企业国际竞争力的重要体现，而自主品牌作为一项核心的无形资产，企业国际竞争力的保持需要品牌创新力的不断提升，随着各个企业品牌创新力的提升，自主品牌的竞争日趋激烈，要谋求新的竞争优势，必须适时调整自主品牌战略。国际上的诸多品牌就是经过这种循环的过程，实现了以自主品牌战略培育企业国际竞争力的路径，最终成长为国际知名品牌。

1. 欧美国家在品牌价值榜单上的领先地位还难以动摇

由世界品牌实验室（World Brand Lab）编制的每年一度的品牌榜单可知，以 2014 年度为例,[①]“世界品牌 500 强”排行榜于 2014 年 12 月 15 日在美国纽约揭晓。苹果（Apple）扭转了下滑的品牌形象，一举击败谷歌（Google）重返宝座，谷歌（Google）退居第二，亚马逊（Amazon）因为电子商务在全球的普及，以创新的服务继续保持季军的位置。该排行榜评判的依据是品牌的世界影响力，品牌影响力（Brand Influence）是指品牌开拓市场、占领市场并获得利润的能力。按照品牌影响力的三项关键指标，即市场占有率（Share of Market）、品牌忠诚度（Brand Loyalty）和全球领导力（Global Leadership），世界品牌实验室对全球 8000 个知名品牌进行了评分，最终推出了世界最具影响力的 500 个品牌。

---

① 因本书的初稿形成于 2015 年，故主要以 2014 年前的资料为基础，在修改时，对一些数据等资料进行了补充，特此说明。

2014 年“世界品牌 500 强”排行榜入选国家共计 27 个。从品牌数量的国家分布看，美国占据 500 强中的 227 席，继续保持品牌大国风范；法国以 44 个品牌位居第二，比上年减少了 3 个品牌；英国以 42 个品牌入选超越日本排名第三，比上年增加了 3 个品牌。日本、中国、德国、瑞士和意大利是品牌大国的第二阵营，分别有 39 个、29 个、23 个、21 个和 18 个品牌入选。由此可见，即使欧洲经济低迷，但欧美国家的超级品牌似乎依然坚挺。中国虽然有 29 个品牌入选，但相对于 13 亿人口和 GDP 世界第二，中国的自主品牌显然还处于“第三世界”。[①]

我国经过多年自主品牌战略实施，其成效非常显著。与发达国家的差距正在日益缩小。搜狐网2018 年12 月20 日报道[②]：2018 世界品牌500 强全名单，腾讯、华为、阿里国内前 10 强。由世界品牌实验室（World Brand Lab）主办的（第十五届）“世界品牌大会”于 2018 年 6 月 20 日在北京举行，会上发布了 2018 年《中国 500 最具价值品牌分析报告》（简称报告）。在这份基于财务数据、品牌强度和消费者行为分析的年度报告中，国家电网以 4065. 69 亿元的品牌价值荣登年度最具价值品牌榜首。占据榜单前五名的还有腾讯（4028. 45 亿元）、海尔（3502. 78 亿元）、工商银行（3345. 61 亿元）、中国人寿（3253. 72 亿元），这些品牌已经迈进世界级品牌阵营。同时，南方电网公司排名第32 位（1335. 95 亿元），而其中也不乏类似于正泰（168 位）、汉能（42 位）、人民电器（124 位）、上海电气（49 位）、亨通光电（189 位）等众多能源、电力及其相关设备厂商的身影。主要榜单如表 2 －1 所示：

表 2 －1　　2018 年“中国 500 最具价值品牌”前 10 名

排名	品牌名称	品牌拥有机构	品牌价值（亿元人民币）	主营行业
1	国家电网	国家电网有限公司	4065. 69	能源
2	腾讯	腾讯控股有限公司	4028. 45	信息技术
3	海尔	海尔集团	3502. 78	物联网生态
4	工商银行	中国工商银行股份有限公司	3345. 61	金融

① 世界品牌实验室（World Brand Lab）编制的2018 年度（第十五届）《世界品牌 500 强》排行榜于 2018 年 12 月 18 日在美国纽约揭晓。美国占据 500 强中的 223 席，稳居品牌大国第一。中国入选的品牌 38 个，中国入选的品牌包括茅台、青岛啤酒、五粮液、中国银行、国家电网、腾讯、海尔、华为、中化、中国国航、台积电（中国台湾）等。资料来源：搜狐网，2019 －03 －31。

② 2018 世界品牌 500 强全名单 腾讯华为阿里国内前 10 强，中关村在线（http：//news. zol. com. cn/705/7052978. html）。

续表

排名	品牌名称	品牌拥有机构	品牌价值（亿元人民币）	主营行业
5	中国人寿	中国人寿保险（集团）公司	3253.72	金融
6	华为	华为技术有限公司	3215.63	通信电子
7	中化	中国中化集团有限公司	2775.67	能源
8	CCTV	中央广播电视总台	2740.82	传媒
9	中国一汽	中国第一汽车集团公司	2716.27	汽车
10	阿里巴巴	阿里巴巴集团控股有限公司	2705.92	信息技术

数据来源：世界品牌实验室（World Brand Lab）。

报告显示，2018 年度“中国 500 最具价值品牌”的总价值为 184459.11 亿元，比 2017 年增加 28879.05 亿元，增长幅度为 18.56%。世界品牌实验室主席、诺贝尔经济学奖得主罗伯特·蒙代尔教授（Robert Mundell）明确指出：“人工智能、大数据和区块链等新技术，给品牌成长带来新的希望。世界品牌实验室编制中国品牌报告已是第 15 个年头，2004 年入选门槛仅为 5 亿元，前 500 名品牌的平均价值为 49.43 亿元。15 年以后的 2018 年，入选门槛已经提高到 23.52 亿元；而前 500 名品牌的平均价值高达 368.92 亿元，增长幅度为 646.35%。”

据世界品牌实验室分析，一个区域的竞争实力主要取决于其比较优势，而品牌效益直接影响着地区比较优势的形成和发展。与企业品牌一样，区域品牌具有竞争性和排他性。一个区域内的超级品牌集中，就容易形成品牌集群效应。从 2018 年“中国 500 最具价值品牌”区域分布来看，北京有 94 个品牌入选，名列第一，主要原因是盈利能力强的央企总部集中在北京；广东和福建分别有 90 个和 49 个品牌入选，位居第二和第三。根据入选品牌影响力范围大小，按照区域性、全国性和世界性对品牌进行划分。榜单中具有全国范围影响力的品牌有 439 个，占 87.80%；具有世界性影响力的品牌数为 51 个，这一数据比 2017 年有所提高。如表 2－2 所示：

表 2－2　2018 年“中国 500 最具价值品牌”区域分布（前 10 名省市）

排名	省份/地区	品牌数（2018 年）	百分比（2018 年）	品牌数（2017 年）	百分比（2017 年）	所属区域
1	北京	94	18.80%	96	19.20%	华北
2	广东	90	18.00%	88	17.60%	华南

续表

排名	省份/地区	品牌数（2018 年）	百分比（2018 年）	品牌数（2017 年）	百分比（2017 年）	所属区域
3	福建	49	9.80%	36	7.20%	华东
4	上海	41	8.20%	37	7.40%	华东
5	山东	40	8.00%	45	9.00%	华东
6	浙江	34	6.80%	35	7.00%	华东
7	江苏	28	5.60%	27	5.40%	华东
8	四川	17	3.40%	16	3.20%	西南
9	河南	10	2.00%	12	2.40%	华中
10	河北	9	1.80%	11	2.20%	华北
10	湖北	9	1.80%	11	2.20%	华中

数据来源：世界品牌实验室（World Brand Lab）。

2018 年度“中国 500 最具价值品牌”排行榜中，共有来自食品饮料、纺织服装、文化传媒、信息技术、家用电器等在内的 25 个相关行业的品牌入选。其中食品饮料业依然是入选品牌最多的行业，共有 85 个品牌入选，占总入选品牌数的 17%。入选数量位居第二到第五的行业分别是轻工（56 个）、建材（46 个）、传媒（36 个）、汽车（33 个）、纺织服装（33 个）。本年度共有 41 个中国品牌的价值超过 1000 亿元，比上年增加了 1 个。其中品牌价值在 3000 亿元以上的品牌有 6 个；品牌价值在 2000 亿元至 3000 亿元之间的有 9 个；品牌价值在 1000 亿元至 2000 亿元之间的有 26 个。如表 2－3、表 2－4 所示：

表 2－3　　2018 年“中国 500 最具价值品牌”行业分布（前 10 名行业）

行业	品牌数量（2018 年）	百分比（2018 年）	品牌数量（2017 年）	百分比（2017 年）	前三名品牌
食品饮料	85	17.00%	82	16.40%	茅台、五粮液、青岛啤酒
轻工业	56	11.20%	65	13.00%	周大福、中华、周大生
建材	46	9.20%	41	8.20%	中国建材、金隅、北新建材
传媒	36	7.20%	35	7.00%	CCTV、人民日报、凤凰卫视
汽车	33	6.60%	33	6.60%	中国一汽、上汽、北汽集团
纺织服装	33	6.60%	29	5.80%	鄂尔多斯、魏桥、劲霸

续表

行业	品牌数量（2018 年）	百分比（2018 年）	品牌数量（2017 年）	百分比（2017 年）	前三名品牌
机械	27	5.40%	25	5.00%	中国中车、上海电气、徐工
金融	23	4.60%	25	5.00%	工商银行、中国人寿、中国银行
医药	21	4.20%	27	5.40%	海王、护佑、马应龙
通信电子 IT	21	4.20%	22	4.40%	腾讯、华为、阿里巴巴

数据来源：世界品牌实验室（World Brand Lab）。

表 2-4　　2018 年“中国 500 最具价值品牌”价值范围分布

品牌价值	品牌数量（2018 年）	百分比（2018 年）	品牌数量（2017 年）	百分比（2017 年）	增长幅度
3000 亿元以上	6	1.20%	2	0.40%	+0.80%
2000 亿～3000 亿元	9	1.80%	10	2.00%	-0.20%
1000 亿～2000 亿元	26	5.20%	28	5.60%	-0.40%
600 亿～1000 亿元	26	5.20%	9	1.80%	+3.40%
500 亿～600 亿元	15	3.00%	25	5.00%	-2.00%
400 亿～500 亿元	27	5.40%	8	1.60%	+3.80%
300 亿～400 亿元	69	13.80%	46	9.20%	+4.60%
200 亿～300 亿元	60	12.00%	61	12.20%	-0.20%
100 亿～200 亿元	137	27.40%	148	29.60%	-2.20%
100 亿元以下	125	25.00%	163	32.60%	-7.60%

数据来源：世界品牌实验室（World Brand Lab）。

总体来看，世界最有价值品牌地区分布的格局仍然还未根本改变。“报告”显示：2018 年“世界品牌 500 强”排行榜入选国家共计 28 个，其中美国有 223 个品牌入选，仍然高居榜首；法国和英国分别有 43 个和 42 个品牌入选，位居第二、第三；日本、中国、德国、瑞士和意大利以 39 个、38 个、26 个、21 个和 15 个品牌入选位居第四、五、六、七、八。

另外，2018 年度“世界品牌 500 强”的平均年龄达到 100.14 岁，相比 2017 年的 100.19 岁略有下降。其中 100 岁及以上的“百年老牌”多达 213 个；中国入选的 38 个品牌中，只有茅台、青岛啤酒、五粮液和中国银行拥有超过 100 年的经营历史。

2. 行业特征所带来的品牌格局变化比较明显。2014 年“世界品牌 500 强”排行榜中，当年新上榜的品牌总计有 26 个，表现突出的是互联网行业，共有 6 个新品牌入选。2014 年“BrandZ 最具价值全球品牌 100 强”榜单也显示，科技类品牌表现强劲，价值总量最大：虽然科技类品牌在整个 100 强排行榜中仅占不到五分之一的比例，但其价值却几乎占到 BrandZ 百强排行榜品牌总价值的三分之一。在产品型企业举步维艰之时，服务型品牌则发展蓬勃。三星、惠普和索尼等以产品为主导的企业在业绩表现上逊色于腾讯、Facebook 和百度。

服装业成为增长最快的行业：服装业 10 强品牌的总价值接近 1000 亿美元，增幅达 29%，超过了汽车业（增幅 17%）和零售业（增幅 16%）。优衣库、耐克和阿迪达斯等品牌的价值均获得双位数的增长。

在全球经济复苏大环境下，金融服务行业品牌也正在恢复其应有的生命力。所有在榜单上的金融服务品牌的排名都有所上升。总体而言，通过更好地和消费者互动，并且提供无缝隙的便捷和全方位的体验，这些品牌持续地在建造其品牌价值。在移动营销、社交媒体、在线视频等方面的全心投入使得这些金融服务品牌取得的骄人成绩实至名归。

2018 世界品牌 500 强名单共覆盖了 57 个行业。其中，汽车与零配件行业共有 36 个品牌入榜，排名继续保持第一；传媒行业 2018 年上榜了 35 个品牌，位居行业第二；食品与饮料行业继续下滑，以 33 个品牌退居第三；互联网行业继续保持上涨的势头，以 25 个品牌超过能源行业排名第四。零售以及计算机与通信行业均有小幅上涨。① 这些行业实施的自主品牌战略无疑在最恰当的时间抓住了机遇，为企业国际竞争力的提升打下了坚实的基础。

3. 未及时调整自主品牌战略的企业遭遇发展困境。在瞬息万变的今天，一些“百年”老牌和“红极一时”的品牌由于未能及时调整新时代新环境下的自主品牌战略，其品牌价值的经营面临着巨大的风浪。

由 Interbrand 发布的“最佳全球品牌”排行榜中，除了还在保持增长的 Facebook、苹果和谷歌之外，一些曾经叱咤风云的品牌掉进了前所未有的低谷。芬兰的通信信息技术供应商诺基亚就经历了历史新低：从 2013 年的第 57 位掉到了第 98 位。曾经作为手机行业“龙头”的诺基亚②，还是没能抵御住苹果和三星

---

① 2018 世界品牌 500 强排行榜解读，买购网（https：//www. maigoo. com/news/514654. html）。

② 诺基亚是一个伟大的企业。150 年的历史中，它曾多次遇险，也屡屡化险为夷；曾因勇于创新而崛起，也因瞻前顾后而衰败。可参阅：曾经人手一部，还是许多人的“初恋”，诺基亚兴衰史回顾（https：//baijiahao. baidu. com/s？ id = 1614643979460833203&wfr = spider&for = pc）。

的强势攻击。微软自2013年9月收购诺基亚以来，在经过一番高层和内部结构的改变之后，尚未有一个明确的品牌进展方向。日本的消费者主导电子公司任天堂又遭遇了新一轮的下滑：2014年下滑了33位，位居榜单最后一位，其全球首席执行官 Satoru Iwata 也公开表示整个公司必须要评估其他机遇，其中包括手机市场，他也宣布公司在2016年3月前计划推出新的与健康产业有关的业务。

另一方面，在“世界品牌500强”榜单中，受互联网和移动设备的冲击，丹麦音响品牌B&O、美国游戏与玩具品牌芭比、美国通信品牌摩托罗拉成为2014年下滑最大的品牌输家①，而柯达胶卷、富士胶片和《读者文摘》等相继跌出500强。值得一提的是，2013年排名第九位的日化行业宝洁和联合利华等国际巨头因遭遇困境集体陷入低迷，滑出榜单前十之列，庄臣、旁氏直接跌出了世界500强榜单。

这些自主品牌能够取得昔日的成绩并非偶然，表明其品牌建设是成功的，但是在新一阶段的发展态势之下，由于企业未能针对所处的环境及时调整自主品牌战略，使得自身的竞争优势逐渐削弱，国际竞争力日趋下降，品牌价值的经营遭遇瓶颈。

4. “高龄”企业仍在国际品牌发展中占据重要地位。2014年度“世界品牌500强”中，所有上榜企业的平均年龄达到97.38岁，其中100岁以上的“老字号”达212个。依行业来看，教育类品牌最古老，平均年龄为340.64岁。其中最古老的品牌是英国的牛津大学，迄今已经有918年历史，剑桥大学、哈佛大学因为分别拥有805年和378年历史而分别位居最古老品牌的第二和第三。而中国入选的29个品牌中只有青岛啤酒（116岁）和中国银行（107岁）超越百龄。②

中国长寿企业的缺失将成为制约中国自主品牌持续发展的一大障碍，从榜单上接近一半的“百岁”企业来看，这种品牌价值的积淀对于企业国际竞争力的提升是大有裨益的。因此，转变品牌管理理念，将建设长寿企业的目标加入自主品牌战略的框架当中，应该是中国自主品牌需要关注的内容。保护中华老字号正是这一要求的实现途径之一。

---

① 摩托罗拉（Motorola Inc），原名：Galvin Manufacturing Corporation（加尔文制造公司），成立于1928年。1947年，改名为Motorola，从20世纪30年代开始作为商标使用。摩托罗拉总部设在美国伊利诺伊州绍姆堡，位于芝加哥市郊。世界财富百强企业之一，是全球芯片制造、电子通信的领导者。2014年1月30日，中国联想集团以29亿美元收购了摩托罗拉公司的手机业务。昔日的辉煌近日已经夕阳西下。

② 《世界品牌实验室：2016年世界品牌500强分析报告》，资料来源：（https：//max. book118. com/html/2015/1016/27410901. shtm－2019－6－19）。另外，青岛啤酒和中国银行的年龄截至2019年，特此说明。

5. 中国自主品牌价值增速放缓。在“BrandZ 最具价值全球品牌 100 强”榜单中，2014 年 11 家上榜中国品牌的品牌总价值达到 2.8 千亿美元。中国品牌价值总体上涨，但增长速度稍慢于全球水平。除了科技行业的亮点外，其他行业处于波动的状态。专家指出，中国的自主品牌在国际市场上难以满足发达市场对品牌差异化的要求，在国内形成的品牌价值无法复制到国外，同时中国缺乏国际水准的企业创意和品牌管理人才。在国际经济形势好转的前提下，欧美国家曾受经济危机影响的自主品牌能利用更多的资金、精力和政策来调整自己的自主品牌战略，对中国自主品牌的发展提出了巨大的挑战，这也在一定程度上限制了中国品牌的价值增长速度。

当然，我国品牌战略的实施，其成效是非常显著的。2018 年度有 14 个中国品牌登上 BrandZ 100 强榜单，而 2006 年只有一个（中国移动）。所有来自中国的品牌的总价值同比增长 47%，增速是美国（23%）的两倍以上。有关资料如表 2－5 所示：

表 2－5　BrandZ 2018 年上榜中国品牌

2018 年全球排名	与前一年排名变化	品牌	2018 年品牌价值（亿美元）	品牌价值变化（%）
5	↑3	腾讯	1789.90	+65%
9	↑5	阿里巴巴	1134.01	+92%
21	↓4	中国移动	463.49	－18%
22	↑6	中国工商银行	458.53	+45%
34	↑30	茅台	321.13	+89%
41	↓2	百度	268.61	+14%
43	↑18	中国平安	261.41	+51%
48	↑1	华为	249.22	+22%
49	↑5	中国建设银行	237.47	+27%
59	第二次上榜	京东	209.33	+94%
69	↑3	中国农业银行	191.41	+28%
79	↓1	中国人寿	164.29	+18%
84	↑10	中国银行	156.07	+30%
90	N/A	顺丰速运	145.37	N/A

在品牌全球化以及科技全球化的趋势下，中国品牌的国际化任务更加紧迫。

目前海外消费者认为中国品牌是具有创新性和国际化的，这为中国品牌国际化奠定了基础。中国的自主品牌可以通过创新获得差异化竞争，利用互联网帮助品牌以更低成本、更快速度打入国际市场。

二、国际自主品牌战略实施经验的比较与评价

在前文中，我们对几个代表性国家的经济发展和经济转型特征进行了分析，并研究了在相应的经济环境下该国企业是如何通过自主品牌战略的培育来提升企业国际竞争力的。通过对成功经验和失败教训的总结，我们可以看到，不同的国家在强化品牌国际化战略，提升企业国际竞争力方面，表现出了不同的特征，也为中国的自主品牌建设提供了不同的帮助。

1. 美国。美国经济的发展主要体现在以下三个方面：其一是以信息技术为主导的高新技术产业在美国经济中占据主要地位；其二是发展起来的高新技术对传统产业改造起到了推动作用；其三是知识型服务业成为拉动经济增长的重要力量。针对中国国情，我国应该从以下两个方面进行借鉴：

一是大力发展信息产业，加快产业结构调整。当前及今后一段时期，我国最紧迫的任务是集中力量，加快信息技术产业的发展，如大力加强信息基础设施建设，促进传统产业与信息产业的接轨，发展电子商务，改变传统的结算与运输方式等。我国高新技术的发展必须从具体的国情出发，坚持“有所为，有所不为”的发展战略，建设现代化的支撑服务体系和高效运作的信息网络，培植一批在国内外有影响的现代化信息服务机构，建设一批具有广阔市场前景和强大牵引效应的高新技术产业群，使之逐步成为经济高速增长的“驱动器”。

二是产业结构调整要求有与之相适应的体制。美国不同领域、不同层次的创新或新的制度安排带来广泛的社会影响，形成一种有利于技术创新和经济增长的社会机制。产业结构调整要求有与之相适应的体制变革，包括生产体制、流通体制、分配体制、企业管理体制等，这就需要制度创新。在生产领域，小型创业公司的兴起，大公司与小公司在创新上的协作关系；在流通领域，各种金融创新，如二板市场、风险投资的出现；在分配领域，股票期权的盛行；在企业管理领域，层级制被水平型管理和对基层授权所取代等。

2. 俄罗斯。俄罗斯在经济发展过程中遇到的主要问题包括：

其一，俄罗斯企业普遍缺乏创新动力是制约品牌价值提升的关键因素。经

过二十多年的经济转轨，以非国有制为主导的多元化所有制体系为基础的市场经济框架逐步形成，但俄罗斯迄今并没有培育出真正的市场竞争主体，没有形成具有创新精神的企业家阶层，这已严重制约俄经济的健康可持续发展。

其二，低水平的制度质量将成为影响品牌建设的主要障碍。从本质上看，从计划经济向市场经济的转轨是一个渐进的过程，经过二十多年的经济转轨，俄罗斯市场经济的基本框架已经确立，相关的法律法规也已基本完善，但市场经济的运行能力还没有培育起来，即市场经济的“制度质量”处于很低的水平。WEF《2009—2010 年全球竞争力报告》对 133 个国家的“制度质量”进行了评估，俄罗斯在上述四个方面均排在 100 名之后。

其三，塑造国家品牌的重要性需要引起高度重视。在全球化时代，一个国家的企业形象、知名产品与国家形象存在着密切关系，产品品牌在国际市场上的优秀表现可以促进国家品牌的建设，而良好的国家形象可以为企业创造良好的国际市场环境，提升品牌的信誉和企业的竞争力。从各大品牌价值的榜单上我们可以看出，相比于西方发达国家成熟的品牌经营和管理，俄罗斯在品牌文化和品牌管理方面尚有不小的差距。

3. 韩国。基于韩国经济的发展，我们可以得知的经验和教训包括：

其一，明确产业政策，加强品牌建设。韩国在经济发展的不同阶段，为促进工业生产的增长制定了一系列产业政策措施。在发展初期，根据国内资源和技术状况，主要是培育和鼓励以消费品生产为主的轻工业，因而在产业政策上主要实行了对进口机械设备的关税减免、对出口原料的耗损率的认可以及对最终消费品的进口限制等政策。韩国在 20 世纪 70 年代后期以来，在国内外的一片反对声中推行了重化工工业培育政策。韩国政府之所以特别选择这些产业予以扶持，是希望由此对国内产业的发展产生强大的“连贯效果”，提升韩国品牌的竞争力和影响力。

其二，促进出口，扩大品牌影响力。韩国政府为确立以工业为中心的产业结构，实施了促进出口、抑制进口的二元贸易政策。过去 30 年间一直实行的工业产品出口促进政策为工业结构的升级提供了必要的外汇保障，也使国内产业的技术水平达到了世界先进水平。因而，长期以来培育起来的出口产业具备了可以抵御风险的国际竞争力。

4. 日本。基于日本经济的发展，我们可以得知的经验和教训包括：

其一，以制造业的创新带动品牌的崛起。与占比最高的研发投入相联系，作为基础产业的制造业拥有最强大的技术开发能力和产品制造能力。据日本总务省统计局《2014 年科学技术研究调查》的数据，2013 年日本的研发经费占 GDP 的比重达 3.75%（居 G8 国家之首），而在其 181336 亿日元的科学技术研究费总额中，企业的占比为 70%，其中制造业的投资为 112615 亿日元，占企业研究费总额的 88.7%。以这种强大的研发能力为依托，日本的品牌策略得以实施。

其二，大力借鉴国外的先进技术和工艺，发展本国品牌。日本大力吸收美国的资金，学习、借鉴美国的先进工艺、科技和管理经验，并加强仿制、模仿和创新工作，使日本成为世界上对外国技术、工艺消化、吸收力最强的国家之一。因此，战后日本仅用了 20 多年时间，就先后赶上并超过法国、英国和联邦德国（指国民生产总值，1966 年超过法国、1967 年超过英国、1968 年超过联邦德国），成为仅次于美国的第二经济强国。前已述及，“二战”后日本的科学技术，90% 是从外国引进的（其中又有 90% 是从美国引进的）。因为引进比研制费用低、见效快。美国研制一项成果的成功率为 1%，而日本的成功率为 70% 以上。原因是日本不是独创而是改进。就这样，日本从 1950—1975 年共引进了 25000 多项技术，并用不到 30 年时间、花了仅 60 亿美元左右，就把美国等西方国家用了半个多世纪、花了 2000 多亿美元的研究成果学到手。

5. 印度。基于印度经济的发展，我们可以得知的经验和教训包括：

其一，更加注重经济发展的可持续性，培育自主品牌的独立性。对比现阶段印度发展的三大特点，可以发现我国经济发展模式还存在一些可以完善的地方。首先，我国服务业发展相对滞后，服务业增加值占 GDP 比重偏低，被发达国家甩在了身后，甚至远远落后于发展中国家。其次，内需不足是中国经济面临的较大难题，在中国人口老龄化阶段显得更为严重。最后，在内需不足和进口、外资依存度高的协同影响下，中国经济对世界经济形成了高度的依赖，这也导致了中国企业在世界政治经济环境的变动情况下会受到严重的影响，为此，可以向经济相对独立的印度吸取经验，保障一些弱势的自主品牌和潜力产业，在不打乱市场经济秩序的前提下，减少其受外界的影响程度。

其二，重视高等教育人才培养，为品牌创新打下基础。经济增长的决定因素正在由资本资源向知识资源，由制造业向服务业转变。以信息技术为代表的现代科技迅猛发展，使得以知识为基础的产业成为经济增长的主要动力。尽管我国高校毕业生的人数年年攀升，但与市场需求的不匹配也同时造成了大量的人才浪费。市场需求为导向的人才战略才是经济发展的根基，目前这个问题正是国家教育改革的重点所在，或许可以从印度软件行业的人才培养模式中获得经验。

其三，技术导向和知识积累的集约型经济发展模式具有特殊意义。印度以高科技产业作为经济的驱动力，选择了一条集约型的经济发展道路。发展中国家可以发展建立在知识密集型基础上的内涵式发展模式。它主要靠技术上的自主创新，新技术的应用，大量的研发来提高产业和产品的竞争力。

6. 越南。基于越南经济的发展，我们可以得知的经验和教训包括：

其一，市场经济体制的建立和完善为经济的发展提供了先决条件。随着革新的不断深入，越南的市场经济体制逐步取代了计划经济体制。这些年的发展使越南的市场经济体制转轨初步完成，实现了由传统的计划经济向现代市场经济的转变，以市场运行为基础的市场机制和市场体系已初步形成，作为市场要素的价格、利率、汇率、竞争和分配机制已全面市场化，劳动力、金融、证券、技术和信息等市场体系正在积极培育和发展之中，政府对经济的宏观调控能力增强并与市场机制逐步适应和匹配。

其二，选择正确的经济发展战略，充分利用两种资源、两个市场、两个推动力推动经济发展。第一，进口替代与出口导向相结合。越南在经济发展过程中，充分利用国内市场，积极引进机械设备、原料等发展本国工业，减少国外工业品的进口；同时，积极参与国际竞争，加大引资力度，加强国家的经济宏观调控能力，集中发展基础设施和能源建设。第二，国内资本与国外资本并重，不单纯依靠国外资本。亚洲金融危机后，在东南亚其他国家国内生产总值都大幅度下降的情况下，越南经济仍有所增长，这与越南实施的两种资本并重、不单纯依赖外资的战略是密不可分的。第三，两种市场相结合为经济发展拓宽了道路。国内国外两种市场的结合为越南经济发展提供了更为广阔的空间。2003年，随着世界经济的恢复，越南出口额大幅增长，出口总额近200亿美元，创历年新高。第四，经济发展与产业结构升级相结合。越南的经济发展和产业结构升级在一个平台上进行，主要表现在以下三个方面：首先是投资的变化；其次是大规模引进外资和技术；最后是扩大对外开放。

其三，私人投资踊跃，非国有经济迅速发展，为经济发展提供了新的活力。在21世纪初世界经济不景气、外资投资缩减的情况下，越南的投资仍以超过30%的贡献率推动经济增长，其中增长最快的是国内私人投资。2003年社会发展投资总额中，私人投资 58 万亿盾，投资额最高，增长幅度最大为 24.7%，外商直接投资增长率 5.8%。目前越南已有 12 万家私人企业，成为国民经济中最活跃的成分。

三、国家层面上提升中国企业国际竞争力的启示

从对当前国际范围内自主品牌战略发展状况的研究和对国际自主品牌战略实施经验的比较与评价中，我们可以在国家层面上获得一些通过自主品牌战略培育进而提升企业国际竞争力的启示：

1. 关注品牌年龄，培育长寿企业。品牌年龄一直是国外众多品牌评价机构关注的重要指标，但是中国企业在这项指标上的表现还差强人意，《世界品牌 500 强》（2014）中，所有上榜企业的平均年龄达到 97.38 岁①，而中国当年入选的 29 个品牌中只有青岛啤酒（时年 111 岁）和中国银行（时年 102 岁）超越百龄。相比于日本的金刚组、三菱，美国的通用这些拥有极高品牌价值的长寿企业，中国自主品牌的底蕴还不太深厚。

韩国银行的一份研究报告显示，全球持续存在 200 年以上的企业有 8586 家，其中日本 7831 家；日本帝国银行的调查报告也显示：日本 1867 年明治维新前成立的企业有 4839 家，100 年以上的共有 8.9 万家，300 年以上的有 782 家，400 年以上的有 75 家，600 年以上的有 65 家，1000 年以上的有 5 家，其中还包括世界上最长寿的企业，源于日本飞鸟时代的“金刚组”，该公司创办于公元 578 年，一直专注于建筑业，已传承了四十余代。在市场竞争日益惨烈的今天，环境复杂多变，企业寿命如同产品生命周期一样越缩越短，但很多日本企业历经漫长岁月长盛不衰，它们的文化和经营秘诀值得我们探究。

尽管中国企业和日本企业所经历的历史阶段有所差异，我们依然可以从中看到一些可以学习的地方。在中国，多数企业品牌文化没有根植在企业的运作中，仅仅是属于创业者自己的品牌。品牌是文化的外延，品牌是企业的形象和面子，一个失去面子和形象的企业，消费者是不会尊重和忠诚的。另外，中国许多最著名的品牌都是富有传奇色彩的企业家一手打造的，如果没有了这些创始人，他们所打造的品牌有一些可能难逃被淘汰的厄运。这种品牌文化认知的

① 2018 年度“世界品牌 500 强”的平均年龄达到 100.14 岁。

氛围是不利于品牌持续发展的，没有生命力的品牌难以实现国际竞争力的提升。所以，我们应该学习日本企业的经营理念——把企业当家的“家社会”理念，重视员工的利益比股东利益要多一些，相比较而言，这能够使企业长期稳定地经营下去。我们认为这比较符合中国的文化和特点，企业的稳定将避免社会动荡。至于说要不要互相持股和终身雇佣，还要视具体情况来定。不断适应形势的创新、严谨态度、高瞻远瞩是日本长寿企业生命力的源泉与根本，这些也是中国品牌尤其是中国老字号的自主品牌战略中应该关注的内容。

2. 学会在困境中积极转变。2014 年，芬兰品牌诺基亚、日本品牌任天堂等世界知名品牌继续遭遇发展困境，品牌价值持续下滑。究其原因，在企业主要产品失去竞争优势之后，未能及时寻求转变，利用企业优势发掘新的竞争优势，品牌的核心竞争力也逐渐被削弱。因此，如何在发展困境中积极寻求转变，开发新的优势领域是企业自主品牌战略中的一项重要内容。

再从日本索尼公司的案例可知，20 世纪 50 年代索尼公司成立之初，其黑白电视虽然大卖，但技术竞争力却毫无优势，其后所制造的彩色电视品质亦不甚理想，导致巨额亏损，甚至公司已到达倒闭的边缘。在这种发展困境之中，索尼并未放弃，通过筹措资金仍然坚持对研发的投入，并把握住了新的技术开发方向，于 1967 年发表了由井深大亲自加入开发的特丽珑映像管技术，这项技术使得索尼电视在全球热卖，盛田昭夫从日本开发银行拆借的巨额开发债务也在 3 年内还清。这是值得中国品牌借鉴和学习的。

现如今，中国科技类企业蓬勃发展，我们有理由自豪、自信，但同时必须清醒地认识到，在新科技革命一日千里的今天，全球范围的科技竞争日趋激烈，任何麻痹大意甚至犹豫不前都会错失民族奋力追赶、努力崛起的良机。因此，中国品牌要保持清醒理性的自我认知，作为一个后发追赶型经济体，中国虽然有通过制度创新，大幅降低社会运行成本的空间，但也面临进行持续制度创新的动能不足这种挑战；虽然有局部领域特别是高端装备制造业科技创新能力大幅跃升的可喜局面，也遭遇信息科技领域原创型、原发型科技创新亟待突破的困局。如何在国际信息科技巨头知识产权封锁之下占据竞争优势，在更广阔的市场中获取超额收益，是大量中国自主品牌需要面对和解决的问题，也是提升企业国际竞争力的一个重要途径。

3. 注重跨国营销策略。从世界各国著名品牌的发展历程来看，如美国苹果公司、印度塔塔公司、俄罗斯 MegaFon 公司等世界知名品牌的跨国营销策略在其自主品牌战略中都占据着重要地位，最终也为企业国际竞争力的提升做出了不小的贡献。在中国，华为等品牌的跨国营销也成功地将企业推向世界的舞台，国际竞争力也获得了质的飞越。当然，我们也需要关注到一些因市场定位不明确、盲目地以亏损换市场、品牌创新不足等原因而失败的跨国营销案例，比如，可口可乐、红牛、和路雪等世界著名品牌都在国际化进程中曾经遭遇过不同程度的危机。这些成功的经验和失败的教训应该是我国企业自主品牌战略制定中应该关注的重要事项。以全球观为导向的整体营销、建立竞争对手之间的战略联盟体、从“全球扩张”到“全球学习”、以品牌为中心的全球市场营销策划都是我们可以得到的启示。

中国品牌国际化发展总体较快，但位列世界尖端的品牌少、产权保护意识较弱、国际知名度较低，对中国品牌而言，影响其国际化的关键因素包括文化差异、经营人才和产品竞争力等。品牌的跨国营销是品牌国际化的重要内容，也即品牌在国际范围内的成功渗透。中国企业要想在激烈的国际竞争中立于不败之地，就必须结合企业自身特点和实力制定适合企业的国际化品牌发展战略，提升品牌国际化运营能力，站在国际化的高度开展品牌传播推广。

4. 夯实品牌建设的质量基础。企业要生存，就必须重视消费者的需要，让消费者满意，向消费者提供物超所值的优质产品和服务，产品和服务的质量是决定企业成败的一项关键的环节。在世界知名品牌的企业管理中，质量管理一般都包括质量规划、实施质量保证和执行质量控制一系列完整的质量标准，并能够在价值链的各个环节加以应用，确保产品和服务满足甚至超越消费者的需要。而在中国，虽然我们一直在关注产品质量，但是总有一些品牌，例如三鹿，因为严重的质量问题失去应有的竞争优势，企业竞争力受到大幅削弱，品牌建设遭遇严重的危机，甚至企业从此一蹶不振。

与此同时，中国自主品牌的一些产品在与国外同类产品的横向比较中，受“中国产品的质量低下”这一观念的影响，在国外市场上一直处于下风，甚至中国人自己都不信任自己国家的产品。这种氛围对于中国自主品牌的发展是极为不利的，只有踏踏实实地按照相应的质量标准进行生产和服务，并进行适宜的品牌推广，才能从根本上保障品牌建设的顺利进行。

质量是品牌的基石。我们应大力推进计量、标准、检验检测、认证认可等国家质量基础建设，引导和激励广大企业加快标准创新、技术创新、管理创新，提升质量水平和管理水平，努力打造更具竞争力、影响力的自主品牌。

5. 重视国家品牌的塑造。世界品牌实验室主席、诺贝尔经济学奖得主罗伯特·蒙代尔教授曾指出："一个国家的整体品牌形象作为一种战略性竞争资源，愈来愈受到各国政治和商业首脑的重视。如美国、法国、德国等国的跨国公司在全球营销过程中，往往能享受到因品牌所带来的溢价。"① 国家形象与品牌体现了一国的经济实力和软实力，形象塑造着一国的品牌，而品牌则影响着国家的综合竞争力。一般来讲，一个国家塑造品牌的过程同时也是国家发展和软实力增强的过程。目前，在国际上激烈竞争的格局下，相比于西方发达国家二三百年成熟的品牌经营和管理，中国在国家品牌建设、品牌文化和品牌管理方面尚有不少差距。

欧美一些国家的超级品牌如苹果、奔驰等的品牌价值成长过程告诉我们，自主品牌战略的实施与国家品牌的塑造有着紧密的联系，二者具有一定的协同效应。中国要培育出世界领先的自主品牌，就应该对国家品牌的塑造更为关注。

① 转引自：邱辉：人民日报再进世界品牌500强 排行上升3位，人民网，2013－12－19。

第三篇
企业国际竞争力与自主品牌战略的实证研究

前文主要从宏观层面阐述了发达国家及我国周边主要国家企业国际竞争力的形成与自主品牌战略的经验或教训。从本篇开始，主要以企业为研究对象，从微观层面研究企业国际竞争力与自主品牌的战略问题。

第一章　实际控制人、两权分离程度与品牌培育

一、研究缘起与研究内容

近年来，在经济全球化日益加深以及国际竞争日趋激烈的情况下，我国与外部世界的经济关系愈趋复杂。随着我国国际经济地位的提高，我国的经济主权也面临越来越多的国际干扰，国外跨国公司对我国经济安全的影响日益明显。与发达国家相比，我国在整体技术实力和品牌领域处于弱势地位，发达国家更多地利用技术壁垒和品牌战略抑制我国的经济发展（汤湘希，2010）。改革开放以来，由于贸易壁垒的逐步取消，大量外企进入中国，并在汽车、啤酒、碳酸饮料、管理咨询等行业中超常规发展，在实现外资和合资品牌迅速普及的同时，某些民族品牌则归于消亡（汪海粟、吴祺，2013），这不仅影响了我国的经济自主权，还使得我国品牌在实现国际化发展的道路上阻碍重重。从世界各国 GDP 排名来看，2010 年开始中国的 GDP 就已经超过日本成为全球第二大经济体，同时，中国的制造业产值也超过美国，位居世界第一。但在全球品牌顾问公司 Interbrand 评出的 2013 全球最具价值品牌 100 强中，中国企业无一上榜。因此，有必要通过加强自主品牌建设来打造我国企业国际竞争力，维护和提升我国经济安全。

在这一背景下，面对我国企业缺乏优秀自主品牌的问题，本章从品牌投入的视角出发，对企业自主品牌的培育活动进行研究，以期对企业自主品牌的培育和发展形成更为清晰全面的认识，并提供指导。

品牌一直是理论界和实务界所重点关注的话题之一。总体来说，大多数品牌培育方面的研究都属于管理学、营销学范畴，主要包括品牌培育的整体策略、核心要素、培育模式和路径、培育方法和步骤等，并且研究内容较为宏观，研究方法多用规范分析、案例研究等。相比而言，从会计学视角对品牌培育进行

研究的文献尚需丰富，内容主要集中在品牌培育活动的经济后果方面，如品牌投入（广告支出、R&D 支出等）对品牌价值的贡献或企业绩效的影响，而关于品牌培育活动影响因素的研究还有待完善。

作为企业经济活动的一部分，企业品牌培育活动同其他经济活动一样受到企业内外部各种因素的影响，这些因素均通过作用于企业治理层和管理层的决策而影响企业活动，而企业重大决策活动又取决于企业内部治理结构，因此企业的内部治理结构是影响品牌培育活动的最直接因素。在企业内部治理结构中，股权结构、股权性质、董事会结构等都会对企业决策产生重大影响，但本章认为，其中最具决定性作用的是控制权结构，控制权结构的不同，必然导致企业决策的重大差异。鉴于此，在前人研究成果的基础上，本章将依托委托代理理论、企业控制权理论及品牌权益理论，从微观的企业层面出发，聚焦品牌培育过程的起始端，从企业品牌投入的影响因素入手，探讨实际控制人及两权分离度对于品牌培育的影响，以丰富和完善会计学方面品牌培育研究的相关内容。其次，从逻辑上来讲，品牌培育活动是企业治理结构影响品牌价值进而影响企业价值的中间环节，探讨实际控制人及两权分离度对于品牌培育的影响，能够为企业治理结构对企业价值的影响提供更为直接的证明，参见图 3－1。

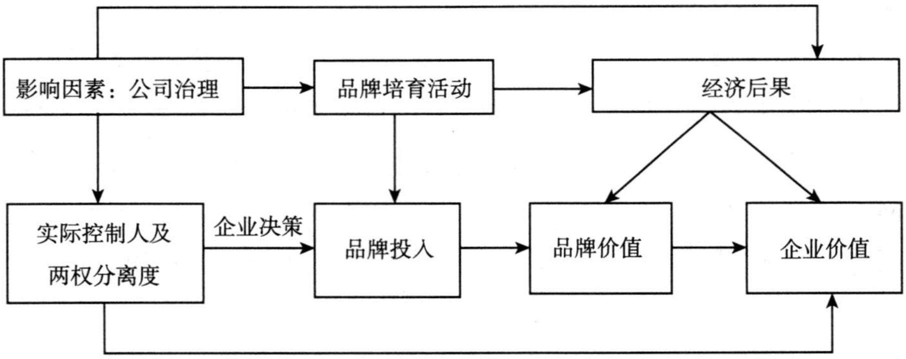

图 3－1　理论意义逻辑图

世界著名的麦肯锡咨询公司（Mckinsey & Company）对 130 家消费品公司的品牌实力与业绩的关系研究后发现，强势品牌产生的股东总回报率（TRS）高于同行业平均水平 1.9%，而弱势品牌的回报率则低于同行业平均水平 3.1%（Court，Leiter and Loch，1999）。这表明品牌是一项重要的价值资源，谁拥有的品牌越强势，便意味着在资源配置中占据了更多份额。

在培育强势品牌的过程中，企业的自主研发投入以及广告投入都是极为重要的因素（Peterson and Jeong，2010）。自主研究和开发（R&D）是企业获得技术优势的重要途径，自主研发能力的提高可以为企业带来强有力的可持续核心竞争力，实现产品的差异化战略以满足甚至引导客户需求的不断变化，或实现以技术为基础的低成本战略以提高企业盈利能力，从而在激烈的竞争中立于不败之地。而广告作为企业品牌和产品宣传推广以及刺激消费的重要手段之一（于超，2009；秦昕等，2010），能够提高品牌知名度、传达产品价值、维持品牌忠诚度，因此越来越被各大企业所重视。但统计数据显示，各企业的研发及广告投入千差万别。就拿智能手机巨头苹果公司和三星电子公司来说，三星每年广告和营销支出所占营业收入的比例高达5.4%，超过了全球营收前20强的任何一家企业，其2012年在广告营销上的投入高达116亿美元，比研发投资还高出13亿美元，这一投入在2013年上升至140亿美元，相比之下，苹果公司同年的广告开支仅为10亿美元，占营业收入的比例仅为0.6%，而研发投入也只有35亿美元，远低于三星公司①。同样都是世界领先的电子企业，为何在广告及研发投入方面有着如此巨大的差异？作为企业投资经营活动的一部分，企业的广告营销及研发等品牌相关的投资决策又受到哪些因素的影响？这些问题值得思考。

通过对以上问题进行理论与经验分析，本章期望对品牌培育活动中企业决策层的作用形成清晰的认识，以促使企业对其内部治理结构进行重新审视和布局，并基于自主品牌战略为我国企业的品牌培育和发展提供指导和借鉴。

本章从品牌培育过程的起始端入手，对企业实际控制人与品牌投入的关系进行研究，并对研究结论进行梳理和总结，在此基础上提出政策建议。本章的研究内容主要包含以下几个部分：

首先介绍研究背景及研究意义，并对相关概念进行阐述与界定，包括对实际控制人、两权分离度以及品牌投入概念的介绍与阐述，对研究内容进行明确。

其次为国内外文献回顾与理论基础，分为文献综述和理论基础两部分。在文献综述部分，首先从Berle－Means研究范式入手，简要概述了实际控制人及两权分离研究的发展背景，然后从实际控制人及控股股东对企业品牌投入的影响这两方面对品牌培育影响因素的相关文献进行综述，最后对现有研究进行述评，指明现有研究的不足之处，并找出研究的切入点。第二部分主要从委托代

① 我国华为技术有限公司2018年实现收入7212亿元，研发投入1015亿元，占销售收入的14.10%。华为的高研发投入，使其在智能手机领域后来居上，销售量达2.06亿部。

理理论、企业控制权理论及品牌权益理论这三个方面构建理论基础。

再次是研究设计部分。在此章节中，先从实际控制人控制权、现金流权和两权分离度三个方面对企业品牌投入的影响单独展开论证，分别提出研究假设；然后阐述数据来源及样本的选取过程，并结合国内外相关研究对变量定义进行说明；最后在此基础上构建研究模型。

再其次是实证检验和结果分析部分，也是实证研究的核心部分。依据提出的研究假设和模型，利用 STATA 12.0 统计软件对样本依次进行描述性统计、相关性分析和多元回归分析，并在此基础上进行稳健性检验。

最后对本章研究内容进行总结归纳，并针对研究结论，提出针对性的政策建议。最后分析本书的创新点及研究局限，并对未来的研究趋势进行展望。

二、概念界定

（一）实际控制人

根据《中华人民共和国公司法》的解释，实际控制人是指通过投资关系、协议或者其他安排，能够实际支配公司行为的人。我国《证券法》明确规定，上市公司在信息披露时，其实际控制人最终要追溯到自然人、国有资产管理部门或其他最终控制人。因此，企业的实际控制人可能是控股股东，也可能是控股股东的股东，甚至是除此之外的其他自然人、法人或其他组织。La Porta 等（1999）按照股权控制链追溯“最终产权所有者”，并以 10% 和 20% 的有效控制权作为临界点，对“最终产权所有者”进行了分类。我国上市公司披露的实际控制人与 La Porta 等所说的“最终产权所有者”是基本一致的，其区别仅在于实际控制人是一个偏实务的概念，而最终产权所有者（即终极控制人）是一个学术性更强的概念。鉴于研究中众学者普遍采用 10% 的投票权作为终极控制人的界定标准之一（La Porta et al.，1999；Du and Dai，2005；沈艺峰等，2008），因此本书将采用 10% 的有效控制权作为标准，对实际控制人控制权不足 10% 的上市公司样本进行剔除。

（二）两权分离程度

“两权”是指企业实际控制人的控制权和现金流权。控制权的概念最早出现在 Berle 和 Means（1932）的《现代股份公司和私有财产》一书中，他们认为，控制权在公司制度下是指通过法定权利或施加影响来决定董事会主要成员的决定权力。基于“不完全契约理论”，Hart 和 Moore（1990）将控制权进一步划分为特定控制权与剩余控制权，其中剩余控制权与公司的所有权相对应，而特定控制权则是指“在契约中明确标明的，对公司特定财产所拥有的决策权利”。因此，本书将控制权定义为能够对公司的董事会成员及管理人员施加影响的权力，以及对公司重大经营决策及公司资源的决策权与支配权。

Fama 和 Jensen（1983）认为公司的所有权首先表现为剩余索取权，即股东按照持股比例享有的扣除所有固定契约支出后的剩余收益金额。La Porta 等（1999）和 Claessens 等（2000）用现金流权来衡量所有权，因此现金流权即代表实际控制人的所有权，是实际控制人可以从被控制公司获取剩余收益的比例。

La Porta 等（1999）通过追溯公司每个股东背后的实际控制人并寻找股东之间关联关系的方法，计算终极控制权与现金流权，在此方法框架之下，Claessens 等（2000）使用投票权（Voting Right）表示公司控制权，使用现金流权表示公司的所有权，研究了东亚 9 个国家与地区上市公司中两权分离的情况。根据 La Porta 等（1999）与 Claessens 等（2000）的研究，终极控制权的计算如公式 3－1 所示：

$$CR = \sum_{i=1}^{n} \min_i (S_{i1}, S_{i2}, \cdots, S_{ik}) \tag{3-1}$$

公式 3－1 中：S_{ik}为第 i 条控制链第 k 个层级的控股股东持股比例。因此，控制权可以表述为各有效控制链上最小持股比例之和。

现金流权的计算公式如公式 3－2 所示。

$$CFR = \sum_{i=1}^{n} \prod_{k=1}^{m} S_{ik} \tag{3-2}$$

公式 3－2 中：S_{ik}为第 i 条控制链第 k 个层级的控股股东持股比例。因此，现金流权可以表述为各有效控制链上各层级股东持股比例乘积之和。

当实际控制人的控制权和现金流权发生偏离，即实际控制人以较小的现金流权获得较大控制权时，就会产生杠杆效应，La Porta 等（1999）由此提出两权分离度的概念。控制权和现金流权的分离度越大，实际控制人就越有动机对中小股东实施利益侵占行为，从而导致上市公司的经营投资决策偏离企业价值最大化的目标。在过去的研究中，通常有两种方式来衡量两权分离程度：控制权与现金流权之比（CR/CFR），以及控制权与现金流权之差（CR－CFR）。本章中将在主回归中运用二者之比来衡量两权分离程度，而二者之差将在稳健性检验中运用。

（三）品牌投入

总体来看，营销学方面的文献倾向于关注与营销相关的企业活动（如广告投入和 R&D 投入）所创造出的无形资产（Peterson and Jeong，2010），即市场基础资产，它们被看作营销活动与企业财务业绩之间的中介资产（Ramaswami et al.，2009）。市场基础资产主要包括两类：关系型资产和智力型资产，且两者相互依存（Srivastava et al.，1999）。关系型市场基础资产通常是经由企业与其主要外部利益相关者（如供应商、分销商及终端客户等战略合作者）的关系而形成的资产（Sheth and Parvatiyar，1995）。智力型市场基础资产包括企业用来开发新产品和服务以及关于企业市场环境（如竞争者、顾客和分销渠道）的知识或信息（Glazer，1991；Srivastava et al.，1998）。一般来说，广告投入被认为是关系型市场基础资产最主要的贡献因素，而 R&D 投入是智力型市场基础资产的主要贡献因素（Erickson and Jacobson，1992；Lev and Sougiannis，1996）。因此，品牌价值被看作广告及研发活动经济后果的反映（Keller，1998；Mizikand Jacobson，2003；Srivastava et al.，1998）。众多学者也对此进行了实证检验。Simon and Sullivan（1993）运用结构方程将品牌价值表示为广告支出、企业年限及市场份额的直接函数，以及 R&D 投入及其他变量的间接函数。Herremans 等（2000）、Grullon 等（2004）、Chu and Keh（2006）以及 Wang 等（2009）等也均通过实证分析证明了广告或研发支出与品牌价值之间的显著相关性。鉴于此，本书将广告支出及 R&D 支出看作品牌培育过程中品牌投入的主要构成要素，品牌投入价值贡献路径参见图 3－2。

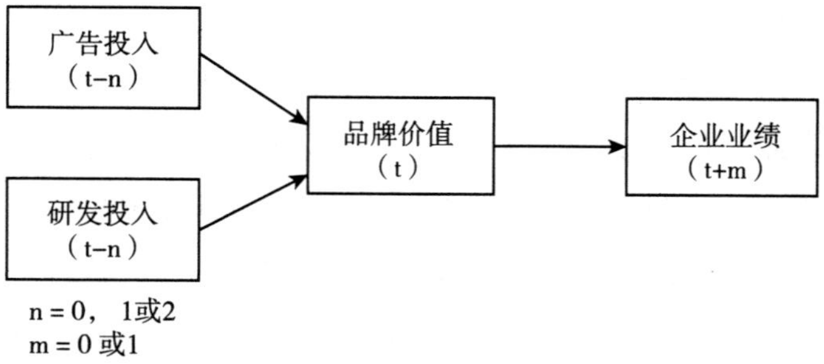

图 3－2　品牌投入价值贡献路径

三、文献综述与理论基础

（一）文献综述

Berle 和 Means（1932）曾在其著作《现代公司与私有财产》中指出，所有权与控制权的分离以及股权高度分散是现代企业的两个重要特征①。在此之后，大量研究都以 Berle – Means 研究范式下股权高度分散的情况为前提来展开，即都围绕管理者与股东之间的第一类代理问题进行研究。在这些研究中，学者们往往将公司的实际控制人和中小股东看作一致行动人，而忽略了不同股东在上市公司项目选择等方面所呈现出的巨大矛盾。直到 20 世纪 80 年代后，更多的证据表明，集中的股权结构在世界范围内更具普遍性，在这一背景下，学者们开始关注不同类别股东对企业的影响，即大小股东之间不同行为所带来的第二类代理问题。

La Porta 等（1999）发现在股权集中的背景下，上市公司经营管理的最终决策者不是直接控股的大股东，而是大股东背后的实际控制人。实际控制人通常利用金字塔型股权结构、交叉持股、优先表决权或由控制股东直接委派管理层来负责公司日常经营决策活动等各种方法来掌控或扩大对上市公司的实际控制权，由此导致上市公司实际控制人的现金流权与控制权发生偏离。本书将从实际控制人及控股股东对企业品牌投入的影响这两方面对品牌培育影响因素的相关文献进行回顾，并对文献进行总结和评述，以对研究内容进行指导。

1. 实际控制人对品牌投入的影响。大多数研究认为，在两权分离的情况下，实际控制人对控制链底端公司的控制权会超过其相应的现金流权（以较低的现金流投入来获取较高的控制权比例），使其所需承担的经济责任和义务远低于实际控制股东在上市公司中的经营管理决策权力和资金调配运作等控制力，从而激发实际控制股东谋取控制权私利和侵占中小股东利益的冲动（第二类代理问题），而企业投资活动便是其获取控制权私有收益的重要来源。

（1）实际控制人对操控项目的选择。实际控制人可以利用自身的控制权，通过投资项目和投资规模的非效率决策行为以及关联交易、转移利润等方式来

① Berle 和 Means（1932）在其经典著作《现代公司与私有财产》中对美国股份公司进行了深入考察，发现大型公司的管理权将不可避免地从股东那里转移到具有管理技术的人手中，并且公司的规模越大，股份的分散程度越高。从而提出了所有权与经营权分离的现代公司制度。

侵占中小股东的利益（Bebchuk et al.，2000），但由于各项目（固定资产投资、无形资产投资、研发投资与长期股权投资等）利益输送方式和利益供给性质不同，实际控制人在选择合适项目攫取控制权私有收益时对各投资的动机和倾向有所不同（Guellec et al.，1997；Hanouna，2002；Walker，2005；杨江涛、刘星，2009）。

相较于周期性较长的 R&D 投资而言，实际控制人更倾向于通过长期股权投资、无形资产投资和固定资产投资等方式快速获取控制权私有收益，以便有较短的投资回收期，并且时间越短，实际控制人攫取私利的行为被监管部门及外部投资者发现的风险就越小，如此则实际控制人倾向于增加上述资本投向的投资规模，而减少 R&D 和其他技术性资产的长期投资规模（Dyck，2004）。Almeida 和 Wolfenzon（2006）在研究中指出，随着实际控制人现金流权和控制权分离度的增加，实际控制人将上市公司持有的自由现金流转化为固定资产投资的概率也会随之增加，从而导致企业在固定资产方面的过度投资，由此不得不削减在 R&D 方面的投资（郝颖、李晓欧和刘星，2012）。其他得出类似结论的还有 Heiens 等（2007），Szewczyk 等（1996），邵红霞和方军雄（2007）等。因此总体来看，多数研究认为实际控制人对 R&D 投资产生负向效应。

（2）实际控制人特征。在实际控制人特征方面，多数研究认为两权分离程度对企业研发活动具有显著的负向效应，控制权和现金流权分离程度越小，研发投入就越大（冉茂盛、彭文伟和黄凌云，2010；张小蒙，2012；陈金勇等，2013；梅波，2013）。而股权性质也被认为是研发活动的影响因素之一。Jeffers（2004）研究发现，股权性质对技术创新活动有重要影响，国有和集体控股的企业创新水平较低。Kim 等（2008）以韩国制造业上市公司为样本的研究则发现，在不同的股权性质下，融资环境和渠道越好，民营实际控制人控制的上市公司越倾向于增加研发投资，而国有实际控制人控制的上市公司则与此相反，融资条件越宽裕，国有实际控制人越倾向于调减对研发活动的投资强度。同样地，我国企业的产权性质和控制权结构也在不同程度上对 R&D 投资强度和绩效产生着影响，而且伴随着市场化的不断深入，研发投资带有显著转轨经济特征（吴延兵，2007）。与国有控股企业从事 R&D 活动更多地依赖政府投入不同，民营企业进行 R&D 投资的激励更强，尤其是在市场化进程较快的地区（李丹蒙、夏立军，2008）。

2. 控股股东对品牌投入的影响。作为实际控制人在受控企业中权利的直接行使人，控股股东本质上是代替实际控制人行使控制权，因此控股股东对企业品牌投入的影响本质上是实际控制人影响的表征。

（1）股权集中度。部分学者认为，集中的股权结构会产生“激励效应”，因为企业股权越集中，控股股东对企业管理者进行监督的积极性就越强，不仅可以解决“搭便车”问题，还有利于缓解管理者与外部股东之间的委托代理冲突，从而提升公司价值。但也有学者认为，在法律与制度约束不完善的情况下，由于控股股东与其他外部投资者利益诉求的不一致，控股股东可能因追求个人收益的最大化而损害其他股东的利益，产生“侵占效应”。因此对于集中的股权结构而言，作为重要治理力量的控股股东往往存在激励效应与侵占效应的制衡。

一部分学者认为，在集中的股权结构下，企业股东的研发创新动力更强，从而更倾向于做出企业研发投资的决策。Hill 和 Snell（1988）、Holmstrom（1989）、Van（1993）、Francis 和 Smith（1995）、Franks 和 Mayer（1997）等均发现集中的股权结构与企业技术创新活动呈正向关系，其反映出大股东对高风险、高回报以及长期投资收益的追求，并且适度集中的股权能带来对管理层的有效监督，防止其短视行为，从而促使管理者做出有利于提高研发投入的决策。与之相反，Battaggion 和 Tajoli（2000）认为集中的股权结构会对企业技术创新活动产生负向影响，因其加剧了控股股东讨价还价的能力。杨建君和盛锁（2007）也通过实证研究发现，控制权私人收益是股权集中的原因之一，并且股权集中度与技术创新投入呈负相关关系，技术创新风险越大这种负效应越显著。

当然，也有一些学者认为股权集中度对企业技术创新并非呈单一的正向或负向作用，两者之间有着更为复杂的关系。冯根福与温军（2008）在研究中国上市企业公司治理与企业技术创新的关系时，发现股权集中度与企业技术创新存在“倒 U 形”关系，得出适度集中的股权结构更有利于企业技术创新的结论。而白艺昕、刘星和安灵（2008）对我国上市公司所有权结构与 R&D 投资关系的实证研究结果表明，由于壕沟防御效应（侵占效应）与利益趋同效应（激励效应）的交替作用，我国上市公司中股权集中度与研发投入存在着先下降后上升的“U 形”关系。

（2）控股股东特征。毛良虎（2008）以深圳创业板上市企业为研究对象对技术进行了研究，发现控股股东持股比例与企业技术创新程度呈“倒 U 形”特征，在控股股东持股比例达到某一程度时，随着持股比例的上升会促进企业的技术创新活动，但是超过这一程度之后，控股股东的持股比例增加会阻碍企业技术创新活动。李增泉、孙铮和王志伟（2004）将股权结构分为绝对控股和相对控股，来分析所有权结构对控股股东掏空行为的影响，其发现控股股东相对持股有利于其侵占上市企业的资金，而绝对控股则阻碍其占用上市企业的资金，说明大股东的持股比例存在双重效应。循着这一逻辑，陈隆、张宗益和杨雪松（2005）发现绝对控股能促进企业技术创新，而相对控股则与企业技术创新呈现负向作用，这与李增泉、孙铮和王志伟（2004）的结论具有内在一致性。

除控股股东持股比例之外，控股股东类别也是影响技术创新实施及其效应实现的重要因素。Francis 和 Smith（1995）认为，在美国股权分散的制度背景下，若控股股东为机构投资者或管理者等，则持股比例的相对集中对企业创新活动具有推动作用（更多的专利权产出，更专注于内部研发与长期研发投入）。与此类似，Czarnitaki 和 Kraft（2004）采用德国上市企业数据为研究样本，考察了控股股东对创新活动的影响，结果发现控股股东为管理层的企业比控股股东为所有者的企业更具有创新动力，会加大企业创新活动的投入力度。而 Brickley 和 Smith（1988）则认为，压力抵抗型股东（如政府为股东的企业）往往对企业技术创新的支持力度最大，最愿意促进企业的技术创新。

另外，控股股东性质也是重要的影响因素，且不同学者的结论并不统一，主要有两种：一是国有股权与技术创新存在负相关关系，如冯根福和温军（2008）、文芳（2008）通过实证检验发现，国有股份的比例（包括国有股和国有法人持股）与企业创新活动显著负相关，国有持股比例越高，对 R&D 投资的激励效应越弱，技术创新能力越低，而私有产权控股对 R&D 投资的激励效应要强于国有股。二是两者之间正向相关，李春涛和宋敏（2010）利用我国制造行业的企业数据，从创新投入及产出两方面研究了不同所有制结构下管理层薪酬激励对企业创新活动的影响，研究发现，无论从投入还是产出来看，国有企业都更具有创新性。

（二）文献评论

通过文献综述可以发现，无论是从实际控制人还是控股股东的影响来看，现有对企业品牌投入影响因素的研究主要聚集在 R&D 投资方面，而对广告投入的影响因素进行剖析的文献却不多。从前文的叙述可知，广告投入是与研发投入重要性相当的品牌投入因素，甚至某些企业中广告投入远超研发投入，因此迫切需要围绕广告投入进行研究。

其次在 R&D 投入方面，总体来看，实际控制人因攫取私利而倾向于对固定资产、无形资产和长期股权进行投资，从而削减在 R&D 方面的投入，另外，两权分离程度及实际控制人的国有股权性质都被认为对研发投入具有负向效应。而从股权集中度和控股股东特征方面来看，大部分学者更加支持控股股东对企业活动具有双重效应（激励效应与侵占效应）的观点。作为实际控制人在受控企业中权利的直接行使人，控股股东对企业活动的影响本应在实质上与实际控制人相同，但从过去文献来看，对二者的研究结论却并不一致。这可能是因为过去研究中考虑的因素还不够仔细全面，很多影响因素都分开研究过，但同时存在时对 R&D 投入的影响仍需进一步细致的探讨。因此，有必要对实际控制人与研发投入的关系进行更为细致全面的研究，以对过去研究结论进行验证（如同时考虑自由现金流、两权分离度、股权集中度以及股权性质等的影响后，实际控制人与 R&D 投入之间是单纯的负向关系还是呈现双重效应的 U 形）。

鉴于此，本章试图在已有文献的基础上，从广告投入及 R&D 投入这两个主要的品牌投入因素方面，全面深入地探讨实际控制人及两权分离度对于品牌培育活动的影响，以期验证及丰富现有的研究成果，并促使企业对其内部治理结构进行重新审视和布局，以为实务界提供一定的参考。

（三）理论基础

本章将依据委托代理理论、企业控制权理论以及品牌权益理论，在公司治理的框架内研究企业实际控制人对企业品牌投入的影响。

1. 委托代理理论。20 世纪 30 年代的美国，随着社会经济的发展，企业对资本规模的需求不断加大，一种新的社会经济组织形式——“集体资本主义”（即“公司制度”）正在逐步取代私人企业组织形态，大约 2/3 的产业财富，从个人所有转移至大规模的、公众融资的公司所有。同时，这对企业经营管理者的能力也提出了更高的要求，企业中专业化分工逐渐明晰，企业所有者只保留获取剩余收益的权利，而将经营权交给职业经理人对企业进行日常管理。在这一背景下，美国经济学家 Berle 和 Means（1932）在《现代公司与私有财产》一书中开创性地提出了现代企业中所有权与控制权分离及股权高度分散的问题。

在此基础之上，Jensen 和 Meckling 于 1976 年提出了委托代理理论①。委托代理理论是完全契约理论中的代表性理论，其认为现代企业是由一系列的契约组成的，在所有权与控制权分离的企业结构下，企业股东通过某种显性或隐性

① Jensen, M. C. and Meckling, W. H. Theory of the Firm: Managerial Behavior, Agency Costs, and Ownership Structure, *Journal of Financial Economics*, vol. 3, no. 4 (1976), pp. 305 – 360.

的契约，雇用职业经理人为其管理公司，同时授予其一定的经营决策权利，并根据管理者的服务数量及质量给予其相应的报酬。所有者将企业有限资源委托给管理者进行配置的行为也引出了它们二者之间的委托代理关系，股东是委托人，管理者是代理人。委托代理理论认为，若企业所有者和经营者均为理性经济人，则二者之间必会产生利益冲突，因为两方所追求的目标并不一致。企业所有者希望实现企业价值的最大化，而管理者关心的则是自身报酬的最大化。在这种情况下，企业所有者在利用经营者卓越管理才能获取收益的同时，也要承受由利益冲突带来的风险。现代公司中，股东和管理者作为委托代理的双方，信息往往是非对称的，管理者很可能利用其信息优势做出损害股东利益的行为（如偷懒、搭便车、在职消费、贪污腐化等）①，这些行为均会带来代理成本并降低公司价值，而委托人为减少损失并实现自身的利益最大化，就会通过契约的形式激励、监督代理人，以实现自身与代理人（管理者）之间的均衡。

以上股东与管理者之间的委托代理问题被称为第一类代理问题，由此发展而来的委托代理理论是建立在 Berle 和 Means 的研究中分散型股权结构之上的。在 Berle 和 Means 的研究范式中，股东被看作广泛分散的、具有共同利益且不直接参与运营的缺位所有者组成的同类集团，此时较小的持股比例与行使监督权所必须付出的较大监督成本不能够激励中小股东参与公司治理，因此形成与公司内部高层管理人员之间的委托代理关系。而进入 20 世纪 80 年代后，更多的证据表明，集中的股权结构在世界范围内更具普遍性（Shleifer and Vishny，1986；Morck and Yeung，1991；La Porta et al.，1999），在这一背景下，学者们开始关注不同类别股东对企业的影响，即大小股东之间不同行为所带来的第二类代理问题。

集中的股权结构改变了股东同质结构，也使得大股东行为开始偏离原有分散股权结构下的行为模式。股权优势使大股东在股东大会中拥有了绝对的话语权，并开始作为全体股东的代理人，积极参与公司经营、监督管理层，督促其以公司价值最大化为最终目标，从而带来所有股东收益的提升。然而，作为理性经济人，大股东持有集中的股权也同时意味着放弃了分散投资规避风险的好处，增加了风险成本，因此其会通过其他途径弥补这一成本的动机。Grossman 和 Hart（1988）首次明确提出了控制权私人收益的概念。其认为控股股东可以

① 梅继霞：《公务员绩效评估体系研究》，中国社会科学出版社 2012 年版，第 27—33 页。

借助控制权攫取、侵占和掏空中小股东的利益（壕沟防御效应），甚至以公司价值受损为代价来实现自身利益的最大化①。

2. 企业控制权理论。在 Berle 和 Means（1932）的经典著作《现代公司与私有财产》中，控制权被描述为通过行使法定权利或施加影响来挑选董事会成员的能力，并被分为五种形态：（1）通过近乎全部所有权实施的控制；（2）多数所有权控制；（3）不具备多数所有权，但通过合法手段而实施的控制；（4）少数所有权控制；（5）经营者控制。其中前三种控制权形态以法律为基础，并且是围绕着多数投票权的。后两种形态以既存事实为基础，而非建立在法律基础之上，因此并不具有合法性。Fama 和 Jensen（1983）将企业控制权界定为雇用和解雇公司管理层、决定公司管理层薪酬的权利②。Demsetz（1983）在此基础上进一步明确，控制权是“一种具有排他性地对公司稀缺资源（包括财务资源和人力资源）进行决策的权力”。

在 Grossman 和 Hart③、Hart 和 Moore④ 提出不完全契约理论后（又被称为 GHM 理论），学术界对企业控制权研究的重心开始转向剩余控制权。Grossman 和 Hart（1986）最早明确提出剩余控制权的概念，并将剩余控制权定义为企业的产权。Hart 和 Moore（1990）将控制权按照契约性特征分为特定控制权和剩余控制权，其中特定控制权是指事先已在契约中明确约定如何进行配置的控制权，而剩余控制权是指在初始契约中没有明确约定应当如何进行归属和配置的、在契约限定以外的那部分剩余下来的权力。剩余控制权理论指出，由于在签订契约时高昂的交易费用、信息的不对称以及契约方的有限理性，必然会造成契约的不完备性，使得有些权力在一开始无法做出或只是含糊其词地做出约定，于是就出现了剩余下来的权力，对于这部分权力，应当归属于契约的某一方，这有助于缓解由契约的不完全所带来的低效率。理论界均认为剩余控制权应该赋予公司的所有者，即股东，因为从风险承担者的角度出发，股东是最后的风险承担者，就应该获得最后的对物或资产做出决策的权力（张维迎，1996）。

---

① Grossman S J, Hart O D. One share – one vote and the market for corporate control. *Journal of Financial Economics*, no. 20 (1988), pp. 175 – 202.

② Fama, E. F., and Jensen, M. C. Separation of ownership and control. *Journal of Law And Economics*, (1983), pp. 301 – 325.

③ Grossman S J, Hart O D. The Costs and Benefits of Ownership: A Theory of Vertical and Lateral Integration. *Journal of Political Economy*, vol. 94, no. 4 (1986), pp. 691 – 719.

④ Hart O, Moore J. Property Rights and the Nature of the Firm. *The Journal of Political Economy*, vol. 98, no. 6 (1990), pp. 1119 – 1158.

剩余控制权是可以分割的。股东作为剩余控制权的所有者并不代表剩余控制权完全由股东拥有，现实情况是，股东会按照管理的需要将剩余控制权进行授权和配置，股东对剩余控制权的分配拥有绝对的权威。因此，剩余控制权具有可分割性，这主要体现在两个方面：一方面，股东将与股东权利相关的剩余控制权留给自己，而将与公司经营相关的剩余控制权配置给管理者；另一方面，在层层控制的公司中，处于控制链条顶端的控股股东在保留必要控制权的基础上，会将其他的剩余控制权配置给各层中间控股股东。

与剩余控制权相对应的概念是剩余索取权，剩余索取权是对公司经营所产生的总收入在扣除固定的合同约定需要的支付（如原材料成本、固定工资、到期本金及利息等）后的剩余额的要求权，简言之，剩余控制权就是用来分配公司剩余额的权力。一般来说，公司的剩余控制权应当与剩余索取权相匹配[①]，这样才能实现效率最大化（Harris and Raviv，1989；Milgorm and Roberts，1992）。如果两者不匹配，即拥有剩余控制权的人无法得到剩余索取权，那么他就不用承担公司的经营风险，他也不可能有积极性为公司做出好的决策[②]。事实上，由于契约的不完备，剩余控制权与剩余索取权不可能完全匹配，这也是代理问题产生的重要原因。理论上，作为最终代理人的企业管理层本应只拥有特定控制权，但由于现实中契约的不完备性，受托于企业股东而行使剩余控制权的董事会可能会将其拥有的剩余控制权转移至管理层，使管理层同时拥有特定控制权及剩余控制权。因此，管理层行使权力的同时，又成为权力的“受益者”。企业管理层往往掌握着更多的内部信息，同时也影响着企业的各项战略决策，可是管理层却不具有剩余索取权，不享有获得企业剩余收益的权利，因此也缺乏做出优良决策的动力，甚至还会利用其管理层权力侵占股东利益。

3. 品牌权益理论。

（1）品牌权益的内涵。品牌权益理论创始于20世纪80年代，源于发达国家品牌并购的管理实践。品牌在企业并购中所体现出的强势价值引起了西方营销界学者的注意，由此提出了品牌权益这一重要概念，并引发了有关品牌权益的研究热潮。

品牌在产生之初，仅被看作一个名称、标记、符号或设计，用以识别产品

---

① 对于剩余索取权与剩余控制权的配置问题，有的学者强调前者，有的学者强调后者，但他们都认为二者应当统一，这样的治理结构才是最优的。

② 张维迎：《所有制，治理结构及委托—代理关系：兼评崔之元和周其仁的一些观点》，《经济研究》，1996年第9期。

或服务的生产商或销售商，使之同其他竞争者区分开来。随着社会经济的发展，品牌的功能和意义也逐渐丰富。品牌营销宣传活动的大量投入，使得品牌已经超越了浅层的识别标志，成为企业给予消费者的可以确信的服务承诺或品质保证（Pettis，1997），并成为消费者和企业多重价值、多种利益的象征。此外，品牌除了传递企业产品或服务的范围、属性、质量和用途外，还具有了物质价值之上的象征意义，展现出品牌自身的个性、同拥有者的关系、使用者形象、自我表达利益、品牌企业及原产地形象等象征性利益（Aaker，1991）。奥美集团创始人 David Ogilvy 曾将品牌看作一种错综复杂的象征①，并将其界定为消费者对其使用的累积印象（Blackston，1993）。David Ogivy 对品牌的理解揭示出了品牌的本质，即品牌存在于消费者或潜在消费者的心中和思想中，它是品牌关注者对品牌产品或服务的感觉或知觉。正是这种感觉或知觉为消费者带来了独特的附加利益（价值）（Leslie De Chernatony，2002），也为企业创造了无形的品牌权益。因此，品牌权益被定义为“与没有品牌的产品相比，品牌给产品带来的超越其使用价值的附加价值或附加利益”（Farquhar，1990）。

Aaker 认为品牌权益是“与品牌、名称和标识等相关的一系列资产或负债，其可以增加或减少产品（或服务）在消费者心中的价值”，并指出品牌权益包括感知质量、品牌联想、品牌知名度、品牌忠诚度和其他专有资产（如专利、商标、渠道关系等）五个方面，这些资产会给企业带来多种利益和价值②。Aaker 模型是品牌权益研究领域中最具影响力的概念模型之一，在品牌权益的构成要素中，既有与顾客相关的因素（感知质量、品牌联想、品牌知名度、品牌忠诚度），也涉及与企业相关的因素（其他专有资产）。

在此基础上，Keller（1993）提出了基于顾客的品牌权益概念，其将品牌权益看作“由顾客头脑中已有的品牌知识导致的顾客对品牌营销活动反应的差别化效应”，包括品牌识别、品牌含义、顾客对品牌营销行为的反应以及顾客与品牌之间的关系这四个方面③。在此之后，众多学者也多从消费者视角出发来研究品牌权益。

---

① 奥美集团由“现代广告之父”大卫·奥格威（David Ogilvy）于 1948 年在纽约创立，目前已发展成为全球最大的传播集团之一，为众多世界知名品牌提供全方位传播服务。业务涉及广告、媒体投资管理、一对一传播、顾客关系管理、数码传播、公共关系与公共事务、品牌形象与标识、医药营销与专业传播等。

② Aaker，D. A. Managing Brand Equity：Capitalizing on the Value of a Brand Name. New York：The Free Press，1991.

③ Keller K L. Conceptualizing，measuring，and managing customer – based brand equity. *The Journal of Marketing*，vol. 57，no. 1（1993），pp. 1 – 22.

（2）品牌权益的形成。品牌权益是由企业营销活动创造出来的，因此营销策略对品牌权益的影响效用受到了企业界的高度重视，也引起了学术界的研究兴趣。Simon 和 Sullivan（1993）认为广告支出及其份额、市场调研费用、销售团队、市场进入时机、品牌年龄以及产品组合等对品牌权益很重要。Aaker（1991）强调品牌标识与包装、广告语以及公共关系等，Boulding 和 Kirmani（1993）重点关注服务保证，Keller（1993）提出企业形象、原产国、促销活动和品牌名称等的重要性。Ailawadi 等（2003）则认为企业优势（如研发能力、产品线长度、企业形象等）、竞争品牌营销组合、产品类别（如市场规模、消费者感知风险等）也会对品牌权益产生影响。Yoo 等（2000）运用结构方程模型研究了广告投入、价格及价格策略、零售店形象以及分销商密度对品牌权益构成要素（感知质量、品牌联想、品牌忠诚度）的影响，研究发现，频繁的价格促销活动会对品牌权益产生损害，而广告投入量、价格、零售店的形象以及分销商密度则与品牌权益正相关。其中，广告投入与品牌权益的正相关关系与 Cobb - Walgren 等的研究结论一致①。Ailawadi 等以收入溢价作为品牌权益的测量指标，发现其与广告份额、产品享乐性、平均购买周期及产品大类销售收入之间存在显著的正相关关系②。总体来看，广告投入与品牌权益的正相关关系已经被众多学者认可，因此，本书用广告投入作为品牌投入的代理变量是合乎逻辑的。

四、理论分析与研究设计

（一）理论分析与假设提出

1. 实际控制人控制权与品牌投入关系。由委托代理理论可知，经营权与所有权的分离为企业的经营发展带来了两类代理问题：在股权分散的情况下，股东（委托人）与管理者（代理人）之间的第一类代理问题，以及集中的股权结构下，控股股东（代理人）与中小股东（委托人）之间的第二类代理问题。20 世纪 80 年代后，众多学者发现，集中的股权结构在世界范围内更具普遍性（Shleifer and Vishny，1986；Morck and Yeung，1991；La Porta et al.，1999），在

---

① Cobb - Walgren C J，Ruble C A，Donthu N. Brand equity，brand preference，and purchase intent. *Journal of Advertising*，vol. 24，no. 3（1995），pp. 25 - 40.

② Ailawadi K L，Lehmann D R，Neslin S A. Revenue premium as an outcome measure of brand equity. *Journal of Marketing*，vol. 67，no. 4（2003），pp. 1 - 17.

这一背景下，企业中大小股东之间的利益冲突（第二类代理问题）成为主要矛盾。

在既有的研究中，控股股东被认为具有双向效应。一方面，集中的股权结构赋予了控股股东过多的企业控制权，而由于控股股东与其他外部投资者的目标函数不完全一致，在缺乏法律与制度监管的情况下，控股股东往往倾向于谋求尽可能大的私人收益，从而产生“侵占效应”。La Porta 等（1999）发现，控股股东集中的股权容易造成其随意挪用、掏空上市公司资源来谋求私利的行为。而另一方面，集中的股权结构使得控股股东有较强的积极性去监督管理者，解决了“搭便车”问题，有利于缓解管理者与外部股东之间的委托代理冲突，提升公司价值，从而产生“激励效应”。Fan 和 Wong（2002）发现，当控股股东持有的股份比例非常大时，其自身的利益与企业利益会逐步趋同。这种情况下，控股股东的“隧道行为”会减少①。因此对于集中的股权结构而言，控股股东作为重要的治理力量存在“激励”与“侵占”双重效应的制衡。

La Porta 等（1999）发现在股权集中的背景下，上市公司经营管理的最终决策者不是直接控股的大股东，而是大股东背后的实际控制人，因此，控股股东本质上是代替实际控制人行使控制权，因此激励与侵占双重效应其实是由实际控制人带来。在此背景下，本章认为，由于实际控制人壕沟防御效应（侵占效应）与利益趋同效应（激励效应）的交替作用，我国上市公司实际控制人控制权与品牌投入存在着先下降后上升的“U 形”关系②。由此提出如下假设：

假设 1：实际控制人的控制权与企业的品牌投入呈 U 形关系。

2. 实际控制人现金流权与品牌投入关系。Claessens 等（2000）研究了东亚九个国家和地区中上市公司的所有权和控制权的分离情况，发现实际控制人往往通过金字塔结构和交叉持股的方式，使其对控制链底端公司的控制权（投票权）超过了他们的现金流权（所有权）。

根据企业控制权理论，企业的剩余控制权（控制权）应当与剩余索取权（现金流权）相匹配，这样才能实现效率最大化③。如果两者不匹配，即拥有剩余控制权的人无法得到剩余索取权，那么他就不用承担公司的经营风险，他也

---

① 控制上市公司的大股东通过种种正当及非法的手段（如虚假出资、关联交易等）侵蚀中小投资者利益的行为称为“隧道行为”。

② 当实际控制人的控制权水平较低时，其对企业决策施加影响的能力有限；随着其控制权水平的上升，其具有了操控企业决策的能力，此时实际控制人会通过隧道行为进行利益侵占；而当实际控制人的控制权处于较高水平时，其通过采取治理行为来提升企业价值可以获得更大的收益，此时其与企业的利益逐步趋同。

③ Harris M，Raviv A. The design of securities. *Journal of Financial Economics*，vol. 24，no. 2（1989），pp. 255－287.

不可能有积极性为公司做出好的决策（张维迎，1996）。而实际控制人以较低的现金流投入来获取较高控制权比例的行为，使其所需承担的经济责任和义务远低于实际控制股东在上市公司中的经营管理决策权力和资金调配运作等控制力，从而激发实际控制股东谋取控制权私利和侵占中小股东利益的冲动（第二类代理问题），而企业投资活动便是其获取控制权私有收益的重要来源。

在既定的控制权水平下，实际控制人现金流权越高，企业的剩余控制权（控制权）与剩余索取权（现金流权）就越匹配，实际控制人的利益趋同效应就越明显，利益侵占动机就越弱，那么其提升企业竞争能力的动机就越大，进行品牌投入的意愿就越大。由此提出如下假设：

假设2：既定的控制权水平下，实际控制人的现金流权与企业品牌投入水平呈正相关关系。

3. 实际控制人两权分离程度与品牌投入关系。与上述推理过程类似，在既定的控制权水平下，实际控制人的两权分离程度越小，企业的剩余控制权（控制权）与剩余索取权（现金流权）就越匹配，实际控制人的利益趋同效应就越明显，利益侵占动机就越弱，那么其提升企业竞争能力的动机就越大，进行品牌投入的意愿就越强。而当两权分离程度较大，即当实际控制人的控制权远高于现金流权时，实际控制人从公司分红所得到的收益远远小于通过对公司进行利益侵占所获取的收益，此时掏空收益远远高于掏空成本，壕沟防御效应（侵占效应）显现。由此提出如下假设：

假设3：既定的控制权水平下，实际控制人的两权分离度与企业品牌投入水平呈负相关关系。

假设4：既定的控制权水平下，实际控制人两权分离度低的企业比两权分离度高的企业倾向于更多的品牌投入。

（二）数据来源与变量定义

1. 数据来源与样本选择。本章以中国深圳及上海证券交易所的上市公司为研究对象，选取2003—2013年的企业数据作为研究样本进行分析。其中品牌投入的数据（包括广告支出和R&D支出）均通过查阅各公司年报手工收集整理[①]，实际控制人控制权及现金流权信息来源于国泰安数据库（CSMAR），其他财务数

① 广告费主要在财务报告附注的“支付其他与经营活动有关的现金流量”项目或销售费用明细中披露，通常的名称包括：广告费、广告宣传费。R&D投入主要在财务报告附注“支付其他与经营活动有关的现金流量”这一项目中披露，通常的名称包括：研发费、研究开发费、技术研究费、科研费、咨询及技术开发费等。

据来源于万得（WIND）数据库。本章的数据筛选及处理原则如下：

一是剔除部分数据缺失的样本。

二是剔除金融行业样本、剔除 ST 和 PT 类公司样本。

三是剔除控制权小于现金流权的样本。如前文所述，大多数情况下，两权分离时实际控制人的控制权会超过其相应的现金流权，故本书不考虑控制权小于现金流权的情况。

四是剔除实际控制人控制权不足 10% 的样本。如在前文概念界定中所述，本书将采用 10% 的有效控制权作为标准，对实际控制人控制权不足 10% 的上市公司样本进行剔除。

五是将样本按照实际控制人的性质分为国有和非国有两组，若实际控制人为政府及相关机构，则为国有组，否则为非国有组。众多学者研究发现，不同企业产权性质的差异会带来研发投入（品牌投入）水平的不同（Jeffers，2004；武海花，2012；梅波，2013），因此本书将样本分组回归，以便更加直观地呈现国有和非国有两个样本组之间的差异。分组后，对两个组均按照 5% 和 95% 分位剔除异常值，以消除极端数据对研究的影响。

通过以上筛选和处理操作之后，共得到 3963 个有效样本数据，其中国有组包含 2588 个样本，非国有组含 1375 个样本。本书使用统计分析软件 STATA 12.0 对数据进行分析和处理。

2. 变量定义

（1）被解释变量。如前所述，本章从品牌投入的角度来验证实际控制人对企业品牌培育活动的影响。从前文概念界定中可知，广告投入和研发投入是品牌投入的两个最主要因素①，因此本章采用广告费和 R&D 投入来衡量品牌投入的力度，用 BIad 和 BIrd 表示。鉴于过去已有较多文献对 R&D 投入的研究，本书主回归中只利用广告投入 BIad 作为品牌投入的代理变量，而 R&D 投入将放在稳健性检验中对主回归结论进行验证。

（2）解释变量。为了验证前文中的四个假设，本章采用控制权、现金流权及两权分离度三类代理变量作为解释变量。其中控制权（CR）表示各有效控制链上最小持股比例之和，现金流权（CFR）表示有效控制链上各层级控股股东

① Peterson R A，Jeong J. Exploring the Impact of Advertising and R&D Expenditures on Corporate Brand Value and Firm - Level Financial Performance，*Journal of the Academy of Marketing Science*，vol. 38，no. 6（2010），pp. 677 - 690.

持股比例的乘积之和，二者详细计算方法如前文概念界定中所述。两权分离度的代理变量则分为两权分离度连续变量（DEV）和两权分离度虚拟变量（SEP），以对不同的假设进行验证，而这两种代理变量又因为两权分离度计算方法的不同（控制权与现金流权之比 CR/CFR，以及控制权与现金流权之差 CR - CFR）而各自细分为 DEV1 和 DEV2，以及 SEP1 和 SEP2，其中，DEV1 和 SEP1 在主回归中使用，而在稳健性检验中使用 DEV2（代替 DEV1）和 SEP2（代替 SEP1）。其具体含义见表 3 - 1。

（3）控制变量。从前文文献综述可知，股权集中度对企业研发投入有影响，因此本章采用“赫芬达尔”指数来对其进行衡量。除此之外，企业规模、资产负债率、自由现金流、企业成长性、企业年龄以及年度和行业等均对企业研发投入有影响。Cohen 和 Levin（1989）研究发现，公司规模和行业结构对企业 R&D 活动有实质性的影响①。Worley（1961）认为，随着企业规模扩大，企业 R&D 活动增量投入速度加快，单位规模较大的企业实现了更多的研发投入。Yasuda 和 Takehiko（2005）则用日本制造业的企业微观数据验证了企业年龄及规模与公司成长期的创新活动之间存在相关性。贾雷（2006）发现了研发强度与资产负债率之间的显著负相关关系。本章认为，广告投入与研发投入具有相似性质，因此可采用相同的控制变量。各变量具体含义见表 3 - 1。

表 3 - 1　　变量定义表

变量	变量名称	变量代码	变量含义及说明
因变量	品牌投入	BIad	企业当年广告投入的自然对数
		BIrd	企业当年 R&D 投入的自然对数
自变量	控制权	CR	各有效控制链上最小持股比例之和
	现金流权	CFR	各有效控制链上各层级控股股东持股比例乘积之和
	两权分离度	DEV1	控制权与现金流权之比，即 CR/CFR
		DEV2	控制权与现金流权之差，即 CR - CFR
		SEP1	终极股东的两权之比 CR/CFR 高于均值时，令 SEP1 = 1，否则为 0
		SEP2	终极股东的两权之差 CR - CFR 高于均值时，令 SEP2 = 1，否则为 0

① Cohen W M, Levin R C. Empirical studies of innovation and market structure. *Handbook of Industrial Organization*, vol. 2 (1989), pp. 1059 - 1107.

续表

变量	变量名称	变量代码	变量含义及说明
控制变量	公司规模	SIZE	年初总资产金额的自然对数
	资产负债率	LEV	年初负债总额/年初资产总额
	自由现金流	FCF	（净利润 + 利息费用 + 非现金支出） - 营运资本追加 - 资本性支出
	成长机会	GROWTH	（营业收入本期额 - 营业收入上年同期额）/营业收入上年同期额
	股权集中度	HERFINDAL	前5大股东持股比例的平方和
	企业年龄	AGE	公司注册成立至2013年12月之间的总月数取自然对数
	年度	Year	年份虚拟变量，控制不同年度宏观经济因素的影响，共设9个虚拟变量
	行业	Industry	公司所处行业虚拟变量

（三）模型设定

基于上述理论分析，为了验证实际控制人的控制权与企业品牌投入的“U形”关系（H1），构建如下多元回归模型，对国有和非国有组分别进行回归检验①：

$$BI = \alpha_0 + \alpha_1 Cr + \alpha_2 Cr^2 + \sum \beta_j Control_j + \sum \gamma_m Industry_m + \sum \delta_k Year_k + \varepsilon \quad (3-1)$$

对于假设二，本章构建了回归模型3-2来检验实际控制人现金流权与品牌投入的关系（H2），并使用回归方程3-3及3-4来验证两权分离程度与品牌投入的关系（H3、H4）。

$$BI = \alpha_0 + \alpha_1 Cfr + \alpha_2 Cr + \sum \beta_j Control_j + \sum \gamma_m Industry_m + \sum \delta_k Year_k + \varepsilon \quad (3-2)$$

$$BI = \alpha_0 + \alpha_1 Dev + \alpha_2 Cr + \sum \beta_j Control_j + \sum \gamma_m Industry_m + \sum \delta_k Year_k + \varepsilon \quad (3-3)$$

① 为简化起见，除年度和行业以外的控制变量统一用Control表示。

$$BI = \alpha_0 + \alpha_1 Sep + \alpha_2 Cr + \sum \beta_j Control_j + \sum \gamma_m Industry_m + \sum \delta_k Year_k + \varepsilon \quad (3-4)$$

五、实证检验与结果分析

本部分分别通过描述性统计分析、相关性分析和多元回归分析对前面提出的研究假设进行实证检验。其描述性统计如表 3 – 2 所示：

（一）描述性统计及分析

表 3 – 2　各变量描述性统计表

变量	平均值		最小值		最大值		标准差	
	国有	非国有	国有	非国有	国有	非国有	国有	非国有
BIad	15.7860	15.4732	11.7727	11.6953	20.6366	19.0466	1.8596	1.7481
CR	39.0064	29.8731	15.6900	12.2500	64.8000	52.9100	12.9490	10.4091
CFR	32.5956	20.7717	1.7029	1.5654	64.6900	51.9300	12.7001	9.9898
DEV1	1.3246	1.7981	1.0000	0.6067	13.2222	15.7158	0.7077	1.2359
SEP1	0.2944	0.3091	0.0000	0.0000	1.0000	1.0000	0.4559	0.4623
SIZE	22.0489	21.4758	18.7419	16.5195	27.3875	25.3807	1.1663	1.1207
LEV	54.0687	51.3293	4.2400	4.3700	99.8100	97.7900	18.7161	20.5364
FCF	–7.7700e +07	–1.5600e +07	–4.2100e +10	–6.7600e +09	1.5500e +10	7.6400e +09	1.8200e +09	7.6500e +08
GROWTH	16.7823	15.8219	–84.3500	–99.9700	177.8300	173.8000	33.1735	39.4293
HERFINDAL	0.1798	0.1158	0.0127	0.0060	0.6510	0.7265	0.1092	0.0896
AGE	5.4105	5.4520	4.0604	3.9318	6.0845	5.9687	0.2215	0.2243

从表 3 – 2 对各变量的描述性统计中可以发现，国有企业样本中品牌投入 BIad 的平均值为 15.7860，略高于非国有企业样本的 15.4732，而国企样本中品牌投入的最大值和最小值也均高于非国企样本的相应统计值，说明国有企业样本的品牌投入水平与非国有企业样本相比略高。与品牌投入类似，国有企业样本中控制权 CR 以及现金流权 CFR 的平均值均高于非国企样本，比非国企样本的相应统计值分别高出 9.13% 和 11.82%，二者的最大值和最小值也都呈现较高水

平。在两权分离度方面，无论是从连续变量 DEV1 还是虚拟变量 SEP1 来看，国企样本两权分离度的平均水平低于非国企样本，再结合国企样本较高的品牌投入水平来看，两权分离度与品牌投入水平之间已呈现出负向的关系，但这一结论是否成立还有待进一步检验。

国企样本中企业规模 SIZE 的平均值为 22.05，高于非国企样本的 21.48，说明国企样本中的企业具有较高的规模水平，而非国企的规模则相对较小，这与我国不同性质企业各自的特征现状是相符的。从资产负债率 LEV 来看，国企样本中资产负债的平均水平较高，达到了 54.07%，而非国企样本中资产负债率的平均值为 51.33%，表明国企样本中的企业具有更强的债权融资能力，这可能跟我国企业的债权融资方式有关，目前银行贷款仍是债权融资的主要方式，而在现有的银行贷款政策下，银行资金大部分都流向国有、大中型企业，民营和中小企业借入资金则比较难。国企样本自由现金流 FCF 的平均值为 -7.77e+07，大幅低于非国企样本的 -1.56e+07，尽管两组企业都呈现出自由现金流短缺的局面，但国企相比而言更为严重，这可能源于政府干预导致的国有企业的过度投资行为①。国企样本和非国企样本的股权集中度 HERFINDAL 均值分别为 0.18 和 0.12，二者相差 0.06，国企表现出更为集中的股权结构，这与我国企业股权结构的普遍情况一致，国企中往往存在“一股独大”的现象，导致国有企业的股权集中度更高②。在成长机会 GROWTH 和企业年龄 AGE 方面，两个样本组的平均值差异不大，成长率均在 16% 左右，企业年龄均在 5.4 年左右。

（二）相关性分析

在进行回归分析之前，有必要对模型中变量之间的相关性进行分析，查看各变量间是否存在相互影响，并初步判定前述假设以及模型设定是否合理。利用相关性分析，还可以判断出变量之间是否存在多重共线性，为是否需要对数据进行进一步处理提供参考。计量经济学上认为，当两个变量之间的相关系数的绝对值大于 0.8 时，则认为这两个变量之间存在严重的多重共线性。表 3-3 和表 3-4 分别是国企样本组和非国企样本组各变量间 Pearson 相关性检验的结果。

---

① 张洪辉、王宗军：政府干预、政府目标与国有上市公司的过度投资，《南开管理评论》，2010 年第 3 期。

② 杜肯堂：《国企产权制度改革向何处去——评〈西部国有大中型企业产权制度改革研究〉》，《社会科学研究》，2007 年第 3 期。

表 3－3　　国企样本组各变量相关性系数表

	BIad	CR	CFR	DEV1	SEP1	SIZE	LEV	FCF	GROWTH	HERFINDAL	AGE
BIad	1.000										
CR	0.109*** 0.000	1.000									
CFR	0.203*** 0.000	0.708*** 0.000	1.000								
DEV1	−0.076*** 0.000	−0.028 0.148	−0.464*** 0.000	1.000							
SEP1	−0.123*** 0.000	0.186*** 0.000	−0.374*** 0.000	0.605*** 0.000	1.000						
SIZE	0.419*** 0.000	0.210*** 0.000	0.229*** 0.000	−0.047** 0.016	−0.039** 0.047	1.000					
LEV	0.093*** 0.000	−0.063*** 0.001	−0.035* 0.074	0.026 0.195	−0.020 0.299	0.304*** 0.000	1.000				
FCF	−0.065*** 0.001	0.007 0.740	−0.026 0.180	0.022 0.256	0.028 0.148	−0.097*** 0.000	−0.068*** 0.001	1.000			
GROWTH	0.057*** 0.004	0.054*** 0.006	0.051** 0.010	−0.030 0.130	0.013 0.521	0.069*** 0.000	0.065*** 0.001	−0.038* 0.051	1.000		
HERFINDAL	0.108*** 0.000	0.737*** 0.000	0.627*** 0.000	0.040** 0.041	0.243*** 0.000	0.199*** 0.000	−0.067*** 0.001	0.028 0.161	0.062*** 0.002	1.000	
AGE	0.009 0.651	−0.320*** 0.000	−0.234*** 0.000	−0.033* 0.092	−0.107*** 0.000	−0.184*** 0.000	0.117*** 0.000	0.044** 0.025	−0.021 0.279	−0.323*** 0.000	1.000

注：* 表示 10% 水平下显著，** 表示 5% 水平下显著，*** 表示 1% 水平下显著。

从表 3－3 中可知，国企样本中各变量间的相关系数均小于 0.8，说明各变量间并不存在严重的多重共线性问题。其中品牌投入与控制权、现金流权、企业规模、资产负债率、成长机会以及股权集中度均在 1% 水平下显著正相关，说明在国企样本中控制权越大、现金流权越高、企业规模越大、资产负债率越高、成长性越好以及股权越集中，品牌投入水平会越高。品牌投入与自由现金流在 1% 水平下显著负相关，说明国企样本中，年末的自由现金流越少，本年在品牌投入上的支出就越高。品牌投入与代表两权分离度的连续变量 DEV1 以及哑变量 SEP1 在 1% 的显著性水平下负相关，这与前文提出的假设是一致的。

在控制权方面，其与现金流权、两权分离度、企业规模、成长机会以及股权集中度显著正相关，而与资产负债率和企业年龄在 1% 水平下显著负相关，说明国企样本中实际控制人的控制权越大，其所拥有的现金流权水平也越高，两权分离程度也越大，成长性也越好，股权结构也相对更集中，同时也意味着较低的资产负债率和企业成立年限。企业在成立之初股权一般较为集中，控股股东的控制权较高，随着企业的上市、经营规模不断扩大，股权会逐渐分散，控股股东的控制权也会降低，因此企业年龄与控制权呈现负向关系。股权集中度与企业年龄的相关系数为 -0.323，在 1% 水平下显著负相关，也印证了这一点。

表 3-4　　　　非国企样本组各变量相关性系数表

	BIad	CR	CFR	DEV1	SEP1	SIZE	LEV	FCF	GROWTH	HERFINDAL	AGE
BIad	1.000										
CR	0.118*** 0.000	1.000									
CFR	0.209*** 0.000	0.696*** 0.000	1.000								
DEV1	-0.146*** 0.000	-0.109*** 0.000	-0.606*** 0.000	1.000							
SEP1	-0.115*** 0.000	-0.118*** 0.000	-0.654*** 0.000	0.673*** 0.000	1.000						
SIZE	0.416*** 0.000	0.223*** 0.000	0.164*** 0.000	-0.001 0.970	-0.007 0.794	1.000					
LEV	0.040 0.136	0.007 0.802	-0.037 0.173	0.052* 0.052	0.056** 0.038	0.129*** 0.000	1.000				
FCF	0.060** 0.025	-0.027 0.321	-0.021 0.432	-0.024 0.370	0.004 0.879	0.002 0.949	0.022 0.423	1.000			
GROWTH	0.064** 0.018	0.067** 0.013	0.055** 0.040	-0.034 0.211	-0.007 0.791	0.072*** 0.008	0.052* 0.053	-0.030 0.266	1.000		
HERFINDAL	0.128*** 0.000	0.667*** 0.000	0.393*** 0.000	-0.013 0.643	-0.012 0.665	0.211*** 0.000	0.022 0.408	-0.003 0.903	0.079*** 0.004	1.000	
AGE	0.023 0.401	-0.164*** 0.000	-0.200*** 0.000	0.089*** 0.001	0.080*** 0.003	-0.146*** 0.000	0.198*** 0.000	0.019 0.489	0.018 0.501	-0.127*** 0.000	1.000

注：* 表示 10% 水平下显著，** 表示 5% 水平下显著，*** 表示 1% 水平下显著。

表 3-4 的结果显示，非国企样本中各变量间的相关系数也均小于 0.8，说明各变量之间不存在严重的多重共线性问题。与国企样本类似，品牌投入与控制权、现金流权、企业规模、成长机会以及股权集中度均在显著正相关，不同的是非国企样本中品牌投入与自由现金流呈现出显著正相关关系，相关系数为 0.06，说明品牌投入越高的企业，年末反而会持有更多的自由现金流，这可能源自于品牌效应带来的更高的营业收入和现金流入。

非国企样本中，控制权与现金流权、企业规模、成长机会以及股权集中度依然显著正相关，而与两权分离度 DEV1、SEP1 和企业年龄在 1% 水平下显著负相关，股权集中度与企业年龄的相关系数为 -0.127，在 1% 水平下显著负相关，总体来说与国企样本并无太大差别。

（三）多元回归与结果分析

本节从实际控制人的控制权、现金流权以及两权分离度三个方面分别进行实证检验，通过回归结果分析论证实际控制人特征及两权分离度与品牌投入之间的关系。

1. 实际控制人控制权与品牌投入的回归分析

为了检验实际控制人控制权与品牌投入之间的“U 形”关系，本章对品牌投入与控制权及控制权的二次项（CR_CR）进行回归，并按照实际控制人的性质进行分组检验，以便更加直观地呈现国有和非国有两个样本组之间的差异，检验结果如表 3-5 所示。

表 3-5　实际控制人控制权与品牌投入（广告）的回归结果

变量	国有		非国有	
	Coef.	t	Coef.	t
CR	0.0506***	3.1300	-0.0556**	-2.1200
CR_CR	-0.0006***	-3.1900	0.0009**	2.2300
SIZE	0.7093***	21.0700	0.6778***	16.1200
LEV	-0.0072***	-3.7200	-0.0035	-1.5900
FCF	-0.0000*	-1.8900	0.0000**	2.1700
GROWTH	0.0022**	2.1900	0.0015	1.3700
HERFINDAL	0.9058	1.4600	0.7235	1.1200
AGE	0.8987***	5.5200	0.6051***	2.9800
Constant	-5.7872***	-4.6100	-0.8613	-0.5400
Industry	Controlled		Controlled	
Year	Controlled		Controlled	
N	2588		1375	
F value	31.9280***		15.5276***	
R^2 - squared	0.2150		0.2105	

注：* 表示 10% 水平下显著，** 表示 5% 水平下显著，*** 表示 1% 水平下显著。

回归方程的F值检验用于检验模型整体的显著性。表3－5的结果显示，国有样本回归方程的F值检验结果为31.93，在1%水平下显著，说明该组的回归方程中各解释变量对被解释变量的联合作用是显著的，被解释变量与解释变量之间的相关关系在总体上也显著成立。可决系数R^2用于衡量回归模型对样本观测值的拟合程度，其值为0.2150，表示回归模型对被解释变量的总体解释程度是21.5%。控制权平方项（CR_CR）的回归系数为－0.0006，小于零，并且在1%水平下显著，说明实际控制人控制权与品牌投入之间呈“倒U形”关系；控制权的回归系数为0.0506，且在1%水平下显著，说明“倒U形”关系的对称轴不为零，结合控制权平方项（CR_CR）的回归系数－0.0006计算可得，“倒U型”关系的对称轴为39.02%，即当控制权大于零时，品牌投入与控制权之间并不是单调的负向关系，而是呈现正相关与负相关并存的多样相关关系。当$0<CR\leqslant 39.02\%$时，控制权水平越高，企业品牌投入也越多；当控制权水平高于39.02%时，企业品牌投入会随着控制权水平的升高而下降。因此，对国有样本中的企业来说，当实际控制人的控制权低于39.02%时，实际控制人主要表现出利益趋同效应（激励效应），控制权越高，其进行品牌投入以提升企业价值的意愿就越强，利益趋同效应就越明显①；而当控制权超过39.02%达到较高水平时，实际控制人则显现出壕沟防御效应（侵占效应），控制权越高，其将资金用于品牌投入的意愿就越低，并且更倾向于以侵占中小股东利益的方式谋取控制权私利。

非国有样本组的回归结果中，F值为15.53，回归方程在1%显著性水平下成立。可决系数R^2为0.2105，各解释变量对被解释变量的总体解释程度是21.05%。与国有样本的回归结果不同，非国有样本中控制权平方项（CR_CR）的回归系数为0.0009，大于零并在5%水平下显著，这说明非国有样本中实际控制人的控制权与品牌投入之间呈正向的“U形”关系。控制权的回归系数为－0.0556，且在5%水平下显著，说明“U形”关系的对称轴不为零，结合控制权平方项（CR_CR）的回归系数0.0009计算可得，“U形”关系的对称轴为31.26%，即当控制权大于零时，品牌投入会随着控制权水平的提升呈现出先下降后上升的“U形”变化。当$0<CR\leqslant 31.26\%$时，品牌投入与控制权之间呈现显著负向相关关系；当控制权水平高于31.26%时，企业品牌投入会随着控制权

① 当控制权等于39.02%时，实际控制人的支持作用达到最大值，此时是掏空成本和掏空收益的平衡点。

水平的升高而增加。因此，对非国有样本中的企业来说，当实际控制人的控制权低于31.26%时，实际控制人主要表现出壕沟防御效应（侵占效应），控制权愈高，其进行品牌建设投资的意愿就愈低，并可能出现侵占中小股东利益的行为；而当控制权超过31.26%达到较高水平时，实际控制人进行品牌投入的意愿渐强，利益趋同效应（激励效应）占主导。

在控制变量方面，不论是国企样本还是非国企样本，企业规模以及企业年龄均与品牌投入在1%水平下显著正相关，表明随着企业规模的扩大以及企业年龄的增长，其在品牌方面的投入会逐渐增加，而股权集中度在两组中均未表现出显著性。国有样本组中，企业资产负债率的回归系数为-0.0072，在1%水平下显著，说明该组企业的资产负债率与品牌投入显著负相关，企业资产负债率越高，其越不愿意进行品牌投入。非国企样本组中资产负债率的回归系数为-0.0035，虽也与品牌投入负相关，但该负相关关系并不显著。两组回归结果中自由现金流的回归系数虽然均为零且显著，但二者方向相反，国企样本组中，品牌投入与自由现金流负相关，而非国企样本组为正相关，这与前面相关性分析的结果是一致的。国企样本组中，企业发展机会与品牌投入显著正相关，说明企业成长性越好，其越倾向于加大品牌投入。而非国企样本组中企业发展机会的回归系数虽为正值，但不显著。

综合来看，实际控制人控制权与品牌投入之间的“U形”关系在国企样本组和非国企样本组中均存在，但只有非国企样本的结果是与前文假设一致的，呈现先下降后上升的正向“U形”，而国企样本呈现的则是先正相关后负相关的“倒U形”关系。对于国企和非国企样本间的这一差异，本章认为，该差异与我国特有的产权制度背景有关。国家作为国企的终极所有者，实际上是一个虚拟的产权主体，其对企业的控制作用是通过政府或国有资产管理公司实现的，而后者又要通过向国企委派管理者来完成控制链的搭建[①]，由此导致了国企中所有权与经营权相分离（代理问题）以及“所有者缺位”的现象。在这一背景下，一方面由于国企管理者自利性的存在[②]，其追求的是自身利益的最大化，而非股东利益的最大化，因此国企管理者有动机利用其职位及信息方面的优势来谋取

① 吕长江、赵宇恒：《ST公司重组的生存分析》，《财经问题研究》，2007年第6期。

② 根据“理性经济人”假设，管理者是自利的。“理性经济人”的来源可以追溯到经济学鼻祖亚当·斯密在《国富论》中所阐述的观点，之后经济学不断完善和充实，并逐渐将“理性经济人”作为西方经济学的一个基本假设，即假定人都是利己的，作为经济决策的主体都是充满理性的，其所追求的目标都是使自己的利益最大化。

私人利益；另一方面，国家及政府作为国企的“缺位”产权主体，无法实现对国企管理者的有效监督和束缚，使得管理者获得过多的管理层权力，成为企业的“内部控制人”，并有机会利用其决策权力来取得私有收益。因此在国有企业中，国家及政府本应拥有的控制权转移到了管理者手中，代理问题由控股股东与中小股东之间的利益冲突（第二类代理问题）转变为管理者与所有者之间的博弈（第一类代理问题），管理者利用其对企业的实际控制权，通过低价转让资产及在职消费等方式来获取控制权收益，这些行为最终导致了对股东利益的侵害。当国企中实际控制人（国企管理者）的控制权水平较低时（低于39.02%），其他股东的监督约束力会对其行为产生制衡作用，国企管理者的利益侵占效应并不明显，利益趋同效应占主导地位，企业品牌投入与实际控制人的控制权呈正相关关系；而当控制权处于较高水平时（高于39.02%），其他股东的治理参与度降低，监督约束作用减弱，国企管理者具有了进行利益侵占的动机和能力，并且管理者控制权越高，壕沟防御效应（侵占效应）就越明显，企业品牌投入与实际控制人的控制权也因此呈现负相关关系。因此总体上看，国企中实际控制人控制权与品牌投入之间呈“倒U形”关系。而在非国企中，由于不存在“所有者缺位”的问题，控股股东与中小股东之间的利益冲突仍为主要矛盾（第二类代理问题），因此在壕沟防御效应（侵占效应）与利益趋同效应（激励效应）的先后作用下，非国企中实际控制人控制权与品牌投入之间呈正向“U形”关系。

2. 实际控制人现金流权与品牌投入的回归分析。由于在之前对两个样本组的相关性分析中，控制权与现金流权的相关系数均呈现较高水平，为了避免多重共线性问题可能带来的影响，本章在接下来的三个模型中将采用代表控制权高低的控制权水平（CRdum）哑变量来代替控制权连续变量（CR）。当控制权CR高于模型一中“U形”关系的对称轴取值时（国企为39.02%，非国企为31.26%），令CRdum=1，代表实际控制人的控制权处于较高水平，当CR低于“U形”关系的对称轴取值时，令CRdum=0，代表实际控制人的控制权处于较低水平。

为了检验实际控制人现金流权与品牌投入之间的正相关关系，本章对品牌投入与现金流权以及控制权进行回归，并按照实际控制人的性质进行分组检验，以便更加直观地呈现国有和非国有两个样本组之间的差异。检验结果如表3-6所示。

表 3 –6　实际控制人现金流权与品牌投入（广告）的回归结果

变量	国有		非国有	
	Coef.	t	Coef.	t
CFR	0. 0236 ***	6. 5800	0. 0398 ***	7. 3500
CRdum	– 0. 0928	– 0. 9000	– 0. 4016 *	– 1. 7900
SIZE	0. 6744 ***	20. 0500	0. 6909 ***	16. 6800
LEV	– 0. 0064 ***	– 3. 3400	– 0. 0033	– 1. 5200
FCF	– 0. 0000 *	– 1. 7700	0. 0000 **	2. 2700
GROWTH	0. 0022 **	2. 2200	0. 0013	1. 2200
HERFINDAL	– 0. 5411	– 1. 1300	0. 5523	0. 9200
AGE	0. 9313 ***	5. 7700	0. 8325 ***	4. 1400
Constant	– 4. 9341 ***	– 4. 1100	– 3. 9090 **	– 2. 5700
Industry	Controlled		Controlled	
Year	Controlled		Controlled	
N	2588		1375	
F value	33. 9688 ***		19. 2090 ***	
R^2 – squared	0. 2256		0. 2381	

注：* 表示 10% 水平下显著，** 表示 5% 水平下显著，*** 表示 1% 水平下显著。

表 3 –6 的结果显示，国有样本回归方程的 F 值检验结果为 33. 97，在 1% 水平下显著，表示回归模型显著成立。可决系数 R^2 为 0. 2256，说明回归模型对被解释变量的总体解释程度为 22. 56% 。现金流权的回归系数为 0. 0236，在 1% 水平下显著，说明国有样本中，品牌投入与现金流权显著正相关，实际控制人的现金流权越高，利益趋同效应就越明显，其越倾向于进行品牌投入，这与前文所提假设具有一致性。控制权水平（CRdum）的回归系数不显著，这可能跟控制权（CR）与品牌投入（BIad）之间的非线性关系有关。

非国有样本组的回归结果中，F 值为 19. 2090，回归方程在 1% 显著性水平下成立。可决系数 R^2 为 0. 2381，即各解释变量对被解释变量的总体解释程度是 23. 81% 。与国有样本的回归结果相同，现金流权对品牌投入也呈现出正向促进作用，其回归系数为 0. 0398，在 1% 水平下显著，再次验证了前文假设。

在控制变量方面，不论是国企样本还是非国企样本，各变量回归系数的方向以及显著性均与模型一的回归结果相同，在各样本组中具有一致性。例如，企业规模以及企业年龄均与品牌投入在1%水平下显著正相关，表明随着企业规模的扩大以及企业年龄的增长，其在品牌方面的投入会逐渐增加，而股权集中度在两组中均未表现出显著性。国有样本组中，企业资产负债率与品牌投入负相关且在1%水平下显著，说明该组企业的资产负债率越高，其越不愿意进行品牌投入，非国企样本组中资产负债率虽也与品牌投入负相关，但该负相关关系并不显著。两组回归结果中自由现金流的回归系数仍然均为零且显著，但方向相反，国企样本组中，品牌投入与自由现金流负相关，而非国企样本组为正相关。国企样本组中，企业发展机会与品牌投入显著正相关，说明企业成长性越好，其越倾向于加大品牌投入，而非国企样本组中企业发展机会的回归系数虽为正值，但不显著。

3. 实际控制人两权分离程度与品牌投入的回归分析。为了检验实际控制人两权分离程度与品牌投入之间的负相关关系，本章对品牌投入（BIad）与代表两权分离度的连续变量（DEV1）以及哑变量（SEP1）分别采用模型三以及模型四进行回归，并按照实际控制人的性质进行分组检验，以便更加直观地呈现国有和非国有两个样本组之间的差异。检验结果如表3-7和表3-8所示。

表3-7　　实际控制人两权分离度DEV1与品牌投入（广告）的回归结果

变量	国有		非国有	
	Coef.	t	Coef.	t
DEV1	-0.1029**	-2.2000	-0.2314***	-6.6500
CRdum	0.1364	1.4000	-0.0289	-0.2600
SIZE	0.6973***	20.6900	0.6983***	16.7700
LEV	-0.0067***	-3.4200	-0.0033	-1.5100
FCF	-0.0000*	-1.8600	0.0000**	1.9700
GROWTH	0.0021**	2.0900	0.0012	1.1000
HERFINDAL	0.3459	0.7400	0.9680	1.6100
AGE	0.8964***	5.5100	0.7372***	3.6800
Constant	-4.5100***	-3.7100	-2.4440	-1.6200
Industry	Controlled		Controlled	

续表

变量	国有		非国有	
	Coef.	t	Coef.	t
Year	Controlled		Controlled	
N	2588		1375	
F value	31.7491***		18.6495***	
R^2 – squared	0.2140		0.2328	

注：* 表示10%水平下显著，** 表示5%水平下显著，*** 表示1%水平下显著。

表3-7的结果显示，国有样本回归方程的F值检验结果为31.75，在1%水平下显著，表示回归模型显著成立。可决系数 R^2 为0.2140，说明回归模型对被解释变量的总体解释程度为21.4%。两权分离度（DEV1）的回归系数为-0.1029，在1%水平下显著，说明国有样本中，品牌投入（BIad）与两权分离度（DEV1）显著负相关，实际控制人的两权分离程度越高，利益侵占效应就越明显，企业品牌投入就越少，这与前文所提假设具有一致性。

非国有样本组的回归结果中，F值为18.6495，回归方程在1%显著性水平下成立。可决系数 R^2 为0.2328，即各解释变量对被解释变量的总体解释程度是23.28%。与国有样本的回归结果相同，两权分离度（DEV1）对品牌投入（BIad）也呈现出负向抑制作用，其回归系数为-0.2314，在1%水平下显著，再次验证了前文假设。

在控制变量方面，不论是国企样本还是非国企样本，各变量回归系数的方向以及显著性均与模型一的回归结果相同，在各样本组中具有一致性。

表3-8 实际控制人两权分离度与品牌投入（广告）的回归结果

变量	国有		非国有	
	Coef.	t	Coef.	t
SEP1	-0.4675***	-6.2500	-0.4856***	-5.1700
CRdum	0.1553	1.6100	0.0234	0.2100
SIZE	0.6771***	20.1300	0.6941***	16.5700
LEV	-0.0064***	-3.3100	-0.0032	-1.4700
FCF	-0.0000*	-1.8700	0.0000**	2.1700
GROWTH	0.0023**	2.2700	0.0014	1.3000

续表

变量	国有		非国有	
	Coef.	t	Coef.	t
HERFINDAL	0.8010***	1.7100	0.8004	1.3200
AGE	0.8838***	5.4700	0.7220***	3.5800
Constant	-4.2064***	-3.4900	-2.5276*	-1.6700
Industry	Controlled		Controlled	
Year	Controlled		Controlled	
N	2588		1375	
F value	33.7216***		17.6410***	
R^2 - squared	0.2243		0.2230	

注：* 表示 10% 水平下显著，** 表示 5% 水平下显著，*** 表示 1% 水平下显著。

表 3-8 的结果显示，国有样本回归方程的 F 值检验结果为 33.7216，在 1% 水平下显著，表示回归模型显著成立。可决系数 R^2 为 0.2243，说明回归模型对被解释变量的总体解释程度为 22.43%。两权分离度（SEP1）的回归系数为 -0.4675，在 1% 水平下显著，说明国有样本中，品牌投入（BIad）与两权分离度（SEP1）显著负相关，实际控制人的两权分离程度越高，利益侵占效应就越明显，企业品牌投入就越少，这与前文所提假设具有一致性。

非国有样本组的回归结果中，F 值为 17.6410，回归方程在 1% 显著性水平下成立。可决系数 R^2 为 0.2230，即各解释变量对被解释变量的总体解释程度是 22.3%。与国有样本的回归结果相同，两权分离度（SEP1）对品牌投入（BIad）也呈现出负向抑制作用，其回归系数为 -0.4856，在 1% 水平下显著，再次验证了前文假设。

在控制变量方面，不论是国企样本还是非国企样本，各变量回归系数的方向以及显著性均与模型一的回归结果相差不大。例如，企业规模以及企业年龄均与品牌投入在 1% 水平下显著正相关，表明随着企业规模的扩大以及企业年龄的增长，其在品牌方面的投入会逐渐增加。国有样本组中，企业资产负债率与品牌投入负相关且在 1% 水平下显著，说明该组企业的资产负债率越高，其越不愿意进行品牌投入，非国企样本组中资产负债率虽也与品牌投入负相关，但该负相关关系并不显著。两组回归结果中自由现金流（FCF）的回归系数仍然均为零且显著，但方向相反，国企样本组中，品牌投入（BIad）与自由现金流（FCF）负相关，而非国企样本组为正相关。不同的是，国企样本组中企业发展机会以及股权集中度均与品牌投入显著正相关，说明企业成长性越好，股权越集中，其越倾向于加大品牌投入，而非国企样本组中企业发展机会及股权集中度的回归系数虽为正值，但不显著。

（四）稳健性检验

为使研究结论更具有说服力，本章还将使用企业研发投入 BIrd 作为品牌投入的代理变量，以两权分离度 DEV2 代替 DEV1，SEP1 代替 SEP2 进行稳健性检验。

实际控制人控制权（CR）与品牌投入（BIrd）之间“U 形”关系的稳健性回归结果如表 3－9 所示。

表 3－9　　实际控制人控制权与品牌投入的回归结果

变量	国有		非国有	
	Coef.	t	Coef.	t
CR	0.0217**	2.5100	－0.0544***	－2.9400
CR_CR	－0.0003***	－2.7900	0.0007***	2.7200
SIZE	0.7754***	30.1800	0.7551***	16.5400
LEV	－0.0095***	－5.8500	－0.0074***	－3.3700
FCF	－0.0000**	－2.4300	－0.0000*	－1.6900
GROWTH	－0.0015	－1.3300	0.0016	1.0400
HERFINDAL	－0.3146	－0.6400	0.1491	0.2300
AGE	－0.3138**	－2.5300	－0.5993***	－3.7200
Constant	－0.0388	－0.0400	3.9372	2.8200
Industry	Controlled		Controlled	
Year	Controlled		Controlled	
N	2690		1051	
F value	88.2838***		28.1806***	
R^2 － squared	0.4214		0.3762	

注：* 表示 10% 水平下显著，** 表示 5% 水平下显著，*** 表示 1% 水平下显著。

表 3－9 的结果显示，国有样本回归方程的 F 值检验结果为 88.2838，在 1% 水平下显著，表示回归模型显著成立。可决系数 R^2 为 0.4214，说明回归模型对被解释变量的总体解释程度为 42.14%，比主回归中的解释程度更高。控制权平方项（CR_CR）的回归系数为－0.0003，小于零并且在 1% 水平下显著，而控制权（CR）的回归系数为 0.0217，且在 5% 水平下显著，说明国有样本中实际控

制人的控制权（CR）与品牌投入（BIrd）之间呈“倒 U 形”关系，实际控制人的控制权对品牌投入具有先促进后抑制的影响，验证了主回归中的结论，且对称轴为 38.01%，与主回归中的 39.02% 非常接近。

非国有样本组的回归结果中，F 值为 28.1806，回归方程在 1% 显著性水平下成立。可决系数 R^2 为 0.3762，各解释变量对被解释变量的总体解释程度是 37.62%，比主回归中的解释程度更高。控制权平方项（CR_CR）的回归系数为 0.0007，大于零并在 1% 水平下显著，而控制权（CR）的回归系数为 -0.0544，且在 1% 水平下显著，说明非国有样本中实际控制人的控制权（CR）与品牌投入（BIrd）之间呈正向的“U 形”关系，实际控制人的控制权对品牌投入具有先抑制后促进的影响，验证了主回归中的结论。该“U 形”关系的对称轴为 37.17%，稍高于主回归中的 31.26%。

实际控制人现金流权（CFR）与两权分离度（BIrd）之间正相关关系的稳健性回归结果如表 3-10 所示。

表 3-10　实际控制人现金流权与品牌投入的回归结果

变量	国有		非国有	
	Coef.	t	Coef.	t
CFR	0.0111***	4.0600	0.0152***	3.4400
CRdum	0.0407	0.4900	-0.3531***	-2.6900
SIZE	0.7606***	29.6000	0.7483***	16.5100
LEV	-0.0088***	-5.4500	-0.0069***	-3.1600
FCF	-0.0000***	-2.6500	-0.0000	-1.6100
GROWTH	-0.0014	-1.2200	0.0016	1.0800
HERFINDAL	-1.7369***	-4.8200	-0.0262	-0.0500
AGE	-0.2716**	-2.1900	-0.5233***	-3.2300
Constant	0.2663	0.2900	2.5263*	1.8000
Industry	Controlled		Controlled	
Year	Controlled		Controlled	
N	2690		1051	
F value	89.1997***		28.4799***	
R^2 - squared	0.4239		0.3787	

注：* 表示 10% 水平下显著，** 表示 5% 水平下显著，*** 表示 1% 水平下显著。

表 3-10 的结果显示，国有样本回归方程的 F 值检验结果为 89.20，在 1% 水平下显著，表明回归模型显著成立。可决系数 R^2 为 0.4239，说明回归模型对被解释变量的总体解释程度为 42.39%，高于主回归中的解释程度。现金流权（CFR）的回归系数为 0.0111，在 1% 水平下显著，说明国有样本中，品牌投入（BIrd）与现金流权（CFR）显著正相关，实际控制人的现金流权越高，利益趋同效应就越明显，其越倾向于进行品牌投入，这与主回归中的结论具有一致性。

非国有样本组的回归结果中，F 值为 28.48，回归方程在 1% 显著性水平下成立。可决系数 R^2 为 0.3787，即各解释变量对被解释变量的总体解释程度是 37.87%，高于主回归中的解释程度。与国有样本的回归结果相同，非国有样本组中现金流权（CFR）对品牌投入（BIrd）也呈现出正向促进作用，其回归系数为 0.0152，在 1% 水平下显著，再次验证了主回归中的结论。

实际控制人两权分离度连续变量（DEV2）以及两权分离度哑变量（SEP2）与品牌投入（BIrd）之间负相关关系的稳健性回归结果分别如表 3-11 和表 3-12 所示。

表 3-11　实际控制人两权分离度与品牌投入（研发）的回归结果

变量	国有		非国有	
	Coef.	t	Coef.	t
DEV2	-0.0138***	-3.4700	-0.0307***	-5.7400
CRdum	0.1573**	1.9900	-0.1100	-0.9900
SIZE	0.7641***	29.7700	0.7485***	16.6800
LEV	-0.0090***	-5.5700	-0.0063***	-2.8900
FCF	-0.0000***	-2.5900	-0.0000*	-1.7800
GROWTH	-0.0014	-1.2200	0.0014	0.9600
HERFINDAL	-1.0233***	-3.2500	0.7801	1.3600
AGE	-0.3059**	-2.4700	-0.5245***	-3.3300
Constant	0.5569	0.6000	2.7709	2.0200
Industry	Controlled		Controlled	
Year	Controlled		Controlled	
N	2690		1051	
F value	88.8551***		30.0052***	
R^2 - squared	0.4230		0.3910	

注：* 表示 10% 水平下显著，** 表示 5% 水平下显著，*** 表示 1% 水平下显著。

表 3-12 实际控制人两权分离度与品牌投入（研发）的回归结果

变量	国有		非国有	
	Coef.	t	Coef.	t
SEP2	-0.5137***	-8.9400	-0.2217***	-2.6400
CRdum	0.2031***	2.6000	-0.1245	-1.1000
SIZE	0.7429***	29.1800	0.7568***	16.6500
LEV	-0.0083***	-5.1700	-0.0069***	-3.1500
FCF	-0.0000***	-2.6900	-0.0000*	-1.7300
GROWTH	-0.0014	-1.2700	0.0017	1.1000
HERFINDAL	-0.9834***	-3.1600	0.4963	0.8600
AGE	-0.2942**	-2.4100	-0.5762***	-3.5900
Constant	1.1430	1.2400	2.9194	2.0900
Industry	Controlled		Controlled	
Year	Controlled		Controlled	
N	2690		1051	
F value	94.1761***		28.1290***	
R^2 - squared	0.4372		0.3758	

注：* 表示 10% 水平下显著，** 表示 5% 水平下显著，*** 表示 1% 水平下显著。

表 3-11 和表 3-12 的结果显示，国有样本中，回归结果的 F 值检验结果均在 1% 水平下显著，表示两回归模型均显著成立，可决系数 R^2 均高于 40%，说明回归模型对被解释变量的总体解释程度较高。两表中，两权分离度连续变量（DEV2）以及两权分离度哑变量（SEP2）的回归系数分别为 -0.0138 和 -0.5137，且均在 1% 水平下显著，说明国有样本中，品牌投入（BIrd）与两权分离度（DEV2、SEP2）显著负相关，实际控制人的两权分离程度越高，利益侵占效应就越明显，企业品牌投入就越少，这与主回归中的结论具有一致性。

表 3-11 和表 3-12 中非国有样本组的回归结果显示，回归结果的 F 值检验结果均在 1% 水平下显著，表示两回归模型均显著成立，可决系数 R^2 均接近 40%，说明回归模型对被解释变量的总体解释程度较高。两表中，两权分离度连续变量（DEV2）以及两权分离度哑变量（SEP2）的回归系数分别为 -0.0307

和 -0.2217，且均在1%水平下显著，说明与国有样本的回归结果相同，非国有样本组中两权分离度（DEV2、SEP2）对品牌投入（BIad）也呈现出负向抑制作用，主回归中的结论再次得到了验证。

综合来看，稳健性检验的结论与主回归中的完全一致，四个模型均通过了稳健性检验。

六、基本结论与政策建议

现阶段，加强我国企业自主品牌建设不仅是企业实现生存和发展的必然选择，更是我国增强国家实力、保证国家经济安全的重要战略保证。在这一背景下，本章从品牌培育过程的起始端入手，对企业实际控制人与品牌投入的关系进行了研究。本章在经过了文献回顾、理论分析及实证分析后，验证了企业实际控制人对品牌投入的影响作用。基于前文的分析结果，结语部分首先对研究结论进行梳理和总结，并在此基础上提出政策建议，最后针对本书的创新之处及不足进行说明。

（一）主要结论

本章以2003—2013年我国沪、深证券交易所的上市公司作为研究对象，探讨了企业实际控制人对品牌投入的影响。通过研究，得出如下主要结论：

1. 国有企业中，实际控制人控制权与品牌投入之间呈“倒U形”关系，“倒U形”关系的临界点为39.02%，即当控制权水平介于0～39.02%时，实际控制人主要表现出利益趋同效应（激励效应），控制权水平越高，其进行品牌投入以提升企业价值的意愿就越强，利益趋同效应就越明显，企业品牌投入也越多；而当控制权超过39.02%达到较高水平时，实际控制人的“隧道行为”增加，壕沟防御效应（侵占效应）显现，控制权越高，其将资金用于品牌投入的意愿就越低，并且更倾向于以侵占中小股东利益的方式谋取控制权私利，企业品牌投入就会随着控制权水平的升高而下降①。

2. 非国有样本中，实际控制人的控制权与品牌投入之间呈正向的“U形”关系，“U形”关系的对称轴为31.26%，即当控制权水平介于0～31.26%时，实际控制人主要表现出壕沟防御效应（侵占效应），控制权愈高，其进行品牌建

① 综合国内学者们的研究结论来看，实际控制人“隧道效应”的临界值多为40%～50%，本书的结论与这一范围较为接近。

设投资的意愿就愈低，并可能出现侵占中小股东利益的行为，品牌投入与控制权之间呈现显著负向相关关系；当控制权水平高于31.26%时，实际控制人进行品牌投入的意愿渐强，利益趋同效应（激励效应）占主导，企业品牌投入会随着控制权水平的升高而增加。

3. 对于国企和非国企样本间实际控制人控制权与品牌投入关系的差异（国企样本呈现的是先正相关后负相关的“倒U形”关系，非国企呈现先下降后上升的正向“U形”），本书认为该差异与我国特有的产权制度背景有关。国企样本在两权分离（所有权与经营权分离）以及“所有者缺位”的背景下，国企管理者可能获得过多的管理层权力，成为企业的“内部控制人”，并有机会利用其职位及信息方面的优势和决策权力来获取控制权收益，最终导致对股东利益的侵害。当国企中实际控制人（国企管理者）的控制权水平较低时（低于39.02%），其他股东的监督约束力会对其行为产生制衡作用，国企管理者的利益侵占效应并不明显，利益趋同效应占主导地位，企业品牌投入与实际控制人的控制权呈正相关关系；而当控制权处于较高水平时（高于39.02%），其他股东的治理参与度降低，监督约束作用减弱，国企管理者具有了进行利益侵占的动机和能力，并且管理者控制权越高，壕沟防御效应（侵占效应）就越明显，企业品牌投入与实际控制人的控制权也因此呈现负相关关系。因此总体上看，国企中实际控制人控制权与品牌投入之间呈“倒U形”关系。而在非国企中，由于不存在“所有者缺位”的问题，控股股东与中小股东之间的利益冲突仍为主要矛盾（第二类代理问题），因此在壕沟防御效应（侵占效应）与利益趋同效应（激励效应）的先后作用下，非国企中实际控制人控制权与品牌投入之间呈正向“U形”关系。

4. 不论是国有样本还是非国有样本中，企业品牌投入与实际控制人的现金流权显著正相关，与两权分离度显著负相关。实际控制人的现金流权越高，利益趋同效应就越明显，其越倾向于进行品牌投入，而实际控制人的两权分离程度越高，利益侵占效应就越明显，企业品牌投入就越少。

5. 不论是国有样本还是非国有样本中，企业规模与品牌投入有显著的正相关关系。研究结果表明，大公司相对于中小企业更有能力和意愿进行品牌投入，这与品牌建设需要大量的资金和人力支持并伴随着极大的不确定性密切相关，与中小企业相比，大公司具有雄厚的资金资本和人才智力资本来支持企业的品牌发展，此结论与实际情形完全相符，同时也验证了熊彼特（Schumpeter）假说的正确性①。

（二）政策建议

根据上述研究结论，本章从政府和企业的角度出发提出如下政策建议，以促使我国企业积极响应国家的自主品牌战略发展目标，加大品牌建设投入，培育出优秀自主品牌，增强我国企业的国际竞争力。

（1）通过引进战略投资者，对企业内部控制人形成制衡作用，促进品牌培育和发展。在我国特有的产权制度背景下，我国国有企业的股权集中度普遍较高，并往往存在“一股独大”的现象。由于“所有者缺位”，国企管理者可能获得过多的管理层权力而成为企业的“内部控制人”，并有机会利用其职位及信息方面的优势和决策权力来获取控制权收益，最终导致对股东利益的侵害。有证据表明，提高机构投资者持股比例可以有效抑制权力型管理层利益操纵行为。相比于“搭便车”的个人投资者来说②，机构投资者由于持股量较大，其本身就有足够的动力对企业进行监督。因此，通过引进战略投资者，适度降低股权集中度，并加强其对国企管理者的监督约束力，可以发挥股东的治理效应，对国企管理者产生股权制衡作用，形成多个大股东共存共享控制权、共同参与企业决策的局面。另外，机构投资者所拥有的专业知识和资金信息优势也使其有能力积极参与公司治理，对企业的品牌建设产生支持作用，帮助培育优良自主品牌。因此，我国国有企业应适度优化股权结构，积极引进战略投资者，对企业内部控制人产生股权制衡作用，抑制其利益侵占行为，并促进企业的品牌培育和发展。

（2）完善企业内外治理机制，加强各部门的监督管理作用。相关监管部门应研究如何规避实际控制人通过控股股东对企业进行利益侵占的行为，并制定相应措施以切实提高企业的品牌建设效率。本书认为，监管部门可从以下几个方面加强对控股股东的行为监管，以规避实际控制人带来的利益损害：一是尽快制定控股股东行为规范，明确其相关责任和诚信义务，加强其与监管部门协调沟通，并推进对控股股东及实际控制人违规行为的媒体关注，以更好地发挥企业外部治理机制的作用。二是督促上市公司规范“三会”运作。我国的非国有上市企业面临的主要问题是实际控制人通过控股股东来操纵股东大会、董事

① Schumpeter（1947）认为规模较大的企业更有能力从事创新活动，因为大型企业有大规模的生产能力与设备，而且有比较强的研发能力、营销能力、财务资源以及产品研发经验等。同样地，规模较大的企业更有能力从事品牌建设活动。

② 由于监督成本较高，个人投资者一般不会采取有效措施对企业运作情况进行监督，而更愿意“搭便车”。

会、监事会以及与经理层合谋，掏空上市公司资产、损害中小股东利益[①]。应积极推进差额选举制度及累积投票制度的实施，发挥专业委员会的作用；完善独立董事的提名及选聘机制以发挥独立董事的治理效用；提高中小股东参加公司股东大会及参与重大事务决策比例，以减少实际控制人利用企业品牌建设决策对研发项目或营销宣传活动进行操纵的机会和概率。三是加强企业内部控制建设，制定并严格执行信息披露制度和重大信息内部报告制度，通过提高企业内部信息透明度来约束控股股东及实际控制人的利益侵占行为。

（3）加大国家政策扶持力度，引导民营和中小企业积极培育优良自主品牌，促进中小企业品牌建设投入。与国有、大中型企业相比，民营和中小企业的企业规模小，资金、人力和技术资源较为缺乏，抵抗风险的能力较弱，因此品牌投入较少。在这一情况下，国家应加大扶持和引导力度，对发展前景好、成长性高的中小、民营企业，通过税收减免、放松银行贷款条件等政策扶持、给予政府补助等直接资金支持，以及提供技术指导等来鼓励和引导其积极培育优良自主品牌，促进民营和中小企业的品牌建设和发展。

（三）研究局限和展望

本章从实际控制人控制权、现金流权及两权分离度三个方面探讨了企业实际控制人对企业品牌投入的影响。由于研究问题的复杂性、数据资料收集和研究时间的有限性以及自身能力的局限性，其研究仍存在如下缺陷或不足之处：

（1）控制变量选取的限制。本书在整理分析相关文献的基础上，选取了企业规模、资产负债率、自由现金流、企业成长性、股权集中度、企业年龄等控制变量，并控制了年度和行业因素来构建多元回归模型。虽然回归方程的总体解释程度均达到了20%以上，但是公司进行品牌建设投资决策是一个复杂的过程，必定存在其他因素对品牌投入也产生影响。在今后的研究中，可尝试加入更多的有效控制变量来研究其对品牌投入的影响，使模型的解释力度更强，对现实也更有指导意义。

（2）被解释变量选取的限制。本书在选取品牌投入的代理变量时，仅用了广告支出以及研发投入这两个主要指标作为研究对象，并未涵盖所有的品牌建设投资。今后在品牌投入代理变量的选取上可做更多尝试。

---

① 胡汝银：《中国公司治理：当代视角》，上海人民出版社2010年版。

第二章　管理层能力、技术创新与企业价值

一、研究背景与意义

党的“十八大”报告明确指出，中国经济的未来发展必须要实施创新驱动的发展战略，这为我国经济持续、科学发展指明了方向。同时，党的十八届三中全会继续布局深化企业改革①，力图使企业成为我国经济发展的真正引擎。因而在政府层面的策略上，已从过去以投资拉动增长的模式转向鼓励企业技术创新来推动经济增长的模式上，并引导全行业逐步形成以技术创新为核心的优势，以实现经济转型的巨大发展。随着我国经济的市场化程度不断提高，企业竞争也逐步转向以技术创新为主要内容的竞争，甚至在某种程度上决定了企业能否继续生存和发展（傅家骥，2001）。而企业通过技术创新活动，不仅可以研发新产品，发挥技术优势降低生产成本，还可以在技术创新活动过程中提高企业的经营能力并适应新环境下的企业竞争态势（王同律，2004）。比如，大庆油田在连续27年高产5000万吨之后，又连续10年稳产超过4000万吨，三项国际领先的自主技术创新被认为是创造这一奇迹的法宝②。因而在改革进一步深化的大环境下，转变企业发展方式，增强企业的技术创新能力，提升企业价值，实现跨越式发展愈发成为当前颇受关注的热点问题③。

在这一过程中，不可忽视的是企业管理层对这一战略实现的巨大影响。管理层是企业发展的直接决策者，无论是企业技术创新还是企业价值的实现，都

① 2013年11月12日，中国共产党十八届三中全会通过的《中共中央关于全面深化改革若干重大问题的决定》中对布局企业改革提出了相应要求。

② 新华网：《三大技术支撑大庆油田连续27年高产5000万吨》，http：//news. xinhuanet. com/energy/2012－12/17/c_124104342. htm。

③ 在2015年3月召开的“两会”中，推动技术创新依然是大会关注的热点问题，李彦宏等代表就提出要努力在全社会形成人人创新、万众创新的氛围。

离不开管理层对企业资源的配给、利用和整合，并在这一过程中形成技术创新的新发展和企业价值的新变化。因而，管理层的能力在企业发展过程中就变得十分重要。因此，在现代管理学框架下，管理层究竟对企业技术创新有怎样的影响，又会带来企业价值的哪些变化，管理层不同的企业之间其表现又存在何种差异，学术界十分关注。围绕这一主题，学术界从管理层特征的不同视角，做了较为深入的探讨，均取得了丰硕的成果。

但现有研究一方面重点从管理层某一个角度来考察两者之间的关系，研究对象较为直接，从三者整体性关系的角度开展的研究相对较少。另一方面，从管理层的能力特征视角开展的研究相对较少，特别是从管理层能力影响技术创新战略选择的视角所进行的研究。因此，讨论管理层的能力对企业技术创新活动有怎样的影响以及带来怎样的经济后果，全面了解各因素之间的内在逻辑关系，对于实现经济发展模式的变革、企业发展模式的升级、推动全行业技术创新的进步和企业价值的提升具有重要的理论价值和现实意义。

（一）理论意义

在经济发展日益全球化的今天，企业生存和发展的关键是拥有自己的核心技术或能力，因而无论是理论界还是实务界都非常关注技术创新的问题，以及技术创新的经济后果问题。但在会计控制企业经济活动并产生深远影响的今天，管理层如何进行企业的技术创新活动从而提升企业价值的研究仍需丰富。本章在战略管理领域核心理论——资源基础和动态能力理论的指导下，从管理层能力的角度，探寻其与技术创新或企业价值的直接或相互影响，可以适当扩展相应研究的视角，并在一定程度上丰富和完善技术创新和企业价值理论的相关内容。

同时，在日益动态化、激烈化的市场环境中，管理层深刻影响企业技术创新活动，并能对企业价值产生深远影响。因此，管理层是否具有足够的能力来推动技术进步，能否有足够的能力来形成以技术创新为导向的新型化管理，并推动企业价值的不断提升，是衡量企业经营状况或效率的有效标杆。为此，强化管理层能力的相关研究，一方面可以促使企业重视管理层的能力，提高企业经营效率；另一方面可以强化企业的技术创新活动，并增强全行业的企业技术创新能力，实现整体企业价值的提升。

（二）现实意义

顺应十八届三中全会布局强化企业改革举措的趋势和国家建设创新型国家

的具体目标，本章将对企业微观层面的技术创新和经营活动，以及在国家层面制定适合企业发展的相关政策和措施具有一定的指导意义。

1. 为企业技术创新和经营活动提供经验支持。本章通过理论分析和经验研究可以较为清楚地了解到管理层能力对技术创新或企业价值影响的作用机理及实践状况，探寻管理层能力的重要作用，为企业技术创新活动的开展和以技术创新为导向的经营管理活动提供经验上的支持，有利于企业通过技术创新活动形成竞争优势，并以此实现可持续发展，从而在经验上借鉴如何推动企业价值的提升。

2. 为国家制定适合企业发展的相关政策提供现实依据。本章探寻管理层能力、技术创新与企业价值之间的关系，验证管理层能力在其中的重要作用，为国家制定适合企业发展和推动技术创新的相关政策提供现实依据，这不仅有利于促进我国实体企业的技术创新能力，也能以此为基础在全行业形成可持续的竞争优势，推动企业通过竞争的方式进一步做大做强，实现经济引擎的加速运转。

二、研究方法与内容

本章运用实证研究方法来研究上市公司的管理层能力、技术创新与企业价值之间的关系。试图解答如下四个问题：（1）在中国的资本市场中，上市公司的管理层能力对技术创新有着怎样的影响，能否推动企业价值的提升？（2）如果管理层能力可以推动企业价值提升，那么管理层能力是通过何种途径来产生这种影响的？（3）在技术创新与企业价值的关系中，管理层能力又会对这种关系产生怎样的影响？（4）在我国国有企业占多数和股权集中度较高的特殊背景下，以上问题是否又因这种特殊背景而产生差异？

三、概念阐述与界定

（一）管理层能力

所谓能力，是指人在给定的工作任务中或实现目标过程中所体现出来的才能和意愿（Burgoyne，1988）。这种才能和意愿，是管理层较为突出的特征（Bird，1995；Ahmad，2007），具有大小差别，也能导致工作结果或活动效率产生差异（Parry，1998）。在管理学领域，能力同时被赋予了特殊的内涵：能力被认为是能够抢抓机会进行资源的整合、重组企业内部和外部竞争优势以适应企业的内外部环境，并不断变化的特征和行为（Teece et al.，1997；Zahra，2006），是包含机会能力、组织能力、创新能力、关系能力、战略能力等能力范畴的综合体现（Thompson et al.，1996；余来文等，2006）。在市场经济不断发展和全球化进程加快的环境下，管理层在企业发展中的重要作用日益凸显，尤其是管理层能力的影响愈发突出。Demerjian（2012）就认为管理层能力是企业管理层有效率地利用公司各种资源的能力。因而，参考已有研究，本章认为：管理层能力是企业管理层的突出特征，是融合了机会、组织、创新、关系和战略等诸多能力的一种综合性能力，能够识别、发展、完善企业现有资源并实现对企业资源的高效运用。

同时，如何对管理层能力进行衡量，是学术界更为关注的问题。依据过去的文献，由于管理层能力通常难以通过直接观测的方法来衡量，因而学者多用某些关键指标来推论管理层的能力状况。主要通过资产回报率、企业规模、媒体关注度、薪酬、任职期限、股票价格变动等指标来衡量企业管理层的能力状况（Dyreng et al.，2010）。但上述衡量方法，仅能反映管理层能力的某一个方面，不能全面反映管理层的真实能力状况，也容易受到其他因素的干扰，使得衡量结果存在较大的差异①。使用不同的单一指标，可能得出大相径庭的研究结论，这使得其应用程度也较为有限，限制了管理层能力的相关研究。为了克服这些方法的弊端，Demerjian（2012）提出利用企业经营效率来衡量对于上市公司管理层能力的方法。这种方法通过综合量化的手段来衡量管理层能力，打破了原有方式的束缚，使管理层能力的度量更加可靠。这种方法通过两阶段计算来衡量管理层能力状况。首先，在第一阶段采用数据包络分析方法来估计行业内上市公司的效率值，如公式3－3所示：

$$\max_{c}\kappa = \frac{Sales}{c_1CS + c_2SG\&A + c_3PPE + c_4IG + c_5GW + c_6R\&D} \tag{3-3}$$

公式3－3中：

CS 是企业为了获取销售收入而发生的营业成本，*SG&A* 是企业管理费用和销售费用，*PPE* 是企业的固定资产总额，*IG* 是企业的无形资产总额，*GW* 是企业

① 例如：以媒体关注度来衡量管理层能力，无法区分究竟这种关注度是因为企业还是因为管理层的能力所带来的；以股票价格变动来衡量，容易受到市场投机交易的影响。

商誉，*R&D* 是企业的研发投入。

通过这一方式计算获得的 $\max_c \kappa$ 反映了企业整体的资源利用效率。

第二阶段再通过 *Tobit* 模型测算管理层能力大小①。由于通过第一阶段方法得到的效率值，受到企业因素和管理层能力的双重影响②，因此在第二阶段计算中，需要通过 Tobit 回归来剔除企业的影响因素。公司效率值模型（*Firm Efficiency*，记为 FE）如公式 3－4 所示：

$$FE = \omega_0 + \omega_1 Size + \omega_2 MS + \omega_3 FCF + \omega_4 Age + \omega_5 BH + Year + MA \quad (3-4)$$

公式 3－4 中：

MA 是 Tobit 模型回归的残差项，也就是企业管理层能力的度量值。

其余分别为影响企业效率值的公司因素，包括企业规模（Size）、市场占有率（MS）③、自由现金流量（FCF）④、公司成立年限（Age）⑤、业务集中度（BH）⑥、年度效应（Year）等。

（二）技术创新

经济学家熊彼特最早开始与技术创新相关的理论研究。认为技术创新通过对资源的整合利用，催生出新的生产方法来满足市场的不同需求，这也正是企业能够不断成长的根源⑦。他进一步认为，技术创新包含产品上的创新；生产工艺创新；新市场的开辟；开发利用新的资源和对企业管理组织的创新五个方面的内容。在此基础上，不同学者也对此提出了自己的看法，归纳起来主要有两种观点：第一种观点认为技术创新是新技术的开发及其在经营活动中的应用，使科技成果构成企业经营生产能力的主要部分（柳卸林，1993），此时技术创新的投入和产出成为关注的主要问题。第二种观点则认为，在关注技术创新投入和产出的同时，还应注重企业经营管理活动的各个环节（如生产、财务、管理和市场等诸多环节），并从系统论的角度认为其包括内外部环境的适应和能量的交流转化以及经济、科技、社会、生态的协调性，技术创新的各环节、各因素

① Demerjian, P., Lev, B., McVay, S., Quantifying Managerial Ability: A New Measure and Validity Tests, Management Science, 2012.

② 因为企业资源的利用效率，受到企业本身和管理层能力两方面影响。因而直接用其来作为管理层能力的度量存在一定的应用局限。

③ 企业在同行业中的市场占有情况，以企业利润所占行业利润的比重来计算。

④ 仅考虑自由现金流量正负情况，为正数时记为 1，为负数时记为 0。

⑤ 企业自成立以来的年限。

⑥ 企业在同行业中的业务集中度情况，以其当年销售额占行业销售额比重来计算。

⑦ 熊彼特：《经济发展理论：对利润、资本、信贷、利息和经济周期的探究》，中国社会科学出版社 2009 年版。

具有强烈的关联性和依赖性，单独地考虑技术创新能力并不能全面体现它的内涵（Betz，1993；许庆瑞等，2003）。

从对技术创新的研究可以看出，技术创新包含许多不同的内容，因而对其的衡量也有多种方法，并不存在绝对的衡量指标。出于数据的可得性，现有研究主要从技术创新的投入或产出两个方面来衡量：

1. 技术创新投入。主要是通过企业的研发投入来对技术创新投入水平进行衡量。尽管技术创新投入从某种程度上来说，仅仅是技术创新活动的一个环节，但从其投入的大小可以反映出企业是否存在技术创新活动以及对技术创新活动有怎样的支持力度（Matolcsy & Wyatt，2008）。因为企业之所以愿意进行研发投入，就是为了取得技术创新的相关成果，虽然研发投入也可能存在利用上的风险或损失，但依然可以从某一个侧面反映企业对于技术创新活动的态度（Cohen & Levinthal，1990；谢小芳等，2009）。另有部分学者在此基础上，通过研发密度来进行衡量，根据研究目的不同，通过研发投入与营业收入、资产、员工人数等的比值来进行衡量（聂辉华等，2008；Li，2010）。

2. 技术创新产出。技术创新活动本身具有风险性，因而不是所有的技术创新投入都能够获得成功。因此，部分学者技术创新的投入不能全面反映企业的技术创新活动，他们更偏向于排除技术创新投入的不确定性，代之以技术创新活动的相关成果来进行衡量。部分学者认为技术创新活动的直接成果就是企业在一定时间内生产的新产品的数量，并以此来对企业技术创新活动水平进行衡量（Freel，2005；Puranam et al.，2006；钟春平等，2011）。但有些学者更注重企业生产工艺或者流程的变革，通过企业在经营活动中利用的新流程和工艺的数量来进行衡量（Yap et al.，2005；Freel，2005）。但通常，上述衡量方式的数据较难取得①，因而部分学者提出以统计企业申请核准的专利权数量的方式来推算技术创新活动的水平②，虽然企业并不是全部技术创新活动的成果都会申请专利，但相对其他衡量方式来说这种方法能提供更多技术创新活动的背后信息，更具有代表性（温军和冯根福，2012）。

（三）企业价值

随着市场经济的发展，产权制度的不断完善，企业价值也愈发受到关注。通常认为，在现代经济环境下，企业价值就是企业的市场价值（Modigliani &

---

① 因为企业通常不愿意或者极少提供新工艺或者新流程的情况，因而这种方法在运用上存在很大困难。
② 专利的相关信息可以在相关数据库、专利网站上查阅，具有一定的可操作性。

Miller，1958）。虽然其后不同学者在研究过程中，对企业价值的表述略有差异，但其实质通常较为一致，只是在企业价值的度量上，由于不同学科背景和研究目的学者提出了各自的计算方法，尚未统一，但综合来看，主要有以下三种方式①：

1. 利用企业财务指标来衡量企业价值。这种方法是以会计计量原则为依据，按照权责发生制的要求来衡量企业价值。因为企业的财务数据提供的相关信息，可以集中反映企业在某一时点的价值状况，并揭示企业的资源形态，衡量的方式包括资产收益率、企业现金流量等（魏刚，2000；Banker et al.，2006；李新春等，2008）。

2. 通过企业市场价值来进行衡量。通过企业财务指标来衡量企业价值，虽然资料易得，计算简便，但容易受到会计政策等诸多因素的影响，企业管理层也有能力对衡量结果进行干预，而且其仅仅是企业过去的价值体现，无法反映企业未来的价值状况。而人们往往更关注企业未来的价值状况，因而学者提出利用企业的市值、市盈率、市净率等指标来衡量企业价值（Kelm et al.，1995；谢小芳等，2009）。

3. 利用综合性指标进行衡量。上述衡量方法各有优劣，有学者综合考虑两种方法，利用托宾 Q、经济增加值等方式来进行衡量（LLSV，2002；陆国庆，2011），这提供了一种将企业市场价值与财务价值联系的平台，能够更好地体现企业价值的内涵。

四、文献回顾与评述

在市场经济不断发展和全球化进程加快的环境下，管理层在企业发展中的重要作用日益凸显，也受到了学术界的重点关注。自 Harmbrick 和 Mason（1984）提出高阶理论以来，围绕企业管理层的相关研究取得了较为丰硕的成果，这些成果大多基于管理层特征开展研究，主要包括管理层的背景特征、激励特征和功能特征三个视角。其中，管理层背景特征包括管理层的年龄、教育水平、任职期限等不同内容；而管理层激励特征和功能特征则分别从管理层持股、薪酬和管理层权力、能力等几个方面来考量。但由于受能力衡量方法的限

① 本书仅列出主要方式，还有一些其他衡量方式，可参考企业价值评估的相关研究。

制，因而从管理层能力视角开展的相关研究并不多见，从三者整体性关系的角度开展的研究也相对较少。因此，本章主要从管理层特征的以上几个视角，综述对本章具有借鉴意义的研究。

（一）管理层能力与企业价值

管理层的特征具有直接的经济后果，因为管理层是有限理性的，其特征差异会影响到管理层对企业的认知，并据此做出不同的决策，从而影响企业价值（Harmbrick & Mason，1984）①。现有研究主要从管理层的背景特征、激励特征和功能特征三个角度展开其与企业价值关系的研究。

1. 管理层背景特征与企业价值。管理层背景特征包括管理层的年龄、教育水平、任职期限等不同内容，不同学者从上述内容展开的研究结论存在分歧。通常认为，管理层年龄较小时，具有较强的冒险精神、创新思维、环境适应能力和对新事物的接受能力，在企业竞争日益激烈的今天，能够让企业更好地把握企业发展机会，摆脱相应束缚，在新的竞争领域获得发展机遇，这对于企业发展来说，有比较强的促进作用（Hambrick & Mason，1984）。但是，正是因为年龄上较小的特性，也决定了他们缺少企业经营过程中的磨练，虽然勇于冒险，能够识别和抓住企业发展的新机遇，但经验上的欠缺也会使得他们把握机遇的能力和采取适当战略和举措发展企业的能力受到限制，容易使企业价值陷于被动（Wiersema & Bantel，1992）；而管理层年龄较大时，相对年龄较小的管理层，他们有丰富的经验，对企业更为熟悉，也具备成熟的管理能力，因而在企业战略制定和执行上更有预见性和有效性，执行力更强，风险认识更加明确，能够规避企业经营管理活动中的风险带来的价值损害。但随着年龄增大，他们也会表现出一定的保守性，不愿意在陌生或创新领域开展业务，更追求稳定的环境，容易错失企业的发展机遇，对于企业的发展也有所松懈，因而不会带来企业价值的进一步提升（Tihanyi et al.，2000；孙海法，2006；李焰等，2011）。

管理层的受教育水平尽管不是绝对的认定标准，但会是管理层能力的一种体现。长期系统的教育有助于管理层形成自身的价值观和决策观，对经营管理活动中的各种事务有更强的理解和接受能力，能更好地把握企业发展方向，因而已有研究基本认为管理层受教育水平越好，其具有的认知水平更高，决策行为更符合企业发展要求，企业价值也往往越大（Wiersema & Bantel，1992；Tiha-

① Hambrick D C，Mason P A.，Upper echelons：The organization as a reflection of its top managers，Academy of management review，1984.

nyi et al. , 2000；Carpenter，2002；魏立群和王智慧，2002；李春涛等，2005）。

管理层任期长短会影响管理层内部的配合程度及对企业的熟悉和掌控程度，因而对企业价值会产生不同的影响。已有研究认为管理层任期的长短对企业价值存在促进、抑制或者多重关系等不同影响。管理层任期越长，管理层内部配合程度越好，经验越丰富，越能够熟悉地配置企业资源，因而能够促进企业的发展（Hambrick & Aveni，1992；Carpenter，2002；贺小刚等，2005）。但同时，管理层任期较长时，其对企业愈发熟悉，对企业的掌控力度越强，因而越有可能满足个人私利而损害企业价值（孙海法，2006；李焰，2011）。当然，二者关系并不绝对，有学者认为管理层随着任期长短的变化，其行为也会出现类似生命周期阶段的不同变化，因而对企业价值存在倒 U 形的关系（陈守明，2010）。

2. 管理层激励特征与企业价值。管理层的激励特征主要从管理层持股和薪酬两个角度来体现。相关研究认为，管理层的激励特征能够反映管理层的努力程度，激发其经营潜能和才干，以此促进企业不断成长和企业价值的不断提升。通常，管理层在持有企业股份时，其自身利益与企业的长期利益相契合，二者利益实现了一致性，管理层会不断寻求企业价值的最大化，从而通过其经营管理活动促进企业发展，提升企业价值（Jensen & Meckling，1976；魏刚，2000；李维安、李汉军，2006）；而当管理层获取与其能力相匹配的薪酬时，管理层会更加努力地发挥自己能力，优化企业经营管理活动，企业价值往往也会有较大程度的提升（Jensen & Meckling，1976；周仁俊，2010）。

但也有观点认为，管理层持股和薪酬受到企业多方面因素的制约，使得二者不能够体现出对企业价值的促进作用，甚至在某种程度上会抑制企业价值的提升。因为公司的所有权结构是各种成本和利益竞争性选择后达到均衡的结果，不存在管理层持股对企业价值的影响（Demsetz & Lehn，1985），当管理层持股达到一定程度后，甚至会因堑沟效应而损害企业价值（Joseph & Richardson，2002）。而管理层薪酬在激励程度较低时，其作用发挥程度也受到限制，对企业价值不存在明显的促进作用（魏刚，2000）。

3. 管理层功能特征与企业价值。管理层功能特征主要从管理层能力和权力两个角度来体现。从这一视角开展的相关研究结论较为一致，认为管理层能力是能够通过其能力来影响企业的经营管理活动和战略选择，并最终促进企业价值的提升（Waldman，2001；Chemmanur & Paeglis，2005），Andreout 等（2013）利用 Demerjian（2012）的方法通过实证支持了这一结论。而在管理层权力的角度，当管理层权力越大时，管理层越容易利用其手中的权力谋取自身利益，最大化其控制权收益，降低企业经营管理质量，影响企业价值的实现（卢锐，2007；王烨等，2012）。

（二）管理层能力与技术创新

企业的技术创新活动往往会受到企业管理层的直接影响，因而以能力为代表的管理层特征的差异会影响到企业技术创新战略的选择和技术创新活动的实现。现有文献中，学者基本上从管理层的背景特征和激励特征来开展与技术创新相关的研究工作。

1. 管理层背景特征与技术创新。技术创新活动本身具有风险性和长期性的特性，而管理层年龄上的差异会导致管理层在风险承受和决策行为上存在不同的表现。年轻的企业管理层具有较强的冒险精神、创新思维和环境适应能力，从企业长远利益出发，更愿意承受技术创新活动带来的风险，而年老的企业管理层则趋向于保守，追求稳定，并不愿意承担技术创新活动带来的风险，且其较长的回报期也与其注重现实利益相悖，因而管理层年龄较小时，会努力促进技术创新活动的开展；管理层年龄增大时，企业技术创新活动就会受到抑制（Wiersema，1992；Maccurtain et al.，2009；黄新建等，2014）。但 Flood（1997）却认为，虽然年轻的企业管理层具有创新精神，但通常缺少相应的经验，应对技术创新过程中可能出现的问题的能力欠缺；而管理层年龄较大时，其更有经验，应对能力更强，因而管理层年龄与技术创新活动会呈现负向关系[①]，国内学者魏立群等（2002）也得出了类似的结论。也有部分学者认为管理层在技术创新上的作用与其经验有关，与年龄并无显著关系（马富萍，2009）。

在管理层的教育水平上，研究发现当管理层受教育水平较低时，管理层主要依赖于惯性来维持企业经营活动，因而容易满足于现状；而管理层受教育水平较高时，其获取技术信息把握技术创新机遇的能力越强，因而企业技术创新活动也越踊跃（Hambrick & Mason，1984；Wiersema，1992；余来文，2006）。也有极少数观点认为，在管理层较高的受教育水平下，管理层内部分析冲突加剧，面对激烈的环境变化也更愿意采取相对保守的策略，从而对企业的技术创新活动带来负面影响（Flood，1997）[②]。

① Flood P C.，Top management Teams and Pioneering. The International Journal of Human resource Management，1997.

② 这种观点较为少见，主流观点仍然认为管理层受教育水平有助于企业技术创新活动。

同时，从任期特征进行考察的研究发现，管理层任期越长，其内部凝聚力更强，效率更高，能力也越强，对技术创新活动的过程控制和资源配置能力也越高，能够显著提升技术创新活动水平（Michel & Hambrick，1992；刘运国和刘雯，2007）。但也有学者认为，管理层任期较短时，其存在一定的胜任压力，并试图通过加强企业的技术创新活动来证明自身的价值；而任期较长时，则对于技术创新活动缺少兴趣，也缺少足够的外部压力和动力来推动技术创新活动，因而二者存在负向的关系（陈守明等，2011）。

2. 管理层激励特征与技术创新。通常认为，管理层的激励特征能够激发其经营潜能，追求与企业价值具有根本一致性的创新活动，通过更具前瞻性的技术创新战略选择来实现技术创新的进步。部分学者从持股的视角出发，认为管理层持股特征对技术创新活动可能存在促进作用，因为这一特征将管理层与股东的利益联系在一起并保持利益的一致性，使企业管理层专注于企业以技术创新为导向的核心竞争力的构建，促进企业的技术创新活动水平的提升（Francis & Smith，1995；Czarnitaki & Kraft，2004；熊艳和梁莱歆，2009；马富萍等，2011）。不过，还有部分学者的研究表明，这种关系并不绝对，因为管理层持股特征在实现企业与管理层利益一致性的同时，管理层也可能利用这一特征损害企业利益。管理层持股后，其对自身利益的考虑会超越对企业利益的考虑，从而对技术创新产生不利影响或呈现非线性关系（唐清泉等，2011）。

管理层的薪酬特征同样具有激励效应，诱使企业管理层发挥自身能力，进行更多的创新活动，从而推动企业技术创新的进步（刘烨，2010）。但也有学者认为，管理层的薪酬特征更多与企业价值或者业绩相联系，往往无法体现对技术创新的影响（朱国军等，2013）。

（三）技术创新与企业价值

技术创新的直接经济后果是企业价值得到增长（傅家骥，2001）。技术创新通过资金、人力等各种资源的投入和创新活动整个过程得到相应的技术创新产出，并在市场经济活动中获得相应收益，最终转化为企业价值的增加。在现代经济环境下，企业之间的竞争早已转向以技术创新为核心的竞争，企业技术创新活动能够使企业降低经营成本，扩大市场份额，形成相应的专利技术和知识，提升企业价值（王同律，2004）。在已有文献中，主要从技术创新的投入和产出两个角度来考察与企业价值的关系。

1. 技术创新投入与企业价值。技术创新投入对企业价值具有较大的影响，因为在现代经济环境下，企业价值形成于以企业技术创新为核心的竞争力，其源头在于技术创新的投入。企业通过技术创新投入，不断进行关键技术的积累、新技术开发，一方面可以降低企业相应的生产成本，获得竞争优势，同时能够加速产品的升级，满足不同的市场需求，实现市场份额的扩大，从而实现企业价值的提升，因而从技术创新投入的角度来看，技术创新能够促进企业价值的增长（Lev et al.，2005；谢小芳等，2009；罗婷等，2009）。

2. 技术创新产出与企业价值。相对于技术创新投入，技术创新产出对企业价值的影响更为直接和深远。因为技术创新本身存在一定的风险，存在投入的浪费，而技术创新产出规避了创新活动的风险，能够更好地体现对企业价值的影响。技术创新产出形成的专利等知识成果，是企业的核心资源和能力，且不易被模仿，能够形成长期的竞争优势，能够在较长的时期内继续推动企业价值的提升（王同律，2004），因而技术创新产出更能够实现对企业价值增长的推动作用（Crepon et al.，1998；Deng et al.，1999；王化成等，2005）。

（四）文献评述与启示

在全球经济环境日益变迁的大环境下，通过企业技术转型和技术创新能力实现发展模式的突破，并提升企业价值，愈发成为当前颇受关注的热点问题。而管理层作为企业重要的人力资本和无形资产，其作用愈发重要和突出。围绕技术创新和企业价值提升，学术界围绕管理层的不同特征对此做了较为深入的探讨，并取得了丰硕的成果。但研究重点仅从管理层某一个角度来考察两者之间的关系，研究对象较为直接，从三者整体性关系的角度开展的研究相对较少，特别是从管理层能力影响技术创新战略选择的视角所进行的研究。综观与本书具有借鉴意义的已有研究成果，本书认为，在如下几个方面还显得不足或需强化。

1. 管理层能力与技术创新或企业价值的关系。虽然已有研究从管理层特征的不同角度对其与技术创新和企业价值的关系进行了深入研究，取得了较为丰硕的成果，但由于受能力衡量方法的限制，从管理层能力视角开展的相关研究并不多见，从三者整体关系的角度开展的研究更是较少涉及。因而借鉴已有研究成果，用较为科学的方法量化管理层能力水平，并全面考察其与技术创新和企业价值的关系，显得相对重要。

2. 管理层能力发挥对企业价值影响作用的途径。从管理层能力的视角出发，涉及其如何影响企业资源配置，抓住发展机遇而促进企业的技术创新活动从而提升企业价值的文献较少，特别是从管理层能力影响技术创新战略选择的视角所进行的研究。虽然已有文献发现，管理层能力能够影响企业技术创新，而技术创新能够提升企业价值，这也仅是在行为层面的一种描述，背后的作用机理仍需理论的支撑。在市场经济不断发展和全球化进程加快的环境下，作为企业能力和资源构成体的管理层能力和技术创新活动以及作为经济后果的企业价值，可以通过以上理论的分析来厘清三者之间的关系和相互作用机理，并探讨管理层能力如何进行资源配置而促进企业的技术创新活动并提升企业价值，这也是本书将要重点解决的问题。

3. 管理层能力对技术创新与企业价值关系的影响。相关文献和研究表明，企业技术创新活动尤其是技术创新成果（产出）会对企业价值产生重要影响。但技术创新成果作为企业的一项资源，本身无法自主发挥作用，必须经过企业管理者配置和运用才能发挥相应的作用。但现有文献局限于二者的直接关系，对是否受到管理层能力的影响较少涉及。因此，考察管理层能力对二者关系存在怎样的影响，也是本书试图研究的一个问题。

4. 企业性质和股权集中度的调节因素。现阶段的研究，对诸如企业性质[①]、股权集中度[②]等间接因素是否会对管理层能力与技术创新和企业价值的关系产生调节作用，较少进行深入的分析与探讨。因此，本书在厘清三者关系的基础上，对于两者关系作用发挥的程度，是否受相关因素的调节也试图进行深入分析，以期全面了解管理层能力在不同条件下的影响是否存在差异。

五、理论基础与假设提出

（一）理论基础

1. 资源基础理论。资源基础理论是现代管理科学中战略管理领域极为重要的基础性理论[③]，也是微观环境下研究企业管理相关内容的起点。在现代经济环境下，企业已从过去局限于某一地域的相对竞争，逐步转向全球化背景下的诸

① 在我国上市公司中，国有企业较多，因而在深化企业改革，推进混合所有制企业模式的背景下，考察不同类型企业管理层能力及其影响是否存在差异，显得较为重要。

② 我国上市公司通常股权集中度较高，因而这种特征在本书研究中是否会产生差异，也是本书考察的重要内容。

③ 20世纪60年代，美国著名管理学家钱德勒的著作《战略与结构：工业企业史的考证》，标志着战略管理成为管理学中重要的研究领域，其主要考察环境、战略和组织之间的相互关系。

多市场主体之间的激烈竞争。同时，与之伴随的是新技术的革命性变化和新产品的不断涌现，企业间竞争更多依赖于企业自身新技术和新产品等资源的有效利用。原有的仅从企业外部环境考察企业间竞争态势的理论无法很好地解释新环境下企业竞争的变化①，因为外在的环境变化极快，企业几乎无法掌控。但企业内部自身存在的诸多资源及能力反而成为企业制定决策和确定发展方向的根本因素。因而，资源基础理论开始成为现代管理科学领域中的重要研究内容，它比较好地解释了为什么企业之间存在竞争上的差异，以及部分企业为何能始终保持这种差异以维持自身的竞争优势。

资源基础理论强调企业是资源的集合体，但如何理解和划分资源，学者经历了一个较长时间的探索。以 Penrose（1959）为代表的学者，首先在管理学领域提出企业资源的概念，认为资源是企业拥有的可以用于生产经营活动的实物性资源和企业向市场租用的员工构成的人力资源，这两类资源能够相互影响。企业则是这些资源相互影响并组合而成的整体，企业的任何行为都受到这种资源体系的制约，而企业的管理者可以通过利用这些资源来获得企业成长。Wernerfelt（1984）对此进行了扩充，认为企业资源包含企业有形和无形要素，企业的技术知识、商标、交易关系和内部流程都可以被认为是企业的资源，因为这些要素都可以给企业带来竞争优势。因而，资源成为企业获得成长的基础和形成竞争优势的源头，也是形成企业关键组织能力的核心和独特资源（Grant，1991）。随着企业形态出现一定程度的变化，Hafeez 和 Zhang Malak（2002）将企业外部的资源也囊括进来，认为只要是企业拥有、控制或者通过其他途径获得的任何有形或者无形的要素，都是企业的资源。不难看出，企业要获得竞争的优势，必须拥有一定的资源，没有资源作为基础，企业终究难以获得长期的成长。而在企业的资源中，以技术等为核心的关键资源，是部分企业相对其他企业存在差异性根本因素，能够通过差异性竞争优势来提升企业的经营效率，并能够给企业带来更多的价值增长。

随着学者对资源观念研究的不断深入，资源基础的观念逐步发展成为资源基础理论，这是 Grant（1991）首先提出并经后续学者逐步拓展后形成的。在资源基础理论下，企业资源成为企业决策行为的逻辑出发点，而形成这一出发点的前提是企业的资源不都是相同的且不能够完全自由流动。实际上，资源基础

---

① 如波特的波特五力分析理论，其在 20 世纪 80 年代成为企业战略管理的重要内容。

理论强调，每一个企业都有各自的资源优势，不同企业的资源优势不同，它们之间存在差异性，正是这种差异性的存在才使得企业发展各有不同，而且这种企业间的差异很难通过模仿或者购买的方式弥补。同时，企业要想获得长期范围内的竞争优势，在资源秉性上，还应当是有价值的，同时应当具有一定程度的稀缺性，不能被轻易模仿或者替代（Barney，1991）。

因此，从资源基础理论的角度考察企业决策及行为，需要以企业的资源为中心，以构建企业自身优势来实现竞争优势；高度重视和挖掘企业的各种资源，并专注于企业核心资源以此获得企业的核心竞争力和长期的竞争优势。

2. 动态能力理论。资源基础理论改变了过去纯粹以企业的外部环境和条件来探寻企业竞争力或竞争优势的状况，使得企业尤其是企业管理层能够更多地聚焦于企业内部，从企业内部的资源来考虑企业未来发展的核心要义。通过对企业资源尤其是核心资源的挖掘、培育和运用，来构建企业竞争新的态势。但我们无法否认，企业是置身于市场环境中的，并不是孤立存在的。因而过分重视企业内部资源而忽视外部环境的变化，也会因为受到外部因素的制约而无法获得长远发展。尤其是在当今企业外部环境动态变化的大背景下，资源基础理论不能很好地解释其在关注企业内部资源时所能回答的两个问题。在当下环境中，如果企业仅仅只专注于企业内部资源的构建，忽视外部动态环境的变化，那么这有可能阻碍企业通过调整内部资源来适应新环境下的竞争格局。因此，以 Teece（1997）为代表的一批学者，逐步将资源基础理论拓展为动态能力理论，在同样关注企业核心资源的同时，更强调对企业内部资源和外部环境的整合、重建，形成可以充分适应不断变化的外在环境的能力①。

所谓的动态能力，就是企业通过组织优化、资源整合、能力构建、重组企业内部和外部竞争优势以适应外部环境不断变化的能力（Teece et al.，1997），并在适应不断变化的环境过程中具有关键性的作用。后续学者虽对此有所拓展，但大多仍以 Teece 等提出的概念为基本内涵。Eisenhardt 和 Martin（2000）在此基础上，偏向于强调流程在动态能力中的重要作用，以期满足市场发展需要，并在市场竞争中通过演进和消亡的方式来实现新的资源配置。而要实现这种资源配置，快速、熟练地抓住机会也成为不可或缺的因素，因而也可以理解为企业管理者或者决策人员通过抓住机会等合理的方式来重构资源或者惯例（Zahra

① Teece D. J.，Pisano G，and Shuen A.，Dynamic capabilities and strategic management，Strategic Management Journal，1997.

et al.，2006）。在充分吸收其他学者研究的基础上，Teece（2007）进一步完善和深化了动态能力的内涵，认为动态能力就是不断感知、塑造、抓住机会，应对外部环境的威胁，并以有效运用企业的内部和外部资源的方式来获取和实现成长的能力。

企业动态能力通常由程序、定位和路径三个方面构成（Teece et al.，1997），而这正是企业在外部动态环境不断变化的过程中，获得竞争优势的方法。企业在日常的经营管理活动中培育企业核心资源的过程，以及企业管理层进行决策后迁移到新环境下形成的状态轨迹成为企业发挥动态能力实现竞争优势的根源。因而企业动态能力是一种独特的资源（Luo，2000），拥有资源、能力、核心能力、动态能力四层体现形式（Wang & Ahmed，2007），具有开创性和适应性。因而，企业在外部环境不断变迁的情况下，发挥动态能力，成为获得长远竞争优势的关键。

虽然不同学者从不同的角度或者立场对动态能力进行阐释或者解读，也构建了动态能力理论的相应体系，且仍在不断发展完善，但是关于动态能力的核心内涵却相对一致，强调动态能力是通过资源的再配置（或者创新配置），对企业现有能力做出的适应环境的变化，能够推动企业不断发展，这对企业经营管理活动来说十分重要。

（二）机理分析与假设提出

1. 机理分析。在资源基础理论视角下，企业是资源的集合体，企业若想实现价值最大化目标，离不开企业内外部资源的有效开发、利用和配置。而这一过程的实现，需要企业管理层发挥其能力建立一套与实现价值相关的内外经济资源相契合的整合系统，以对企业的各种资源进行有效管理和高效配置，这也是企业经营活动的中心环节。在企业价值的实现过程中，企业不同属性的资源也不是完全的整体。在资源的配置过程中，管理层必须以其能力对企业进行管理，协调各方资源，根据资源特性进行专业化利用，缓解资源配置中的利益冲突，才有可能实现这一目标。

同时，在技术发展和变迁与日俱进的时代背景下，知识经济和科技发展越来越成为企业发展不可或缺的方面，企业异质性资源的竞争，越来越向以技术创新为主导的异质性资源转化，缺乏核心技术的企业愈发难以形成企业的异质资源，企业技术创新也早已成为企业长期竞争优势形成的源泉，也是创造企业价值的关键因素。而技术创新资源的构建，本身存在一定风险和配置难度，因而在这一核心资源构建过程中，管理层敢于冒险和承担风险的能力，以及组合内外部资源的能力就显得尤为重要，当管理层能力不足时，反而可能成为资源配置过程中的障碍。

企业资源是有限的，其所处的环境也是不断变化的。因而在企业进行资源配置形成核心资源和实现价值增值的过程中，动态能力的影响不可忽视。在当下环境中，如果企业仅仅只专注于企业内部资源的构建，忽视外部动态环境的变化，那么这有可能阻碍企业通过调整内部资源来适应新环境下的竞争格局。作为资源配置中心地位的企业管理层，需要依据环境变化识别和反映资源配置的时机，并不断改变资源形态甚至突破资源传统，实现资源创新，这必然对企业管理层能力提出了更高的要求。企业管理层必须能够发现外部环境中市场和产品的变化以及消费者的需求变化的能力，能够快速熟练地抓住机会，实现内部资源和外部环境的整合、重建，才有可能实现企业资源的优化配置并推动核心技术创新资源和企业价值的提升。如图 3－3 所示：

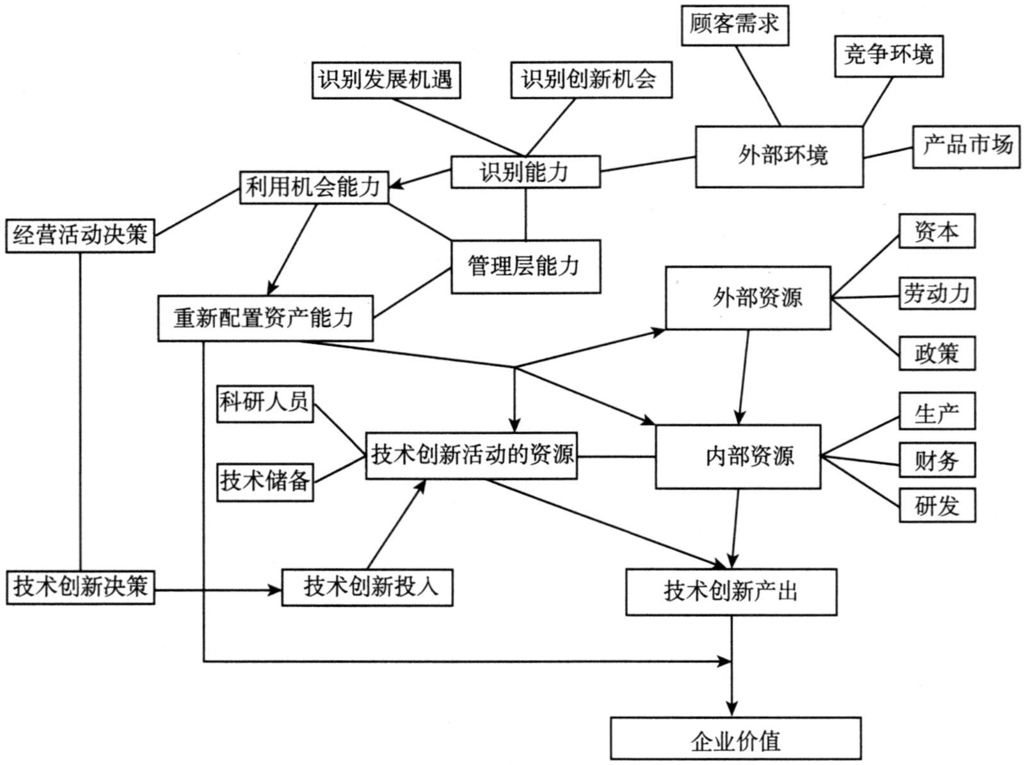

图 3－3　管理层能力对技术创新和企业价值影响作用机理图

2. 假设提出。从资源基础理论和动态能力理论的视角出发，企业要获得长期竞争优势，关键在于构建企业的核心资源和适应环境变化的动态能力，而无论核心资源的构建还是企业动态能力的形成，都直接受到企业管理层的影响，管理层能力的差异会使得异质性资源和能力也存在差异，这使得管理层能力的重要作用日益凸显，也会对企业行为及价值产生直接且深远的影响。当管理层能力水平较高时，企业的日常经营活动通常更为高效，能够利用较少的资源把握企业发展机会（Chemanur & Paeglis，2005；Ivashina & Scharfstein，2010），管理层也能够通过其能力来影响企业的经营管理活动和战略选择，并最终促进企业价值的提升（Chandler & Jansen，1992；Chandler & Hanks，1994；Waldman，2001；贺小刚和李新春，2005）。而企业技术创新活动，不仅能形成企业技术创新成果，还能提高企业整体经营管理活动各环节的组织配合能力，使企业有很强的环境适应能力，能不断适应企业外部环境的变化，为企业创造更多的价值，和企业价值具有内在的一致性（Deng，Lev and Narin，1999；傅家骥，2001；王化成等，2005；罗婷等，2009；李左峰，2013），且管理层的能力有助于推动企业发现科技发明与技术变革带来市场价值，从而推动企业更好地进行技术创新的相关活动，同时也能够通过管理层自身的创新能力，带动企业的技术创新氛围，最大限度发挥技术创新的作用。依据上述分析，本章提出如下假设：

假设1：管理层能力有助于推动企业价值不断提升。

假设2：管理层能力能够加强企业的技术创新活动。

企业是资源的集合体，资源配置成为企业管理层能力运用的核心内容。管理层以其能力的发挥来选择和确定企业自身优势，并针对外部环境的相关变化做出自身改变，使得这种优势得以保持，即管理层能够通过其能力来影响企业的经营管理活动和战略选择，并最终促进企业价值的提升（Chandler & Jansen，1992；Chandler & Hanks，1994；Waldman，2001；贺小刚和李新春，2005）。可见，管理层能力在影响企业价值的过程中，并不是其直接产生相应效果，而是通过资源的配置和重新组合来实现的，尤其是企业所拥有的难以模仿的异质性资源（Barney，1991），而技术创新的特性决定了它是企业最重要的异质性资源。可见，企业管理层通过其能力运用，对企业资源进行配置，会逐步形成以技术创新为核心的异质资源，并形成企业的核心能力，使企业有很强的环境适应能力，能够为企业创造更多的价值。由此可见，管理层能力并不直接对企业价值产生促进作用，而是可能通过技术创新活动来实现的。

同时，企业技术创新活动的成果既是企业的异质性资源，也是企业核心竞争力的重要组成部分。以专利形式为代表的技术创新产出成果是企业重要的静态资源，需要能够发挥这项资源的“独特能力”（Penrose，1959），才能真正实现其价值。因为企业技术创新产出必须适应企业外部急速变化的环境才有可能创造出价值。如果缺乏适应企业外部环境变化的能力，则可能不仅不能实现企业价值，甚至有可能出现与企业价值相悖的结果，这实际上也对企业管理层的能力提出了更高的要求。企业管理层必须能够发现外部环境中市场和产品的变化以及消费者的需求变化的能力，通过这种能力才能实现企业内部技术创新成果的核心资源和企业外部市场和消费者需求的衔接，在动态的市场竞争环境中获得企业竞争优势。因而，企业技术创新活动的成果，作为企业的异质性资源，本身不直接创造价值，而是管理层通过其能力对成果进行适应外部环境变化的发挥才创造出企业的价值。而当管理层能力不足时，或者缺乏对外部环境变化的适应能力，则会影响到这种资源对企业价值创造的结果。依据上述分析，本书提出如下假说：

假设 3：技术创新是管理层能力与企业价值之间的中介变量。

假设 4a：较高的管理层能力对技术创新产出创造企业价值活动具有促进作用。

假设 4b：较低的管理层能力对技术创新产出创造企业价值活动具有抑制作用。

六、实证研究

本部分是本章的核心内容，在前述理论分析与假设提出的基础上，从管理层的能力角度探寻其与技术创新和企业价值的关系，特别是从管理层能力影响技术创新战略选择的视角对三者之间的关系展开实证研究，主要包括研究样本、变量设计、构建模型、实证分析和稳健性检验等，并进行描述性统计和变量的相关性分析等。

（一）研究设计与实证模型

1. 研究样本。本章以我国 A 股 2003 年至 2013 年的上市公司为研究样本，其数据来源主要是 CSMAR 国泰安数据库①。该数据库缺乏相应专利权数量披露的详细信息，部分研发投入（R&D）数据信息缺失，因此这部分数据在查阅相关网站和上市公司财务报告的基础上手动收集。其中，样本企业的专利权数据主要取自中国知识产权局专利查询网站。由于 2003—2006 年期间，A 股市场的上市公司较少披露企业研发投入的详细相关信息，因此，这部分数据通过查阅此期间上市公司财务报表附注取得②。2007 年以后，开始要求企业设置“开发支出”科目来对企业研发投入进行核算，因而这部分数据从开发支出科目中取得。

为了尽可能保证数据的完整性，本书除剔除金融类企业、ST 企业和部分存在缺失的数据类型外，并未对数据进行筛选或另行剔除，以尽可能地反映样本全貌。故在针对不同模型进行回归时，受制于某一变量的样本，不同的回归模型其样本数量存在差异。

2. 变量选择及说明。

（1）被解释变量。针对不同的回归模型，本章以企业价值、技术创新投入、技术创新产出和技术创新效率分别作为被解释变量。

本书对企业价值的衡量方式已进行相关论述，借鉴已有成果，本书选取托宾 Q 作为企业价值评价指标，通过企业的市场价值及其资产重置价值的比值来确定（McGahan，1999；陆国庆，2011）。这一指标实际上是利用了企业财务指标和企业市场价值指标两种衡量方式，通过比值来联系两种方式，具有一定的理论和实践操作性。本书认为这一指标提供了一种将企业市场价值与财务价值联系的平台，规避了财务指标和单纯的市场价值指标易受影响的不足，能够更好地体现企业价值的内涵。

已有研究中，对于企业技术创新活动水平或者能力多以研发投入和专利数量来衡量（Kochhar & David，1996；聂辉华等，2008；温军和冯根福，2012），本书仍旧选择这两种方式来衡量企业技术创新活动的水平。考虑到企业技术创新的效率问题，我们同时采用技术创新效率来衡量上市公司的创新效率问题。对研发投入取对数，记为 LnR&D；企业的专利权数量以 Patent 表示；在技术创新效率方面，采用当期专利权和滞后一期的 LnR&D 比值来确定技术创新效率，记为 IE。

（2）解释变量。如前所述，解释变量主要为上市公司管理层能力，其反映

① 因 CSMAR 数据库部分数据的披露及手工收集的数据自 2003 年开始，故样本始于 2003 年。因截至 2014 年尚有大部分企业未能公布年报信息，故样本以 2013 年为截止时期。

② 在此期间，企业研发投入一般作为期间费用直接记入到当期损益，主要在财务报告附注中披露。

管理层有效率地利用上市公司各种资源的能力（Demerjian，2012）。对于上市公司管理层能力，本书借鉴已有研究，通过两阶段计算的方法来进行衡量（Demerjian，2012；张铁铸等，2014；陈德球等，2015）。首先，在第一阶段采用数据包络分析方法，来估计行业内上市公司的效率值，如公式3－5所示：

$$\max_c \kappa = \frac{Sales}{c_1 CS + c_2 SG\&A + c_3 PPE + c_4 IG + c_5 GW + c_6 R\&D} \tag{3-5}$$

其中：*CS* 是企业为了获取销售收入而发生的营业成本，*SG&A* 是企业的管理费用和销售费用，*PPE* 是企业的固定资产总额，*IG* 是企业的无形资产总额，*GW* 是企业商誉，*R&D* 是企业的研发投入。通过这一方式计算获得的 $\max_c \kappa$ 反映了企业整体的资源利用效率。

第二阶段再通过 *Tobit* 模型测算管理层能力大小（Demerjian et al.，2012；Demerjian et al.，2013）。由于通过第一阶段方法得到的效率值，受到企业因素和管理层能力的双重影响，因此在第二阶段计算中，需要通过 Tobit 回归来剔除企业的影响因素。公司效率值模型（*Firm Efficiency*，记为 FE）如公式3－6所示：

$$FE = \omega_0 + \omega_1 Size + \omega_2 MS + \omega_3 FCF + \omega_4 Age + \omega_5 BH + Year + MA \tag{3-6}$$

其中：*MA* 为企业管理层能力，是 Tobit 模型回归的残差项，其余分别为影响企业效率值的公司因素，包括企业规模（Size）、市场占有率（MS）、自由现金流（FCF）、公司成立年限（Age）、业务集中度（BH）、年度效应（Year）等。

同时，为了考察管理层能力对技术创新和企业价值关系的影响，本书还考虑管理层能力与技术创新产出的交乘项（MAPatent）来作为解释变量，考察其影响状况。

（3）控制变量。企业规模（Size）。不同的企业规模会对其企业价值以及技术创新产生不同的影响。一般而言，企业规模越大，面临的技术创新机会可能越多，对企业价值的影响可能更大（Schumpeter，1950）。国内外学者一般用总资产的自然对数作为企业规模的替代变量（Joseph & Richardson，2002；李维安、李汉军，2006），本书也以此来衡量企业规模。

企业资产负债率（Lev）。资产负债率会影响企业技术创新投入，也会因为“税盾效应”和“风险效应”对技术创新活动和企业价值带来影响（Czarnitaki & Kraft，2004；康均，2011）。

盈利能力（Roe）。企业盈利能力越强，其更具有丰富的资源和能力来进行技术创新活动，提升企业的市场价值，参考罗婷等（2009）的研究，本书用企业净利润率来衡量企业的盈利能力，记为 Roe。

大股东（Holder）。企业大股东的存在，对企业利益有较为直接的影响，因而会影响到企业的技术创新活动和价值实现。参考周仁俊、高开娟（2012）的研究，本书用企业大股东的持股比例来衡量，记为 Holder。

成长性（Growth）。一般认为成长性较高的公司应该更有动机通过技术创新来创造更多的成长机会，参考程新生等（2012）的研究，用企业营业收入增长率来衡量企业成长性，记为 Growth。

年度（Year）和行业（Industry）。分别为企业成立年限和所处行业的虚拟变量。企业成立年限会因企业的生命周期对技术创新和企业价值产生影响，不同行业的特征也会对此产生影响（温军、冯根福，2012）。参见表 3－13。

表 3－13　　变量定义表

变量	变量名称	变量代码	变量含义及说明
因变量	企业价值	Q	托宾 Q 值（企业的市场价值/企业资产的重置成本）
	技术创新	LnR&D	企业研发投入的自然对数
		Patent	企业专利权数量
		IE	企业技术创新效率
自变量	管理层能力	MA	经计算的管理层能力数值
	交乘项	MAPatent	管理层能力和技术创新产出的交乘项
控制变量	企业规模	Size	企业总资产金额的自然对数
	资产负债率	Lev	企业负债总额和资产总额的比值
	盈利能力	Roe	企业资产报酬率
	大股东	Holder	企业大股东持股比例
	成长性	Growth	企业营业收入增长率
	年度	Year	企业所处年度虚拟变量
	行业	Industry	企业所处行业虚拟变量

3. 模型设计与分析

为验证上述假设，根据理论分析，参考 Guadalupe 等（2012）、Demerjian，2012、刘行、李小荣（2012）、朱焱、张孟昌（2013）、张铁铸等（2014）、陈德球等（2015）的研究，分别构建如下模型：

$$Q = \alpha_0 + \alpha_1 MA + \alpha_2 Size + \alpha_3 Lev + \alpha_4 Growth + \alpha_5 Roe + \alpha_6 Holder + \sum_{m=2003}^{2013} \alpha_7 Year + \sum_{n=1}^{13} \alpha_8 Ind + \delta \tag{3-5}$$

$$\text{LnR\&D} = \alpha_0 + \alpha_1 MA + \alpha_2 Size + \alpha_3 Lev + \alpha_4 Growth + \alpha_5 Roe + \alpha_6 Holder + \sum_{m=2003}^{2013} \alpha_7 Year + \sum_{n=1}^{13} \alpha_8 Ind + \delta \tag{3-6}$$

$$\text{Patent} = \alpha_0 + \alpha_1 MA + \alpha_2 Size + \alpha_3 Lev + \alpha_4 Growth + \alpha_5 Roe + \alpha_6 Holder + \alpha_7 \text{LnR\&D} + \sum_{m=2003}^{2013} \alpha_8 Year + \sum_{n=1}^{13} \alpha_9 Ind + \delta \tag{3-7}$$

$$\text{IE} = \alpha_0 + \alpha_1 MA + \alpha_2 Size + \alpha_3 Lev + \alpha_4 Growth + \alpha_5 Roe + \alpha_6 Holder + \sum_{m=2003}^{2013} \alpha_7 Year + \sum_{n=1}^{13} \alpha_8 Ind + \delta \tag{3-8}$$

$$Q = \alpha_0 + \alpha_1 MA + \alpha_2 \text{LnR\&D} + \alpha_3 Size + \alpha_4 Lev + \alpha_5 Growth + \alpha_6 Roe + \alpha_7 Holder + \sum_{m=2003}^{2013} \alpha_8 Year + \sum_{n=1}^{13} \alpha_9 Ind + \delta \tag{3-9}$$

$$Q = \alpha_0 + \alpha_1 MA + \alpha_2 \text{Patent} + \alpha_3 Size + \alpha_4 Lev + \alpha_5 Growth + \alpha_6 Roe + \alpha_7 Holder + \sum_{m=2003}^{2013} \alpha_8 Year + \sum_{n=1}^{13} \alpha_9 Ind + \delta \tag{3-10}$$

$$Q = \alpha_0 + \alpha_1 MA + \alpha_2 \text{Patent} + \alpha_3 MAPatent + \alpha_4 Size + \alpha_5 lev + \alpha_6 Growth + \alpha_7 Roe + \alpha_8 Holder + \sum_{m=2003}^{2013} \alpha_9 Year + \sum_{n=1}^{13} \alpha_{10} Ind + \delta \tag{3-11}$$

本章使用模型（3－5）来验证假设1，若MA系数 α_1 显著为正，则说明管理层能力对企业价值有较大的促进作用，即假设1得到验证。为了研究管理层能力与技术创新的关系，本章分别使用模型（3－6）、模型（3－7）和模型（3－8），分别从管理层能力与技术创新投入、技术创新产出和技术创新效率三个角度来考察二者之间的关系。当MA系数 α_1 显著为正时，说明管理层能力与技术创新有明显的正相关关系，原假设得到验证。同时，本章综合使用模型（3－5）、模型（3－7）和模型（3－9）、模型（3－10）来考察管理层能力是否通过技术创新产出来发挥对企业价值的影响作用，若四个模型中，MA和Patent系数均为正显著，则假设3得到验证。通过模型（3－11）来验证管理层能力是否对技术创新产出对企业价值的关系有影响作用，若Patent系数 α_2 和交乘项MAPatent系数 α_3 均显著为正，则说明管理层能力能够对技术创新产出和企业价值的影响产生显著作用，即假设4得到验证。

同时，为了研究在中国特殊的制度背景下，以上相关结果是否存在差异，本章同时对模型（3－5）、模型（3－6）、模型（3－7）、模型（3－8）的回归结果按照企业性质和股权集中度进行分组检验。其中，企业性质按照国有和非国有划分，股权集中度按照全样本股权集中度的中位数来进行分组。

（二）描述性统计及相关系数分析

1. 描述性统计。相关描述性统计如表3－14所示：

表3－14　　主要变量描述统计表

变量名	均值	标准差	最大值	最小值	上四分位	中位数	下四分位
Q	5.59	381.09	51077.91	0.68	1.36	1.81	2.70
Patent	24.78	169.26	6581	1	0	3	13
LnR&D	16.82	1.71	22.90	6.90	15.94	16.91	17.86
MA	0.001	0.12	0.76	－0.63	－0.067	－0.004	0.059
Size	21.40	1.27	28.40	10.84	20.58	21.26	22.08
Lev	0.57	6.71	877.26	0.001	0.30	0.47	0.62
Holder	37.66	15.99	100	2.20	25.02	35.56	49.64
Roe	0.048	1.135	73.36	－79.88	0.027	0.071	0.125
Growth	3.54	118.59	11763.39	－2266.48	－0.05	0.12	0.39

根据表3－14的描述统计可知，样本上市企业平均拥有近25项专利，但中位数仅为3，且存在大量没有专利技术的企业。这表明大多数企业的技术创新活动还处于较低的水平，其标准差达到169说明不同公司之间的技术创新活动存在较大的差异，也从另一个角度说明，在走向技术创新强国的道路上，虽然部分企业有了长足进步，但整体上看依然任重道远，还有很大的发展空间。从企业价值的衡量来看，均值达到5.59，极值差异较大，可以理解为，相关具有技术创新活动的上市公司更能够得到投资者的认同，反映未来期间的价值表现，但不同类型的上市公司依然存在差异。在管理层能力上，我国上市公司管理层能力均值刚好超过0，仅为0.001，中位数为－0.004，说明从整体上看，我国企业管理层的能力是相对较低的，其依然存在大幅提高的空间。

企业资产规模均值达到21.40，差异较小，实际上与我国公司上市资产条件有关。企业资产负债率均值达到0.57，表明即便在上市公司，债权融资依然是主要的资金来源方式。在这种情况下，虽然有助于发挥资金杠杆优势，但在较高风险的技术创新活动中，企业存有较多的顾虑和限制，相较股权融资的方式，其不确定性增加。因而适当扩大融资方式，增加技术创新的资金配给，是政府和企业共同需要考虑的问题。净资产收益率均值仅0.048，表明在过去较长的时间范畴内，上市企业的整体回报率并不高，虽然可能与周期性的经济环境有关，但从另一个侧面也印证了上市企业的管理层整体性能力还较为偏弱，并没能够正在实现企业各种资源的最佳优化配置，也说明提升管理层的能力水平，能够最大限度地发挥资源其本身的价值。

2. 相关系数分析。相关的皮尔逊检验等如表 3 – 15 所示：

表 3 – 15　　Pearson 相关性检验

	Q	Patent	LnR&D	MA	IE	Size	Lev	Holder	Roe	Growth
Q	1									
Patent	-0.019*	1								
LnR&D	-0.092***	0.235***	1							
MA	0.009	-0.014	0.037***	1						
IE	-0.046***	0.998***	0.244***	-0.014	1					
Size	-0.068***	0.220***	0.444***	-0.062***	0.236***	1				
Lev	0.211***	0.028***	-0.009	-0.004	0.078***	-0.021***	1			
Holder	-0.007	0.032***	0.089***	-0.001	0.042***	0.227***	-0.010	1		
Roe	-0.273***	0.017*	0.129***	0.063***	0.021	0.034***	-0.277***	0.027***	1	
Growth	0.002	-0.004	0.014	0.017*	-0.010	-0.005	0.001	0.005	0.000	1

由表 3 – 15 可知，各个变量之间的相关系数都比较小，创新效率（IE）和专利权（Patent）相关性较高，实质上与创新效率的衡量方式相关。为保证结果的稳健，同时对以上变量进行 VIF 检验，其值为 1.33，因此变量之间的共线性较弱，对后文模型分析的结论将不会产生大的影响。

（三）实证检验结果及分析

1. 管理层能力与企业价值的回归分析。对管理层能力与企业价值的回归结果如表 3 – 16 所示：

表 3 – 16　　管理层能力与企业价值的回归结果

变量	全样本	按股权性质分		按股权集中度分	
	模型 3 – 5 (1)	非国有 (2)	国有 (3)	低 (4)	高 (5)
MA	0.999*** (8.726)	0.800*** (4.330)	1.104*** (7.832)	0.878*** (5.089)	1.132*** (7.594)
Size	-0.479*** (-36.23)	-0.671*** (-25.91)	-0.374*** (-25.22)	-0.641*** (-29.42)	-0.373*** (-23.46)

续表

变量	全样本	按股权性质分		按股权集中度分	
	模型 3－5 (1)	非国有 (2)	国有 (3)	低 (4)	高 (5)
Growth	0.000 (0.131)	0.000 (0.555)	－0.000 (－0.587)	0.000 (0.0834)	0.000 (0.237)
Roe	0.065*** (4.378)	0.190*** (6.585)	0.011 (0.721)	0.063*** (3.793)	0.106* (1.957)
Lev	－0.948*** (－12.92)	－0.525*** (－4.309)	－1.281*** (－14.05)	－0.727*** (－6.625)	－1.096*** (－11.37)
Holder	0.003*** (3.820)	0.002 (1.357)	0.005*** (4.479)	－0.007** (－2.292)	0.010*** (6.200)
Year	控制	控制	控制	控制	控制
Ind	控制	控制	控制	控制	控制
Constant	12.163*** (41.95)	16.072*** (28.20)	9.872*** (29.79)	15.586*** (32.11)	9.786*** (27.84)
N	11178	4988	6190	5774	5404
R^2 － squared	0.342	0.353	0.342	0.336	0.377
F	214.9	100.0	118.4	107.6	120.7

说明：***、**、*分别表示在1%、5%、10%水平上显著。

表3－16为上市公司管理层能力和企业价值关系的实证回归结果。表中列（1）显示，管理层能力对企业价值的影响在1%水平上显著①，且系数为正，充分说明管理层能力增强会显著增加上市公司的企业价值，假设1得到验证。同时发现，企业资产负债率越高时，企业价值越低，因为企业在较高的资产负债率下，会承担更多的偿债压力，面临可持续经营的风险，从而拖累了企业价值。当企业盈利状况较好时，企业获取的利润更多，企业价值实现的程度越高，企业价值也越大。表中列（2）和列（3）是对企业性质和股权集中度影响的进一步分析，发现在企业性质上，无论是国有企业还是非国有企业，两类企业管理层能力对企业价值的影响均在1%水平上显著，说明企业管理层能力增强会显著

① 显著性水平是估计总体参数落在某一区间内，可能犯错误的概率为显著性水平，通常1%水平下表明显著性较强。

增加上市公司的企业价值，但国有企业的盈利状况和企业价值的促进作用并不明显。表中列（4）和列（5）是考察股权集中度差异是否对结果带来影响，回归结果发现不存在显著性差异，均在1%水平上显著，管理层能力依然与企业价值具有显著的促进作用，但在较高股权集中度时，盈利能力对企业价值提升作用的显著性降低。总之，即便考虑到中国特殊的股权性质差异和股权集中度差异，管理层能力与企业价值的正向关系依旧十分显著，但在国有企业或者股权集中度较高的企业中，盈利能力和企业价值的关系始终是被弱化的。

2. 管理层能力与技术创新的回归分析。管理层能力与技术创新投入、技术创新产出、技术创新效率的回归结果如表3－17、表3－18、表3－19所示：

表3－17　　管理层能力与技术创新投入的回归结果

变量	全样本	按股权性质分		按股权集中度分	
	模型3－6 (1)	非国有 (2)	国有 (3)	低 (4)	高 (5)
MA	0.677*** (3.770)	0.865*** (4.143)	0.219 (0.698)	1.172*** (4.822)	0.015 (0.0561)
Size	0.802*** (40.12)	0.809*** (27.71)	0.855*** (28.65)	0.768*** (25.45)	0.819*** (29.84)
Growth	－0.001 (－1.377)	－0.007 (－0.508)	－0.001 (－1.130)	－0.050 (－1.541)	－0.001 (－1.224)
Roe	0.605*** (6.704)	0.900*** (6.255)	0.458*** (3.752)	0.713*** (5.100)	0.579*** (4.908)
Lev	－1.310*** (－11.88)	－1.100*** (－7.982)	－1.221*** (－6.556)	－1.409*** (－9.434)	－1.115*** (－6.809)
Holder	0.001 (1.019)	0.002 (1.362)	0.003 (1.233)	0.012*** (3.201)	0.002 (0.812)
Year	控制	控制	控制	控制	控制
Ind	控制	控制	控制	控制	控制
Constant	－2.495*** (－5.005)	－3.455*** (－4.050)	－4.431*** (－5.696)	－1.108 (－1.404)	－3.545*** (－5.368)
N	5159	2800	2359	2616	2543
R^2－squared	0.387	0.349	0.430	0.342	0.442
F	120.2	55.08	65.22	49.80	73.85

说明：***、**、*分别表示在1%、5%、10%水平上显著。

表3－17为上市公司管理层能力与技术创新投入关系的实证回归结果。表中列（1）的数据结果显示，管理层能力对技术创新投入的影响在1%水平上显著，说明管理层能力增强会显著增加上市公司的技术创新投入，假设2得到验证。同时发现，企业资产规模较大和盈利水平较高时，企业会有更多的技术创新投入，因为企业有条件调动更多的资源进行技术创新投入。但若企业资产负债率增大，则企业出于偿债压力和持续经营压力减少企业技术创新投入，对技术创新活动产生抑制。从企业性质和股权集中度来看，表中列（2）至列（5）的回归结果表明，管理层能力对技术创新投入中，非国有企业的管理层能力在1%水平上显著，且系数为正。但国有企业中，管理层能力虽然与技术创新投入有正向关系，但是不显著。从股权集中度来看，在股权集中度较低时，管理层能力的影响在1%水平上显著，且系数为正，结果不存在差异。但当股权集中度较高时，管理层能力的影响并不显著。充分说明，管理层能力对上市公司技术创新投入的促进作用仅存在于非国有企业和股权集中度较低的企业中，在国有企业和较高股权集中度的企业，管理层能力的促进作用并不显著（变量回归系数为正，但并不显著）。

表3－18　　管理层能力与技术创新产出的回归结果

变量	全样本	按股权性质分		按股权集中度分	
	模型3－7 (1)	非国有 (2)	国有 (3)	低 (4)	高 (5)
MA	0.099*** (3.372)	0.973*** (25.03)	－0.533*** (－11.56)	0.323*** (6.244)	0.297*** (6.731)
LnR&D	0.750*** (256.9)	0.724*** (151.9)	0.378*** (102.6)	0.272*** (57.14)	0.574*** (136.2)
Size	0.107*** (29.22)	0.320*** (45.38)	0.398*** (84.28)	0.230*** (32.38)	0.180*** (36.81)
Roe	－0.247*** (－21.68)	－0.843*** (－26.08)	－0.211*** (－13.37)	0.142*** (3.046)	－0.006 (－0.211)
Lev	0.407*** (21.16)	0.809*** (28.62)	－0.943*** (－32.25)	0.399*** (11.98)	－0.584*** (－21.46)
Holder	－0.019*** (－100.2)	0.004*** (15.27)	－0.019*** (－65.36)	0.003*** (4.037)	－0.023*** (－53.44)

续表

变量	全样本	按股权性质分		按股权集中度分	
	模型 3－7 （1）	非国有 （2）	国有 （3）	低 （4）	高 （5）
Growth	0.000 (0.0453)	0.011*** (2.626)	－0.060*** (－6.603)	－0.052*** (－5.328)	－0.018*** (－3.350)
Year	控制	控制	控制	控制	控制
Ind	控制	控制	控制	控制	控制
Constant	－11.820*** (－254.7)	－16.781*** (－195.3)	－11.015*** (－159.8)	－6.948*** (－63.34)	－9.438*** (－150.8)
N	4330	2448	1882	2222	2108
Wald chi^2	267579	243886	63172	15335	76455

说明：***、**、*分别表示在1%、5%、10%水平上显著。

表3－18为上市公司管理层能力对技术创新产出影响的Zip回归结果①（同时使用poisson回归，结果不变）。表中列（1）显示，管理层能力对企业技术创新产出的影响在1%水平上显著，且符号为正，说明管理层能力增强会显著增加上市公司的技术创新产出，且管理层能力每提升1个单位，技术创新产出提升9.9%，假设2得到验证。同时发现，企业技术创新投入与技术创新产出有显著的正向关系，较多的技术创新投入能够促进企业技术创新产出；企业资产规模越大，技术创新产出越多，这可能与较大规模的企业能够提供较好的技术创新资源和环境有关。就具体而言，表中列（2）和列（3）的回归结果表明，在非国有企业中，管理层能力依然能够促进企业技术创新产出，但在非国有企业中，则出现了抑制情况，说明管理层能力对上市公司技术创新产出的促进作用仅存在于非国有企业中，国有企业甚至产生了较为明显的抑制作用。表中列（4）和列（5）的回归结果表明，无论是较高的股权集中度还是较低的股权集中度，管理层能力对于技术创新产出的作用均在1%水平上显著，说明股权集中度并不影响管理层能力与技术创新产出的关系。

① Zip是零膨胀poisson回归模型，考虑到Patent本身存在大量为0的情况，采用此模型进行回归。

表 3－19　　管理层能力与技术创新效率的回归结果

变量	全样本	按股权性质分		按股权集中度分	
	模型 3－8 (1)	非国有 (2)	国有 (3)	低 (4)	高 (5)
MA	0. 392 (0. 284)	1. 194 (0. 547)	－0. 283 (－0. 312)	0. 922 (0. 440)	0. 026 (0. 0996)
Size	2. 144*** (13. 10)	4. 169*** (13. 04)	1. 351*** (14. 74)	3. 203*** (11. 47)	0. 819*** (29. 96)
Growth	－0. 099 (－0. 745)	－0. 123 (－0. 494)	－0. 046 (－0. 650)	－0. 112 (－0. 298)	－0. 001 (－1. 235)
Roe	0. 238 (0. 354)	0. 053 (0. 0339)	－0. 036 (－0. 112)	0. 210 (0. 165)	0. 592*** (5. 022)
Lev	－0. 251 (－0. 285)	1. 444 (0. 975)	－1. 339** (－2. 401)	－0. 095 (－0. 0697)	－1. 102*** (－6. 775)
Holder	－0. 018* (－1. 767)	0. 013 (0. 736)	－0. 019*** (－2. 847)	0. 099*** (2. 854)	0. 002 (0. 763)
Year	控制	控制	控制	控制	控制
Ind	控制	控制	控制	控制	控制
Constant	－43. 963*** (－10. 39)	－87. 444*** (－9. 764)	－26. 878*** (－10. 04)	－66. 509*** (－7. 513)	－3. 549*** (－5. 388)
Observations	3716	2187	1529	1887	2565
R^2 － squared	0. 071	0. 115	0. 162	0. 104	0. 442
F	10. 80	10. 83	11. 15	8. 289	74. 40

说明：***、**、*分别表示在 1%、5%、10%水平上显著。

表 3－19 为上市公司管理层能力对技术创新效率影响的回归结果。表中列（1）显示，管理层能力与上市公司技术创新效率呈正向关系，但并不显著。就具体而言，列（2）和列（3）的回归结果表明，在非国有企业中，管理层能力与企业创新效率呈正向关系，但不显著。但在国有企业中，管理层能力与企业技术创新效率呈负向关系，虽然并不显著，也可以从中看出国有企业的性质确实对二者关系存在较大的影响。但在股权集中度上，二者关系未出现实质性变化。说明与非国有企业相比，国有企业管理层能力与技术创新效率呈负向关系，某种程度上反映出国有企业管理层的能力拖累了企业的技术创新效率，而股权

集中度并不对这种关系产生实质性影响。

3. 管理层能力、技术创新与企业价值的回归分析。管理层能力、技术创新与企业价值的回归结果如表 3 - 20 所示：

表 3 - 20　　管理层能力、技术创新与企业价值的回归结果

变量	模型 3 - 9 (1)	模型 3 - 10 (2)	模型 3 - 11 (3)
MA	1.887 *** (11.63)	1.558 *** (10.77)	1.421 *** (8.989)
LnR&D	0.054 *** (4.272)		
Patent		0.000 ** (2.142)	0.000 ** (2.278)
MAPatent			0.012 ** (2.146)
Size	-0.418 *** (-20.25)	-0.393 *** (-23.26)	-0.392 *** (-23.18)
Growth	-0.000 (-0.276)	0.000 (0.151)	0.000 (0.198)
Roe	0.571 *** (6.971)	0.441 *** (6.565)	0.442 *** (6.578)
Lev	-1.024 *** (-10.15)	-1.179 *** (-12.53)	-1.178 *** (-12.53)
Holder	0.005 *** (4.405)	0.004 *** (3.491)	0.004 *** (3.525)
Year	控制	控制	控制
Ind	控制	控制	控制
Constant	10.478 *** (23.23)	10.691 *** (27.48)	10.665 *** (27.40)
Observations	5159	6895	6895
R^2 - squared	0.387	0.347	0.347
F	115.6	130.1	125.8

说明：*** 、** 、* 分别表示在 1% 、5% 、10% 水平上显著。

表3－20为上市公司管理层能力、技术创新和企业价值关系的回归结果。列（1）和列（2）分别是模型3－9和模型3－10的回归结果，发现管理层能力对企业价值的影响是通过技术创新来实现的。具体来说，管理层能力在对企业价值影响的过程中，是通过技术创新的战略选择，并通过技术创新投入和技术创新产出来实现的，即技术创新是管理层能力与企业价值之间的中介变量①。列（3）是模型3－11的回归结果，发现管理层能力、技术创新产出及二者交乘项系数均显著为正，说明管理层能力对技术创新和企业价值的关系具有显著的影响。考虑到管理层能力度量值的具体情况，可以说明当管理层能力较低时，管理层能力抑制了技术创新产出提升企业价值作用的发挥；当管理层能力较高时，会增强技术创新产出对企业价值的提升作用。

4. 稳健性检验。对实证结果的稳健性检验如表3－21所示：

表3－21　　　　稳健性检验回归结果

变量	管理层能力与企业价值	管理层能力与技术创新		管理层能力、技术创新与企业价值	
MA	1.037*** (9.107)	0.713*** (3.981)	1.976*** (12.22)	1.578*** (10.98)	1.444*** (9.194)
Size	－0.479*** (－36.36)	0.801*** (40.19)	－0.417*** (－20.27)	－0.393*** (－23.31)	－0.391*** (－23.23)
Growth	0.000 (0.120)	－0.001 (－1.393)	－0.000 (－0.323)	0.000 (0.133)	0.000 (0.179)
Roe	0.065*** (4.386)	0.605*** (6.697)	0.559*** (6.832)	0.435*** (6.485)	0.436*** (6.499)
Lev	－0.934*** (－12.76)	－1.298*** (－11.78)	－0.994*** (－9.881)	－1.162*** (－12.37)	－1.162*** (－12.37)
Holder	0.003*** (3.693)	0.001 (0.955)	0.005*** (4.220)	0.004*** (3.428)	0.004*** (3.459)
patent				0.000** (2.148)	0.000** (2.295)

① 中介变量的论证原理可以参阅：温忠麟、张雷、侯杰泰等：《中介效应检验程序及其应用》，《心理学报》，2004年第36期。

续表

变量	管理层能力与企业价值	管理层能力与技术创新		管理层能力、技术创新与企业价值	
LnR&D			0.054 *** (4.260)		
MAPatent					0.012 ** (2.119)
Constant	12.152 *** (42.18)	-2.392 *** (-4.826)	10.433 *** (23.30)	10.636 *** (27.57)	10.610 *** (27.50)
Observations	11233	5171	5171	6916	6916
R^2 - squared	0.342	0.388	0.388	0.347	0.347
F	216.1	120.5	116.5	130.7	126.4

说明：***、**、*分别表示在1%、5%、10%水平上显著。

为了验证实证结果的稳健性，本书采用替换变量的方法对主要回归进行验证。在前文的管理层能力计算中，考虑了自由现金流（FCF）的影响。但实际上，受制于企业自有现金流项目的内容和以前年度数据的披露不完整，估算的自由现金流量可能存在不准确的地方。因而，我们在 Tobit 回归中，通过去掉自由现金流项目，获得新的管理层能力残差值，来考察回归结果是否稳定和可靠。从回归结果来看，各主要回归结果与实证回归结果保持一致，仅在系数上存在差异，但不影响实证回归结果，因而前文的实证分析具有一定的稳定性。

七、研究结论与政策建议

（一）研究结论

本章通过研究上市公司的管理层能力、技术创新与企业价值之间的关系，探寻在中国的资本市场里，管理层能力对上市公司技术创新和企业价值有着怎样的影响，其对企业价值的影响又是通过何种途径来发挥的，并考察管理层能力对技术创新和企业价值的关系是否产生促进或抑制的作用，在中国特殊的制度背景下，股权性质和股权集中度的差异是否会对上述结果产生影响，得到以下结论：

1. 管理层能力较高的上市公司，往往同时具有较高的企业价值，而且这种关系不受股权性质和股权集中度差异的影响。这构建了管理层能力与企业价值的直观认识，也从实证的角度证明了管理层能力与企业价值的密切关系——管理层能力对企业发挥着巨大的影响和作用。虽然有理论认为，在部分成熟化的行业中，体制和企业惯性已成为影响企业价值的重要因素，某种程度上弱化了管理层能力的重要影响。但实质上，无论处于怎样的行业、体制或生命周期理论的不同阶段，管理层始终是对企业成长发展最直接的决策环节，其能力对企业的价值有着最直接的推动和影响，因此我们需要进一步强化对管理层能力的重视程度，尤其是在上市公司上行增长的环节，更应区分究竟是管理层能力推动的价值提升还是公司或行业特征带来的价值增长，这对于全面了解和考核管理层能力的作用具有十分重要的意义。

2. 管理层能力对企业技术创新有着密切相关的推动作用，但这种作用仅存在于非国有企业和低股权集中度的企业中。上市公司的企业管理层通过对企业内外部各种资源的配置，抓住企业发展的动态能力，选择不同的技术创新战略视角，实现对企业技术创新活动的巨大影响，这种影响也与企业管理层的能力密切相关。无论是华为公司在管理层的带领下坚持走自主创新的道路成为通信行业的世界巨头，还是最具有创新精神的苹果公司在管理层的坚持下开发出划时代的科技产品，都足以说明管理层的能力与技术创新密切相关。但同时，我们应该看到，这种密切相关的关系，在国有企业和高股权集中度的企业中受到了抑制，使得我们必须要反思，是否存在体制或机制的问题，导致了这种负向效应的产生？或者管理层能力本身的发挥程度就受到了相应的限制？在国有企业中，企业管理层存在多种诉求，推动技术创新仅仅是其中的一种诉求，并不是其所主要追求的，且其经营管理能力也会受到相应体制或规章制度的束缚；而高度集中的股权结构下，管理层的专业化能力发挥始终受到这种股权结构的限制，其能力并不能得到最大程度的发挥。

3. 管理层能力对企业价值的影响过程中，技术创新发挥着中介作用，即管理层的能力通过影响技术创新来实现对企业价值的影响。管理层能力虽然对企业价值提升有着巨大的影响，但并不是直接发挥作用，而是通过某种途径和方式来实现其影响作用，技术创新则是其中非常重要的一种途径。当管理层能力较强时，其对技术创新的选择有天然的市场敏锐力，并通过较强的技术资源配置和技术创新风险控制来实现技术创新的突破发展，并运用其能力发挥技术创新成果对企业价值的提升作用，从这样一个机理来实现对企业价值的影响。因而，从技术创新的角度，我们也能管中窥豹，洞察管理层能力对企业价值的影响。一方面可以鼓励管理层能够选择更多技术创新活动来提升企业价值；另一方面，广大投资者也可以从技术创新成果的衡量，来预测企业价值的变化，从而优化相应投资策略。

4. 当管理层能力较强时，其能强化技术创新产出对企业价值的影响作用；当管理层能力较弱时，会抑制技术创新产出对企业价值的影响作用。从华为公司的成长和发展历程来看，其始终拥有一支较高能力水平的管理层队伍，在专注于技术创新的基础上，发挥其管理层能力，合理布局，优化技术创新结构，不仅实现了通信行业的突破性进展，还一定程度上打破了国外的技术封锁和市场垄断，获得了巨大的成功，推动了企业价值的快速增长。但同时，高通公司却因管理层能力的限制，盲目扩大企业技术转移（专利授权）规模和相应限制条件，导致被监管部门罚款60亿元，严重损害了公司的整体利益和价值。这均说明，管理层能力对技术创新产出和企业价值之间的关系有着十分巨大的影响。管理层能力较强时，技术创新产出越能提升企业价值；当管理层能力较弱时，反而会抑制技术创新产出提升企业价值的作用。因此，我们不能因为企业具有技术创新就轻易地认定其一定具有高价值增长的特性，还必须与管理层能力联系起来，综合考量，才能较为全面地认识技术创新和企业价值的关系。

5. 我国上市公司管理层能力整体较弱，国有企业相对非国有企业而言，其管理层能力尚有待增强。在管理层能力上，我国上市公司管理层能力均值刚好超过0，仅为0.001，中位数为-0.004，说明从整体上看，我国企业管理层的能力是相对较低的，依然存在大幅提高的空间。而国有企业管理层能力均值为负数，也说明管理层能力在国企中表现欠佳，而在非国有企业中，管理层能力处于一个相对较好的水平。这使我们不得不思考，究竟是国有企业的相应机制限制了管理层能力水平的发挥，还是国有企业掺杂了诸多因素的任命式晋升途径没有能够选拔出合适的能力水平的管理层？因为非国有企业在充分市场化的竞争中，管理层能力水平较低会更容易在这一体制下被淘汰。

6. 我国企业的技术创新程度依然较低，不同企业的技术创新水平也存在较大差异。虽然我国正大力倡导技术创新，试图建立一个具有浓厚的全民创新氛围的创新强国，但受制于各种因素，虽然我国企业的技术创新投入和产出逐年走高，但整体创新程度和创新水平依然较低，而且在不同类型的企业中存在较大的差异。一方面确实与我国企业技术创新基础薄弱的历史原因有关，但同时我们也必须正视，对于技术创新的保护不力，也是造成企业不愿创新的重要原因。另外，从我国文化的角度考量，尚未完全建立起尊重原创、尊重技术创新的文化氛围。因而，除了从硬实力的角度来加大技术创新的环境培育外，还应多从软实力的角度来考虑文化因素的影响。

（二）政策建议

1. 加强机制引导，使技术创新成为企业发展的使命。虽然我国大力倡导创新发展战略，立足建设创新强国，但不可否认的是，大多数企业依然处于利用相应市场地位或行业政策来开展竞争的方式，其企业价值的提升和市场地位的取得依赖于地位和政策的双重效应，没能从根源上意识到技术创新才是推动企业长期稳定发展的根源。因而，完善相应的引导机制，促使企业的发展模式转向技术创新驱动而非营销或其他类型因素的驱动，成为时下极其重要的关注内容和创新热点。通过树立鼓励政策、扶植政策，利用企业管理层能力的促进选择作用，发挥技术创新的巨大优势，并使其成为企业发展的神圣使命，才能够促进技术创新对市场价值作用程度的发挥。这种引导机制，重点是让技术创新成为企业的自主选择和自觉行为，就是要打破原有制度的桎梏和限制，使创新融入企业发展的基因内核。

2. 加强政企合作，鼓励企业参与基础技术创新的研发工作。在现有的体制状况下，对于企业发展更具有深远意义的基础技术创新，其资源配给和机遇把握仍然由政府主导——一大批科研院所高等院校拥有基础技术创新的研发能力，但缺少研发的市场动力，企业往往能够依据市场需求明确技术创新方向，但实力的薄弱导致其实现过程更加艰难。而两个不同体系和类别的科研强军和市场力量之间，缺乏有效的合作共赢机制，且基础创新往往需要承担更大的风险，收益存在极大的不确定性，因此限制了企业的投入和与科研院所高等院校的联合。因此，加强政企合作，就是拓宽企业基础技术创新的领域和市场，通过政企合作的形式，建立起两者之间的沟通桥梁，将政府的相应资源转化为企业技术创新的基础资源，将企业的基础技术创新风险转移到政府的创新风险基金，使企业没有后顾之忧，能够扎扎实实地推进基础技术创新的不断进步。

3. 形成以技术创新为导向的激励制度改革。促进企业的技术创新，已经成为党和政府乃至全社会的共识。但在促进技术创新的手段上，仍然存在较大的差别。实质上，无论在政府或者社会层面构建怎样的促进政策，其最终的发展和效用水平依然是通过管理层来实现的。只有企业管理层具有足够的动力和能力，才会不断促进技术创新的进步。因而，在全社会企业层面形成以技术创新为导向的激励制度改革，摒弃过于关注企业短期发展水平的财务指标衡量体系，通过较长时间范畴内的技术创新水平衡量考核机制，对管理层依照技术创新水平进行制度性激励，促进管理层能力水平的提升和技术创新成果的形成。从这一角度来说，国有企业更应成为技术创新为中心的激励制度改革的示范企业，最终实现以点带面，推动全社会仅注重短期利益的激励制度的变革。

4. 进一步深化混合所有制改革，形成股权集中度较低的混合所有制企业资本结构模式。混合所有制改革，就是要去除国企政企不分的状况，也是盘活国企资源存量，促进经济增长的有效途径。同时较低股权集中度的模式，会有利于管理层专业化能力的发挥，避免过分受制于体制和股份结构，增加管理层的话语权，使企业的发展过程和经历更多体现管理层的能力和意志，降低非客观因素对企业技术创新和企业价值的影响，并使得管理层能够集中精力于企业的技术创新活动和企业价值创造过程中来。

5. 建立完善技术创新的信息披露体系，使得技术创新水平能得到更好的体现。现有的企业财务体系和制度，并不要求企业详细披露其技术创新的状况，使得技术创新并未成为投资者进行价值投资的主要考量因素。因而，改变这种现状，使投资者将技术创新作为衡量企业的价值的重要考虑因素，需要建立一套较为完善的技术创新信息披露体系，使得技术创新水平能得到更好的体现，并能够用来作为重要的企业投资指标，使得企业和投资者之间均重视技术创新活动，形成以管理层能力为载体，技术创新活动为主导的良好互动和评价机制。

6. 加强知识产权保护，创造良好的技术创新环境和氛围。上市公司不愿意创新的一个很重要的原因在于我国对知识产权的保护力度还不够。大量侵犯知识产权现象的存在，不仅动摇了部分企业技术创新的愿景和动力，还因盗用知识产权的违法成本很低，造成我国企业之间抄袭现象严重，极其缺乏战略级的核心竞争力。因此，我们需要进一步加强知识产权保护，大幅度提升其违法成本，从而使得企业有足够的资源和意愿去迎接技术创新的挑战。

7. 完善职业经理人市场，建立健全职业经理人能力评价体系和制度。现有对职业经理人的考察，主要基于财务业绩等短期指标，除此以外的考量方式较为缺乏。在此种考核体系下，我们无法明确区分其业绩的提升究竟来源于公司本身的特质还是管理层的能力水平，因而“搭便车”的职业经理人层出不穷。

而根源均在于职业经理人评价体系和制度的薄弱。因而，从管理层能力的角度，对职业经理人开展评价，在企业特征导致的业绩提升以外的范畴，通过对其能力水平的衡量，来对企业管理人员进行更为细致和精准的考核，使股东能够更好地了解管理层的能力水平和企业经营状况。

8. 发挥职业经理人声誉机制，实现企业管理层和企业之间的双向选择和互动。管理层能力的表现，最终演变为职业经理人的声誉机制。与国有企业不同，非国有企业的职业经理人声誉机制更为完善，更能反映出企业管理层的能力水平。但在国有企业中，其政治身份和企业身份的双重属性，使得其不具备市场环境竞争的巨大冲击。同时，国有企业的管理层面临更多的政治诱惑，而非企业行为的诱惑。这使得国有企业管理层声誉机制尚未建立，几乎处于空白的状态。而非企业因素的影响，也导致国有企业管理层能力、声誉机制和企业发展之间缺少直接的状态和联系，因而国有企业管理层较缺乏足够的动力去提升自身能力水平，提高企业的技术创新来提升企业价值。因此，打破原有限制性因素的桎梏，更多发挥职业经理人的声誉机制，实现企业管理层和企业之间的双向互动显得尤为重要。

9. 进一步摒除对管理层能力发挥程度的限制性因素。尤其在国有企业中，弱化非能力因素的考核，实现企业管理层的专业化和职业化发展。国有企业的优势，在于强大的资源动员和配置能力，以及行业发展的天然优势。但制度上的限制，使得一方面其管理层的形成并不完全依赖于其能力水平的高低；另一方面国企承担较多的公共服务等非市场职能，也最终会在一定程度上影响企业自身的成长。在非国企中，虽然管理层能力水平相对较强，但受制其企业性质，资源配给能力往往较弱，使得其能力水平发挥缺乏足够的资源以及把握机遇的能力。因而，我们要进一步摒除对管理层能力发挥程度的限制性因素，实现企业管理层的专业化和职业化发展。

10. 放宽市场准入。对于非国有企业，非禁即入，以充分释放管理层能力的巨大潜能。由于现行制度和体制的限制，国企和非国企在大部分领域还无法实现“同台竞技”。在我国企业体制改革已进入深水区的攻坚战阶段的态势下，实现国企和非国企的相互充分竞争，其意义也更加深远。一方面使得不同性质企业的管理层同台竞技，使得相互之间在管理层能力水平上寻找差距，互相学习，补足短板，发挥优势，促进管理层能力水平的共同提升；另一方面也可以通过同行业的相互竞争，实现管理层能力水平的优胜劣汰，打破固有的缺少压力的成长机制，在市场中锻炼一批具有较高能力水平的企业管理者，使得企业的发展壮大真正依赖于较为专业的管理层队伍，而非政府的不当保护。

（三）研究局限与展望

本章探讨了管理层能力、技术创新和企业价值之间的关系，虽取得了一定的成果，但是由于研究内容相对复杂，资料收集存在一定困难，研究时间相对有限以及自身能力存在局限，使得文中观点较为片面，部分论述也值得商榷，而这对未来的研究或许具有一定的借鉴和参考价值：

1. 创新活动本身包含的内涵十分广泛，可否由技术创新进行拓展，探寻包含多重要素的创新活动对企业价值的影响？

2. 管理层能力受到哪些非主观因素的影响？如何才能最大限度地发挥其作用？借鉴制度经济学的相关理论能否探寻到合理的解决方案？

3. 在实施混合所有制改革后，相应企业的管理层能力状况是否有所改善？混合所有制如何构成才能最大限度地发挥管理层能力的作用？

第四篇
品牌价值的会计报告

品牌作为企业重要的市场资产，如何将其确认、计量、记录并予以报告，是会计学科必须解决的重大问题之一。本篇即以相关理论为基础，将品牌价值用会计特有的方法呈现出来。

研究缘起——品牌价值需要会计报告

中国共产党第十八次全国代表大会报告明确提出："坚持出口和进口并重，强化贸易政策和产业政策协调，形成以技术、品牌、质量、服务为核心的出口竞争新优势。"美国品牌价值协会主席拉里·莱特（Larry Light，1991）曾言到："拥有市场比拥有工厂更重要，而拥有市场的唯一途径即是拥有强势的品牌。"日本前首相中曾根康弘（Nakasone Yasuhiro，1983）亦曾敏锐地指出："在国际交往中，索尼是我的左脸，丰田是我的右脸。"苹果、三星两家公司因其品牌的强势性，占有全球手机市场99%的利润份额①。可以看出，品牌的重要性已经得到社会各界的广泛认可，无论是国家的宏观管理还是企业的微观管理，品牌均具有举足轻重的地位，创建强势品牌成为谋取竞争优势和实现可持续发展的重要手段（米勒、缪尔，2009；阿克，2014）。"万山磅礴必有主峰，龙衮九章但挈一领"②。拥有强势品牌，意味着掌握了拥有市场的关键，也意味着将在资源配置中占据更多份额。

随着经济一体化和信息化的迅猛发展，品牌价值占公司市场价值的比重不断提升，有些公司其品牌价值占市场价值比甚至高达90%（Fluke & Badenhausen，2004）。虽然我国品牌仍处弱势③，但随着品牌战略的逐步实施，也涌现了一批具有较高价值的品牌。伴随着品牌重要性的日益凸显，利益相关者对品牌会计信息的需求也日益增加。中国共产党十八届三中全会通过的《中共中央关于全面深化改革若干重大问题的决定》明确提出："建设统一开放、竞争有序的市场体系，是使市场在资源配置中起决定性作用的基础。""着力清

---

① 王攀、范超：《中国手机出口10亿部 换不来1%的利润?》，http：//news. xinhuanet. eco/forlune/2013－10/23/e_113467802. htm。

② 出自唐朝韩愈的《进学解》。

③ 支树平：《中国制造遍布全球 但中国品牌仍处弱势》，http：//money. 163. com/14/0411/17/9PIKVUOS002551DK. html。

除市场壁垒，提高资源配置效率和公平性①”，然而统一开放、竞争有序市场体系的建立以及市场壁垒的清除，亟需缓解或消除信息不对称，如此方可规避市场失灵，使市场在资源配置中起决定性作用。美国注册会计师协会（AICPA）和英国皇家特许管理会计师公会（CIMA）于2014年10月发布的全球管理会计原则（Global Management Accounting Principles）中指出，管理会计以高质量的决策为中心，它将最相关的信息与相关分析放在显著的位置，用于价值的创造与保值。研究表明，拥有强势品牌公司在进行管理决策时，采用品牌价值信息比仅采用传统会计信息的决策更有效（Cravens & Guilding，1999）。然而，在实务中，对于具有重要相关性的品牌管理会计信息则尚未报告。会计信息具有缓解信息不对称、解决代理冲突的作用，但企业所拥有的品牌资产以及与信息使用者经济决策具有重要相关性的品牌价值信息等却尚未提供，无论是国家的宏观决策还是企业相关利益者的微观决策，均无法充分利用具有重要相关性的品牌会计信息。在知识经济时代已经到来的背景下，无形资产成为经济发展和社会财富的主要"驱动力"（Lev，2001），亦成为企业核心竞争力的基本载体与核心要素（汤湘希，2010），提升企业核心竞争力的主要资产（汤湘希，2006）。作为重要无形资产的品牌，亟需将其会计信息披露给信息使用者。

表4-1　中国2013年A股上市公司最具价值十大品牌的价值概况表

品牌名称	行业	品牌价值（亿元）	市场价值（亿元）	账面价值（亿元）	品牌价值占市场价值比值（%）	账面价值占市场价值比值（%）
工商银行	金融	2416.85	188023.21	189177.52	1.28	100.61
中国石油	石油、化工	1439.28	24669.12	23420.04	5.83	94.94
海尔	家电	985.73	940.78	610.16	104.78	64.86
苏宁	家电连锁	956.86	1076.58	882.54	88.88	81.98
中国建设银行	金融	938.19	153617.02	153632.10	0.61	100.01
中国建筑	建筑	915.32	7138.02	7838.21	12.82	109.81

① 《中共中央关于全面深化改革若干重大问题的决定》，http://www.sn.xinhuanet.com/2013-11/16/c_118166672.htm。

续表

品牌名称	行业	品牌价值（亿元）	市场价值（亿元）	账面价值（亿元）	品牌价值占市场价值比值（%）	账面价值占市场价值比值（%）
上汽	汽车	895.32	3687.53	3736.41	24.28	101.33
中国石化	石油、化工	878.45	13039.86	13829.16	6.74	106.05
长虹	家电	827.58	533.76	588.37	155.05	110.23
五粮液	食品、饮料	816.31	655.53	441.30	124.53	67.32

注：市场价值 = 人民币普通股 × 今收盘价当期值 + 境内上市的外资股 B 股 × 今收盘价当期值 × 当期汇率 + （总股数 - 人民币普通股 - 境内上市的外资股 B 股） × 所有者权益合计期末值/实收资本本期期末值 + 负债合计本期期末值

数据来源：根据世界品牌实验室发布的 2013 年《中国 500 最具品牌价值排行榜》、国泰安数据库、巨潮资讯网整理所得。

如表 4 - 1 所示，根据世界品牌实验室（World Brand Lab）发布的 2013 年（第十届）《中国 500 最具价值品牌》排行榜，选取排名前 10 的 A 股上市公司，其品牌价值均超过 800 亿元，甚至出现了品牌价值高于公司市场价值的情形，海尔的品牌价值超出其市场价值的比例高达 55.05%。反观这些公司的账面价值与市场价值比，高达 6 家公司的账面价值高于市场价值，但与此同时，海尔、五粮液的账面价值与市场价值比则分别低至 64.86%、67.32%。综观这些数据，在其背后存在一些值得深思的悖论：其一，理论上而言，市场价值应涵盖品牌价值，但却为何出现了品牌价值高于市场价值的情况？其二，某些拥有高额品牌价值的公司，为何其账面价值却高于市场价值？这些悖论表明三点：一是市场价值未能充分反映公司的内含价值；二是账面价值不能很好地解释市场价值；三是评估机构所测定的品牌价值可能不够客观。而在这些悖论背后则隐藏了一些值得深思的会计问题：品牌会计信息如此重要，为何未予以报告？品牌会计信息是否具有价值相关性？若其具有价值相关性，应如何在会计报告中予以如实披露？目前，依赖于传统会计理论所编制的会计报表已无法反映企业的真实价值，传统会计所核算出的账面价值对市场价值的解释力已显著下降（Boulton et al.，2000）。其原因正如 Barth（2007）所言：资产总额减去负债并不可能等于权益的市场价值，因为并没有每一项资产都得以确认。品牌即是尚未得以确认的资产之一，其未能涵盖在账面价值中，品牌会计信息也未予以披露。鉴于此，应对品牌价值会计报告问题予以研究，将具有重要相关性的品牌价值会计信息予以如实反映，以顺应知识经济和市场经济的发展要求，满足国家品牌战略实施、市场配置资源、信息使用者经济决策等方面需要。

一、研究目的与意义

在剖析品牌价值会计报告研究的理论基础和现实环境的前提下，以所构建的品牌价值会计确认理论和品牌价值会计计量理论为基础，本研究旨在构建品牌价值会计报告理论，并以其为指导理论对品牌价值管理会计报告和品牌价值财务会计报告的实践问题进行分析。本研究主要实现以下具体目的：

一是剖析品牌价值会计报告研究的理论基础和现实环境，以期探寻品牌价值会计报告系统应具备的功能和生成路径，为品牌价值报告理论的构建奠定理论基础和现实基础。

二是结合所构建的品牌价值会计确认理论和品牌价值会计计量理论，在演化博弈理论的指导下，以品牌价值演化运动和品牌价值演化动力为依据，构建品牌价值会计报告体系。

三是对所构建的非概念性品牌价值会计报告理论进行实证分析，以检验所构建理论的科学性。主要对品牌价值会计信息披露时点选择和品牌会计信息披露模式选择进行实证检验，从理论和实践两个角度解析品牌价值会计报告的时间和模式的科学性。

四是在理论分析和实证检验的基础上，结合品牌业务管理流程特点和品牌会计信息使用者的需求，具体设计品牌价值财务会计报告和品牌价值管理会计报告，为品牌价值会计信息报告提供实践指导。

顺应知识经济和市场经济需求所进行的品牌价值会计报告研究，其不仅是一个理论性课题，而且其能够带来重大的实践价值，是一个兼具重大理论价值和现实价值的议题。其研究意义主要体现在以下四个方面：

（1）完善品牌价值会计理论框架体系的需要。自 1988 年英国兰克·霍维斯·麦克多格公司（Ranks Hovis McDougall，RHM）率先将自创品牌列示在资产负债表以来，品牌是否进入会计系统之争便由此开始产生，理论界和实务界也尝试性地对品牌价值会计问题进行了一些研究，但却未取得实质性的进展。利益相关者日益增长的品牌会计信息需求与桎梏于计量困难、违反传统会计原则等缘由而使得品牌纳入会计系统研究止步不前的局面共存。出现品牌会计研究滞步不前、后劲乏力的现有局面，存在桎梏只是表层原因，更重要的是缺乏完善的品牌会计理论框架体系。会计理论的目的是解释和预测，缺乏理论解释的品牌会计实务是不具有说服力的；缺乏理论预测是很难发现未观察到的品牌会计现象的。品牌会计报告将品牌会计确认、计量的结果予以呈现，是对品牌会计实务中蕴含的各种思想的一个展现。建立品牌价值会计报告理论是反映品牌会计信息的基础和必要条件，是丰富和完善品牌会计理论框架体系的必然需求。

（2）满足企业经营决策的需要。会计目标之一是满足信息使用者的决策需要，品牌价值会计信息主要是用以满足企业并购决策、产品开发决策、产品定价决策、品牌使用定价决策的需要。

第一，满足企业并购决策需要。按照利益相关者理论，迫于满足股东要求的压力而采取短期行为是不可取的，采取能满足利益相关者需要的、确保企业长期生存和发展的长期行为即保持可持续发展才是必需的（Collier，2009）。立足于企业微观层面的品牌会计，其对品牌会计信息的披露，可以作为国家、企业基于可持续发展目标的战略决策依据以及企业是否满足利益相关者需求的判定标准。在企业的并购活动中，品牌价值信息具有重要的作用，在大部分的并购互动中均会考虑品牌价值信息。比如，雀巢收购朗利苹果公司、大都会收购贝氏堡、联合饼干收购 keebler 等并购活动中均考虑了品牌价值，以高倍的竞价比完成了并购活动。品牌具有独立价值，是企业防御战略的一个重要组成部分，可以防止购买方在对其进行敌意收购时，品牌价值被低估。

第二，满足企业产品开发决策的需要。“营销策略对利润的影响（Profit Impact of Market Strategies，PIMS）”相关研究表明，品牌投资和产品开发与改进之间有直接的关系。缺少品牌的企业与它们的同行相比，品牌投资明显较少，新产品推出和产品优势也较少（Interbrand，2004）。此外，研究还表明，企业成功创建的具有重要价值的品牌形象，通过对其进行有效管理，可以将其延伸至新的产品和生产线，在很长一段时期内对消费者产生影响，从而为企业带来利润（Roslender & Hart，2003）。品牌会计信息对品牌资产状况及其所能带来利润收益的如实反映，为企业新产品开发决策提供了参考依据。

第三，满足企业产品定价和品牌使用定价决策的需要。消费者对某一商品愿意支付的价格取决于其从该商品中可以获取的效用（Doyle，1989），而商品的效用主要取决于消费者对品牌形象的感知。良好的品牌形象可以给消费者带来心理满足和经济利益，消费者愿为此付出代价，从而购买该品牌的商品。品牌会计信息有助于公司管理人员对产品、品牌对外许可或特许经营进行正确定价（Collier，2009）。

（3）有效进行品牌组合管理和监控品牌绩效。会计信息是市场营销活动中经营层面和战略层面决策的重要依据，成本和利润信息有助于管理层进行有效的资源配置。正确计量品牌价值有助于管理层将资源配置到能够创造最大价值的品牌，尤其是裨益于能够实现股东财富最大化的品牌组合的优化（Brand Finance，2000）。以品牌资产为基础的绩效考核，会改变管理者关于品牌的经济决策（Wood，1998）。比如，在进行品牌广告费用预算、推出新品牌、设置优惠政策、进行品牌延伸时，均可借鉴品牌会计信息。

品牌会计信息有助于企业所有者对经营者的品牌绩效进行监控。尤其是当某一品牌下面有多种产品时，由于产品差异和地区差异的存在，很难对某一产品经理进行绩效考核，使得品牌管理变得尤为复杂，然而，利用品牌价值信息可以使得这一管理工作大大简化。通过确定某一产品经理对维持和扩大品牌价值所做出的综合贡献来予以考核（Otonkue et al.，2010）。企业所有者可以通过品牌会计信息对品牌绩效进行以下四个方面的绩效监控：管理策略对品牌价值创造的贡献；营销活动的效率和有效性；品牌价值驱动因素的评价；品牌投资的市场份额目标和收入目标的实现（Guilding & Pike，1994）。Cravens 和 Guilding（2001）以新西兰、英国和美国有关品牌会计管理的数据为例，发现品牌价值会计信息对公司管理具有巨大的正面潜在效用。如果品牌价值能够得以定期计量，品牌管理者将会非常重视品牌绩效（Bruns & Kaplan，1987；Cooper et al.，1981）。

（4）促进企业各职能部门之间的良好沟通。品牌差异化战略是谋取竞争优势的重要手段。这一竞争优势的长期拥有需要企业各职能部门之间相互协调，通过客户管理（市场部门）、业务流程再造（经营部门）、员工素质培训（人力资源部门）等方式予以实现。而企业各个职能部门之间的协调离不开会计信息，品牌会计信息可以作为各个职能部门业绩考核和奖惩激励的依据。此外，品牌会计和品牌价值评估系统的账户体系可以为制定科学的营销策略和营销支出预算提供依据，实现了营销和会计这两个交集并不多的部门的资源共享和职责协同。这将有助于做出能够满足特定组织长期投资目标的预算决策和品牌投资决策；有助于制订合理的营销投资计划和评估营销投资的有效性（Roslender et al.，2003）。

二、研究动态与评析

纵观品牌会计报告的研究历程，现有文献以国外为主，主要对品牌价值会计报告理论构建的会计理论基础——品牌会计确认理论、品牌会计计量理论进行了研究，并在此基础上对品牌会计报告理论进行了探讨。此外，亦从实证角度对品牌价值信息报告的经济后果进行了兼顾。

（一）品牌价值会计报告体系构建的会计理论基础

品牌价值会计是一个既新兴又古老的研究命题，由于对其的相关研究大部分是在传统会计的理论框架下进行的，从归属范畴上来看，其是一个古老的话题，但其又因桎梏于传统会计理论而导致发展受阻，亟须突破壁垒解决其进入会计系统的障碍，从研究内容上来看，其是一个新兴的话题。品牌会计的相关理论成为学者们最先致力于解决的问题，主要包括品牌会计确认理论、品牌会计计量理论，以及在二者基础上所构建的品牌会计报告理论。而关于品牌会计记录的相关研究，由于其所依据的是现有的成熟的复式簿记理论，并未对其进行相应的专门理论研究。

1. 品牌价值会计确认理论。

（1）品牌内涵的动态演化与会计确认对象。品牌概念最早由大卫·麦肯兹·奥格威（David Mackenzie Ogilvy）于1950年提出，但品牌内涵的孕育与产生则先于品牌概念的提出，且其包含的内容不断扩展。品牌内涵的演进与扩展大致沿着“产权识别”——“特色凸显”——“价值资源”——“信息整合”——“契约关系”这一脉络进行。

品牌（Brand）一词源自古斯堪的那维亚语 brandr，意思是“烙印”，其原始含义为在牲畜身上烙下印记，用以证明和区分自己的财产。在品牌观念的萌芽期，品牌的内涵体现为对一种产品的“产权识别”，其是品牌的基本内涵。即便在品牌理论得以广泛发展的今天，仍有不少学者从“产权识别”这一基本内涵的视角对品牌内涵进行界定。比如现代营销学之父菲利普·科特勒（Philip Kotler）和美国市场营销协会（American Marketing Association，AMA）的品牌定义。

商品经济的出现以及由此所带来的行业竞争的激烈化，使得产品同质化问题日益严重，如何在众多的同质化产品中凸显特色成为人们关注的重心所在。

品牌作为营销策划的重点，其内涵也得以扩充，体现了“特色凸显”。比如，现今一些学者将品牌定义为使消费者感知品牌全部的个性标示符号（于明阳、杨芳平，2009）、体现产品个性的特殊名称、标志物、标志性包装等的综合体（韩光军，2001）。

20 世纪 60 年代，新古典经济学的兴起，使得对资源配置的研究成为主流。人们也逐渐关注到品牌的经济资源特性，开始注重只有品牌才能产生的市场效益，品牌的内涵也拓展至“价值资源”。比如，广告专家约翰·菲利普·琼斯（John Philip Jones，1999）将品牌定义为能为客户提供其认为值得购买的效用利益及附加价值的产品；徐浩然、王晨（2002）认为品牌是企业价值创造系统中的声誉资本；韩志锋（2009）认为品牌是企业内在属性在外部环境中创造出来的一种资源①。

在品牌实践与品牌理论的互动发展中，人们赋予品牌的信息含量日益增加。品牌除了具备识别、特色凸显等认知层面的信息外，质量承诺与保证、广告和导购、心理效用、资产、获利、竞争、延伸和价值链等其他功能属性信息也蕴藏在品牌之中，品牌已经成为一个信息集合体，品牌的内涵拓展至“信息整合”范畴。按照这一品牌内涵，品牌被定义为“消费者特定的消费价值与消费情感的特定的产品品质、产品风格、服务水平、流行时尚等方面的资讯（何君、厉戟，1999）”“企业或品牌主体（包括城市、个人等）一切无形资产总和的全息浓缩（陈放，2002）”。

经济一体化和信息化的迅猛发展，使得资本、市场、品牌三位一体的运营模式逐步集中于品牌。这是因为企业管理者逐渐认识到这样一个真相：真正的品牌其实是存在于利益相关者的内心，品牌的真正拥有者是利益相关者（Duncan & Moriarty，1998）。企业品牌经营的核心要旨转变为通过品牌强化组织自身的契约性，并将这种契约性通过市场转化为企业现实的交易契约。品牌以其特殊的契约性建立起企业和消费者之间的委托—代理关系和激励制度平台，品牌的内涵拓展至“契约关系”层面。品牌被定义为产品与消费者之间的关系，是产品、符号、人、企业与消费者的联接与沟通方式（Aaker，2004）。企业和消费者分别以商业承诺和品牌溢价为砝码，形成“对等的”市场交换关系（科特勒、阿姆斯特朗，2002）。品牌的本质是企业与消费者之间的无形契约（Keller，1993）。

---

① 韩志峰：《品牌是一种资源》，http：//chinavalue. net/Management/Article/2008 - 12 - 12/149307. html。

在整个品牌内涵的演进过程中，学者们也试图形成可以涵盖品牌全部内涵的定义。比如李光斗（2004）的品牌定义涵盖了“信息整合”和“契约关系”两个内涵；韩光军（2001）的品牌定义涵盖了“特色凸显”和“信息整合”两个内涵。但由于品牌内涵呈动态演化状态，导致学者们在界定其会计确认对象时产生不同的认知，出现了诸如“商标会计”“品牌资产会计”“品牌价值会计”“品牌权益会计”等多种表述方式，这些不同的表述方式，实质上是对品牌内涵认知差异的外在表现。比如，“商标会计”更强调品牌的“特色凸显”内涵，“品牌资产会计”更强调品牌的“经济资源”内涵。

（2）品牌确认方式。品牌会计确认的演变历程大致按照“合并确认阶段”——“独立确认阶段”——“重回归合并确认阶段”——“尝试再独立确认阶段”等进行演进，所处品牌会计确认阶段不同，品牌会计确认方式亦有所不同。品牌会计确认方式主要有两种：

第一，合并确认。品牌最初的会计确认是依附于外购商誉而存在的，其和员工、客户群、智力资产以及其他一些无法辨认的无形资产并称为“商誉”(Pizzey，1991)。这种集合体式的处理方式，意味着无法对包含在商誉中的各项无形资产进行差异化的处理（Cravens & Guilding，2001），而事实上，不同的无形资产具有不同的特性，应对其进行区别处理。英国最早的关于商誉的规则是由会计准则委员会（Accounting Standards Committee）于 1989 年发布的第 22 号《标准会计实务公告》(Statement of Standard Accounting Practice，SSAP)，其规定商誉可以在一定时期内予以摊销或者直接注销。但这些规定却引起人们的诟病，直接注销意味着“商誉”是没有价值的，会引起投资者对管理层的质疑；若分期摊销，则意味着商誉是可预言的且是有限寿命的，但品牌管理者则认为适当的维护可使得品牌寿命是不确定的，甚至是无限的。鉴于此，将品牌包含于商誉之中合并确认是不合理的，基于会计目的将这些可辨认无形资产从商誉中分离出来进行单独的确认和计量将是未来的一种发展趋势（Pizzey，1991)。

第二，单独确认。在对合并确认的一片质疑声中，一些公司将品牌纳入资产负债表。虽然诸多论者认为这样做是值得怀疑的（Barwise et al.，1989)，但许多品牌管理者和投资者则认为这些信息是非常有价值的（Touche Ross，1993)。一些会计准则制定机构和学者也对品牌单独确认提供了规范指导和理论支撑。英国于 1990 年发布的 52 号征求意见稿《无形资产会计》（Accounting for Intangible Fixed Assets）中指出：如果一项无形资产的历史成本是能够可靠计量的，可予以资本化，将其从商誉中单独分离出来。英国会计准则委员会（Accounting Standards Board）于 1997 年发布了第 10 号财务报告准则（Financial Reporting Standards，FRS10）《商誉和无形资产》对单独确认无形资产进行了规定。该准则描述了将一项无形资产从商誉中独立出来需满足的 3 个条件：（1）该无形资产必须能够带来经济利益；（2）这些经济利益必须能够由企业控制；（3）该无形资产必须能够可靠地计量（Kennedy，1998）。欧盟指令第 4 号规定，“外购品牌并非一定要确认在商誉下”，“只要各国法律允许，自创品牌可以确认为资产（EEC，1978）。”法国会计委员会报告（CNC，1992）提出了用以判断品牌价值是否确认为无形资产的“7 个标准”①，在同时满足这 7 个标准的情况下对自创品牌予以资本化。学者 El – Tawy 和 Tollington（2008）通过分析品牌的本质，发现品牌价值是具有“可加性的”，是可以纳入会计系统的。

但是，在品牌单独确认的过程中，由于存在难度和争议，一些公司对单独确认品牌采取了回避态度。按照 FRS10、FRS11② 的相关规定：外购商誉和无形资产确认为资产负债表的一项资产；外购商誉在不少于 20 年内摊销，但不能超过 40 年；若公司能够证实其商誉和无形资产寿命是不确定的，应进行减值测试；减值测试旨在确定列示在资产负债表上的价值是否等同或者超出可收回金额。可能由于在减值测试时，一些公司在维持品牌价值和实现品牌价值的可分离性具有难度，选择重新将单独确认的品牌又归属于商誉进行确认③，比如，联合饼干（United Biscuits）在其 1998 年的会计政策中提到：为保证以往取得商誉会计处理的一致性，所有 1998 年之前取得的品牌重新归类于商誉并注销掉作为以前年度损益调整④。国际会计准则发布的 50 号征求意见稿《无形资产》声明：某些支出在提升品牌形象的同时，也会带来其他一些辅助收益。比如，形象广告活动支出，除了提升特定产品的销量外，还具有鼓舞员工士气、提升员工业绩的效用。作为一个特殊事项，很难确定多大比例的支出是作为品牌的一部分而

① 产出（品牌）的个别性；开发这一产出（品牌）过程的可辨认性；人工、财力、商业资源的利用情况；履行管理手段以控制这一过程；确实保证利用该品牌生产出来的产品的过程正在进行当中；合理确定产生未来利益（商业利益）的可能性；自创品牌能够长期使用。

② 指英国会计准则委员会于 1998 年 7 月颁布的第 11 号财务报告准则（FRS11）——《固定资产和商誉的减损》。

③ 在 Hussey 和 Ong，1997；Ong，2000 的研究中发现，在执行 FRS10 后，对品牌资本化的公司数量有所下降，而资本化商誉的公司数量大幅增加。Hussey，R. and Ong，A.，Food，Drinks and the Media：Accounting for Goodwill and Intangible Assets，*Journal of Brand Management*，1997，4（4）. Ong，A.，*Accounting for Intangible Assets in the Food*，*Drink and Media Industries in the UK*，unpublished PhD thesis，University of West of England，UK，2000。

④ Ong，A.，Fudged Accounting Theory，*Journal of Management Research*（09725814），2003，3（1）.

应予以资本化的（Epstein & Mirza，1997）。

综上所述，品牌的合并确认和单独确认均被质疑和诟病，且更为重要的是，均未对自创品牌确认这一难点问题予以解决。在合并确认中，现行会计准则不允许确认自创商誉，因此，将自创品牌亦排除在会计系统之外。在单独确认中，由于传统会计理论的桎梏和人们对会计确认标准认知的局限，仍将品牌资产排除在会计系统之外。品牌的重要性使得人们对其的管理要求日益提升，虽然将品牌资产纳入会计系统还有一定难度①，但无论是营销界还是会计界均是对品牌资产进行单独会计核算的意愿甚强、呼声甚高，甚至有学者认为会计界因为品牌资产的会计核算有难度而将其拒于会计大门之外是一种逃避责任的表现。将品牌资产进行独立的会计确认将是一种必然的趋势。

2. 品牌价值会计计量理论。对于不同的品牌来源，相应的计量方式也有所不同。现有各国会计准则和学术界的理论研究中，关于品牌计量的直接规范相对较少。对于单独外购品牌：与其他无形资产一样，单独外购品牌必须按照取得成本进行确认和计量（Coenenberg，1996；Keitz，1997）②；按照《国际会计准则第 38 号——无形资产》（IAS38）的规定："外购无形资产按照初始取得成本进行计量"（IAS38，2004）；通过交换取得品牌按照换出资产的公允价值或者账面价值进行计量（Knop & Kitting，1995）③。对于企业合并中取得的品牌：按照 IAS38 的规定，企业合并中取得的无形资产，其成本按照合并日的公允价值进行计量。《国际财务报告准则第 3 号——企业合并》（IFRS3）规定，企业合并采用购买法，按照公允价值确认和计量无形资产的价值。英国在立法《公司法》时，提到了类似的建议，但并未要求强制执行。事实上，在公众眼中，英国大部分公司在实务中的做法已经体现了这些法律法规的精神。值得注意的是，对于品牌而言，按照上述规定，能否可靠地确定其公允价值成为关键。事实上，实务中因无法合理确定品牌的价值，将其排除在会计系统之外。对于自创品牌，更多的是尝试性的研究，提出一些缺乏明确理论支撑的建议。譬如，刘凤霞（2009）建议在对外购品牌及自创品牌的信息揭示过程中，不仅应按照历史成本计量披露品牌的成本价值，还应借助公允价值计量模型来揭示品牌资产的现时价值，且关注与品牌公允价值披露相关的非财务信息的揭示。但由于这些建

---

① 主要是指自创品牌的会计核算。

②③ Otonkue, A. D. O., Edu, B. E., Ezak, E., Accounting for Brands: Contemporary Issues and Alternative Options, *IUP Journal of Brand Management*, 2010, 7 (1/2).

议缺乏理论支撑与实证证据，且与传统会计理论相悖，并未得到广泛的认可与重视。

对于品牌的会计计量，其核心是确定品牌资产的价值，即通常所谓的“品牌价值”，品牌价值主要以评估方式确定。关于品牌价值评估的理论模型研究，主要采用的是以价值计量为主导的模式，换言之，主要是采用一定的评估手段和评估方法以确定品牌价值。品牌估值技术的发展对品牌管理、品牌计量和品牌信息披露等产生了深远的影响。越来越多的管理顾问开始提供品牌价值服务。比如安达信、德勤、国际品牌集团、A. C. 尼尔森公司等，甚或有些评估机构的评估方法获得国际标准化组织（ISO）的认证①。在现有研究中，常见的品牌价值评估指标主要分布在品牌指标、营销指标和财务指标三大类共 19 个指标。其中品牌指标包括品牌了解、认知、识别、回忆；品牌契约履行；品牌角色识别；关联阶梯。营销指标包括定位认知、赢得消费者、流失的消费者、市场份额、现有消费者渗透、客户忠诚度、购买频率、社会影响、品牌关系、推荐指数、消费者满意度。财务指标包括财物价值、溢价、广告回报、顾客终生价值（王熹，2012）。关于品牌价值评估理论模型，其随着品牌内涵的演进而变化。评估机构和学者立足品牌内涵的演变，尝试基于不同的视角对品牌价值进行评估，现有的品牌价值评估理论模型可分为三类：第一，基于财务要素视角的品牌价值评估模型。除了成本法、股票市值法、收益法等基于财务要素的、传统的财务评估方法外，学术界还尝试构建了其他一些评估模型：Hirose 模型（Hirose，2002）、C－Hirose 模型（郭宇，2013）、Sinobrand 评价法（王成荣，2005）。第二，基于消费者关系视角的品牌价值评估模型。该类模型强调品牌价值与消费者的关系，关注品牌资产运行机制和驱动因素。常见的消费者导向型评估模型包括：Aaker 模型（“五星”模型）（Aaker，1991）、十要素综合评估模型（Aaker，1996）、千家品牌价值评估模型（千家品牌实验室，2009）、忠诚因子法（范秀成、冷岩，2000）。第三，基于市场要素视角的品牌价值评估模型。常见的评估模型有：Interbrand 模型、Financial World 模型、北京名牌资产评估事务所评估模型、世界品牌实验室评估模型。

（二）品牌价值会计报告理论

按照有效市场理论，若为强式有效市场，证券价格体现自创品牌信息，品

---

① Interbrand 公司的品牌价值评估方法获得 ISO 组织的认证，认证号为 10668。

牌会计信息的披露无法传递“真正新的信息”，但在弱式有效市场和半强势有效市场，则需要披露品牌会计信息。然而，大部分自创无形资产的支出被予以费用化，未能在资产负债表上列示出（Lev，2004）。除了研发支出外，公司并未披露其他任何有价值的关于自创无形资产投资支出的信息。财务报告也未披露这些投资支出所带来的收入，比如专利许可费、新产品在产品销售收入中所占的份额等（Lev，2004）。对于品牌会计信息，在尝试对外报告的过程中，主要采取了以定量化的信息形式在表内予以披露，对外购品牌主要采用历史性信息、自创品牌主要采用预测性信息。但总的来说，品牌会计信息在财务报告中披露有限，使得无法对其进行有效审计；对品牌的预期状态（比如延伸、许可活动、资产组合效应等）以及品牌与有形资产或其他无形资产的可分离性缺乏明确的假定；缺乏品牌价值估计有效性和系统摊销的相关条款（Farquhar et al.，1992）。总之，现有文献中，专门的品牌会计报告理论研究非常有限。

（三）品牌价值信息报告的经济后果

虽然对品牌是否进入会计系统尚处于探索阶段，但由于品牌的重要性，一些研究机构和学者尝试对品牌价值进行评估，比如 Interbrand 公司、世界品牌实验室、BrandZ 公司等。基于现有的品牌价值评估方法所测度出的品牌价值信息，一些学者对其可能产生的经济后果进行了实证研究。品牌价值信息披露的经济后果主要体现在以下三个方面：

1. 股票价格和股票收益。现有实证研究表明，品牌价值信息披露对股票价格和股票收益具有正向影响。强势品牌不仅提供了高于市场基准的股东回报，而且风险更小（Madden et al.，2006），有助于刺激公司的股价提升和获取更多的资本利得（Mather & Peasnel，1991）。拥有较强的品牌吸引力和市场力产品的公司，投资者更偏好其股票（Frider & Subrahmanyam，2005）。Barth 等（1998）发现品牌价值信息与股票价格和收益呈显著正相关关系，信息的相关性和可靠性可通过股票价格予以反映。品牌价值信息对股票价格、品牌资产的确认、分析师的盈利预测具有增量解释能力。Mizik 和 Jacobson（2008）分析了品牌资产的差异度、相关度、美誉度、认知度、联想度等特性对股票收益是否具有增量信息。研究发现品牌的相关度和联想度对与能够解释股票收益的会计计量具有增量信息，美誉度和认知度则不具有增量信息，这是因为它们的影响已经反映在当期的会计计量中以及关联度和联想度的影响中。贾宁、张海燕、陈晓

（2010）以 2004—2007 年的中国上市公司[①]为研究样本，发现品牌价值具有相关性，对股票估值效应具有显著影响，品牌资本溢价效应具有持久性，有助于提升企业长期的资本溢价能力。

2. 预期盈利能力。品牌价值对公司财务业绩（Peterson & Jeong，2010）、市场价值具有显著的影响（Pahud de Mortanges & Van Riel，2003）。关于品牌价值的传统理论认为，从长远来看，品牌价值和企业业绩之间存在正相关关系，这是因为产品和服务与品牌价值有很大的关系，会导致更高的顾客忠诚度和抗风险能力，顾客对价格变化、许可、品牌延伸机会等有更高的支持反映（Keller，2001），因此，能导致利润的增加。现有的实证研究也验证了品牌价值对预期盈利能力的正向作用。Barth 等（1998）发现品牌价值与广告费用、品牌营业利润率和品牌市场份额呈正相关关系。Aaker 和 Jacobson（2001）以高科技市场中的计算机行业为例，发现品牌价值的重要组成部分——品牌态度，具有价值相关性，有助于预测公司的未来业绩和企业价值。Eng 和 Keh（2007）采用来自《金融世界》（Financial World）和《广告周刊》（Adweek）的数据，发现品牌价值与三年内的经营业绩（ROA）呈正相关关系，但随着时间的推移正相关关系逐渐减弱。

3. 融资成本。当公司拥有良好的品牌时，将其在资产负债表中进行列示，可以对公司财务状况予以更全面的呈现，优化公司财务状况，进而有助于降低公司的融资成本。在资产负债表中列示品牌资产，提供品牌价值信息，对公司的资本搭配比率、权益市场价值账面价值比率具有正向影响（Frankel et al.，1995），有助于提升公司的融资能力（Guilding & Pike，1994）、增加负债融资的使用年限、降低资本成本（Eccles et al.，2001）以及股东的债务融资的审批和契约重订成本（Muller，1999）。也正是鉴于此，同等情况下，具有较高杠杆比率的公司更倾向于披露品牌价值信息（Mather & Peasnell，1991）。

（四）对已有研究成果的评论

随着市场经济的发展，品牌以及品牌所体现价值的重要性日益凸显，围绕着品牌的相关研究取得了丰硕的成果，人们也开始尝试从会计视角对品牌价值进行反映和监督，品牌会计也在一片争议声中取得了一些初步发展，但总体来说，仍属于初始的探索阶段，国内外对品牌会计的研究仍比较匮乏，品牌价值

① 选取的是世界品牌实验室发布的《中国 500 最具价值品牌》排行榜上的上市公司。

会计报告理论框架体系并不完整，尚未搭建。综观对本研究具有借鉴意义的已有研究成果，在如下五个方面还显得不足或亟待强化。

1. 品牌价值会计报告理论框架的非完善性。品牌会计作为一个专门的研究方向，其具有系统性。按照系统论的基本思想方法和任务，需在认知品牌会计系统特点和规律的基础上，对品牌会计系统予以控制、管理、改造或创造，使其存在与发展合乎人们的目的需要。理论是经过逻辑论证和实践检验的，其是对客观事物本质及其规律性的相对正确的认知。框架是人们将社会真实转化为主观思想的重要凭据，即人们或组织对事件的主观解释和思考结构（Goffman，1974）。因此，品牌价值会计报告理论框架的构建是人们反映品牌的会计本质及其规律性的过程，是对品牌价值会计实务的主观解释和思考结构，其契合了品牌价值会计报告系统的任务要求，但在现有研究中，尚未形成完整的品牌价值会计报告理论框架。随着信息使用者对品牌价值会计信息需求的日益增加，可对会计实务予以指导、进行解释和预测的品牌价值会计报告理论框架的构建迫在眉睫，其是品牌会计研究的一个重要子课题和核心所在。

2. 品牌价值会计报告体系构建基础的缺陷性。从国内外的现有研究来看，对品牌价值会计报告及其所依赖的品牌会计确认、品牌会计计量，人们只是进行了尝试性的探索，提出了一些确认方法、计量方法和报告方法，但却缺乏严密的逻辑理论体系的支撑，使得所提出的会计方法缺乏说服力。对于品牌价值会计确认理论，由于尚未形成完善的品牌资产会计识别理论，从而无法合理确定品牌资产的确认时间和方式。对于品牌会计计量理论，现有的品牌价值计量模型存在一定局限性：其一，缺乏严密的理论基础。尽管存在大量的品牌价值评估模型，但是大多数模型缺乏缜密的理论基础（Raggio & Leone，2007）。其二，评估方法具有缺陷。在现有的评估方法体系中，在指标的选取、指标权重的确定、相关数据的来源等方面不可避免地存在一些缺陷，可能会影响到品牌价值确定的可靠性。其三，未考虑品牌价值的后续效应。一个由于各种原因而退出市场的品牌，在一定的时间内其影响仍然存在，一些不复存在的历史品牌可能仍具有重新进入市场的资本，仍然具有不可估量的价值。但在现有的品牌价值测度体系中，并未考虑品牌价值的后续效应。品牌会计确认与计量理论的缺陷性，将直接影响到依据它们所构建的品牌会计报告体系的科学性和有效性。

3. 品牌价值会计报告理论逻辑的断裂性。理论在结构上是由基本观点和对基本观点的全面解说两部分构成，这两部分之间在逻辑上应是自洽的。即完美的理论，其逻辑应该是贯穿始终、平滑流畅、没有断裂，应具有前后一致性和无矛盾性。在逻辑上具有自洽性，这是构建理论体系必须遵循的基本逻辑原则。“会计理论如果不能前后一贯，必将严重影响其科学性，甚至难以成立。”① 但现有的品牌价值会计报告理论，在逻辑上却存在崩裂之处，并不具有逻辑自洽性。其一，品牌价值会计信息披露数量非常有限，且主要集中在单独外购品牌和企业合并中取得品牌，对会计信息使用者更关注的自主品牌会计信息，几乎鲜有涉及，已经远远不能满足信息使用者的决策需要，违背了会计目标的初衷。其二，单独外购品牌会计信息和自主品牌会计信息的区别对待，也违背了会计信息的可比性质量要求。

4. 品牌价值会计报告理论实证检验的薄弱性。目前，虽然也形成了一些关于品牌价值会计的报告理论，但这些理论大部分是一种逻辑推演，虽然其在形成时依据了一定的客观实际，但却未通过经验数据予以进一步的实证检验，即便在所进行的为数不多的实证检验中，所考虑因素也并不全面。其一，缺乏对品牌形成支出资本化的实证检验。当前研究较少对品牌形成支出是否应资本化进行全面完整的实证检验，对品牌形成的支出是资本化还是费用化，学者们至今仍是莫衷一是，使得无法对品牌会计信息进行如实反映。其二，缺乏对品牌价值形成要素的全面衡量。在现有的为数不多的实证研究中，主要立足于企业或者消费者等微观视角，隐藏了企业本身具有自主品牌创新能力的暗含假设，忽视了宏观选择机制（比如市场机制、外部制度环境）的制约与淘汰，缺乏对宏观视角的审视。其三，缺乏对品牌会计信息价值相关性的实证检验。关于品牌的哪些会计信息与权益市场价值之间具有预测性的联系、哪些品牌会计信息是具有决策有用性的，目前尚不明确，仍处于探索阶段。在为数不多的实证研究中，从纯粹会计视角的研究则更鲜有。

5. 品牌价值会计报告研究的理论基础与外部环境分析的匮乏性。任何理论的产生均是人们在长期实践过程中，以取得的感性认识为基础，经过思维的运动所产生的理性认识。可以看出，理论的产生不仅离不开实践环境，而且是在一定环境下对实践活动的理性认识。按照复杂适应系统（Complex Adaptive System，CAS）理论，系统成员所具有的主动性及其与环境的反复交互是系统得以发展和进化的根本动因。品牌会计作为一个系统，其发展和进化与其所处的外

① 李孝林、孙芳城、邓腾江等：《会计基本理论比较研究》，立信会计出版社，2004 年，第 2 页。

部环境密切相关，若欲构建品牌价值会计报告理论体系以对该研究中各概念或变量间的相互关系作出说明，则必须对品牌价值会计报告的产生和发展的外部环境做出分析。品牌价值会计报告并非凭空产生，而是有其自身产生的理论依据以及所依托的外部环境。但是在现有研究中，对品牌价值会计报告研究的理论依据和实践依据鲜有涉及，脱离了这些依据所构建的品牌价值会计报告理论体系也将会缺乏牢固的基础以及严密的逻辑。

三、相关概念的内涵辨析与界定

在与品牌会计相关的概念体系中，有一些基本概念具有类似特性，使得人们对其难以分辨，甚或将其混为一谈。而概念的混淆则会桎梏对品牌价值会计报告相关问题的进一步研究，需对具有相似性的概念进行辨析，并在此基础上对品牌价值会计报告研究的相关概念进行界定。

（一）品牌概念的辨析与界定

与品牌概念相似的有商标和商誉，如欲对品牌内涵进行界定，需先将这些类似概念进行辨析。

1. 商标、商誉与品牌。

（1）品牌和商标。囿于本研究范围的限定，在此对商标的概念不予赘述，而是直接在前人界定的概念基础上，对品牌和商标进行概念辨析[①]。

二者的共性。主要体现为四个方面：第一，产权识别。二者的内涵中，均包含“产权识别”这一内容，用以证明和区分自己的产品或服务。第二，个性彰显。即通过品牌或商标，使得产品或服务“特色凸显”，代表了产品或服务的质量、品位、性能等，可以使得消费者将某一产品或服务与其他产品或服务加以区分。第三，形象传播。从传播角度来看，二者均为产品或服务形象推广方式的重要组成方面。第四，标识符号。二者均为一种名称、标记和象征。

二者的区别。主要体现在四个方面：第一，学科范畴归属不同。品牌属于营销范畴，而商标属于法律范畴。前者的作用主要体现在品牌的营销效用，注重企业与消费者之间关系的建立、维系与发展；后者的作用主要体现在商标权益的法律保护，强调对企业合法权益的维护。第二，内涵涵盖区间不同。商标

---

① 可参阅李顺德：商标、商誉与品牌，豆丁网（http：//www. docin. com/p－680639589. html），以及刘晓丹：品牌、商标权及商誉的辨析，论文联盟网（http：//www. lwlm. com/shangbiaozhuanli/201610/823762. htm）等。

的内涵主要包括“产权识别”“特色凸显”这两个方面，而品牌的内涵除此之外，还包括“价值资源”“信息整合”“契约关系”等内容。从内涵角度来看，商标是品牌的一小组成部分。按照戴维森（Davison，1997）的“品牌冰山”理论和思想，商标和品牌内涵所共有的“产权识别”“特色凸显”是露出水面的冰山，而品牌内涵所特有的“价值资源”“信息整合”和“契约关系”等则是隐藏于水面的冰山，更具价值、值得深挖。第三，形象传播方式不同。商标主要是以一种具有可视性的视觉形象进行信息传递，促进产品或服务的形象传播；而品牌除了以视觉形象进行信息传递外①，更多的是以不具有可视性的公关传播、人际传播的方式进行信息传递。第四，对消费者认可的依赖度不同。企业是否拥有商标取决于其自身，而品牌则更依赖于消费者的认可。从品牌的本质角度而言②，企业是否拥有品牌取决于消费者的认可。

综上所述，商标是品牌的一个组成部分，且两者在内涵上具有一定的重复性，但品牌包含的内涵更宽泛，对消费者的依赖度也更大。

（2）品牌和商誉。同样地，由于本研究范围的限定，对商誉的概念并不予以赘述，而是直接在前人界定的概念基础上，对品牌和商誉进行概念辨析。

二者的共性。品牌和商誉的共性主要体现在以下三个方面：第一，超额收益。综观品牌和商誉的各种概念模型和估值模型，均体现出“超额收益”的理念，强调品牌和商誉均具有带来超额收益的特性。第二，消费者感知。商誉的概念中，有些体现了“顾客商誉（Customer Goodwill）”③的思想；品牌则有专门基于消费者的估值模型，比如 Aaker 模型。可以看出，二者均强调消费者感知。第三，培育周期。品牌和商誉的培育均不是一蹴而就的，周期均比较长。品牌和商誉的形成过程具有重叠性，商誉价值的形成在很大程度上依赖于品牌，品牌价值和商誉价值在很大程度上是浑然一体的。

两者的区别。品牌和商誉的区别主要体现在以下四个方面：第一，学科范畴归属不同。品牌属于营销范畴，而商誉属于会计范畴，其出于会计计价的需

① 由于商标是品牌的重要组成部分，商标所具有的视觉形象信息传递功能，在利用品牌进行形象推广时，也会予以体现。

② 有学者认为品牌的本质是企业与消费者之间的无形契约。若品牌不能得到消费者的认可，无形契约则失去了存在的基础。

③ 杨汝梅（Yang，J. M）. *Goodwill and Other Intangibles*：*Their Significance and Treatment in Accounts*，New York：Ronald Press Company，1927：41－56。还可参阅蔡吉祥：《神奇的财富：无形资产》，深圳：海天出版社1996年版，以及汤湘希：论组合无形资产——商誉价值的确认与分割，载《财务与会计》，2000年第11期有关著述，此处不做过多赘述。

要，更强调财务收益。第二，依托载体不同。品牌是与特定的产品或服务联系在一起的，可以脱离于企业而独立存在，即便企业不存在，品牌依然可以存在。商誉是依托于整个企业而存在的，若企业不存在，商誉也随之消亡。第三，存续空间不同。品牌可以分散至不同企业，而商誉只能属于某一企业。第四，株连效应不同。品牌比商誉具有更强的株连效应。当一个企业的商誉受损时，可能影响到只是该企业本身；而当某一品牌受损时，由于品牌的可分散性，将会导致其所分散至的各个企业的商誉受到株连。

综上所述，品牌和商誉的内涵涵盖空间的融合度和重复度非常高，品牌经常作为某一企业商誉的一部分而存在。

2. 品牌概念的界定。如前文所述，品牌内涵的扩展与演进大致沿着“产权识别”——“特色凸显”——“价值资源”——“信息整合”——“契约关系”这一脉络进行。从前文所述的品牌定义中可以看出，不同定义之间并不是矛盾的，具有交叉共融性，只是对品牌定义的表述侧重点有所差异。比如，“特色凸显”虽然强调的是品牌的个性标示，但这一个性标示正是判定品牌产品或服务的归属依据，具有“产品识别”的功用。又如，“契约关系”虽然强调企业和消费者之间的契约性，但品牌之所以具有契约特性是与其具有“信息整合”特性为前提的，其所隐含的“质量承诺、质量保证、心理效用”等是企业和消费者之间能够得以缔结契约的基础。随着学者们对品牌内涵的深入认识，每一学者在进行品牌定义时，实质上也试图把所认知的品牌内涵全部融合其中，将品牌概念所反映事物的本质属性的总和予以表述。比如，李光斗（2004）在进行品牌定义时，将“信息整合”和“契约关系”同寓其中。

品牌概念的界定是品牌价值会计确认和会计计量的基础，由于本篇研究的是品牌会计理论问题，而品牌会计理论中的重要内容之一是品牌会计确认理论，进行会计确认的前提是品牌识别。因此，本篇在进行品牌概念界定时，主要基于品牌识别的目的。品牌识别的本质存在于品牌价值、品牌人格、品牌愿景、品牌定位、品牌状况、品牌符号等因素。品牌的内涵即是由这些指向品牌定义的因素构成。而这些因素中，品牌的个性、品牌的辨识符号属于显性特征和显性知识，便于人们的直观识别。因此，本篇采用已经得到人们普遍接受的美国市场营销协会（AMH）在1960年出版的《营销术语词典》中的品牌定义：品牌是一种名称、术语、标记、符号或设计，或是它们的组合运用，其目的是借以辨认某个生产者或某个生产者的产品或服务，并使之与竞争对手的产品和服务区别开来。虽然该定义没有涵盖品牌的所有内涵，但却彰显了品牌的本质属性——品牌识别[①]，为后续的品牌会计确认工作奠定了基础。

值得注意的是，由于品牌自身的特殊特性，品牌定义只是对品牌进行形式识别的依据，还需要从实质上对品牌进行识别。

（二）品牌资产与品牌权益

品牌资产（Brand Asset）、品牌权益（Brand Equity）是来源于西方文献的两个舶来词，二者之间既有内在联系，又有区别。但基于不同的目的以及个人背景的限制，人们对二者内涵的认识存在分歧，甚至将二者混同，认识的偏颇和概念的混淆将桎梏品牌相关问题的深化研究，亟须明晰二者的内涵。虽然对于品牌资产和品牌权益的内涵认知有所分歧，但基于研究范围的限制，本书在此也不对各种内涵予以详细阐述，仅是在前人内涵认知的基础上对二者的概念予以辨析。

1. 二者的联系。主要体现在以下两个方面：一是本质相同。二者均是一项资产，均具有以下特点：无形性、可转让性、创建和维护周期长、投资和使用具有交错性、构成和估价的复杂性、收益的不确定性（于春玲、赵平，2003）。二是起源相同。二者均是起源于品牌概念，是对品牌概念框架体系的一个扩充。

2. 二者的区别。主要体现在以下两个方面：其一，学科范畴归属不同。品牌资产是一个会计学概念，属于财务会计概念框架下的无形资产。品牌权益是基于品牌管理视角而提出的一个概念，归属于品牌学。其二，内涵涵盖区间不同。品牌资产是一个会计概念，强调品牌的财务价值。而品牌权益的内涵更宽泛，其不仅涵盖品牌资产的内容，比如Aaker（1991）认为品牌权益是一组与品牌相关的品牌资产和品牌负债的组合；且还包含一些非财务特性，比如，营销力、与消费者的关系等（徐伟、刘银国、吴烨，2010；黄嘉涛，2008）。相比于传统财务会计注重资产的可交换性，品牌权益更强调品牌资产的自创特性（于春玲、赵平，2003）[②]。品牌权益概念可以更好地解释品牌资产以及价值存在的原因、品牌资产价值有正有负的原因（于春玲、赵平，2003）。

综上所述，品牌资产是基于财务会计视角对品牌性质的静态描述，涵属结果性概念；品牌权益描述的是品牌资产形成的动态过程以及各影响因素之间的相互作用，涵属过程性和关系性概念。但究其实质，品牌资产和品牌权益均是

---

① 中外学者在确定品牌识别的具体内容时，每一项内容均与品牌相关。品牌识别是作为品牌的一种本质属性而存在，而不是一种具体的动作行为。

② 传统的财务概念中，强调资产的可交换性，对于能够通过市场交换的方式可以获得的资产，才纳入到会计系统。

一项资产，只是在内涵的宽泛性上有所区别，品牌资产仅是从会计角度理解的一个概念，而品牌权益突破了狭义的财务角度的界限，将一些非财务特性也融入了其内涵之中。事实上，在实务当中，很多时候，人们并未严格区分“品牌资产”和“品牌权益”，甚或将二者视为同一概念。

3. 品牌资产与品牌权益概念的约定。由于本篇阐述的是财务会计话题，为了便于与传统的财务会计体系相接轨，在行文中采用“品牌资产”这一专业术语。本研究的目的之一是打破传统会计的界限，将品牌资产尤其是自创品牌资产纳入至会计体系，从而对品牌价值会计信息予以报告。基于满足信息使用者的决策需要，利益相关者除了关注品牌的财务价值，更关注的是包含非财务特性的价值[①]。此外，同时兼顾财务特性信息和非财务特性信息的“整合报告”也日益兴起（艾博思、克鲁斯，Eccles & Krzus，2010）。基于上述原因，在本研究中，“品牌资产”的内涵则不局限于财务领域，而是拓展至与品牌权益等同，将一些非财务信息也纳入其中，采用广义的品牌资产概念。本篇并不严格区分“品牌资产”和“品牌权益”概念，但由于本篇研究的是会计问题，为更符合会计的专业术语要求，因此主要采用“品牌资产”这一专业术语。

（三）品牌价值概念的界定

品牌价值属于原因性概念，其从根本上阐释了品牌资产能够存在的原因，是品牌资产和品牌权益研究的理论基础，亦是品牌管理要素中最为核心的部分。

1. 品牌价值的定义。国内外学者基于不同的目的和视角对品牌价值的含义进行了阐释。总括而言，主要是价值认定论、效用论、能力论和消费者价值感知论四种观点。如表 4－2 所示。

表 4－2　品牌价值定义表

主要观点	子观点	代表人物	时间	对品牌价值的定义
价值认定论	现金流观	Shocker、Weitz	1988	具有品牌名称产品与不具有品牌名称产品的现金流量净现值之差
		Stobart	1989	购买品牌或重置品牌的价格
		Beil	1992	产品或服务冠以品牌名称后所产生的额外现金流

① 品牌权益概念兴起的原因之一即是由于人们关注品牌的非财务价值，从而突破“品牌资产”概念的“财务内涵”，延伸至非财务特性领域。

续表

主要观点	子观点	代表人物	时间	对品牌价值的定义
价值认定论	现金流观	Simon、Sullivan	1993	公司未来现金流量的递增量
		Upshaw	2001	品牌的净值、财务状况及其他相关部分
	附加值观	Tauber	1988	因为品牌所产生的市场地位使其超过其实体资产价值的附加值
		Keller	1993	高于普通竞争者价格的附加值
		Farquhar	1990	品牌赋予产品的超出其使用价值的附加价值或者附加利益
		范秀成	2000	因品牌营销努力而产生的附加价值
	信号价值观	Keller	1998	品牌作为产品定位可靠信号的价值
	虚拟价值观	王彦亮、林左鸣	2013	以无形的信息态（精神和文化）的形式附加在商品体上以提供给消费者享用
效用论	—	Louviere、Johnson	1988	无法由属性解释和衡量的效用
		Kamakura、Rusell	1991	与品牌名称相联系，但不包括功能属性的效用
		Lassar 等	1995	加上品牌名称后消费者所增加的知觉效用与益处
能力论	—	Doyle	1989	长期投资于建立比竞争者持久的竞争优势以及差异化优势的效果
		Kim	1990	影响关注者行为的潜在能力
		Srivastava	1991	提供超额的当前及未来利润的能力和降低风险的能力
消费者价值感知论	—	Keller	1993	消费者品牌认知所导致的品牌营销差异化效应
		Lemon 等	2001	顾客超越客观感觉到的价值
		Aliawadi 等	2003	消费者对冠以品牌名称产品相比于非冠以品牌名称产品或其他品牌产品而额外支付的价值
		Netemeyer	2004	消费者对其所偏爱品牌支付的超出本身价格的额外支出
		张传忠	2002	能够给消费者带来的不同于普通产品的特别价值和利益
		于春玲、赵平	2003	消费者对企业营销活动在认知、情感、行为意向以及行为方面的差异化反应

价值认定论。该种论点从如何对品牌价值予以认定的视角进行定义，其主要包括四个方面的认知：第一，现金流观。将品牌价值定义为具有品牌名称产品与不具有品牌名称产品的现金流量净现值之差（Shocker & Weitz，1988）；或者定义为购买品牌或重置品牌的价格（Stobart，1989）；或者定义为产品或服务冠以品牌名称后所产生的额外现金流（Beil，1992）；或者定义为公司未来现金流量的递增量（Simon、Sullivan，1993）；或者定义为品牌的净值、财务状况及其他相关部分（Upshaw，2001）。第二，附加值观。将品牌价值定义为因为品牌所产生的市场地位使其超过其实体资产价值的附加值（Tauber，1988）；或者定义为高于普通竞争者价格的附加值（Keller，1993）；或者定义为品牌赋予产品的超出其使用价值的附加价值或者附加利益（Farquhar，1990）；或者定义为因品牌营销努力而产生的附加价值（范秀成，2000）。第三，信号价值观。将品牌价值定义为品牌作为产品定位可靠信号的价值（Keller，1998）。第四，虚拟价值观。该观点认为品牌价值本质是一种虚拟价值，其是以无形的信息态（精神和文化）的形式附加在商品体上以提供给消费者享用（王彦亮、林左鸣，2013）。

效用论。该种论点从品牌所具有的效用视角进行定义。品牌价值被定义为无法由属性解释和衡量的效用（Louviere & Johnson，1988）；或者被定义为是与品牌名称相联系，但不包括功能属性的效用（Kamakura & Rusell，1991）；或被定义为加上品牌名称后消费者所增加的知觉效用与益处（Lassar et al.，1995）。

能力论。该种论点从品牌所具有的能力视角进行定义。品牌价值被定义为长期投资于建立比竞争者持久的竞争优势以及差异化优势的效果（Doyle，1989），即创造持久竞争优势和差异化优势能力的体现；或被定义为影响品牌关注者行为的潜在能力（Kim，1990）；或被定义为提供超额的当前及未来利润的能力和降低风险的能力（Srivastava，1991）。

消费者价值感知论。该种论点从消费者感知到的品牌所具有的价值视角进行定义。品牌价值被定义为消费者品牌认知所导致的品牌营销差异化效应（Keller，1993）；或被定义为消费者超越客观而感觉到的价值（Lemon et al.，2001）；或被定义为消费者对冠以品牌名称产品相比于非冠以品牌名称产品或其他品牌产品而额外支付的价值（Aliawadi et al.，2003）；或被定义为消费者对其所偏爱品牌支付的超出本身价格的额外支出（Netemeyer，2004）；或被定义为能够给消费者带来的不同于普通产品的特别价值或利益（张传忠，2002）；或被定义为消费者对企业营销活动在认知、情感、行为意向以及行为方面的差异化反应（于春玲、赵平，2003）。

2. 品牌价值与品牌权益。品牌价值和品牌权益概念产生以来，一些学者也尝试对其进行辨析。早在 1991 年，Srivastava 和 Shocker（1991）已经对品牌权益和品牌价值进行了辨析，认为品牌权益包括品牌力和品牌价值。但在随后的研究中，学者们并未对二者进行严格的区分，仍将二者视为是可以相互替代的。直到 2007 年，Raggion 和 Leone 对品牌权益和品牌价值进行了理论分离。按照 Raggion 和 Leone 的观点，品牌价值是立足于企业视角的一个概念，其是品牌的外购成本或者重置成本；品牌权益是立足于消费者视角的一个概念，其是促进品牌价值形成的众多因素之一，通过品牌意识推动品牌权益潜力发挥以贡献于品牌价值的形成。可以看出，大多数学者对品牌价值和品牌权益是视为等同的，虽然有部分学者对品牌价值和品牌权益进行了辨析，但均是在围绕自身研究目的界定了相关概念的基础上所做出的，并未对二者进行实质区分。

3. 品牌价值概念的界定与约定。品牌价值是一个经济学概念，其是基于企业、消费者等各方对品牌资产概念的理解而寻找到的一个共同领域（于春玲、赵平，2003）。虽然基于不同目的、不同视角对品牌价值形成了多种定义，但同样地，这些定义之间并不是完全割裂的，不同定义之间存在着交融性，亦或是某一定义中蕴含着其他定义表述。比如，立足消费者感知视角的定义“为消费者对其所偏爱品牌支付的超出本身价格的额外支出”，此处“消费者的额外支出”，站在企业视角，则是“为产品或服务冠以品牌名称后所产生的额外现金流”，即为立足价值认定视角的“现金流观”。不同的定义之间在本质上是一致的，只是立足不同视角的不同表述。

本篇是从会计视角研究品牌问题，基于研究目的，应主要立足财务视角对品牌价值定义进行界定。品牌价值链的创意、创造、交换和消费是产生品牌价值的主要环节，受社会、企业、产品等原因的影响，品牌价值链是不断演化的，导致品牌价值也是不断演化的。因此，在对品牌价值进行会计视角的定义时，应考虑其时点性和动态演化性。鉴于此，对品牌价值采取二维定义①。一维是基于成本价值视角，将品牌价值定义为以货币形式量化表达品牌形成所支付的各种资源价值总和。另一维是基于市场价值视角，将品牌价值定义为某一特定时点用类似有形资产评估方法计算出的某一品牌的市场价格。应该注意的是，此处所界

① 本书将分别从品牌价值的理论解读和品牌价值的组成对品牌价值采取二维定义的缘由予以进一步的分析。

定的品牌价值是适用于特定条件下的，是在品牌资产可予以会计识别的情景下的定义。若品牌资产不能够会计识别，意味着为创建品牌所支付的各种资源并未能够给企业带来长期经济利益，应予以费用化处理，而不是资本化为品牌价值。

品牌资产所对应的价值和品牌权益所对应的价值略有不同①，但在本书中由于对品牌资产的内涵扩展至了非财务特性领域，对品牌资产和品牌权益并不加以区分，因此，文中所提到的品牌价值并没有严格的“品牌资产的价值”或“品牌权益的价值”之分。

通过前文对品牌相关概念的辨析，可以厘清不同概念相互之间的归属关系和逻辑内涵的耦合节点，为品牌价值会计理论框架构建的界限划分和组成要素架构奠定基础。不同概念的归属关系如图4－1所示，逻辑内涵耦合节点如图4－2所示。图4－2中，虽然显示品牌资产和品牌权益的差异在于是否考虑非财务特性，但基于研究目的需要，且由于非财务特性信息重要性的日益凸显，本研究未对品牌资产和品牌权益进行严格的区分，将品牌资产的内涵拓展至与品牌权益等同②。而品牌价值作为原因性概念，本研究对其界定时，将分别从成本价值视角和市场价值视角两个维度对品牌资产抑或品牌权益产生的原因进行解读。

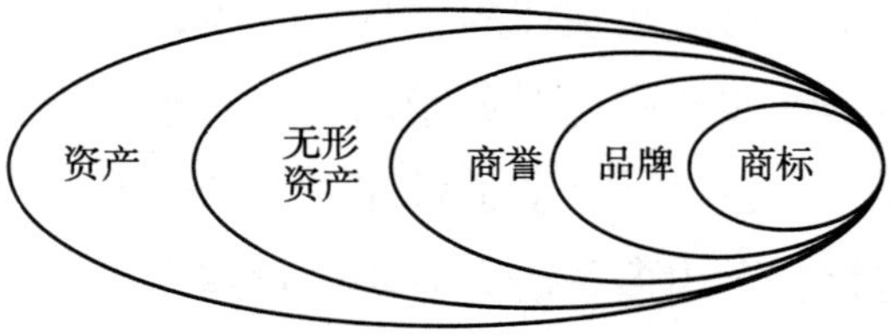

图4－1　品牌相关概念的归属关系图

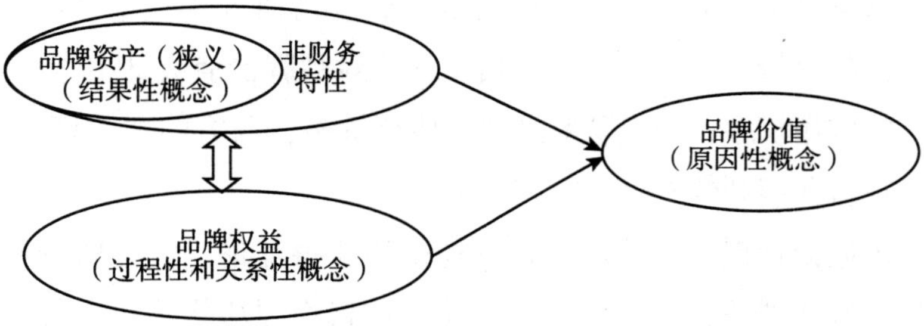

图4－2　品牌相关概念逻辑内涵耦合节点图

① 由于品牌资产概念是立足于“财务内涵”，而品牌权益概念扩展至非财务特性领域，因此，二者所对应的“品牌价值”略有不同。

② 事实上，在实务当中，学者们经常未将二者进行严格区分，而是将二者视为等同的。

四、研究思路和研究内容

本篇拟围绕品牌价值会计报告这一研究主题，在剖析品牌价值会计报告研究的理论基础和现实环境的前提下，以所构建的品牌价值会计确认理论和品牌价值会计计量理论为基础，在演化博弈理论的指导下，将品牌价值演化运动和品牌价值演化动力作为依据，构建品牌价值会计报告体系，并从品牌价值会计信息披露时点选择和披露模式选择两个方面进行实证检验，从经验证据角度验证品牌价值会计报告理论及其会计理论基础的科学性。最后，在理论分析和实证检验的基础上，结合品牌业务管理流程特点和品牌价值会计信息使用者的需求，设计品牌价值财务会计报告和品牌价值管理会计报告，以便为品牌会计信息报告提供实践指导。

五、研究方法与研究范围

（一）研究方法

研究方法作为揭示事物内在规律的工具和手段，应根据研究课题所处学科以及研究课题的特点、性质和研究对象予以选择。本篇交叉融合了管理学、经济学、营销学、统计学、心理学等多学科知识，在研究过程中结合每一研究方法的特点和功能，需综合运用多种研究方法进行跨学科研究。本篇主要采用了文献分析法、逻辑推理法、比较分析法、扎根理论法、系统分析法、统计分析法等。具体研究方法和研究内容的匹配情况如表4－3所示。

在研究基础层次，为了明确品牌价值会计报告研究的理论基础，采用了逻辑推理法、文献分析法推演与阐释了相关理论对品牌价值会计报告产生、效用、生成路径等的作用机理；为了明晰品牌价值会计报告研究的现实环境约束条件，对品牌会计报告环境利弊进行了比较分析。

在品牌价值会计报告理论层次，首先采用扎根理论法和逻辑推理法构建了品牌价值会计确认理论，采用文献分析法、逻辑推理法构建了品牌价值会计计量理论，形成了构建品牌价值会计报告体系的会计基础理论；然后在此基础上，采用逻辑推理法、比较分析法构建了品牌价值会计报告理论；最后，采用多元统计分析法对品牌会计报告理论的有效性进行了实证检验。

在品牌价值会计报告实务分析层次，品牌价值会计报告体系具有系统性，在对品牌价值财务会计报告和品牌价值管理会计报告进行实务设计时，应在对现有品牌管理业务研究进行文献分析、比较分析的基础上，对品牌价值会计报告的具体内容和具体格式进行系统性分析。

（二）研究范围

为确保研究思路的逻辑性、研究内容的清晰性以及研究结果的科学性，现对本书研究范围做出界定，并进行相应的约定。

（1）品牌价值的界定。品牌价值具有正负之分①，但当品牌价值为负数时，企业一般面临破产清算的境地，已经不符合持续经营假设，而本篇所构建的理论框架体系是以持续经营假设为基础的。因此，品牌价值为负数时的相应会计报告问题，不属于本研究的研究范围。

（2）品牌价值会计问题涉及多种组织形式，在本研究中，以最具广泛性的组织形式——企业为研究的空间范围。

（3）品牌价值会计报告的实质是将品牌资产的货币表现——品牌价值予以凸显，在计量理论探讨中，将主要对品牌价值计量问题进行研究。

（4）虽然品牌资产概念起源于品牌概念，但由于研究内容的限制，本研究所提到的品牌实质上是指品牌资产，在文中因语言习惯或表达需要而交替使用“品牌”或“品牌资产”，对二者视为含义相同。

表4-3　　研究内容和研究方法

<table>
<tr><th colspan="2">研究内容</th><th>研究方法</th></tr>
<tr><td rowspan="2">品牌价值会计报告研究的理论基础和现实环境</td><td>品牌价值会计报告研究的理论基础</td><td>文献分析法、逻辑推理法</td></tr>
<tr><td>品牌价值会计报告研究的现实环境</td><td>比较分析法</td></tr>
<tr><td rowspan="2">品牌价值会计报告体系构建的会计理论基础</td><td>品牌会计确认理论</td><td>扎根理论法、逻辑推理法</td></tr>
<tr><td>品牌会计计量理论</td><td>文献分析法、逻辑推理法</td></tr>
<tr><td rowspan="4">品牌价值会计报告理论</td><td>品牌会计报告目标</td><td>逻辑推理法</td></tr>
<tr><td>品牌价值会计报告的质量特征和影响因素</td><td>比较分析法</td></tr>
<tr><td>品牌价值会计报告体系的构建</td><td>逻辑推理法</td></tr>
<tr><td>品牌价值会计报告理论的适用条件分析</td><td>逻辑推理法、比较分析法</td></tr>
</table>

① 一些学者认为品牌权益是与品牌、品牌名称和品牌表示等相关的一系列资产或负债，它们可以增加或减少通过产品或服务给企业和/或顾客的价值。比如，品牌资产管理鼻祖戴维·阿克（David Aaker）在品牌管理三部曲之一的《管理品牌资产》一书中提出此观点。基于此观点，当品牌权益表现为负债时，品牌价值便会有正负之分。

续表

研究内容		研究方法
品牌价值会计报告理论有效性的实证检验	品牌价值会计信息披露时点选择的实证检验	统计分析法
	品牌价值会计信息披露模式选择的实证检验	统计分析法
品牌价值财务会计报告	品牌价值财务会计报告的原则	逻辑推理法、比较分析法
	品牌财务会计报告的内容与格式	系统分析法
品牌价值管理会计报告	品牌战略制定系列报告	系统分析法、文献分析法
	品牌传播推广系列报告	系统分析法、文献分析法
	品牌监控与维护系列报告	系统分析法、文献分析法
	品牌管理绩效评价系列报告	系统分析法、文献分析法

第一章　品牌价值会计报告的理论基础和现实环境

理论物理学家乔弗里·邱（Geoffrey Chew）创立的靴带理论（Bootstrap Philosophy）[①] 认为，宇宙间所有的事物和生命都是依赖其他事物和生命而存在的。在哲学范畴中，联系是世界上一切事物的客观本性。品牌会计报告研究也不例外，它和其他事物也是普遍联系的，它依赖于其他事物而存在，其产生有自身的理论基础和现实环境。

一、品牌价值会计报告的理论基础

从理论角度探源，品牌价值会计报告有其产生的动力理论基础（委托代理理论）、效用理论基础（交易成本理论、经济后果理论）和路径理论基础（演化博弈理论）。委托代理理论、交易成本理论和经济后果理论为品牌价值会计报告产生的必要性提供了理论依据，演化博弈理论为品牌价值会计报告产生的可行性提供了理论依据，这四大理论是进行品牌价值会计报告研究的理论约束条件。

（一）动力理论基础：委托代理理论

委托代理理论依托于波利和米恩斯（Berle & Means，1932）提出的“所有权和控制权分离”这一理论命题，根植于20世纪60年代末70年代初对企业内部信息不对称和激励问题的深入研究，建立在非对称信息博弈论基础之上，起源于“专业化”的存在（Hart & Holmstrom，1987）。委托代理理论是现代公司治理的逻辑起点，是制度经济学契约理论的主要内容之一。

1. 委托代理理论的主要内容与基本模型。委托代理理论的核心任务是研究存在利益冲突与信息不对称的情况下，委托人如何设计最优契约激励代理人。

---

① 由物理学家乔弗里·邱（Geoffrey Chew）提出。该理论把宇宙和生命看作相关事件的动力学网络，认为宇宙间所有的事物和生命都是依赖其他事物和生命而存在的。

概而言之，委托代理理论主要包括以下观点：（1）委托代理关系伴随于生产力大发展和规模化大生产的出现而产生。（2）委托人与代理人因效用函数不同而产生利益冲突。（3）在缺乏有效制度安排的情况下，代理人可能最终损害委托人的利益。（4）委托代理关系是普遍存在的。

委托代理理论基本模型主要有三种：状态空间模型化方法（Wilson，1969；Spence & Zeckhauser，1971；Ross，1973）、分布函数的参数化方法（Mirrlees，1974、1976；Holmstrom，1979）、一般分布方法。这些基本模型均为依赖于“显性激励价值”以奖惩代理人的静态模型，必须根据可观测结果以奖惩代理人。但在多次委托代理关系中，可能存在没有显性激励机制、仅依赖“时间”本身无成本地解决代理问题的情况，委托代理问题呈动态演进态势，需引入动态分析将委托代理基本模型拓展至动态模型。委托代理动态模型大致可分为三类：多次委托代理关系动态模型、多项任务委托代理模型、委托人与多个代理人的模型。第一类动态模型包括重复博弈的委托代理模型（Radner，1985；Rogerson，1985；Fudenberg et al.，1990）、代理人市场声誉模型（Fama，1980）、棘轮效应模型（Holmstrom & Costa，1986）、强制退休模型（Lazear，1979）。第三类动态模型又包括“打破预算平衡”的模型（Holmstrom，1982）、考虑逆向选择的模型（McAfee & McMillan，1991）、合作型模型（Itoh，1991）。此外，围绕委托代理理论也开展了一些其他相关研究，构建了“相对业绩评估”模型（Lazear & Rosen，1981）、委托人道德风险模型（Malcomson，1984）、监督问题模型（Solow，1979；Shapiro & Stiglitz，1984）、最优委托权安排模型（张维迎，1994、1995）。

2. 委托代理理论与品牌价值会计报告产生。在知识经济时代，品牌所扮演的角色日益重要，甚至具有决定企业生死存亡的作用。此外，在管理层绩效考核机制和薪酬机制中，依据品牌会计信息的决策更具有效性（Cravens & Guilding，1999）。

按照委托代理理论的多项任务模型，当代理人的某一代理任务具有不可观测性时，委托人设计的激励契约便无法实施。若不能对品牌价值进行会计反映，代理人则会因品牌价值创造的不可观测性而产生道德风险。按照代理人市场声誉模型，利用“声誉效应”这一隐性激励机制，可以达到显性激励机制同样的效果。品牌价值的提升也是代理人受托责任履行情况的一个体现，将其考虑进去对代理人市场价值进行评价则更加客观，才可更好地利用“声誉效应”激励代理人。按照合作型模型，如果代理人和其同伴的工作是互补的，且代理人为工作所付出的努力和为帮助同伴所付出的努力在成本函数上是独立的，用激励机制诱使“团队工作”是最优的。即使代理人和其同伴的工作具有“战略替代性”①（Itoh，1991）。品牌的创建与维护需要团队的合作，品牌价值信息有助于促进各职能部门之间的良好沟通，有助于做出长期投资目标的预算决策和品牌投资决策、制订合理的营销投资计划和评估营销投资的有效性（Roslender & Hart，2006），有助于通过实施激励机制诱使“团队工作”。

综上所述，委托代理理论解释了委托方和代理方对品牌价值会计信息的迫切需求，其从动力视角为品牌价值会计报告的产生提供了理论支撑，品牌价值会计报告是委托人在存在利益相冲突和信息不对称情况下，设计最优契约激励代理人所必需的。

（二）效用理论基础：交易成本理论

交易成本理论采用比较制度分析方法研究经济组织制度，打破了建立在虚假假设之上的新古典经济学所构建的完美经济学体系，开辟了经济学研究的新领域，是整个现代产权理论大厦的基础。

1. 交易成本理论的主要内容。交易成本理论的基本思路是以交易成本为中心，将交易作为分析单位，探寻区分不同交易的特征因素和维度，阐释交易成本产生原因，分析不同交易应采取何种体制组织予以协调。

“交易成本”思想由科斯（Coase）于1937年在《企业的性质》一文中率先提出。随后，科斯将交易成本定义予以一般化拓展。阿罗（Arrow，1969）首次明确使用“交易成本”这一术语，将其定义为“经济制度运行的成本”，认为交易成本包括制度的订立成本、运转与实施成本、监督与维护成本、变革成本。威廉姆森（Williamson，1985）对阿罗的定义进行了继承和延展，将“交易成本”定义为“经济系统运转所需要付出的代价和费用”。诺斯（North，1988）从组织生产的角度阐明交易成本。埃格特森（Eggertsson，1996）和巴泽尔（Barzel，1997）均从产权视角定义交易成本。而张五常（1992）则从产权角度将交易成本拓展至对整个人类制度的分析，认为交易成本包括一切不直接发生在物质生产过程中的成本。张五常所界定的“交易成本”是最具“一般意义上”的定义，他认为交易成本包括信息成本、谈判成本、界定和控制产权成本、监

① 所谓“战略替代性”，是指代理人对来自别人的帮助的最优反应是减少自己的努力，但若所导致的努力下降会显著降低努力水平的效用成本，诱使“团队工作”仍是最优的。

督成本、制度结构变化成本。达尔曼（Dahlman，1979）从交易过程阶段角度对交易成本进行划分，认为交易由3个不同的连续阶段构成，由此交易成本划分为信息搜寻成本、议价与决策成本、监督和执行成本。弗鲁博顿和芮切特（Furubotn & Ric，2006）认为交易成本包括界定和测量资源和索取权的成本，以及使用和执行这些权利的成本。

交易成本理论历经众多经济学家七十余年的研究与发展，形成了以下基本结论：第一，市场和企业是可相互替代的不同交易机制，企业可以取代市场实现交易。第二，市场交易成本的存在决定了企业的存在，企业取代市场实现交易有可能减少交易的成本。企业采取不同组织形式的最终目的是为了节约交易成本。第三，企业“内化”市场交易的同时产生额外的管理费用。当管理费用的增加与市场交易成本节省的数量相当时，企业的边界趋于平衡（不再增长扩大）。

2. 交易成本理论与品牌价值会计报告效用。按照交易成本理论，市场和企业作为可相互替代的两种不同交易机制，前者以价格机制实现资源配置，后者以内部协调来代替市场以配置资源。品牌会计报告无论在市场交易机制还是企业交易机制中，均具有节约交易成本的效用。

品牌会计报告在市场交易机制中的效用体现为：其一，并购交易中。并购浪潮的不断涌现，并购价值与实际资产价值的差额日益扩大化，品牌对并购价值的作用日趋明显。然而，并购交易中的品牌资产本身不具有市场流通性，其具有资产专属性，且并购交易具有不确定性，在交易过程中存在各种风险，由于有限理性、信息不对称的存在，使得监督成本、议价成本提升，即交易成本增加。此外，全球并购交易活动频发，相对的管理成本与议价成本也不断提高。即便在并购活动疲软的2013年，据投资咨询企业Dealoaic统计，2013年全球企业并购共有27200多起，涉及金额达2.81万亿美元，最大的一笔并购案是美国的电信企业Verison并购Verison Wireless，涉及金额达1300亿美元①。兼并过程中交易的专属性，以及不确定性和复杂性的存在，使得搜寻成本、议价成本、决策成本等交易成本增加，品牌会计信息的披露可以在一定程度上消除并购交易过程中存在的不确定性和复杂性，进而降低交易成本。其二，融资交易中。目前，品牌质押贷款融资模式已经出现，具有优势品牌的公司将其商标专用权进行质押，从银行取得贷款。比如，宝顿（Borden）公司以其“宝顿”品牌作

---

① 张锐：《全球经济：2013年七大表情》，http://finance.sina.com.cn/leadership/mroll/20140211/145918174445.shtml。

为担保，从花旗银行取得4.8亿美元贷款；重庆桐君阁股份有限公司将其控股子公司拥有的“桐君阁”商标质押给浦发银行重庆分行涪陵支行，取得2580万元贷款①。虽然品牌质押贷款有助于解决具有品牌优势企业的融资问题、助力企业突破生产经营扩张的资金瓶颈、促进企业品牌价值提升，但是由于品牌资产的专属性，利用品牌资产的融资交易中，信息搜寻成本、议价与决策成本、监督和执行成本较高，即交易成本较高，而品牌会计信息有助于降低利用价格机制的成本。

品牌价值会计报告在企业交易机制中的效用表现为：其一，协调财务资源和实物资源配置。一方面，品牌投资和产品开发与改进具有直接的关系，品牌投资明显的企业，新产品推出和产品优势也较多（Interbrand，2004），即将较多的有形资源用于品牌广告费用预算、推出新品牌、设置优惠政策、新产品的开发与生产上的企业，其可推出更多的具有优势的新产品；另一方面，企业成功创建的品牌，通常会延伸至新的产品和生产线，即将较多的有形资源用于新产品的开发与生产上、新生产线的设置上。品牌会计报告提供的品牌投资信息和品牌价值信息，将会引导企业财务资源和实物资源的配置方向。其二，协调人力资源配置。现有研究表明，品牌会计报告所提供的信息有助于监控品牌绩效、促进品牌组合管理和公司管理，实现营销、会计等多个不同部门的资源共享和职责协同，使得人力资源得以最优配置，降低对人力资源的监督成本和所有者与经营者之间契约的执行成本，即节约了交易成本。其三，规避市场交易机制不足。由于品牌创建的团队协作性以及品牌的排他特性，使得品牌“投入要素生产率”的计算以及“报酬”的确定很难仅依靠市场机制完成，通过品牌会计报告所提供的品牌价值信息可以弥补这一不足，从而实现交易成本节约的目的。

综上所述，无论是在市场交易机制还是企业交易机制中，均可以利用品牌价值会计信息降低交易成本。交易成本理论将有效解释品牌价值会计报告的效用所在，其具有降低交易成本的效用。

（三）效用理论基础：经济后果理论

经济后果理论是在对“信息中立”观念的质疑声中，以代理人理论为基础发展起来的。其对会计准则制定机构、会计信息利益相关者、管理当局会计政策的选择、宏观经济决策等均具有重要影响。

---

① 《“桐君阁”抵押借贷2580万元》，《中国知识产权报》，2006年9月15日，第5版。

1. 经济后果理论的主要内容。关于经济后果的研究形成了三个主要假说：奖酬计划假说（亦称分红计划假说、经理人薪酬假说等）、债务契约假说、政治成本假说。“奖酬计划假说”认为企业管理者通常倾向于选择可增加报告盈利会计方法程序的主要动因是确保其奖酬，而并不是企业“误导”市场行为。但在特殊情况下，管理者也会选择报告低盈利水平的会计方法程序，比如“盈利冲刷”。“债务契约假说”认为企业管理者具有选择可降低违约可能性的会计政策的动因。“政治成本假说”认为对政治程序敏感性较强的企业具有选择可降低其承受的政治风险或政治成本的会计方法程序的动因。按照经济后果的效用可将其按照“三分法”进行划分，划分为中性经济后果、良性经济后果、恶性经济后果。

2. 经济后果理论与品牌价值会计报告效用。经济后果理论虽然强调的是从管理者的会计政策选择行为对企业价值和利益相关者的影响视角进行研究，但究其实质，其主要是在研究会计信息对企业价值和利益相关者决策行为的影响，即不同的会计信息会产生不同的经济后果。品牌价值会计信息同样也具有经济后果性。关于经济后果研究的三个主要假说在实证研究中均得以证明，其中的“奖酬计划假说”和“债务契约假说”为品牌会计效用提供了理论支撑。

1931 年，普罗克特—甘布尔公司（Procter & Gamble Company）的尼尔·麦克尔罗伊（Neil McElroy）提出品牌经理制①。品牌经理制虽然具有便于监控品牌运营全程、助力于品牌定位和个性塑造、有利于以个性化维持品牌的长期发展的优势，但也存在营销资源分散、整体观念欠缺、部门之间冲突等劣势。正是由于这些弊端的存在，品牌经理制朝建立多层次、灵活的品牌管理体制方向发展。目前，所构建的品牌管理体制由低到高大致分为三个层次：品牌产品管理层②、品牌类别管理层③、企业品牌管理层④。无论是最初的品牌经理制还是现今的多层次品牌管理体制，品牌管理均是管理者工作的核心，品牌管理成效的优劣应是企业管理者奖酬计划确定的一个重要参考依据和考核标准。此外，根据 Keller（2012）所做的文献综述，一个强势的品牌能够衍生出许多经济效益，

---

① 即在企业内部建立产品经理组织制度，以协调职能型组织中的部门冲突。企业为其每一子品牌专门配备一具有高度组织能力的品牌经理，品牌经理统一协调产品开发部门、生产部门以及营销部门的工作，负责品牌管理影响产品的所有方面以及整个过程，并对其所负责品牌的产品开发、品牌销售以及产品的利润负全部责任。

② 该层次属于品牌管理最低层次，由各产品品牌经理组成。

③ 该层次由企业产品类别经理组成，负责管理品牌组合间的投资、建立与中间商之间的融洽关系。

④ 该层次是品牌管理组织的最高层，负责企业品牌建设的总体战略和布局，构建合理的品牌组合，着重企业品牌和旗帜品牌的管理，融合品牌建设与企业的总体战略，注重企业品牌导向作用发挥等。

包括更高的客户忠诚度、降低营销活动和营销危机中竞争能力的脆弱性、更大的利润、较小的消费者价格涨跌反应的弹性、更大的贸易合作和支持、增加营销沟通的有效性、更多的许可机会、额外的品牌延伸机会等。甚至强势品牌有助于吸引优秀的员工（Del Vecchio et al.，2007）、能够应对混沌市场（米勒、缪尔，2009）。鉴于此，以品牌绩效监控管理者的受托责任履行情况成为一种必需，其可以消除由于产品差异和地区差异而产生的传统会计业绩偏差，对管理者的业绩考核更加客观。

但是，对于品牌绩效监控，离不开品牌价值会计信息。由于企业是“一系列契约的联结”（Coase，1937）、是“各种生产要素所有者之间以及他们和顾客之间的一系列契约的集合”（Jensen & Meckling，1976）。按照代理人理论，不同个体和利益团体被其自身效用（利益）所驱动，但又受制于各种契约关系约束。而会计是有助于各种契约关系运作的一种监控机制，企业签订的高管薪酬契约，通常是以财务会计计量为基础，会计数据将“界定”其背后可能产生的当事人行为或经济后果[①]。当品牌会计可以提供高质量的信息时，可对其管理者的品牌管理行为或经济后果进行客观的界定，将有助于监控管理者的品牌管理绩效。

此外，“债务契约假说”对品牌价值会计报告的效用也予以了很好的解读。当公司将品牌在资产负债表进行列示，提供品牌价值会计信息时，可对公司财务状况予以更客观的呈现，提升公司的融资能力（Guilding & Pike，1994）、增加负债融资的使用年限（Muller，1999）、降低资本成本（Eccles et al.，2001）、降低管理者对债权人债务违约的可能性。由于企业签订的债务契约，通常亦是以财务会计计量为基础，其同样依赖于会计信息。提供品牌价值会计信息，尤其是高质量的品牌会计信息，其对公司财务状况的更客观呈现，本身即为会计信息质量提升的一个表现，而且还可以规避企业因为不满足债务契约条件而做出的逆向选择。

综上所述，“奖酬计划假说”和“债务契约假说”可以很好地解释品牌价值会计报告的效用，品牌价值会计报告的研究应充分考虑经济后果的客观存在。

（四）路径理论基础：演化博弈理论

演化博弈理论是把博弈理论分析和动态演化过程分析相结合的一种理论，

---

① 这是因为财务报告或会计数据是各方面当事人衡量比较自身效用与成本、监控和评估有关契约关系执行情况的重要手段。

其强调动态均衡。该理论可应用于分析社会习惯、规范、制度或体制等形成的影响因素以及解释其形成过程，是演化经济学的一种重要分析手段。

1. 演化博弈理论的主要内容。综观演化博弈理论的形成历程，阿尔钦（Alchian，1950）的演化观为演化博弈论的发展提供了思路，纳什（Nash，1950）则较早用完整的博弈思想形成理论成果，斯密斯和普瑞斯（Smith & Price，1973）为从有限理性视角研究演化博弈理论寻找了可能的突破口。史密斯与普瑞斯（Smith & Price，1973）提出的演化博弈理论中的基本概念——演化稳定策略（Evolutionary Stable Strategy，ESS），使得人们突破传统博弈论的理性限定，为从有限理性视角研究博弈理论提供了可能，演化博弈理论在各个不同的领域得以长足发展。均衡状态由演化稳定均衡发展到随机稳定均衡，演化模型由确定性的复制者动态模型发展为随机的个体学习动态模型（黄凯南，2009）。泰勒和乔恩克（Taylor & Jonker，1978）提出复制动态过程，其是演化博弈理论的基本动态概念；吉尔伯亚和马脱西（Gilboa & Matsui，1991）提出"最优反应动态"概念，将学习机制和狭义的进化机制予以统一，为演化博弈论的广阔应用奠定了基础（盛昭瀚、蒋德鹏，2002）。复制动态过程和最优反应动态模型构成了演化博弈论的核心和主要分析工具。

演化博弈理论摒弃了完全理性假定，以拉马克（Lamarck，1809）的遗传基因理论和达尔文（Darwin，1859）的生物进化论为思想基础，从系统论出发，将群体调整适应的动态行为过程视为一个系统，对其中的个体行为和群体之间的关系予以描述，并对群体行为的宏观调控提供理论依据。而所构建的演化博弈模型可将个体和群体的行为形成机制及其影响因素纳入其中，能够对博弈主体行为的复杂性和多样性予以客观反映。一般的演化博弈理论具有如下特征：研究对象的群体性和动态性①；群体变化影响因素的随机性和规律性②；群体选择行为的路径依赖性③。

对于演化博弈模型的建立主要基于两个方面：选择④和突变⑤。实质上，突

---

① 即以参与人群体为研究对象，分析演化的动态过程，解释群体达到目前状态的原因和程序。

② 影响群体变化的因素具有随机性和规律性双重特性，既有一定的随机性和扰动现象（突变），又有通过演化过程中的选择机制而呈现出的规律性。

③ 通常群体的选择过程具有一定的惯性，且同时潜伏着突变的动力，从而不断地产生新变异或新特征。因而，大多数演化博弈理论的预测或解释能力在于群体的选择过程。

④ 选择是指能够获得较高支付的策略在以后将被更多的参与者采用。

⑤ 突变是指部分个体以随机的方式选择不同于群体的策略。但并非均是能够获得高支付的策略，获得高支付的策略或较低支付的策略均有可能。

变亦是发现可生存的“好”策略的选择过程。突变过程是采取一系列不断改进行为以实现适应的过程，通过不断试错、学习与模仿以具有适应性。演化博弈模型必须同时具备选择和突变这两个方面。突变机制主要是为了检验演化均衡的稳定性（Smith，1982；Kaniovski & Yong，1995），演化博弈对演化过程的模型构建主要依赖于选择机制。演化博弈模型所形成的演化稳定策略具有静态性①、精炼性②和离散性③ 3 个特征（黄凯南，2009）。

2. 演化博弈理论与品牌价值会计报告产生路径。品牌系统的复杂性和可持续发展，使得品牌的创建与维护以及相关利益者对品牌价值会计信息的需求呈动态演化态势。演化博弈理论与品牌价值会计报告产生具有密切的联系，其主要体现在以下两个方面：

其一，品牌创建和维护的动态演化。品牌本身具有生态特征，品牌培育环境也是一种生态系统（张燚、张锐，2003）。品牌问题是一个综合事理、情理和物理关系的复合生态系统的调控问题，涉及各种组织和人的行为、体制和观念等问题（Winkler，1999）。品牌研究实质上是对物理量（如物流、能源流等）、生物量（如品牌个体、种群、群落等）和关系量（如信息、位势等）的研究（张燚、张锐，2003）。品牌及品牌系统的形成和发展是一个动态演化过程，按照“品牌特色/成分/服务系统——品牌个体系统——品牌种群系统（产品线）——品牌群落系统（企业内）——品牌种群系统（同行业内）——品牌生态系统”的流程进行演化（张燚、张锐，2003）。在演化过程中，创新机制是品牌创造的基础，选择机制和扩散机制是各博弈方的博弈策略的体现，达到动态演化均衡是最终目的。按照演化博弈理论，品牌创建与维护者、品牌消费者、品牌互动者等行为主体在品牌的演化过程中，根据确定的适应性标准，不断修正和改进自己行为、模仿成功策略，其演化过程呈现一定的规律性。品牌演化博弈过程中的纳什均衡实现是经过动态调整、多次博弈后实现的，是具有路径依赖性的。品牌创建和维护的过程，实质上也是品牌管理者通过适应性学习以采取一系列具有演化动力作用行动的过程。会计作为一项经济管理活动，其对会计主体的资金运动进行全面、综合、连续、系统的反映和监督，是对过去历

① 即演化稳定策略是一个静态概念，其不依赖于演化过程，并不探究均衡的获得程序。
② 即演化稳定策略是纳什均衡的一种精炼。
③ 即演化稳定策略中的博弈是两人的对称博弈，策略是离散型的纯策略，群体是无限大。

史的一个反映，这契合了演化博弈中均衡精炼实现的要求①，即会计信息对博弈历史的反映为博弈主体选择未来行为策略提供了依据，满足了演化博弈中均衡精炼实现的需要。品牌的生成和维护的动态博弈需要会计反映的历史以实现其选择机制和突变机制的执行，从而最终实现精炼纳什均衡。

其二，品牌价值会计信息需求的动态演化。在19世纪80年代以前，为品牌观念时代，人们已经注意到品牌，但却未予以高度重视，品牌数量亦非常有限，品牌的所有者主要是个体生产者。在这一时期，利益相关者对品牌的信息需求并不旺盛，不提供品牌会计信息亦可满足各博弈主体的需求，符合演化博弈的适应性标准。20世纪三四十年代，随着品牌效用逐渐被认知，人们开始注重品牌的宣传（主要采用广告的形式），品牌也开始由专门职能部门予以管理，出现了品牌经理，诞生了专门的品牌管理系统②。随后，很多企业开始尝试实施品牌管理系统，并逐渐盛行于全球。在这一时期，品牌培育环境以及品牌各博弈主体的需求发生了很大的变化，这些突变因素的出现，促使各行为主体不断修正和改进自己行为，具有提供品牌信息的需求。20世纪80~90年代，出现了品牌整合，品牌资产盛行（Aaker，1991）。20世纪90年代以来，品牌战略和品牌管理在公司战略和管理中的地位日益凸显。品牌战略地位的确定，使得品牌相关各博弈主体在修正自己行为的同时，选择符合其利益最大化的行为规则。品牌会计信息可以反映来自社会的演化压力③，品牌会计信息所具有的正面效用，促使各博弈行为主体选择品牌会计。而对品牌会计的迫切需求，也促使学者们进行品牌会计理论研究，以期解决品牌会计的实践问题，从而提供满足信息使用者决策需求的品牌价值会计信息。

综上所述，品牌价值会计报告的产生历程是一个演化博弈的过程，演化博弈理论解析了品牌价值会计报告的产生路径，是在一系列选择机制和突变机制抉择的过程中，所实现的精炼纳什均衡。品牌价值会计报告不仅应满足品牌创建和维护过程中执行选择机制和突变机制的信息需要，还应能满足品牌相关各博弈主体的博弈策略选择的决策需要。

---

① 在演化博弈理论中，均衡的精炼是通过前向归纳法予以实现的，即博弈主体根据博弈历史以选择其未来的行为策略，通过一个动态的选择及调整过程以实现纳什均衡的精炼。

② 由Neil McElroy于1931年率先在宝洁公司使用，其是专业的品牌管理软件，通过这一系统平台，能有效地组织和管理品牌信息资源、监测品牌建设情况、观察和分析行业竞争品牌情况并作出品牌建设建议，另外，通过辅助模块还可以实现品牌动态信息的发布、品牌指数监测数据的发布、用户反馈收集、用户市场调查功能，并与品牌指数平台、品牌新闻发布机构、品牌数据库对接，实现信息的多次传播和有效聚合。

③ 比如品牌生产要素的消耗、与同行业品牌的绩效差异等。

委托代理理论说明了品牌会计报告产生的动力；交易成本理论和经济后果理论阐释了品牌价值会计报告的效用；演化博弈理论论证了品牌价值会计报告生成的轨迹历程。这四种理论诠释了品牌价值会计理论报告研究的理论约束，在它们的综合作用与共同支撑下，共同奠定了品牌价值会计报告研究的理论基础。如图4-3所示。

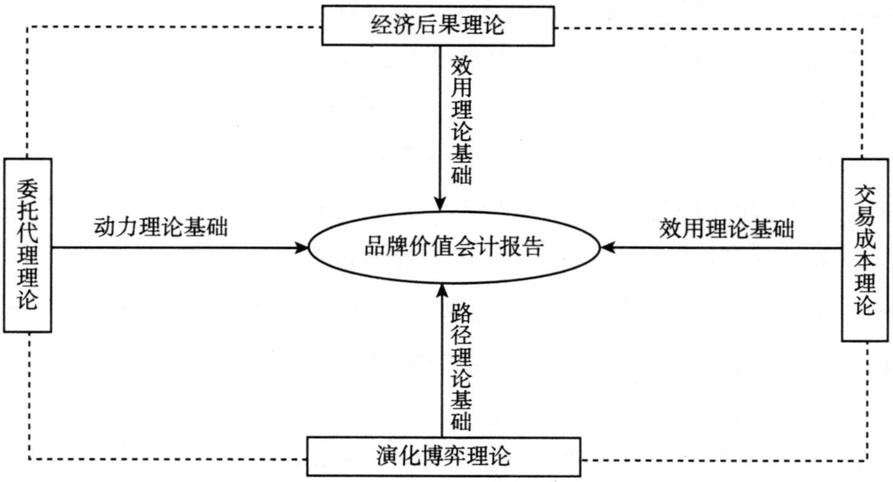

图4-3 品牌价值会计报告研究理论基础逻辑关系图

二、品牌价值会计报告的现实环境

品牌及其会计信息的形成过程，亦是品牌价值会计报告各子系统及其要素与外部环境之间协同演化的过程。分析品牌会计研究的现实环境，是构建品牌会计报告体系所必需的。

（一）品牌价值会计报告的产生环境分析

品牌价值会计报告并不是从来就有的，是因为存在促使其产生、发展的现实环境根源而出现的。

1. 管理理论的变革：核心竞争力理论的兴起。迈克尔·波特产业结构分析理论的缺陷①以及凭借重组和流程再造以谋求竞争力提升的受挫②，使得如何重

① 比如，该理论无法解释同处高吸引力产业的企业也存在经营状况不佳的情况，诱导企业做出进行无关联多元化经营的错误决策。

② 20世纪80年代，日本企业的竞争力在很多产业上取代了美国企业的领先地位，美国企业为赶上日本企业，通过重组和流程再造以谋求竞争力的提升，但效果并不显著。

建企业竞争战略、保持企业的持续竞争优势成为一个亟需解决的问题。在此背景下，核心竞争力（核心能力）理论应运而生。该理论由普拉哈拉德（Prahalad）和哈默（Hamel）于1990年提出①，并成为管理理论界的前沿问题之一被广泛关注。按照该理论所提出的核心能力与非核心能力的区别特性②进行评判，品牌是核心能力的重要构成要素，品牌竞争力是核心能力的表征。随着人们对品牌认知的加深，对品牌的重视度日益提升。与此同时，顾客价值理论的影响也逐渐深入人心，该理论认为价值是由顾客决定的。从20世纪80年代开始，企业管理层逐步认识到："企业的真正价值实际上存在于企业经营活动的外部，即消费者的头脑中，而决定消费者对企业价值判断的决定因素是品牌。"③ 在核心能力理论以及顾客价值理论的双重影响下，人们迫切希望能够通过品牌管理以实现品牌竞争力这一核心能力的提升，从而取得竞争优势。管理大师彼得·德鲁克（Peter F. Drucker）曾言：管理就是要可衡量。品牌管理也不例外，人们迫切希望对品牌的价值进行衡量。核心能力理论的兴起对品牌的创建耗费和培育结果进行观察、计量乃至记录和比较提出了要求，这便成为促使品牌价值会计产生的客观根本原因之一，与此同时，也客观上促使了品牌会计报告的产生。

2. 品牌意识的革命：品牌价值地位的凸显。20世纪70年代末，全球第四次并购浪潮掀起，20世纪90年代中期，全球第五次并购浪潮掀起。在规模日益巨大的并购浪潮中，人们逐渐认识到：兼并价值中，品牌价值的比重日益提升。在20世纪80年代前，企业并购竞价之比大约是1∶8或1∶10，即收购价一般是被收购企业资产价值的8到10倍（Kerin & Sethuraman，1998）。1980年以后，收购竞价20至25倍已成为一种常态④（杨雄胜，2000）。究其原因，在于人们的品牌意识发生了变革，品牌价值地位凸显，人们已经开始意识到品牌的价值，而且愿意支付高昂的成本以获取品牌。与此同时，基于品牌管理目的而产生的"品牌权益"一词也在20世纪90年代后风靡全球，品牌管理也成为现代企业管理的前沿领域。定位于向信息使用者提供决策有用信息的会计，为了满足信息

---

① Prahalad，C. K.，Hamel，Ga.，The Core Competence of the Corporation，*Harvard Business Review*，May/Jun 1990，68（3）.

② 核心能力与非核心能力的区别主要体现在5个方面：价值性、异质性、不可模仿性、难以替代性和延展性。

③ 杨雄胜：《品牌会计》，《外国经济与管理》，2000年第23卷第11期，第37页。

④ 由于品牌价值不易确定，并购决策中，将其合并体现在商誉中，并未单独予以分离。但在商誉中，品牌价值占了主导地位，并购竞价溢价基本上取决于品牌价值。有些学者（比如：Taubre，1988）将品牌价值界定为因为品牌所产生的市场地位使其超过其实体资产价值的附加值，即为此处的并购竞价溢价。

使用者的需要，其该如何对品牌资产进行计量、如何对兼并中普遍存在的成交价格远远高于有形资产实际价值的现象予以反映与解释成为亟须解决的问题。传统的会计核算已不能满足外部信息使用者的外在要求以及内部管理层品牌管理的内在要求，催生品牌会计报告产生的驱动因素已经存在，也迫切需要披露品牌会计信息以满足实践中经济决策的需要。

（二）品牌价值会计报告的发展环境分析

品牌会计产生之后，其步入了日益增长的品牌会计信息需求与品牌会计发展缓慢并存的局面，其中的品牌价值会计报告研究发展亦是步履迟缓，这与品牌会计所处的发展环境密切相关。现从品牌会计的发展环境视角对这种局面存在原因予以解析。

1. 品牌价值会计信息需求旺盛的环境分析。从时间角度来看，品牌价值会计发展阶段的时间历程与品牌学理论的现代品牌理论阶段和当代品牌理论阶段相一致①。从不同阶段品牌学理论的重点研究领域可以管窥品牌会计所处的发展环境。

在现代品牌管理阶段，主要研究内容包括品牌权益（资产、价值）理论、品牌权益（资产、价值）管理理论和品牌权益（资产、价值）管理运作模型三个方面，集中于品牌资产财务价值评估、品牌权益的形成机理及其测评、品牌资产的使用价值和价值的经济学本源、品牌权益（资产、价值）管理以及围绕管理实践所构建的管理模型等的研究。在这一时期，并购交易的风起云涌、知识产权意识的日益强化、无形资产转移的频频发生，使得品牌价值评估成为必需。在企业并购、品牌使用许可与特许、合资契约谈判、侵权诉讼索赔等产权交易活动中，均涉及或要求对品牌进行价值评估。品牌价值效用的日益凸显，使得人们意欲通过探究品牌权益的构成要素及相互关系，寻找隐藏于品牌资产经济价值背后的本质驱动因素，识别品牌资产的使用价值和价值；另一方面，为保证品牌权益、资产和价值的有效形成和长期维持，对品牌进行了专门管理，设计并采取了一系列符合实践情况的运作模型②。可以看出，品牌战略地位得以提升和确定，使得品牌理论的相关研究更加深入。

但与此同时，人们对能为企业管理活动提供重要决策依据的品牌会计信息

---

① 品牌学理论的发展大致可划分为 3 个阶段：古典品牌理论阶段（20 世纪 50 年代至 20 世纪 80 年代）、现代品牌理论阶段（20 世纪 80 年代末至 20 世纪 90 年代）和当代品牌理论阶段（20 世纪 90 年代末至今）。

② 比如，奥美的“品牌管家”、萨奇的“全球品牌战略”、电通的“品牌传播”、达彼思的“品牌轮”、智威汤逊的“整体品牌建设”等。

的需求则更加迫切，并试图确定出品牌的价值。在当代品牌理论阶段，研究重点集中于品牌关系和品牌力理论、品牌塑造方法、战略性品牌管理理论、范畴性品牌理论（源于品牌的外延不断扩展）及其他新兴品牌思想等。在这一时期，学者们由于已经深刻认识到品牌具有巨大的竞争力提升效用，其开始注重品牌的形成机理，试图从品牌的形成视角去发现品牌效用存在的原因，以有助于强势品牌的创建和培育。此外，新兴战略管理理论（比如利益相关者理论、组织生态系统等）也开始更深入地渗透影响学者们研究思维，学术界开始了以“品牌关系”为中心的研究热潮，主要研究物理型品牌关系和生态型品牌关系。对品牌形成机理的注重，促使利益相关者开始关注品牌的生成成本；新兴战略管理理论的渗透影响，使得利益相关者或者各博弈行为主体更加注重品牌会计信息。

品牌会计信息旺盛的需求，使得人们希望通过品牌会计实践予以提供，也迫切需要通过品牌价值会计报告进行信息呈报。

2. 品牌价值会计报告发展缓慢的环境分析。知识经济的蓬勃兴起导致了会计理论和实务研究范围的重大突破，品牌会计信息的旺盛需求促使学者们去研究品牌会计问题，但是由于受传统会计观念、估值技术等因素的桎梏，品牌会计的发展非常缓慢，品牌会计所处的人文环境、经济环境等制约了品牌会计的发展。在现有研究中，学者们仍局限于传统会计范围，试图在不突破传统会计理念的情境下解决会计问题。然而，由于品牌形成过程中的不确定性以及动态演化性，品牌价值的可靠计量存在难度，其成为品牌会计未能大力发展的最大阻碍，甚至基于此原因而拒绝提供品牌的相关会计信息。比如，处于易产生诉讼环境的美国，其品牌价值信息必须是客观的和可验证的。美国的公司和会计师事务所在对外披露财务信息时，必须非常客观，以免股东和债权人权益因被这些信息误导而受到损害。因此，管理者和会计人员对披露品牌价值而有所忌讳。

综上所述，从品牌会计产生的环境视角来看，其孕育和发展环境已经非常成熟，但对品牌会计所处的理念认知环境和技术环境还不成熟，也限定了品牌价值会计报告的发展。总体而言，品牌价值会计报告已经具备产生和发展的现实环境需求，对其需求也日益增加。

第二章　品牌价值会计报告体系构建的会计理论基础

按照会计核算程序，会计确认是基础，会计计量是核心，而会计报告是会计确认与计量结果的综合体现。会计确认和会计计量是会计信息形成的基础和前提条件，品牌会计确认和计量因品牌自身的特性而呈现出特殊之处，对品牌价值会计报告研究是立足于品牌会计确认理论和品牌计量理论基础之上方可进行的。品牌会计确认理论和品牌会计计量理论是品牌价值会计报告体系构建的会计理论基础。

一、品牌会计确认理论

对品牌资产是否确认以及如何确认，人们可谓众说纷纭。综观品牌会计发展历程，经历了品牌会计确认的动态演变以及是否确认品牌资产的世纪之争。虽然随着会计理论的不断创新以及会计理念的变革，导致品牌会计确认的阻力正逐渐得以突破。但是由于品牌会计确认理论的非完善性，比如品牌资产识别理论的欠缺、品牌会计确认的基本假设、时间和方式等问题的争议性，这将影响品牌价值会计报告体系的构建。

（一）品牌资产的会计识别

品牌作为一项重要的无形资产，在对其进行会计确认之前，应首先对其进行识别，尤其是应对自创品牌进行识别。这是因为品牌资产的创建是一个长期的过程，品牌成为能够“产生未来经济利益”的“经济资源”是需要经过一段时期的。而品牌只有成为“经济资源”时，其才符合资产的定义，方可予以会计确认。鉴于此，对品牌是否是一项“经济资源”进行识别，是进行品牌会计确认的重要前提。由于该项识别本质上是服务于会计目的的资产识别，故称之为品牌资产的会计识别。

品牌是企业一项重要的核心能力，因此，在实务中，常参照企业核心能力的识别方法进行品牌资产的发现与识别。企业核心能力具有三大核心特征：一是价值特征，即有助于实现顾客所看重的价值；二是资产特征，即具有“资产专用性特征”，核心能力具备的持久性使得企业竞争优势的维持具有持续性；三是知识特征，即竞争对手难以模仿和替代（Leonar - Barton，2000）。鉴于此，若欲识别企业拥有的相应核心能力，需同时满足 3 个测试：顾客认可其带来的价值、与竞争对手相比具有比较优势、难以被模仿或复制。一般来说，消费者是否认可某一品牌存在额外价值，通过冠以该品牌的产品或服务便可得以体现，但也会存在部分有价值的产品或服务并未通过市场的合理定价而得到消费者的认可。前文所提到的 3 个关键测试，是颇具理论性、缺乏可操作性的识别品牌价值的定性方法，很难直接通过这 3 个关键测试以完成对品牌资产的发现识别。

在实务中，常采用一些替代的识别方法，比如过程系统分析法。由于品牌自身具有过程性的特性，而且这一“过程”往往涉及企业的多项活动而成为系统。过程和系统在特定条件下可能只涉及企业的单一功能，通过功能分析便可很好地识别品牌。在大多数情况下，过程和系统会涉及多种功能，使得过程系统本身具有复杂性，但过程系统分析仍是常被采用的识别企业品牌的方式。这是因为对整个系统进行分析方可做出全面的评价与判断。扎根理论（Grounded Theroy，GT）研究法在实质上是一种过程系统分析法①，本章拟采用该方法对品牌资产会计识别理论问题进行研究。

1. 问题提出与文献回顾

（1）问题提出。按照 Keller（2001）的品牌资产金字塔模型，品牌资产建设必须经过“品牌识别——品牌含义——品牌反应——品牌关系”四个步骤。可以看出，品牌识别是品牌资产产生及其价值形成的初始。此处所定义的品牌识别是基于消费者视角的，即某一品牌被消费者所认知。具体到品牌资产的会计识别，当品牌成为一项“经济资源”时，意味着其能够带来未来经济利益，其具有了价值。鉴于此，品牌资产的会计识别，本质是对品牌价值的识别。品牌价值的会计识别，其包含两层含义：其一，是对品牌表性特征的识别；其二，是对品牌是否已经具有价值进行识别。对于第一层次的识别比较简单，主要是针对品牌的显性要素，可以比较直观地观察到。第二层次的品牌价值识别才是

① 该方法是运用系统化的程序，针对某一现象来发展并归纳式地引导出扎根的理论的一种定性研究方法。因此，将其归类于过程系统分析法。

核心。由于品牌生成并没有固定的路径和模式，且在有些情况下，品牌价值形成与品牌投资之间并不具有显著的直接联系。鉴于此，对品牌资产会计识别的标准确定采用质性研究更为合理。这是因为，相比于定量研究，质性研究在构建对社会现象深入透彻的理解和解释时更具优势（牛美丽，2006）。在诸多质性研究方法中，扎根理论因研究过程可追溯和重复检验、研究者立场和视角具有客观性以及注重理论来源于实践（贾旭东、谭新辉，2010），应当是最佳选择。鉴于此，扎根理论法是对品牌资产的会计识别问题进行研究的一种有效方法，将采用该方法对品牌资产的价值识别理论问题进行研究。

（2）文献回顾。品牌识别并非一个全新的概念，不同学者对其的定义表达也有所不同，大致可分为两类：一类是本质属性观。这种观点认为品牌识别是品牌的一种本质属性。比如，Aaker（1996）将其定义为“引起人们对品牌的美好印象的一种联想物。”另一类是具体动作行为观。这种观点认为品牌识别是品牌所有者通过传播建立差别化优势的一种具体行为。比如，翁向东（2008）将其定义为通过营销传播活动以界定品牌核心价值，进而形成区别竞争者的品牌联想。在品牌识别的内容方面，Aaker（1996）认为包括品牌精髓、品牌核心识别和品牌延伸识别。翁向东（2008）认为包括品牌核心价值、品牌基本识别和品牌延伸识别。二者的观点只是在表述上有所不同，实质上是一致的。宁昌会（2006）认为企业品牌识别系统包括品牌的企业（组织）要素、产品要素、符号要素和象征要素。现有文献对品牌识别和品牌价值二者之间关系并未进行专门的研究，但也略作涉及。品牌识别将指导品牌创建及传播的整个过程，而此过程也正是品牌价值形成和保持的过程。品牌形象（消费者概念）[①] 促成品牌价值（Biel，1992）。

综上所述，从研究对象来看，现有的品牌识别研究立足于消费者，主要是对品牌的形象识别，虽然品牌形象促成品牌价值的形成，但由于品牌形象是一种意识反映，对其很难客观地把握，而品牌价值是一种可以数据量化的客观存在，针对品牌价值进行识别则更具客观性；从研究视角来看，国内外学者主要是从消费者角度进行的，而立足消费者视角，可能存在信息不对称，导致品牌价值识别的偏颇。更重要的是，消费者所认可的品牌形象，实质上也是企业品牌创建和维护、品牌管理的结果，从企业视角对品牌价值进行识别更加客观，

① 按照现有的品牌识别理论，品牌识别的核心即是对品牌形象的识别。

且在识别过程中所取得品牌管理信息、品牌价值形成动力因素信息等，为品牌资产的会计核算奠定基础。鉴于此，本书拟立足企业视角，对品牌资产进行会计识别，即对品牌资产的价值进行识别。

2. 研究方法选择。鉴于品牌资产的特殊性，对品牌资产的会计识别拟采用扎根理论方法。扎根理论由格拉斯和斯特劳斯（Glaser & Strauss）于1967年在《扎根理论之发现：质化研究的策略》一书中首先提出，随后斯特劳斯对扎根理论的内涵不断予以完善与拓展。扎根理论是一种旨在从经验资料基础上建立理论的定性研究方式（Strauss，1987），从资料中提升理论以形成理论框架，是一个融理论演绎和理论归纳于一体的资料收集和分析过程。扎根理论的基本思路是：从资料中产生理论①、对理论保持敏感②、不断比较的方法③、理论抽样的方法④、灵活运用文献⑤、理论性评价⑥。扎根理论研究流程图如图4－4所示。其中，对资料进行逐级编码是扎根理论中的核心环节，共包括开放编码、主轴编码和选择编码三个级别。

由于在此形成理论框架的目的是对品牌资产进行会计识别，因此在应用扎根理论方法的过程中，也将一些常规的品牌资产识别方法融入其中。比如，在进行文献探讨、资料收集及分析的过程中，进行基准分析、企业的自我评价、竞争对手信息分析等。

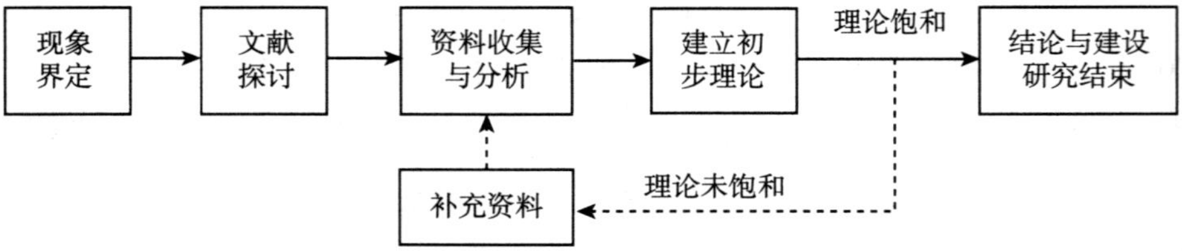

图4－4　扎根理论研究流程图

资料来源：根据Strauss（1987）、Pandit（1996）等人的文献资料整理所得。

---

① 其是一个从下往上将资料不断浓缩的归纳过程。理论须溯源至其产生的原始资料，并以经验事实为依据。

② 不论是在设计阶段，还是在收集和分析资料的时候，研究者均应对自己现有的理论、前人的理论以及资料中呈现的理论保持敏感，注意捕捉新的建构理论的线索。

③ 扎根理论的主要分析思路是比较，在资料和资料之间、理论和理论之间不断进行对比，然后根据资料与理论之间的相关关系提炼出有关的类属及其属性。

④ 在对资料进行分析时，研究者可以将从资料中初步生成的理论作为下一步资料抽样的标准。这些理论可以指导下一步的资料收集和分析工作，如选择资料、设码、建立编码和归档系统。

⑤ 使用有关的文献为资料分析提供新的概念和理论框架，但应注意不要过多地使用前人的理论以防止自身的思路受限。

⑥ 扎根理论对理论的检核与评价有自身的标准，归纳起来体现为四点：一是概念必须来源于原始资料；二是理论内部应具有很多复杂的概念及其意义关系；三是理论中的每一个概念应该与其他概念之间具有系统的联系；四是由成套概念联系起来的理论应具有较强的运用价值和较强的解释力。

3. 研究设计

（1）资料来源。本研究收集的资料均来源于公开资料，主要包括：中国学术文献总库、维普中文科技期刊数据库检索以及相关的文献资料。为确保资料真实准确地反映品牌状况，对所收集到的资料进行相应的整理、整合与质证。此外，资料的收集和分析是一并进行、同时发生且连续循环的。

（2）开放编码——概念化与初步范畴化。开放编码是对资料进行概念化和初步范畴化的过程，其目的在于指认现象、界定概念、发现范畴，即处理聚敛问题（Paton，2012）。在摒弃个人偏见与研究界定见的基础上，将所收集的关于海尔品牌的资料打散并赋予概念，使其能够再以全新方式得以组合。经过对收集到资料从下而上的不断浓缩归纳，直至码号出现饱和，最终从资料中抽取出58个概念和15个范畴，开放编码所形成的范畴如表4－4所示。

表4－4　　开放编码形成的范畴

编号	范畴	概　念
1	行业特性	电器机械及器材制造业
2	区域特性	企业地域、购买力、市场化程度
3	质量管理	产品质量、质量保证、质量控制、产品竞争力、产品高附加值、产品知觉质量、全面质量管理、质量意识、品质认证、质量发展战略
4	技术管理	技术创新、生产技术创新、生产方法创新、技术支持、专利技术、技术能力
5	品牌管理	战略目标定位、战略远见、多元化战略、本土化战略、市场细化战略、全球化战略、品牌保护、知识产权保护、品牌营销战略
6	品牌核心力	品牌形象、品牌个性、品牌核心价值、品牌文化、品牌文化传播、企业文化
7	品牌忠诚力	品牌认知度、品牌声誉、品牌知名度、品牌美誉度
8	品牌市场力	市场份额、市场竞争力
9	品牌创新力	自创品牌、自主知识产权
10	财务管理	财务共享管理、营运资金管理
11	品牌领导力	主流品牌
12	人力资源管理	品牌领袖、营销意识、品牌意识、员工积极性

续表

编号	范畴	概　　念
13	市场管理	资源配置、风险管控、市场链流程再造、客户管理、市场需求创新、运营竞争力、市场导向、市场开拓
14	信息管理	信息管理系统、信息科学管理模式
15	企业社会责任	经济责任、环境责任

资料来源：笔者根据资料整理。

（3）主轴编码——主范畴的挖掘。开放编码对资料进行了初步分类，但资料仍是被分割的，不同范畴之间并未建立关联，需将开放编码中被分割的资料予以进一步的聚类分析，以便在不同范畴之间建立关联，这一工作即为主轴编码。主轴编码的核心任务是在发现和建立概念类属之间各种联系的基础上，将资料中各个部分之间的有机关联予以表现。通过对开放编码中呈现出不同范畴间联系的资料予以进一步分析，以发现和解析其中潜在的脉络联系或者因果关系。通过主轴分析，共形成行业特性、国家或区域特性、基础管理、品牌管理、品牌竞争力和企业社会责任共六大关系，如表4－5所示。

在把握了各关系类别影响范畴的基础上，应进行主范畴的挖掘，即从已有范畴中挖掘出能将其他范畴予以联结的核心范畴。在表4－5的基础上，梳理出四大主范畴：第一，环境氛围。其是企业外部环境中对品牌价值形成予以影响的因素。包括关系类别中的“行业特性”“国家或区域特性”。第二，企业管理。包括关系类别中的“基础管理”和“品牌管理”。其中“基础管理”包括质量管理、技术管理、财务管理、人力资源管理、市场管理和信息管理。“基础管理”是“品牌管理”的前提，服务于“品牌管理”。一个成功的品牌其背后需整个公司共同努力和支持（米勒、缪尔，2009），经过一系列的“基础管理”，方可为“品牌管理”奠定基础和提供条件。第三，企业社会责任。第四，品牌竞争力。包括关系类别中的“品牌核心力”“品牌忠诚力”“品牌市场力”“品牌创新力”和“品牌领导力”。

表4－5　　基于主轴编码的六大关系

编号	关系类别	影响关系的范畴
1	行业特性	行业特性
2	国家或区域特性	区域特性

续表

编号	关系类别	影响关系的范畴
3	基础管理	质量管理
		技术管理
		财务管理
		人力资源管理
		市场管理
		信息管理
4	品牌管理	品牌管理
5	品牌竞争力	品牌核心力
		品牌忠诚力
		品牌市场力
		品牌创新力
		品牌领导力
6	企业社会责任	企业社会责任

资料来源：笔者根据资料整理。

（4）选择编码——核心范畴与典型关系结构识别。在通过主轴编码，对主范畴进行挖掘后，需进行选择编码，以选择核心范畴，并把核心范畴与其他范畴予以联系，对典型关系结构进行识别、验证范畴之间的关系，并补充完善其概念化尚未完备的范畴。根据研究目的，本章将四大范畴编码为“品牌价值”，此处需要分析的是“品牌价值”这一核心范畴能否统领其他四大主范畴。

如图4-5所示，“环境氛围”“企业管理”和“企业社会责任”范畴是影响“品牌竞争力”的核心要素，三者相互作用，共同促进“品牌竞争力”的产生与提升。而“品牌竞争力”的高低是识别“品牌是否具有价值”的基础。“环境氛围”会影响“企业管理”，而“企业管理”则是“企业社会责任”履行的前提。鉴于此，“品牌价值”是统领其他四大主范畴的核心范畴。

（5）理论饱和度检验。选取同样具有较高品牌价值的格力品牌，根据收集的资料对其进行编码和分析，得到的结果仍然符合“品牌资产会计识别理论模型”的脉络和关系。经过理论饱和度检验，结果未形成新的范畴和关系，因此，所构建“品牌资产会计识别理论模型”是饱和的（Pandit，1996；Straus & Corbin，1998）。品牌资产会计识别理论模型如图4-5所示。

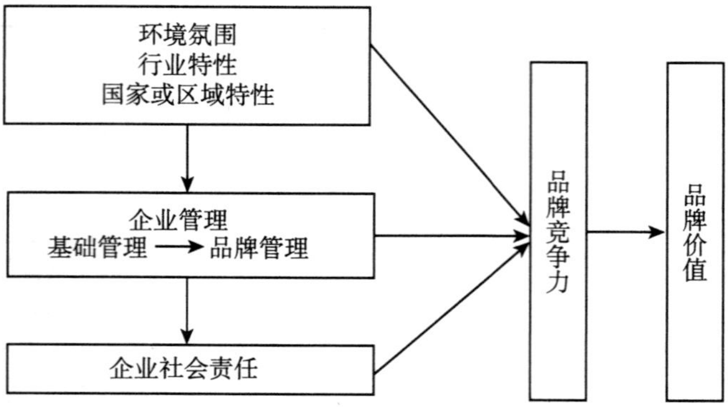

图 4-5　品牌资产的会计识别模型

4. 研究发现。根据图 4-5 所示的品牌资产会计识别模型，主要有两个方面的研究发现：一是品牌资产的识别表征；二是品牌资产的会计识别路径。

（1）品牌资产的识别表征。结合品牌资产的会计识别模型，现对品牌资产的识别表征予以分析。按照品牌识别表征形成时间顺序以及内在的因果关系，用于识别品牌的表征可以分为两类，一类是企业特性表征，另一类是企业品牌竞争力表征。企业特性表征先于品牌竞争力表征存在，且品牌竞争力表征的形成对其具有依赖性。

①企业特性表征。企业特性表征主要包括企业环境氛围、企业管理和企业社会责任。

企业环境氛围。环境氛围又包含行业特性和国家或区域特性。

第一，行业特性。品牌核心价值是品牌的终极追求和品牌营销活动的原点[①]，其可以是功能性利益，也可以是情感性和自我表现性利益[②]。但功能性利益是情感性利益与自我表达性利益的基础，因此，无论品牌的核心价值表现为何种形式，均与品牌的功能性利益密切相关，而品牌的功能性利益则取决于品牌所处的行业特性，只有行业特性才与品牌的功能性利益点和功能性个性直接相关。在品牌架构设计中，行业特性是一个重要的考虑因素。比如，成功的日化行业、汽车行业、手表行业大部分采取的是多品牌战略；而成功的家电行业

---

① 按照品牌核心价值理论，企业的一切价值活动（直接展现在消费者面前的是营销传播活动）是对品牌核心价值的体现与演绎，均要围绕品牌核心价值而展开，并丰满和强化品牌核心价值。

② 翁向东《品牌核心价值，品牌永远的灵魂》认为，一个具有极高的品牌资产的品牌往往具有让消费者十分心动的情感性与自我表现型利益，特别是在经济发达地区，品牌是否具有触动消费者内心世界的情感性与自我表现型利益已成为一个品牌能否立足市场的根本。品牌成为消费者表达个人价值观、财富、身份地位与审美品位的一种载体与媒介的时候，品牌就有了独特的自我表现型利益。

基本上采取了单一品牌战略。究其原因在于产品品牌是否需要个性化的形象以满足差异化的细分市场需求，对家电行业而言，消费者关注的重心主要是产品的品质、技术水准方面，而不是个性化形象（杨兴国，2008）。鉴于此，行业特性是进行品牌资产会计识别时需要考虑的一个重要环境因素。

第二，国家或区域特性。品牌具有很强的国家或区域特性，品牌经济的发展具有显著的空间非均衡特征，地区间差距是导致品牌空间分布非均衡的重要原因（刘华军、鲍振、杨骞，2012），品牌价值的区域差异明显（郭守亭、李佛关，2012）。按照韦伯（Weber，1928）的区位理论，空间被视为连续体，空间内的经济活动均与空间内某一参考点之间的距离相关，投资者和消费者选择生产地和消费地受区位因子约束，区域对品牌具有很大的影响。区域分工贸易理论①可以对品牌的区域特性予以较好的解释。任何区域都有一定的绝对有利的生产条件（绝对利益理论），这意味着不同区域的绝对有利生产条件则有所不同。而且，各个国家和地区的生产要素禀赋不同（生产要素禀赋理论），这意味着不同的绝对有利生产条件对品牌形成的驱动力是不同的。当某一区域集聚了较多对品牌形成具有强驱动力的绝对有利生产条件时，则该区域的品牌形成会具有优势。反之，当某一区域集聚了较少对品牌形成具有强驱动力的绝对有利生产条件时，则该区域的品牌形成会具有劣势。但在品牌形成具有劣势的区域，仍然存在品牌创建与培育。这是因为，按照比较利益理论，在所有产品生产方面，无论具有绝对优势或者绝对劣势的国家和地区，均无须生产所有产品或不生产任何产品，这两类国家或区域通过可获得比较收益以确定生产何种产品。由于品牌的产生依附于一定的产品或服务，据此，可以推导出即便不存在对品牌形成具有强驱动力的有利生产条件的国家或区域，仍然存在品牌生成行为。综上所述，国家或区域特性亦是进行品牌资产会计识别时需要考虑的一个重要环境因素。

企业管理。此处所谓的企业管理，核心是指品牌管理。基于各项管理活动与品牌管理之间的关系，可将企业管理分为基础管理和品牌管理，基础管理活动主要是服务于品牌管理活动，对品牌管理提供支持。彼得斯和沃特曼（Peters & Waterman，2009）在《追求卓越》一书中写道："在目前这种全世界日新月异进步的新时代中，资本力量在经营中的重要性已让位给管理创新。"管理已成为

① 分工贸易理论主要有亚当·斯密的绝对利益理论、大卫·李嘉图的比较利益理论、赫克歇尔与奥林的生产要素禀赋理论以及以克鲁格曼为代表的"新贸易理论"等。

创建品牌的保证。

第一，基础管理表征。基础管理主要包括质量管理、技术管理、财务管理、人力资源管理、市场管理和信息管理等。质量决定着企业的品牌效应（杨楠，2015）、技术创新锻造品牌、财务管理支撑品牌战略决策、人力资源促进品牌创新、信息管理助力品牌传播。当一个企业在基础管理上具有良性表征时，意味着为品牌创建和品牌价值形成奠定了基础。

第二，品牌管理表征。品牌管理主要包括品牌推广、品牌创建与维护两个层面（M'zungu、Merrilees & Miller，2010）。通过品牌宽度推广，即提升品牌在市场上的影响程度，可以建立品牌知名度；通过品牌深度推广，即提升品牌在消费者心目中的影响程度，可以提升品牌忠诚度和品牌美誉度、提高品牌销售力。品牌创建助力企业发展，而品牌一旦创建出来，精心的维护则成为必需，品牌维护的目的是维持品牌高度。品牌在达到一定高度之后，需通过品牌维护工作，以保证品牌生命力和品牌市场力。未雨绸缪的企业通常会通过品牌创建与维护以保证企业基业长青。当一个企业在品牌管理上具有良性表征时，意味着为品牌创建与维护和品牌价值形成提供了良好的保证。

企业社会责任。企业社会责任的承担不仅满足外部合法性的要求，比如规制合法性、规范合法性和认知合法性①（Scott，1995），而且对企业自身具有提升效应，譬如提高企业市场竞争力和改善企业经营业绩（Russo，1997；Waddock & Graves，1997），提升消费者对企业产品和品牌的正面评价（Brown & Dacin，1997；Handelman & Arnold，1999）。企业社会责任与品牌价值之间具有正相关关系（王艳婷，2013；王晓巍、陈慧，2011；李启平，2014）。这是因为对利益相关者而言，品牌是其价值需求得以承诺和保证的无形契约，品牌价值则是其对品牌承诺和保证认可度的多角度表达（王艳婷，2013），品牌价值存在于企业利益相关者的情感中（Duncan，2008）。因此，品牌价值是利益相关者诉求得以保证和实现的一种显性体现，即品牌价值越高，意味着各利益相关者利益诉求综合平衡的有效度越高，利益相关者诉求的满足度越高，利益相关者对品牌也会具有正面情感。品牌情感是消费者对品牌产生的正面情绪效应（Chaudhuri & Holbrook，2001），积极履行社会责任的企业可以引起消费者对其

① 关于企业外部合法性的类型划分具有多种形式，比如 Suchman（1995）将其划分为实用合法性、道德合法性、认知合法性。Scott（1955）将其划分为规制合法性、规范合法性和认知合法性。Zimmerman 和 Zeits（2002）在 Scott（1995）的基础上增加了产业合法性。鉴于合法性是来自于人们对事物或行动是否符合规范和期望的一种认知（宋铁波、莫靖华、薛妍，2010），此处采用 Scott（1955）的观点。

品牌的更多关注，进而提高消费者的品牌情感，以此提升企业竞争力和品牌价值。综上所述，企业社会责任履行是提升企业品牌价值的一种重要手段。

②企业品牌竞争力表征。企业品牌竞争力主要表现为品牌核心力、品牌忠诚力、品牌市场力、品牌创新力和品牌领导力。

第一，品牌核心力。品牌核心力是指让消费者明晰地识别品牌的利益点与个性，是驱动消费者认同、喜欢与爱上一个品牌的主要力量。品牌是企业核心价值载体的角色承担，品牌核心力则是企业核心价值提炼和定位准确性的一个重要体现。品牌核心价值应具有高度的差异化、富有感染力、具备广阔的包容力、有利于获得较高溢价且与企业资源能力相匹配。因此，具有良好核心力的品牌能够有效地向消费者传达核心价值或者提示消费者联想到核心价值的作用，进而加深核心价值在消费者心中的烙印。品牌核心力是对消费者最具感染力的内涵。

第二，品牌忠诚力。消费者在进行购买决策时，若多次表现出对某一品牌的有偏好性的（而非随意的）行为反应，即为对该品牌具有忠诚力。提高品牌的忠诚力，对一个企业的生存与发展、扩大市场份额极其重要。按照佛德心理分析理论："品牌偏好主宰着消费者购买动机，它是一种潜伏性的心理意识。"消费者偏好确立的唯一方法即为刺激消费者的潜意识动机。消费者通过"认知过程模式"被某一品牌所吸引，并信任和愿意使用该品牌。由于品牌的本质是企业与消费者之间的隐性契约（科特勒、阿姆斯特朗，2002），消费者以其自身对某一品牌的偏好与该品牌的声誉、竞争力和可预测性（即满足消费者预期需求）结成非协议性契约（Afazal et al.，2010），并通过这一隐性契约形成两者之间互惠的、相对稳定的状态。

第三，品牌市场力。市场力反映品牌在外部市场营销工作的效果。品牌市场力的大小是以品牌的强势程度为依托的，其是品牌强势程度的一个外在体现。品牌市场力意味着品牌的获利能力以及对抗价格竞争的能力，品牌市场力越强，则品牌的获利能力越强，对抗价格竞争的能力也越强，进而品牌的影响力也越大。

第四，品牌创新力。品牌创新力是指品牌所具备的创造价值的新能力。通过赋予品牌要素以创造价值的新能力的行为，即通过技术、质量、商业模式和企业文化创新，增强品牌生命力。按照《福布斯》的观点，不能做到创新的品牌实际上在未来为公司创造更多利润方面的价值甚微。品牌能够增加市场对于创新产品的接受度，因而提升了创新的价值。

第五，品牌领导力。“品牌领导力”概念由梁中国于2009年首次提出。所谓品牌领导力是指决策者对品牌价值的定义力和战略平衡力，以及品牌在市场中的引导力。产品品牌领导力由产品品牌实力（即产品在市场中的能力）和产品品牌地位（即产品在市场中的位置，包括产品品牌的尊敬性和信息性[①]）共同构成。

综上所述，品牌竞争力是企业基础管理、品牌管理以及社会责任履行的结果，是品牌价值的一个重要体现，是识别品牌资产价值的一个重要依据。某一品牌资产的竞争力越强，亦意味着其具有越高的价值。

（2）品牌资产的会计识别路径。结合品牌资产的会计识别模型，现对品牌资产的识别路径进行分析。品牌资产的识别路径包括三个环节。第一环节是环境识别，即对品牌环境氛围进行识别。分析企业品牌所处的环境氛围，把握企业的国家或区域特性、行业特性。第二环节是基础识别，即对企业的基础管理、品牌管理和社会责任进行识别。应该注意的是，对基础管理和品牌管理的识别不能够孤立进行，应对二者进行综合的识别。这是因为基础管理可以为品牌管理创造良好的前提条件，而良好的品牌管理对基础管理也具有倒逼的促进作用。第三环节是核心识别，即对品牌竞争力进行识别。在每个识别环节，分析各个因素的表征，进而对某一品牌是否具有价值进行识别，当某一品牌具有价值时，其形成了一项品牌资产，反之，品牌资产则尚未形成。品牌资产会计识别路径如图4－6所示。

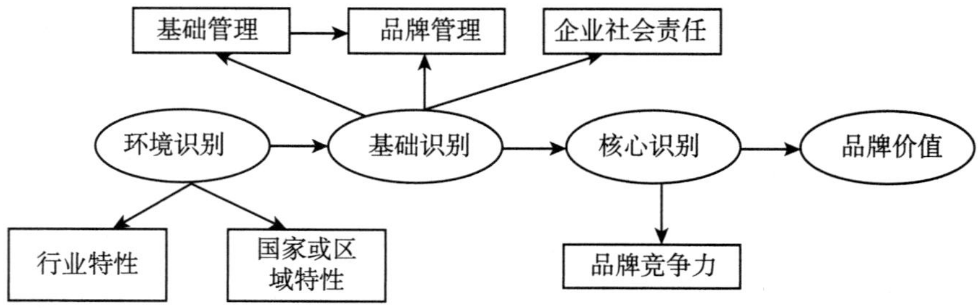

图4－6　品牌资产的会计识别路径

5. 研究结论。根据前文分析，本章主要形成以下结论：（1）立足于企业视

① 所谓尊敬性，是指消费者通过产品品牌所具有的尊重性而能赢得的相应尊敬；所谓信息性，是指消费者对产品品牌所传达的各类信息的理解和体验。

角的品牌资产会计识别是一个分层级的综合识别，包括环境识别、基础识别和核心识别三个层级。在每一层面的识别过程中，需对不同因素之间的关系予以综合考虑。(2) 以品牌核心价值理论、区域分工贸易理论分析了环境因素对品牌价值的间接影响；以利益相关者理论、社会责任理论分析了企业社会责任对品牌价值的作用；以核心竞争力理论分析了品牌竞争力对品牌价值的作用。在这些分析基础上，从环境和管理层两个层面分析了品牌资产的会计识别表征，构建了品牌资产的会计识别模型；从环境识别、基础识别和核心识别 3 个层面分析了品牌资产的会计识别路径。在品牌资产的识别过程中，各识别表征的呈现状态与品牌价值具有直接的关系，若各识别表征呈现状态越好，品牌价值越高；反之，则品牌价值越低。

值得注意的是，品牌资产的会计识别过程，亦是发现品牌价值形成驱动因素的过程，这些驱动因素实质上是品牌会计需要确认、计量、记录、报告的对象。鉴于此，品牌资产的会计识别过程实质上是明晰品牌会计确认条件、确定品牌价值会计报告内容的过程。

（二）品牌会计确认的基本假设

"只要自然科学在思维着，它的发展形式就是假说。"[①] 品牌会计也不例外，它的发展也离不开假说，品牌会计亦是建立在一些不需要加以验证的合理假定之上的。品牌会计作为现代会计一个重要研究专题，除遵循一般会计确认的四大传统基本假设外，还遵循其他一些特殊的基本假设。根据品牌资产的会计识别理论，结合品牌资产的特性，品牌会计确认需要遵循的特殊基本假设主要有：

1. 可识别性假设。品牌价值具有可变性，随着品牌生命周期以及演化形态的变化而发生改变。品牌会计中，需采用一定的程序和方法，对品牌进行反映和控制，品牌及其价值应是可以识别的。品牌的可识别性包含两层含义：第一，品牌的显性识别[②]。对品牌的显性识别可以通过其外在表征和功能进行确定。品牌具有外在表征，其是一个名称、名词、符号或设计，或者是它们的组合，可以根据这些外在表征进行识别；品牌的功能是可确定的，尽管不同的企业根据自身的行业特征、发展目标、产品性质等会采用不同的品牌创建和维护策略，但每一策略的背后均是基于品牌确定的基本功能之上的。鉴于此，根据品牌的

① 恩格斯：《自然辩证法》，《马克思恩格斯选集》（第 3 卷），人民出版社 2012 年版，第 561 页。
② 此处指识别出是否是一品牌，而并非对不同的品牌进行区分。

外在表征和基础功能是可以对品牌进行识别的。第二，品牌的价值识别。品牌是具有价值的经济资源，其价值是可以予以识别的，根据企业特性、企业管理情况以及品牌竞争力等可对品牌价值进行识别①。

2. 价值可变性假设。品牌因受到自身演化及其管理方式等因素的影响，其价值会发生变化。即便是同为品牌成本，品牌不同，其成本结构、增量成本等也存在很大的差异，品牌成本和品牌市场价值并没有必然的联系，这使得很难依据品牌成本以确定品牌市场价值。品牌具有生命周期性且其演化形态呈多样性，不同的生命周期阶段、不同的演化形态、不同品牌管理方式，品牌的价值也会有所不同。因此，品牌价值具有可变性。然而，也正是品牌价值的这一特性假设，使得专门进行品牌会计研究的必要性得以凸显。

3. 可计量性假设。可计量性假设是指对于品牌价值均可以通过一定的角度和技术方法，用价值度量对其进行计量。但在品牌会计核算中，品牌中包含的知识、关系和观念等主观因素，其是难以被识别和计量的。将对品牌的确认与计量建立在可计量性的假设之上，仅对可计量的对象进行确认与计量，则可对品牌会计确认、计量的结果做出合乎逻辑的解释。

4. 非消耗性假设。在关于品牌的各项支出中，有些是定位于维持品牌可持续使用的目的，专门用于品牌维护，使其能够反复利用，且可拓展至多个空间。这意味着，在发生这类支出时，隐含着品牌是具有非消耗性的，可以得以持续性使用。非消耗性假定的提出，可以在对品牌维护性支出进行核算时，设计出符合其生态特点的专门程序和方法。为保障品牌可用性的各项投资及其收益核算程序和方法的设计，应以非消耗性为基本前提之一，使得特定主体在不断进行维护性支出的条件下，充分实现品牌“创建—使用—维护—使用”的良性生态循环。

（三）品牌会计确认条件和时间

新经济形态改变了工业经济时代以有形资产投入占主导地位的格局，其与工业时代经济有着显著不同的生产方式，对传统会计确认模式将造成冲击。会计环境的变化，会计确认模式适时发展成为必需，一些学者也尝试对会计确认标准进行创新。比如，Wallman（1996）提出会计确认标准选择的焦点应是一个项目是否为企业财务披露的一部分，而不是其是否应在财务报表中予以确认，

① 关于品牌价值的识别在前文中做了比较详细的阐述。

并构建了一个具有多层次内在结构的会计确认标准体系。

资产的会计确认未来发展态势已经初步呈现：其一，强调“经济资源观”。资产的定义由强调“未来经济利益观”转变为强调“经济资源观”。IASB 于 2013 年发布的讨论稿《财务报告概念框架的复核》，将资产定义为“过去事项形成的由主体控制的现时经济资源”，这意味着“未来经济利益”不确定的品牌、智力资本等知识经济活动中对经济决策具有重要性的经济要素符合会计“资产”的定义，在一定程度上突破了品牌、智力资本等纳入会计系统的理论桎梏。其二，确认基础由交易观向非交易观的转变。基于会计信息质量的相关性要求，确认具有不确定性的未来事项是不可或缺的。国际会计界对未来经济事项的两种观点：第一事项观（One - Event - View）和第二事项观（Two - Event - View）。这两种观点的提出，实质上也为品牌的会计确认提供了理论支撑。第一事项观将相互关联的两个事项中的第一个时点的事项作为确认未来事项的基准点，而第二事项观将不确定性经济业务中相互关联的两个事项中的第二个时点的事项作为确认的基准点。二者之间主要的确认标准关键在于对未来事项的确定性的认识不同。第二事项观的提出，可以在一定程度上规避不确定性。不确定性是针对某一时点而言的，随着时间的推移，一切均是可确定的。品牌的部分内容包含对未来的判断，第二事项观的提出使得由于确认时点的时间推移，为品牌会计确认提供了更长的证据准备期。综上所述，传统会计确认标准的突破，在一定程度上解除了品牌会计确认的桎梏，为品牌的会计确认奠定了基础。

1. 品牌会计确认条件。根据会计确认标准①，结合现有的品牌会计确认条件研究，在同时满足以下条件的情况下，对品牌资产予以确认。

（1）品牌资产能够被识别。对于品牌资产的识别，除了立足于企业视角的内部识别②外，为保证品牌资产识别的科学性与可靠性，还应从竞争对手和消费者的视角进行外部识别（程锋，2010）。对于内部识别，包括表征识别和价值识别，表征识别是初始识别，价值识别是核心识别，在前文中已经予以详细阐述，此处不再赘述。对于外部识别，主要有两种方法：一是品牌的消费者贡献分析。即通过分析消费者的价值，以及消费者最注重的品牌价值因素，初步识别品牌是否具有价值贡献。二是品牌的竞争差异分析。分析企业与竞争对手的市场和

① 此处是指突破了传统的会计确认标准。
② 内部识别核心是品牌资产的会计识别，即从企业内部角度对品牌价值进行识别。

品牌资产表现差异，特别是企业不同于竞争对手的外在表现，如产品形象、品牌声誉、顾客忠诚等。此外，还可采用专家鉴别法予以识别品牌。当品牌资产能够被识别时，意味着其已成为一项经济资源，能够带来未来经济利益，符合可定义性这一会计确认标准。

（2）品牌资产具有可分离性。一项资产应是具有功能的、可分离的、可计量的性质（El – Tawy & Tollington，2008）。其中，可分离性包括两层含义：一是与企业可分离。即某一资产能够从企业中分离出来，用于出售、转让、授权许可、租赁、交换。二是其相关成本与其他资产的可分离性。在发生的与品牌有关的各项成本中，有些成本支出可能具有多个受益对象，每一受益对象的承担份额应能够分离开来。现有研究中，不具有可分离性经常成为学者们不予确认品牌的借口，尤其是成本不具有可分离性。但随着传统会计确认理论的突破，交易观向非交易观予以转变，以及对未来交易或事项的关注，品牌资产的可分离性桎梏已经予以突破。通过设计估值方法、提升估值过程的可理解性，将无形资产纳入财务报表则成为可能（Andersen，1992）。

（3）该资产能够带来经济利益的流入[①]。在资产定义的演进历程中，无论是以往占主导的"未来经济利益观"，还是现时占主导的"经济资源观"，均明确指出：一项资产应能带来"未来经济利益[②]"（ASB，1999；FASB，1985；IASB，2001；IASB，2013）。现有大量研究表明，品牌能够产生未来的经济利益。但品牌所能带来的经济利益呈现形态多样化，可能体现在销售商品、提供劳务的收入中，也可能体现在因品牌的存在而产生的成本节约中，或者体现在其他利益流入中。品牌预期带来的经济利益可能是直接的，也可能是间接的。比如，对于品牌的维护支出，其一般并不直接为特定主体带来额外的经济利益，但是却有助于公司维持一个较高的收益水平。事实上，在对品牌进行识别的过程中，可以结合相关的识别表征，根据促进品牌资产形成的动力因素，对品牌资产所能带来的经济利益进行识别。

（4）该资产相关的成本能够可靠地计量。外购取得的品牌和企业合并取得的品牌，一般来说，其取得成本容易确定，可直接根据交易成本合理计量。对于自创品牌，其形成的实际成本确定具有一定的难度，对其诟病最多的是某一

① 本研究对资产的定义采用的是"经济利益观"，并不强调未来经济利益的流入是可以确定的。

② 两种观点下，对未来经济利益流入的可能性认知不同。比如，在 IASB（2013）提出的"经济利益观"下，未来经济利益的流入可以是不确定的（汪祥耀、唐滢滢，2013）。

放弃或失去的资源，其在具有品牌资产创建功能的同时，也承担了其他功能。事实上，由于企业经济业务的相互联系性，任何一项放弃或失去的资源，其均可能产生多种后果。鉴于此，对品牌资产形成相关的成本能够可靠地计量，主要是指采用各种成本分摊方法对品牌成本予以合理的估计，或者采取估值技术对品牌资产的市场价值予以合理确定。

2. 品牌会计确认的时点和方式

（1）品牌会计确认的时点。根据品牌会计确认的条件，当品牌资产能够被识别时，方可将其确认为企业的一项资产。由于品牌创建是一个长期的过程，在品牌资产不能够予以识别时，一般来说，其是不具有价值的，或者其价值是不具有重要性的。按照资产的定义，资产是能够产生未来经济利益的。当品牌尚未形成价值时，意味着其尚不能产生未来经济利益，则不符合资产的定义，不应将品牌确认为资产。或者当品牌价值不具有重要性时，由于品牌的价值确定需要较高的成本，按照成本效益原则以及重要性原则，此时可对品牌资产不予以会计确认。

值得注意的是，品牌由于具有价值特征和知识特征，且其难以复制和模仿，可能很难在第一时间被识别，可采取事后追溯识别。但这会使得会计的“事前”“事中”“事后”监督职能的发挥大打折扣。

（2）品牌会计确认的方式。对品牌的确认，以能否识别为分界点，在能被识别以前，对于发生的相关支出予以费用化。在能够被识别之后，应分别从两个方面着手采取不同的方式予以会计确认：一是品牌成本价值。对于可直接归属于该品牌的成本予以资本化，对于间接成本可采取一定的方式进行系统的分摊后再予以资本化。二是品牌市场价值。采用一定的估计技术和方法，以资本化的方式确认品牌的价值。此外，对于具有相关性的非货币性财务信息，按照创新的会计确认标准理论，当某一项目应予以财务披露时，便应对其进行会计确认①，对其采用事前确认与事后确认相结合的方式。在品牌价值能够被识别前，对于与品牌创建与维护相关的非货币性财务信息应予以确认，进行披露。随着品牌创建活动的逐渐推移，当品牌价值能够被识别时，不仅应即时对非货币性财务信息进行确认，还应根据现行信息，对以往的非货币性财务信息予以调整。品牌资产的确认时点和方式如表4－6所示。

① 此处的会计确认内涵更广，不仅是某一项目可以进入财务报表，而是若某一项目应予以财务披露便视为可以会计确认的范围。

表 4 -6　　品牌资产的确认时点和方式

确认对象	确认时点	确认方式
品牌成本价值	品牌价值能够识别	资本化
品牌市场价值	品牌价值能够识别	资本化
具有相关性的非货币性财务信息	事前、事后确认相结合	予以披露

二、品牌会计计量理论

品牌价值会计报告的核心是将品牌资产的货币表现——品牌价值予以凸显，因此，在品牌会计计量理论中，主要对品牌价值计量问题进行研究。综观品牌会计计量的相关研究，虽然基于不同视角形成了一些计量模型，但对这些计量模型的共同批判是缺乏严密的理论基础，因此，基于这些品牌价值计量模型所构建的品牌价值会计报告体系也必将为人所诟病。从会计视角分析品牌价值的构成维度，并在对品牌价值形成进行科学理论解读的基础上构建具有严密理论基础的品牌价值计量模型，是进行品牌价值会计报告研究的重要会计理论基础。

（一）品牌价值的维度与会计表现形式

在现有研究中，一般认为品牌价值是三维构成。主要体现为价值性质观①和价值立场观②两种观点。在上述品牌价值三维划分中，由于划分依据的不科学性和③与会计目标实现的不匹配性，并不适合会计研究的要求，应对品牌价值的构成维度进行基于会计目标导向的划分。

1. 品牌价值的“二维观”。表 4 -7 中总结了品牌价值构成方面的代表性理论研究。在对这些文献予以进一步归纳和分析的基础上，有如下发现：根据品牌价值与品牌特性的内在联系，品牌价值可划分为二维度构成要素，即品牌特性价值和顾客情感价值。品牌特性价值是指由于某一品牌的性质所带来的价值，

---

① 价值性质观是从品牌价值构成内容的性质进行划分，将品牌价值划分成本价值（即对品牌的各种货币形态和非货币形态的投入所形成的价值）、品牌的关系价值（指建立、保持并发展某一品牌与顾客的长期关系的投入和由此给顾客与企业所带来的利益所体现的价值）、品牌的权力价值（指通过品牌权力的行驶和利用而获得的利益所体现的价值）。

② 价值立场观是从不同的利益相关者立场对品牌价值构成内容进行划分，将品牌价值划分为基于企业视角的品牌价值、基于消费者视角的品牌价值和基于社会视角的品牌价值。

③ 所采用的划分依据导致所划分出的品牌价值的各个维度之间内容存在交叉，且含糊不清。

主要包括品牌形象、社会形象、市场状况、品牌知名度等所产生的价值。顾客情感价值是指由于某一品牌受众的情感感知所带来的价值，主要包括品牌忠诚度、品牌联想、品牌认知度等所产生的价值。按照此种划分方式，品牌特性是为创建或培育品牌所消耗资源而产生的直接结果，品牌特性价值直接缘于诸如物质资源、技术工艺、品质保证、广告及促销、文化特征开发以及客户服务管理等生产要素的投入。顾客情感是为创建或培育品牌所消耗资源而产生的间接成果，顾客情感价值的产生依赖于品牌特性，是在品牌特性基础上所衍生出的价值，其是市场对品牌所具有价值的认定。品牌价值的衡量不能仅依赖于物质生产要素，更重要的是需将知识、技术、信息等知识经济时代的新要素纳入衡量模型之中，品牌市场价值是所有价值创造要素综合作用所创造价值的集中体现。品牌价值具有协同性和动态性①（王晓灵，2010），品牌价值是顾客特性价值和顾客情感价值综合作用的结果。

表 4-7　　品牌价值构成的代表性理论研究

序号	作者	时间	品牌价值构成
1	Martin & Brown	1990	知觉品质、知觉价值、品牌形象、可信赖感、品牌承诺
2	Keller	1993	品牌知识（包括品牌认知、品牌形象），品牌认知分为品牌记忆、品牌识别，品牌形象分为联想的类型（属性、利益、态度）
3	Kamakura & Russell	1993	有形价值（消费者对重要实体属性的效用）、无形价值（无法直接归因于实体属性的部分，如品牌名称的联想、认知扭曲等）
4	Lassar、Mittal & Sharma	1995	知觉表现、社会形象、可信赖感、品牌认同/依恋感
5	Cobb - Walgren & Rubel	1995	知名度、品牌联想与认知品质
6	Aaker	1998	品牌忠诚度（溢价、满意度/忠诚度）、品牌认知度（品质认知、领导性/普及度）、品牌联想度（价值、品牌个性、公司组织联想）、品牌知名度、市场状况（市场价格和销售区域、市场份额）

① 所谓协同性，是指品牌价值由构成维度及其相互间的关系构成；所谓动态性，是指品牌价值会随时间、不同维度状况、企业经营环境等的改变而有所变化。

续表

序号	作者	时间	品牌价值构成
7	刘尔奎	2000	市场占有率、超额利润、品牌的保护及寿命情况、品牌的趋势、市场特性、国际化能力
8	Yoo & Donthu	2001	品牌知名度/联想、品牌忠诚度、知觉品质
9	Netemeyer	2004	品质/物有所值、品牌独特性、溢价支付愿意
10	Pappu、Quester 等	2005	品牌知名度、品牌忠诚度、知觉品质及品牌联想

注：作者根据相关文献资料整理所得。

2. 品牌价值的会计表现形式。按照品牌价值的二维观，品牌价值体现方式主要有两种，一种是品牌成本累积价值。即以货币形式量化表达品牌形成所支付的各种资源总和。另一种是品牌市场价值。基于此，品牌价值的会计表现形式体现为品牌成本价值和品牌市场价值。

（1）品牌成本价值。品牌成本价值是指为建立、推广、维护品牌所投入的物力、人力和财力等支出的总和，其是创建和发展品牌的会计原始成本，包括设计、开发、商标注册、相关的专利创造和申请、试销、促销等一系列费用（Stobart，1989）。品牌成本呈现以下特征：①成本结构的专有性。与实物产品不同，品牌的成本结构具有专有性。不同的品牌，其成本构成是不同的。即便是知名度高、价值大的品牌，也并不意味着其品牌成本高。品牌成本的大小和品牌在市场上的知名度并不成正比，主要取决于战略管理手段。②注意力成本的主导性。顾客的注意力和忠诚度是一项稀缺资源，需要营销者对品牌投入新的要素资本以保持现有顾客对该品牌的记忆力以及引起潜在顾客的注意力。品牌的丰富产生注意力的贫乏。在品牌过量和超载的情况下，注意力成为稀缺资源。若欲在无数的品牌中将人们的注意力得以吸引，以获取产品或服务的最高效益，企业需不断地大量增加注意力购买成本。③增量成本的不确定性。品牌是需要长期维护的，维护成本属于品牌形成后的增量成本。不同的品牌其增量成本呈现显著的差异。对于一些强势品牌，可能仅需要少量的增量成本便可以维持其竞争力，品牌可以跨越企业空间约束予以广泛使用，这种低增量成本和品牌的大规模生产经营运作使得企业获得超额利润。而对于一些弱势品牌，需要大量的增量成本以提升与维持其竞争力，且由于品牌竞争力的限制导致应用空间较小，这种高增量成本和品牌的小规模生产经营运作可能使得企业发展受限。④具有价值发现功能。品牌越公开就越有价值，公开度越低则越无价值。在市场经济中，对于一般实物产品而言，竞争可产生价值和价格，但对于品牌，其价值和价格与实物产品不同，对其成本的估计也会因人而异。品牌能够资本化并因品牌不同而产生不同的价值，在于品牌使用者对品牌的认可程度。这是品牌成本价值发现功能的根本。正因为如此，人们不断提高品牌意识，致力于创建、培育品牌并降低其代价。企业只有降低品牌成本，强化品牌资本的专用性，才能使品牌保持资本化状态，提高品牌资本的价值贡献率。

（2）品牌市场价值。由于品牌成本的特性，品牌成本和品牌市场价值之间不具有显著的相关性。品牌的市场价值则更真实地反映了品牌价值。品牌具有可传递性和共享性，不会在使用过程中像其他生产要素那样被消耗掉，其可以多次用于不同规模的有形或无形商品的生产及市场交易中。品牌市场价值从纯粹的品牌角度而非完全的财务角度来评估品牌的价值，这更契合品牌内涵，也可以有效规避传统品牌价值评估体系中的人为因素，且品牌价值仅依附于企业财务指标的现象也可予以消除，品牌价值真正体现了其原有含义。

（二）品牌价值计量模型构建的理论推演

现有的品牌价值计量模型存在着一定的局限性，尤其是缺乏严密的理论基础是其被诟病的焦点。鉴于此，依据可对品牌价值产生科学解读的理论，对品牌价值计量模型的构建进行理论推演，使其建立在严密的理论基础之上。需要强调的是，此处所构建的品牌价值计量模型是针对品牌市场价值而言的，品牌成本价值确定可以参照传统会计理论。

1. 品牌价值产生的理论解读——“演化价值论”视角。现有研究从“劳动价值论”“效用价值论”“均衡价值论”等视角对品牌价值的产生进行了理论解读（汪秀英，2009；何炼成、徐鸿，2001；胡振华、刘国宜、王敏轶，2013），但每一种解读方式均存在缺陷，只是对品牌价值的产生进行了局部解读。“劳动价值论”实质关注的仅是品牌成本，“效用价值论”未能把握品牌价值实现的决定因素。而结合品牌的演化特性，从“演化价值论”视角可对品牌价值予以较好的解读。

由于品牌价值的形成是演化博弈的结果，可从“演化价值论”视角对其进行解读。品牌相关行为主体在品牌价值的演化形成过程中，根据确定的适应性标准，利用选择机制和扩散机制等博弈策略，不断修正和改进自己行为、模仿成功策略，最终实现动态演化均衡的目的，形成各行为主体均认可的价值均衡。品牌之间的“差异化”使得每一品牌的形成路径有所不同；品牌创建过程“长期性”使得“时间”和“历史”在品牌价值形成中具有重要地位；品牌形成的“演化性”使得品牌价值处于不断变化之中。从“演化价值论”视角分析品牌价值的产生，可以将品牌价值形成中的特性要求均予以涵盖。不同品牌的相关行为主体的适应性学习、采取的选择机制和扩散机制，将品牌“差异化”的原因以及品牌价值的形成过程予以反映；演化过程中精炼纳什均衡的实现，将品牌价值的动态性得以展现。鉴于此，“演化博弈理论”可对品牌价值产生进行较好的解读，它可以针对每一品牌进行个性化分析，并将品牌形成的“时间过程”和“历史过程”予以反映，而且体现了品牌各相关行为主体的参与，可以较好地解读品牌市场价值的产生。但是，由于品牌价值演化同时依赖于物质要素的投入和知识类要素的投入，因此，“品牌价值演化论”更关注的是所投入的物质要素和知识类要素对品牌市场价值的综合作用结果，对纯粹的品牌成本则未能予以较全面的关注。

综上所述，“演化价值论”对品牌市场价值产生具有基础性和决定性的解读功效，却对品牌成本的关注过少。但品牌成本具有重要的价值相关性，是信息使用者决策的重要依据，“劳动价值论”从品牌生产所消耗的社会必要劳动视角来阐释品牌价值，其实质关注的即是品牌成本。此外，“演化价值论”虽然关注消费者这一行为主体的参与，但鉴于品牌演化过程中的适用性标准的确定主要依赖于消费者，以及消费者在品牌价值形成演化过程中的重要地位，品牌对消费者的“效用价值”也是品牌价值决定的重要依据，因此，将“效用价值论”纳入品牌价值决定的理论构造模型中。在品牌价值的形成过程中，“演化博弈论”是价值决定的核心，“效用价值论”是价值决定的重要依据，“劳动价值论”是价值决定的重要补充。在构建品牌价值计量模型时，以“演化价值论”和“效用价值论”为理论基础；在确定品牌成本时，以“劳动价值论”为理论基础。

2. 品牌价值计量模型构建的理论基础。从前文的分析可知，演化博弈理论和边际效用理论可以有效地对品牌价值形成进行解读，以此为基础所构建的品牌价值计量模型可以规避现有模型的理论基础不足。

（1）演化博弈理论。演化博弈是新古典经济学和演化经济学的交流和结合（Schmidt，2004），演化模型必须同时满足四个主要条件方能确保所有生存者的行为是利润最大化，这四个主要条件分别是多样性、行为连续性、利润引起的增长和有限的路径依赖（Nelson & Winter，2002）。品牌演化系统符合演化模型的主要条件。品牌的创建与维护是一系列具有“驱动”效用的连续性行为综合作用的结果，比如，能够引起品牌价值变化的营销因素、竞争因素和环境因素等。当一个公司关注一个品牌时，广告、促销、资源分配、竞争活动等各种各样的“驱动”将出现，这些“驱动”因素是引起品牌价值形成的主因。此外，品牌的创建具有一定的路径依赖性，品牌系统的演进路径取决于系统的初始状态，品牌定位是品牌创建的起点，其一旦确定，品牌系统的演进路径便会呈现出相互依赖的特点。综上所述，演化博弈模型可有效分析品牌的创建与维护行为，解读品牌价值形成的原因，其是构建品牌价值计量模型的理论基础。

（2）边际效用理论。品牌实质上是一种依附于某类商品上、能够满足消费者精神消费需求的“共生”商品，边际效用理论对其同样具有适用性（于君英、沈蕾，2013）。效用价值虽然不是品牌价值实现的决定因素，仅是品牌价值的实现条件，但是利用其可以对品牌价值的确定提供参考依据和评价标准。品牌价值因品牌差异及每一品牌所处生命周期阶段的不同而变化（王成荣、邹珊刚，2005）。品牌价值所呈现的动态演化状态，需存在一个适用于各种行业、区域和不同品牌生命周期阶段的无差异的依据或标准，以作为品牌价值确定的参考依据或者评判品牌价值科学性的参考标准。品牌效用则契合了这一要求，其是因能满足消费者的特殊需求而产生的额外效用，是从复杂品牌环境中所提炼出的共性。鉴于此，边际效用理论应作为品牌价值计量模型构建的理论基础。

综上所述，演化博弈论和边际效用理论共同构成了品牌价值计量模型构建的理论基础，演化博弈论是核心，其是构建模型的主体理论依据；边际效用理论是评价品牌价值计量模型科学性的理论依据。

3. 品牌价值计量模型的构建。根据前文的分析，所构建的品牌价值计量模型应将引起品牌价值变化的“驱动”因素考虑之中，并以此确定品牌价值。动量会计的理论思想与品牌价值演化特性是相契合的。在演化博弈理论和边际效用理论的共同指导下，借鉴动量会计理论思想对品牌价值计量模型予以构建。

（1）动量会计体系的逻辑基础。在井尻雄士（Ijiri，1988）构建的动量会计体系中，其逻辑基础是用“动量”来表示企业财富的期间变动状况，用“冲量”表示引起财富某种变动的原因。动量是指某一时点企业财富的变化率，用符号 dW/dt 或 $\dot{W}$ 表示，$\dot{W}=W(t+1)-W(t)$，其中 $W(t+1)$、$W(t)$ 分别代表时间 t 和 $t+1$ 的企业财富。冲量是指某一时点动量的变化率，用 $\Delta\dot{W}$ 表示，$\Delta\dot{W}=$

$\dot{W}(t+1)-\dot{W}(t)$。与此同时，井尻雄士在探寻冲量变化原因时，提出了“动力”概念，用 $\ddot{W}$ 表示。财富、收益、行动、动量、冲量、动力六种计量尺度之间的算术表达式如4－1、4－2和4－3所示。

$$\text{财富：收益：动量：} W(t+1)-W(t)=\Delta W(t)=\int_t^{t+1}\dot{W}(T)d_T \tag{4-1}$$

$$\text{动量：冲量：动力：} \dot{W}(t+1)-\dot{W}(t)=\Delta\dot{W}(t)=\int_t^{t+1}\ddot{W}(T) \tag{4-2}$$

$$\text{收益：行动：动量：} \Delta W(t+1)-\Delta W(t)=\Delta^2 W(t)=\int_t^{t+1}\Delta\dot{W}(T)d_T \tag{4-3}$$

（2）基于动量会计思想的品牌价值计量模型构建。动量会计从“动力”这一视角解析企业财富的变化，而品牌价值的形成及变化亦是在一系列演化动力的推动下而实现的，用动量会计思想衡量品牌价值思想，跟踪过去一段时间这些“驱动”发生的踪迹和影响品牌价值的行动，不仅契合了品牌价值的特性，而且可以更客观地评价品牌管理绩效。

所构建的模型如公式4－4、公式4－5所示。

$$BV_{t+1}=BV_t+\int_t^{t+1}I(T)d_T \tag{4-4}$$

$$I_{t+1}=I_t+\int_t^{t+1}F(T)d_T \tag{4-5}$$

其中，BV_{t+1}表示$t+1$时点品牌价值；BV_t表示t时点品牌价值；$\int_t^{t+1}I(T)d_T$表示由t到$t+1$时点，这一期间品牌价值的冲量所导致的品牌价值变化；I_{t+1}表示$t+1$时点的冲量，I_t表示t时点的冲量，$\int_t^{t+1}F(T)d_T$表示t到$t+1$时点，这一期间导致品牌价值变动的冲量变化。$F(T)$表示t到$t+1$时点，能够引起冲量变动的动力。

品牌行为主体通过采取一系列具有动力作用的行动，比如行为修正与改进、成功策略模仿等，以推进品牌价值的产生与形成。这一系列活动可能单独或者联合发挥作用，形成推进品牌价值形成的动力，而这些动力驱动可导致品牌价值发生变化，形成某一冲量I；多个冲量集体作用的结果，导致某一时期动量的变化，即某一时期品牌价值的增减变动。

（3）品牌价值计量模型的具体应用。以演化博弈论为理论基础、动量会计思想为依据所构建的品牌价值计量模型，主要用于测度品牌市场价值。品牌价值计量模型的应用步骤如下：

第一，确定动力或动力组。动力组是企业认定的最小品牌价值形成动力组合。有些动力需要联合方可发挥作用，若单独分开，则影响品牌管理目的的实现，则可将其划分为一个动力组。比如，品牌延伸策略的执行。这一动力行动包含若干个具有动力的子行动，但若将这些子行动分开考察，则无法可靠地确定品牌延伸这一动力对品牌价值的贡献程度。一个动力或动力组，需能够产生独立于其他动力或动力组的现金流入。

第二，确定合理的系统参数。对于具有函数关系的单独动力或动力组，应明确各个变量的数学和逻辑表达、确定合理的系统参数。对于能够合理估计出未来现金流入的动力或动力组，则估计出其未来现金流，比如，广告支出这一动力所能带来的未来现金流入。对于存在不确定性的动力或动力组，可采取适用于多个评估准则问题的决策方法，比如，品牌延伸活动这一动力组可采取层次分析法以确定参数。

第三，计算每一动力或动力组的冲量。对于能合理确定未来现金流入的动力或动力组，采取未来现金流折现的方式确定其可以带来的冲量；对于存在不确定性的动力或动力组，则根据确定的系统参数计算其可能带来的冲量。

第四，动量的计算。对某一时间段内各个动力或动力组所能带来的冲量进行加总，即为这一时期内某一品牌的动量变化，即该品牌的品牌价值变化。

品牌价值计量模型的应用流程用公式可表示如下：

假设从时间 t 到 $t+1$ 这段期间，有 n 个推进品牌价值的动力，这些动力单独或者联合发挥作用，共形成 m 个单独动力或动力组，分别用 F_1、F_2、…、F_m 表示，对于具有函数关系的单独动力或动力组，应明确各个变量的数学和逻辑表达、确定合理的系统参数。在进行变量确定时，如果相关各方的利益是一致的，可以设定含有主观因素的变量；当相关各方的利益发生冲突时，应采用含有大量客观因素的变量（Farquhar，1992）。对于每一单独动力或动力组能够带来的冲量，即每一动力或动力组对品牌价值创造的贡献，分别用 I_1、I_2、…、I_m 表示，则时间 t 到 $t+1$ 的品牌价值变化为 $\sum(I_1, I_2, \cdots, I_m)$ 。

值得注意的是，对于每一动力或动力组若所能带来的收益均不符合资本化性质时，即品牌价值不能识别时，该品牌价值计量模型不适用。此外，为验证模型评估的科学性和稳健性，可以每一品牌的消费者效用进行测算，“效用价值论”作为价值决定的重要依据，基于消费者效用的品牌价值模型可用以参照验证基于演化博弈视角的品牌价值计量模型的科学性。

（三）品牌价值计量的特征

结合品牌特性以及品牌管理的特殊要求，品牌价值计量特征主要体现为两个方面：

1. 市场价值模式与成本价值模式并存。在经济组织中，计量问题的两个重要测度需求是对投入要素生产率的计量和报酬的计量。而且，计量的目的即为设计一种机制以促进生产效率，使得报酬符合投入要素的生产力（Alchian & Demsetz，1972）。具体到品牌而言，若计量其“投入要素生产率”，则需要对其实际耗费的成本予以计量；若欲使得“报酬符合投入要素的生产力”，则需要对品牌的市场价值予以计量。其原因如下：

利用信息对资源配置效率的效用。企业所有者对投入要素的有效监督与计量，可以获取更多关于投入要素生产性绩效的有效信息，从而提高市场雇用效率（Alchian & Demsetz，1972）。对品牌创建者而言，一方面，“投入要素生产率”的计算以及“报酬”的确定，依赖于品牌成本和市场价值的计量，需以此为基础进行测度。另一方面，品牌成本的计量，便于品牌创建者发挥其专业化分工与协作中的比较优势。品牌成本越低，表明品牌创建者在该品牌所在行业中越具有比较优势。而品牌市场价值的计量，体现了市场报酬的变化对相应的品牌产出变化所承担的责任，这为激励品牌创建者提供了条件。

规避市场机制的不足。大部分情况下，利用市场机制可以使得报酬符合投入要素的生产力，进而实现促进生产效率的目的。比如，竞争市场中的产品交换，劳动生产率和报酬具有高度相关性，投入要素的生产率和报酬测度很容易解决。但随着市场交换复杂性的增强，社会专业化分工合作和团队联合生产的出现，个体对合作投入生产要素产生的贡献则很难测度（Alchian & Demsetz，1972），因而难以确定个体应得到的报酬激励。品牌创建是团队协作的结果，品牌差异化特性的形成依赖于社会的专业化分工，这意味着紧紧依靠市场机制，很难确定出品牌创建中投入要素的贡献以及相应的报酬，必须采取一定的计量方法对品牌的成本价值和市场价值进行计量。

品牌价值演化驱动因素多样性的内在要求。品牌价值的形成受广告、促销、资源分配、竞争活动等多项因素的驱动，使得每一品牌的成本结构和价值来源均会有所不同，而管理的需求以及品牌价值演化过程中适应性学习的实现、演化路径的发现以及选择机制的执行等，依赖于品牌价值演化驱动因素及其驱动结果以货币形式表现出来的信息，即依赖于品牌价值的市场价值信息和成本价值信息，因此，需对品牌市场价值和品牌成本价值同时予以计量。

综上所述，基于提升资源配置效率、规避市场机制不足、满足品牌价值演化适应性学习需求等目的，对品牌价值计量应采取市场价值和成本价值双重模式。

2. 货币性计量与非货币性计量相结合。品牌价值信息是信息使用者所注重的，但品牌价值由于其动态演化性和具有多种价值驱动因素，若仅对其进行货币化计量，则无法满足信息使用者的决策需要。这是因为在品牌价值的计量过程中，存在大量的估计，虽然会计计量本身即是一个估计过程，而且品牌价值计量的目的也只是向信息使用者提供一个相对合理的决策参考依据，但其也必须满足可核查性、客观的和中立的等特性（Kumar，2005），这就需要提供一些非货币性计量的信息，以提升品牌价值信息的扩散速率和使用效率。而且，品牌会计的主要目标之一是反映管理层品牌管理责任和品牌契约履行情况，受托责任并不一定需用财务计量单位予以反映。鉴于此，对品牌会计计量应采用货币性计量与非货币性计量相结合。

第三章　品牌价值会计报告理论

德国哲学家伽达默尔（Gadamer，1998）曾明确指出："一切实践的最终含义就是超越实践本身"①，在会计实践自我超越的历史过程中，会计理论首先作为会计实践活动中的新的世界图景、思维方式、价值观念和目的性要求而构成这些实践活动的内在否定性。这种内在否定性即为会计理论对会计实践的理想性引导。理论由于具有"向上兼容性""时代容涵性""概念体系性"三重特性，从而得以能够批判实践并促成实践的自我超越。品牌会计实践作为人类实践活动的一部分，其在自我超越的过程中，也需要一些内在否定性对其进行理想性引导，需要品牌会计理论修正品牌会计实践、促进品牌会计实践的自我超越。确定品牌会计报告的理论，将为其会计信息生成方式、会计信息报告内容等提供理论依据，为品牌价值会计报告实践提供理论指导。

根据现代会计的分支，品牌价值会计报告可分为品牌价值财务会计报告和品牌价值管理会计报告。相比于品牌价值财务会计报告服务对象，品牌价值管理会计报告主要服务于内部管理者，其服务对象比较单一，信息需求容易确定，品牌价值管理会计报告只要满足企业内部管理需要即可。根据全球管理会计原则，管理会计应将最相关的信息与相关分析放在显著位置，鉴于此，对于品牌价值管理会计报告只需根据管理层内部管理需要提供能够实现高质量决策的信息即可。而品牌价值财务会计报告，服务对象广泛且需求不尽相同，因此，在后文中，主要立足于品牌价值财务会计视角，对品牌价值会计报告目标、质量特征、会计信息质量影响因素等进行分析。

一、品牌价值会计报告目标

决策有用观和受托责任观是会计报告目标最具代表性的两种观点。在品牌

① 伽达默尔：《赞美理论》，上海三联书店 1988 年版，第 46 页。

会计报告目标的确定过程中，采取以下流程：第一，分析“决策有用观”和“受托责任观”在品牌会计报告中的体现，并形成传统会计视角下的品牌价值会计报告目标；第二，对传统品牌价值会计报告目标予以演化博弈视角的解读；第三，确定品牌价值会计报告目标。

（一）传统会计视角下的品牌价值会计报告目标

纵观品牌价值会计的产生历史，品牌价值会计产生的最初原因是为了满足并购决策的需要、优化企业的财务结构，其主要目的是满足信息使用者经济决策的需要，是决策有用观的体现。比如，1989 年，爱本·吉林纳（Ebel Jellinek）以 2500 万法郎收购了年亏损 410 万法郎、且有 2500 万法郎负债的展望（Look）公司，究其原因在于吉林纳认为展望驰名世界的滑雪服装品牌仍具有巨大潜力。品牌价值信息成为利益相关者进行经济决策的依据。在现有研究中，更多地是将品牌价值会计目标定位于决策有用，鲜少将受托责任观定位于其中，只有少数学者提出通过品牌绩效考核管理层的受托责任。而事实上，由于品牌具有隐形契约的性质、品牌价值对消费者认可度具有很强的依赖性，意味着品牌价值会计关注公司经济活动产生的外部性，品牌价值是管理者受托责任履行情况的一个重要体现，品牌会计拓展了组织（尤其是公司）受托责任的考核体系。

决策有用观以基于市场效率和股东利益的新古典经济学为理论基础，按照新古典经济学的理论逻辑：在一个由自利个体组成的市场上，若市场是信息有效的，那么市场便可以各种方式实现资源的有效配置。在此理论逻辑思想下，所有与伦理、社会或环境问题有关的信息均是干扰决策者最大化其经济利益的“噪音”。然而，若仅将品牌价值会计目标定位于决策有用观，则有失偏颇。决策有用观与受托责任观最大的区别之处在于对市场效率和股东权益的注重程度不同，前者更强调通过市场效率发挥信息的效用，而后者更多是强调会计道德责任。但无论是决策有用观还是受托责任观，在品牌价值会计目标实现的方式上，均是依赖于信息，且均需要将信息对外提供。决策有用观强调利用信息做出经济决策；受托责任观则强调信息是用于识别责任，并将有关责任的信息提供给有权利获得信息的人们（Gray，2001）。决策有用观和受托责任观虽然关注的重点有所不同，但却通过信息这一共同依赖媒介将二者予以统一。

因此，品牌价值会计报告目标同时融合了决策有用观与受托责任观，其是提供与品牌资产状况、品牌经营成果等相关的会计信息，反映企业管理层品牌管理受托责任履行情况，以供信息使用者做出经济决策。

（二）基于演化博弈视角的品牌价值会计报告目标解读

按照价值演化博弈理论，整个演化过程是在给定经济环境和信息总量前提下的渐进过程，其经济主体选择行为是多次性。即后一次演化博弈行为的发生是在以往累积的信息总量的基础上进行的。品牌会计信息是品牌及品牌价值演化过程中所累积信息总量的组成部分，其不仅具有决策有用性，而且能够满足品牌相关各博弈主体的博弈策略选择需要。

品牌价值会计信息可以反映管理层受托责任履行情况，而品牌的演化性及演化性的衍生特性则又是管理层受托责任履行的结果。品牌的演化性得益于管理层的管理创新，因品牌演化性所形成的品牌排他性取决于管理层的品牌战略实施、所形成的过程性依赖于管理层的品牌管理、所形成的多元价值相互依赖性则受制于管理层的质量管理、技术管理、财务管理、市场管理等。可以看出，品牌及其价值的演化均离不开管理层的管理活动，品牌会计提供的信息不仅是对管理层受托责任履行情况的反映，而且是管理层进行适应性学习、修正自身行为、执行选择机制和突变机制的需要。

基于演化博弈视角的品牌会计信息“受托责任观”的解读主要体现为如下四个维度：一是受托责任目的维度。按照 Gray（1992）的观点，受托责任观具有两个目的：（1）将权利回归社会公众。即通过建立更紧密的社会关系，权利不再仅局限于股东，而是将其交给更具有广泛性的社会公众。（2）增加组织透明度。即使得组织内部的更多事物以更多的方式变得透明和可见。品牌的演化特性使得品牌会计信息天然具有实现受托责任观目的的功能。由于品牌的排他性，使得品牌对消费者具有很大的依赖性，从而品牌与消费者之间具有紧密的联系，权利不再局限于股东，社会公众也拥有了权利。由于品牌的过程性和多元价值相互依赖性，使得企业及其所拥有的品牌只有将其内部的更多事物以更多的方式变得透明和可见，品牌培育和形成过程方可实现，品牌价值才能得到受众的肯定。二是合法性理论维度。根据组织合法性研究，将合法性视为一个组织的价值体系与其所在的社会制度之间的一致性。合法性理论以及组织合法性同样适用于企业（其是一个组织）以及企业的品牌管理活动中。一个企业及其所培育的品牌若和社会所认同的目标、方法和结果不一致，其是不可能成功的，甚至是无法存在下去的。即作为直接影响企业资源配置以及社会各部分权力的品牌战略，其应与广泛认同的社会重点相一致、与公司的合法性目标相一致。这就要求品牌演化博弈主体在进行博弈策略选择时，其主动性选择与社会需求相一致。三是相关利益者理论维度。利益相关者亦是品牌演化博弈的主体，博弈主体的学习机制和演化策略是推动品牌演化的动力。四是政治经济学维度。按照政治经济学概念，人们应改变新古典经济学的“纯经济”思维，将企业的经济活动置于政治和社会的大环境中加以考量，将会计视为协调企业与社会关系的工具。综观品牌以及品牌会计的演化历程，与环境具有密切的关系。而且，品牌作为一个信息集合体，具有“信息整合”的范畴，将企业文化、经营理念等功能属性信息蕴藏其中，而这些信息不仅与政治和社会大环境具有联系，更是企业与社会关系的处理方式的体现。品牌会计在反映和监督品牌的形成过程中，也对企业与社会关系进行了协调，其亦是博弈主体通过学习机制适应社会环境的过程。

综上所述，品牌价值会计报告不仅具有“决策有用观”和“受托责任观”双重的传统会计目标，而且其具有满足品牌相关各博弈主体的博弈策略选择需要的目标。品牌价值会计报告是品牌演化博弈行为所形成的不断累积的信息总量的载体。

（三）基于演化博弈视角的品牌会计报告目标

根据前文的分析，品牌价值会计信息不仅具有决策有用性，可以反映管理层受托责任履行情况，而且其亦是品牌及其价值演化形成过程的反映，是经过每一次演化博弈行为不断累积的信息总量，这些信息总量不仅是演化博弈主体学习机制的基础，亦是制定演化策略的依据。传统会计视角下的品牌会计报告目标是和演化博弈思想相契合的，两者在实质上是统一的。这是因为品牌价值会计报告所反映对象即是品牌价值演化运动的过程、结果及其所体现的价值演化关系；品牌会计实务中蕴含的演化博弈思想通过归纳、提炼等，以品牌价值会计报告的形式呈现。从演化博弈视角分析品牌会计报告目标，实质上是对同一事物的换视角解读，其目的在于对品牌会计信息的反映形式提供一种新思路。

综上所述，从演化博弈视角提供品牌会计信息，设计品牌价值会计报告内容和格式亦能实现品牌传统会计目标，且由于该视角更真实地反映了品牌的动态管理过程，在反映管理层受托责任履行情况方面更具优势。

二、品牌价值会计报告的质量特征和影响因素

“科学研究的区分是根据科学对象所具有的特殊矛盾性而进行的。”[①] 因此，

---

① 毛泽东：《毛泽东选集》（第1～3卷），人民出版社1991年版，第309页。

对任意领域的研究实质上是对该领域特有的矛盾而进行的。品牌所具有的演化特性使其在会计报告的质量特征和影响因素方面亦呈现出特殊之处，现分别对此进行分析。

（一）基于演化博弈视角的品牌会计信息质量特征

会计的重要目标之一是向信息使用者提供决策有用的会计信息。而会计信息质量特征兼具体现会计目标内在要求及实现会计目标必要手段的双重身份，因此，会计信息使用者和会计信息质量特征通过会计目标这一媒介予以连接，会计信息使用者需求决定了会计信息应具备的特征。因此，欲明确品牌会计信息质量特征，应先把握品牌会计信息使用者的需求。

1. 基于演化视角的品牌价值会计信息需求分析。演化性是品牌所特有的核心性质，演化性以及因其所衍生的排他性、过程性和多元价值相互依赖性等，是品牌会计信息生成的外部动力和内部要求所在。

（1）演化性与品牌价值会计信息需求。品牌是经过演化形成的，其是经济系统中新奇的创生、扩散和由此所导致的结构转变。品牌通过已实现的、过去的结果以发挥作用，这在经济学中称为演化，品牌形成亦可以纳入“演化”的范畴予以研究。品牌是通过“自然选择”和适应性学习得以形成和发展的，适应性学习为演化机制，品牌是契合演化经济学原理的。品牌在演化机制中具有积极引导的作用，对有利于增加品牌价值和竞争力的行为（即满意的适应性学习）具有鼓励、支持和强化的作用，对削弱、毁损品牌价值和竞争力的行为（即不满意的适应性学习）具有惩罚、制止和淘汰的作用。

在品牌的演化过程中，“技巧系统”“惯例系统”“生态系统”相互协调，促进品牌的积极演化。其中，“技巧系统”和“惯例系统”使得组织成员行为是被动性选择，即组织成员不发挥主观能动性，行为选择是遵循制度或惯例的。“生态系统”使得组织成员行为是主动性选择，即组织成员发挥主观能动性，为品牌价值创造尽可能多做贡献。技巧系统是制约组织每一位成员行为及效果即行为能力的一个体系，其特征体现为固定的程序、不可模仿的知识①、行为选择（杨雄胜，2006）。在运用技巧的行为选择过程中，一般不涉及审慎思考，在行为选择具有唯一性的情况下，成员对行为选择必须采取自动方式，即成员在行事过程中需遵循制度。技巧系统在品牌的演化形成中主要表现为组织成员对公

① 纳尔逊和温特（Nelson、Winter，1982）称之为“说不出来的知识”。杨雄胜（2006）认为可能是技巧实施成本过于高昂使之缺乏经济可行性。

司治理制度、品牌管理制度、内部控制制度等的遵循。惯例系统是使得组织内所有成员协作行动分享成果的一种制度保障系统，意味着组织全体成员处于均衡状态（纳尔逊、温特，1982）。组织管理主要具有三个目标：积累好的经验；维护组织稳定；不断优化组织行为。惯例作为所有成员行为规则的“共同选择”，由于打破惯例的成本非常高，成员一般会做出自觉遵守的选择（杨雄胜，2006）。惯例系统在品牌的演化形成中的主要表现为组织成员对品牌管理理念、品牌管理方式、品牌创建和维护手段的惯例性遵循。可以看出，无论是“技巧系统”还是“惯例系统”均具有“限制”组织成员行为的特性，不利于“激励”组织成员，不利于“适应性学习能力”的培养，品牌的演化形成则可能变成不可实现。而“生态系统”则可以改变这种“制约性”状态，其也是企业基业长寿必需的。通过“生态系统”分析，审时度势地调整经营战略和品牌战略。

品牌特性决定了品牌管理工作的重要性，品牌的演化特性依赖于品牌管理的创新，品牌生态的分析是品牌管理创新的基础。“技巧”和“惯例”除了以制度、条例或隐性契约的形式规定下来之外，更重要的是对其效果予以评价，并以此为基础，进行品牌生态系统的分析，培育“适应性学习能力”，最终实现品牌的积极演化。“技巧”与“惯例”的效果评价可以发现被动性选择行为的缺陷所在，但这些效果评价需要以反映品牌资金运动过程的品牌会计信息为基础；品牌生态系统的分析可以发现应采取的主动性选择行为以实现品牌演化机制的突变和选择，但这些主动性选择行为的确定需要借助于以品牌价值为核心的会计信息来发现试错的结果、提供“适应性学习”的依据，最终实现品牌管理的创新。

综上所述，品牌演化性要求利用“技巧系统“和“惯例系统”进行“品牌定位”，以确定品牌系统演化的初始状态，并通过“管理创新”推动品牌的持续性演化，在演化过程中，需通过品牌的“日常维系”和“危机处理”以保证演化可持续性的实现。鉴于此，品牌演化性对品牌会计信息需求主要体现为品牌定位、日常维系、管理创新、危机处理等方面的信息。

（2）演化性之衍生特性与品牌价值会计信息需求。在品牌形成的演化过程中，需遵循满意原则，通过不断地“自然选择”和适应性学习，以满足消费者对某一品牌的肯定，而消费者对某一品牌的认定即意味着对其他品牌的否定，使得品牌具有排他性；由于品牌的演化形成是已实现、过去的结果不断发挥作用的产物，使得品牌具有过程性；品牌是多个利益相关主体互动合作的结果，通过知识扩散与传播促进了它们的共生演化，使得品牌具有多元价值相互依赖性。因品牌演化性所衍生的排他性、过程性和多元价值相互依赖性亦与品牌价值会计信息需求密切相关。

①排他性与品牌价值会计信息需求。排他性是指品牌具有“锁定效应”，消费者在对同种或同类产品或服务中进行选择时，对一种品牌的认定则意味着对其他品牌的否定。当消费者的理念和价值取向与品牌所表达的理念和价值取向契合时，品牌便可锁定“消费者”，使其选择该品牌。品牌排他性的实现依赖于消费者的认可，即品牌拥有较高的忠诚度，而消费者对某一品牌的信任，取决于该品牌的声誉、竞争力和可预测性，某一品牌声誉越好，则该品牌越能满足消费者的预期需求，品牌的竞争力也就越强，消费者对该品牌也就越信任（Afzal et al.，2010）。品牌战略可以使消费者被该品牌所吸引，并信任和愿意使用该品牌（Esch et al.，2006），品牌战略是获得消费者忠诚度的一种重要手段，而品牌战略这一管理活动的实践依赖于品牌会计信息，一方面对品牌战略的制定与实施提供决策依据；另一方面对品牌战略从会计视角进行了局部反映，直接参与品牌战略管理活动。比如，广告支出是实施品牌战略的一个重要手段，若通过品牌会计，对广告支出的投入效率信息进行反映，将为品牌战略的进一步实施提供决策依据，而品牌会计生成信息过程，也是对品牌战略进行实施和局部修正的过程。品牌会计信息在品牌排他性的塑造过程中，更多是扮演管理活动的角色。这是因为，综观会计发展历史，管理需要是会计变革的直接原因，品牌会计信息产生最初是满足并购决策需要，但随着品牌管理战略地位提升，品牌会计信息则更多是契合品牌管理的需要而进一步深化发展，甚至逐渐成为品牌战略制定及其实施的一个重要组成部分，其是品牌战略制定、调整、实施效果评价中的重要程序。综上分析，“品牌定位”和“品牌组合”是品牌具有排他性的前提，“整合营销”是品牌实现排他性的必要手段。鉴于此，品牌排他性对品牌会计信息需求主要体现为品牌定位、品牌组合和整合营销等方面的信息。

②过程性与品牌价值会计信息需求。过程性是指品牌经营和品牌价值形成是一个长期持续的过程，需根据品牌受众需要的变化以调整经营策略。品牌的过程性特性依赖于品牌管理，通过品牌管理创建和维护品牌权益主要体现为3层概念：一是树立以品牌为导向的理念；二是发展内部品牌推广能力；三是持续的品牌提供（M’zungu et al.，2010）。基于此，进行品牌管理主要概括为以下3个方面：品牌文化建设、品牌推广以及品牌创建与保护。品牌文化通过其导向

功能、凝聚功能、激励功能、约束功能、辐射功能、推动功能、协调功能，其最终目的是使得消费者对品牌产生归属感。品牌的推广是让消费者明确、清晰地识别并记住品牌的利益点与个性，驱动消费者认同、喜欢乃至爱上一个品牌。品牌创建与维护是保证企业基业长青的法宝，在品牌创造的过程中，蕴含着企业发展方向及其内涵的规划，其是助推企业发展的一个重要过程。而品牌一旦创造出来，精心的维护成为必需。品牌的过程性实质上是品牌创建和维护的过程，在该过程中，品牌文化建设和品牌推广得以同步推进。品牌会计信息可以对品牌创建和维护过程中符合会计特性的活动进行一定的反映和控制。品牌的过程性能够得以长期保持，依赖于品牌会计这一管理活动。企业在品牌过程性特性的塑造过程中，会对为实现品牌创建和维护目的而失去或放弃的资源以及这些资源所带来的收益进行测算和披露，并据此对管理层进行品牌管理活动工作的职责履行情况进行考核。而这些测算工作、披露工作实质上是属于品牌会计的工作内容，只是尚未明确化和明示化而已；而根据测算工作与披露工作所进行的管理层受托职责履行情况进行评价，则是品牌会计工作所能达到的目的或境地。综上所述，品牌的过程性特性要求对品牌资金运动的过程进行连续、系统、全面的反映，对特定主体履行品牌管理责任情况进行监控。综上分析，“日常维系”“管理创新”“危机处理”等是品牌过程得以持续的必要手段。鉴于此，品牌过程性对品牌会计信息需求主要体现为日常维系、管理创新、危机处理等方面的信息。

③多元价值相互依赖性与品牌价值会计信息需求。多元价值相互依赖性是指品牌价值并非独立存在的，其和其他价值形式具有相互依赖性。一个品牌之所以能够拥有大量受众，是产品或服务的质量、产品特性因素和品牌隐含无形价值综合作用的结果。品牌价值和以该品牌冠名的产品或服务的价值和使用价值是密切相关的。品牌的多元价值相互依赖性特性与相关利益者的相互协调密切相关，多元价值相互依赖意味着不同价值形式背后所代表的相关利益者之间的相互依赖与相互协调。品牌价值背后所代表的企业及其管理层、产品价值与使用价值背后所代表的消费者等，以品牌为媒介成为相关利益者，这些相关利益者拟提高为创建品牌所消耗资源的配置效率或监控管理层为创建品牌所消耗资源的责任履行或防止企业权利的滥用，利益相关者之间由于利益目标的不一致需相互协调。而品牌会计信息则是相关利益者进行协调的媒介。通过品牌会计所提供的品牌价值信息是产品或服务质量、产品或服务质量承诺、企业与消

费者之间无形契约履行的间接体现（闫明杰，2014）。品牌价值越高，其所传递的信息表明产品或服务质量越高、产品或服务质量承诺得以践行的可能性越高、企业和消费者之间无形契约得以履行的保障程度越高，则相关利益者的相互协调度亦越高。综上分析，利益相关者之间的协调依赖于品牌无形契约的履行，而履行情况主要体现为品牌业绩。鉴于此，品牌多元价值相互依赖性对品牌会计信息需求主要体现为品牌财务业绩、品牌非财务业绩等方面的信息。

综上所述，品牌演化性及其衍生特性决定了品牌价值会计信息不仅是向相关利益者提供决策有用的信息，更重要的是承担管理角色培育品牌的排他性，且其有助于管理品牌的培育和维护过程、培养成员“适应性学习能力”以及实现品牌管理创新。根据前文分析，品牌演化性以及演化性的衍生特性与品牌价值会计信息需求的关系如表4－8所示。

表4－8　品牌特性与品牌价值会计信息需求关系表

品牌特性		品牌会计信息需求
基本特性	演化性	品牌定位、日常维系、管理创新、危机处理
衍生特性	排他性	品牌定位、品牌组合、整合营销
	过程性	日常维系、管理创新、危机处理
	多元价值相互依赖性	财务业绩、非财务业绩

2. 品牌价值会计信息应符合的质量要求。品牌会计信息除了应符合传统的会计信息质量要求外，品牌特性对其会计信息质量特征提出了特殊要求。品牌会计信息质量的特殊要求不仅是由品牌的特性所决定的，也是实现品牌会计目标所必需的。品牌演化中的学习与模拟、试错与纠偏等行为，依赖于具有专门性、预警性和检测性的品牌会计信息。

（1）专门性。目前，品牌管理开始注重一体化整合的战略性管理，品牌导向型企业日趋增多，企业战略以品牌为核心，企业努力和资源配置以实现品牌愿景为导向，企业业务决策和运营以品牌为推动力（Harter et al.，2005），将品牌作为竞争优势的基础（Reid，Luxton & Mavondo，2005）。因此，所提供的品牌会计信息应能够专门满足品牌导向战略目标的需求。从会计视角对品牌价值评估及其形成原因进行研究，除了满足传统的会计用途外，还主要用于并购或资产剥离等用途、为品牌经理提供有效的策略工具、为评估和制定品牌策略提供标杆比对工具、提高市场营销效率等（Keller，1993；Aaker，1996）、推动企业运营。综上所述，提供专门化的品牌价值会计信息是进行品牌战略决策、实现品牌战略所必需的。

（2）预警性。所谓预警性，是指利用品牌价值会计信息对企业经营状况进行全方位的、连续性的监控，及时提供品牌价值波动状况、品牌价值波动原因以及导致品牌价值增减事项等信息，以便于对存在的异常发出危机预警。危机管理是品牌管理的一重要环节，而危机预警则是该环节的首要步骤。品牌会计信息是一项重要的预警信息，具有预警性的品牌价值会计信息应能够对企业所处的生存环境、经营健康度、成长潜力以及管理成熟度等予以综合反映，可以作为反映组织运作情况的信息载体。比如，因三聚氰胺事件声誉大损的三鹿品牌，自2004年世界品牌实验室开始编制《中国500最具价值品牌》排行榜以来，连续三年入榜。在2006年其品牌价值为14.07亿元，排名358位。但自2008年三聚氰胺事件爆出后，三鹿品牌价值大跌，2009年三鹿品牌仅以730万元卖出。当品牌价值发生大幅波动时，其实质是对企业经营状况的预警，应根据预警及时做好应对。

（3）检测性。所谓检测性，即通过利用品牌价值会计信息，全方位地检测特定主体的项目决策情况、管理层品牌绩效评价情况、计划制订和预算编制情况、品牌危机情况等，捕捉是否存在决策的短期行为、管理层绩效评价的短视行为、计划制订和预算编制的随意行为、品牌危机行为等。通过从不同层面、不同角度检查、分析和评价检测性品牌会计信息，全面清晰地对各种可能发生的不利情况进行检测，捕捉危机征兆，以实现对品牌相关危机的自我诊断，并及时采取必要措施，以便尽可能地规避各种危机的发生，乃至从根本上减少或消除发生与品牌相关危机的诱因。

由于品牌演化的路径过程是前后连贯、相互依赖的，专门化信息可对品牌的长期演化过程予以更全面、综合反映，更便于信息使用者做出科学的综合评价，进而形成正确的学习和模拟决策。预警性信息和检测性信息有助于及时发现品牌演化中的错误行为，从而及时纠偏。鉴于此，品牌会计信息应满足专门性、预警性和检测性等特殊质量要求。

（二）基于演化博弈视角的品牌会计信息质量影响因素

在前文的分析中，可知品牌价值会计信息的生成是各博弈方多次博弈的结果。品牌价值会计信息生成的动因源于企业品牌管理系统与外部环境系统之间相互竞争和协调的力量。现基于演化博弈视角，分别从自组织力量维度和外驱动力量维度对品牌会计信息质量的主要影响因素进行分析。

1. 自组织力量维度下的影响因素。公司治理结构的完善程度、内部控制制度的健全程度是影响品牌会计信息质量的内生因素，是自组织力量驱动下所形成的影响品牌会计信息质量的内在环境因素。

（1）公司治理结构的完善程度。公司治理结构是会计信息生成的制度环境，会计系统应与环境相适应才能有助于其系统目标的实现。会计信息质量的高低源于公司的治理行为，其受公司治理完善程度的制约（Seligman，1993；林钟高、吴利娟，2004），公司治理程度与公司信息披露质量显著正相关（Eng & Mak，2003）。相比于其他会计信息，品牌价值会计信息质量对公司治理结构的依赖度更高，其主要归因于两个方面：

其一，公司治理结构是品牌价值生成的制度基础。品牌价值作为一项重要的竞争优势，其是品牌总体效用的一个重要体现，品牌战略是品牌价值最大化的重要保障，是创造品牌竞争优势的基础。企业通过资本意志追逐利润最大化的原始冲动以及文化在战略管理和公司治理之间的连接作用，实现了公司治理与战略管理之间的良性互动（朱廷柏、王德健，2004）。品牌战略作为公司战略管理的重要内容，其规划与管理依赖于公司治理结构，公司治理结构是实施品牌战略、促进品牌价值生成的制度基础。而品牌价值的生成过程、结果等则是品牌会计的反映对象，鉴于此，公司治理结构亦为品牌价值会计信息的生成奠定了制度基础。

其二，公司治理结构是降低品牌价值不确定性的机制基础。品牌的排他性使得品牌资产的价值确定缺乏可验证性和可比性，真实会计信息的生成更多地依赖于产生于企业内部的原始数据，而原始数据的质量保证需要内部治理结构的外在约束；品牌的过程性使得品牌的会计核算是一个长期的过程，且由于品牌价值形成的不确定性，更需要存在制度机制予以约束，良好的公司治理结构是一个科学的选择；品牌的多元价值相互依赖性，使得品牌价值的确定涉及众多利益相关者，而公司治理结构所具备的利益关系协调功效，使其具有保证品牌会计信息真实性的功能；品牌的演化性意味着品牌形成过程中存在众多的“自然选择”和“适应性学习”，选择决策和适应性学习决策需要良好的公司治理机构以保证其正确性和科学性。公司治理结构为品牌会计信息的真实性提供了制度保障。

（2）内部控制制度的健全程度。内部控制制度亦是会计信息生成的制度环境，公司内部控制质量与会计信息质量呈正相关关系（Doyle et al.，2007；Ashbaugh – Skaife et al.，2008；刘启亮等，2013）。相比于其他会计信息，品牌会计信息质量对内部控制制度的依赖性更高，其主要归因于两个方面：

其一，内部控制制度是企业基础管理和品牌管理有效性的制度基础。内部控制制度是企业基础管理和品牌管理过程中进行的“被动性行为选择”[①]所遵循的“技巧系统”或“惯例系统”，其是组织内所有成员协调行动分享成果的一种制度保障系统。内部控制制度越健全，表明企业“被动性行为选择”的正确性越高，意味着企业进行基础管理和品牌管理的有效性越高。而有效的企业基础管理和品牌管理是促进品牌价值产生的重要基础，亦是品牌会计信息得以产生的行为保证。鉴于此，内部控制制度是品牌会计信息生成的制度基础，是保证品牌会计信息质量所进行的“被动性行为”的约束条件。

其二，内部控制制度是“正反馈机制”形成和积累的制度基础。内部控制制度与正反馈机制之间具有耦合特性。一方面，内部控制制度本身为以往所累积的经验在维护组织稳定和优化组织行为方面的体现。当形成的“正反馈机制”得以积累后，便作为“好的经验”以用于维护组织的稳定、优化组织行为，内部控制便是据此形成的“技巧系统”或“惯例系统”，对品牌会计质量的提升具有正向作用。另一方面，内部控制制度对“正反馈机制”的形成和积累具有促进作用。内部控制制度的效果评价可以发现“被动性选择行为”的缺陷所在，从而及时纠偏，使得组织内成员的“行为选择”具有正向效用，形成“正反馈机制”。这些“正反馈机制”则将继续成为保证品牌会计信息质量的“技巧系统”或“惯例系统”。综上分析，健全的内部控制制度对品牌会计信息质量具有重要的保证作用。

2. 外驱动力量维度下的影响因素。品牌价值会计报告理论的完善程度以及监管机构的监管强度是影响品牌会计信息质量的外在因素，是外部力量驱动下所形成的影响品牌会计信息质量的外在环境因素。

（1）品牌价值会计报告理论的完善程度。按照限制理论（Theory of Constraints，TOC）[②]，任何系统至少存在一个限制，否则其就可能有无限产出。而欲

① 由于此处的“行为选择”是在内部控制制度约束下进行的，即“行为选择”是遵循制度而生的，因此，称为“被动性行为选择”。

② 限制理论（Theory of Constraints，TOC）是由以色列学者伊利雅胡·高德拉特所发展出来的一种全方面的管理哲学，主张一个复杂的系统隐含着简单化。即使在任何时间，一个复杂的系统可能是由成千上万人和一系列设备所组成，但是只有非常少的变量或许只有一个，称为限制，它会限制（或阻碍）此系统达到更高的目标。

提升一个系统[①]的产出，必需打破系统限制。品牌价值会计系统亦不例外，品牌会计的发展以及由此所衍生的品牌价值会计信息披露及其质量问题等，在很大程度上受到品牌价值会计报告理论完善程度这一主要变量的限制。品牌价值的合理界定、确认、计量以及品牌价值会计信息质量特征的解释等，由于相应的理论研究的匮乏，导致与此密切相关的品牌价值会计信息质量受到影响。实践观点作为整个马克思主义的基本观点，强调实践是理论的基础，是理论的出发点和归宿点，对理论起决定作用，这是毋庸置疑的。但不能因此否认理论检验实践的必要性，否则会形成一种唯实践主义倾向。这是因为没有理论上的判断，是无法断定实践活动是否合理、是否正确的。否认理论对实践的检验，实质上是认为实践活动具有天然合理性，这种观点必然导致实践活动的盲目性[②]。完善的品牌价值会计报告理论是品牌演化过程中“选择”和“变异”的参考依据和指导思想，加强品牌价值会计报告理论的研究，可以指导对品牌资产的合理计量与报告，以形成决策有用的高质量会计信息。

（2）监管机构的监管强度。会计信息披露监管作为满足信息使用者决策有用愿望的合适工具，其通过对信息的供求关系、披露要求、信息质量以及报告形式的监督和管理对会计信息质量予以干预。监管机构的监管强度是强制性和规范化法律法规的制定效果和执行效率的一个重要体现，监管强度越大，意味着具有真实性和相关性的会计信息得以披露的可能性越大，品牌价值会计信息供给与需求之间的差距越小，资源配置公平与效率组合最优的可能性越大。更为重要的是，会计监管是打破品牌会计信息报告“锁定效应”的重要手段，学习和模仿是品牌管理系统内部利益相关者之间交互作用的重要形式，在品牌会计活动以及品牌价值会计信息生成中具有重要作用。品牌会计的初始条件和当前状态对品牌会计信息报告的发展方向具有重要影响，可能在“锁定效应”和“正反馈机制”作用下形成“路径依赖”。若为了更好发挥品牌会计报告效用，需打破“锁定”状态时，会计监管则是一种可供选择的有效手段。

综上所述，在企业内部的自组织力量和所处环境中的外驱动力量的综合作用下，将对品牌价值会计信息质量产生影响。品牌价值会计信息质量影响因素亦是品牌演化过程中的环境因素，品牌会计信息质量影响因素与品牌演化行为影响因素是具有一定重合度的。由于演化博弈本身即是在一定环境约束下进行

---

① 任何企业或组织均可视为一个系统。

② 赵家祥：《理论与实践关系的误区》，《中国教育报》，2004 年 11 月23 日，第4 版。

的，且环境影响各博弈行为主体的表现型①以及有利表现型的保留等，因此，从演化博弈视角分析品牌会计信息质量影响因素，可以起到提升品牌价值会计信息质量、优化品牌演化博弈行为的双重功效。

三、品牌价值会计报告体系的构建

品牌价值会计报告体系构建按照以下的逻辑推理流程：根据品牌会计领域的特有矛盾，分析利益相关者的信息需求，明晰品牌资产的管理内容和管理过程，形成品牌价值会计报告体系。

（一）品牌价值会计报告体系架构的依据——价值演化运动

某一学科的特有矛盾构成了该学科的研究对象，通过对这些研究对象自身逻辑的科学反映而形成理论（吴元梁，1991）。价值演化运动是品牌会计领域的特有矛盾，在演化博弈理论的指导下，依据品牌会计特有矛盾所构建的品牌价值会计报告体系才能更好地实现其目的性。

1. 价值演化运动。价值演化论的思想开创于亚当·斯密，虽然由于当时学术界流行专业术语的限制，斯密并未采用“价值演化论”这一术语，但其研究中已经蕴含了“价值演化”的思想。斯密认为：“等价交换”通则和产品交换原则决定所谓商品相对价值或交换价值②。所谓的“等价交换”是指“等量的价值互相交换”。无论是出现商品交换萌芽的原始社会，还是商品经济繁荣的资本主义社会，“等价交换”作为决定商品交换价值通则，其并不随历史的发展而改变。而“产品交换原则”则随着历史的发展，历经了“等量的劳动互换”“等量的生产价格互换”等的演变。鉴于此，从产品交换原则的视角来看，商品的价值应该是演化的。当然，此处所谓的价值演化是任何商品都具备的，是一种共性价值演化。而且，由于“产品交换原则”在较长时期的相对稳定性，因此，在品牌会计研究领域，无须对此做过多关注。

除了共性价值演化外，还存在个性价值演化。在经济学发展的多元化时代，经济系统的复杂性、资源创造的诉求、新奇的不断凸显、持续的经济转变等，亟需新的经济科学新范式出现，演化经济学是其中的代表。演化经济学具有如

---

① 表现型，生物学概念。亦称“表型”“显型”或“现行型”，是指在有机体上可观察到的物理或生化特征，其由遗传组或环境影响所决定。此处套用该概念，是指由于环境影响使得品牌演化博弈主体所具有的特征，亦指品牌演化博弈主体的“策略”，一个“策略”是一种行为表现型。

② 亚当·斯密著，郭大力、王亚南译：《国富论》（上卷），上海三联书店2009年版，第25页。

下经济特征：（1）强调动态演化性；（2）强调创新性；（3）强调时间和历史在演化中的地位；（4）强调经济变迁的路径依赖；（5）强调偶然性和不确定性；（6）以达尔文主义为理论基础。演化经济学的兴起以及其在一些重要而现实领域的应用，使得人们能够以演化分析方法来观察和研究具有演化经济特征的问题，比如品牌价值、股价等。这些问题具有个性化，是属于某一特定领域的，因而，它们的价值演化属于个性价值演化。

综上所述，价值演化运动可分为两类，一类是决定商品相对价值或交换价值的“产品交换原则”的共性价值演化。另一类是针对某一特定问题的个性价值演化，具有演化经济特征的某一特定问题，其所对应的价值呈现个性化的动态演化。

2. 品牌价值的演化特性。从前文的分析中可知，演化博弈理论可对品牌价值的产生予以很好的解读。品牌价值具有个体演化特性。品牌的产生除了需要企业自身具有自主品牌创新能力外，即利用自身的自组织演化特性促进品牌的产生，还需要考虑宏观选择机制（如市场机制、外部制度环境）的制约与淘汰。品牌在自身的演化形成过程中，环境的影响作用更为显著。目前，商业社会已经步入以协同进化为显著特征的商业生态系统时代（James，1996）。按照生态观点，品牌创建与培育环境也为一种生态系统，即品牌与外部环境的交互作用（张燚、张锐，2003）。目前，品牌生态学已成为品牌演化理论的新趋势。品牌生态环境是一个复杂的、不断变化的有机组织（Winkler，1999），其中具有各种生态因子。各种生态因子对品牌的作用机理和规律，以及品牌与品牌生态环境之间的相互关系已经成为重要的研究任务。

品牌价值演化是一种个性化演化，品牌价值呈现动态演化的状态。经济演化思想和品牌价值的形成、评价与管理具有密切的联系。主要体现为：其一，均强调创新。演化经济学强调惯例、新奇创新和对创新的模仿在经济演化中的作用；品牌的定位、塑造和差异化价值等依赖于创新。其二，均强调偶然性和不确定性因素。偶然性和不确定性是演化经济学和品牌价值面临的共同经济事实和共有的经济特征。其三，均以技术创新和制度创新为主要研究内容。演化经济学用动态的、演化的方法看待经济变迁和技术变迁；技术创新和制度创新是品牌价值形成的重要动力。其四，均以达尔文主义为理论基础。演化经济学以达尔文进化论的三种机制（遗传、变异和选择）为基本分析框架。

可以看出，品牌价值的形成过程是由一系列演化运动构成的，品牌价值具有鲜明的演化特性，这亦是其特有矛盾，由于品牌价值是品牌会计的核心问题，因此，可利用“品牌价值演化运动”这一特有矛盾对品牌会计报告的相关问题进行研究。

3. 品牌价值演化逻辑思维与品牌价值会计报告目标的契合性。品牌的演化性导致了品牌价值的动态性。价值演化运动不仅可以将品牌特性所导致的品牌价值构成的独特性、演化过程、品牌价值的动态性予以全部涵盖，而且，无论是决策有用的要求，还是反映受托责任的履行，品牌的价值演化运动均可以满足。对品牌的资源配置，其目的是企业内部通过采取最佳的方式配置各项生产要素以形成品牌价值（品牌在价值量上的反映）和品牌价值存在形态（品牌在使用价值上的反映）。品牌价值的形成过中，必然涉及价值演化运动的流量、流向和流速等问题，会计的职能决定其必然对品牌价值演化运动的实际流量、流向以及已发生的品牌价值演化运动等予以反映和控制。品牌价值演化运动的结果可用以满足信息使用者的决策需要，品牌价值演化运动的过程可以反映管理层受托责任的履行。因此，品牌价值演化的逻辑思维与品牌会计报告目标是相契合的，从品牌价值演化视角构建品牌价值会计报告体系是具有可行性和科学性的。

综上所述，在构建品牌价值会计报告体系时，应以品牌价值演化运动的过程、结果及其所体现的价值演化经济关系为依据，并结合品牌价值会计信息的管理需求予以架构。

（二）基于演化博弈视角的品牌业务管理流程

在现有的品牌管理实践中，最常用的是品牌经理制。品牌经理制虽然具有便于监控品牌运营全程、助力于品牌定位和个性塑造、裨益于以个性化维持品牌的长期发展优势，但也存在营销资源分散、整体观念欠缺、部门之间冲突等劣势。从演化博弈视角分析品牌业务管理流程，强调的是某一演化动力对品牌创建的贡献，不仅可以消除品牌经理制的劣势、规避依据传统会计业绩进行绩效考核的弊端，而且可以使得营销资源配置在可为企业创造更多品牌价值的驱动因素上。

1. 品牌及其价值演化的最优反应动态分析与品牌业务管理。品牌管理过程中，需要引入大量的随机因素，比如采取新的品牌策略、更新品牌形象等。对于某一企业而言，在其品牌的创建过程中，其群体成员需具有快速学习能力，在不断引入随机因素的同时，反复进行有限理性博弈，品牌及其价值演化是适用于最优反应动态模型的，通过品牌及其价值演化的最优反应动态分析，发现品牌业务管理的最优方式，为品牌管理会计报告体系的构建奠定基础。

品牌及其价值形成的过程是利益相关者根据得益情况选择不同策略的过程，在品牌创建与维护的这一较长时期内，可以视同为各博弈方采取的混合策略。现通过品牌及其价值演化的最优反应动态模型分析其最优反应。假设：

第一，社会中存在 N 个经济组织，每一组织都与周围其他经济组织发生作用而形成企业；

第二，两个品牌创建者拟共同创建一个品牌①，分别称为博弈方 1 和博弈方 2；

第三，每个品牌创建者仅对自己最熟悉的两种产品或服务进行品牌创建②。

由此，这两个品牌创建者“品牌创建与否”策略选择的得益矩阵如图 4 - 7 所示：

		博弈方 2 创建（F）	博弈方 2 不创建（N）
博弈方 1	创建（F）	A，B	0，0
	不创建（N）	0，0	C，D

图 4 - 7　双人协调博弈的得益矩阵

（1）品牌及其价值演化的动力：

①如果品牌创建者的得益结构满足 $A>C$，$B>D$，即品牌创建者 1 和品牌创建者 2 进行品牌创建的收益大于不创建的收益。此时，品牌创建者 1 和 2 均具有推动品牌及其价值演化的动力。

②如果品牌创建者的得益结构满足 $A<C$，$B<D$，即品牌创建者 1 和品牌创建者 2 进行品牌创建的收益小于不创建的收益。此时，品牌创建者 1 和 2 均不具有推动品牌及其价值演化的动力。

③如果品牌创建者的得益结构满足 $A<C$，$B>D$，品牌创建者 1 进行品牌创建的收益小于不进行品牌创建的收益，品牌创建者 2 进行品牌创建的收益大于不进行品牌创建的收益，此时，品牌创建者 1 的得益被品牌创建者 2 和不进行品牌创建者占有。品牌创建者 2 具有推动品牌及其价值演化的动力。

---

① 如果存在多个品牌创建者，由此而引发的博弈方增加仅会导致计算的复杂。

② 由于品牌创建者不可能熟悉所有的行业和企业情况，一般品牌创建者不可能对所有产品或服务进行品牌创建。因此，假定每个品牌创建者仅对自已熟悉的两种产品或服务进行品牌创建，如果品牌创建者对多种产品或服务进行品牌创建，由此而引发的博弈方增加将会导致计算的复杂。

④如果品牌创建者的得益结构满足 $A>C$，$B<D$，品牌创建者 1 进行品牌创建的收益大于不进行品牌创建者的收益，品牌创建者 2 进行品牌创建的收益小于不进行品牌创建者的收益。此时，品牌创建者 1 具有推动品牌及其价值演化的动力。

综合上述分析，品牌及其价值演化的动力来源于其能使得品牌创建者获得最优的得益结构，即当品牌创建者创建品牌的得益大于不创建品牌的得益。

（2）适应性学习在品牌及其价值演化中的作用。品牌创建者是具有有限理性的个体，其在最初的“品牌创建与否”的决策中，可能因判断与分析能力的缺乏而选择次优策略。但当其具有快速适应性学习的能力后，在每次博弈之后，会对各博弈方所选择的策略进行总结和对比，经过学习和模仿以调整自己的博弈策略。上述模型中的适应性学习情况分析如下：

①$A=B$ 且 $C=D$，以同时可与博弈方 1 和博弈方 2 接触的博弈方 3 为例，其是否采取品牌创建策略取决于创建品牌（F 策略）与不创建品牌（N 策略）的相对优劣关系。用 $x_i(t)$ 代表在第 t 期博弈方 3 周围采取 F 策略的博弈方个数，其有 0、1、2 的可能值；相应地，第 t 期博弈方 3 周围采取 N 策略的博弈方个数为 $2-x_i(t)$，其有 2、1、0 的可能值。则在第 t 期，博弈方采取 F 策略的收益为 $x_i(t)A+(2-x_i(t))0$；博弈方采取 N 策略的收益为 $x_i(t)0+(2-x_i(t))C$。则若博弈方 3 采取 F 策略，则需：

$$x_i(t)A+(2-x_i(t))0>x_i(t)0+(2-x_i(t))C$$

整理得出 $x_i(t)>\frac{2C}{A+C}$。即若 $x_i(t)>\frac{2C}{A+C}$，博弈方 3 则会采取 F 策略。

若 $A>C$，博弈方 3 周围若有 1 个或者 2 个博弈方采取 F 策略，则其会采取 F 策略，反之，则采取 N 策略。

若 $A<C$，博弈方 3 周围若有 2 个博弈方采取 F 策略，则其会采取 F 策略，反之，则采取 N 策略。

$A=B$ 且 $C=D$，意味着品牌创建活动对各品牌创建者是公平的，品牌创建策略对品牌创建者的作用是一致的。而在实务中，由于品牌创建活动的高度不确定性，即便是同一行业、同一区域的品牌创建所能取得收益亦存在着很大的差异性。

②$A\neq B$ 且 $C\neq D$，其具体可分为以下三种情况：

第一，$A<C$ 且 $B>D$，若是单次博弈，则存在（F，F）、（N，N）两个纯策

略纳什均衡。若是多次博弈，引入最优反应动态模型予以分析，则博弈方3周围采取F策略的博弈方个数$x_i(t) > \frac{2C}{A+C}$，博弈方3即会采取F策略。对于类似于博弈方1的品牌创建者，只要其周围有2个博弈方采取F策略，则其会采取F策略，反之，则采取N策略。

第二，$A > C$且$B < D$，若是单次博弈，则存在（F，F）、（N，N）两个纯策略纳什均衡和一个混合策略纳什均衡（F，N）。若引入最优反应动态模型予以分析，那么对类似于博弈方2的品牌创建者，只要其周围有2个博弈方采取F策略，则其会采取F策略，反之，则采取N策略。

第三，$A < C$且$B < D$，若是单次博弈，则存在（F，F）、（N，N）两个纯策略纳什均衡。若引入最优反应动态模型予以分析，那么对类似于博弈方1和博弈方2的品牌创建者，只要其周围有2个博弈方采取F策略，则其会采取F策略，反之，则采取N策略。

$A \neq B$且$C \neq D$，意味着不同的品牌创建者，其品牌创建活动的得益是有差异的，而这种情况与实际亦是相吻合的。

（3）品牌及其价值的演化路径分析：

①$A = B$且$C = D$，当$A > C$时，只要有一个博弈方采取F策略，整个群体经过一些列适应性调整学习和无限次博弈后，最终群体趋向于采用F策略。即便全部个体目前均采取N策略，但若随机因素扰动到任一博弈方，使其采取F策略，整个群体也终将收敛于F策略，因此ESS状态为（F，F，…）。F为趋向ESS的最优反应动态链。

当$A < C$时，只要某一博弈方周围有2人采用F策略，该博弈方即会采取品牌创建策略，反之，则不采取。此时，最小反应链为（F，F）。整个群体将趋向稳定于（F，F，…）。但这一均衡是亚均衡，只要某一博弈方偶尔采取N策略，整个群体将收敛于（N，N，…）。

②$A \neq B$且$C \neq D$，其具体可分为以下三种情况：

第一种情况下，即$A < C$且$B > D$，对于类似于博弈方1的品牌创建者，若均不相连，整个群体将趋近于（F，F，…）；若两个类似于博弈方1的参与人存在相连情形，则相连的群体内部采用（N，N，…），其他部分仍然采用（F，F，…）。此时呈现多重均衡状态。第二种情况$A > C$且$B < D$，其演化路径同第一种情况，第三种情况$A < C$且$B < D$，整个全体则收敛于（N，

N，…）状态。

综上所述，若欲使品牌创建者采取品牌创建策略，则需使得采取品牌创建策略的预期收益大于不采取品牌创建策略的预期收益，即 $A > C$，$B > D$。而若欲实现预期收益 A 或 B，则需使得品牌创建活动一直持续下去，且经过多次博弈，而博弈策略的制定是通过适应性学习、选择机制和突变机制而形成的正反馈机制作用的结果，其中的适应性学习、选择机制、突变机制是推动品牌及其价值演化的动力。鉴于此，品牌业务管理过程实质上是在演化动力推动下而采取的一系列活动。

2. 演化动力推动下的品牌业务管理流程。品牌及其价值形成的过程，亦是品牌业务管理的过程。由于品牌及其价值是一个动态演化的过程，品牌业务管理实质上亦是在演化动力的推动下进行的。品牌管理实质上是一组相互联系、共同工作以把一种或多种输入转化为对相关利益者具有价值的输出的活动（Hammer，1990），品牌战略制定、传播推广、监控维护、绩效评价四个子系统是为完成共同目标而进行的系统工作（刘纯，2011），这些子系统均是在演化动力的推动下而运行的。

（1）演化动力推动下的品牌战略制定。品牌战略制定需强调利益相关者的差异化与利益相关者价值的差异化，而差异化是品牌的竞争优势所在。企业在进行品牌战略制定时，会利用以往正向涨落①作用下所形成的“惯例系统”，比如积累的好经验、不断优化的组织行为。在正反馈机制的作用下，符合市场与社会且具有竞争力的优化效果会被保存，并通过正反馈机制得以凸显和强化。在正向涨落的作用下，所形成的具有竞争力的“惯例系统”会影响到企业系统的各个子系统，使其成为企业主导逻辑——品牌承诺或品牌愿景，从而推动其他子系统的优化与升级。惯例系统会带动企业将显性知识切实地内化为隐性知识，为品牌企业增加新的知识含量，实现品牌企业创意惯例的积累。按照复杂适应系统（Complex Adaptive System，CAS）理论，系统的成员是具有自身目的与主动性的、积极的主体，而这种主动性以及它与环境的反复的、相互的作用，才是系统发展和进化的基本动因。鉴于此，品牌系统成员的正反馈机制作用下所形成的创意惯例积累，是推动品牌战略制定的演化动力。

① 正向涨落是指能够推动系统结构整体问题演化，并促进系统结构整体不断达到新的稳定态与新的有序化阶段的涨落作用形式；反向涨落是指可以干扰或者破坏系统结构整体稳定演化，导致系统结构整体失稳并趋向相对无序化的涨落作用形式。

（2）演化动力推动下的品牌传播推广。品牌传播推广是迅速提升品牌形象、知名度和美誉度，进而取得相应的消费者忠诚度的必要手段。相关利益者的口碑传递是品牌资产积累的核心方式。品牌的传播推广使得品牌企业可以摄入能够克服内部无序的幅度更广的负熵流。品牌企业传播推广的范围越广，品牌接触点亦越多，则知识冗余减少，品牌隐性知识显性化的速度则加快，这样即可迅速建立起品牌的知名度与美誉度，赢得消费者的忠诚度。品牌的传播推广程度越深，品牌运作优化效果亦越明显，品牌企业与利益相关者共享品牌的程度则越密切，企业品牌的价值观亦会逐渐转变为相关利益者的品牌价值观。在反馈回路中，负反馈会摈弃，正反馈强化品牌运作优化效果。在正向涨落所形成的协同机制作用下，具有竞争力的优化技术会得以保存，助推行业整体优化升级，同时实现与企业共同演化。因此，通过品牌传播推广，可以让品牌企业与利益相关者形成良好的互动关系，使得品牌获得更多被认知的渠道。

（3）演化动力推动下的品牌监控与维护。价值理论的多样化，使得品牌价值被赋予不同的内涵，但无论是强调品牌价值形成驱动因素的演化博弈理论视角的内涵，还是侧重于顾客效用感受的新古典价值主义理论视角的内涵，只是对品牌价值测度的侧重点不同，但它们均具有一个共性：注重与利益相关者的交互适应性学习。品牌企业在与利益相关者的交互适应性学习中，能够及时地从相关利益者处获取市场对品牌的反应，并利用市场选择的反馈信息以便适时调整品牌管理策略，进行品牌管理创新。当企业的品牌管理出现了问题或者面临破产风险，此时比较适宜采用品牌联盟策略。通过品牌联盟借用所需要的专长以及自身本不具有的品牌资产的杠杆效应，利用合作者品牌对自身的品牌产生正面影响，在短期内提升品牌资产，使得其自身品牌获得有效的延伸。而此时不适宜采用的是品牌延伸策略①，该策略的适用前提是该品牌已有相当知名度与市场影响力，而此时品牌的知名度和市场影响力已严重受损。综上所述，品牌企业可以借助利益相关者的管理经验、利用市场选择的反馈信息以改变品牌的经营水平和营销策略、进行品牌管理创新。“生态系统”使得品牌企业行为是主动性选择，通过品牌监控与维护，为品牌价值创造做出尽可能多的贡献。

（4）演化动力推动下的品牌绩效评价。品牌的演化性使得在品牌管理中不

① 品牌延伸是在已有相当知名度与市场影响力的品牌基础上，将原品牌运用到新产品或服务以期望减少新产品进入市场风险的一种营销策略。

断地进行适应性学习，不停调整管理策略；品牌的排他性使得品牌管理不具有固定的程序和模式，每个品牌创建公司根据自身的国家或区域特性、行业特性等采取不同的品牌战略；品牌的过程性使得品牌管理是一个长期的过程。品牌管理过程的演化性、特有性和长期性，使得品牌管理置于复杂的系统环境，系统内部约束与外部环境约束使得品牌管理战略和策略处于不断变动之中，从而影响品牌管理绩效。品牌系统的动态复杂性导致各评价指标间存在因果反馈机制和时间延滞，需借助品牌演化的动力系统，设置反馈环路，适时反映品牌管理活动的问题所在，以便及时采取防范措施和规避活动。品牌管理绩效是适时发现品牌管理活动问题所在的必要手段，亦是品牌进一步演化策略选择的依据所在。鉴于此，品牌管理绩效评价是在演化动力推动下的一种主动性选择，是适应性学习和试错纠偏所必需累积的信息总量的重要组成部分。

综上所述，品牌战略制定、传播推广、监控维护、绩效评价不仅是品牌业务管理流程的四个重要子系统，而且每一子系统均是在演化动力的推动下运行的。鉴于此，可以按照这四个子系统构建品牌会计管理报告体系，按照每一子系统的演化动力设计品牌管理会计报告的具体内容和具体格式。

（三）品牌价值会计报告体系的结构

根据品牌价值会计信息需求，在对品牌演化动力进行分析的基础上，结合品牌业务管理流程的特点，对其进行分类，以形成不同的品牌价值会计报告种类，为品牌价值会计报告体系的构建奠定基础。

1. 品牌价值会计信息与品牌业务管理流程。品牌价值会计信息与品牌业务管理流程之间具有耦合特性。一方面，品牌价值会计信息是对品牌业务管理活动的反映，其可为品牌业务管理决策提供信息依据；另一方面，品牌业务管理活动的过程亦是品牌信息生成的过程，品牌价值会计信息的产生环节与品牌业务管理流程具有一定的匹配性。如表 4－9 所示。

表 4－9　品牌价值会计信息与品牌业务管理流程匹配表

品牌会计信息	品牌业务管理流程
品牌定位、品牌组合	品牌战略制定
整合营销	品牌传播推广
日常维系、管理创新、危机处理	品牌监控与维护
财务业绩、非财务业绩	品牌管理绩效评价

由于品牌价值会计信息产生环节与品牌业务管理流程的匹配性，可以结合品牌业务管理的流程，根据每一流程的品牌资产管理的范畴和内容，遵照管理会计报告基本内容和要求，建立品牌价值管理会计报告体系。

2. 品牌价值会计报告体系的构成要素。综合前文的分析，品牌企业应在品牌战略制定、品牌传播推广、品牌监控与维护、品牌管理绩效评价四个方面对品牌资产相关的财务与非财务信息进行收集和加工，形成系统全面的品牌对内会计报告体系，这一报告体系应包括品牌战略制定报告、品牌传播推广报告、品牌监控与维护报告、品牌管理绩效评价报告四个系列的管理报告。与此同时，企业通过财务会计处理流程，生成相应的财务会计信息，以此为主要基础形成品牌对外会计报告体系。对内和对外会计报告系统之间可以进行交互，对于主要服务于内部管理者的品牌管理会计信息，可以选择部分具有相关性和可靠性的信息，以系统和规范的形式进行对外呈报；而对于主要服务于外部信息使用者的品牌价值财务会计信息，亦可用于企业管理层对品牌的内部管理需要。对内和对外的两套会计报告系统共同构成品牌价值会计报告体系，如图4－8所示。

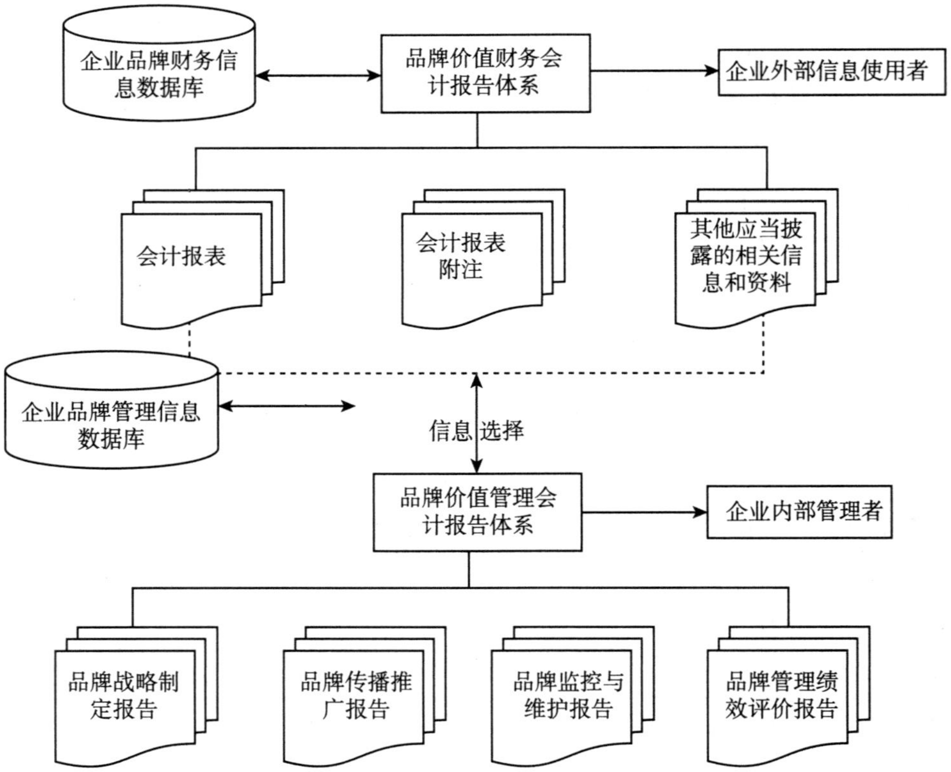

图4－8　品牌价值会计报告体系示意图

（四）品牌价值会计报告的时间和模式

根据前文的分析，品牌资产得以确认的重要条件是品牌价值可以识别，并以可识别为基点将为实现品牌创建这一目的而发生的支出分别予以费用化和资本化处理。品牌会计信息报告是以品牌资产的确认为基础的，因此品牌价值会计信息的报告时点是品牌价值可以识别时。当然，出于企业内部管理的需要，为提供相关的价值信息，更好地反映品牌管理者受托责任的履行情况，对于品牌价值管理会计信息，可在品牌价值尚未识别前采取合理的方式进行内部报告。如前所述，品牌价值应采取成本价值和市场价值双重模式，因此，对于品牌价值会计信息也应采取此双重模式予以报告。

四、品牌价值会计报告理论的适用条件分析

按照演化稳定策略的直观思想：如果一个群体在其行为模式及策略选择下所得到的支付期望能够大于任何小的突变群体，那么这种行为模式及选择策略就能在长期的演进过程中生存并保留下来（Smith & Price，1973）。品牌价值会计报告行为亦适用于此直观思想。此外，品牌价值会计报告群体是一个参与人较多的大群体，且是否提供品牌财务会计报告是一个学习速度较漫长的过程。鉴于此，品牌价值会计报告行为可通过复制动态模型予以分析。通过对品牌会计行为复制动态模型的分析，以确定品牌价值会计报告理论的适用条件，为所构建的品牌会计报告理论的有效应用奠定基础。

（一）品牌价值会计报告行为的复制动态模型

对于品牌价值会计信息，若要求予以强制性的披露，则认为是存在外力监管；若企业采取自愿的方式予以披露，则认为是不存在外力监管。现分别对无外力监管和存在外力监管两种不同状态下品牌价值会计报告行为的复制动态模型进行分析。

1. 无外力监管情况下的品牌价值会计报告行为动态分析。蛙鸣博弈是一种有限理性博弈模型，其和在没有外力监管情况下的品牌价值会计报告行为具有相似性，可用该复制动态模型分析品牌价值会计报告行为。

企业的品牌价值会计报告行为有两种策略可供选择：报告和不报告。假设：

第一，有两个对称的博弈方：企业 1 和企业 2；

第二，若企业 1 和企业 2 同时不报告品牌价值会计信息，收益和成本均为 0；

第三，如果一个企业报告品牌价值会计信息，而另一个企业不报告。报告的企业可得收益为 m（$0.5<m<1$），成本为 z；不报告企业的收益为 $1-m$①；

第四，若企业1和企业2同时报告品牌价值会计信息，产生的收益为 P（$m<P<1$），成本为 z。则企业双方的得益矩阵如图4－9所示。根据上述假设，可以推知 $P-z>m-z$。

		博弈方2 报告（R）	博弈方2 不报告（N）
博弈方1	报告（R）	$P-z$，$P-z$	$m-z$，$1-m$
	不报告（N）	$1-m$，$1-m$	0，0

图4－9　企业双方的得益矩阵

由于“有限理性”的存在，使得各博弈方通过适应性学习以确定博弈策略，随着时间的推移，企业与企业之间相互学习，企业是否报告品牌价值会计信息比例的变化速度取决于适应性学习的速度，而适应性学习的速度取决于学习和模仿的难易程度以及模仿对象的成功程度。假设企业报告品牌价值会计信息的比例为 x，则复制动态方程为：

$$\frac{dx}{dt}=x(1-x)[x(p-z-1+m)+(1-x)(m-z)]$$

可能的不动点是 $x^*=0$，$x^*=1$，$x^*=\frac{m-z}{1-P}$，即系统存在的三个不同得益结构的渐进解，系统的最终均衡取决于 P、m、z 的相对水平和具体水平。

当 $0<\frac{m-z}{1-P}<1$ 时，$x^*=\frac{m-z}{1-P}$ 是演化稳定策略。这意味在不考虑外力监管的情况下，当前的企业环境条件决定的报告行为的利益关系是稳定的，一旦发生少数企业从不报告到报告的变异，报告品牌会计信息的企业就会不断增加，整个报告品牌会计信息企业的比重为 $x=\frac{m-z}{1-P}$。如果报告品牌会计信息企业所占的比重超过这个水平，甚至所有企业均报告品牌价值会计信息，则少量不报告的变异便会在企业中扩散，此时不报告品牌价值会计信息企业的“搭便车”机会和收益比较大，最终仍然会回到均衡比例 $x=\frac{m-z}{1-P}$。当 $\frac{m-z}{1-P}<0$ 时，即 $m<z$，这

---

① 不报告企业可能存在搭便车行为。比如，不报告企业的产品若和报告企业的产品具有相似性，可能会因为报告企业的行为而获得收益。

时全部企业向不报告品牌价值会计信息方向演化。当$\frac{m-z}{1-P}>1$，即$m-z>1-P$时，这时全部企业向报告品牌价值会计信息方向演化。

2. 存在外力监管情况下的品牌价值会计报告行为动态分析。鹰鸽博弈是一种有限理性博弈模型，其与存在外力监管情况下的品牌价值会计报告行为具有相似性，可用该复制动态模型分析品牌价值会计报告行为。在鹰鸽博弈中，鹰代表强硬策略，类似于不服从外力监管，拒绝提供品牌价值会计报告或者提供虚假的品牌会计报告；鸽代表和平策略，类似于服从外力监管，提供真实的品牌价值会计报告。假设：

第一，有两个对称的博弈方：企业1和企业2；

第二，若企业1和企业2均不服从监管，惩罚成本为$\frac{c}{2}$；

第三，若企业1和企业2均服从监管或均不服从监管，获得的收益是$\frac{v}{2}$；

第四，若企业1和企业2单方面不服从监管，获得收益是v；

第五，若企业1和企业2单方面不服从监管，惩罚成本是b。企业双方的得益矩阵如图4－10所示。

		博弈方2 不服从（N）	博弈方2 服从（O）
博弈方1	不服从（N）	$\frac{v-c}{2}$，$\frac{v-c}{2}$	$v-b$，0
	服从（O）	0，$v-b$	$\frac{v}{2}$，$\frac{v}{2}$

图4－10　企业双方的得益矩阵

由于“有限理性”的存在，各博弈方在博弈过程中通过适应性学习确定博弈策略，随着时间的推移，企业与企业之间会相互学习，企业服从外部监管比例的变化速度取决于适应性学习的速度。通常博弈方适应性学习的速度取决于学习和模仿的难易程度以及模仿对象的成功程度。假设企业服从外部监管的比例是x，则复制动态方程为：

$$\frac{dx}{dt}=x(1-x)\left[b+\frac{c-v}{2}-\left(\frac{c}{2}-b\right)x\right]$$

可能的不动点是$x^*=0$，$x^*=1$，$x^*=\frac{2b+c-v}{c-2b}$。这三个点是系统存在的三

个不同得益结构的渐进解，系统的最终均衡取决于 b、c、v 的相对水平和具体水平。

经过分析，当 $c>2b$，即均不服从外部监管的惩罚成本大于单方不服从外部监管的成本时：当$\frac{2b+c-v}{c-2b}<0$ 时，企业均会选择不服从外部监管（即采取 N 策略），拒绝提供品牌会计报告或提供虚假品牌会计报告；当$\frac{2b+c-v}{c-2b}>1$ 的情况下，企业均逐渐倾向于服从外部监管（即采取 O 策略），提供真实的品牌会计报告；当 $0<\frac{2b+c-v}{c-2b}<1$ 时，演化稳定状态以混合策略纳什均衡状态实现，即逐渐有趋于$\frac{2b+c-v}{c-2b}$的企业会采取 O 策略，逐渐有$\frac{1-(2b+c-v)}{c-2b}$的企业会采取 N 策略。当 $c<2b$ 时，即均不服从外部监管的惩罚成本小于单方不服从外部监管的成本时：当$\frac{v-2b-c}{2b-c}<0$ 的情况下，即不服从外部监管的得益非常小时，企业均逐渐倾向于采取 O 策略；当$\frac{v-2b-c}{2b-c}>1$ 的情况下，企业均逐渐倾向于不采取 N 策略；当 $0<\frac{v-2b-c}{2b-c}<1$ 时，即不服从外部监管的收益大于 0 且小于单方面不服从的惩罚成本时，即逐渐有趋于$\frac{2b+c-v}{c-2b}$的企业会采取 O 策略，逐渐有$\frac{1-(2b+c-v)}{c-2b}$的企业会采取 N 策略。如果让现有企业愿意遵循外部监管，那么，群体中遵循外部监管的阈值达到$\frac{v-2b-c}{2b-c}$，否则，企业会向不遵循外部监管的方向演化。如果超过阈值，整体均能够遵循外部监管。

（二）品牌价值会计报告理论的适用条件

根据前文分析，若欲保证品牌价值会计理论的执行效果，愿意提供品牌价值会计报告企业的比例最好和服从外部监管的企业比例保持一致。若愿意提供品牌价值会计报告企业的比例较低，虽然可以通过增加惩罚成本保证提供品牌价值会计信息比例的提升，但却可能迫使企业采取逆向选择行为，提供虚假的品牌价值会计信息。对品牌价值会计报告的发展历程进行分析，在当前的环境下，在无外力监管的情况下，$0<(m-z)/(1-P)<1$ 是符合实际情况的，是演化稳定策略。初始时，一些公司开始尝试将外购品牌予以资本化，将其作为一

项资产。比如，英国主营洗漱用品、家用产品、食品的雷基特与科尔曼公司（Reckitt & Colman）将从西巴嘉基公司（Ciba – Geigy）购买的 Airwick 品牌的价值予以资本化。1988 年，世界上第一张将自创品牌作为资产列示的资产负债表出现于英国的兰克·霍维斯·麦克多格公司（Ranks Hovis McDougall，RHM）。随后，该公司的做法被多数英国企业效仿，但却未演化至全部企业。这是因为品牌价值会计信息的报告是需要一定成本的，当报告品牌价值会计信息所获得收益去除成本后，低于搭便车所获得的收益时，企业便会选择不报告行为。此外，品牌的创建成功与否也是具有一定概率的，品牌创建信息失败的披露，可能会带来负面效益。鉴于此，对于品牌会计信息报告应采取渐进的方式，逐步放宽企业的适用范围。

品牌价值会计报告行为具有“锁定效应”，品牌价值会计报告的初始条件和当前状态对品牌价值会计报告的未来发展具有重要影响，存在“锁定效应”和“正反馈机制”作用下的“路径依赖”。比如，桎梏于计量困难的思维惯例，采取不报告品牌价值会计信息的“路径依赖”。但是，目前外部环境已经发生了很大变化，品牌价值会计报告的演化应积极执行选择机制，注重与外部环境的协调。英国特许营销协会（Chartered Institute of Marketing，1993）曾呼吁：是否将品牌资产纳入会计系统并不是争论的焦点，而是会计实践能否为适应企业环境中注重无形资产“价值”这一变化而做出改变。会计界一直缺乏将品牌资产纳入会计系统的承诺和决心才是问题所在，应该解决这一问题。一系列评估机构因注意到品牌资产的重要性，采取各种评估技术以确定品牌价值。作为掌握更多品牌信息的企业，更应该对如此重要的信息予以报告。鉴于此，亟须打破品牌价值会计报告当前的“锁定效应”，需制定品牌会计准则，以制度化的强制性形式将品牌会计报告理论予以践行，并通过会计监管，以提供高质量的品牌会计信息。

综上所述，在当前的环境条件下，需制定品牌会计准则以保证品牌会计理论的有效执行，但品牌价值会计报告的提供是一个渐进的演化过程，需逐步扩大提供品牌价值会计信息的企业范围。

第四章　品牌价值会计报告理论有效性的实证检验

西方在构建财务会计概念框架时，指出概念框架项目不需要追求反映其组成质量的经验计量，即实证会计理论在发展和改进概念框架中的作用是有限的（葛家澍，2006）①。同样地，具有基础性的、以概念为主导的品牌价值报告理论也是不需要经验计量的。而经验研究在准则制定决策时是能够提供有用证据的，品牌价值会计信息披露时点、品牌价值会计信息披露模式是品牌价值会计报告理论的核心，品牌价值会计信息披露时点选择、披露模式选择作为准则制定决策中的一项重要内容，经验研究对其是可以作为决策依据的。现分别对品牌价值会计信息披露时点选择、披露模式选择进行实证检验。

一、品牌价值会计信息披露时点选择的实证检验

目前，无形资产投资亦逐渐被认可为投资的一种重要类型②，这意味着原来被传统财务会计忽略掉的品牌、知识产权和人力资源等无形资产的会计地位凸显将成为一种趋势（Wyatt，2008）。关于品牌价值评估虽然进行了大量的研究，但却未将评估价值进一步予以资本化，即未将其在资产负债表中予以呈报（Guilding & Godfrey，1995）。品牌资产建设是一个长期的过程，而且品牌创建过程中存在着重大的不确定性，若将其纳入会计系统进行披露，那么，披露时点应如何选择呢？

在前述分析中，品牌资产得以确认并将其会计信息予以披露的一个重要条

① 葛家澍：《关于财务会计概念框架的几个问题》，《中国农业会计》，2006 年第 7 期。

② 参见 Webster，E.，*The Economics of Intangible Investment*，UK：Edward Elgar Publishing Limited，1999. 在该书中提到了在 Kendrick（1972）、Caves 和 Murphy（1976）、Magee（1977）、Grabowski 和 Mueller（1978）、Reekie 和 Bhoyrub（1981）、Rugman（1981）、Hirschey（1982）、Caves（1982）、Cantwell（1989）和 Abramovitz（1993）等人的文献中予以体现。

件是品牌价值可以识别，并以可识别为基点将为实现品牌创建这一目的而发生的支出分别予以费用化和资本化处理。对大多数品牌而言，广告支出是一项重要的资源投入，其通过传递信息或者观点以影响消费者的购买行为，从而助力于品牌创建。当广告支出在为实现能够满足品牌目标的战略中具有明确作用时，资金应该配置给广告支出（Low & Jakki，1999）。广告支出应否资本化以及何时资本化的实证检验，将为品牌价值会计信息披露时点的选择提供一定的实践证据。本节将以广告支出为例，对品牌价值会计信息披露时点的选择提供实践证据。

（一）问题的提出

广告支出是纯粹且毫无争议的销售成本，而且在很多公司是金额最大的销售成本。公司广告支出活动频繁且金额巨大，但其是否应予以资本化以及基于其而产生的品牌是否应确认为一项资产仍未达成共识。广告支出具有影响契约缔结和品牌信息传递双重后果。一方面，广告支出对会计盈余数据影响巨大，而会计盈余数据被广泛应用于薪酬契约、债务契约以及监管要求等，因此，对广告支出的处理方式会影响到契约的缔结；另一方面，广告具有信息源的作用（斯蒂格勒，1961），其在传播过程中，可以实现品牌与媒介的良性互动，使得企业和消费者之间能够最有效地传递和解读双方所发出的品牌信号，实现品牌价值的生成并在不断演进中得以增值（卫海英、祁湘涵，2005）。比较广告[①]已经被视为向消费者提供较好产品信息的一种大有发展前景的方法（Ash & Wee，1983）。

而无论在契约观（影响契约缔结）还是在信息观（品牌信息传递）下，均体现了对广告支出能够带来未来经济利益流入的潜在要求。若巨额的广告支出不能带来未来经济利益流入，基于广告效果、薪酬契约的考虑，以及来自于资本市场的盈余压力和监管机构的管制压力等，会使得管理层的广告支出积极性降低。然而，我国公司广告活动频繁且金额巨大，那么，这些广告支出的实质是否能够带来未来经济利益流入呢？其是否符合资本化的条件呢？其何时应予以资本化呢？为实现培育品牌资产这一特定目的而失去或放弃的资源之一是广告支出，若广告支出能够带来未来经济利益，则意味着其应予以资本化，那么是否也意味着品牌也应确认为一项资产呢？其应何时确认为一项资产呢？若将品牌确认为一项资产，是否能够更好地解释企业的获利能力？品牌资产是否对

① 也称为对比广告、竞争广告。比较广告的基本含义是广告主通过广告形式将自己的公司、产品或者服务与同业竞争者的公司、产品或者服务进行全面或者某一方面比较的广告。

企业的获利能力产生影响呢？本节将对上述问题进行研究。

（二）文献回顾

1. 广告支出的经济效果研究。广告支出的经济效果是指企业通过广告活动所获得的经济收益或带来的损失，即由广告活动而引发的商品和服务销售以及企业利润的变化程度。现有国内外研究主要从企业价值和经营业绩两个角度展开。

（1）广告支出对企业价值的影响。关于广告支出对企业价值的影响效用，主要有四种观点：

一是正向价值论。该观点认为广告支出能增加企业价值。广告支出是公司市场价值的一个关键决定因素（Chauvin & Hirschey，1993），其与企业市场价值（用托宾Q、市场价值与账面价值比的对数等作为替代变量）具有很强的正相关关系（Hirschey & Weygandt，1985；O'Brien，2003），从长期来看，广告支出增加公司价值（Sridhar et al.，2014）。广告支出对品牌资产的形成具有直接影响（Wang et al.，2005），强势品牌可以产生更多的现金流和利润，这些进而增加了股东价值（Orton－Jones，2013）。一个公司的品牌战略对股东价值有很强的影响，广告支出与高层股东价值呈显著的正相关关系（Rao et al.，2004）。

二是负向价值论。该观点认为广告支出导致企业价值下降。Connolly 等（1986）发现广告支出和企业价值呈非显著的负相关关系；Barth 等（1998）发现广告支出和股权市场价值呈显著的负相关关系。Jose 等（1972）发现过高的促销支出强度会显著减少企业价值。Han 和 Manry（2004）发现广告支出与股票价格呈负相关关系。

三是价值无关论。该观点认为广告支出和企业价值并无显著关系。Ben－Zion（1978）发现公司广告支出与账面价值之比与市场价值无显著关系。Chan 等（2001）采用组合分析法，发现广告支出与未来股票回报没有直接的联系，虽然在特定情况下高额的广告支出表现为与某些高股票回报的公司的市场价值相关。

四是影响不确定论。这种观点认为广告支出对企业价值的影响存在不确定性。Lustgarten 和 Thomadakis（1987）发现广告支出对企业价值（以托宾Q衡量）的影响随着行业和时间的不同而呈现正或负关系。

（2）广告支出对经营业绩的影响。关于广告支出对经营业绩的影响，现有研究主要从影响效用的时间长短予以展开的，其可划分为两种观点。一是短期效用论。该种观点认为广告支出对公司经营业绩的影响是短期的，其实质是广告支出的费用化论。Bublitz 和 Ettredge（1989）研究了广告支出和累积超额收益的关系，发现广告支出的影响是短期的（应为一项费用）。在大部分情况下，广告支出 90% 的影响在其发生后的 3 至 15 个月内消散（Assmus et al., 1984; Vakratsas & Ambler, 1999; Leone et al., 1995）。李青原（2006）认为广告支出不能真正实现公司的可持续发展，应予以费用化。二是长期效用论。该种观点认为广告支出对公司经营业绩的影响是长期的，其实质是广告支出的资本化论。Shah 和 Akbar（2008）认为广告支出是投资于未来收益的管理者信心和意愿的体现。Dekimpe 和 Hanssens（1995）发现广告对销售收入有持久的影响，人们可以识别出已经终止多年的流行广告的主题（Hawkins et al., 1995）。Eng 和 Keh（2007）发现广告支出的影响具有滞后效应，对经营业绩的影响持续四年；Graham Jr 和 Frankenberger（2000）、Hirschey 和 Weygandt（1985）发现广告支出的影响时期为 1—5 年；Abraham 和 Lodish（1990）、Lodish 等（1995）、Naik（1999）发现广告支出的影响持续为 3 年。

2. 广告支出与品牌价值的关系研究。关于广告支出和品牌价值关系的研究相对较少，但对二者的关系取得了一致性的结论，虽然表述有所不同，但实质上均认为广告支出对品牌价值具有正向作用。二者的关系主要体现为以下两种：一是二者呈正相关关系。广告支出和品牌价值之间具有直接关系（Simon & Sullivan, 1993），较大的广告支出与较高的品牌价值密切相关（Peterson & Jeong, 2010）。广告支出可以产生持续的品牌价值（Wang et al., 2009），广告支出与品牌价值呈正相关关系（Barth et al., 1998）。二是二者呈正向递减关系。Kerin 和 Sethuraman（1998）发现品牌价值和股东价值呈显著的正相关关系，并随着品牌价值的变化而呈现凹形递减。当品牌价值较小时，企业的品牌价值增长能够带来更大的市场价值账面价值比增长。但是，当品牌价值较大时，市场价值账面价值之比的变化则相对平缓（Modest）。Chu 和 Keh（2006）对广告支出、市场推广费用和研发费用对品牌价值滞后影响的非线性关系进行了研究，发现广告支出等对品牌价值的影响呈逐步递减的关系。

3. 品牌价值与经营业绩的关系研究。关于品牌价值与经营业绩关系研究的文献亦相对较少。Peterson 和 Jeong（2010）认为较高的品牌价值与较大的公司财务业绩相关。Frieder 和 Subrahmanyam（2005）发现拥有较强的品牌吸引力和市场力产品的公司，投资者更偏好其股票。强势品牌可使得公司价值增加 7%（Parkhurst, 2002），即便在经济危机中，拥有强势品牌的公司其损失弥补速度最快（Banham, 1998）。Eng 和 Keh（2007）采用来自《金融世界》和《广告周刊》的数据，发现品牌价值对三年内的经营业绩（ROA）呈正相关关系，但随着时间的推移正相关关系逐渐减弱。Pahud de Mortanges 和 Van Riel（2003）采用由 Young 和 Rubicam 开发的品牌资产评估器（Brand Asset Valuator，BAV）测量的品牌价值评估数据，发现品牌价值对企业市场价值具有显著的影响。Madden 等（2006）采用 Interbrand 公司发布的数据，采用 Fama – French 方法，研究发现，强势品牌不仅提供了高于市场基准的股东回报，而且风险更小。

综上所述，关于广告支出对品牌价值、品牌价值对经营业绩的影响已达成了共识，而关于广告支出对企业价值和经营业绩的影响尚未形成统一的结论。正如 Little（1979）所言：广告支出还有很多尚未发现和理解的现象。究其原因则在于研究者未根据广告支出的性质分类别进行分析。广告支出具有短期促销和品牌创建两种目的，支出目的不同，对广告支出所能带来预期收益的要求也有所不同。而即便是以品牌创建为目的，也存在创建成功与失败之分，则会导致不同的未来经济利益流入。因此，若不根据广告支出的性质加以区分进行研究，则会导致广告支出对企业价值和经营业绩的影响具有不确定性。鉴于此，为消除广告支出性质的影响，本书选取 2007—2013 年入选世界品牌实验室发布的《中国 500 最具品牌价值品牌》排行榜的 A 股上市公司，其广告支出以品牌创建为目的且创建成功，将其作为品牌价值可识别组的样本；通过配对的方式选取未入榜上市公司，由于其未能入榜，将其作为品牌不可识别组的样本。通过品牌价值可识别组公司和品牌价值不可识别组公司的广告支出经济效果，以检验广告支出是否影响未来经济流入、广告支出是否应该有条件的资本化，进而为品牌价值会计信息披露时点的选择提供实证证据。

（三）理论分析和假设提出

1. 广告支出与未来经济利益流入。按照品牌价值的传统理论，产品或服务所能带来的经济利益与品牌价值有很大关系，这是因为具有强势品牌的产品或服务具有更高的顾客忠诚度和抗风险能力，顾客对产品和服务价格变化、品牌许可、品牌延伸等具有更高的支持反应（Keller，2001）。而广告支出通过品牌声誉这一中介变量实现对品牌产出（比如，市场份额和相对价格）的影响（Chaudhuri，2002），来自广告支出的收益和资本化的有形资产是一样的（Dean，1966）。广告和促销费用与企业市场价值之间具有显著的正相关关系，企业品牌创建活动与企业财务业绩之间具有密切的联系（Conchar、Crask & Zinkhan，2005）。此外，当公司本年业绩不好时，仍然会发生巨额的广告支出以刺激经营业绩的提升；当公司欲进入某一新行业，会通过广告支出提升品牌的接受度；当市场先入者欲阻止新入者时，会通过因广告支出而形成的品牌接受度作为行业壁垒予以阻止。据此，提出假设1：

假设1：广告支出会影响公司未来经济利益流入。

2. 广告支出目的的定位。从资源配置视角来看，公司将有限的资源分配到价值创造（比如创新、生产、向市场提供产品）和价值分配（比如在市场上获取利润）两个基本过程。当公司更注重价值分配过程时，股票市场反应更积极。当然，这也和公司自身特点及其所处的行业有关，尤其是和公司的财务状况、公司过去战略重心的水平、公司技术创新环境有关（Mizik & Jacobson，2003）。按照资源配置效率理论，资源应按照边际效率最高的原则进行配置。无疑属于价值分配过程中的广告支出，其以品牌培育为目的比以促销为目的具有更高的边际效率。此外，用于广告支出的资金因在短期内很难体现其收益而面临着转投别处的压力（Aaker，1996），以品牌培育为目的是其规避转投压力的必需。从企业并购角度来看，对被并购方而言，其希望能够取得远高于其账面价值的购买价格，这需要具有较高的品牌价值为基础；对并购方而言，其欲知有品牌权和无品牌权的业绩差异，具有从品牌价值中提取信息的财务动机，以确定其原意支付的并购成本（Keller，1993）。鉴于此，公司在发生广告支出时，更具有创建品牌的动机，以获取较高的品牌价值。综合以上分析，提出假设2：

假设2：相比于短期促销目的，广告支出更倾向于品牌创建目的。

3. 广告支出对未来经济利益的影响差异：基于品牌价值识别视角。按照劳动价值理论，品牌价值是品牌客户、渠道成员和公司等方面采取的一系列联合行动，能使该品牌产品获得比未取得品牌名称时更大的销量和更多的利益，还能使该品牌在竞争中获得一个更强劲、更稳定、更特殊的优势（Srivastava、Leone & Shocker，1981）。广告支出属于产生品牌价值的联合行动之一，广告效果具有迟效性和累积性，广告活动的效果通常在广告活动后的一段时间方可充分表现，且其效果是逐渐累积而成的，广告效果越好，其累积效果越显著，品牌价值则越高，也意味着广告支出所能带来的未来经济流入越多。现有实证研究表明，广告支出与品牌价值呈正相关关系，品牌价值与企业经营业绩呈正相关关系，按照广告支出、品牌价值与经济业绩这三者之间的关系进行推理，意味着广告支出对品牌价值大的公司的经营业绩影响更大。综合以上分析，提出假设3（a）、假设3（b）：

假设3（a）：无论是品牌价值可识别公司还是品牌价值不可识别公司，广告支出均会影响公司未来经济利益。

假设3（b）：相比于品牌价值不可识别组公司，广告支出对品牌价值可识别组公司未来经济利益流入的影响更大。

（四）研究设计

1. 样本与数据来源。本研究的样本区间是2007—2013年，世界品牌实验室虽然自1994年开始发布《中国500最具品牌价值品牌》排行榜，但由于其在进行品牌价值评估时，是在综合分析品牌产品或品牌服务的销售收入、利润等财务数据的基础上进行估值的，为消除财务数据计算口径不一致的影响，因此选取我国企业会计准则体系正式实施的2007—2013年的数据。本研究选取样本区间内入选世界品牌实验室发布的《中国500最具品牌价值品牌》排行榜的A股上市公司为样本。样本选取过程如下：（1）在2007—2013年260家公司1161个观测值的基础上①，剔除金融、保险业、证券期货业的94个样本，剔除29个财务数据缺失的样本，最终得到有效样本1038个。（2）由于可进入《中国500最具品牌价值品牌》榜单的上市公司，一般来说，品牌已经创建成功，属于品牌创建高成功率的公司。鉴于此，将进榜上市公司划分为品牌创建高成功率组，将未进榜上市公司划分为品牌创建低成功率组，并按照行业、年度、销售费用率（SR）进行配对，最终成功配对886组，获得1772个有效样本。

2. 变量定义

（1）被解释变量。借鉴Yeung和Ramasamy（2008）、Verbeeten和Vijn（2010）的研究，采用总资产净利率（ROA）、投资回报率（ROI）作为业绩测量指标。其中，ROA用净利润与年末资产总额的比值表示；ROI用息税前利润与年末资产总额的比值表示。借鉴莫冬燕（2013）的研究，以销售收入增长率（SD）作为测量企业广告投入偏好的依据。SD用前后年度营业收入的差额与前一期营业收入的比值表示。变量定义如表4－10所示。

（2）解释变量。在现行会计实务中，对于广告支出是反映在“销售费用”这一科目中，由于各公司各年的广告支出数据无法直接取得，采用“销售费用”项目的数据来予以替代。自变量是广告支出强度（SR），用当期的销售费用与当

① 对于3家有两个及以上品牌入榜的上市公司，按照年份将各个品牌的数值加总，合并作为一个观测值。另外，需要特别说明的是，由于本书的初稿形成于2015年，故其数据窗口选取时段为2007—2013年，希望其研究结论在当下仍然具有重要的参考价值。特此说明。

期营业收入的比值表示。由于广告支出具有滞后效应，将广告支出强度的滞后项也作为解释变量，用 SR_i（$i=1$，2，3）表示，分别代表滞后一期值、滞后二期值、滞后三期值。

（3）控制变量。借鉴 Bemard（1993）、王化成（2005）等人的研究，选择的控制变量有：企业规模（SIZE），用年末资产总额的对数表示。财务风险（LEV），用年末负债总额与资产总额的比值表示。无形资产比重（INTANG），用年末无形资产与资产总额的比值表示。管理费用支出强度（AA），用年末管理费用与资产总额的比值表示。此外，为控制行业效应和时间效应，还加入行业与年份虚拟变量。

表 4-10　　　　变量定义表

变量类型	变量符号	变量定义
被解释变量	ROA	净利润/年末资产总额
	ROI	息税前利润/年末资产总额
	SD	（当期营业收入 - 上期营业收入）/上期营业收入
解释变量	SR	销售费用/营业收入
	SR_1	销售费用与营业收入比值滞后一期
	SR_2	销售费用与营业收入比值滞后二期
	SR_3	销售费用与营业收入比值滞后三期
控制变量	SIZE	年末资产总额的对数
	LEV	年末负债总额/资产总额
	AA	管理费用/资产总额
	INTANG	年末无形资产/资产总额
	IND	行业虚拟变量，控制行业效应
	YEAR	时间虚拟变量，控制时间效应

3. 研究模型。根据前文的理论分析及假设提出，为检验研究假设，构建了以下多元回归方程：

$$FI_{i,t}=\alpha_0+\sum_{j=1,k=0}^{n}\alpha_j\times SR_{i,t-k}+\alpha_1\times SIZE_{i,t}+\alpha_2\times LEV_{i,t}+\alpha_3\times AA_{i,t}+\alpha_4\times INTANG_{i,t}+D\_IND+D\_YEAR+\varepsilon_{i,t}\quad(4-6)$$

$$SD_{i,t}=\beta_0+\sum_{j=1,k=0}^{n}\beta_j\times SR_{i,t-k}+\beta_1\times SIZE_{i,t}+\beta_2\times LEV_{i,t}+\beta_3\times AA_{i,t}$$

$$+\beta_4 \times INTANG_{i,t} + D\_IND + D\_YEAR + \eta_{i,t} \quad (4-7)$$

其中，$FI_{i,t}$表示企业 i 在 t 期的获利能力，分别用 ROA、ROI 表示。为检验假设 1，构建模型（4－6）；为检验假设 2、假设 3，构建模型（4－7）；此外，还通过比较模型（4－6）、（4－7）中 *SR* 滞后项系数显著为正的个数以进行假设验证。

（五）实证检验与分析

1. 描述性统计。如表 4－11 所示，总资产净利率（ROA）、投资回报率（ROI）最大值分别为 0.2430、0.3124，最小值分别为－0.1978、－0.1564，表明个体公司间获利能力差异较大。其均值分别为 0.0419、0.0625，二者的均值均高于中位数，意味着 50% 以上的公司总资产净利率高于 0.0419、投资回报率高于 0.0625。营业收入增长率（SD）的最大值和最小值分别为 2.7894、－0.5747，表明公司间的营业收入增长率差异较大；但均值和中位数分别为 0.2029、0.1424，均值远高于中位数，说明 50% 以上的公司营业收入增长率超过 0.2029，营业收入增长态势总体较好。广告支出强度（SR）的最大值和最小值分比为 0.4575、0，表明公司间广告支出差异较大；其均值和中位数分别为 0.0946 和 0.0586，表明至少 50% 的公司广告支出强度超过 0.0586，说明总体而言，公司比较注重营销活动和品牌创建。

在控制变量的描述性统计结果中，管理费用支出强度（AA）的最大值和最小值分别为 0.1814、0.0051，表明个体公司间差异较大，但平均数 0.0505 与中位数 0.0443 差异不大，且标准差比较小，表明总体而言，我国公司管理费用的投入差异并不是很大。无形资产比重（INTANG）的平均值和中位数分别为 0.0493 和 0.0346，表明我国公司无形资产的拥有度并不是很高。

总体而言，主要研究变量的平均值和中位数差异不大，而且标准差比较小，表明各研究变量的状态分布比较符合正态分布。

表 4－11　　主要变量描述性统计

变量	均值	中位数	标准差	最小值	最大值
ROA	0.0419	0.0398	0.0585	－0.1978	0.2430
ROI	0.0625	0.0578	0.0621	－0.1564	0.3124
SD	0.2029	0.1424	0.4349	－0.5747	2.7894
SR	0.0946	0.0586	0.0975	0	0.4575
SR_1	0.0899	0.0579	0.0948	0	0.4575
SR_2	0.0736	0.0567	0.0511	0	0.1646

续表

变量	均值	中位数	标准差	最小值	最大值
SR_3	0.0832	0.0537	0.0882	0	0.4563
SIZE	21.5547	21.4257	1.2021	19.2130	26.3687
LEV	0.4703	0.4799	0.2067	0.1321	0.8133
AA	0.0505	0.0443	0.0311	0.0051	0.1814
INTANG	0.0493	0.0346	0.0533	0	0.2682

2. 回归结果分析。根据描述性统计结果可以看出，部分变量存在离群值，为消除离群值对估计结果的影响，对连续变量进行1%的双侧缩尾处理。同时，为消除异方差、序列相关等问题的影响，使得估计结果稳健，则通过计算稳健的标准误差以确定参数显著性水平。实证检验结果如表4－12所示。

（1）模型（4－6）的检验结果分析。针对模型（4－6）的全样本回归，回归1中，SR的回归系数为－0.244，且在1%的重要性水平上显著，说明广告支出发生的当期对总资产净利率（ROA）具有负向影响，这与我国企业会计准则对广告支出的会计处理规定有关，对广告支出在发生当期采取费用化处理，记入当期费用，使得当期净利润减少，进而使得ROA减少。但由于广告支出具有滞后效应，广告支出对当期ROA的影响主要是由于会计核算规定所致。SR_1、SR_2分别在1%和5%的重要性水平上显著，且均为正数。表明广告支出对后一期、后二期的ROA具有正向影响，使得后一期的ROA增加0.219个单位、后二期的ROA增加0.122个单位，表明广告支出对未来经济利益流入影响期限为两期，具有长期影响，初步验证了假设1和假设3（a）。

针对模型（4－6）的全样本回归，回归2中，SR的回归系数为－0.257，在1%的重要性水平上显著，说明广告支出发生的当期对投资报酬率（ROI）具有负向影响，其原因和广告支出发生当期对ROA具有负向影响一致。SR_1、SR_2均在1%的重要性水平上显著，且均为正数。表明广告支出对后一期、后二期的ROI具有正向影响，使得后一期的ROI增加0.227个单位、后二期的ROI增加0.184个单位，广告支出影响企业未来的投资收益率，即影响企业未来经济利益的流入，初步验证了假设1和假设3（a）。此外，无论是回归1中，还是回归2中，SR_1、SR_2的系数呈递减态势，说明随着时间的推移，广告支出对ROA、ROI的影响逐渐减小。SR_3的系数虽然不显著，但其均为正数，也在一定程度上说明广告支出影响企业未来经济利益的流入。

表 4 - 12　回归模型的检验结果

变量	模型（4 - 6）回归结果						模型（4 - 7）回归结果		
	全样本回归		品牌价值不可识别组		品牌价值可识别组		全样本回归	品牌价值不可识别组	品牌价值可识别组
	回归 1（ROA）	回归 2（ROI）	回归 3（ROA）	回归 4（ROI）	回归 5（ROA）	回归 6（ROI）	回归 7（SD）	回归 8（SD）	回归 9（SD）
Constant	-0.151*** (-5.09)	-0.124*** (-3.95)	-0.0951* (-1.89)	-0.0357 (-0.63)	-0.130*** (-3.47)	-0.104** (-2.34)	-0.498** (-2.26)	-1.174*** (-2.64)	-0.444 (-1.50)
SR	-0.244*** (-3.90)	-0.257*** (-4.20)	-0.273*** (-3.22)	-0.307*** (-3.21)	-0.203*** (-2.93)	-0.223*** (-2.70)	-2.365*** (-5.41)	-3.896*** (-5.40)	-1.152** (-2.12)
SR_1	0.219*** (2.59)	0.227*** (3.45)	0.236*** (2.58)	0.261** (2.53)	0.201** (2.43)	0.211** (2.15)	3.106*** (6.21)	4.717*** (6.05)	1.627** (2.52)
SR_2	0.122** (2.27)	0.184*** (2.68)	0.00809 (0.87)	0.0995 (0.95)	0.158* (1.96)	0.170* (1.78)	0.241 (0.48)	-0.369 (-0.47)	0.749 (1.19)
SR_3	0.060 (1.59)	0.180 (0.39)	0.058 (0.88)	0.0422 (0.57)	0.0259 (0.45)	0.030 (0.44)	-0.729** (-2.10)	-0.465 (-0.83)	-0.586 (-1.32)
SIZE	0.011*** (7.35)	0.011*** (7.71)	0.00824*** (3.69)	0.00578** (2.30)	0.0109*** (6.74)	0.0107*** (5.56)	0.027*** (2.82)	0.061*** (3.10)	0.021* (1.67)
LEV	-0.141*** (-14.95)	-0.131*** (-12.44)	-0.108*** (-8.49)	-0.0839*** (-5.86)	-0.167*** (-12.53)	-0.170*** (-10.76)	0.084 (1.13)	0.037 (0.34)	0.120 (1.16)

续表

变量	模型（4-6）回归结果						模型（4-7）回归结果		
	全样本回归		品牌价值不可识别组		品牌价值可识别组		全样本回归	品牌价值不可识别组	品牌价值可识别组
	回归 1（ROA）	回归 2（ROI）	回归 3（ROA）	回归 4（ROI）	回归 5（ROA）	回归 6（ROI）	回归 7（SD）	回归 8（SD）	回归 9（SD）
AA	0.212*** （3.09）	0.261*** （4.17）	0.115 （1.34）	0.165* （1.70）	0.157** （2.36）	0.155* （1.96）	0.055 （0.12）	-0.409 （-0.53）	0.862 （1.60）
INTANG	-0.066** （-1.81）	-0.035 （-0.92）	-0.070 （-1.63）	-0.0467 （-0.96）	-0.0684 （-1.42）	-0.0247 （-0.43）	-0.196 （-0.74）	0.298 （0.78）	-0.861** （-2.30）
IND/YEAR	控制	控制	控制	控制	控制	控制	控制	控制	控制
R^2	0.2701	0.2017	0.546	0.0826	0.2907	0.2770	0.0738	0.1276	0.0764
F 值	30.66 （0.000）	20.94 （0.000）	12.25 （0.000）	6.53 （0.000）	31.84 （0.000）	23.70 （0.000）	6.61 （0.000）	5.34 （0.000）	3.72 （0.000）

注：***、**、*分别代表在 1%、5% 和 10% 的重要性水平上显著。

针对模型（4－6）的分样本回归，回归3中，SR的回归系数为－0.273，在1%的重要性水平上显著，其具有负向影响的原因亦是广告支出发生当期的费用化处理。SR_1的回归系数为0.236，在1%的重要性水平上显著，表明广告支出使得品牌价值不可识别组公司后一期ROA增加0.236个单位。可以看出，对于品牌价值不可识别组公司而言，广告支出影响滞后一期的ROA，说明广告支出对该组公司经济利益流入具有短期影响，并未长期影响该组公司的未来经济利益流入，假设3（a）未能得以全部验证。其原因在于，品牌价值不可识别公司的品牌创建活动正处于研究期，品牌尚未具有价值，其所发生的广告支出具有费用化的性质。值得注意的是，回归3中，SR_2、SR_3的回归系数虽然不显著，但其均为正数，这说明对于品牌价值不可识别组公司而言，虽然其品牌价值尚未形成，但其发生的广告支出对未来经济利益流入的影响时期呈现出递增的趋势，正在逐步呈现出资本化的态势。

针对模型（4－6）的分样本回归，回归4中，SR的回归系数为－0.307，在1%的重要性水平上显著，其对ROI具有负向影响的原因亦是由于广告支出发生当期的费用化会计处理所致。SR_1的回归系数0.261，在5%的重要性水平上显著。表明广告支出使得品牌价值不可识别组公司后一期的ROI增加了0.261个单位。可以看出，对于品牌价值不可识别组公司而言，广告支出影响当期及后一期的ROI，说明广告支出并未长期影响该组公司的未来经济利益流入，假设3（a）未能得以全部验证。其原因与广告支出对品牌价值不可识别组公司ROA不具有长期影响的原因一致。同样值得注意的是，回归4中，SR_2、SR_3的回归系数虽然不显著，但其均为正数，这说明对于品牌价值不可识别公司而言，虽然其品牌可能尚未形成价值，但其发生的广告支出对未来经济利益流入的影响时期呈现出递增的趋势，正在逐步呈现出资本化的态势。

针对模型（4－6）的分样本回归，回归5中，SR的回归系数为－0.203，在1%的重要性水平上显著，其对ROA具有负向影响的原因在于广告支出发生当期的费用化处理。SR_1、SR_2的回归系数分别为0.201和0.158，且分别在5%和10%的重要性水平上显著。表明广告支出使得品牌价值可识别组公司后一期ROA增加了0.201个单位、后二期ROA增加了0.158个单位，广告支出影响公司未来经济利益，初步验证了假设1和假设3（a）。

针对模型（4－6）的分样本回归，回归6中，SR的回归系数为－0.223，在1%的重要性水平上显著，其对ROI具有负向影响的原因在于广告支出发生当期的费用化处理。SR_1、SR_2 的回归系数分别为 0. 211 和 0. 170，且分别在 5% 和 10% 的重要性水平上显著。表明广告支出使得品牌价值可识别组公司后一期 ROI 增加了 0. 211 个单位、后二期 ROI 增加了 0. 170 个单位，广告支出影响公司未来的投资报酬率和经济利益，初步验证了假设 1 和假设 3（a）。

此外，在分样本回归中，在品牌价值不可识别组，广告支出仅对公司当期、后一期的 ROA、ROI 均有显著影响。在品牌价值可识别组，广告支出对公司当期、后一期、后二期的 ROA、ROI 均有显著影响。通过两组回归结果的比较，说明广告支出对品牌价值可识别组公司的影响期数更长，初步验证了假设 3（b）。

（2）模型（4 – 7）的检验结果分析。针对模型（4 – 7）的全样本回归，回归 7 中，SR 的回归系数为 – 2. 365，在 1% 的重要性水平上显著，其对销售收入增长率（SD）具有负向影响的原因可能在于广告支出的滞后效应。SR_1 的回归系数为 3. 106，且在 1% 的重要性水平上显著，表明广告支出使得公司后一期的 SD 增加 3. 106 个单位，广告支出具有促销作用。SR_2 的回归系数为 0. 241，虽然为正数，但并不显著，说明广告支出对后二期的 SD 影响不明显。SR_3 的回归系数为 – 0. 729，且在 5% 的重要性水平上显著，广告支出对 SD 的影响呈递减趋势。

针对模型（4 – 7）的分样本回归，回归 8 中，SR 的系数为 – 3. 896，在 1% 的重要性水平上显著，广告支出对当期 SD 具有负向影响的原因可能在于广告支出的滞后效应。SR_1 的回归系数为 4. 717，且在 1% 的重要性水平上显著，表明广告支出使得品牌价值不可识别组公司后一期的 SD 增加 4. 717 个单位，广告支出具有促销作用。SR_2、SR_3 的回归系数分别为 – 0. 369、 – 0465，不具有显著性，但均为负数，表明广告支出对品牌价值不可识别组公司后二期、后三期的 SD 具有负向影响。在回归 9 中，SR 的系数为 – 1. 152，在 5% 的重要性水平上显著，广告支出对当期 SD 具有负向影响的原因可能在于广告支出的滞后效应。SR_1 的回归系数为 1. 627，且在 5% 的重要性水平上显著，表明广告支出使得品牌价值可识别组公司后一期的 SD 增加 1. 627 个单位，广告支出具有促销作用。SR_2 的回归系数分别为 0. 749，不具有显著性，说明广告支出对品牌价值可识别组公司后二期的 SD 影响不明显。SR_3 的回归系数为 – 0. 586，且不显著，但表明广告支出对 SD 的影响逐渐转弱。

此外，在分样本回归中，在品牌价值不可识别组，广告支出对公司当期、后一期的 SR 具有显著影响。在品牌价值可识别组，广告支出也是对公司当期、后一期的 SR 具有显著影响。从回归影响期数来看，品牌价值不可识别组公司和品牌价值可识别组公司一致。但品牌价值不可识别组中，广告支出对 SR 的影响从公司后二期开始转为负，而品牌价值可识别组中，广告支出对 SR 的影响从公司后三期开始转为负。在一定程度上说明，相比于品牌价值不可识别组公司，品牌可识别组广告支出对 SR 的影响的影响更大，初步验证了假设 3（b）。

（3）模型（4－6）全样本和分样本的检验结果比较分析。根据模型（4－6）全样本的回归结果，可以验证假设（1），但在模型（4－6）的分样本回归中，只有品牌价值可识别组公司的检验结果可以验证假设（1）。在全样本中，由于品牌价值可识别组公司的影响权重较大，即便在广告支出对品牌价值不可识别组公司未来经济利益流入不具有长期影响的情况下，仍可以得出广告支出影响未来经济利益流入的结论。这表明，在未考虑广告支出具有促销和品牌创建双重功效的情况下，所得出的研究结论有失偏颇，这亦是对广告支出应予以资本化还是费用化未取得定论的原因所在。通过模型（4－6）全样本和分样本检验结果的比较，可以发现假设（1）是不成立的。对于品牌价值可识别组公司，广告支出影响其经济利益流入具有长期影响，对于品牌价值不可识别组公司，广告支出对其经济利益流入不具有长期影响。

（4）模型（4－6）和模型（4－7）的检验结果比较分析。对于模型（4－6）和模型（4－7），在全样本回归中，广告支出影响公司未来的经济利益流入，说明广告支出活动具有资本性。但广告支出对盈利能力和销售收入增长率的影响期限有差异，对前者比对后者的影响期限要多一期。说明公司广告支出的目的更多地是服务于品牌创建与维护，影响公司未来经济利益的流入，而不仅仅是促销目的。初步验证了假设 2。

在分样本回归中，品牌价值可识别组，广告支出影响公司未来的经济利益流入，且对盈利能力的影响期限长于对销售收入增长率的影响期限。表明品牌创建价值可识别组的广告支出具有资本化性质，且广告支出的目的更多地是服务于品牌创建与维护，而不仅仅是促销目的。而对于品牌价值不可识别组公司，广告支出对其盈利能力的影响期限和对销售收入增长率的影响期限一致，均不具有长期的影响，表明品牌价值不可识别组公司的广告支出主要起到促销作用，广告支出具有费用化性质。值得注意的是，对于品牌价值不可识别组，虽然广告支出对销售收入增长率滞后二期、滞后三期销售收入增长率的影响均为负数，但广告支出对其滞后二期、滞后三期经济利益流入的影响却均为正数，表明广告支出对该组的未来经济利益流入呈正向影响的趋势。即便均不显著，但也在一定程度上说明，广告支出的目的更多地是服务于品牌创建与维护，使其具备资本化的性质。

3. 进一步的分析。为进一步分析广告支出对品牌价值可识别公司和品牌价值不可识别公司的盈利能力、营业收入增长率的影响，现对变量 ROA、ROI、SR 进行双样本 t 检验，以检验不同组别这些变量的均值差异。对各个模型的分样本回归系数 SD、SD_1、SD_2、SD_3 进行 Chow 检验，以检验这些回归系数的差异性。如表 4－13 所示，品牌价值可识别组 ROA 的均值比品牌价值不可识别组 ROA 的均值高出 0.0128，且在 1% 的重要性水平上显著。根据品牌价值可识别组与不可识别组配对的原则，两组的广告投入强度（SD）没有差异。根据模型（4－6）Chow 检验的结果，在模型（4－6）的分样本回归中，可识别组和不可识别组之间变量 SD、SD_1、SD_2、SD_3 的回归系数不具有显著的差异性，表明广告支出对可识别组和不可识别组的 ROA、ROI 的提升率并没有显著的差异，但由于可识别组 ROA、ROI 均值比不可识别组高，在广告支出对 ROA、ROI 提升率没有显著差异的情况下，意味着广告支出使得可识别组的 ROA、ROI 的增长率高于不可识别组，广告支出对可识别组的影响大于不可识别组，进一步验证了假设 3（b）。

根据对变量 SR 的双样本 t 检验，可识别组 SR 的均值比不可识别组的均值低 0.0144，两者之间并没有显著的差异。根据模型（4－7）Chow 检验的结果，在模型（4－7）的分样本回归中，可识别组和不可识别组之间变量 SD、SD_1、SD_2、SD_3 的回归系数不具有显著的差异性，表明广告支出对可识别组和不可识别组的 SR 的提升率并没有显著的差异。此外，由于可识别组、不可识别组 SR 的均值没有显著的差异，因此，广告支出对两组 SR 的增长率的影响不存在显著的差异，但由于可识别组的盈利能力高于不可识别组的盈利能力，使得同样的 SR 增长率给可识别组带来的盈利高于不可识别组，进一步验证了假设 3（b）。

表 4－13　　差异性检验

双样本 T 检验		Chow 检验（系数差异性检验）			
变量	高成功率组 VS 低成功率组（p 值）	变量	模型 4－6（ROA）	模型 4－6（ROI）	模型 4－7
ROA	0.0128*** 0.0000	SD	Prob > chi2 = 0.6757	Prob > chi2 = 0.6600	Prob > chi2 = 0.1780
ROI	0.0138*** 0.0000	SD_1	Prob > chi2 = 0.8432	Prob > chi2 = 0.8130	Prob > chi2 = 0.2473

续表

双样本 T 检验		Chow 检验（系数差异性检验）			
变量	高成功率组 VS 低成功率组（p 值）	变量	模型 4－6（ROA）	模型 4－6（ROI）	模型 4－7
SR	－0.0144 0.2311	SD_2	Prob > chi2 ＝0.5250	Prob > chi2 ＝0.6251	Prob > chi2 ＝0.2712
		SD_3	Prob > chi2 ＝0.7800	Prob > chi2 ＝0.9272	Prob > chi2 ＝0.6212

注：双样本 T 检验中所列的数值为均值差异（品牌价值可识别组－品牌价值不可识别组），括号内为 p 值。*** 代表在 1% 的重要性水平上显著。

4. 稳健性检验。为进一步验证实证结论的可靠性与稳定性，采取变量替换的方式进行稳健性检验。具体如下：（1）用净资产收益率（ROE）作为业绩测量指标，ROE 用净利润与年末净资产的比值表示。模型（4－6）回归结果见表 4－14 中的回归 1、回归 3、回归 5。（2）管理费用支出强度用管理费用与营业收入的比值替代，用 AAR 表示。模型（4－6）回归结果见表 4－14 中的回归 2、回归 4、回归 6，模型（4－7）回归结果见表 4－14 中的回归 7、回归 8、回归 9。

从表 4－14 中回归 1－6 的实证结果可见，稳健性检验的结果和表 4－12 中的回归结果相似，主要变量 SR、SR_1、SR_2、SR_3 的显著性一致，只是在显著性水平上存在差异。表 4－14 中的回归 7、回归 8 和表 4－12 中的回归结果相似，主要变量 SR、SR_1、SR_2、SR_3 的显著性一致，只是在显著性水平上存在差异。表 4－14 中的回归 9 和表 4－12 中的回归结果略有不同，但对于品牌价值可识别组，广告支出对其的影响仍是滞后 1 期，仍然验证了所提出的相应假设。因此，研究结论并不因变量的衡量方法不同而产生显著的差异，研究结论是具有稳健性的。

（六）实证结论与启示

1. 实证结论。

（1）基本结论。通过前文的检验分析，可以得出以下基本结论：（1）对于品牌价值可识别公司，广告支出对其未来经济利益流入具有正向影响，影响期限为两期，广告支出具有资本化性质；对于品牌价值不可识别公司，广告支出对经济利益流入的影响期限为一期，广告支出具有费用化性质。（2）相比于品牌价值不可识别公司，广告支出对品牌价值可识别公司未来经济利益流入的影响更大。（3）广告支出的目的更多是创建和维护品牌，形成企业的无形资产，

表 4 – 14　　稳健性测试：变量替换后的回归模型检验结果

变量	模型（4 – 6）回归结果						模型（4 – 7）回归结果		
	全样本回归		品牌价值不可识别组		品牌价值可识别组		全样本回归	品牌价值不可识别组	品牌价值可识别组
	回归 1（ROE）	回归 2（ROA）	回归 3（ROE）	回归 4（ROA）	回归 5（ROE）	回归 6（ROA）	回归 7（SD）	回归 8（SD）	回归 9（SD）
Constant	– 0. 473 *** （ – 5. 95）	– 0. 103 *** （ – 3. 25）	– 0. 322 ** （ – 2. 27）	– 0. 0663 （ – 1. 10）	– 0. 461 *** （ – 5. 25）	– 0. 103 ** （ – 2. 32）	– 0. 353 ** （ – 2. 03）	– 1. 140 *** （ – 2. 74）	– 0. 114 （ – 0. 53）
SR	– 0. 504 *** （ – 4. 61）	– 0. 460 *** （ – 2. 66）	– 0. 568 ** （ – 2. 42）	– 0. 430 * （ – 1. 92）	– 0. 483 *** （ – 2. 89）	5. 216 （0. 50）	– 3. 920 ** （ – 2. 37）	– 5. 215 ** （ – 2. 33）	6. 888 （0. 08）
SR_1	0. 411 * （ – 2. 47）	0. 221 ** （ – 2. 66）	0. 466 * （1. 87）	0. 240 * （1. 69）	0. 444 ** （2. 35）	0. 208 * （1. 88）	3. 423 *** （3. 34）	4. 731 *** （3. 31）	2. 374 * （1. 74）
SR_2	0. 362 *** （4. 02）	0. 135 ** （2. 17）	0. 345 （1. 63）	0. 0857 （0. 93）	0. 335 ** （2. 09）	0. 170 ** （2. 05）	0. 309 （0. 63）	– 0. 505 （ – 0. 65）	1. 029 （1. 55）
SR_3	0. 108 （1. 71）	0. 0563 （0. 91）	0. 0961 （0. 68）	0. 0568 （0. 65）	0. 080 （0. 54）	0. 0299 （0. 38）	– 0. 842 ** （ – 2. 30）	– 0. 6004 （ – 0. 99）	– 0. 805 （ – 1. 60）
SIZE	0. 0264 *** （6. 45）	0. 00934 *** （6. 17）	0. 0190 *** （2. 69）	0. 00712 ** （2. 44）	0. 0266 *** （6. 27）	0. 00997 *** （4. 87）	0. 0206 *** （2. 63）	0. 0592 *** （3. 08）	0. 00778 （0. 82）
LEV	– 0. 129 ** （ – 3. 31）	– 0. 136 *** （ – 10. 57）	– 0. 107 ** （ – 2. 20）	– 0. 107 *** （ – 5. 44）	– 0. 145 *** （ – 3. 58）	– 0. 165 *** （ – 10. 12）	0. 0996 （1. 30）	0. 0441 （0. 4）	0. 156 （1. 52）

续表

	模型（4-6）回归结果						模型（4-7）回归结果		
	全样本回归		品牌价值不可识别组		品牌价值可识别组		全样本回归	品牌价值不可识别组	品牌价值可识别组
变量	回归1（ROE）	回归2（ROA）	回归3（ROE）	回归4（ROA）	回归5（ROE）	回归6（ROA）	回归7（SD）	回归8（SD）	回归9（SD）
AA	0.279 （1.75）		0.136 （0.42）		0.342** （2.26）				
AAR		0.221 （1.23）		0.158 （0.65）		-5.424 （-0.52）	1.298 （0.98）	1.429 （0.83）	-8.646 （-0.09）
INTANG	-0.196 （-1.85）		-0.150 （-1.16）		-0.307** （2.03）	-0.0542 （-0.84）	-0.237 （-1.03）	0.281 （0.81）	-0.898*** （-3.02）
IND/YEAR	控制	控制	控制	控制	控制	控制	控制	控制	控制
R^2	0.1478	0.2460	0.0933	0.1655	0.1621	0.2938	0.0755	0.1208	0.0778
F值	11.19 （0.000）	26.09 （0.000）	4.88 （0.000）	7.61 （0.000）	9.79 （0.000）	23.34 （0.000）	3.80 （0.000）	2.82 （0.000）	3.00 （0.000）

注：***、**、*分别代表在1%、5%和10%的重要性水平上显著。

促销目的更多是品牌创建和维护目的的一个衍生。

（2）延伸结论。对实证分析所形成的基本结论进行综合分析，还可以形成以下延伸结论：

一是对于品牌价值可识别组公司而言，广告支出的影响效应具有长期性，能够在较长时期内影响企业的经济利益流入，具有资产的性质，应将其予以资本化。现行会计准则将其全部费用化违背了决策有关观、资产负债观的指导理念。对于品牌不可识别组公司而言，广告支出对其经营业绩的影响仅为一期，并未具有长期的影响。因此，对尚处于品牌创建初期、品牌价值还未能识别的公司，其发生的广告支出具有费用化的性质，应将其予以费用化处理。

二是对于品牌价值可识别组公司而言，广告支出虽然具备促销、创建和维护品牌的双重经济后果，但促销是品牌创建和维护的一个必然结果，即创建和维护品牌目的的实现过程中，必然伴随着促销结果的出现。究其实质，广告支出是为了实现品牌创建和维护这一特定目的所消耗的资源，应将其资本化为品牌资产的一部分。对于品牌价值不可识别组公司而言，广告支出也同时具备了促销、创建和维护品牌的双重经济后果，但由于品牌的创建是一个长期的过程，在品牌价值初步形成之前，需要大量的广告支出，而这些支出仅在短期内具有效用，具有费用化的性质，应将其费用化。

2. 对品牌价值会计信息披露时点选择的启示。根据上述实证分析的研究结论，对品牌会计信息披露时点选择具有以下启示：品牌创建是一个长期的过程，并不是该过程中所有为品牌创建这一目的而消耗或失去的经济资源，均具备资本化的性质。当品牌价值可以识别①时，对品牌创建过程中的相关支出应予以资本化，反之，当品牌价值不可识别时，则对品牌价值创建过程中的相关支出予以费用化。当为创建品牌所发生的支出具有资本化性质时，意味着品牌资产已经形成，而且成功创建品牌的企业其获利能力更强，为创建或维护品牌而发生的成本支出能长期影响公司未来经济利益的流入，应将其确认为一项资产。鉴于此，当品牌价值可以识别时，应将品牌资产纳入会计系统并将相关的会计信息予以披露。此外，由于为创建品牌所发生支出能够给公司所带来预期经济利益流入时期的有效性，当该支出予以资本化后，可参照其所具有影响效用的期限，将该项资本化支出进行后续的摊销。

---

① 对于品牌价值识别可参照前文的理论分析，按照所构建的品牌资产会计识别理论模型和所发现的品牌资产会计识别路径对品牌资产的价值予以识别。

3. 政策建议。根据上述研究结论以及相应的启示，对品牌价值会计信息披露应采取以下方式予以处理：

（1）品牌相关支出的区别化披露。在品牌创建的过程中，所处的阶段不同，与品牌相关支出的性质或经济后果也呈现出不同的状态，应予以区别化处理。在品牌创建的初期阶段，所发生的相关支出，对公司经济利益的流入仅是短期的影响，具有费用化的性质；而随着品牌创建活动的持续进行，所发生的相关支出，其性质和经济后果发生了变化，对公司经济利益的流入具有了长期的影响，具有资本化的性质。鉴于此，发生的与品牌创建或维护的一些相关支出，比如广告费用，不能按照现行会计准则的规定，对其进行全部进行费用化处理。结合前文中关于对品牌资产会计识别的分析，品牌价值能够予以识别时，将品牌确认为一项资产，对可归属于其的支出进行资本化处理；而在品牌价值未能识别前，不将品牌确认为一项资产，对可归属于其的支出予以费用化处理。

（2）对品牌相关支出信息的专门披露。与品牌相关支出的信息，应予以详细披露。对费用化支出的金额、原因做出说明；对品牌价值识别的程序、结论予以详尽的解释；对资本化支出的金额、原因做出说明，对资产化支出的受益期限做出合理的估计。通过品牌相关支出信息的详细披露，增强品牌会计信息的相关性，规避可比性以及可理解性的不足。

（3）对反映品牌管理受托责任信息的专门披露。广告支出对未来盈利能力的影响期限仅为两期，意味着广告支出的实施效果并不佳。对反映品牌管理受托责任的信息进行专门披露，可以对管理层的管理策略对品牌价值创造的贡献、营销活动的效率和有效性、品牌投资的市场份额目标和收入目标的实现进行绩效监控。品牌管理受托责任信息的专门披露，不仅便于对管理层进行考核，也会激励品牌管理者注重品牌绩效。

二、品牌价值会计信息披露模式选择的实证检验

在前文的分析中提到，品牌价值可以采用成本模式和市场价值模式。但按照现行企业会计准则的规定，自创品牌尚未得到充分认可，其相关的投入和市场价值并未在会计系统中得以体现。根据 Ohlson（1995）的估值模型，股票价格也受到“其他信息”的影响，即受到与企业价值相关的影响长期获利能力的

非财务信息的影响。那么，尚未纳入会计系统的品牌价值信息，是否被投资者认为是影响企业长期获利能力的信息呢？是否有助于提升企业长期的资本溢价能力呢？投资者们更关注品牌的成本信息还是市场价值信息呢？本节拟对这些问题进行实证分析，以期为品牌的信息披露模式提供实践证据支持。

（一）文献回顾

在现有研究中，虽然有不少文献对无形资产的价值相关性进行了研究，但较少涉及报表外的无形资产，关于品牌的价值相关性的研究并不丰富。Aaker 和 acobson（1994）发现在控制了投资报酬率的基础上，品牌价值仍具有额外信息含量。Barth 等（1998）以基于财务视角的 Interbrand 和《金融世界》杂志评估的品牌价值为样本，检验了品牌价值的相关性。研究发现，品牌价值与股票价格和股票收益显著正相关。Kallapur 和 Kwan（2004）以 33 家英国公司为样本，研究了确认自创品牌的价值相关性、品牌资本化公告的股价效应。研究发现，确认自创品牌具有价值相关性，且在一定程度上具有可靠性。Mizik 和 Jacobson（2008）研究发现，品牌的相关度和联想度对与能够解释股票收益的会计计量具有增量信息。

综上所述，现有的为数不多的研究，虽然在一定程度上验证了品牌价值的相关性，但所采用的品牌价值均为市场价值，对于品牌成本价值并未予以涉及，也并未对品牌成本信息更具价值相关性还是品牌市场价值更具相关性进行分析。

（二）研究设计

1. 数据收集和样本选取。本书的样本区间是 2007—2013 年，如前所述，世界品牌实验室虽然自 1994 年开始发布“中国 500 最具品牌价值品牌”排行榜，但由于其在进行品牌价值评估时，是在综合分析品牌产品或品牌服务的销售收入、利润等财务数据的基础上进行估值的，为消除财务数据计算口径不一致的影响，因此选取现行会计准则体系正式实施的 2007—2013 年的数据。本书选取样本区间内入选世界品牌实验室发布的“中国 500 最具品牌价值品牌”排行榜的 A 股上市公司为样本。样本选取过程如下：在 2007—2013 年上榜的 260 家公司 1161 个观测值的基础上[①]，为保证品牌成本结构的相似性，剔除金融、保险业、证券期货业的 94 个样本，剔除 29 个财务数据缺失的样本，最终得到有效样本 1038 个。

---

① 对于 3 家有两个及以上品牌入榜的上市公司，按照年份将各个品牌的数值加总，合并作为一个观测值。

2. 变量定义与研究模型。

（1）变量定义。变量定义如表4－15所示。以年末股票价格（SP）作为被解释变量。在借鉴贾宁、张海燕、陈晓（2010）等人研究的基础上，以每股品牌价值（BA）和每股广告投入（SR）作为解释变量，分别代表品牌的市场价值模式和成本模式。由于世界品牌实验室所发布的品牌价值是对品牌市场价值的估计，以此作为品牌市场价值替代变量的确定依据；而广告投入是品牌成本的重要组成部分，以此作为品牌成本替代变量的确定依据。以每股净资产（NA）、每股净收益（NI）作为控制变量。由于样本跨越期间较大，为消除宏观环境因素的波动影响，控制股价结构差异，引入年度虚拟变量YEAR。此外，为进一步提供实证证据，按照年度对子样本进行回归分析。

表4－15　　变量定义表

变量类型	变量符号	变量定义
被解释变量	SP	年末股票价格
解释变量	BA	每股品牌价值，品牌价值与年末总股数比值
	SR	每股广告支出，销售费用与年末总股数比值
控制变量	NA	每股净资产
	NI	每股净收益
	YEAR	时间虚拟变量，控制时间效应

（2）研究模型。根据前述文献回顾以及变量定义，通过模型（4－8）、模型（4－9）分别检验品牌市场价值信息和广告支出信息的价值相关性。

$$SP_{i,t} = \alpha_0 + \alpha_1 BA_{i,t} + \alpha_2 NA_{i,t} + \alpha_3 NI_{i,t} + D\_YEAR + \varepsilon_{i,t} \qquad (4-8)$$

$$SP_{i,t} = \beta_0 + \beta_1 SR_{i,t} + \beta_2 NA_{i,t} + \beta_3 NI_{i,t} + D\_YEAR + \eta_{i,t} \qquad (4-9)$$

（三）实证结果及分析

对模型（4－8）、（4－9）进行Hausman检验，模型（4－8）得出的检验结果为14.73，$Prob > chi^2 = 0.0053 < 0.05$；模型（4－9）得出的检验结果为$chi^2 = 9.62$，$Prob > chi^2 = 0.0473 < 0.05$。检验结果支持采用固定效应面板数据模型。采用修正的Wald检验对是否存在异方差进行检验，模型（4－8）得出的检验结果为$chi^2(7) = 28.79$，$Prob > chi^2 = 0.0002 < 0.05$；模型（4－9）得出的检验结果为$chi^2(7) = 40.62$，$Prob > chi^2 = 0.0000 < 0.05$，表明模型（4－8）、（4－9）的残差存在异方差性。为保证回归结果的有效性和一致性，需对残差项的异方差

进行控制。回归结果如表 4 – 16 所示。

表 4 – 16　　模型（4 – 8）、(4 – 9）全样本回归

变量	模型（4 – 8）全样本回归结果		模型（4 – 9）全样本回归结果	
	回归系数	t 值	回归系数	t 值
Constant	3. 942 *	2. 33	4. 462 **	3. 1
BA	0. 206 ***	6. 41		
SR			2. 285 ***	4. 78
NA	0. 306	1. 25	0. 346	1. 32
NI	14. 897 ***	5. 15	14. 417 ***	4. 78
YEAR	控制	控制	控制	控制
调整 R^2	0. 5255		0. 5221	
F 值	21. 76		167. 79	

注：***、**、* 分别表示在 1%、5%、10% 的重要性水平上显著。

如表 4 – 16 所示，BA 的系数为 0. 206，在 1% 的重要性水平上显著，表明品牌能够为信息使用者提供额外的价值相关信息。这是因为按照有效市场理论，若为强式有效市场，无论是有形资产还是无形资产，股票价格是公司资产测量的最好工具，其充分反映了所有关于股东预期现金流的有用信息（Fama，1970、1991），证券价格体现自创品牌信息，品牌会计信息的披露无法传递“真正新的信息”，但在弱式有效市场和半强势有效市场，则需要披露品牌会计信息。目前，我国资本市场尚处于弱式有效市场，品牌价值信息的披露是具有增量的。SR 的系数为 2. 285，在 1% 的重要性水平上显著，表明信息使用者认可广告支出账面价值反映出来的信息，且 SR 的系数大于 BA 的系数，相比于品牌的市场价值信息，投资者更认可作为品牌成本组成部分的广告支出信息。这是因为品牌很大一部分对企业绩效的贡献无法在当期盈余中得以体现（Aaker，1996），而由于长期受传统会计的影响，投资者更关心进入会计系统的信息，因此，广告支出信息更易被投资者所接受，更具有价值相关性。如表 4 – 17 所示，在分年度的子样本回归中，也得出了同样的结论。

表 4-17　　模型（4-8）、（4-9）分年度回归

变量	模型（4-8）子样本回归结果		模型（4-9）子样本回归结果	
	回归系数（均值）	t值（均值）	回归系数（均值）	t值（均值）
Constant	3.523***	5.28	4.225*	2.22
BA	0.214**	2.34		
SR			2.065*	1.97
NA	0.018	0.21	0.063	0.04
NI	16.616***	5.28	16.264***	4.70
调整 R^2（均值）	0.5808		0.5953	
F值（均值）	22.21		21.27	

注：***、**、* 分别表示在1%、5%、10%的重要性水平上显著。

（四）稳健性检验

为进一步验证实证结论的可靠性与稳定性，采取数据变换后的方式进行稳健性检验。本书将制造业样本公司剔除后进行稳健性检验。原因在于制造业公司数量众多且广告支出活动频繁。在剔除制造业企业特性影响的情况下，对其进行重新回归。回归结果如表4-18所示。

从表4-18中实证结果可见，稳健性检验的结果和表4-16中的回归结果相似，主要变量BA、SR的显著性一致，只是在显著性水平上存在差异。因此，研究结论并不因变量的样本数不同而产生显著的差异，研究结论是具有稳健性的。

表 4-18　　稳健性测试：数据变换后的回归结果

变量	模型（4-8）全样本回归结果		模型（4-9）全样本回归结果	
	回归系数	t值	回归系数	t值
Constant	4.140**	2.33	5.711***	4.07
BA	0.238***	9.32		
SR			4.612***	5.57
NA	0.612***	6.24	0.268	1.24
NI	7.465*	2.09	7.785*	1.98
YEAR	控制	控制	控制	控制
调整 R^2	0.5010		0.5054	
F值	113.61		85.50	

注：***、**、* 分别表示在1%、5%、10%的重要性水平上显著。

（五）实证结论与启示

品牌价值信息的披露是具有增量的，但由于长期受传统会计的影响，信息使用者更关心进入会计系统的信息，因此，广告支出信息更易被信息使用者所接受，更具有价值相关性。这说明相比于品牌市场价值信息，品牌成本价值信息更具有价值相关性。

实证结果对于品牌价值会计信息的披露具有两点启示：一是品牌应进入会计系统以对其进行信息披露。品牌市场价值信息和品牌成本价值信息均是具有价值相关性的，两者均是信息使用者决策所必需的，若将其排除在会计系统之外是不合理的，因此，应将品牌纳入会计系统，且对其采取市场价值模式和成本价值模式双重披露的形式。二是完善品牌价值会计报告理论。一直以来，公司高管薪酬契约和债务契约的签订，主要以进入传统财务报告的会计数据为基础进行界定，使得人们在进行业绩考核、债务契约签订时更依赖于账面价值信息，而对于各个利益相关者关注的且更科学的信息，由于排除在会计系统之外而影响了决策的科学性。鉴于此，必须注重品牌会计理论研究，通过完善品牌价值会计报告理论以保证高质量品牌会计信息的充分披露。

三、品牌价值信息披露模式与投资获利能力的实证检验

（一）文献回顾

关于品牌信息披露对投资获利能力影响的研究文献并不丰富。Frider 和 Subrahmanyam（2005）发现，拥有较强的品牌吸引力和市场力产品的公司，投资者更偏好其股票。Yeung 和 Ramasamy（2008）揭示了品牌价值和企业业绩、股价和股票收益之间的关系。Aaker 和 Jacobson（1994）以美国整体调研公司（Total Research）发布的品牌资产趋势数据库，研究了品牌权益信息对一个公司超额股票回报。该研究以衡量品牌资产的顾客对产品质量的感知信息进行一阶自回归模型。研究发现，股票收益与质量感知的变化呈显著的正相关关系。Madden 等（2006）采用 Interbrand 公司发布的数据，采用 Fama - French 方法，研究发现，强势品牌不仅提供了高于市场基准的股东回报，而且风险更小。这一发现将市场份额和公司规模也考虑了其中。贾宁、张海燕、陈晓（2010）以 2004—2007

年的中国上市公司①为研究样本，发现品牌价值具有相关性，对股票估值效应具有显著影响，品牌资本溢价效应具有持久性，有助于提升企业长期的资本溢价能力。品牌价值信息影响公司的获利能力，这是因为品牌价值信息对公司的资本搭配比率、权益市场价值账面价值比率具有正向影响（Frankel et al.，1995），有助于提升公司的融资能力（Chris & Pike，1994）、降低资本成本（Eccles et al.，2001）、增加负债融资的使用年限（Karl，1999），有助于刺激公司的股价提升和获取更多的资本利得（Mather & Peasnel，1991）。

综上所述，现有的为数不多的研究，虽然在一定程度上验证了品牌的资本市场获利能力，但所采用的品牌价值均为市场价值，对于品牌成本并未予以涉及，也并未对是品牌成本信息还是品牌价值信息对公司在资本市场获利能力影响更大进行分析，而这正是为使得所提供的品牌价值会计信息满足信息使用者的决策需要所必需的。

（二）研究设计

1. 数据收集和样本选取。本书的样本区间是2007—2013年，前已述及世界品牌实验室虽然自1994年开始发布《中国500最具品牌价值品牌》排行榜，但由于其在进行品牌价值评估时，是在综合分析品牌产品或品牌服务的销售收入、利润等财务数据的基础上进行估值的，为消除财务数据计算口径不一致的影响，因此选取现行会计准则体系正式实施的2007—2013年的数据。本书选取样本区间内入选世界品牌实验室发布的《中国500最具品牌价值品牌》排行榜的A股上市公司为样本。样本选取过程如下：在2007—2013年260家公司1161个观测值的基础上②，剔除金融、保险业、证券期货业的94个样本，剔除29个财务数据缺失的样本，最终得到有效样本1038个。

2. 变量定义与研究模型。

（1）变量定义。变量定义如表4-19所示。分别以市净率（MB）、托宾Q值（TQ）作为被解释变量，衡量公司在资本市场的获利能力。在借鉴贾宁、张海燕、陈晓（2010）等人研究的基础上，本研究报告分别以每股品牌价值（BA）和每股广告投入（SR）作为解释变量，分别代表品牌的市场价值模式和成本价值模式。由于世界品牌实验室所发布的品牌价值是对品牌市场价值的估计，以此作为品牌市场价值替代变量的确定依据；而广告投入是品牌成本的重要组成部

① 选取的是世界品牌实验室发布的《中国500最具品牌价值品牌》排行榜上的上市公司。

② 对于3家有两个及以上品牌入榜的上市公司，按照年份将各个品牌的数值加总，合并作为一个观测值。

分，以此作为品牌成本替代变量的确定依据。以公司规模（SIZE）、公司负债水平（LEV）、公司净资产收益率（ROE）、投资机会（RSR）作为控制变量。

表 4-19　　变量定义表

变量类型	变量符号	变量定义
被解释变量	MB	市净率，每股市价/普通股每股净资产
	TQ	托宾 Q 值，市场价值/期末总资产①
解释变量	BA	每股品牌价值，品牌价值与年末总股数比值
	SR	每股广告支出，销售费用与年末总股数比值
控制变量	SIZE	公司规模，年末资产总额的对数
	LEV	公司负债水平，年末负债总额与资产总额的比值
	ROE	净资产收益率，净利润/所有者权益
	RSR	投资机会，（当期营业收入－上期营业收入）/上期营业收入

（2）研究模型。根据前述文献回顾以及变量定义，现构建模型（4-10）、模型（4-11）分别检验品牌市场价值信息和广告支出信息对公司资本市场获利能力的影响。

$$MB_{i,t+j}(TQ_{i,t+j}) = \alpha_0 + \alpha_1 BA_{i,t} + \alpha_2 SIZE_{i,t} + \alpha_3 LEV_{i,t} + \alpha_4 ROE_{i,t} + \alpha_5 RSR_{i,t} + \varepsilon_{i,t} \quad (4-10)$$

$$MB_{i,t+j}(TQ_{i,t+j}) = \beta_0 + \beta_1 SR_{i,t} + \beta_2 SIZE_{i,t} + \beta_3 LEV_{i,t} + \beta_4 ROE_{i,t} + \beta_5 RSR_{i,t} + \eta_{i,t} \quad (4-11)$$

（三）实证结果及分析

在表 4-20 中，以市净率（MB）作为衡量企业资本市场长期表现的指标，实证结果显示，品牌市场价值变量（BA）对 MB 当期、未来一期、未来二期的影响均不显著；对未来三期的影响系数 0.00957，在 10% 的重要性水平上显著；对未来四期的影响系数为 0.0146，在 5% 的重要性水平上显著。品牌成本价值变量（SR）对当期 MB 的影响系数为 0.5004，在 1% 的重要性水平上显著；对未来一期的影响系数为 0.576，在 1% 的重要性水平上显著；对未来二期、未来三期、未来四期的影响系数分别为 0.409、0.366、0.442，均在 5% 的重要性水平上显著。

① 此处的市场价值为股权市值加上净债务市值，其中非流通股权市值用净资产代替计算。

表4－21中，以托宾Q值（TQ）作为衡量企业资本市场长期表现的指标，实证结果显示，品牌市场价值变量（BA）对TQ当期、未来一期、未来二期的影响均不显著；对未来三期的影响系数为0.00498，在1%的重要性水平上显著；对未来四期的影响系数为0.00531，在10%的重要性水平上显著。品牌成本价值变量（SR）对当期和未来一期的影响系数分别为0.196、0.232，均在1%的重要性水平上显著；对未来二期、未来三期的影响系数分别为0.172、0.162，均在5%的重要性水平上显著；对未来四期的影响系数为0.198，在1%的重要性水平上显著。

表4－20、表4－21的实证结果表明，无论是品牌市场价值还是品牌成本价值，对企业长期资本市场表现均有影响，均能够得到投资者的长期认可。但相比于品牌市场价值，投资者对品牌成本价值的关注度更高，在其发生的当期即做出反应，且持续至未来四期。而对于品牌市场价值信息，在其提供的当期、未来一期、未来二期，均未得到投资者的关注，对其的回应比较滞后。究其原因，主要体现在以下三点：一是信息使用者更关注账面价值和利润。由于账面价值和利润的可验证性，以及长期以来传统会计观念的影响，信息使用者更关注账面价值和利润所反映出来的信息，并据此做出回应。而对于品牌市场价值，由于是评估信息，信息使用者对其认可度因对评估的可靠性有所质疑而降低。二是品牌市场价值信息具有一定的可靠性。虽然公司由于激励机制的不同，企业品牌价值的评估在估值偏差或错误程度上也存在很大的差异。但现有研究结果表明，品牌市场价值在一定程度上具有可靠性（Kallapur & Kwan，2004）。因此，随着时间的推移，当品牌市场价值逐渐得到验证时，品牌市场价值信息则得到认可。三是品牌成本价值具有明显的即时效用。品牌物质投入要素所具有的即时效用能被投资者迅速感知，但品牌尤其是强势品牌的培育是一个长期的过程，其结果在短期内很难体现，且在短期内容易被投资者所忽略。

（四）稳健性检验

为进一步验证实证结论的可靠性与稳定性，采取数据变换后的方式进行稳健性检验。本书将制造业样本公司剔除后进行稳健性检验。在剔除制造业企业特性影响的情况下，对其进行重新回归。回归结果如表4－22所示。

从表4－22中实证结果可见，稳健性检验的结果和表4－20中的回归结果相似，主要变量BA、SR的显著性一致，且对资本市场获利能力的影响情况保持一致性，只是在显著性水平上存在差异。因此，研究结论并不因变量的样本数不

表 4－20　　回归模型的检验结果一

变量	被解释变量（市净率）					被解释变量（市净率）				
	当期	未来一期	未来二期	未来三期	未来四期	当期	未来一期	未来二期	未来三期	未来四期
常数项	14.234*** (5.16)	15.175*** (5.55)	19.577*** (5.99)	18.565*** (5.29)	18.568*** (11.36)	13.963*** (5.24)	15.478*** (6.30)	19.721*** (5.79)	18.845*** (4.72)	15.447*** (9.09)
BA	0.00145 (0.51)	0.00638 (1.62)	0.00705 (1.17)	0.00957* (2.09)	0.0146** (2.56)					
SR						0.5004*** (6.15)	0.576*** (9.00)	0.409** (3.06)	0.366** (2.84)	0.442** (3.35)
SIZE	−0.455*** (−3.77)	−0.505*** (−4.06)	−0.740*** (−4.81)	−0.691*** (−4.29)	−0.705*** (−8.69)	−0.459*** (−3.89)	−0.534*** (−4.77)	−0.750*** (−4.61)	−0.704** (−3.86)	−0.564*** (−6.85)
LEV	0.190 (0.43)	−0.340 (−0.72)	0.832 (1.97)	0.0494 (0.34)	0.105 (0.56)	0.0777 (0.18)	−0.479 (−1.06)	0.557 (1.07)	−0.194 (−0.76)	−0.442 (−1.65)
ROE	−2.936*** (−5.80)	−3.192*** (−11.62)	3.406 (1.17)	3.766 (1.13)	2.070 (0.65)	−2.988*** (−6.30)	−3.258*** (−14.72)	2.492 (0.80)	2.965 (0.83)	1.069 (0.31)
RSR	0.188 (1.80)	0.556* (2.35)	0.101 (0.47)	−0.0904 (−0.35)	0.130 (0.51)	0.176 (1.66)	0.596** (2.79)	0.203 (0.84)	−0.0148 (−0.05)	0.030 (0.81)
调整 R^2	0.3095	0.455	0.1848	0.2119	0.2112	0.3298	0.4854	0.2091	0.2311	0.2597
F 值	26.48	25.75	26.96	20.82	30.41	32.04	38.29	40.48	32.24	30.95

注：***、**、*分别代表在1%、5%和10%的重要性水平上显著。

表 4-21　回归模型的检验结果二

变量	被解释变量（托宾 Q）					被解释变量（托宾 Q）				
	当期	未来一期	未来二期	未来三期	未来四期	当期	未来一期	未来二期	未来三期	未来四期
常数项	7.934*** (6.35)	8.368*** (5.54)	10.433*** (6.16)	10.162*** (5.00)	9.205*** (13.71)	7.893*** (6.25)	8.574*** (5.82)	10.517*** (5.86)	10.337*** (4.51)	8.515*** (9.65)
BA	0.003175 (1.71)	0.00443 (1.90)	0.00515 (1.35)	0.00498*** (4.72)	0.00531* (2.23)					
SR						0.196*** (4.35)	0.232*** (5.70)	0.172** (3.60)	0.162** (3.70)	0.198*** (5.51)
SIZE	-0.226*** (-4.40)	-0.246*** (-4.06)	-0.342*** (-4.88)	-0.335*** (-4.02)	-0.308*** (-11.58)	-0.233*** (-4.54)	-0.260*** (-4.49)	-0.345*** (-4.67)	-0.343** (-3.62)	-0.277*** (-7.85)
LEVEL	-1.664*** (-6.94)	-1.666*** (-6.06)	-1.591*** (-4.49)	-1.496*** (-4.21)	-1.114*** (-6.04)	-1.703*** (-6.86)	-1.763*** (-5.82)	-1.748*** (-5.76)	-1.615*** (-5.58)	-1.329*** (-9.28)
ROE	0.0296 (0.31)	0.019 (0.21)	2.545** (2.82)	2.953** (2.84)	2.482* (2.48)	0.0109 (0.14)	-0.00849 (-0.13)	2.177* (2.30)	2.603* (2.28)	2.062 (1.91)
RSR	0.0171 (0.48)	0.0245 (0.38)	-0.137 (-1.72)	-0.151 (-1.34)	-0.059 (-0.56)	0.0129 (0.36)	0.0466 (0.81)	-0.0924 (-1.07)	-0.117 (-1.00)	-0.0149 (-0.13)
调整 R^2	0.1811	0.1962	0.2835	0.3082	0.3463	0.2024	0.2283	0.2952	0.3195	0.3803
F 值	35.8	29.11	34.4	28.77	34.03	47.91	40.44	42.39	34.15	32.46

注：***、**、*分别代表在1%、5%和10%的重要性水平上显著。

表 4-22　　稳健性测试：数据变换后回归模型的实证结果

变量	被解释变量（市净率）					被解释变量（市净率）				
	当期	未来一期	未来二期	未来三期	未来四期	当期	未来一期	未来二期	未来三期	未来四期
常数项	19.078*** (6.37)	15.171*** (4.27)	15.162*** (5.07)	13.749*** (6.46)	12.870*** (8.27)	13.562** (3.41)	16.954*** (15.62)	17.271*** (12.1)	16.206*** (10.28)	16.038*** (7.44)
BA	0.001709 (0.16)	0.0439 (1.63)	0.0333 (1.56)	0.0290*** (3.22)	0.0284*** (5.02)					
SR						0.341*** (4.25)	0.382*** (8.12)	0.455*** (5.37)	0.512*** (6.22)	0.393*** (9.67)
SIZE	-0.769*** (-5.55)	-0.602*** (-3.63)	-0.574*** (-3.99)	-0.486*** (-7.05)	-0.486*** (-7.05)	-0.527*** (-3.68)	-0.675*** (-9.89)	-0.668*** (-7.92)	-0.649*** (-8.24)	-0.632*** (-7.60)
LEV	3.937*** (2.85)	2.422** (2.11)	1.993* (1.88)	0.363 (0.70)	0.363 (0.70)	3.491* (2.16)	2.603 (1.91)	2.078 (1.68)	0.910* (2.18)	0.505 (1.78)
ROE	-1.235*** (-3.62)	-1.588*** (-3.89)	-4.974** (-2.55)	1.706 (0.93)	1.076 (0.93)	-1.468*** (-6.22)	-1.639*** (-17.20)	-3.301 (-1.18)	5.181* (2.04)	3.687 (1.24)
RSR	0.316 (1.27)	0.215 (1.18)	0.233 (0.85)	0.0302 (0.11)	0.0302 (0.11)	0.183 (0.86)	0.0893 (0.49)	0.211 (1.70)	0.0815 (1.40)	0.162 (-7.60)
调整 R^2	0.1789	0.3821	0.3795	0.4510	0.5928	0.1964	0.4171	0.3323	0.4884	0.6143
F 值	12.85	15.67	13.90	17.58	41.71	13.38	15.53	13.01	19.16	25.13

注：***、**、*分别代表在 1%、5% 和 10% 的重要性水平上显著。

同而产生显著的差异，研究结论是具有稳健性的。

（五）实证结论与启示

无论是品牌市场价值还是品牌成本价值，对企业在资本市场上的表现均有影响，均能够得到投资者的长期认可。但相比于品牌市场价值，投资者对品牌成本价值的关注度更高，在其发生的当期即做出反应。而对于品牌市场价值信息，投资者对其的回应比较滞后。

实证结果对于品牌价值会计信息的披露具有两点启示：一是品牌价值应进入会计系统以对其进行信息披露。品牌市场价值信息和品牌成本价值信息均对企业资本市场表现具有影响，两者均是信息使用者决策所必需的，若将其排除在会计系统之外是不合理的。因此，应将品牌纳入会计系统，且对其采取市场价值模式和成本模式双重披露的形式。二是品牌会计信息应纳入业绩考核系统。现有的业绩考核和薪酬机制主要依赖于传统会计指标，这种考核机制使得企业注重短期行为，缺乏品牌创建的动力，难以形成长期的核心竞争力。对品牌会计信息进行披露，会因品牌价值创造的可观测性而规避代理人的道德风险，使得能够利用品牌的“声誉效应”形成对代理人的显性激励，且即便是在代理人和其同伴具有“战略替代性”的情况下也可以利用品牌绩效诱使“团队工作”实现最优。更重要的是，以更具科学性的品牌绩效对管理层进行业绩考核，不仅可以规避代理人的道德风险和逆向选择，且可以激起管理层品牌价值创造的积极性，促进品牌战略的有效实施和实现企业的可持续发展。鉴于此，品牌价值会计信息纳入业绩考核系统可以使得业绩考核更加完善与科学。

第五章　品牌价值财务会计报告

核心竞争力（核心能力）理论的兴起，使得人们逐渐认知到核心能力的重要性，品牌作为核心能力的表象或代表，人们也试图通过其谋取竞争优势。品牌价值会计产生伊始，正是由于人们对品牌重要性的认知而推动的。实证研究表明，品牌价值信息是具有价值相关性和股价效应的（Aaker & Jacobson，1994；Barth et al.，1998；贾宁等，2010）。但目前，除了品牌价值评估公司发布的世界五百强和中国五百强公司的价值报告外，几乎没有一家企业在财务报告中披露详细的品牌会计信息。然而，即便是品牌价值评估公司发布的品牌价值报告，在存在很多局限性的情况下，仍然为信息使用者的经济决策提供了不少借鉴。品牌价值信息、品牌绩效、品牌投资信息、品牌使用费信息等，均是信息使用者所关注的，迫切需要在品牌价值会计信息报告理论指导下进行对外披露。

一、品牌价值财务会计报告原则

在传统会计中，会计确认标准是立足于某一项目是否可以进入财务报表，然后在此基础上对其进行披露。而创新的会计确认标准是立足于某一项目的相关信息是否具有价值相关性，而不是其是否符合进入财务报表的标准。对于品牌价值会计，其会计确认是立足于创新的会计确认标准的，这意味着其披露模式必然与传统会计信息披露模式有所不同。演化性是品牌价值会计的特性，品牌价值演化逻辑思维与品牌价值会计报告目标是相契合的，品牌的“价值演化”决定了披露品牌价值会计信息的财务报告体系的逻辑结构，演化性及其衍生特性对品牌价值财务会计报告原则提出了新的要求。

（一）品牌价值财务会计报告单列——“演化性”的内在要求

品牌创建是一个长期的过程，在整个创建过程中不断地进行演化。不同品牌，其在品牌战略制定、品牌传播推广、品牌监控与维护等过程中，促使品牌价值演化的动力机制也有所不同，若将品牌会计信息在传统财务会计报告中合并列示，则无法对不同的动力机制进行反映，而此正是信息使用者据以决策的重要依据。品牌价值会计信息用以分析品牌战略执行情况和执行效果，评价企业并购决策、新产品开发决策、产品定价决策、品牌投资决策以及品牌使用价格决策的合理性，监控冠以品牌名称的产品或服务的质量承诺和经营业绩情况，评估营销投资的有效性和品牌组合管理的有效性，反映品牌价值的波动情况等。单独品牌价值会计信息报告可以更全面、集中和系统地披露品牌会计信息，便于信息使用者分析与使用，可以更直观地把握品牌的演化过程，有助于更好地监控管理层的品牌管理绩效以及对管理层受托责任的履行做出客观评价。此外，由于品牌价值的“演化性”，使得品牌价值会计信息的提供需要更多的职业判断，单独品牌价值会计报告便于信息使用者对其作出质量评价。鉴于此，“演化性”的存在，使得品牌价值财务会计报告单列成为必需。

（二）两种披露模式并存——“多元价值相互依赖性”的内在要求

品牌的多元价值相互依赖性，不仅使得品牌价值的确定是各演化博弈主体共同决定的结果，而且意味着品牌价值会计信息是众多利益相关者所关注的。核心能力理论的兴起，使得人们逐渐认知到核心能力的重要性，品牌作为核心能力的代表，人们也试图通过其谋取竞争优势。品牌价值会计产生伊始，正是由于人们对品牌重要性的认知而推动的。鉴于品牌的重要性，人们注重对其进行管理。管理作为由计划、组织、指挥、协调及控制等职能为要素组成的活动过程，其各项职能的实现，亟需一种手段将品牌的形成与发展过程予以反映，这样才能监控和掌握管理各项职能要素的实现情况。会计利用资金运动具有同质性的特性，将各种会计事项予以反映，再现了会计事项发生时的原貌。品牌会计具备反映品牌会计事项的功能，对品牌的创建耗费和培育结果进行了观察、计量乃至记录和比较，契合了品牌管理的需求。

随着品牌效用被深入认知和普遍接受，人们试图从品牌价值的生成机理视角去探寻品牌效用存在的深层次原因，相关利益者开始注重品牌的生产成本，以从根源去推动强势品牌的培育和维护。与此同时，新兴战略管理理论也影响了人们的思想认知，利益相关者或者各博弈行为主体也试图利用品牌会计信息去监控用于品牌创建和维护的资源的配置情况、评价为创建或维护品牌所消耗或失去资源的使用效率。品牌价值会计信息对品牌管理活动予以了监督。

对于股东而言，当其对品牌等无形资产进行大量投资时，其市场价值被低估（Mather & Peasnell，1991），资产总额减去负债并不可能等于权益的市场价值，因为并未将每一项资产都得以确认（Barth，2007），需要对其所用于的全部资产予以确认。此外，对品牌资产予以资本化还可以降低股东的债务融资的审批和契约重订成本（Muller，1999）。对公司内部管理层和外部投资者而言，基于财务目的（为资产负债表进行财务估计）、企业合并、购买和剥离目的、投资目的[①]（Keller，1993）等，内部管理层和外部管理层对品牌市场价值信息具有需求。鉴于此，信息使用者对品牌市场价值有比较高的需求。而另一方面，由于按照传统会计提供的账面价值和利润信息具有可验证性，一直是信息使用者关注的焦点。虽然品牌成本信息提供具有一定的难度，但在能够可靠确定与合理分摊的情况下，也应对其进行披露。因此，对品牌价值会计信息披露应采取成本模式和市场价值模式并存的形式。

（三）表内确认与表外补充相结合——“排他性”的内在要求

品牌的排他性使得品牌管理不具有固定的程序和模式，每个品牌创建公司根据自身的国家或区域特性、行业特性等采取不同的品牌战略，使用不同的品牌演化动力机制。作为对外报告，基于可比性的目的，品牌财务会计报告应采取标准化的形式，其在报告内容、理论模型、指标体系、报告格式和程序需保持一致。但品牌具有路径依赖性、专有知识性和多元价值相互依赖性，这决定其具有组织依附性和环境依附性，需将其嵌入至所依赖的特定企业环境和背景中，意味着品牌财务会计信息需以适度差异化的方式进行反映和披露。而差异化信息的表达，需要以表外补充的形式进行补充、解释和说明。此外，品牌会计信息的提供，是一个需要大量的职业判断和会计估计的繁杂过程，包含了大量定性信息和预测性非财务信息。即便是可以进行表内确认和计量，但所确定金额的过程和方法、数据的来源依据等均需做出补充性的说明。而且，对品牌采用货币计量与非货币计量相结合的计量模式，品牌价值会计信息本身便包含大量的定性信息。因此，品牌价值会计信息应采用表内确认与表外补充相结合的方式。

综上所述，品牌价值的演化性及其延伸特性——“多元价值相互依赖性”和“排他性”，使得品牌价值财务会计报告的编制不仅应遵循传统的编制原则，而且呈现出一些特殊之处。

---

① 投资者具有从品牌价值中提取信息的财务动机，他们欲知有品牌权利和无品牌权利的业绩差异，以此做出投资决策。而且，若不能确定品牌价值以体现品牌投资成效，资金将会面向转投的压力。

二、品牌价值财务会计报告内容与格式

如前文所分析，品牌价值形成的过程是一个演化运动的过程，品牌价值会计信息所反映的内容是品牌价值演化运动的过程、结果及其所体现的价值演化经济关系。“价值演化运动论”决定了品牌价值会计信息是货币化的财务信息以及决定信息使用效率相关的非财务信息。

（一）品牌价值财务会计报告的内容

1. 品牌价值的财务性信息。如果所需信息无法在财务报告中所披露，经济研究将无法持续。现有研究中，对品牌价值会计信息的有限披露也被学者们所诟病。比如，品牌价值信息在财务报告中披露有限使得无法对其进行有效审计；对品牌的预期状态（如延伸、许可活动、资产组合效应等）缺乏明确的假定以及缺乏品牌与有形资产或其他无形资产可分离性的说明；缺乏品牌价值估计有效性和系统摊销的相关条款（Farquhar，1992）。而事实上，无论是有形资产还是无形资产，公司必须披露关于（资产形成）投入的定量信息，即使将来无法评估这些资产的价值（Kumar，2005）。按照动量会计思想，关于品牌会计的财务信息主要采用“动力”数据、“冲量”数据和“动量”数据3种形式。

（1）“动力”数据。“动力”数据实质是品牌投入数据，主要是指为创建和维护品牌所投入各项生产要素的成本数据。虽然品牌建设投入成本对品牌创建成功与否并不具有决定性的作用，但品牌创建投入数据是信息使用者所关注的。品牌建设需要使用很多资源，其中大部分资源可以折合成经济成本（刘晓刚、曹霄洁、李峻，2010）。品牌投入成本是为形成品牌创建动力而投入的生产要素。在不同的品牌业务管理阶段，存在推动品牌创建的不同“动力”，形成这些“动力”的投入要素成本便构成了“动力”数据。在品牌战略制定阶段，一般而言，品牌价值尚未形成，为形成“动力”而耗费的生产要素尚不具备资本化的性质，不应记入品牌成本。但为了满足内部经营决策以及管理层绩效考核的需要，可将该阶段的“动力”纳入品牌管理会计系统。该阶段的“动力”数据主要包括细分市场调研成本、调研数据分析成本、品牌定位测评成本、品牌要素组合规划成本、品牌要素组合审查成本等。在品牌传播与推广阶段，“动力”数据主要包括包装设计成本、广告成本、媒体传播成本、公关成本、促销成本、

物流成本等。品牌创建与维护阶段，“动力数据”主要包括设计与开发成本（强调产品的个性特征）、商标注册成本、专利创造与申请成本、服务成本、日常维护成本、危机化解成本等。在品牌管理绩效评价阶段，“动力”数据主要包括品牌管理绩效数据分析成本、品牌管理绩效评估成本等。对于品牌传播与推广、品牌创建与维护、品牌管理绩效评价阶段，“动力”成本的会计处理方式为：在品牌价值可识别前，予以费用化；在品牌价值可识别后，予以资本化。此外，为了保证品牌价值会计目标的实现以及服务于编制品牌财务会计报告的目的，应按照“动力”或“动力组”对各项成本进行归集和分配。“动力”数据种类及会计处理方式如表4－23所示。

表4－23　“动力”数据种类与会计处理方式

	品牌战略制定阶段	品牌传播与推广阶段	品牌创建与维护阶段	品牌管理绩效评价阶段
“动力”数据内容	细分市场调研成本、调研数据分析成本、品牌定位测评成本、品牌要素组合规划成本、品牌要素组合审查成本等	包装设计成本、广告成本、媒体传播成本、公关成本、促销成本、物流成本等	设计与开发成本、商标注册成本、专利创造与申请成本、服务成本、日常维护成本、危机化解成本等	品牌管理绩效数据分析成本、品牌管理绩效评估成本等
数据处理方式	费用化	费用化、资本化	费用化、资本化	费用化、资本化

（2）“冲量”数据。“冲量”数据实质是品牌投入生产要素的效率数据。根据前文的分析，对于能合理确定未来现金流入的动力或动力组，采取未来现金流折现的方式确定其可以带来的冲量；对于存在不确定性的动力或动力组，则根据确定的系统参数计算其可能带来的冲量。“冲量”数据实质上每一“动力”（“动力组”）所发生的投入成本所能带来的品牌市场价值的增值，是每一“动力”（“动力组”）投入要素的生产力体现。此外，除了专门体现品牌市场价值的“冲量”数据外，即以品牌资产增值形式存在的“冲量”数据，还包括以有形利润形式存在的“冲量”数据。比如，因广告支出“动力”而带来的收益。

（3）“动量”数据。“动量”数据实质是品牌投入要素的产出数据。“动量”数据的存在形式主要有3种：第一，品牌资产增值形式。根据前文的分析，对某一时间段内各个动力或动力组所能带来的冲量进行加总，即为这一时期内某一品牌的动量变化，也就是该品牌的市场价值变化。第二，有形利润形式。比如，某一时间内品牌产品销售收入、品牌出租收入等。第三，品牌管理效果形式。比如，市场占有率、品牌研发成功率等。

综上所述，“动力”数据、“冲量”数据和“动量”数据反映了以品牌价值为核心的一系列演化运动的原因、过程、结果及其所体现的经济关系，是编制品牌财务会计报告的核心数据和重要依据。

2. 品牌价值的非财务性信息。财务信息是利益相关者所需要的，但由于品牌价值演化过程中的偶然性和不确定因素，以及“自然选择”和“适应性学习”的个体差异，若仅提供财务信息，不仅无法满足品牌演化经济环境变迁和信息使用者决策目标优化的需求，而且若缺乏必要的品牌会计信息使用效率相关的非财务信息补充，也会引起利益相关者对品牌会计财务信息的质疑，反而抑制了品牌会计财务信息的决策有用性。

（1）使用效率相关非财务信息披露的理论支撑——创新扩散理论。品牌具有个性演化的特性，其演化的过程不仅是一个价值演化运动的过程，也是一个创新扩散的过程，并通过创新扩散促进品牌价值演化。这是因为品牌只有经过不断的累积扩散程度，由最初的创新者——早期采用者——早期众多跟进者——后期众多跟进者，品牌的价值才能够实现，进而品牌的价值转化才可能存在。

总结创新事物在一个社会系统中扩散基本规律的创新扩散理论由 Rogers（1962）提出，按照该理论，创新扩散过程是一个可被主观感受的新信息得以传播的基本社会过程。品牌价值的形成过程实质上是品牌所体现的“信息组合”中的新信息得以扩散的过程。创新事物具有相对优越性、兼容性、复杂性、可实验性、可观察性等基本特征①，品牌具备创新事物的基本特征，它符合创新事物在一个社会系统中扩散的基本规律。在 Rogers（1962）构建的创新理论模型中，包含了技术和组织两类因素，随后学者们对其进行了扩展，Tonatzky 和 Fleisher（1990）将模型中增加了环境因素，Iacovou 等（1995）将模型中新增了“外界压力”因素。按照现有的创新扩散理论及其模型，品牌价值的实现取决于

① 所谓相对优越性，是指认为某项创新优越于它所取代的旧主意的程度；所谓兼容性是指认为某项创新与现有价值观、以往经验、预期采用者需求的共存程度；所谓复杂性，是指认为某项创新理解和运用的难度；所谓可试验性，是指某项创新在有限基础上可被试验的程度；所谓可观察性，是指某项创新结果能为他人看见的程度。

品牌信息的扩散速率和使用效率，而品牌信息的扩散速率和使用效率不仅受品牌特性、组织特征的影响，还受环境和外界压力的影响。鉴于此，为了提高品牌会计信息的可靠性与可理解性，与品牌价值密切相关的、决定品牌会计信息使用效率的非财务信息也应予以披露。

此外，从会计视角来看，现行财务会计报告中亦对非财务性信息有所涉及。其中所提到的“其他相关信息和资料”主要是指不能在会计报表及其附注中披露和列示，但又对信息使用者决策具有重要性的一些非财务信息。这意味着与品牌相关的且具有重要决策有用性的非财务信息也应在财务会计报告中予以披露。

（2）非财务信息披露的内容。价值演化运动论以及制约于其的创新扩散理论，对品牌会计信息披露内容的逻辑结构具有决定作用。结合品牌特性以及创新扩散理论模型的构成要素和品牌演化的动力因素，品牌相关非财务信息披露的内容主要包括6个方面：一是品牌资产会计识别信息。主要包括：品牌资产的会计识别标准、识别指标以及识别指标的确定依据等。二是动力（“动力组”）确定信息。主要包括：动力或动力组认定的影响因素、认定基础、认定依据、认定方式。三是冲量确定信息。主要包括：动力或动力组现金流和折现率的影响因素、确定基础、确定依据；冲量的评估方法、评估时间和评估机构；品牌冲量估值有效性的评估标准、依据指标、评估方法。四是动量确定信息。主要包括：品牌动量总额的摊销方式、摊销期限；品牌动量总额减值的确定标准、确定依据和确定方式。五是品牌特性信息。主要包括：消费者的感知收益、行业特性、与政府的关系、同业竞争者压力、竞争程度、贸易伙伴影响力等；对品牌的预期状态（比如延伸、许可活动、资产组合效应等）以及品牌与有形资产或其他无形资产的可分离性的明确假定等。六是其他需要披露的信息。主要包括：品牌所有权的变动情况、品牌融资与租赁、品牌创建计划、品牌定位、品牌文化等其他需要披露的信息等。品牌非财务信息披露主要内容如表4－24所示。

表 4－24　　品牌非财务性信息主要内容

品牌资产会计识别信息	动力（“动力组”）确定信息	冲量确定信息	动量确定信息	品牌特性信息	其他需要披露的信息
品牌资产的会计识别标准、识别指标以及识别指标的确定依据等	动力或动力组认定的影响因素、认定基础、认定依据、认定方式等	动力或动力组现金流和折现率的影响因素、确定基础、确定依据；冲量的评估方法、评估时间和评估机构；品牌冲量估值有效性的评估标准、指标和方法等	品牌动量总额的摊销方式、摊销期限；品牌动量总额减值的确定标准、确定依据和确定方式等	消费者的感知收益、行业特性、与政府的关系、同业竞争者压力、竞争程度、贸易伙伴影响力等；对品牌的预期状态以及品牌可分离性的明确假定等	品牌所有权的变动情况、品牌融资与租赁、品牌创建计划、品牌定位、品牌文化等其他需要披露的信息等

综上所述，品牌非财务性信息不仅是对品牌财务性信息的有效补充，亦对品牌财务性信息的使用效率具有重要影响。品牌非财务会计信息的披露应是品牌财务会计报告的重要组成部分。

（二）品牌价值财务会计报告的格式

按照品牌价值财务会计报告的编制目的及其所承担的现实功能，品牌价值财务会计报告应以标准化的形式进行编制。然而，品牌的路径依赖性、专有知识性以及多元价值相互依赖性决定其具有组织依附性和环境依附性，使得品牌价值财务会计报告又必须考虑企业特性以及品牌环境等，这意味着品牌会计信息将以适度差异化的形式予以披露。以传统的财务会计报告体系为基础，结合品牌的特异性，品牌价值财务会计报告主要以会计报表列示、报表附注披露以及其他相关信息和资料披露三种形式。对于标准化信息，其主要是关于品牌资产及其收益的存量信息，主要采取会计报表列示形式；差异化信息，其主要是品牌资产价值演化运动信息，主要在报表附注、其他相关信息和资料中予以披露。品牌价值财务会计信息列报形式如表 4－25 所示。

表 4 -25　　品牌价值财务会计信息列报形式

信息类别	标准化信息	差异化信息
信息内容	品牌资产及其收益的存量信息	品牌资产价值演化运动信息
列报形式	会计报表	报表附注、其他相关信息和资料

1. 会计报表的列示。随着品牌地位的日益凸显，以品牌经营模式谋求发展逐渐成为企业的首选。在前文的分析中，需对品牌财务报告进行单列，可设计品牌财务状况表（分成本模式和市场价值模式）和品牌综合收益表对品牌资产及其收益的存量信息进行列示。

（1）品牌价值财务状况表。品牌价值财务状况表反映的是某一时点品牌资产存量信息的报表。即某一时点为创建和维护品牌资产所形成的资金来源以及各项资金的分布形态。成本价值模式和市场价值模式下的资产负债表，二者格式一致，只是数据的计算方式有所不同。其格式如表 4 - 26 所示。值得注意的是，品牌价值财务状况表是单独为品牌资产而设计的，表中的负债和所有者权益是专门为创建和维护品牌而筹集的资金，表中除品牌资产之外的各项资产是专门为创建和维护品牌而准备的各项资金的存在形态，其中品牌资产作为重要项目，必须单独列示。此外，还需注意的是，在品牌资产价值尚未可以识别前，相关的资源耗费直接予以费用化，品牌资产尚未存在。因此，在品牌资产价值可识别前，是无须编制品牌财务状况表的。

表 4 -26　　品牌价值财务状况表

编制单位：××公司　　　　年　　月　　日　　　　单位：元

资产	期初余额	期末余额	负债和所有者权益	期初余额	期末余额
流动资产：			负债：		
非流动资产：			所有者权益：		
……					
品牌资产					
资产总计			资产和所有者权益总计		

（2）品牌价值综合收益表。品牌价值综合收益表反映的是一定时期品牌产品的销售收入和销售成本、让渡品牌使用权所取得的收入和发生的成本以及所形成的利润、品牌所有权处置所形成的收益等情况的报表。品牌综合收益表的格式可参照现行利润表的格式，在成本价值模式和市场价值模式下，二者只是所涉及的填列项目和项目金额的计算方式有所不同，其中最大的不同之处在于，市场价值模式下，品牌市场价值的变动反映在“公允价值变动损益”中，而成本价值模式下，并不牵涉该项目。

2. 会计报表附注。会计报表附注主要以附表和文字性的补充说明与详细解释两种形式存在，是对无法或难以在会计报表中充分表达的内容和项目所作的补充和解释。在会计报表附注中，主要反映的是以品牌价值演化运动信息为主的、具有企业特性和环境特性的差异化信息。

（1）会计报表附表。关于品牌价值会计报表的主要附表有品牌资产分类表、品牌价值变动表、品牌资产摊销表、品牌资产减值准备表。

①品牌资产分类表。品牌资产按照来源可分为外购取得、企业合并取得和自创取得三类，在品牌资产分类表中分别列报。品牌资产分类表亦分为成本价值模式和市场价值模式两种，其格式分别如表4－27、表4－28所示。

表4－27　品牌资产分类表——成本价值模式　单位：元

类别	期末数				期初数			
	账面原值	累计摊销	减值准备	账面净值	账面原值	累计摊销	减值准备	账面净值
外购取得								
合并取得								
自创取得								

表4－28　品牌资产分类表——市场价值模式　单位：元

类别	期末数			期初数		
	账面原值	资产减值	账面净值	账面原值	资产减值	账面净值
外购取得						
合并取得						
自创取得						

②品牌资产价值变动表。品牌资产价值变动表分为成本价值模式和市场价

值模式。在成本模式下，每一动力或动力组为创建品牌这一目的所失去或放弃的资源，以实际成本列示出来。其格式如表4-29所示。在市场价值模式下，每一动力或动力组的金额以其所能增加或减少品牌市场价值的金额列示，即以每一动力或动力组的冲量填列。其格式如表4-30所示。

表4-29　品牌资产价值变动表（成本市场模式）——××品牌

编制单位：××公司　　　　年　　　　单位：元

动力或动力组成本	期初余额	本期增加额	本期减少额	期末余额
原有动力或动力组：				
F1				
F2				
……				
Fm				
新增动力或动力组：				
Fm+1				
Fm+2				
……				
Fn				
品牌资产总计				

表4-30　品牌资产价值变动表（市场价值模式）——××品牌

编制单位：××公司　　　　年　　　　单位：元

动力或动力组冲量	期初余额	本期增加额	本期减少额	期末余额
原有动力或动力组：				
I1				
I2				
……				
Im				
新增动力或动力组：				
Im+1				
Im+2				
……				
In				
品牌资产总计				

③品牌资产摊销表。品牌资产摊销表适用于成本价值模式下核算出来的品牌资产价值，对每一动力或动力组成本在企业所能从其获得的收益年限内进行摊销。由于不同来源品牌资产成本的确定方式有所不同，在设计品牌资产摊销表时，对品牌资产的来源方式也应予以考虑。品牌资产摊销表格式如表4－31所示。

表4－31　　品牌资产摊销表——××品牌　　单位：元

动力或动力组	摊销年限	摊销金额	期末数	期初数
F1				
F2				
Fm				
Fm+1				
Fm+2				
……				
Fn				
合计				

④品牌资产减值准备表。品牌资产减值准备表分为成本价值模式和市场价值模式。对每一动力或动力组成本或者每一动力或动力组的市场价值进行减值测试，以确定出减值金额。由于不同来源品牌资产成本的确定方式有所不同，在设计品牌资产摊销表时，对品牌资产的来源方式也应予以考虑。品牌资产减值准备表格式如表4－32所示。

表4－32　　品牌资产减值准备表——××品牌　　单位：元

动力或动力组	期初数	本期增加数	期末数
F1			
F2			
Fm			
Fm+1			
Fm+2			
……			
Fn			
合计			

（2）文字性补充解释与说明。文字性的补充解释与说明主要包括品牌资产的会计识别标准、识别指标以及识别指标的确定依据等；动力或动力组认定的影响因素、认定基础、认定依据、认定方式；动力或动力组现金流和折现率的影响因素、确定基础、确定依据；冲量的评估方法、评估时间和评估机构；品牌冲量估值有效性的评估标准、依据指标、评估方法；品牌与有形资产或其他无形资产的可分离性的明确假定；品牌动量总额的摊销方式、摊销期限；品牌动量总额减值的确定标准、确定依据和确定方式；以品牌为基础进行的融资活动或租赁活动；其他需要披露的信息等。

3. 其他相关信息和资料。其他相关信息和资料，其目的是满足高质量的决策需要，将一些具有相关性的信息披露出来。其主要反映的是品牌愿景、品牌特性、品牌状态等方面的差异化信息。主要包括消费者的感知收益、行业特性、与政府的关系、同业竞争者压力、竞争程度、贸易伙伴影响力等；品牌的预期状态（比如延伸、许可活动、资产组合效应等）；品牌所有权的变动情况；品牌创建计划、品牌定位、品牌文化；其他需要披露的信息等。

第六章　品牌价值管理会计报告

按照美国注册会计师协会（AICPA）和英国皇家特许管理会计师公会（CIMA）于2014年10月发布的全球管理会计原则，其集中于四个结果：影响力（即通过沟通提供有影响力的建议）、相关性（提供相关性的信息）、价值量（分析对价值的影响）和信任度（履行受托责任，建立相互信任）。管理会计以高质量决策为中心，其将最相关的信息与相关分析置于显著位置，用于价值的创造与保值。根据全球管理会计原则，结合前文所构建的品牌管理会计报告体系以及实证分析的结论，企业应建立由品牌战略制定系列报告、品牌传播推广系列报告、品牌监控与维护系列报告和品牌管理绩效评价系列报告组成的管理会计报告体系，以满足品牌演化决策、反映管理者受托责任履行情况的需要。此外，在设计品牌管理会计报告时，应尽可能将推动品牌创建与维护的动力要素涵盖其中。

一、品牌战略制定系列报告

按照全球管理会计原则，管理会计应能驱动对战略做出更好的决策并全方位贯彻。品牌战略制定报告不仅是收集和分析最相关性信息以供决策者全方位思考的过程，而且是一个品牌战略制定与执行的过程。根据本书的分析，企业应提供的与品牌战略相关的信息是品牌定位信息和品牌组合信息。此外，在品牌战略制定阶段，存在推动品牌创建的不同“动力”或“动力组”，这些“动力”或“动力组”在形成过程中，需要消耗一定的经济资源，企业还应提供品牌战略制定成本信息。现分别对品牌定位战略报告、品牌组合战略报告、品牌战略制定成本报告予以分析和设计。

（一）品牌定位战略报告

品牌定位战略是品牌战略的核心，亦是品牌创建的首要任务，其可以为企业提供发展方向和目标（米勒、缪尔，2009）。品牌定位战略是综合运用里斯和特劳特（Ries & Trout，1969）的定位理论[①]和定位思想体系，对企业品牌定位进行长期规划，并以战略定位改进企业运营体系的过程（卢泰宏等，2009）。品牌定位是基于实现公司潜在利益最大化目的而确定某一品牌在消费者印象中最佳位置、竞争对手在消费者印象中位置的行为（凯勒，2006）。品牌定位是市场定位的核心、扩展与延伸以及实现市场定位的必要手段。鉴于此，品牌定位的过程亦是市场定位的过程，其核心是细分市场、选择目标市场和具体定位（科特勒、凯勒，2006）。根据品牌定位的核心，应分别形成品牌定位细分市场报告、品牌目标市场选择报告和品牌具体定位报告。在进行品牌定位后，还应对其检测与评估以确定品牌定位的合理性，应形成品牌定位测评报告。

1. 品牌定位细分市场报告。市场细分的主要依据有地理标准、人口标准、心理标准和行为标准，这些标准可供企业选择或组合选择。与这些标准相对应的市场细分分别是地理细分[②]、人口细分[③]、心理细分[④]和行为细分[⑤]。根据品牌定位决策的信息需求，按照提供最相关信息的原则，品牌定位细分市场报告包括品牌定位细分市场概况报告、品牌定位细分市场规模统计与预测报告、品牌定位细分市场发展潜力评价报告、品牌定位细分市场进出口调查报告、品牌定位细分市场上下游行业关联性调查报告、品牌定位细分市场技术工艺调查报告、品牌定位细分市场业务模式调查报告、品牌定位细分市场主要企业调查报告等。这些报告所提供的信息不仅是现在品牌定位决策所必需的相关性信息，亦是未来满足适应性学习需求所形成的信息积累。

（1）品牌定位细分市场概况报告。企业根据选择的细分标准和细分子标准形成若干个细分市场后，应对这些细分市场进行调查和分析，估计潜在消费者需求，据以形成若干细分市场，并衡量各个细分市场的规模，估计可能的获利水平。品牌定位细分市场概况报告是用于品牌定位决策的关于细分市场方面的最相关信息的一个总括，其格式如表 4 – 33 所示。

---

① 由艾尔·里斯（Al Ries）和杰克·特劳特（Jack Trout）于 1969 年提出，认为在传播过度和产品趋向同质化的时代，欲赢得消费者，有必要使自己的产品独树一帜，在消费者心中形成独特地位。品牌定位要差异化，包括目标消费者的差异化和消费者价值的差异化。

② 地理细分是依据消费者的居住区域、城市规模、经济水平等将市场划分为不同的地理单位。

③ 人口细分是依据消费者的年龄、性别、家庭规模、家庭生命周期、收入、职业、受教育程度、宗教信仰、种族以及国籍等因素将市场划分为若干群体。

④ 心理细分是依据消费者所处的社会阶层、生活方式及个性特征对市场加以细分。

⑤ 行为细分是依据消费者对品牌的了解、使用情况及其忠诚度等对市场进行细分。

表 4-33　　品牌定位细分市场概况报告——××细分市场

细分标准	细分子标准*	潜在消费者需求	细分市场规模	可能获利水平
地理细分				
人口细分				
心理细分				
行为细分				

注：*细分子标准是对细分标准的进一步细化，其中包括若干项目，因篇幅所限，此处不予详细列示。

（2）品牌定位细分市场规模统计与预测报告。品牌定位细分市场规模统计与预测报告提供了关于细分市场规模的详细信息。对于每一细分市场，应对其过去的市场规模进行统计、对未来的市场规模进行预测。在明确市场规模影响因素的基础上，比如人口数量、消费者需求、年龄分布、地区的贫富度调查等，对产品的市场产量及其增长率、市场产值及其增长率进行统计或预测。品牌定位细分市场规模统计与预测报告格式如表 4-34 所示。

表 4-34　　品牌定位细分市场规模统计与预测报告——××细分市场

项目	××年-××年市场规模统计	××年-××年市场规模预测
市场产量		
市场产量增长率		
市场产值		
市场产值增长率		
市场规模影响因素		

（3）品牌定位细分市场发展潜力报告。细分市场发展潜力是进行品牌目标细分市场选择的重要依据之一。行业增长前景、产品增长潜力、产品盈利能力、产品发展能力等可用以衡量品牌定位细分市场的发展潜力，并需对其市场前景、技术前景、盈利前景等进行预测。品牌定位细分市场发展潜力报告格式如表 4-35 所示。

表 4-35　品牌定位细分市场发展潜力报告——××细分市场

衡量指标	指标结果	问题分析
行业增长前景		
产品增长潜力		
产品盈利能力		
产品发展能力		
市场前景预测		
技术前景预测		
盈利前景预测		
其他		

（4）品牌定位细分市场进出口调查报告。对于每一细分市场，应对其进出口情况及进出口环境进行调查，进出口情况具体包括进口量、进口金额、进口区域、出口量、出口金额、出口区域等，进出口环境包括税率、贸易保护等情况。品牌定位细分市场进出口调查报告格式设计如表 4-36 所示。

表 4-36　品牌定位细分市场进出口调查报告——××细分市场

项目	××年-××年市场进口调查	××年-××年市场出口调查
进口量		—
进口金额		—
进口区域		—
出口量	—	
出口金额	—	
出口区域	—	
税率		
贸易保护		

（5）品牌定位细分市场上下游行业关联性调查报告。细分市场与其上下游行业是相互依存的，应对每一细分市场的上下游行业关联性进行调查。对上游市场关联性的调查主要包括上游行业供应量调查、上游行业市场新增项目调查、上游行业市场价格、上游行业市场集中度、上游供给模式等，对下游市场关联性的调查主要包括下游客户构成、下游市场消费模式、下游市场价格等。品牌定位细分市场上下游行业关联性调查报告格式如表 4-37 所示。

表 4－37　　品牌定位细分市场上下游行业关联性调查报告——××细分市场

项目	上游市场关联性调查	下游市场关联性调查
上游行业供应量调查		—
上游行业市场新增项目调查		—
上游行业市场价格		—
上游行业市场集中度		—
上游供给模式		—
下游客户构成	—	
下游市场消费模式	—	
下游市场价格	—	

（6）品牌定位细分市场技术工艺调查报告。对细分市场技术工艺的调查，主要包括对主流技术调查、技术壁垒调查、工艺流程调查、技术工艺环保性调查和国内外市场的技术对比等。品牌定位细分市场技术工艺调查报告格式如表4－38所示。

表 4－38　　品牌定位细分市场技术工艺调查报告——××细分市场

项目	调查结果	问题分析
主流技术调查		
技术壁垒调查		
工艺流程调查		
技术工艺环保性调查		
国内外市场技术对比		

（7）品牌定位细分市场业务模式调查报告。对细分市场业务模式的调查，主要包括业务流程调查、采购模式调查、生产模式调查、营销模式调查、盈利模式调查等。品牌定位细分市场业务模式调查报告格式如表4－39所示。

表 4－39　　品牌定位细分市场业务模式调查报告——××细分市场

项目	调查结果	问题分析
业务流程调查		
采购模式调查		
生产模式调查		
营销模式调查		
盈利模式调查		

（8）品牌定位细分市场主要企业调查报告。选取细分市场的主要企业，对其产品产量、销售收入、市场份额以及企业优劣势等进行调查。品牌定位细分市场主要企业调查报告格式如表 4－40 所示。

表 4－40　　品牌定位细分市场主要企业调查报告

项目	A 企业	B 企业	……	N 企业
产品产量				
销售收入				
市场份额				
企业优劣势调查				

2. 品牌目标市场选择报告。在对市场细分后，应对其有效性进行评估，并据此确定品牌应定位的目标市场。有效细分市场需满足足量性①、稳定性②、可衡量性③、可接近性④、可行动性⑤等性质（周修亭、孙恒有，2009），应根据这些性质评估细分市场，以确定品牌应定位的目标市场。评估核心是在考虑细分市场规模、内部结构吸引力和企业资源条件的基础上，确定细分市场实际容量。在评估时，可以利用品牌定位细分市场报告中的相关数据。细分市场潜在需求规模决定因素主要有消费者数量、消费者购买力、需求弹性等。细分市场内部结构吸引力主要取决于细分市场潜在的竞争力，二者成反比关系，细分市场竞争越激烈，则其吸引力越小。细分市场的竞争状况是由同行业竞争品牌、替代品牌、潜在的新参加竞争品牌、品牌产品购买者和供应商五种力量所决定的。

① 即细分市场的大小需要保证能够带来利润。
② 即细分市场在一定时间内不会发生较大的改变。
③ 即细分市场的消费群特征需要容易衡量。
④ 即细分市场必须能够使企业有效地接触。
⑤ 即细分市场必须能够使企业有效地制定营销策略。

企业资源条件是一个关键性因素，企业的技术资源、财力资源和人力资源等是保证细分市场成功的关键。通过评估，确定出品牌经营者拟选择的目标市场，然后选取合理方式以进入目标市场。目标市场进入方式主要有集中进入方式①、有选择的专门化②、专门化进入③、无差异进入④、差异进入⑤等。企业在选择时，应根据产品的特点，结合自身的资源条件，选择最适宜的目标市场进入方式。品牌目标市场选择报告格式如表 4－41 所示。

表 4－41　品牌目标市场选择报告

<table>
<tr><th colspan="3">细分市场
评估要素</th><th>细分市场 A</th><th>细分市场 B</th><th>……</th><th>细分市场 N</th></tr>
<tr><td rowspan="14">细分市场实际容量</td><td rowspan="4">细分市场规模</td><td>潜在消费者数量</td><td></td><td></td><td></td><td></td></tr>
<tr><td>潜在消费者购买能力</td><td></td><td></td><td></td><td></td></tr>
<tr><td>需求弹性</td><td></td><td></td><td></td><td></td></tr>
<tr><td>其他</td><td></td><td></td><td></td><td></td></tr>
<tr><td rowspan="6">细分市场内部结构吸引力</td><td>同行业的竞争品牌</td><td></td><td></td><td></td><td></td></tr>
<tr><td>潜在的新增加的竞争品牌</td><td></td><td></td><td></td><td></td></tr>
<tr><td>替代品牌</td><td></td><td></td><td></td><td></td></tr>
<tr><td>品牌产品购买者</td><td></td><td></td><td></td><td></td></tr>
<tr><td>供应商</td><td></td><td></td><td></td><td></td></tr>
<tr><td>其他</td><td></td><td></td><td></td><td></td></tr>
<tr><td rowspan="4">企业资源条件</td><td>技术资源</td><td></td><td></td><td></td><td></td></tr>
<tr><td>财力资源</td><td></td><td></td><td></td><td></td></tr>
<tr><td>人力资源</td><td></td><td></td><td></td><td></td></tr>
<tr><td>其他</td><td></td><td></td><td></td><td></td></tr>
<tr><td colspan="3">目标市场选择</td><td></td><td></td><td></td><td></td></tr>
<tr><td colspan="3">目标市场进入方式</td><td></td><td></td><td></td><td></td></tr>
</table>

① 即企业集中所有力量在一个目标市场上进行品牌经营，满足该市场的需求，在该品牌获得成功后再进行品牌延伸。

② 品牌经营者选择若干个目标市场，在几个市场上同时进行品牌营销，这些市场之间或许很少或根本没有联系，但企业在每个市场上都能获利。

③ 即品牌厂商集中资源生产一种产品提供给各类消费者或者专门为满足某个消费群的各种需要服务的营销方式。

④ 即品牌经营者对各细分市场之间的差异忽略不计，只注重各细分市场之间的共同特征，推出一个品牌，采取一种营销组合来满足整个市场上大多数消费者的需求。

⑤ 即品牌经营者以多个细分子市场为目标市场，分别设计不同的产品，提供不同的营销组合以满足各子市场不同的需求。

3. 品牌具体定位报告。品牌在选定目标市场后，则需要进行具体的定位，国内外学者提出了一些品牌具体定位策略。阿克（2005）提出的品牌定位策略包括产品类型、产品的特性和功能上的好处、产品种类的多样化、机构的无形因素、情感和自我表达、体现、与时代同行、品牌的个性、竞争对手的战略定位；科特勒（2002）提出的品牌定位策略包括具体产品特色定位、利益或解决问题或需求上的定位、特定使用场合的定位、使用者类型的定位、对抗另一产品的定位、产品类别的游离等；马谋超（2005）提出的品牌定位策略包括目标市场、产品特性（属性）、效用、价位、个性、竞争、情感、用途、组合定位；张锐（2000）提出的品牌定位策略包括档次定位、USP 定位、品类定位、附加定位、文化定位、情景定位、比附定位、情感地位、身份定位、形状定位。虽然不同学者所提出的定位策略表述有所不同，但综合起来，品牌定位策略依据可以分为产品利益（强调产品功效）、情感利益（强调产品给消费者所能带来的情感体验）或者自我表达利益（强调品牌所能使得消费者实现的自我表达）三类。在明确了品牌定位依据后，应选取合理的定位策略。品牌具体定位报告设计格式如表 4 - 42 所示。

表 4 - 42　　　　品牌具体定位报告

定位策略	品牌 A	品牌 B	……	品牌 N

4. 品牌定位测评报告。在品牌定位后，应对其合理性进行检测，对品牌定位战略的实施效果进行评估（吴斯睿、王枫，2004）。通过了解品牌在消费者和竞争者心目中的形象以及核心价值，检测品牌定位是否与最初设定的一致以及消费者对品牌定位的评价和满意度，还需对品牌定位战略实施后的效果进行评价，测评品牌的知名度以及市场占有率、广告影响度、销售增长率和资产报酬率等。品牌定位测评报告设计格式如表 4 - 43 所示。

表 4－43　品牌定位测评报告

测评项目	测评结果	问题所在	解决方案
品牌在消费者心中的形象和核心价值			
品牌在竞争者心中的形象和核心价值			
消费者对品牌定位的评价			
品牌知名度			
品牌广告影响度			
品牌销售增长率			
品牌资产报酬率			

（二）品牌组合战略报告

品牌组合包括一个组织管理的所有品牌，比如主品牌、担保品牌、子品牌、品牌化的区分者、联合品牌、品牌化的提升者、公司品牌以及与公司内部品牌相联系且能得以有效管理的外部品牌，比如品牌化的赞助活动、符号、名人形象以及与品牌有联系的国家或地区（Aaker，2005）。品牌组合战略是采用战略管理的视野和方法以管理和控制品牌组合，其本质是指一个组织对其拥有或者有权使用的多个品牌进行系统化的思考和管理，并以品牌为核心重新配置营销资源（胡俊男、董大海、刘瑞明，2012）。一般而言，品牌组合战略包括品牌组合合理性审查和品牌组合要素规划两大方面工作内容，与此相对应，应形成的品牌组合战略报告包括品牌组合合理性审查报告和品牌组合要素规划报告。

1. 品牌组合合理性审查报告。品牌组合合理性审查是从协同效应①、杠杆作用②、相关性③、品牌力④和清晰度⑤五个方面而展开的对品牌组合的系统性、批判性和建设性审查。协同效应审查的关键点是品牌组合规模的合理性、品牌资源分配的合理性、品牌间竞争程度的合理性以及关键品牌任务定位的合理性等。杠杆作用审查的关键点包括市场或新事业成长的发展状况、新市场的参与情况、品牌延伸的可行性情况、品牌延伸的战略性情况。相关性审查的关键点包括品

① 协同效应是指对一个品牌施加影响能够使得其他品牌发生改变，协同效应有正面协同和负面协同两种类型。

② 杠杆作用指的是充分利用品牌价值以提高品牌组合在不同类别环境中的影响力。

③ 相关性指的是品牌组合在不断变化的市场上与消费者需求保持关联的能力。

④ 品牌力指的是品牌组合战略的价值主张与目标消费者发生共鸣、与竞争者形成差异、形成持续巩固生命力的能力。

⑤ 清晰度指的是品牌组合结构的逻辑性、秩序性和可辨认性。

牌组合的相关产品市场、品牌组合的相关性情况、品牌组合对现有品牌的调整能力情况、新品类或子品类的创造机会情况。品牌力审查的关键点包括品牌资产对企业战略达成的保证情况、品牌的产品角色和品牌角色职责的履行情况、品牌联想的合理性、品牌的吸引力情况、品牌形象的合理性、品牌管理的差异和活力的发展情况。清晰度审查的关键点主要有品牌组合界面的清晰情况、品牌核心的合理性情况、品牌范围的合理性情况、品牌逻辑的合理性情况。通过对各审查内容的关键点进行审查，形成审查结果，对存在的问题进行分析，并提出相应的解决方案。品牌组合合理性审查报告的格式如表4-44所示。

表4-44 品牌组合合理性审查报告

审查内容	审查关键点	审查结果	问题分析	解决方案
协同效应审查	品牌组合规模的合理性			
	品牌资源分配的合理性			
	品牌间竞争程度的合理性			
	关键品牌任务定位的合理性			
杠杆作用审查	市场或新事业成长的发展状况			
	新市场的参与情况			
	品牌延伸的可行性情况			
	品牌延伸的战略性情况			
相关性审查	品牌组合的相关产品市场			
	品牌组合的相关性状况			
	品牌组合对现有品牌的调整能力情况			
	新品类或子品类的创造机会情况			
品牌力审查	品牌资产对企业战略达成的保证情况			
	品牌的产品角色和品牌角色职责的履行情况			
	品牌联想的合理性			
	品牌的吸引力情况			
	品牌形象的合理性			
	品牌管理的差异和活力的发展情况			

续表

审查内容	审查关键点	审查结果	问题分析	解决方案
清晰度审查	品牌组合界面的清晰情况			
	品牌核心的合理性情况			
	品牌范围的合理性情况			
	品牌逻辑的合理性情况			

2. 品牌组合要素规划报告。品牌组合要素规划是规划品牌组合战略的具体方案，其集中于对组合价值具有重要性和决定性的关键品牌，以及对组合决策具有影响的关键问题辨别。品牌组合要素规划主要包括组合品牌、产品角色、组合角色、品牌范围、组合逻辑和视觉组合六个方面（刘威，2009）。组合品牌是指组织所管理的具有资产价值和运作潜力的所有品牌，其主要包括主品牌①、描述性品牌②、副品牌③、背书品牌④、公司品牌⑤、联合品牌⑥、品牌网络要素⑦等。产品角色，亦称作品牌架构，是指品牌在定义产品时所扮演的角色。其可划分为主要驱动角色、辅助驱动角色、联合驱动角色。组合角色是指品牌在品牌组合内部所扮演的角色。组合角色包括战略品牌⑧、银弹品牌⑨、侧翼品牌⑩、金牛品牌⑪和机会品牌⑫等。品牌逻辑亦称品牌组合结构，是指组合品牌之间的相关关系。品牌范围是指品牌在市场和产品上的跨度。视觉组合是指在跨品牌和跨环境情况下的品牌视觉展现形式，即品牌组合战略在视觉系统方面的实施。品牌组合要素规划报告的设计格式如表 4－45 所示。

① 即在驱动顾客需求中扮演主要角色的品牌。
② 即界定类别的术语品牌。
③ 即在特定的产品市场环境中用于增加或改善联想的品牌。
④ 即提供信誉担保的品牌。
⑤ 即代表整个组织的品牌。
⑥ 即结合在一起但来自不同公司或业务单位的品牌。
⑦ 即组成品牌网络的各品牌，亦称作品牌化的差异点/活力点。
⑧ 即对组织战略具有重要意义的品牌。
⑨ 即能够支持、改变目标品牌形象的品牌。
⑩ 即从品牌竞争定位切入压制其势头以保护目标品牌不会被迫改变核心识别的品牌。
⑪ 即未来已无发展机会但现在已经确立巩固地位因而不需要太多支持的品牌。
⑫ 即针对那些风险和前景不可预测的业务而试探性推出的品牌。

表 4 –45　　品牌组合要素规划报告

规划要素	子要素	具体内容描述
组合品牌	主品牌	
	描述性品牌	
	副品牌	
	背书品牌	
	公司品牌	
	联合品牌	
	品牌网络要素	
产品角色	主要驱动角色	
	辅助驱动角色	
	联合驱动角色	
组合角色	战略品牌	
	银弹品牌	
	侧翼品牌	
	金牛品牌	
	机会品牌	
品牌逻辑	—	
品牌范围	—	
视觉组合	—	

（三）品牌战略制定成本报告

在品牌战略制定阶段，主要发生的成本有细分市场调研成本、调研数据分析成本、品牌定位测评成本、品牌要素组合规划成本、品牌要素组合审查成本等。在该阶段，一般而言，品牌价值尚未形成，品牌资产亦不可识别，但为了满足内部战略决策以及管理层绩效考核的需要，对这些成本信息需予以提供。且为了满足以后决策者适应性学习的需要，需按照“动力”或“动力组”对这些成本信息予以提供。但值得注意的是，由于这些成本耗费属于费用化的性质，不能形成对应的“冲量”。企业可根据其行业特性和环境特性，确定该阶段所形成的“动力”或“动力组”，分别用 F1、F2……Fm 表示①。品牌战略制定成本报告如表 4 –46 所示。

① 为了行文方便，在后文中，也采用同样的符号表示“动力”或“动力组”，但所指代的具体内容并不相同。

表 4-46　　品牌战略制定成本报告

成本项目	动力或动力组									
	F1			F2			……	Fm		
	期初数	本期增加数	期末数	期初数	本期增加数	期末数		期初数	本期增加数	期末数
细分市场调研成本										
调研数据分析成本										
品牌定位测评成本										
品牌要素组合规划成本										
品牌要素组合审查成本										
其他成本										
成本合计										

二、品牌传播推广系列报告

在制定了品牌战略，进行品牌定位之后，应对品牌进行整合营销，使其能够得以传播推广。品牌推广以提升品牌知名度为目的，以品牌核心价值统领营销活动为关键点，其是实现品牌定位的保证，是使得品牌战略能够得以执行的必由之路。品牌传播推广需结合品牌的生命周期，根据品牌推广的关键点，采取不同的推广策略。此外，品牌传播推广需要一定的成本。鉴于此，品牌传播推广报告包括品牌传播推广策略报告和品牌传播推广成本报告。

（一）品牌传播推广策略报告

品牌可以划分为导入期、成长期、全盛期和衰落期四个阶段，每个阶段品牌传播推广的关键点有所不同，所应采取的推广策略也有所不同。在导入期，品牌推广的关键点是品牌定位的准确性、广告宣传的连续性、产品的差异性及其功能的适应性、消费者预期的符合性、营销规划基准的合理性、对竞争对手压制的规避情况、传播媒体利用的合理性；在成长期，品牌推广的关键点是消费者信息处理的及时性、品牌定位纠偏的及时性、产品功能调整的适应性、价格体系的设定和监控情况、品牌核心价值的确立和体现情况、对竞争对手阻击的应对情况、对传播媒体利用的合理性；在全盛期，品牌推广的关键点是消费者期望的符合性、品牌内涵定位的合理性、企业优势的利用情况、企业劣势的规避情况、上下游企业关系的处理情况、对传播媒体利用的合理性；在衰落期，品牌推广的关键点是品牌竞争个性定位的合理性、消费者观念或需求的变化情况。在每一阶段，对品牌推广的关键点进行审核后，根据需要采取合理的推广策略。常见的推广策略有网络策略、网页策略、产品策略、价格策略、促销策略、渠道策略、服务策略等。品牌传播推广策略报告格式如表 4 - 47 所示。

表 4 - 47　　品牌传播推广策略报告

品牌周期	品牌传播推广关键点	传播推广策略
导入期	品牌定位的准确性	
	广告宣传的连续性	
	产品的差异性及其功能的适应性	
	消费者预期的符合性	
	营销规划基准的合理性	
	对竞争对手压制的规避情况	
	传播媒体利用的合理性	
成长期	消费者信息处理的及时性	
	品牌定位纠偏的及时性	
	产品功能调整的适应性	
	价格体系的设定和监控情况	
成长期	品牌核心价值的确立和体现情况	
	对竞争对手阻击的应对情况	
	对传播媒体利用的合理性	
全盛期	消费者期望的符合性	
	品牌内涵定位的合理性	
	企业优势的利用情况	
	企业劣势的规避情况	
	上下游企业关系的处理情况	
	对传播媒体利用的合理性	
衰落期	品牌竞争个性定位的合理性	
	消费者观念或需求的变化情况	

（二）品牌传播推广成本报告

对品牌进行传播推广是需要一定成本的，比如包装设计成本、广告成本、媒体传播成本、公关成本、促销成本、物流成本等。值得注意的是，在品牌传播推广阶段，所发生的各项成本分品牌资产价值可识别前后分别予以不同的处理。在品牌资产价值可识别后，还需提供每一“动力”或“动力组”所能产生的冲量。品牌传播推广成本报告格式如表 4－48 所示。

表 4－48　　品牌传播推广成本报告

成本项目	动力或动力组									
	F1			F2			……	Fm		
	期初数	本期增加数	期末数	期初数	本期增加数	期末数		期初数	本期增加数	期末数
包装设计成本										
广告成本										
媒体传播成本										
公关成本										
促销成本										
物流成本										
其他成本										
成本合计										
冲量										

三、品牌监控与维护系列报告

品牌维护是指企业针对外部环境变化给品牌所带来的影响而进行的维护品牌形象、保持品牌市场地位和品牌价值的一系列活动的统称。企业在考虑其自身行业特性、环境特性以及品牌危机性质等的基础上，根据品牌监控与维护的关键点，采取不同的监控与维护策略。此外，品牌监控与维护需要一定的成本。鉴于此，品牌监控与维护报告包括品牌监控与维护策略报告和品牌监控与维护成本报告。

（一）品牌监控与维护策略报告

品牌维护策略主要有了解品牌价值核心、客观进行品牌细分、理性的品牌延伸、新品牌策略、确定品牌属性、品牌内涵推敲、品牌建设的草原现象、及时的品牌危机公关等，每一策略所应注重的关键点也有所不同。了解品牌价值核心策略的关键点主要有核心价值的差异化、核心价值的感染力、核心价值与企业资源能力的匹配性、核心价值的包容力以及核心价值获取溢价能力等；进行品牌细分策略的关键点有潜在消费者数量、潜在消费者购买能力、需求弹性等；品牌延伸策略的关键点有新产品的定位情况、市场导入费用情况、品牌效应情况、对核心品牌形象的影响情况、品牌延伸的风险情况等；新品牌策略的关键点有新品牌的属性、消费者采用新品牌产品的程序、消费者对新品牌的反应差异等；确定品牌属性策略的关键点有产品的质量、产品的价格、产品的便利性等；品牌内涵推敲策略的关键点有品牌的知名度、美誉度、市场表现以及信誉价值等；品牌建设草原现象①策略的关键点有品牌宣传的连续性、品牌宣传的合理性；及时危机公关策略的关键点主要有危机背景源头的沟通情况、危机产生的背景原因、危机的解决方案、传播媒体对社会舆论的引导情况等。在对品牌维护策略的关键点进行审核后，发现所存在的问题并及时提出改进措施。品牌监控与维护策略报告的格式如表4－49所示。

表4－49　　品牌监控与维护策略报告

品牌维护策略	品牌维护策略关键点	存在的问题	改进措施
了解品牌价值核心	核心价值的差异化		
	核心价值的感染力		
	核心价值与企业资源能力的匹配性		
	核心价值的包容力		
	核心价值的获取溢价能力		

① 有学者提出，正确的品牌宣传应是一种草原现象，没人留意到草的生长，但当发现时，往往已经是广袤草原了。

续表

品牌维护策略	品牌维护策略关键点	存在的问题	改进措施
进行品牌细分	潜在消费者数量		
	潜在消费者购买能力		
	需求弹性		
	其他		
品牌延伸	新产品的定位情况		
	市场导入费用情况		
	品牌效应情况		
	对核心品牌形象的影响情况		
	品牌延伸的风险情况		
新品牌策略	新品牌的属性		
	消费者采用新品牌产品的程序		
	消费者对新品牌的反应差异		
确定品牌属性	产品的质量		
	产品的价格		
	产品的便利性		
品牌内涵推敲	知名度		
	美誉度		
	市场表现		
	信誉价值		
品牌建设的草原现象	品牌宣传的连续性		
	品牌宣传的合理性		
及时危机公关	危机背景源头的沟通情况		
	危机产生的背景原因		
	危机的解决方案		
	传播媒体对社会舆论的引导情况		

（二）品牌监控与维护成本报告

品牌监控与维护阶段的成本主要有设计与开发成本（强调产品的个性特征）、商标注册成本、专利创造与申请成本、服务成本、日常维护成本、危机化解成本等。值得注意的是，在品牌监控与维护阶段，所发生的各项成本分品牌资产价值可识别前后分别予以不同的处理。在品牌资产价值可识别后，还需提供每一“动力”或“动力组”所能产生的冲量。品牌监控与维护成本报告格式如表4－50所示。

表4－50　　品牌监控与维护成本报告

成本项目	动力或动力组									
	F1			F2			……	Fm		
	期初数	本期增加数	期末数	期初数	本期增加数	期末数		期初数	本期增加数	期末数
设计与开发成本										
商标注册成本										
服务成本										
日常维护成本										
危机化解成本										
其他成本										
成本合计										
冲量										

四、品牌管理绩效评价系列报告

为了实现可持续成功，组织必须发现并利用机会为利益关系人创造价值，同时积极管理成本和风险。即需利用业绩管理以制定战略，布置和调整战略的实施。其目的在于通过组织业绩的各个方面的持续改进形成的反馈闭环，以促进因果学习。了解企业过去业绩表现好坏的原因有助于企业强化优良业绩，避免不良业绩。鉴于此，需对品牌管理绩效予以评价，以满足品牌管理者适应性学习的需要，为品牌管理活动的持续改进提供动力和依据。

（一）品牌管理绩效评价方法的选择

按照行为绩效理论，绩效是与组织目标相关的、可以按照个体的能力（即个体的贡献程度）进行测量的行动或行为（Campbell et al.，1993）。行为绩效理论从行为角度定义绩效，其与品牌演化动力机制是相同的。与品牌创建目标相关的行动或行为，既是定义行为绩效的依据，又是推进品牌演化的动力。根据品牌演化动力机制以及业绩管理的步骤，结合全球管理会计原则在业绩管理体系中的应用流程，可选用平衡计分卡这一评价方法对品牌管理业绩进行评价。平衡计分卡方法是由卡普兰（Kaplan）、诺顿（Norton）开发的绩效评价体系，由财务、顾客、企业内部流程、创新与学习四项指标构成。

从品牌演化动力机制视角来看，品牌管理绩效评价是品牌管理者制定博弈策略的基础，是执行选择机制和突变机制的前提。平衡计分卡业绩评价体系从财务、客户、内部运营、学习与成长四个角度进行绩效管理，因果关系链是其理论核心和最具创新性的因子（Kaplan & Norton，1992；Malmi，2001），其阐述的是企业的预期结果以及形成这些预期结果的驱动因素，其亦是从动力驱动视角进行业绩评价。鉴于此，采取平衡计分卡业绩评价体系是和品牌演化动力机制相契合的。从全球管理会计原则在业绩管理体系中的应用视角来看，在影响力原则方面，业绩管理体系中需考虑利益关系团体在战略对话中的参与情况、员工和团队的工作与战略目标之间联系的清晰性、根据利益关系人需求进行组织的业绩报告等因素；在相关性原则方面，业绩管理体系中需考虑外部环境、对能力的评价等因素；在价值量原则方面，业绩管理体系中需考虑顾客价值命题的信服程度、商业模式的竞争力等因素；在信任度原则方面，业绩管理体系中需考虑内外部利益关系人对组织价值观的认知、相关员工和商业伙伴对其经营计划责任的认知、员工的积极反馈等因素。这些因素均是与平衡计分卡评价体系指标相契合的。因此，对于品牌管理绩效评价可以采取平衡计分卡方法。

企业本质上是一种合作系统（Freeman，1984），品牌创建本质上亦是一种合作活动，有效处理与各利益相关者的关系是决定企业生存和发展的核心。品牌管理绩效，不仅依赖于消费者对品牌的忠诚，亦来源于利益相关者对品牌的认可。鉴于此，对于客户维度应予以修正，应以利益相关者为中心。按照修正的评分计分卡评价方法，分别形成品牌管理绩效的财务维度报告、品牌管理绩效的利益相关者维度报告、品牌管理绩效的内部流程维度报告、品牌管理绩效的学习与成长维度报告。此外，品牌管理绩效评价也需要一定的成本，还需设计品牌管理绩效评价成本报告。

（二）品牌管理绩效评价相关报告

按照所选用品牌管理绩效评价方法，品牌管理绩效评价报告包括品牌管理绩效的财务维度报告、品牌管理绩效的利益相关者维度报告、品牌管理绩效的内部流程维度报告、品牌管理绩效的学习与成长维度报告。

1. 品牌管理绩效的财务维度报告。财务维度指标可以显示企业的品牌战略及其实施和执行是否贡献于企业盈利改善。按照平衡计分卡业绩评价方法，财务维度指标衡量的主要内容是：收入的增长、收入的结构、降低成本、提高生产率、资产的利用和投资战略等。其财务目标通常是与获利能力相关，其衡量指标主要有营业收入、资本报酬率、经济增加值等，也可能是销售额的迅速提高或创造现金流量。结合品牌演化的动力机制，需设计的品牌管理绩效财务维度报告主要如下：

（1）品牌项目资金运作报告。品牌创建是一个长期的过程，需经过导入期、成长期、全盛期、衰落期等阶段（科特勒、阿姆斯特朗，2002）。品牌项目的资金投入，是促进品牌及其价值形成的重要动力，需通过项目资金运作报告以对品牌项目的投资活动和筹资活动进行计划和监控。品牌项目投资的资金运行情况，可用品牌项目资金运作报告予以反映。由于品牌项目资金在品牌价值可识别前后的会计处理存在差异，在设计品牌项目资金运作报告时，可将其分类别予以呈报。品牌项目资金运作报告格式如表4－51、表4－52所示。在表4－51中，品牌资金运作报告的编制，根据品牌生命周期，结合主要管理要素，对品牌项目资金需求和使用进行绩效评价。在表4－52中，品牌资金运作报告的编制，以品牌价值是否可识别为分界点，结合主要管理要素，对品牌项目资金需求和使用进行绩效评价。

表4－51 品牌项目资金运作报告——基于生命周期

项目建设阶段	起止时间	资金去向	预算数	实际投资数	资金来源	预算数	实际筹资数	资金结余
孕育期								
幼稚期								
成长期								
成熟期								
衰退期								

表 4 – 52　　品牌项目资金运作报告——品牌价值识别前后

项目建设阶段	起止时间	资金去向	预算数	实际投资数	资金来源	预算数	实际筹资数	资金结余
品牌价值可识别前								
品牌价值可识别后								

（2）品牌成本投入（价值）构成报告。虽然品牌投入成本并非品牌成功与否的决定性因素，但在当今企业市场竞争重心从产品竞争转移至品牌竞争的背景下，且品牌建设是必须付出相关成本的，通过分析品牌成本可以使得企业以物有所值的方式提供产品或服务，促使企业持续不断地创新、减少浪费，以释放资源来进行品牌管理创新并增加利益相关者利益。品牌成本除了单纯的产品生产性成本外，还包括研发成本、公共成本、销售成本、物流成本、推广成本、运营成本、维护成本等。为了更客观地反映品牌成本投入（价值）的构成情况，分品牌价值可识别前后两个阶段提供品牌成本价值构成报告，虽然在品牌价值可识别前，对与品牌相关的资金投入予以费用化会计处理，但提供相关的报告可以更好地对资金投入对品牌价值的影响做出量化分析。在品牌价值可识别前，设计品牌成本投入构成报告，其具体格式如表 4 – 53 所示，在品牌价值可识别后，设计品牌成本价值构成报告，其格式如表 4 – 54 所示。

表 4 – 53　　品牌成本投入构成报告——可识别前

项目	期初数	本期增加数	期末数
直接材料			
直接人工			
制造费用			
研发成本			
公关成本			
销售成本			
物流成本			
推广成本			
维护成本			
其他成本			
成本合计			

表 4－54　　　　品牌成本价值构成报告——可识别后

项目	期初数	本期增加数	期末数
直接材料			
直接人工			
制造费用			
研发成本			
公关成本			
销售成本			
物流成本			
推广成本			
维护成本			
其他成本			
成本合计			

（3）品牌管理绩效的财务评价报告。品牌管理绩效的财务评价指标主要包括盈利能力、偿债能力、营运能力三类。盈利能力指标主要包括品牌所能带来的收入（包括品牌产品的收入以及让渡品牌使用权获得的收入）、利润总额、市场份额等，品牌的销售净利率、品牌资产报酬率、成本费用利润率（品牌利润总额/品牌成本费用总额）等；偿债能力指标主要包括融资金额、品牌资产流动负债比（品牌资产/流动负债）、品牌资产负债率（品牌资产/负债总额）等；营运能力指标主要包括品牌资产周转率（品牌收入/品牌资产平均余额）、品牌应收账款周转率（品牌收入/应收账款净额平均余额）等。品牌管理绩效的财务评价报告格式如表 4－55 所示。

表 4－55　　　　品牌管理绩效的财务评价报告

主指标	子指标	指标数值	预期数值	差异	问题分析	解决方案
盈利能力	收入金额					
	利润金额					
	市场份额					
	销售净利率					
	品牌资产报酬率					
	成本费用利润率					

续表

主指标	子指标	指标数值	预期数值	差异	问题分析	解决方案
偿债能力	融资金额					
	品牌资产流动负债比					
	品牌资产负债率					
营运能力	品牌资产周转率					
	品牌应收账款周转率					

2. 品牌管理绩效的利益相关者维度报告。品牌管理绩效的利益相关者维度指标主要包括利益相关者的盈利能力、利益相关者的满意度、争取利益相关者能力、承担社会责任能力等。品牌管理绩效的利益相关者维度报告格式如表4－56所示。

表4－56　　品牌管理绩效的利益相关者维度报告

衡量指标	实际情况	预期情况	差异	问题分析	解决方案
利益相关者的盈利能力					
利益相关者的满意度					
争取利益相关者能力					
承担社会责任能力					

3. 品牌管理绩效的内部流程维度报告。品牌管理绩效的内部流程维度报告主要包括内部更新、获取能力、品牌执行力、技术可行性分析等。其中内部更新指标包括研究开发、人力资源培训与开发、组织结构和流程等；获取能力指标包括知识交流、知识外溢使用、社会资本等指标。品牌管理绩效的内部流程维度报告设计格式如表4－57所示。

表4－57　　品牌管理绩效的内部流程维度报告

主指标	子指标	实际情况	预期情况	差异	问题分析	解决方案
内部更新	品牌研究开发费用率					
	品牌研究开发成功率					
	人力资源培训与开发					
	组织结构与流程					

续表

主指标	子指标	实际情况	预期情况	差异	问题分析	解决方案
获取能力	知识交流					
	知识外溢使用					
	社会资本					
品牌执行力	—					
技术可行性分析	—					

4. 品牌管理绩效的学习与成长维度报告。品牌管理绩效的学习与成长维度报告主要包括员工满意度、员工能力、团队建设等指标。品牌管理绩效的学习与成长维度报告格式如表 4 – 58 所示。

表 4 – 58　　　　品牌管理绩效的学习与成长维度报告

衡量指标	实际情况	预期情况	差异	问题分析	解决方案
员工满意度					
员工保持率					
员工生产率					
员工品牌认可度					
员工品牌贡献率					
员工能力					
团队建设					

（三）品牌管理绩效评价成本报告

对品牌管理绩效评价是需要一定成本的，比如品牌管理绩效数据收集成本、品牌管理绩效数据分析成本、品牌管理绩效评估成本等。值得注意的是，在品牌管理绩效评价阶段，所发生的各项成本分品牌资产价值可识别前后分别予以不同的处理。在品牌资产价值可识别后，还需提供每一“动力”或“动力组”所能产生的冲量。品牌管理绩效评价成本报告格式如表 4 – 59 所示。

表 4-59　　品牌管理绩效评价成本报告

成本项目	动力或动力组									
	F1			F2			……	Fm		
	期初数	本期增加数	期末数	期初数	本期增加数	期末数		期初数	本期增加数	期末数
品牌管理绩效数据收集成本										
品牌管理绩效数据分析成本										
品牌管理绩效评估成本										
其他成本										
成本合计										
冲量										

第七章　研究结论与创新

一、研究结论

本篇拟围绕品牌会计报告这一研究主题，在剖析品牌价值会计报告研究的理论基础和现实需求的前提下，以所构建的品牌会计确认理论和品牌会计计量理论为基础，在演化博弈理论的指导下，将品牌价值演化运动和品牌价值演化动力作为依据，构建品牌会计报告理论体系，并从品牌价值会计信息披露时点选择和披露模式选择这两个方面进行实证检验，从经验证据角度验证品牌价值会计报告理论及其会计理论基础的科学性。最后，在理论分析和实证检验的基础上，结合品牌业务管理流程特点和品牌会计信息使用者的需求，设计品牌价值财务会计报告和品牌价值管理会计报告，以便为品牌会计信息报告提供实践指导。经过上述研究，形成了以下主要研究结论：

第一，从理论角度探源，委托代理理论（动力理论基础）、交易成本理论（效用理论基础）和经济后果理论（效用理论基础）为品牌会计报告产生和发展的必要性提供了理论依据，演化博弈理论（路径理论基础）为品牌价值会计报告产生和发展的可行性提供了理论依据，这四大理论是品牌价值会计报告研究的理论约束条件。

第二，立足于企业视角的品牌资产会计识别是一个分层级的综合识别，包括环境识别、基础识别和核心识别三个层级。在每一级层的识别过程中，需对不同因素之间的关系予以综合考虑。品牌的会计识别表征包括企业特性表征和企业品牌竞争力表征两类。品牌会计识别路径包括环境识别、基础识别和核心识别三个依次递进的层级。品牌会计确认的基本假设除包括传统会计基本假设外，还包括可识别性假设、价值可变性假设、可计量性假设和非消耗性假设。

第三，在品牌价值的形成过程中，“演化博弈论”是价值决定的核心，“效用价值论”是价值决定的重要依据。品牌价值具有二维特性，其会计表现形式包括品牌成本价值和品牌市场价值。在构建品牌市场价值计量模型时，可以“演化价值论”和“效用价值论”为依据，以演化博弈理论和边际效用理论为基础。

第四，价值演化运动是品牌价值会计领域的特有矛盾，在演化博弈理论的指导下，依据品牌会计特有矛盾所构建的品牌价值会计报告体系才能更好地实现其目的性。品牌价值演化的逻辑思维与品牌会计报告目标是相契合的，品牌业务管理过程实质上在演化动力推动下而采取的一系列活动，应以品牌价值演化运动和品牌价值演化动力作为依据，设计品牌会计报告体系。

第五，品牌价值会计信息的报告时点是品牌价值可以识别时。为提供相关的价值信息，更好地反映品牌管理者受托责任的履行情况，对于品牌管理会计信息，可在品牌价值尚未识别前采取合理的方式进行内部报告。品牌会计信息应采取成本价值和市场价值双重模式予以报告。

第六，品牌价值财务会计报告应单列且财务双重披露模式。品牌价值管理会计报告体系包括品牌战略制定报告、品牌传播推广报告、品牌监控与维护报告、品牌管理绩效评价报告等。

二、创新之处

本研究的创新之处主要体现在以下五个方面：

第一，基于演化博弈视角，分析品牌价值会计报告目标、质量特征、影响因素以及品牌业务管理流程，在此基础上以品牌价值演化运动和品牌价值演化动力为依据，设计品牌价值会计报告体系。基于演化博弈视角所构建的品牌价值会计报告体系，不仅能够更好地实现品牌价值会计报告的目标，且可以满足品牌管理者通过适应性学习进行经济决策的需要。

第二，构建了品牌资产会计识别理论模型。采用扎根理论方法，探寻品牌资产的会计识别路径，形成品牌资产会计识别理论。从企业特性表征和企业品牌竞争力表征两个层面分析品牌资产的会计识别表征，构建了品牌资产会计识别理论模型；从环境识别、基础识别和核心识别三个层面分析品牌资产的会计识别路径。

第三，构建了品牌价值计量理论模型。以“演化博弈理论”和“边际效用理论”为基础构建品牌价值计量理论模型，并借鉴动量会计思想体系，为所构建的计量理论模型提供应用思路。

第四，尝试对非概念性理论进行实证检验。对品牌价值会计信息披露时点选择、品牌价值会计信息披露模式选择进行实证分析，为品牌价值会计报告理论构建的科学性提供经验证据。

第五，尝试对品牌价值财务会计报告和品牌价值管理会计报告的具体内容和具体格式进行设计。在对品牌价值财务会计报告原则进行分析的基础上，对品牌价值财务会计报告的具体内容和格式进行设计。在全球管理会计原则指导下，以品牌演化动力驱动因素为依据，对品牌价值管理会计报告进行具体设计。

三、研究局限

尽管本篇在逻辑推理的基础上构建了品牌价值会计理论，也尝试采取经验分析的方式对非概念性理论进行实证检验，形成了一些有意义的研究结论。然而，囿于数据取得的不易性，并未对所有的非概念性框架理论进行实证检验，未能充分验证所有非概念性理论的科学性。此外，对于所构建的一些理论，并未对其相应的操作程序予以进一步的研究。比如，品牌资产会计识别理论、品牌价值计量理论，仅是构建了这些理论，但对于品牌价值会计识别和计量步骤、程序、指标等未做进一步的分析。

四、未来展望

鉴于本研究的局限性，未来的研究将主要围绕以下方面进行：一是对非概念框架理论予以进一步的实证检验，以验证所构建理论的科学性；二是对所构建的理论进行深度剖析，对其与实务的连接路径予以进一步的研究；三是在所构建理论的指导下，对诸如品牌成本价值核算、品牌市场价值计量等问题的具体操作程序和操作方法进行研究。

结　　语

一、主要研究结论

本书从维护国家经济安全的视角出发，以习近平新时代中国特色社会主义思想为指导，以新经济增长理论等为理论基础，在回顾已有研究成果的基础上，采用规范研究与实证研究相结合的研究方法，对企业国际竞争力与自主品牌战略问题进行了较深入的研究，得出了如下主要结论：

（一）开放的经济安全观：提振企业国际竞争力和国家经济竞争力

面对国家经济安全的威胁，闭关锁国早已不是我国的政策选项。我国的改革开放日益深化，从农村到城市，从经济领域到政治、文化、社会领域。它的每一步深入，说到底，都是为了放手让一切劳动、知识、技术、管理和资本的活力竞相迸发，让一切创造社会财富的源泉充分涌流（温家宝，2009）。为此，在“大开放”“大安全”的经济安全观下，衡量经济安全程度的重要指标之一就是国家的经济竞争力和企业的竞争力。对外开放向我国企业施加生存压力的同时，也激发其迅速提高国际竞争力的积极性。我国很多企业就是在跨国公司合作的过程中发展起来的，这些经验表明：哪个行业开放得最早，开放度最高，哪个行业的竞争力就最强。

（二）自主品牌战略是培育企业国际竞争力的基本路径依赖

在经济全球化、国际竞争日趋激烈化的时代，品牌输出已成为国际扩张的重要手段。跨国公司通过输出品牌就能赢得国际市场、赚取利润中的最大份额。就我国而言，转变经济发展方式，构建国家创新体系、建设创新型国家，就是通过实施自主品牌战略，大力培育和发展自主品牌，提升我国企业的国际竞争力，将“中国制造”彻底转变为“中国创造”和“中国设计”。发达国家美国和我国周边国家——日本、韩国、俄罗斯、印度、越南等国家的经验和教训告诉我们，只有实施自主品牌战略，提升企业的国际竞争力，我们的企业才能立于不败之地。

（三）在经济新常态大背景下，转变企业经营方式，提升国际竞争力是我国企业发展壮大的必由之路

习近平同志明确指出：创新发展注重的是解决发展动力问题。我国创新能力不强，科技发展水平总体不高，科技对经济社会发展的支撑能力不足，科技对经济增长的贡献率远低于发达国家水平，这是我国这个经济大个头的“阿喀琉斯之踵”。在我国经济发展由高速增长变为中高速、高质量增长的新常态大背景下，企业必须转变经营方式，提升其国际竞争力，其基本路径就是强化自主品牌战略。将企业品牌战略与地区品牌战略和国家品牌战略实现无缝对接。

（四）梳理和总结了发达国家以及我国周边国家实施自主品牌战略的经验和教训，为我国的自主品牌战略制定与实施提供经验借鉴

众所周知，美国、日本等发达国家之所以能够成为品牌强国，是因为其将品牌战略作为国家战略的重要组成部分，近年来，我国周边国家，如韩国、俄罗斯、印度、越南等国家也在制定和实施国家品牌战略。加之俄罗斯、印度还是“金砖”国家成员，它们的一些成功做法值得我们借鉴。

（五）在研究宏观层面企业国际竞争力与自主品牌战略的基础上，以上市公司的数据再从微观层面实证分析了实际控制人、两权分离程度与品牌建设投入的关系，以及管理层能力、技术创新与企业价值的关系

1. 国有企业中，实际控制人控制权与品牌投入之间呈“倒 U 形”关系，“倒 U 形”关系的临界点为 39.02%，即当控制权水平介于 0 ~ 39.02% 时，实际控制人主要表现出利益趋同效应（激励效应），控制权水平越高，其进行品牌投入以提升企业价值的意愿就越强，利益趋同效应就越明显，企业品牌投入也越多；而当控制权超过 39.02% 达到较高水平时，实际控制人的“隧道行为”增加，壕沟防御效应（侵占效应）显现，控制权越高，其将资金用于品牌投入的意愿就越低，并且更倾向于以侵占中小股东利益的方式谋取控制权私利，企业品牌投入就会随着控制权水平的升高而下降①。

2. 非国有样本中，实际控制人的控制权与品牌投入之间呈正向的“U 形”关系，“U 形”关系的对称轴为 31.26%，即当控制权水平介于 0 ~ 31.26% 时，

① 综合国内学者们的研究结论来看，实际控制人“隧道效应”的临界值多为 40% ~ 50%，本书的结论与这一范围较为接近。

实际控制人主要表现出壕沟防御效应（侵占效应），控制权愈高，其进行品牌建设投资的意愿就愈低，并可能出现侵占中小股东利益的行为，品牌投入与控制权之间呈现显著负向相关关系；当控制权水平高于31.26%时，实际控制人进行品牌投入的意愿渐强，利益趋同效应（激励效应）占主导，企业品牌投入会随着控制权水平的升高而增加。

3. 不论是国有样本还是非国有样本中，企业品牌投入与实际控制人的现金流权显著正相关，与两权分离度显著负相关。实际控制人的现金流权越高，利益趋同效应就越明显，其越倾向于进行品牌投入，而实际控制人的两权分离程度越高，利益侵占效应就越明显，企业品牌投入就越少。

4. 不论是国有样本还是非国有样本中，企业规模与品牌投入有显著的正相关关系。研究结果表明，大公司相对于中小企业更有能力和意愿进行品牌投入，这与品牌建设需要大量的资金和人力支持并伴随着极大的不确定性密切相关，与中小企业相比，大公司具有雄厚的资金资本和人才智力资本来支持企业的品牌发展，此结论与实际情形完全相符，同时也验证了熊彼特（Schumpeter）假说的正确性①。

5. 管理层能力较高的上市公司，往往同时具有较高的企业价值，而且这种关系不受股权性质和股权集中度差异的影响。

6. 管理层能力与企业技术创新有着密切相关的推动作用，但这种作用仅存在于非国有企业和低股权集中度的企业中。

7. 管理层能力对企业价值的影响过程中，技术创新发挥着中介作用，即管理层的能力通过影响技术创新来实现对企业价值的影响。

8. 当管理层能力较强时，其能强化技术创新产出对企业价值的影响作用；当管理层能力较弱时，会抑制技术创新产出对企业价值的影响作用。

9. 我国上市公司管理层能力整体较弱，国有企业相对非国有企业而言，其管理层能力尚有待增强。

10. 我国企业的整体技术创新程度依然较低，不同企业的技术创新水平也存在较大差异。

（六）设计了品牌价值的会计报告体系

由于现行会计体系的约束，包括品牌、报刊名等无形资产不纳入会计核算

① Schumpeter（1947）认为规模较大的企业更有能力从事创新活动，因为大型企业有大规模的生产能力与设备，而且有比较强的研发能力、营销能力、财务资源以及产品研发经验等。同样地，规模较大的企业更有能力从事品牌建设活动。

体现，也不报告或披露其价值，使其与会计上的“如实反映”要求相悖。为此，以财务会计概念框架为基本理论支持，以演化理论为指导，本书在对品牌资产识别的基础上，设计了品牌价值财务会计报告体系和管理会计报告体系。主要的结论有：

1. 品牌价值财务会计报告单列——“演化性”的内在要求。由于品牌价值的“演化性”，使得品牌会计信息的提供需要更多的职业判断，单独品牌价值会计报告便于信息使用者对其作出质量评价。鉴于此，“演化性”的存在，使得品牌价值财务会计报告单列成为必需。

2. 两种披露模式并存——“多元价值相互依赖性”的内在要求。由于信息使用者对品牌市场价值有比较高的需求。按照传统会计提供的账面价值和利润信息具有可验证性，一直是信息使用者关注的焦点。虽然品牌成本信息提供具有一定的难度，但在能够可靠确定与合理分摊的情况下，也应对其进行披露。因此，对品牌会计信息披露应采取成本模式和市场价值模式并存的形式。

3. 表内确认与表外补充相结合——“排他性”的内在要求。品牌价值会计信息的提供，是一个需要大量的职业判断和会计估计的繁杂过程，包含了大量定性信息和预测性非财务信息。即便是可以进行表内确认和计量，但所确定金额的过程和方法、数据的来源依据等均需作出补充性的说明。而且，对品牌采用货币计量与非货币计量相结合的计量模式，品牌价值会计信息本身便包含大量的定性信息。因此，品牌价值会计信息应采用表内确认与表外补充相结合的方式。

4. 根据决策有用性的基本要求，企业应根据管理会计的基本原理建立品牌战略制定系列报告、品牌传播推广系列报告、品牌监控与维护系列报告和品牌管理绩效评价系列报告组成的管理会计报告体系，以满足品牌演化决策、反映管理者受托责任履行情况的需要。

二、主要创新之处

根据上述研究结论，本书的主要创新之处体现在如下四个方面：

一是从国家经济安全的视角，构建竞争力的“塔形”结构。企业国际竞争力与自主品牌战略，本是一个微观层面的话题，现有的研究基本上都局限于企业微观层面。但本书从国家经济安全的视角来研究，并将此问题与国家创新体系建设、构建创新性国家等宏观政策问题结合起来，力图构建品牌竞争力——核心竞争力——企业竞争力——企业国际竞争力——产业国际竞争力——国家竞争力的“塔形”结构体系，将微观层面的问题提升至中观（产业、地区）和宏观层面，使研究的结论更具重大的现实指导意义。

二是借鉴发达国家和我国周边国家的经验，提出更具可操作性的政策建议。企业国际竞争力和自主品牌在一定程度上是一个国家的“脸面”，已有研究对个别国家（如美国、韩国）的经验（教训）已有一定的总结。本书将以美国为代表的发达国家和我国周边国家日本、韩国、俄罗斯、印度、越南等更具参考价值的国家的经验（教训）综合起来予以总结和比较，为国家制定相关政策和企业进行类似的活动提供更有力的经验借鉴。

三是测度自主品牌对企业国际竞争力的价值贡献，体现其学术前沿性。企业国际竞争力是多种要素协同作用产生的合力。品牌，尤其是强势品牌无疑是重要的要素。已有研究只推理了品牌强度与企业国际竞争力的关系，但如何测度品牌对企业国际竞争力的价值贡献，则显得乏力与不足。本书采用经济学、测度学、资产评估学等多学科的知识，通过案例分析、实地调研、大样本实证分析等方法，构建相应的数学模型测度品牌对企业国际竞争力的价值贡献，从而实现将企业国际竞争力的“事实存在”凸显其“价值存在”。

四是以品牌价值报告为载体，显现本书的实用性。企业国际竞争力的大小、企业实施品牌战略的过程及其结果，最好有其相应的披露方法，以便于对决策者有用。会计学作为提供决策有用信息的学科，正好契合了这种需求。已有的研究无论是采用“排行榜”抑或“排序”等方法，都很难将企业国际竞争力这一“抽象”的概念用会计“语言”（常用的格式和数字）展现出来。本书将借助本项目负责人汤湘希（2003）的“企业核心竞争力会计”等方法，将品牌价值以账务会计和管理会计报告的形式展现出来，简单而明了地显现一个企业的品牌竞争力国际竞争力、产业竞争力，最终体现为国家竞争力。

三、研究不足与展望

由于是跨学科研究的成果，加之有关数据获取较为困难，我们认为，其研究还存在如下不足：

一是企业国际竞争力与自主品牌战略之间的逻辑关系。即两者之间是如何相互影响的，实施自主品牌战略肯定会提升企业的竞争力，甚至国际竞争力，而国际竞争力又需要自主品牌战略支撑。如果进行实证研究，可能存在内生性问题。

二是自主品牌战略是一家企业多种战略的集合或者体现，本研究在实证过程中采用的代理变量是否能够真正验证企业国际竞争力与自主品牌战略的关系，还有待实践进一步验证。

三是虽然本书设计了品牌价值的报告体系，也希望将品牌价值纳入会计核算体系并报告或披露。但囿于现行会计准则抑或会计理论的约束，所构建的品牌价值会计报告体系还有待实践的进一步验证。

主要参考文献

[1] 阿克．创建强势品牌［M］．李兆丰，译．北京：机械工业出版社，2014.

[2] 阿克．战略市场管理［M］．王霞，申跃，译．北京：中国人民大学出版社，2005.

[3] 埃格特森．新制度经济学［M］．吴经邦，译．北京：商务印书馆，1996.

[4] 艾博思，克鲁斯．统一报告：企业可持续发展战略整合报告体系［M］．赵伟韬，译．北京：格致出版社，2010.

[5] 巴泽尔．产权的经济分析［M］．费方域，段毅才，译．上海：上海三联书店、上海人民出版社，1997.

[6] 薄仙慧，吴联生．国有控股与机构投资者的治理效应——盈余管理视角［J］．经济研究，2009（2）.

[7] 彼得斯，沃特曼．追求卓越［M］．胡玮珊，译．北京：中信出版社，2009.

[8] 伯利，米恩斯．现代公司与私有财产（1932）［M］．甘华鸣，罗锐韧，蔡如海，译．北京：中国商务出版社，2005.

[9] 蔡吉祥．神奇的财富：无形资产［M］．深圳：海天出版社，1996.

[10] 蔡吉祥．无形资产学（修订本）［M］．北京：人民出版社，2007.

[11] 陈德球，步丹璐．管理层能力、权力特征与薪酬差距［J］．山西财经大学学报，2015（3）.

[12] 陈放．品牌学［M］．北京：时事出版社，2002.

[13] 陈守明，简涛．企业家人口背景特征与“走出去”进入模式选择——基于中国制造业上市公司的实证研究．管理评论，2010（22）.

[14] 程锋．企业核心能力及其会计反映研究［D］．［博士学位论文］．西南财经大学，2010.

[15] 戴维·阿克．品牌组合战略［M］．北京：中国劳动保障社会出版

社，2005.

［16］多萝西·伦纳德·巴顿．知识与创新［M］．孟庆国，译．北京：新华出版社，2000.

［17］樊刚，王小鲁．中国市场化指数［M］．北京：经济科学出版社，2006（1）.

［18］范海峰，胡玉明．机构投资者持股与公司研发支出——基于中国证券市场的理论与实证研究［J］．南方经济，2012（9）.

［19］范秀成，冷岩．品牌价值评估的忠诚因子法［J］．科学管理研究，2000（5）.

［20］菲利普·科特勒，凯文·莱恩·凯勒．营销管理［M］．梅清豪，译．上海：上海人民出版社，2006.

［21］菲利普·科特勒．营销管理：分析、计划、执行和控制（第9版）［M］．梅汝和，等，译．上海：上海人民出版社，2002.

［22］冯福根，温军．中国上市公司治理与企业技术创新关系的实证分析［J］．中国工业经济，2008（5）.

［23］弗鲁博顿，芮切特．新制度经济学——一个交易费用分析范式［M］．姜建强，罗长元，译．上海：上海人民出版社，2006.

［24］傅家骥．中国技术创新理论研究［J］．政策与管理，2001（12）.

［25］高雷，戴勇．管理层激励、企业发展潜力与财务风险——基于A股上市公司的面板数据分析［J］．中南财经政法大学学报，2012（3）.

［26］葛家澍．关于财务会计概念框架的几个问题［J］．中国农业会计，2006（7）.

［27］郭守亭，李佛关．中国品牌的价值演化与价值分布研究［J］．中南财经政法大学学报，2012（2）.

［28］郭宇．以交易为目的的品牌价值评估探讨［J］．中国资产评估，2013（2）.

［29］韩光军．打造品牌［M］．北京：首都经济贸易大学出版社，2001.

［30］何君，厉戟．新品牌：品牌识别经营原理［M］．北京：中央民族大学出版社，1999.

［31］何炼成，徐鸿．无形资产的价值源泉［J］．当代经济研究，2001（9）.

[32] 贺小刚，李新春．企业家能力与企业成长：基于中国经验的实证研究[J]．经济研究，2005（10）．

[33] 胡俊男，董大海，刘瑞明．品牌整合战略及品牌整合本质的探索性研究[J]．科技与管理，2012，14（4）．

[34] 胡永平，何建国．对重庆上市公司 R&D 支出影响因素的实证研究[J]．科学学与科学技术管理，2007（4）．

[35] 胡振华，刘国宜，王敏轶．品牌价值来源的经济学研究[J]．统计与决策，2013（4）．

[36] 华红兵．顶层设计：品牌战略管理[M]．北京：清华大学出版社，2013.

[37] 黄嘉涛．品牌资产与品牌权益的概念辨析[J]．江苏商论，2008（3）．

[38] 黄凯南．演化博弈与演化经济学[J]．经济研究，2009（2）．

[39] 黄新建，黄能丽，李晓辉．高管特征对提升企业 R&D 投资效率的影响[J]．重庆大学学报（社会科学版），2014（3）．

[40] 惠勒．品牌识别设计：给整个品牌化团队的重要指南（第 4 版）[M]．北京：电子工业出版社，2014.

[41] 贾宁，张海燕，陈晓．品牌的市场估值效应与启示[J]．中国会计评论，2008（8）．

[42] 贾旭东，谭新辉．经典扎根理论及其精神对中国管理研究的现实价值[J]．管理学报，2010（5）．

[43] 凯文·莱恩·凯勒．战略品牌管理[M]．4 版．吴水龙，何云，译．北京：中国人民大学出版社，2014.

[44] 李朝晖．机构投资者持股和企业银行借款关系研究[J]．经济与管理，2012（2）．

[45] 李春涛，孔笑微．经理层整体教育水平与上市公司经营绩效的实证研究[J]．南开经济研究，2005（1）．

[46] 李光斗．品牌竞争力[M]．北京：中国人民大学出版社，2004.

[47] 李启平．我国竞争性行业企业品牌效应的实证研究——以 2013 年公布的中国最有价值品牌排行榜为基础[J]．求索，2014（11）．

[48] 李青原．研发和广告支出摊销：费用化还是资本化——来自我国制造

业上市公司的经验证据［J］. 财会通讯（学术版），2006（10）.

［49］李淑娟. 社保基金参与公司治理的模式选择［J］. 改革与战略，2007（4）.

［50］李维安，李汉军. 股权结构、高管持股与公司绩效——来自民营上市公司的证据［J］. 南开管理评论，2006（9）.

［51］李维安，武立东. 公司治理教程［M］. 上海：上海人民出版社，2002.

［52］李新春，杨学儒，姜岳新，等. 内部人所有权与企业价值［J］. 经济研究，2008（1）.

［53］李学峰，张舰，茅勇峰. 我国开放式证券投资基金与QFII行为比较研究［J］. 财经研究，2008（3）.

［54］李焰，秦义虎，肖飞. 企业产权、管理者背景特征与投资效率［J］. 管理世界，2011（1）.

［55］李左峰. 创新型企业创新投入要素的产出弹性估计［J］. 管理世界，2013（2）.

［56］林恩·阿普绍. 塑造品牌特征［M］. 戴贤远，译. 北京：清华大学出版社，2001.

［57］林丽，孙立. 论QFII制度对证券市场的影响［R］. 中国投资学会获奖科研课题评奖会论文集，2004.

［58］林钟高，吴利娟. 公司治理与会计信息质量的相关性研究［J］. 会计研究，2004（8）.

［59］刘纯. 基于演化经济学的动漫品牌价值评价与管理体系研究［D］.［博士学位论文］. 中南大学，2011.

［60］刘芳华，杨建君. 异质股东持股、经理人激励与企业自主创新投入的实证研究［J］. 管理学报，2014（1）.

［61］刘凤霞. 品牌资产的公允价值计量及其信息揭示研究［J］. 中央财经大学学报，2009（10）.

［62］刘华军，鲍振，杨骞. 中国品牌经济发展的空间非均衡与极化研究——基于2004—2011年中国品牌500强数据的经验分析［J］. 财经研究，2012（8）.

［63］刘启亮，罗乐，张雅曼，等. 高管集权、内部控制与会计信息质量

[J]. 南开管理评论，2013（1）.

[64] 刘晓刚，曹霄洁，刘峻. 品牌价值论 [M]. 上海：东华大学出版社，2010.

[65] 刘烨，金秀，李凯，等. 高科技公司中的高管特征与绩效的实证研究 [J]. 运筹与管理，2010（6）.

[66] 刘运国，刘雯. 我国上市公司的高管任期与 R&D 支出 [J]. 管理世界，2007（1）.

[67] 柳卸林. 市场和技术创新的自组织过程 [J]. 经济研究，1993（2）.

[68] 卢锐. 管理层权力、薪酬差距与绩效 [J]. 南方经济，2007（7）.

[69] 卢泰宏，吴水龙，朱辉煌，何云. 论品牌资产的定义 [J]. 外国经济与管理，2009（1）.

[70] 陆国庆. 中国中小板上市公司产业创新的绩效研究 [J]. 经济研究，2011（2）.

[71] 路风，慕玲. 本土创新、能力发展和竞争优势 [J]. 管理世界，2003（12）.

[72] 罗婷，朱青，李丹. 解析 R&D 投入和公司价值之间的关系 [J]. 金融研究，2009（6）.

[73] 马富萍. 高管持股与技术创新的相关性研究：基于文献综述 [J]. 科技管理研究，2009，29（11）.

[74] 马谋超. 品牌科学化研究 [M]. 北京：中国市场出版社，2005.

[75] 莫冬燕. 广告费支出影响未来经济利益流入吗——兼论广告支出的会计准则制定问题 [J]. 宏观经济研究，2013（9）.

[76] 纳尔逊，温特. 经济变迁的演化理论（1982）[M]. 胡世凯，译. 北京：商务印书馆，1997.

[77] 聂辉华，谭松涛，王宇锋. 创新、企业规模和市场竞争：基于中国企业层面的面板数据分析 [J]. 世界经济，2008（7）.

[78] 宁昌会. 农产品品牌识别系统及品牌组合战略研究 [J]. 农业经济问题，2006（8）.

[79] 牛美丽. 公共行政学关照下的定性研究方法 [J]. 中南大学学报：社会科学版，2006（3）.

[80] 诺斯著，杭行，译. 制度、制度变迁与经济绩效（1988）[M]. 上海：

格致出版社、上海三联书店、上海人民出版社，2008.

[81] 蒲文燕．上市公司高管薪酬、机构投资者、债务结构与研发投资的关系研究 [D]．[博士学位论文]．华中科技大学，2013.

[82] 乔恩·米勒，戴维·缪尔．强势品牌的商业价值 [M]．叶华，周海昇，译．北京：中国人民大学出版社，2009.

[83] 乔治·斯蒂格勒．信息经济学（1961）[M]．施仁，译．北京：北京经济学院出版社，1992.

[84] 邱强，陆萍．品牌价值计量研究 [J]．财会通讯，2007（7）.

[85] 任海云．股权结构与企业 R&D 投入关系的实证研究 [J]．中国软科学，2010.

[86] 盛昭瀚，蒋德鹏．演化经济学 [M]．上海：上海三联书店，2002.

[87] 孙海法，姚振华，严茂胜．高管团队人口统计特征对纺织和信技术公司经营绩效的影响 [J]．南开管理评论，2007（9）.

[88] 孙立，林丽．QFII 投资中国内地证券市场的实证分析 [J]．金融研究，2006（7）.

[89] 汤湘希．无形资产价值确认与估价 [M]．武汉：武汉大学出版社，1995.

[90] 汤湘希．基于企业核心竞争力理论的无形资产经营问题研究 [J]．中国工业经济，2004（1）.

[91] 汤湘希．企业核心竞争力会计控制研究 [M]．北京：中国财政经济出版社，2006.

[92] 汤湘希．无形资产会计研究 [M]．北京：经济科学出版社，2009.

[93] 汤湘希，等．无形资产会计问题探索 [M]．武汉：武汉大学出版社，2010.

[94] 汤湘希，等．企业知识资产价值论 [M]．北京：知识产权出版社，2014.

[95] 汤湘希，等．知识产权与经济增长统计指标设定与赋值问题研究 [M]．北京：经济科学出版社，2016.

[96] 汤湘希，沈将来，等．关联交易、资本弱化与反避税机制 [J]．税务研究，2017（4）.

[97] 唐清泉，夏芸，徐欣．我国企业高管股权激励与研发投资——基于内

生性视角的研究［J］. 中国会计评论，2011（1）.

［98］汪秀英. 论品牌价值与经济学价值理论的关系——兼论品牌资产的价值模型［J］. 现代经济探讨，2009（2）.

［99］王斌，解维敏，曾楚宏. 机构持股、公司治理与上市公司 R&D 投入——来自中国上市公司的经验证据［J］. 科技进步与对策，2011（6）.

［100］王成荣，邹珊刚. 品牌价值的来源及构成［J］. 商业研究，2009（9）.

［101］王成荣. 品牌价值的评价与管理研究［D］. ［博士学位论文］. 华中科技大学，2005.

［102］王海忠，于春玲，赵平. 品牌资产的消费者模式与产品市场产出模式的关系［J］. 管理世界，2006（1）.

［103］王化成，卢闯，李春玲. 企业无形资产与未来业绩相关性研究——基于中国资本市场的经验证据［J］. 中国软科学，2005（10）.

［104］王奇波. 机构投资者参与的股权制衡研究［J］. 东北财经大学学报，2006.

［105］王同律. 技术创新与企业价值增长［J］. 中南财经政法大学学报，2004（2）.

［106］王熹. 品牌价值评估体系及其方法选择［J］. 价格理论与实践，2012（3）.

［107］王晓玲. 品牌价值的结构、影响因素及评价指标体系研究［J］. 现代管理科学，2010（11）.

［108］王晓巍，陈慧. 基于利益相关者的企业社会责任与企业价值关系研究［J］. 管理科学，2011，24（6）.

［109］王新霞，温军，赵旭峰. 异质股东、研发投资与企业绩效［J］. 财贸研究，2012（5）.

［110］王彦亮，林左鸣. 广义虚拟经济价值理论视角的品牌价值研究［J］. 广义虚拟经济研究，2013，4（1）.

［111］王艳婷. 基于社会责任的企业品牌价值影响因素及提升路径研究［D］. ［博士学位论文］. 天津财经大学，2013.

［112］王烨，叶玲，盛明泉. 管理层权力、机会主义动机与股权激励计划设计［J］. 会计研究，2012（10）.

[113] 王宇峰，左征婷，杨帆．机构投资者与上市公司研发投入关系的实证研究［J］．中南财经政法大学学报，2012（5）.

[114] 汪海粟．企业价值评估［M］．上海：复旦大学出版社，2005.

[115] 卫海英，祁湘豫．基于信息经济学视角的品牌资产生成研究［J］．中国工业经济，2005（10）.

[116] 魏刚．高级管理层激励与上市公司经营绩效［J］．经济研究，2000（3）.

[117] 魏立群，王智慧．我国上市公司高管特征与企业绩效的实证研究［J］．南开管理评论，2002（4）.

[118] 温军，冯根福．异质机构、企业性质与自主创新［J］．经济研究，2012（3）.

[119] 文芳．中国上市公司 R&D 投资影响因素及其经济后果研究［D］．［博士学位论文］．暨南大学，2008.

[120] 翁向东．本土品牌战略［M］．南京：南京大学出版社，2008.

[121] 吴汉东．知识产权法［M］.5 版．北京：法律出版社，2014.

[122] 吴汉东．中国是推动知识产权国际保护的重要力量［N］．人民日报，2018－9－14（第 7 版）.

[123] 吴汉东．中国知识产权法律变迁的基本面向［J］．中国社会科学，2018（8）.

[124] 吴斯睿，王枫．品牌定位战略模型研究［J］．北京市财贸管理干部学院学报，2004，20（1）.

[125] 吴晓晖，姜彦福．机构投资者治理效率研究［J］．统计研究，2006（9）.

[126] 吴元梁．科学方法基础［M］．北京：中国社会科学出版社，1991.

[127] 习近平．习近平谈治国理政［M］．北京：外文出版社，2014.

[128] 谢小芳，李懿东，唐清泉．市场认同企业的研发投入价值吗？——来自沪深 A 股市场的经验证据［J］．中国会计评论，2009（3）.

[129] 熊彼特．经济发展理论：对利润、资本、信贷、利息和经济周期的探究［M］．北京：中国社会科学出版社，2009.

[130] 熊艳，梁莱歆．管理层持股与企业技术创新选择——基于环境调节的效应［J］．软科学，2009（7）.

[131] 徐浩然，王晨．品牌：企业价值创造系统中的声誉资本［J］．现代经济探讨，2002（5）．

[132] 徐伟，刘银国，吴烨．品牌权益概念研究综述：辨析与启示［J］．经济问题探索，2010（11）．

[133] 许庆瑞，郑刚，喻子达，等．全面创新管理：21世纪创新管理的新趋势［J］．科研管理，2003（5）．

[134] 闫明杰．自主品牌战略与企业国际竞争力的耦合研究［J］．科技管理研究，2014（17）．

[135] 严杰．证券词典［M］．上海：复旦大学出版社，1993．

[136] 杨楠．品牌国际化形象对消费者行为的影响［J］．经济体制改革，2015（2）．

[137] 杨兴国．品牌伐谋［M］．北京：经济管理出版社，2008．

[138] 杨雄胜．内部控制的性质与目标——来自演化经济学的观点［J］．会计研究，2006（11）．

[139] 杨雄胜．品牌会计［J］．外国经济与管理，2000，23（11）．

[140] 于春玲，赵平．品牌资产及其测量中的概念解析［J］．南开管理评论，2003（1）．

[141] 于君英，沈蕾．品牌价值构成因素的边际效用研究［J］．预测，2013（3）．

[142] 于阳明，杨芳平．品牌学教程［M］．2版．上海：复旦大学出版社，2009．

[143] 于玉林．无形资产战略研究［M］．北京：中国金融出版社，2004．

[144] 于玉林．无形资产哲学［M］．北京：首都经济贸易大学出版社，2015．

[145] 余国新，程静，张建红．中小板高新技术行业上市公司高管背景特征与经营绩效关系的研究［J］．科技管理研究，2010（1）．

[146] 余来文，孟鹰．企业家能力、企业家创新及其组织能力形成机制［J］．石家庄经济学院学报，2006，29（5）．

[147] 苑泽明．知识产权融资的风险，评估与对策［M］．大连：东北财经大学出版社，2010．

[148] 张传忠．品牌资产价值评估中的边界［J］．商业经济与管理，2002

(12).

[149] 张丽琨．机构投资者持股对公司业绩的影响——兼论不同机构投资者的差异性影响 [J]. 财会通讯，2013 (33).

[150] 张锐．品牌的十大定位 [J]. 政策与管理，2000 (11).

[151] 张铁铸，沙曼．管理层能力、权力与在职消费研究 [J]. 南开管理评论，2014 (5).

[152] 张维迎．公有制经济中的委托人——代理人关系：理论分析与政策含义 [J]. 经济研究，1995 (4).

[153] 张维迎．西方企业理论的演化和新发展 [J]. 经济研究，1994 (11).

[154] 张玉娟，汤湘希．基于熵值—突变级数法的企业创新能力测度——以创业板上市公司为例 [J]. 山西财经大学学报，2017 (8).

[155] 张玉娟，汤湘希．无形资产的内核：创新资产概念的界定与分类研究 [J]. 会计与经济研究，2017 (2).

[156] 张五常．交易费用的范式 [J]. 社会科学战线，1999 (1).

[157] 张五常．经济组织与交易成本 [M]. 北京：经济科学出版社，1992.

[158] 张燚，张锐．品牌生态学——品牌理论演化的新趋势 [J]. 外国经济管理，2003 (8).

[159] 赵洪江，夏晖．机构投资者持股与上市公司创新行为关系实证研究 [J]. 中国软科学，2009 (5).

[160] 郑骏川．技术并购企业研发支出对企业绩效的影响 [J]. 中南财经政法大学学报，2012 (3).

[161] 钟春平，徐长生．产品种类扩大、质量提升及创造性破坏 [J]. 经济学：季刊，2011，10 (2).

[162] 周仁俊，杨战兵，李礼．管理层激励与企业经营业绩的相关性——国有与非国有控股上市公司的比较 [J]. 会计研究，2011 (12).

[163] 周修亭，孙恒有．市场营销学 [M]. 郑州：郑州大学出版社，2009.

[164] 朱国军，吴价宝，董诗笑，等．高管团队人口特征、激励与创新绩效的关系研究——来自中国创业板上市公司的实证研究 [J]. 中国科技论坛，2013 (6).

[165] 朱静．公司股权结构与经营绩效关系的实证研究——来自中国上市

公司的经验证据［J］. 贵州财经学院学报，2011（4）.

［166］朱廷柏，王德健．公司治理与战略管理互动关系研究［J］. 管理科学，2004，17（3）.

［167］Aaker，D. A.，*Building Strong Brands*，New York：Free Press，1996.

［168］Aaker，D. A.，Jacobson，R.，The Value Relevance of Brand Attitude in High－Technology Markets，*Journal of Marketing Research*（*JMR*），2001，38（4）.

［169］Aaker，D. A.，Leveraging the Corporate Brand，*California Management Review*，2004，46（3）.

［170］Aaker，D. A.，and Jacobson，R.，The Financial Information Content of Perceived Quality，*Journal of Marketing Research*，1994，31（2）.

［171］Abraham，M. A.，and Leonard M. L.，Getting the Most Out of Advertising and Promotion，*Harvard Business Review*，1990，68（3）.

［172］Afzal H.，Khan M. A.，Rehman K. et al.，Consumer's Trust in the Brand：Can It Be Built Through Brand Reputation，Brand Competence and Brand Predictability，*International Business Research*，2010，3（1）.

［173］Aghion，P.，J. M. Van Reenen，L. Zingales，"Innovation and Institutional Ownership"，*NBER Working Paper Series*，2009.

［174］Ailawadi，K. L.，Lehmann，D. R. and Neslin，S. A.，Revenue Premium As an Outcome Measure of Brand Equity，*Journal of Marketing*，2003，67（10）.

［175］Alchian A.，and Demsetz H.，Production，Information Cost，and Economics Organization，*The American Economics Review*，1972，62（12）.

［176］Alchian，A.，Uncertainty，Evolution，and Economic Theory，*The Journal of Political Economy*，1950，58（3）.

［177］Allen，D.，The Financial Management of Brands，*Management Accounting*，1989，3.

［178］Andersen A.，*The Valuation of Intangible Assets*，*Special Report*，Osaka：Business International Ltd，1992.

［179］Arrow，K. J.，The Organization of Economic Activity：Issues Pertinent to the Choice of Market versus Non－Market Allocation，in Joint Economic Committee（eds），*The Analysis and Evaluation of Public Expenditure*：The *PPB System*，Vol. 1.，

1969.

[180] Ash, S. B. , Wee, C H. , Comparative Advertising: A Review with Implications for Further Research, *Advances in Consumer Research*, 1983, 10 (1).

[181] Ashbaugh - Skaife, H. , Collins, D. , Kinney, W. , LaFond, R. , The Effect of Internal Control Deficiencies and Their Remediation on Accrual Quality, *The Accounting Review*, 2008, 83 (1).

[182] Assmus, G. , Farley, J. U. , and Lehmann, D. , How Advertising Affects Sales: Meta Analysis of Econometric Results, *Journal of Marketing Research*, 1984, 21 (2).

[183] Audretsch, D. B. and Feldman M. , "R&D spillovers and the geography of innovation and production", *American Economic Review*, 1996.

[184] Banham, R. , Making Your Mark, *CFO*, 1998, 14 (3).

[185] Banker R D, Chen L. , Predicting earnings using a model based on cost variability and cost stickiness, *The Accounting Review*, 2006.

[186] Barth, M. E. , Clement, M. B. , Forster, G. , et al. , Brand Values and Capital Market Valuation, *Review of Accounting Studies*, 1998 (4).

[187] Barth, M. E. , Standard - setting Measurement Issues and the Relevance of Research, *Accounting and Business Research*, 2007, 37 (2).

[188] Barwise, P. , Higson, C. , Likierman, A. et al. , *Accounting for Brands*, London: ICAEW/London Business School, 1989.

[189] Bemard, V. L. , Discussions of an Investigation of Revaluations of Tangible Long - Lived Assets, *Journal of Accounting Research*, 1993 (31).

[190] Ben - Zion, U. , The Investment Aspect of Nonproduction Expenditures: An Empirical Test, *Journal of Economics & Business*. 1978, 30 (3).

[191] Betz, F. , Technology Competing Through New Ventures, *Innovation*, *and Corporate Research. Englewood Cliffs*, NJ: Pretice Hall, 1993.

[192] Biel A. L. , How Brand Image Drives Brand Equity. *Journal of Advertising Research*, 1992, 32 (6).

[193] Bird, B. , Towards a theory of entrepreneurial competency, *Advances in entrepreneurship*, *firm emergence and growth*, 1995.

[194] Black, B. S. Agents Watching Agents: The Promise of Institutional Inves-

tor Voice [J]. *UCLA Law Review*, 1992.

[195] Boulton, R. E. S., et al., *Cracking the Value Code: How Successful Businesses are Creating Wealth in the New Economy*, New York: Harper Collins Publishers, 2000.

[196] Brand Finance, Current Practice in Brand Valuation, *Available online www. brandfinance. com*, 2000.

[197] Brian J. Bushee, "The Influence of Institutional Investors on Myopic R&D Investment Behavior", *The Accounting Review*, 1998.

[198] Brown, T. J., Dacin, P. A., The Company and Product: Corporate Associations and Consumer Product Responses, *Journal of Marketing*, 1997, 61 (1).

[199] Bruns, W. J., & Kaplan, R. S., *Accounting and Management Field Studies Perspective*, Boston: Colloquium Papers, Harvard Business School Press, 1987.

[200] Bublitz, B., Ettredge, M., The Information in Discretionary Outlays: Advertising, Research, and Development, *The Accounting Review*, 1989, 64 (1).

[201] Burgoyne, J., Competency Approaches to Management Development, *Centre for the Study of Management Learning*, University of Lancaster, 1988.

[202] Bushee, B. The Influence of Institutional Investors on Myopic R&D Investment Behavior [J]. *The Accounting Review*, 1998.

[203] Campbell, J. P., McCloy, R. A., Oppler, S. H., et al., A Theory of Performanc, In Schmitt, N., Borman, W. C. (Eds), *Personnel Selection in Organizations*, SanFrancisco: Jossey - Bass Publishers, 1993.

[204] Carpenter M A., The implications of strategy and social context for the relationship between top management team heterogeneity and firm performance, *Strategic Management Journal*, 2002.

[205] Chan, L. K., Lakonishok, J., and Sougiannis, T., The Stock Market Valuation of Research and Development Expenditures. *Journal of Finance*, 2001, 56 (6).

[206] Chandler G, Jansen E., The founder's self - assessed competence and venture performance, *Journal of Business Venturing*, 1992.

[207] Chaudhuri, A., How Brand Reputation Affects the Advertising - Brand

Equity Link, *Journal of Advertising Research*, 2002, 42 (3).

[208] Chaudhuri, A., Holbrook, M. B., The Chain of Effects from Brand Trust and Brand Affect to Brand Performance: The Role of Brand Loyalty, *Journal of Marketing*, 2001, 65 (2).

[209] Chauvin, K. W., Hirschey, M., Advertising, R&D Expenditures and the Market Value of the Firm, *The Journal of the Financial Management Association*, 1993, 22 (4).

[210] Chemmanur T J, Paeglis I., Management quality, certification, and initial public offerings, *Journal of Financial Economics*, 2005.

[211] Chen, C. J. P., Chen, S., and Su, X. Is Accounting Information Value - relevant in the Emerging Chinese Stock market?, *Journal of International Accounting, Auditing And Taxation*, 2001, 10 (1).

[212] Chu, S., Keh, H., Brand Value Creation: Analysis of the Interbrand - Business Week Brand Value Rankings, *Marketing Letters*, 2006, 17 (4).

[213] Cohen, W. M., and D. A. Levinthal, Absorptive Capacity: A New Perspective on Learning and Innovation. *Administrative Science Quarterly*, 1990.

[214] Collier, P. M., *Accounting for Managers: Interpreting Accounting Information for Decision - making*, Chichester, UK: John Wiley and Sons Ltd, 2009.

[215] Collins, H. M., *Changing Order: Replication and Induction in Scientific Practice*, Chicago: University of Chicago Press, 1982.

[216] Conchar, M. P., Melvin R. C., George M. Z., Market Valuation Models of the Effect of Advertising and Promotional Spending: A Review and Meta - Analysis, *Journal of the Academy of Marketing Science*, 2005, 33 (4).

[217] Connolly, R. A., Hirsch, B. T., & Hirschey, M. Union Rent Seeking, Intangible Capital, and Market Value of the Firm, *Review of Economics and Statistics*, 1986, 68 (4).

[218] Copper D., Hayes, D., Wolf, F., Accounting in Organized Hierarchies, *Accounting Organizations and Society*, 1981, 3 (6).

[219] Cravens, K. S., Guilding, C., Strategic Brand Valuation: A Cross - Functional Perspective, *Business Horizons*, 1999, 42 (4).

[220] Cravens, K. S., Guilding, C., Brand Value Accounting: An Interna-

tional Comparison of Perceived Managerial Implications, *Journal of InternationalAccounting, Auditing & Taxation*, 2001, 10 (2).

[221] Da Camara, N., Accounting and Valuation of Intangible Assets, *Henley Manager Update*, 2007, 18 (4).

[222] Dahlman, C. J., The Problem of Externality, *Journal of Law & Economics*, 1979, 22 (1).

[223] David Miles, "Testing for Short Termism in the UK Stock Market", *The Economic Journal*, 1993.

[224] David, P. Kochhar, R. Barriers to Effective Governance by Institutional Investors: Implications for Theory and Practice [J]. *European Management Journal*, 1996.

[225] Dean, J., Does Advertising Belong in the CapitalBudget? *Journal of Marketing*, 1966, 30 (4).

[226] Dekimpe, M. G., Hanssens, D. M., The Persistence of Marketing Effects on Sales. *Marketing Science*, 1995, 14 (1).

[227] Del Vecchio, D., Jarvis, C., Klink, R., et al., Leveraging Brand Equity to Attract Human Capital, *Marketing Letters*, 2007, 18 (3).

[228] Demerjian, P., Lev, B., Lewis, M., Mcvay, S.. Managerial Ability and Earnings Quality, *The Accounting Review*, 2013.

[229] Demerjian, P., Lev, B., McVay, S., Quantifying Managerial Ability: A New Measure and Validity Tests, *Management Science*, 2012.

[230] Demsetz H, Lehn K., The structure of corporate ownership: Causes and consequences, *The Journal of Political Economy*, 1985.

[231] Deng, Z., Lev, B., Narin F., Science and Technology as Predictors of Stock Performance, *Financial Analysts Journal*, 1999.

[232] Dertouzos M. L., "Made in America: Regaining the Productive Edge", *Harper Perennial*, New York, 1989.

[233] Doyle, J. T., Ge, W. L., McVay, S., Accruals Quality and Internal over Financial Reporting, *Accounting Review*, 2007, 82 (5).

[234] Doyle, P., Building Successful Brands: The Strategic Options, *Journal of Marketing Management*, 1989, 5 (1).

[235] Duncan, T., Moriarty, S. E., A Communication – Based Marketing Model for Managing Relationships, *Journal of Marketing*, 1998, 62 (2).

[236] Dyreng, S. D., M. Hanlon, and E. L. Maydew, The effects of executives on corporate tax avoidance. *The Accounting Review*, 2010.

[237] Eccles, R., Herz, R., Keegan, E. M., et al., *The Value Reporting Revolution: Moving Beyond the Earnings Game*, Chichester, UK: John Wiley and Sons, 2001.

[238] Eisenhardt, K. M., J. A. Martin., Dynamic Capabilities: What Are They? *Strategic Management Journal*, 2000.

[239] El – Tawy, N., Tollington, T., The Recognition and Measurement of Brand Assets: An Exploration of The Accounting/Marketing Interface, *Journal of Marketing Management*, 2008, 24 (7/8).

[240] Eng, L. L., and Keh, H. T., The Effects of Advertising and Brand Value on Future Operating and Market Performance, *Journal of Advertising*, 2007, 36 (4).

[241] Epstein, B. J. Mirza, A. A., *Interpretation and Application of International Accounting Standards*, New York: John Wiley & Sons, 1997.

[242] Esch F. R., Langner, T., Schmitt B. H., et al., Are brands forever? How brand knowledge and relationships affect current and future purchases, *Journal of Product & Brand Management*, 2006, 15 (2).

[243] Fama, E. F., Eefficient Capital Markets: A Review of Theory and Empirical Work, *Journal of Finance*, 1970, 25 (11).

[244] Fama, E. F., Agency Problems and the Theory of the Firm, *Journal of Political Economy*, 1980, 88 (2).

[245] Farquhar, P. H., Han, J. Y., Ijiri, Y., Brands on the Balance Sheet, *Marketing Management*, 1992, 1 (1).

[246] Farquhar, P. H., Paul M. H., and Russell H. F., A Relational Model for Category Extensions of Brands, *Advances in consumer research*, 1990, 17 (1).

[247] Flood P C., Topmanagement Teams and Pioneering: A Resource, *The International Journal of Human Resource Management*, 1997.

[248] Fluke, C., Badenhausen, K., Power Brands, *Forbes*, 2004, 173

(8).

[249] Foster, G., There's No Accounting for Brands, *Management Today*, 1989 (10).

[250] Frankel, R., McNichols, M., Wilson, G. P., Discretionary Disclosure and External Financing, *The Accounting Review*, 1995, 70 (1).

[251] Freel, M. S., Patterns of innovation and skills in small firms, *Technovation*, 2005.

[252] Freeman, R. E., *Strategic Management: A Stakeholder Approach*, Boston: Pitman Inc, 1984.

[253] Frieder, L., Subrahmanyam, A., Brand Perceptions and the Market for Common Stock, *Journal of Financial and Quantitative Analysis*, 2005, 40 (1).

[254] Fudenberg, D., Holmstrom, B., and Milgrom, P., Short – term Contracts and Long – Term Agency Relationship, *Journal of Economic Theory*, 1990, 51 (1).

[255] Gamson, W. A., Media Images and the Social Construction of Reality, *Annual Review of Sociology*, 1992, 18.

[256] Goffman, E., *Frame Analysis: An Essay on The Organization of Experience*, New York: Harper & Row, 1974.

[257] GrahamJr., R. C., Frankenberger, K. D., The Contribution of Changes in Advertising Expenditures to Earnings and Market Values, *Journal of Business Research*, 2000, 50 (2).

[258] Grant, R. M., The Resource – Based Theory of competitive Advantage: Implications for Strategy Formulation, *California Management Review*, 1991.

[259] Gray R., Accounting and Environmentalism: An Exploration of the Challenge of Gently Accounting for Accountability Transparency and Sustainability, *Accounting Organizations and Society*, 1992, 17 (5).

[260] Gray R., Thirty Years of Social Accounting, Reporting and Auditing: What (If Anything) Have We Leant? *Business Ethics: A European Review*, 2001, 10 (1).

[261] Guilding, C., Pike, R., Brand Valuation: A Model and Empirical Study of Organizational Implications, *Accounting & Business Research* (*Wolters Kluwer*

UK) . 1994, 24 (95).

[262] Guilding, C., Godfrey, A., AN Empirical Investigation of the Extent and Nature of Brand Valuation Activity in Newzealand, *Accounting & Finance*, 1995, 35 (2).

[263] Hafeez K, Zhang Y, Malak N., Determining key capabilities of a firm using analytic hierarchy process, *International Journal of Production Economics*, 2002.

[264] Hambrick D C, Mason P A., Upper echelons: The organization as a reflection of its top managers, *Academy of management review*, 1984.

[265] Hambrick D. C., D'Aveni R A., Top team deterioration as part of the downward spiral of large corporate bankruptcies, *Management Science*, 1992.

[266] Hammer, M., Reengineering Work: Don't Automate, Obliterate, *Harvard Business Review*, 1990, 68 (4).

[267] Han, B. H., Manry, D., The Value – relevance of R&D and Advertising Expenditures: Evidence From Korea, *The International Journal of Accounting*, 2004, 39 (2).

[268] Handelman, J. M., Arnold, S. J., The Role of Marketing Actions with a Social Dimension: Appeals to the Institutional Environment, *Journal of Marketing*, 1999, 63 (3).

[269] Hart, O., Holmstrom, B., The Theory of Contracts, In Congress, T. F. B. (eds.), *Advances in Economic Theory*, *Advances in Econometrics Fifth World Congress*, London: Cambridge University Press, 1987.

[270] Harter, G., Koster, A, Peterson M., et al., *Managing Brands for Value Creation*, Virginia: Booz Allen Hamilton Inc Publications, 2005.

[271] Hasan A., Muhammad A. K., Kashifur R., et al., Consumer's Trust in the Brand: Can it Be Built through Brand Reputation, Brand Competence and Brand Predictability, *International Business Research*, 2010, 3 (1).

[272] Hawkins, D. L., Best, R. J., Coney, K. A., *Consumer Behavior: Implications for Marketing Strategy*, Chicago, IL: Irwin, 1995.

[273] Herremans, I. M., Ryans Jr., J. K., and Aggarwal, R., Linking Advertising and Brand Value, *Business Horizons*, 2000, 43 (3).

[274] Hines, R., Financial Accounting: In Communicating Reality, We Con-

struct Reality, *Accounting*, *Organizations and Society*, 1988, 13 (3).

[275] Hirschey, M., Weygandt, J. J., Amortization Policy for Advertising and Research and Development Expenditures, *Journal of Accounting Research*, 1985, 23 (1).

[276] Högström, C., Gustafsson, A., Tronvoll, B., Strategic Brand Management: Archetypes for Managing Brands Through Paradoxes, *Journal of Business Research*, 2015, 68 (2).

[277] Holderness, C. G., Sheehan, D. The Role of Majority Shareholders in Publicly Held Corporations [J]. *Journal of Financial Economics*, 1988.

[278] Holmstrom, B., Costa, J. R., Managerial Incentives and Capital Management, *Quarterly Journal of Economics*, 1986, 101 (4).

[279] Holmstrom, B., Moral Hazard in Teams, *Bell Journal of Economics*, 1982, 13 (2).

[280] Iacovou, C. L., Electronic Data Interchange and Small Organizations: Adoption and Impact of Technology, *MIS Quarterly*, 1995, 19 (4).

[281] Ijiri, Y., Momentum Accounting and Managerial Goals on Impulses, *Management Science*, 1988, 34 (2).

[282] Interbrand, Brand Valuation: A chapter from Brands and Branding An Economist Book, *Available on line at www. interbrand. com*, 2004.

[283] Iskandar REBAI, "Institutional Investors Heterogeneity And Earnings Management: The R&D Investment Strategy", *International Journal of Business Research and Management* (*IJBRM*), 2011.

[284] Itoh, H., Incentives to Help in Multi – Agent Situations, *Econometrica*, 1991, 59 (3).

[285] Ivashina V, Scharfstein D., Bank lending during the financial crisis of 2008, *Journal of financial economics*, 2010.

[286] James, F. M., *The Death of Competition*: *Leadership and Strategy in the Age of Business Ecosystems*, Arts & Licensing International, Inc, 1996.

[287] Jarrell, G. A. and Lehn, K., "Institutional Ownership, Tender Offers, and Long – Term Investments", Office of Chief Economist, Securities and Exchange Commission, Washington, DC, 1985.

[288] Jesen, M. C., Mecking, W. H., Theory of the Firm: Managerial Behavior, Agency Costs and Ownership Structure, *Journal of Financial Economics*, 1976, 3 (4).

[289] Jones, J. P., *The Advertising Business: Operations, Creativity, Media Planning, Integrated Communications*, Sage Publications, 1999.

[290] Jose, M. L., Nichols, L. M., and Stevens, J. L., Contributions of Diversification, Promotion, and R&D to the Value of Multiproduct Firms: A Tobin's q Approach, *Financial Management*, 1972, 15 (4).

[291] Joseph, K and V. J. Richardson. Free Cash Flow, Agency Cost and Affordability Method of Advertising Budgeting, *Journal of Marketing*, 2012.

[292] Kallapur, S., and Kwan, S. Y. S., The Value Relevance and Reliability of Brand Assets Recognize by UK Firms, *The Accounting Review*, 2004, 79 (1).

[293] Kamakura, W. A., Russel, G. L., *Measuring Consumer Perceptions of Brand Quality with Scanner Data: Implications for Brand Equity*, Report Number 91 - 122, Marketing Science Institute, Cambrige, MA., 1991.

[294] Kaniovski, Y. M., Young, H. P., Learning Dynamics in Games with Stochastic Perturbations, *Games and Economic Behavior*, 1995 (11).

[295] Kaplan, R. S., Norton, D. P., The Balanced Scorecard—Measures That Drive Performance, *Harvard Business Review*, 1992, 70 (1).

[296] Keller, K. L., Building Customer - Based Brand Equity, *Marketing Management*, 2001, 10 (2).

[297] Keller, K. L., Conceptualizing, Measuring, and Managing Customer - Based Brand Equity, *Journal of Marketing*, 1993, 57 (1).

[298] Keller, K. L., *Strategic Brand Management* (4th Edition), Upper Saddle River, New Jersey: Prentice Hall, 2012.

[299] Kelm, Kathryn M., Geoge E., Shareholder Value Creation during R&D Invonation and Commercialization Stages, *The Academy of Management Journal*, 1995.

[300] Kennedy, S., Accounting Standard Setters are Taking the Issue of Brand Recognition Seriously, *The Journal of Brand Management*, 1998, 5 (4).

[301] Kerin, R. A., Sethuraman, R., Exploring the Brand Value - Share-

holder Value Nexus for Consumer Goods Companies, *Journal of the Academy of Marketing Science*, 1998, 26 (4).

[302] Kim, P., A Perspective on Brands, *Journal of Consumer Marketing*, 1990, 7 (4).

[303] Kumar, T. K., Disclosure Norms for Intangible Assets: Suggestions for Improving Valuation of Intangibles, *IIMB Management Review* (*Indian Institute of Management Bangalore*), 2005, 17 (1).

[304] La Porta R, Lopez - De - Silanes F, Shleifer A, et al., Investor protection and corporate valuation, *The journal of finance*, 2002.

[305] Lassar, W., Mittal, B., Sharma, A., Measuring Customer - Based Brand Equity, *Journal of Consumer Marketing*, 1995, 12 (1).

[306] Latour, B., *Science in Action: How to Follow Scientists and Engineer*, Cambridge: Harvard University Press, 1988.

[307] Lazear, E. P., Why is There Mandatory Retirement?, *Journal of Political Economy*, 1979, 87 (6).

[308] Lazear, E., Rosen, S., Rank - Order Tournaments as Optimum Labour Contracts, *Journal of Political Economy*, 1981, 89 (5).

[309] Lehman G., A Legitimate Concern for Environmental Accounting, *Critical Perspectives on Accounting*, 1995, 6 (5).

[310] Lemon, K. N., Rust, R. T., Zeithaml, V. A., What Drives Customer Equity, *Marketing Management*, 2001, 10 (1).

[311] Leone, R. P., Generalizing What is Known About Temporal Aggregation and Adverting Carryover, *Marketing Science*, 1995, 14 (3).

[312] Lev, B., and T. Sougiannis, The capitalization, amortization, and value - relevance of R&D, *Journal of accounting and economics*, 1996.

[313] Lev, B., Sharpening the Intangibles Edge, *Harvard Business Review*, 2004, 82 (6).

[314] Lev, B., *Intangibles: Management, Measurement, and Reporting*, Washington, DC: Brookings Institution press, 1991.

[315] Lewontin, R. C, Evolution and the Theory of Games, *Journal of Theoretical Biology*, 1961, Vol. 1.

[316] Li X, The impacts of product market competition on the quantity and quality of voluntary disclosures, *Review of Accounting Studies*, 2010.

[317] Little, John D. C., Aggregate Advertising Models: The State of the Art, *Operations Research*, 1979, 27 (4).

[318] Lodish, L. M., Abraham, M., Kalmenson, S., et al., How T. V. Advertising Works: A Meta – Analysis of 389 Real World Split Cable T. V. Advertising Experiments, *Journal of Marketing Research*, 1995, 32 (2).

[319] Louviere, J., Johnson, R., Measuring Brand Image with Conjoint Analysis and Choice Models, in Leuthesser, L. (eds), *Defining, Measuring and Managing Brand Equity*, A Conference Summary, Report No. 88 – 104, Marketing Science Institute, Cambridge, MA, 1988.

[320] Low, G. S., Jakki J. M., Setting Advertising and Promotion Budgets in Multi – brand Companies, *Journal of Advertising Research*, 1999, 39 (1).

[321] Lustgarten, S., & Thomadakis, S., Mobility Barriers and Tobin's q, *Journal of Business*, 1987, 60 (4).

[322] Maccurtain S, Flood P C, Ramamoorty N, et al., The top team, trust, reflexivity, konwledge sharing and innovation, *Academy of Management Proceedings. Academy of Management*, 2009.

[323] Madden, T. J., Fehle, F., and Fournier, S. M., Brands Matter: An Empirical Demonstration of the Creation of Shareholder Value Through Branding, *Journal of the Academy of Marketing Science*, 2006, 34 (2).

[324] Malcomson, J. M., Work Incentive, Hierarchy and Internal Labor Markets, *Journal of Economics*, 1984, 92 (3).

[325] Malmi, T., Balanced Scorecards in Finnish Companies: A Research Note, *Management Accounting Research*, 2001, 12 (2).

[326] Marquette, A. F., *Brands, Trademarks and Goodwill: The Story of the Quake Oats Company*, New York: McGraw Hill, 1967.

[327] Marsh, P., "Short – termism on trial", London: Institutional Fund Managers Association, 1990.

[328] Marshall, A., Principles of Economics (8th Edition), London: Macmillan, 1948.

[329] Mather P. R., Peasnell, K. V., An Examination of the Economic Circumstances Surrounding Decisions to Capitalize Brands, *British Journal of Management*, 1991, 2 (3).

[330] Matolcsy, Z. P., and A. Wyatt, The association between technological conditions and the market value of equity, *The Accounting Review*, 2008.

[331] McAfee, R. P., McMillan, J., Optimal Contracts for Teams, *International Economic Review*, 1991, 32 (3).

[332] Michel Jackson S. E., Top management and innovation in banking; Does the composition of the top team make a difference?, *Strategic Management Journal*, 1989.

[333] Mirrlees, J. A., The Optimal Structure of Incentives and Authority within an Organization, *Bell Journal of Economics*, 1976, 7 (1).

[334] Mirrlees, J. A., Notes on Welfare Economics, Information and Uncertainty, in Michael B., McFadden D., and Wu, S., (eds), *Economic Behavior under Uncertainty*, Amsterdam: North – Holland, 1974.

[335] Mizik, N., Jacobson, R., The Financial Value Impact of Perceptual Brand Attributes, *Journal of Marketing Research* (*JMR*), 2008, 45 (1).

[336] Mizik, N., Jacobson, R., Trading Off Between Value Creation and Value Appropriation: The Financial Implications of Shifts in Strategic Emphasis, *Journal of Marketing*, 2003, 67 (1).

[337] Modigliani F., Miller M H., The cost of capital, corporation finance and the theory of investment, *The American economic review*, 1958.

[338] Monks, R., Minow, N. Corporate Governance [M]. Cambrige, *Blackwell Business*, 1995.

[339] MullerⅢ., K. A., An Examination of the Voluntary Recognition of Acquired Brand Names in the United Kingdom, *Journal of Accounting and Economics*, 1999, 26 (1/2/3).

[340] Murphy, J., Brand Valuation – Not just an Accounting Issue, *ADMAP*, 1990 (4).

[341] Myers, S., "The capital structure puzzle", *Journal of Finance*, 1984.

[342] M'Zungu, S. D. M., Merrilees, B., Miller D., Brand Management to

Protect Brand Equity: A Conceptual Model, *Brand Management*, 2010, 17 (8).

[343] Naik, P. A., Estimating the Half - life of Advertisements, *Marketing Letters*, 1999, 10 (3).

[344] Nelson, R. R, Winter, S. G, Evolutionary Theorizing in Economics, *Journal of Economic Perspectives*, 2002, 16 (2).

[345] Netemeyer, R. G., Krishnan, B., Pullig, C., et al., Developing and Validating Measures of Facets of Customer - based Brand Equity, *Journal of Business Research*, 2004, 57 (2).

[346] O'Brien, J. P., The Capital Structure Implications of Pursuing Strategy of Innovation, *Strategic Management Journal*, 2003, 24 (5).

[347] Ohlson, J. A., Earnings, Book Values, and Dividends in Equity Valuation, *Contemporary Accounting Research*, 1995, 11 (2).

[348] Orton - Jones, C., What is A Brand Really Worth?, *Financial Management*, 2013, 42 (3).

[349] Otonkue, A. D. O., Edu, B. E., Ezak, E., Accounting for Brands: Contemporary Issues and Alternative Options, *Journal of Brand Management*, 2010, 7 (1/2).

[350] Pahud de Mortanges, C., Van Riel, A., Brand Equity and Shareholder Value. *European Management Journal*, 2003, 21 (4).

[351] Pandit, N. R., The Creation of Theory: A Recent Application of the Grounded Theory Method, *The Qualitative Report*, 1996, 2 (4).

[352] Parkhurst, J., Leveraging Brand to Generate Value, in *From Ideas to Assets: Investing Wisely in Intellectual Property*, Berman B. (ed.), NY: John Wiley & Sons, 2002.

[353] Parthiban David and Kochhar, "Barriers to effective corporate governance by institutional investors: implication for theory and practice", *European Management Journal*, 1996.

[354] Paton, M. Q., *Qualitative Research & Evaluation Methods: Integrating Theory and Practice* (3rd *Revised Edition*), Sage Publications Inc, 2012.

[355] PC Andreou, D Ehrlich, C Louca, Managerial Ability and Firm Performance: Evidence from the Global Financial Crisis, *Working Paper*, 2013.

[356] Penrose, E., The Theory of the Growth of the Firm., *Oxford*: *Oxford University Press*, 1959.

[357] Peterson, R., Jeong, J., Exploring the Impact of Advertising and R&D Expenditures on Corporate Brand Value and Firm – level Financial Performance, *Journal of the Academy of Marketing Science*, 2010, 38 (6).

[358] Pizzey, A., Accounting for Goodwill and Brands, *Management Accounting*, 1991, 69 (8).

[359] Poterba, J. M. and L. H. Summers, "Time horizons of American firms: New evidence from a survey of CEOs", Cambridge, *Mass*: *Harvard Business School*, 1992.

[360] Power, M., The Politics of Brand Accounting in the United Kingdom, *European Accounting Review*, 1992, 1 (1).

[361] Puranam, P., H. Singh, and M. Zollo, Organizing for innovation: Managing the coordination – autonomy dilemma in technology acquisitions, *Academy of Management Journal*, 2006.

[362] Qian, Y., "A Theory of Shortage in Socialist Economies Based on the 'Soft Budget Constraint'", *American Economic Review*, 1994.

[363] Radner, R., Repeated Principal – Agent Games with Discounting, *Econometrica*, 1985, 53 (5).

[364] Raggio, R. D., Leone, R. P., The theoretical Separation of Brand Equity and Brand Value: Managerial Implications for Strategic Planning, *Journal of Brand Management*, 2007, 14 (5).

[365] Rao, V. R., Agarwal, M. K., Dahlhoff, D., How is Manifest Branding Strategy Related to the Intangible Value of a Corporation? *Journal of Marketing*, 2004, 68 (4).

[366] Reid, M., Luxton, S., Mavondo, F., The Relationship Between Integrated Marketing Communication, Market Orientation, and Brand Orientation, *Journal of Advertising*, 2005, 34 (4).

[367] Rogers, E. M., *Diffusion of innovations* (4th *ed*), New York: Free Press, 1995.

[368] Rogerson, W. P., The First – Order Approach to Principal – Agent Prob-

lems, *Econometric*, 1985, 53 (6).

[369] Roslender, R., and Hart, S. J., In Search of Strategic Management Accounting: Theoretical and Field Study Perspectives. *Management Accounting Research*, 2003, 14 (3).

[370] Ross, S. A., The Economic Theory of Agency: The Principal's Problem, *American Economic Review*, 1973, 63 (2).

[371] Ross, T., *Goodwill and Intangible Assets: The Touche Ross View*, London, 1993.

[372] Russo, F., The Corporate Social Performance and Corporate Financial Performance Debate: Twenty Five Years of Incomparable Research, *Business and Society*, 1997, 36 (1).

[373] Samuei, C. Stock Market and Investment: The Governance Role of the Market [Z]. *The World Bank Working Paper*, March 1996.

[374] Samuel, B. Graves, "Institutional Ownership and Corporate R&D in the Computer Industry", *The Academy of Management Journal*, 1988.

[375] Schmidt, C., Are Evolutionary Games Another Way of Thinking About Game Theory?: Some Historical Considerations, *Journal of Evolutionary Economics*, 2004, 14 (2).

[376] Scott, W R., *Institutions and Organizations*, Thousand Oaks Califomia: Sage Publication, 1995.

[377] Searle, L., *The Construction of Social Reality*, New York: Penguin Press, 1995.

[378] Seligman, J., *Accounting and the New Corporate Law*, Washington and Lee Law Review, 1993, 59 (1).

[379] Shah, S. Z. A., Akbar, S., Value Relevance of Advertising Expenditure: A Review of the Literature, *International Journal of Management Reviews*, 2008, 10 (4).

[380] Shan, D., Kumar, V., Zhao, Y.. Dianosing Brand Performance: Accounting for the Dynamic Impact of Product Availability With Aggregate Data, *Journal of Marketing Research*, 2015, 52 (2).

[381] Shapiro, C., Stiglitz, J. E., Equilibrium Unemployment as a Worker

Discipline Device, *American Economic Review*, 1984, 74 (3).

[382] *Shefer, D. and Frenkel, A.,* "*R&D, firm size and innovation: an empirical analysis*", *Technovation*, 2005.

[383] Shocker, A., Weitz, B., *A Perspective on Brand Equity Principles and Issues*, Cambridge, MA: Summary of Marketing Science Institute Conference, 1988.

[384] Simon, C. J., Sullivan, M. W., The Measurement and Determinants of Brand Equity: A Financial Approach, *Marketing Science*, 1993, 12 (1).

[385] Smith, J. M., *Evolution and the Theory of Games*, Cambridge University Press, 1982.

[386] Smith, J. M., Price G. R., The Logic of Animal Conflicts, *Nature*, 1973, 246 (2).

[387] Smith, J. M., The Theory of Games and the Evolution of Animal Conflict, *Journal of Theory Biology*, 1974, 47 (1).

[388] Solow, R. M., Alternative Approaches to MacroeconomicTheory: A Partial View, *Canadian Journal of Economics*, 1979, 12 (3).

[389] Spence, M., Zeckhauser, R., Insurance, Information, and Individual Action, *American Economic Review*, 1971, 61 (2).

[390] Spicer, B., Bowman, R., Emanuel, D., et al., *The Power to Manage.* Auckland: Oxford University Press, 1991.

[391] Srivastava, R. K., Leone, R. P., Shocker, A. D. Market Structure Analysis: Hierarchical Clustering of Products Based on Substitution - in - use, *Journal of Marketing*, 1981, 45 (3).

[392] Stein, J., Efficient capital markets, inefficient firms: A model of myopic corporate behavior, *Quarterly Journal of Economics*, 1989.

[393] Stiglitz, J. E., *Plenary Remarks on Intangible Assets*, SEC Symposium on Financial Reporting and Intangible Assets, Washington D. C.: U. S. Securities and Exchange Commission, 1996.

[394] Stobart, P., Alternative methods of brand valuation, In Murphy, J. (eds.), *Brand Valuations: Establishing a True and Fair View*, London: The Interbrand Group, 1989.

[395] Stolowy, H., Haller, A., Klockhaus, V., Accounting for Brands in

France and Germany Compared With IAS 38 (Intangible Assets): An Illustration of the Difficulty of International Harmonization, *International Journal of Accounting*, 2001, 36 (2).

[396] Strauss, A., Corbin, J., *Basic of Qualitative Research: Techniques and Procedures for Developing Grounded Theory* (2nd *ed.*), Thousand Oaks, CA: Sage Publications, 1998.

[397] Strauss, A., *Qualitative Analysis for Social Scientists*, Cambridge: Cambridge University Press, 1987.

[398] Sundar, C. S., Vamsi Prasad, K., Prospects of Brand Accounting towards Economic, Strategic and Social Fortification of Firms, *International Journal of Business Insights & Transformation*, 2012, 5 (2).

[399] Tauber, E. M., Brand Leverage: Strategy for Growth in A Cost – Control World, *Journal of Advertising Research*, 1988, 28 (4).

[400] Taylor, P. D., Jonker, L. B., Evolutionary Stable Strategies and Game Dynamics, *Mathematical Biosciences*, 1978 (40).

[401] Teece D. J., Pisano G, and Shuen A., Dynamic capabilities and strategic management, *Strategic Management Journal*, 1997.

[402] Teece, D. J. Explicating Dynamic Capabilities: the Nature and Microfoundations of (Sustainable) Enterprise Performance. *Strategic Management Journal*, 2007.

[403] Teece, K. W., Grounded theory and social process: A new direction for leadership research, *The Leadership Quarterly*, 1998.

[404] Thompson J. E., Stuart R and Lindsay P. R., The competence of top team members: a framework for successful performance, *Journal of Managerial Psychology*, 1996.

[405] Tihanyi L., Ellstrand A. E., Daily C. M., Composition of top management team and firm international diversification, *Journal of Management*, 2000.

[406] Tihanyi. Institutional Ownership Differences and International Diversification: The Effects of Boards of Directorsand Technological Opportunity [J]. *Academy of Management Journal*, 2003.

[407] Tollington, T., UK Brand Asset Recognition Beyond Transactions or

Events, *International Journal of Strategic Management* (*Long Range Planning*), 2001, 34 (4).

[408] Tonatzky, L G., Fleischer, M., *The Process of Technolgoy Innovation*, Lexington, MA: Lexington Books, 1990.

[409] Vakratsas, D., Ambler, T., How Advertising Works: What do We Really Know?, *Journal of Marketing*, 1999, 63 (1).

[410] Verbeeten, F. H. M., Vijn, P., Are Brand - Equity Measures Associated with Business - Unit Financial Performance? Empirical Evidence from the Netherlands, *Journal of Accounting*, *Auditing & Finance*, 2010, 25 (4).

[411] Waddock, S., Graves, S. B., The Corporate Social Performance - Financial Performance Link, *Strategic Management Journal*, 1997, 18 (4).

[412] Wahal, S. and McConnel J. J., Do Institutional Investor Exacerbate Managerial Myopia?, *Journal of Corporate Finance*, 2000.

[413] Waldman D A, Ramirez G G, House R J, et al., Does leadership matter? CEO leadership attributes and profitability under conditions of perceived environmental uncertainty, *Academy of management journal*, 2001.

[414] Wallman, S. M. H., The Future of Accounting and Financial Reporting Part Ⅱ: The Colorized Approach, *Accounting Horizons*, 1996, 10 (2).

[415] Wang, F., Zhang, X. P., Ouyang, M., Does Advertising Create Sustained Firm Value? The Capitalization of Brand Intangible, *Journal of the Academy of Marketing*, 2009, 37 (2).

[416] Weber, A., *Theory of Location of Industries*, Chicago: University of Chicago Press, 1928.

[417] Wernerfelt B., A resource based view of the firm, *Strategic Management Journal*, 1984.

[418] Wiersema M F, Bantel K A., Top management team demography and corporate strategic change, *Academy of Management journal*, 1992.

[419] Williamson, O. E., *The Economic Institutions of Capitalism*, New York: Free Press, 1985.

[420] Wilson, R., The Structure of Incentive for Competitive Sealed Tenders, *La Decision*, 1969, 171.

[421] Winkler, A. M. , The Six Myths of Branding, *Brandweek*, 1999, 40 (35).

[422] Wood, L. M. , Brands: The Asset Test, *Journal of Marketing Management*, 1995, 11 (6).

[423] Wood, L. , Brand Value: The Future. *The Journal of Brand Management*, 1998, 5 (4).

[424] Wyatt, A. , What Financial and Non – financial Information on Intangibles is Value – Relevant? A Review of the Evidence, *Accounting & Business Research (Wolters Kluwer UK)*, 2008, 38 (3).

[425] Yap, C. M. , K. H. Chai, and P. Lemaire, An empirical study on functional diversity and innovation in SMEs, *Creativity and Innovation Management*, 2005.

[426] Yeung, M. , Ramasamy, B. , Brand Value and Firm Performance Nexus: Further Empirical Evidence, *Journal of Brand Management*, 2008, 15 (5).

[427] Zahra S A, Sapienza H J and Davidsson P. , Entrepreneurship and Dynamic Capabilities: A Review, Model and Research Agenda, *Journal of Management Studies*, 2006.

[428] Zeff, S. A. , The Rise of "Economic Consequences", *Journal of Accountancy*, 1978, 146 (6).